UTB **8425**

Eine Arbeitsgemeinschaft der Verlage

Böhlau Verlag · Köln · Weimar · Wien
Verlag Barbara Budrich · Opladen · Farmington Hills
facultas.wuv · Wien
Wilhelm Fink · München
A. Francke Verlag · Tübingen und Basel
Haupt Verlag · Bern · Stuttgart · Wien
Julius Klinkhardt Verlagsbuchhandlung · Bad Heilbrunn
Lucius & Lucius Verlagsgesellschaft · Stuttgart
Mohr Siebeck · Tübingen
Orell Füssli Verlag · Zürich
Ernst Reinhardt Verlag · München · Basel
Ferdinand Schöningh · Paderborn · München · Wien · Zürich
Eugen Ulmer Verlag · Stuttgart
UVK Verlagsgesellschaft · Konstanz
Vandenhoeck & Ruprecht · Göttingen
vdf Hochschulverlag AG an der ETH Zürich

WÖRTERBUCH ERWACHSENENBILDUNG

herausgegeben von
Rolf Arnold
Sigrid Nolda
Ekkehard Nuissl

2., überarbeitete Auflage

VERLAG
JULIUS KLINKHARDT
BAD HEILBRUNN • 2010

Der vorliegende Band erschien in erster Auflage 2001 unter dem Titel „Wörterbuch der Erwachsenenpädagogik“ (ISBN 3-7815-1117-0).

„Das Wörterbuch der Erwachsenenbildung“ erscheint in Zusammenarbeit mit dem Deutschen Institut für Erwachsenenbildung e.V.
Leibniz-Zentrum für Lebenslanges Lernen
Bonn, www.die-bonn.de

Die Deutsche Bibliothek – CIP-Einheitsaufnahme
Die Deutsche Nationalbibliothek verzeichnet diese Publikation in der Deutschen Nationalbibliografie; detaillierte bibliografische Daten sind im Internet über
http://dnb.d-nb.de abrufbar.
ISBN 978-3-7815-1700-4 (Klinkhardt)
ISBN 978-3-8252-8425-1 (UTB)

Satz: pagina GmbH, Tübingen.
Einbandgestaltung: Atelier Reichert, Stuttgart.
Druck und Bindung: Friedrich Pustet, Regensburg.

Printed in Germany 2010.
Gedruckt auf chlorfrei gebleichtem alterungsbeständigem Papier.

UTB-Bestellnummer: 978-3-8252-8425-1

Inhaltsverzeichnis

Abkürzungsverzeichnis

Über die laut Duden üblichen Abkürzungen hinaus werden folgende Abkürzungen für Institutionen, Organisationen und andere Begriffe verwendet. Desweiteren wird in den Artikeln eine Abkürzung des jeweiligen Stichworts (beispielsweise „A." für „Arbeit") benutzt.

AES	Adult Education Survey
AFW	Ausschuss für Fort- und Weiterbildung
BA	Bundesagentur für Arbeit
BBiG	Berufsbildungsgesetz
BIBB	Bundesinstitut für Berufsbildung
BLK	Bund-Länder-Kommission für Bildungsplanung und Forschungsförderung
BMBF	Bundesministerium für Bildung und Forschung
BMFSFJ	Bundesministerium für Familie, Senioren, Frauen und Jugend
BMU	Bundesministerium für Umwelt, Naturschutz und Reaktorsicherheit
BMZ	Bundesministerium für wirtschaftliche Zusammenarbeit und Entwicklung
BNE	Bildung für nachhaltige Entwicklung
BSW	Berichtssystem Weiterbildung
DGB	Deutscher Gewerkschaftsbund
DGfE	Deutsche Gesellschaft für Erziehungswissenschaft
DIE	Deutsches Institut für Erwachsenenbildung – Leibniz-Zentrum für Lebenslanges Lernen
DIFF	Deutsches Institut für Fernstudien
DIHT	Deutscher Industrie- und Handelkammertag
DIPF	Deutsches Institut für Internationale Pädagogische Forschung
DVV	Deutscher Volkshochschul-Verband
EB	Erwachsenenbildung
EEB	Evangelische Erwachsenenbildung
EQF	European Qualifications Framework
EQR	Europäischer Qualifikationsrahmen
EUCEN	European University Continuing Education Network
GG	Grundgesetz der Bundesrepublik Deutschland
HwO	Handwerksordnung
IES	Institut für Entwicklungsplanung und Strukturforschung an der Universität Hannover
KEB	Katholische Erwachsenenbildung
KJHG	Kinder- und Jugendhilfegesetz
KMK	Kultusministerkonferenz
LSW	Landesinstitut für Schule und Weiterbildung
MIWFT	Ministerium für Innovation, Wissenschaft, Forschung und Technologie des Landes Nordrhein-Westfalen
OECD	Organisation for Economic Co-operation and Development
PAS	Pädagogische Arbeitsstelle
SGB	Sozialgesetzbuch
WB	Weiterbildung
WSF	Wirtschafts- und Sozialforschung
ZBW	Zweiter Bildungsweg
ZFU	Staatliche Zentralstelle für Fernunterricht

Vorbemerkungen

Seit der ersten Auflage des *Wörterbuches für Erwachsenenpädagogik* ist nunmehr fast ein Jahrzehnt vergangen; die Disziplin selbst kann auf gerade mal vier Jahrzehnte eigener Entwicklung und Etablierung zurückblicken. Ihr Status als eigenständige Wissenschaftsdisziplin wird längst nicht mehr angezweifelt: Als universitäres Fach hat sich die Erwachsenenbildung fest etabliert, sie hat mittlerweile einen eigenen wissenschaftlichen Nachwuchs herangebildet, die Vernetzung der in ihr Tätigen in internationalen Strukturen ist – auch aufgrund politischer Förderung auf europäischer Ebene – vorangeschritten, und bildungspolitisch hat die Disziplin an Einfluss gewonnen. Dabei haben sich in den letzten Jahren die Fragestellungen ebenso weiterentwickelt wie die bildungs- und gesellschaftspolitischen Rahmenbedingungen. Die immer wieder laut gewordene Forderung nach einer stärkeren theoretischen Fundierung der Disziplin hat zudem zu einer Ausdifferenzierung der einschlägigen Theorien, Methoden und Modelle geführt. Zahlreiche Forschungsaktivitäten haben neue Felder erschlossen, neue Institutionen und Organisationen sind entstanden, bestehende haben ihr Profil den aktuellen Anforderungen angepasst. Technologische, soziale und letztlich auch politische Veränderungen führten zu neuen Begrifflichkeiten, die in die Fachdiskurse aufgenommen worden sind, alte Begriffsinhalte haben sich gewandelt.

Aus diesen Gründen war es dringend an der Zeit, das Wörterbuch von Grund auf neu zu schreiben. Dabei wurde der alte Wissensstand einer kritischen Prüfung unterzogen, der Begriffsapparat auf seine Gültigkeit hin überprüft. Alle Einträge sind – nicht selten auch von neuen Autorinnen und Autoren – aktualisiert worden, so mancher Begriff wurde gänzlich weggelassen, zahlreiche neue Begriffe sind aufgenommen worden. Auch wenn die alte enzyklopädische Vorstellung, das gesamte Wissen einer Disziplin objektiv darstellen zu können, relativiert werden muss, so wurde doch versucht, den Kenntnis- und Diskussionstand auf den Gebieten Didaktik und Methodik, Wissenschaftsentwicklung und Geschichte der eigenen Disziplin, Lernen und Lerntheorien, Organisationen und Institutionen, Politik und Recht sowie Professionsentwicklung und Internationalisierung soweit wie möglich zu erfassen und zu bündeln. Und nicht zuletzt hat das Wörterbuch auch in seinem Titel eine neue, zeitgemäße Akzentuierung erhalten – und heißt nunmehr *Wörterbuch der Erwachsenenbildung.*

In mehr als 250 Stichworten wird sowohl Studierenden und Lehrenden in den Erziehungswissenschaften als auch Wissenschaftlern und Praktikern im Feld der Erwachsenenbildung ein Nachschlagewerk zu den aus heutiger Sicht wichtigsten Begriffen und Sachthemen der Erwachsenenpädagogik an die Hand gegeben. Das Wörterbuch gibt damit einen kompakten Überblick über die Vielfalt der Ansätze, erläutert die zentralen Grundbegriffe und verschafft einen Zugang sowohl zu den historischen wie auch zu den aktuellen theoretischen Debatten. Verfasst wurden die Beiträge von ausgewiesenen Expert/inn/en aus den verschiedenen Bereichen. Dabei ist eine weitgehend objektive Darstellung angestrebt, gleichwohl ist den einzelnen Beiträgen aber immer auch die je individuelle Stimme und Positionierung ihrer Verfasser/innen zu entnehmen.

Die Stichworte sind einerseits in einem Index gelistet und andererseits über ein internes Verweissystem miteinander verknüpft, so dass eine systematische Vertiefung zu den jeweiligen Begriffen ermöglicht wird. Jedem Beitrag sind zudem weiterführende, exemplarische Literaturangaben für eine zusätzliche Orientierung über das Wörterbuch hinaus mitgegeben. Die innerhalb der Beiträge angeführten Beispiele und Quellen sind dabei jeweils als exemplarische, und nicht als vollständige Auflistung der gesamten Forschungsliteratur zu verstehen; dies gilt auch für die Literaturangaben. Auch wurde im Interesse einfacher Lesbarkeit auf die in der wissenschaftlichen Literatur üblichen Zitationsverfahren verzichtet.

Die Herausgeber danken ausdrücklich allen Autorinnen und Autoren, die Artikel dieses Wörterbuches geschrieben haben, für ihre engagierte und geduldige Mitarbeit an diesem Projekt. Darüber hinaus haben wir all jenen zu danken, die mit ihrer Einsatzbereitschaft und Sorgfalt an der organisatorischen und editorischen Realisierung des Projekts beteiligt waren – namentlich zu nennen sind vor allem Christiane Barth, Liana Druckenmüller, Thomas Jung und Markus Lermen.

Bonn, im November 2009

Rolf Arnold
Sigrid Nolda
Ekkehard Nuissl

Abschlussbezogene Weiterbildung

Mit a.WB wurden ursprünglich die Angebote in der allgemeinen und in der beruflichen WB bezeichnet, die mit einer staatlich anerkannten Prüfung endeten. A.WB war bis in die 1960er Jahre in der EB eher eine Ausnahme, weil Abschlüsse mit dem traditionellen Selbstverständnis von EB nicht vereinbar schienen, das sich vom schulischen Lernen abgrenzte. Käpplinger (2007) schätzt für 2002 die Zahl der Abschlüsse und Zertifikate in der WB auf ca. 720.000. „Abschlüsse zeigen das profane Gesicht von Bildung. Und tatsächlich – beruft man sich auf ein Verständnis von Bildung, in dem die Entwicklung individueller Persönlichkeit als nicht abschließbarer Prozess gedacht wird, so konterkarieren Abschlüsse dieses in mehrfacher Weise" (Kuper 2004). Erst in den 1960er Jahren verstärkten sich die Bemühungen innerhalb der EB um den Erwerb von Qualifikationen, Abschlüssen und Zertifikate, vorrangig in der beruflichen EB. Die Nachfrage nach zertifiziertem Wissen und durch Abschlüsse nachweisbare Qualifikationen führte zu einer Vielzahl von Angeboten, die in Inhalt, Zeit- und Organisationsformen, Akzeptanz und Anerkennung kaum Vergleichbarkeiten aufweisen. Neben dem zweiten Bildungsweg kam es insb. zur Etablierung von Zertifikatssystemen bei den Volkshochschulen und Kammern. Im Zuge der deutsch-deutschen Vereinigung wurde die a.WB aufgrund bildungs- und sozialpolitischer Interventionen massiv ausgebaut, um Umschulungen und Nachqualifizierungen in den neuen Bundesländern durchzuführen. Die föderale Struktur der Bundesrepublik mit der bildungspolitischen Hoheit der Länder erschwert allerdings eine bundesweite Durchsetzung von Abschlüssen und Zertifikaten, soweit sie nicht durch entsprechende Gesetze (BBiG, HwO) bundeseinheitlich geregelt sind.

Erwartet wurde durch die a.WB mehr Vergleichbarkeit und Verbindlichkeit in der WB, was aber aufgrund der fehlenden Systematisierung des quartären Bildungssektors und der damit verbundenen Intransparenz nur begrenzt gelang. Der Versuch einer Vereinheitlichung durch die Vergabe von Berufsbildungspässen in den 1970er Jahren war nicht erfolgreich. Allerdings wird die Diskussion um die Berufsbildungspässe aus dem europäischen Kontext wieder angestoßen und um eine Debatte um die Erfassung nicht formal erworbener Kompetenzen erweitert, so u.a. in Frankreich mit dem „bilan de compétences", in Großbritannien mit der „Accreditation of Prior Learning" (APL), mit dem „Assessment of Prior Experiential Learning" (APEL) oder in Deutschland mit dem „ProfilPass". Ob der Europäische Qualifikationsrahmen (EQR/EQF) zu einer Vereinheitlichung und Vergleichbarkeit auf europäischer Ebene führt, kann noch nicht eingeschätzt werden. Im Wesentlichen lassen sich drei Typen von a.WB benennen:

- staatlich *anerkannte* Abschlüsse, insb. in der beruflichen WB und im Nachholen von Schulabschlüssen,
- weiterbildungsspezifische Abschlüsse, die sich vorrangig auf beruflich verwertbare Inhalte und auf Fremdsprachen beziehen, wobei ähnliche Zertifikate parallel existieren (im IT-Bereich spielen Herstellerzertifikate zunehmend eine wichtige Rolle),
- organisationsspezifische Abschlüsse, bei denen Qualifikationen zertifiziert werden, die vor allem innerhalb der jeweiligen Organisation von Bedeutung und anerkannt sind.

Die Pluralität der a.WB wird beispielhaft dokumentiert in der VHS-Statistik, die nach nachholenden Schulabschlüssen, Abschlüssen von Kammern und Berufsverbänden, sonstigen Institutionen, Prüfungen mit ausländischen Abschlüssen, landeseinheitlichen VHS-Prüfungen und sonstigen Prüfungen differenziert.

Die Funktion von Abschlüssen zeigt sich auf der sozialstrukturellen, der institutionellen und der individuellen Ebene (Kell 1982; Moser 2003; Käpplinger 2007). Kell (1982) schreibt Abschlüssen die Funktion des Lernanreizes, der Beurteilung, der Disziplinierung, der Information, der Allokation, der Selektion, der Option, der Monopolisierung und der Herrschaft zu. Moser (2003) listet darüber hinaus noch eine Selbstvergewisserungs-, Orientierungs-, Signal- und Ordnungsfunktion auf. Für Käpplinger (2007) sind Abschlüsse nicht nur polyfunktional, sondern auch polytemporal, da sie Auskunft über abgeschlossene Lernprozesse, den aktuellen Kenntnisstand und Vermutungen über zukünftiges Lern-/Arbeitsverhalten bieten wollen.

Von Abschlüssen und Zertifikaten wird in Zukunft ein Bedeutungszuwachs in der WB erwartet: „Geburtsprivilegien sollten im 19. Jahrhundert durch Nachweise in ihrer Bedeutung relativiert werden. Am Anfang des 21. Jahrhunderts stellt sich die Frage neu, wie Begabung und Leistungsbereitschaft und nicht der Geburtsstand über Lebensperspektiven entscheiden können" (Käpplinger 2007; auch Nuissl/Conein/Käpplinger 2008).

Literatur
Käpplinger, B.: Abschlüsse und Zertifikate in der Weiterbildung. Bielefeld 2007 – Kell, A.: Das Berechtigungswesen zwischen Bildungs- und Beschäftigungssystem. In: Lenzen, D. (Hrsg.): Enzyklopädie Erziehungswissenschaft, Bd. 9/2. Stuttgart 1982 – Kuper, H.: Abschlüsse und Selektion im Bildungssystem. In: GdWZ, H. 6, 2004 – Moser, K.: Diagnostik beruflicher Kompetenzen. In: Straka, G. (Hrsg.): Zertifizierung nonformell und informell erworbener Kompetenzen. Münster 2003 – Nuissl, E./Conein, S./Käpplinger, B.: Zertifikate in der Weiterbildung. In: Krug, P./Nuissl, E. (Hrsg.): Praxishandbuch Weiterbildungsrecht. Loseblattwerk. Lieferung 3/2008. Neuwied 2004 (Grundwerk)

Gerhard Reutter

Adressatenforschung

Ziel der A. ist es, u.a. für die → Programm- und Angebotsplanung verwertbare Informationen über die Interessen und Einstellungen potenzieller → Teilnehmender der EB zu erhalten. Faktisch finden sich explizit und ausschließlich auf Adressaten statt auf → Teilnehmende gerichtete Forschungsaktivitäten indessen nur vereinzelt. Folglich taucht die A. auch häufig in begrifflicher Koppelung als „Teilnehmer- und Adressatenforschung" auf. Diese wiederum steht in engem Zusammenhang mit der Zielgruppenentwicklung: In den 1970er und 1980er Jahren kam es zu vielfältigen Bemühungen um emanzipatorische „Zielgruppenarbeit", die sich besonders den Gruppen der sozial Benachteiligten, den Ausländer/inne/n, Deklassierten, Arbeitslosen, Behinderten, Analphabet/inn/en, den Frauen und den Senior/inn/en zuwandte. Inzwischen hat sich die Teilnehmer- und Adressatenforschung aus der Orientierung auf tatsächliche oder vermeintliche Problemgruppen gelöst und sich insb. unter Bezug auf das Modell der sozialen Milieus für die Beschreibung der Weiterbildungsorientierungen und -barrieren aller Bevölkerungsgruppen geöffnet.
Nach Anfängen als „Hörerforschung" bereits im späten 19. Jh. gibt es seit den 1950er Jahren intensivierte Bemühungen, Daten zum soziodemographischen und sozioökonomischen Status der Teilnehmenden und Adressaten, aber auch über Lernpräferenzen und Bildungsbarrieren zu generieren. Die „Göttinger Studie" (Strzelewicz/Raapke/Schulenberg 1966) greift das soziologische Paradigma am konsequentesten auf und interpretiert die Bildungsaspirationen sowie die konkreten Teilnahmebereitschaften und Einstellungen zur EB vor dem Hintergrund sozialstruktureller Differenzierung. Für die noch nicht erreichten Adressaten der Volkshochschule etwa wird pointiert festgehalten: „Mit geringer Wahrscheinlichkeit (ist) aktiver Volkshochschulbesuch zu erwarten bei einer Arbeiterin: Ende fünfzig, verwitwet, Volksschule, katholisch, mit geringem Lohn, in einem Dorf in Rheinland-Pfalz lebend" (Strzelewicz/Raapke/Schulenberg 1966). Bereits damals wurde auf die Diskrepanz zwischen einem hohen Bekanntheitsgrad der Volkshochschulen und einer oft distanzierten Einstellung hingewiesen. Auch die Entdeckung der sog. Weiterbildungsschere, die besagt, dass zwar ein verbales Bekenntnis zur Notwendigkeit von WB in allen Gesellschaftsschichten anzutreffen ist, die reale Weiterbildungsaktivität jedoch stark von der Schichtzugehörigkeit bestimmt wird, wurde schon in den 1970er Jahren formuliert.
Mit der Fortentwicklung der Sozialstrukturanalyse zur Lebensstilforschung und der Entwicklung empirisch gesättigter Milieubeschreibungen steht ein neues Konzept für die A. zur Verfügung, das seit den 1990er Jahren als → Milieuforschung in der WB fruchtbar wurde. Während die theoretischen Debatten sich am Individualisierungstheorem abarbeiten, sich auf individuelle Aneignungsprozesse fokussieren, die „Biographizität" jeglicher Bildungskarrieren postulieren oder den „Teilnehmer als Konstrukt" dekonstruieren, stehen aus der Forschungslinie „Soziale Milieus und Weiterbildung" (Barz/Tippelt 2004/2008) inzwischen detaillierte und materialreiche Analysen des Weiterbildungsverhaltens, der Weiterbildungsinteressen, der Weiterbildungsbarrieren und der Herausforderungen an Marketing, Didaktik und Ambiente aus der Sicht der verschiedenen Milieus zur Verfügung. Daneben finden sich in den 2000er Jahren weiterhin Studien zu Frauen (→ Gender und Erwachsenenbildung) oder – in jüngster Zeit vermehrt, induziert durch die „demographische Zeitbombe" – zu Senior/inn/en (→ Altersbildung), während der Migrant als Adressat von WB von der Forschung noch kaum entdeckt ist.

Literatur
Barz, H./Tippelt, R. (Hrsg.): Weiterbildung und soziale Milieus in Deutschland, 3 Bde. Bielefeld 2004/2008 – Strzelewicz, W./Raapke, H./Schulenberg, W.: Bildung und gesellschaftliches Bewußtsein. Eine mehrstufige soziologische Untersuchung in Westdeutschland. Stuttgart 1966

Heiner Barz

Allgemeinbildung – allgemeine Bildung

Die Begriffe A. und a.B. werden im Deutschen nahezu synonym gebraucht. Werden Nuancen unterschieden, so steht A. eher für die Vorstellung einer lebenstauglichen Ausstattung des Individuums, während mit a.B. all die Programme, Stoffe, → Kompetenzen bezeichnet werden, die als nicht „spezielle" (z.B. berufliche) gelten. Die diesen Begriffen zugrundeliegenden Aspekte zeigen sich seit der Freisetzung der Individuen aus traditionalen Gesellschaften, in Westeuropa also vor allem seit Ende des 18. Jh. Schon die ersten Entwürfe zum Begriff → Bildung enthalten das Attribut „allgemein". J.J. Rousseau (z.B. 1762) und W. von Humboldt (1809) verstehen unter Bildung „allgemeine Menschenbildung", d.h. die Bildung zum Menschen und der dazu nötigen Grundkompetenzen. „Spezielle Bildung", also Standesbildung und die damit verbundene berufliche Bildung, soll nach Humboldt den „Schulen des Lebens" überlassen werden. Lernen für den Beruf konnte für Humboldt auch deshalb nicht zur allgemeinen Menschenbildung beitragen, weil es nur als Anwenden, Anlernen und Anpassung vorstellbar war, nicht aber als ein selbstständiges Lernen durch Einsicht in Gründe. Die a.B. kann als der Versuch verstanden werden, die Bildungsidee in Schulkonzepte umzusetzen. Klafki (1985) hat drei Forderungen oder Erwartungen an die a.B. zusammenfassend herausgearbeitet, die in den klassischen Bildungstheorien enthalten sind und die die damit gemeinte Aufgabe als nach wie vor gültig erscheinen lassen:

- die Bildung aller Kräfte des Einzelnen (Vielseitigkeit, formale Bildung),
- Bildung für alle (Chancengleichheit),
- eine Bildung am Gemeinsamen oder Allgemeingültigen (materiale Bildung).

Die Begriffskonstruktion A. entsteht erst am Ende des 19. Jh. und unterstellt offensichtlich, dass es bereits eine kanonisierte Idealvorstellung von a.B. gibt. A. soll zur Zeit der Entstehung des Begriffs offensichtlich nicht nur zusammenfassen, was jeder Mensch als Grundausstattung braucht, sondern gebildete Menschen von ungebildeten unterscheiden und damit eine modernere Rechtfertigung von Amt und Status liefern (Tenorth 1986). Inhaltlich gefüllt schien der Begriff bis dahin durch den Lehrplan des humanistischen Gymnasiums, was bereits eine Umdeutung der a.B. hin zur gelehrten Bildung bedeutete. Den klassischen Fächern wurde dabei nicht nur materiale Gültigkeit, sondern auch die Fähigkeit zur grundlegenden formalen Kräfteschulung unterstellt („Latein erzieht zum logischen Denken" usw.). Diese Annahmen wurden im Zuge neuer Anforderungen durch die wirtschaftlich-technischen Entwicklungen nicht grundsätzlich verworfen, sondern nur ergänzt, was in der Gründung von neusprachlichen Gymnasien, von Real- und Oberrealschulen zum Ausdruck kam. Sieht man einmal ab von den inzwischen historischen und interessengeleiteten Auseinandersetzungen um die Inhalte von A., so zeigt sich in allen Versuchen der Kanonisierung von Bildungsprinzipien und -inhalten auch eine überdauernde Problemstellung: Lässt sich dadurch Orientierungssicherheit für den Einzelnen gewinnen? Was hält eine Generation für überlieferungswürdig an die nachfolgende, und braucht eine Gesellschaft nicht auch – trotz aller Individualisierung – gemeinsame Wissensbestände?

Die Vorstellung, mithilfe eines feststehenden Ensembles von Inhalten sei eine für alle lebenslang tragfähige A. abzusichern, wird im 20. Jh. vollends fragwürdig, unter anderem aus folgenden Gründen:

Soziale Auslese: Was das Konzept der A. zunächst am stärksten diskreditiert hat, ist seine (bereits angedeutete) soziale Abgrenzungs- und Auslesefunktion. Die Etablierung des Abiturs, zunächst als herkunftsunabhängiger Leistungsausweis in einer offenen Gesellschaft gedacht, machte dieses zum alleinigen Ausweis von A. und zum Zugang für höhere Positionen. Der größere Teil der Menschen (untere Schichten, Mädchen) war damit von beidem ausgeschlossen. Arbeiter- (→ Arbeiterbildung) und Frauenbewegung protestierten gegen einen solchen Ausschluss und traten für einen Zugang für alle ein. Bürgerliche Kreise verhalten sich ambivalent: Neben Bestrebungen, die unteren Schichten wenigstens kulturell partizipieren zu lassen, gibt es die Diffamierung autodidaktischer A. als überflüssige oder gefährliche „Halbbildung".

Multikultur: In Teilen der Arbeiterbildungs- und auch der Volkshochschulbewegung wurde immer schon infrage gestellt, dass eine einzige Kultur, und zwar die hohe oder klassische Kultur der Gebildeten, ohne weiteres alleiniger oder dominanter Inhalt von A. sein kann. Der Ruf nach einem „weiten Kulturbegriff" ist in den letzten Jahrzehnten zum bekannten Stereotyp geworden. Die Menschheit lebt in einer Vielfalt von Nationen, Kulturen, Milieus (→ Milieuforschung), die als gleichberechtigt gelten müssen. Wenn sich Lehrpläne und A. aber nicht mehr an einer bestimmten Kulturform orientieren sollen, dann verschärft diese Forderung das Problem, wie überhaupt noch eine Bildung „im Gemeinsamen“ möglich sein kann.

Wissensexplosion: Die Vorstellung, der Einzelne könne mittels eines bestimmten Kanons eine für alle Orientierungsprobleme hilfreiche A. erwerben, wird schon am Ende des 19. Jh. brüchig. Die Gesellschaft differenziert sich weiter aus; Technik, Ökonomie, Recht und viele andere Lebens- und Systembereiche generieren eigene Wissensbestände. Die vermehrten Lernanstrengungen und damit einhergehende Institutionalisierungen (→ Institutionen) vervielfältigen ihrerseits die Menge des Wissbaren. Selbst bei strengster Reduktion des Wissens auf Exemplarisches, selbst bei Ausdehnung der Lernphasen auf das Erwachsenenleben scheint es kaum noch möglich, dass der einzelne Mensch durch die Aneignung ausgewählter Inhalte eine dieser Entwicklung angemessene A. erwirbt. Zu ihrer Orientierung in der Welt, ja sogar zur Bewältigung ihres → Alltags sind Menschen mehr und mehr auf arbeitsteilige Verfahren und auf Experten angewiesen. Genauer: Alle werden zu Experten für immer kleinere Gebiete, Spezialisten für das Ganze gibt es nicht, die Verständigung zwischen Trägern unterschiedlicher Wissensbestände wird entscheidend.

Das Fragwürdig-Werden geschlossener oder sozial differenzierender Vorstellungen von A. heißt nicht, dass das Problem einer a.B. sich gleichsam von selbst gelöst hat. Der Ruf nach A. ist zumindest im Nachweis entsprechender Defizite höchst lebendig: Lehrherren weisen auf den Mangel an allgemeinen Grundkenntnissen hin, Professor/inn/en auf den an allgemeiner Studierfähigkeit usw. Die PISA-Studien der OECD bestätigen solche Kompetenzmängel im Hinblick auf die Leistungsfähigkeit der 15-Jährigen (OECD 2004). Daneben bleiben wichtige Bildungsfragen ungelöst:

- Partizipationsfrage: Brauchen gesellschaftliche Teilhabe und Mitbestimmung nicht ein Mindestmaß an gemeinsamem Wissen und Problembewusstsein?
- Verständigungsfrage: Welche Basis ist nötig, wenn man sich in einer Vielfalt von immer kleiner werdenden Milieus und Experten-Kulturen verständigen will?
- Orientierungs- und Prognosefrage: Wie kann man sich auf eine Welt einstellen und vorbereiten, in der der Kompetenz- und Problemlösungsbedarf immer weniger vorhersagbar erscheint?

Während A. kaum noch möglich erscheint, ist sie nötiger denn je. Drei Ansätze, um sie neu, vielleicht realistischer zu umreißen, seien im Folgenden genannt.

A. als Bildungsminimum: Reduktion auf elementare Grundkenntnisse und Kultivierung von Lernfähigkeit sind für Tenorth (1994) eine realistische Anforderung an A. Bildungsminimum bezeichnet dabei den Kern an Kulturtechniken (Lesen, Schreiben, Rechnen) und Grundkenntnissen, die Gesellschaft und Wirtschaft von Schulabgänger/inne/n tatsächlich erwarten bzw. den diese mindestens brauchen, um in ihrer Kultur bestehen zu können. Offensichtlich wachsen aber die Anforderungen an die Kulturtechniken, wie die Entdeckung des „funktionalen Analphabetismus“ (→ Alphabetisierung) gezeigt hat. Überhaupt erscheint ein Bildungsminimum nicht ohne weiteres als eingrenzbar.

A. als → Schlüsselqualifikationen und Lernfähigkeit: Als Schlüsselqualifikationen werden – vor allem im Bereich der Wirtschaft – solche formalen Kenntnisse, Fertigkeiten und Fähigkeiten bezeichnet, die alternative Optionen für eine große Zahl von Aufgaben, Rollen und Positionen ermöglichen und eine unvorhersehbare Folge von Anforderungen im Laufe des Lebens bewältigen helfen. Die Forderung danach wurde zuerst Anfang der 1970er Jahre vorgetragen, als die Vorhersage künftig benötigter beruflicher → Qualifikationen schwieriger wurde (Mertens 1988); sie wird heute verstärkt durch die Beobachtung, dass immer mehr Arbeitsplätze (nicht nur bei Führungspositionen) unspezialisiertere Fähigkeiten verlangen. Im Hinblick auf deren genauere Passung scheint der Kompetenzbegriff den der Schüsselqualifikationen abzulösen (Erpenbeck/Heyse 1999). Im Grunde wurden mit dem Konzept der Schlüsselqualifikationen die klassischen Forderungen nach formaler Kräftebildung und nach der Meta-Kompetenz „Lernfähigkeit“ wiederholt. Solche grundlegende Bildung erfordert aber nicht nur viel Zeit, sondern ist auch nicht völlig losgelöst von der Aneignung (→ Aneignung – Vermittlung) von Inhalten zu bewerkstelligen, und die Übertragung entsprechender Kompetenzen scheint nicht unbegrenzt möglich (Tenorth 1994).

A. als „Bürgerbildung“? Die Fragen, die die beiden genannten Reduktionskonzepte offenlassen, führen unmittelbar zu der Überlegung, ob es nicht doch einen festen, wenn auch stofflich stark reduzierten Kanon geben müsse. Dafür spricht auch das Interesse der Gesellschaft an gemeinsamen Wissensbeständen.

Gieseke (1998) plädiert für eine politische Konsenssuche und -setzung. Kriterien eines solchen Kanons sollten nicht der Bildungstheorie entnommen, sondern aus dem Interesse aller an Partizipation, vor allem an politischer Mitbestimmung, begründet werden.

Allgemeine WB ist nicht automatisch a.B. im bisher besprochenen Sinne. Als allgemeine WB werden in der Regel solche Programmangebote zusammengefasst, die üblicherweise – z.B. in Anlehnung an die Inhalte allgemeinbildenden Schulwesens – für allgemein oder grundlegend gehalten werden (Schlutz/Schrader 1999); oder noch simpler: die Angebote, die nicht unbedingt berufsbildend sind (→ politische Bildung wird oft als eigene Größe betrachtet). Unabhängig von solchen konventionellen Setzungen scheinen sich berufliche Bildung und a.B. kaum systematisch nach ihren Gegenständen unterscheiden zu lassen, sondern allenfalls nach der jeweiligen Nutzung durch die Adressaten (Heid 1986). Warum z.B. Seidenmalerei allgemeiner oder allgemeinbildender sein soll als Gasschweißen, ist logisch kaum zu begründen. Man könnte sogar weiter gehen und fragen, ob die Unterscheidung von allgemeiner Menschenbildung und anwendungsbezogener spezieller Bildung überhaupt ohne weiteres auf die WB übertragbar ist. Ohne Klärung dieser Frage haben A-priori-Urteile über die allgemeinbildende Funktion bestimmter Angebote, z.B. auch der beruflichen WB, oder Konzepte der → Integration bzw. Synthese von allgemeiner, politischer und beruflicher Bildung keine ausreichende theoretische Grundlage.

Allgemeine WB ist in der Praxis keineswegs eine Restgröße, sondern wird gleich viel nachgefragt wie die berufliche WB (Kuwan u.a. 2006). Aufgrund von Programmanalysen lassen sich folgende Segmente und Funktionen der allgemeinen WB unterscheiden (Körber 1995; Schlutz/Schrader 1999):

- Grundbildung (u.a. Alphabetisierung, Schulabschlüsse),
- Kommunikations- und Schlüsselkompetenzen (einschließlich → Fremdsprachen),
- Allgemeinwissen und Alltagskompetenzen,
- politische Bildung (s.o.).

Die ersten beiden Programmsegmente sind noch relativ leicht der Allgemeinbildungsdiskussion zuzuordnen, geht es doch erstens um das Nachholen eines Bildungsminimums und allgemeinbildender Abschlüsse und zweitens um die Vertiefung und Erweiterung sprachlicher und formaler Fähigkeiten. Quantitativ gesehen geht das kompensatorische Angebot zurück, Schlüsselkompetenzen wurden und werden immer mehr angeboten, den stärksten Zuwachs aber hat der Bereich des darüber hinausgehenden Allgemeinwissens verzeichnet. Dieses Segment hat in den letzten zwanzig Jahren die größten Veränderungen erfahren: vom rezeptiven Angebot (Kunstbetrachtung) zum aktiven Verhalten (selber gestalten), von der Beschäftigung mit hoher Kultur und Bildungswissen zur Vervollständigung von Alltagskompetenzen in Bereichen wie Gesundheit (→ Gesundheitsbildung), Umwelt (→ Umweltbildung), Beziehungs- und Rechtsfragen usw. Man muss einen „Kurssturz der klassischen Wissensvermittlung" und des klassischen Bildungswissens und einen Nachfrageboom nach Verständigung und Können für einen komplexer werdenden Alltag diagnostizieren (Schlutz 2002). Diese „Veralltäglichung" des Angebots könnte als nachfrageorientierte Entwicklung eine neue erwachsenenspezifische A. signalisieren. Dies wäre freilich keine, die für alle gleich aussähe und sich kanonisieren ließe.

Literatur

Erpenbeck, J./Heyse, V.: Die Kompetenzbiographie. Münster 1999 – Gieseke, H.: Pädagogische Illusionen. Lehren aus 30 Jahren Bildungspolitik. Stuttgart 1998 – Heid, H.: Über die Schwierigkeiten, berufliche von allgemeinen Bildungsinhalten zu unterscheiden. In: Tenorth, H.-E. (Hrsg.): Allgemeine Bildung. Analysen zu ihrer Wirklichkeit, Versuche über ihre Zukunft. Weinheim/München 1986 – Humboldt, W. v.: Der Königsberger und der Litauische Schulplan. In: Flitner, A./Giel, K. (Hrsg.): Werke, Bd. 4. Darmstadt 1964 (erstmals ersch. 1809) – Klafki, W.: Neue Studien zur Bildungstheorie und Didaktik. Weinheim/Basel 1985 – Körber, K. u.a.: Das Weiterbildungsangebot im Lande Bremen. Strukturen und Entwicklungen in einer städtischen Region. Bremen 1995 – Kuwan, H. u.a.: Berichtssystem Weiterbildung IX. Integrierter Gesamtbericht zur Weiterbildungssituation in Deutschland. Durchgeführt im Auftrag des BMBF. Berlin/Bonn 2006 – Mertens, D.: Schlüsselqualifikationen. In: Mitteilungen aus der Arbeitsmarkt- und Berufsforschung, H. 2, 1974 – Mertens, D.: Das Konzept der Schlüsselqualifikationen als Flexibilisierungsinstrument. In: Report. Literatur und Forschungsreport Weiterbildung, H. 22, 1988 – OECD (Hrsg.): Lernen für die Welt von morgen. Erste Ergebnisse von PISA 2003. Paris 2004 – Rousseau, J.-J.: Emile ou de l'éducation. 1762. Paris 1817 – Schlutz, E./Schrader, J.: Veränderungen im Angebot diesseits und jenseits von Arbeit. In: Arnold, R./Gieseke, W.: Weiterbildungsgesellschaft, Bd. 2. Baltmannsweiler 1999 – Schlutz, E.: Alltagskompetenz statt Bildungswissen? Zur Empirie des Allgemeinwissens in der Erwachsenenbildung. In: Künzel, K. (Hrsg.): Allgemeinbildung zwischen Postmoderne und Bürgergesellschaft. Köln 2002 – Tenorth, H.-E. (Hrsg.): Allgemeine Bildung. Analysen zu ihrer Wirklichkeit, Versuche über ihre Zukunft. Weinheim/München 1986 – Tenorth, H.-E.: „Alle alles zu lehren". Möglichkeiten und Perspektiven allgemeiner Bildung. Darmstadt 1994

Erhard Schlutz

Alltag

Unter dem Begriff A. lassen sich alle routinisierten Abläufe fassen, die sich als weitgehend latente Gewohnheitsmuster im Rahmen von Arbeit, Freizeit, Konsum, Schlaf und soziokulturellen Aktivitäten herausgebildet und dabei einen unthematisierten Selbstverständlichkeitscharakter entwickelt haben. Die Latenz von Alltäglichkeit verweist darauf, dass es nicht um den Gegensatz von „bewusst – unbewusst" bzw. „unterbewusst" geht, sondern dass A. das „Unalltägliche" im Sinne eines „Außergewöhnlichen" zum Gegenbegriff hat. A. ist daher weder räumlich-territorial noch situativ oder zeitlich abgrenzbar, sondern nach Soeffner als ein „spezifischer kognitiver Stil" sozialer Praxis zu fassen. „Die generalisierte Struktur dessen, was wir Alltag nennen, beruht vielmehr auf einem besonderen Typus der Erfahrung, des Handelns und des Wissens" (Soeffner 2004) Die spezifische Leistung des alltäglichen Erfahrungstyps besteht in der Konstitution von Evidenz im Sinne einer selbstverständlichen Normalität. Alltagserfahrung bewirkt eine „Minimisierung des Ungewöhnlichen, des Zweifels" (ebd.). Sie schafft dadurch „zugleich eine fundamentale intersubjektive Erfahrungs-, Wissens- und auch Organisationsform des alltäglichen Milieus" (ebd.). Clifford Geertz konzeptionalisiert dies kulturtheoretisch als „Common-sense"-Struktur, die auf die Reflexionsstufe einer „Beobachtung erster Ordnung" beschränkt bleibt (Geertz 1983). Unklarheiten folgen aus unzureichender Abgrenzung zur Kategorie der → Lebenswelt. Hierdurch bleiben die je mitgedachten ontologischen Voraussetzungen außer Betracht. Folgt man jedoch Alfred Schütz, so bezeichnet „Lebenswelt" den insgesamt „umgreifenden Sinnhorizont für alle finiten Sinnbereiche" (Meyer-Drawe 1989) und fundiert somit alltägliche ebenso wie nicht-alltägliche Erfahrungstypen. Alltagsgebundenes Wissen sollte daher nicht mit „natürlicher Einstellung" verwechselt werden, auch wenn dies innerhalb der „Common-sense"-Struktur naiv unterstellt wird. Als Konsequenz folgt hieraus, dass „Alltäglichkeit" im Sinne eines kognitiven Stils sozialer Praktiken auch in den Handlungsroutinen der Funktionssysteme wie Wissenschaft, Bildung oder Wirtschaft aufzufinden ist. A. ist also kein kontrastiver Gegenbegriff zur Funktionslogik sozialer Systeme. Im Gegensatz dazu bezeichnet die phänomenologische Kategorie der Lebenswelt die sozialontologische Dimension einer Seinsweise des Humanen im Sinne eines „In-der-Welt-Seins" menschlicher Akteure, wobei jeweils spezifische Varianten, „alltäglich zu leben", durch differente Lebenswelten überhaupt erst möglich werden.

Für die Rekonstruktion von Prozessen → lebenslangen Lernens wird die Unterscheidung zwischen Lernen in alltäglichen Sinnzusammenhängen und in besonderen, vom A. als „didaktisch" unterschiedenen Sinnkontexten zu einer Leitdifferenz, mit der sich pädagogisches Handeln von „zwei Seiten einer Form" beobachten lässt. Erwachsenenpädagogische Theoriebildung und daran anschließende empirische Forschung werden dadurch in die Lage versetzt, auch die alltagsweltlichen Varianten einer gesellschaftlichen Institutionalisierung von Erwachsenenlernen als relevanten Gegenstand wahrzunehmen. Durch eine derartige „Entgrenzung" oder „Universalisierung" des Pädagogischen (Kade 1989) gewinnt die Disziplin einen über berufsständisches Erkenntnisinteresse hinausreichenden gesellschaftstheoretischen Beobachterstandpunkt. Alltägliche Strukturbildungen pädagogischen Handelns sind aus dieser Perspektive allerdings nicht mehr zureichend mit der Residualkategorie des „informellen" Lernens rekonstruierbar, weil damit implizit Unterrichtsdidaktik als Normalform unterstellt wird. Stattdessen werden in Anschluss an Alfred Schütz folgende „Merkmale alltagsgebundenen Lernens" qualitativ bestimmbar (Schäffter 2001):

- Alltagsweltliche Lernanlässe bauen ihr spezifisches Spannungsgefälle innerhalb einer pragmatischen Sinnstruktur auf und beziehen sich hier auf Lernen im Tätigsein, wie z.B. im Prozess der Arbeit, der täglichen Lebensführung und im Verfolgen unterschiedlicher Aktivitäten im Laufe des Lebens.
- Lernen folgt Relevanzstrukturen des „Alltagswissens" (Runkel 1976) und nicht einer Sach- oder Fachsystematik.
- Lernprozesse schmiegen sich „beiläufig" der insular fragmentierten Sach- und Handlungsrelevanz alltäglicher Vorhaben an.
- In seiner Normalform verläuft das Lernen latent und daher ohne besondere Aufmerksamkeit zu verlangen; erst im Problemfall gerät es in den Fokus reflexiver Beobachtung.

- Alltägliche Lernprozesse bilden ihre eigene Ordnung heraus und finden dabei ihren organisatorischen Ausdruck in fluiden, ihre Ziele im Prozessverlauf generierenden Strukturen, die sich in Routinen alltäglicher Praktiken verfestigen und langfristig auch kulturell zu institutionalisieren vermögen (z.B. in hoch elaborierten Alltagspraktiken des Lesens oder narrativen Erzählens).
- Alltagsgebundenes Lernen ist im Widerspruch zu gängigen Ideologien nicht von vornherein selbstbestimmt, sondern aufgrund seiner Kontextabhängigkeit thematisch, sozial und temporal höchst voraussetzungsvoll und damit selektiv.

Im Zuge gesellschaftlicher Modernisierung wurden die Wirksamkeitsgrenzen von alltagsgebundenen Lernprozessen rasch erreicht: Immer dann, wenn sie bei den beteiligten Akteuren zu Überforderung, Ineffektivität oder zu Wirkungsverlust führen, entsteht daher Bedarf an „nicht-alltäglichen", auf den Lernprozess selbstreferentiell rückkoppelnden Strukturen einer „Beobachtung zweiter oder dritter Ordnung". Diese strukturelle Steigerung an Reflexion erfolgt durch eine funktionale Ausgliederung didaktisierter Sondersituationen in Form nicht-alltäglicher „Lernsituationen". In ihnen wird die „Kontingenzinvisibilisierung" der alltäglichen „Common-sense"-Struktur aufgehoben und dadurch systematisch verfügbares „Nicht-Wissen" produziert. Nur vor diesem strukturellen Kontrast zwischen beiden Kontextierungen wird A. als normalitätssicherndes Konstrukt verständlich und über Restkategorien wie „informell" hinaus auch qualitativ in seiner besonderen Eigenlogik bestimmbar. A. erhält seinen produktiven Sinn einer evidenten Selbstverständlichkeitsstruktur erst aus seiner Komplementarität zu kognitiven Strategien einer reflexiven Beobachtung höherer Ordnung.

Die seit längerem einsetzende „Rehabilitierung vorwissenschaftlicher Erfahrung" betont aus dieser Problemsicht heraus einen paradigmatischen Strukturbruch zwischen zwei gleichrangigen Kontextierungen, die jeweils einer unverwechselbaren Logik eigenen Rechts folgen. Ihre Differenz wird im erziehungswissenschaftlichen Diskurs an drei Systemreferenzen diskutiert:

- Sachlich auf einer wissenssoziologischen Ebene als Differenz zwischen erfahrungsbezogenem Alltagswissen und systematischen Wissensbeständen. Deutlich wird dabei, dass in beiden Kontextierungen ein jeweils unterschiedlicher Lerngegenstand konstituiert wird (Runkel 1976; Forneck 1987). Damit wird die didaktische Kategorie des „Inhalts" wissenssoziologisch relativiert und über die didaktische Kategorie des „Lehrstoffs" hinaus auch alltagstheoretisch fassbar.
- Sozial wird auf einer institutionstheoretischen Ebene die Differenz zwischen zwei Profilen pädagogischer Dienstleistung beobachtbar, nämlich zwischen „alltagsdidaktischem" Support durch Lernberatung und Kompetenzentwicklung einerseits und grenzüberschreitenden sowie distanzfördernden Lehr-Lernarrangements andererseits, die als Emanzipation des Lernens aus der Eingebundenheit in lebensweltliche Milieus oder biographischer Verstrickung gedacht sind. An dieser Gegenüberstellung wird erkennbar, dass Konzepte wie „Alltagsorientierung", „Praxisbezug" oder „Lernfeldorientierung" weiterhin den Anbieterstandpunkt funktional didaktisierter Kontexte aus einer nicht-alltäglichen Relevanzstruktur her deuten, was alle Komposita der "-orientierung" verraten. Alltagsorientierung kann qua definitionem niemals zur Evidenz alltagsgebundenen Lernens führen, sondern erweist sich als ein höchst voraussetzungsvolles didaktisches Setting auf einer hohen Reflexionsstufe reformpädagogischer Selbstbeobachtung, in dem A. am „Lerngegenstand Alltagsbewusstsein" (Forneck 1987) ausgedeutet wird.
- Temporal kommen differente Zeitregimes im Verlauf des Lernens von Erwachsenen in den Blick: Während in Kontexten alltagsgebundenen Lernens permanent beiläufig gelernt werden kann, dies aber nur unter lernhaltigen und lernförderlichen Lebens- und Arbeitsbedingungen realisiert werden kann, stellt sich in funktional didaktisierten Kontexten das Problem der Synchronisation zwischen Lernzeiten und den von ihnen unabhängigen alltäglichen Anlässen und Entwicklungszeiten.

Insgesamt stellt sich im Rahmen der konstitutiven Leitdifferenz zwischen alltagsgebundenen und funktional didaktisierten Lernkontexten die Frage, wie in der weiteren Entwicklung gesellschaftlicher Institutionalformen lebensbegleitender Bildung das spannungsreiche Verhältnis zwischen beiden Kontextierungen in ihrer strukturellen Komplementarität verstanden und pädagogisch fruchtbar gemacht werden kann. Unter anderem erklärt sich hieraus, dass Konzepte der Weiterbildungsberatung und der Lernberatung zunehmend als intermediäre Schnittstelle wahrgenommen werden und in diesem Sinne gegenwärtig eine der wirklich interessanten Dauerbaustellen der pädagogischen Institutionalentwicklung darstellen.

Literatur
Forneck, H.J.: Alltagsbewusstsein in der Erwachsenenbildung. Bad Heilbrunn 1987 – Geertz, C.: Common sense als kulturelles System. In: Ders. (Hrsg.): Dichte Beschreibung. Frankfurt a.M. 1983 – Kade, J.: Universalisierung und Individualisierung der Erwachsenenbildung. In: Zeitschrift für Pädagogik, H. 6, 1989 – Meyer-Drawe, K.: Lebenswelt. In: Lenzen D. (Hrsg.): Pädagogische Grundbegriffe, Bd. 2. Reinbek 1989 – Runkel, W.: Alltagswissen und Erwachsenenbildung. Braunschweig 1976 – Schäffter, O.: Weiterbildung in der Transformationsgesellschaft. Baltmannsweiler 2001 – Soeffner, H.-G.: Auslegung des Alltags. Der Alltag der Auslegung. Konstanz 2004

Ortfried Schäffter

Alphabetisierung – Grundbildung

Analphabetismus galt lange Zeit als ein Tabuthema in Industrieländern. Erst in den 1970er Jahren wurde das Problem in diesen Ländern, so auch in Deutschland, öffentlich verhandelt. Auch als globales Phänomen wird Analphabetismus zunehmend berücksichtigt. Zu nennen sind insbesondere die „Weltbildungskonferenz" 1990 in Jomtien (Thailand), die CONFINTEA V 1997 in Hamburg (Deutschland) und das „Weltbildungsforum" 2000 in Dakar (Senegal). Das durch die UNESCO ausgerufene „Internationale Weltalphabetisierungsjahr" 1990 („International World Literacy Year") und die „Weltalphabetisierungsdekade" 2003–2012 („United Nations World Literacy Decade") machen verstärkt auf die Problematik aufmerksam.

Zu Beginn der Alphabetisierungskampagne schien es für die Öffentlichkeit undenkbar, dass es Menschen gibt, die in einem Land mit mehr als hundertjähriger Schulpflicht in einem differenzierteren Bildungssystem ausgebildet werden und dennoch nicht oder nur unzureichend lesen und schreiben können bzw. es wieder verlernen. Die öffentliche Thematisierung von Analphabetismus in Deutschland führte bereits in den 1980er Jahren zu bundesweiten Projekten zur A. In dieser Zeit sind erste Voraussetzungen geschaffen worden, an Weiterbildungseinrichtungen ein flächendeckendes Angebot aufzubauen; 80 % bis 90 % aller Angebote finden an Volkshochschulen statt.

Für die Betroffenen bleibt Analphabetismus dennoch bis heute oftmals ein Tabuthema. Aus Angst und Scham verbergen sie ihre Probleme. Analphabetismus geht folglich mit sozialer Isolation einher und kann sogar zu Diskriminierung der Person führen. Umso wichtiger ist es daher, dass im Rahmen von gezielter Öffentlichkeitsarbeit eine Sensibilisierung für die besondere Problem- und Bedürfnislage der Betroffenen erreicht wird.

Um auf verschiedene Erscheinungsformen von Analphabetismus aufmerksam zu machen, wurden unterschiedliche wissenschaftliche Begrifflichkeiten eingeführt. In Industrieländern spricht man meist vom „funktionalen Analphabetismus". Zunehmend wird jedoch der aus dem englischen abgeleitete Begriff „Literacy" bzw. „Literalität" für „Alphabetismus" verwendet.

Seit Beginn der 1980er Jahre gibt es die A. als ein Praxisfeld der EB. Man wurde auf das Phänomen des (funktionalen) Analphabetismus aufmerksam, als in den 1970er Jahren durch neue Technologien einfache Arbeitsplätze wegfielen und die Arbeitslosigkeit rapide anstieg. Eine wachsende Zahl von Personen wurde aufgrund unzureichender Lese- und Schreibkenntnisse zu Verlierern auf dem Arbeitsmarkt. Daraufhin wurden in einigen Bildungseinrichtungen und -initiativen erste Alphabetisierungskurse für die Betroffenen eingerichtet. In den 1990er Jahren zeigten sich in den neuen Bundesländern viele Parallelen zu der Entwicklung in den alten Bundesländern.

A. kann als Modell von Selbstbildungsprozessen betrachtet werden. Das Erforschen von Entstehungsbedingungen von Analphabetismus hat ein besseres Verstehen der Betroffenen ermöglicht und dazu beigetragen, adäquate Förderungsmöglichkeiten zu entwickeln. In der A. sind wesentliche Elemente von Didaktik innovativ weiterentwickelt worden: „aufsuchende" und „motivierende" Methoden, z.B. Anspracheformen in sozialen Zusammenhängen, Arbeitsbeziehungen oder Organisationen. Von besonderer Bedeutung sind die Anspracheformen über audiovisuelle Medien. Das Lernen erfolgt in kleinen Gruppen, um individuelle Unterstützung zu gewährleisten. Materialien werden individuell und prozessual erstellt. Wichtig sind außerdem die Qualifizierung des pädagogischen Personals und das Konzept einer → Lernberatung, die die Reflexion lerngeschichtlicher Erfahrungen der → Teilnehmenden beinhaltet und dazu beträgt, eigene Lernpotenziale zu entfalten. Alphabetisierungs- und Grundbildungsangebote umfassen Lese- und

Schreibkurse unterschiedlicher Niveaustufen, Rechnen, PC-Kurse, Deutsch im Alltag, Deutsch für den Beruf, Vorbereitung auf den Hauptschulabschluss und → Lernen lernen.
Aufgrund der tiefgreifenden Veränderungen in unserer Gesellschaft und auf dem Arbeitsmarkt hat sich auch die Situation in dem Bereich A. verschärft. In allen Gesellschaften wird A. zunehmend im Zusammenhang mit wirtschaftlicher Leistungsfähigkeit gesehen. Es gibt eine wachsende Kluft zwischen Qualifikationsanforderungen und Kompetenzprofilen, auch in einfachen Berufen. Festzustellen ist auch, dass die Zielgruppe für A. immer jünger wird.
Folgende Fragen werden von Forschern und Praktikern diskutiert: Können Mindeststandards im Bereich A. festgelegt werden? Welche Elemente gehören zu einer berufsorientierten A.? Welche Veränderungen ergeben sich aufgrund der zunehmenden Bedeutung der Neuen Medien? Welchen Beitrag kann sozial-integrative Alphabetisierungsarbeit leisten?
A. ist quantitativ ein kleiner, aber wichtiger Angebotsbereich in der WB, der dazu beiträgt, dass eine wachsende Gruppe von Menschen ihr negatives Selbsterleben und ihre soziale Ausgrenzung überwindet und Integration in die Arbeitswelt ermöglicht wird. Somit leistet A. einen Beitrag zur → Inklusion.

Literatur
Fuchs-Brüninghoff, E./Kreft, W./Kropp. U. (Hrsg.): Alphabetisierung. Konzepte und Erfahrungen. Bonn/Frankfurt a.M. 1986 – Grotlüschen, A./Linde, A. (Hrsg.): Literalität, Grundbildung oder Lesekompetenz? Münster u.a. 2007 – Nuissl, E.: Lesen- und Schreibenlernen in der Erwachsenenbildung. In: Franzmann, B. u.a. (Hrsg.): Handbuch Lesen. München 1999 – Schneider, J./Gintzel, U./Wagner, H. (Hrsg.): Sozialintegrative Alphabetisierungsarbeit. Münster u.a. 2008 – Tröster, M. (Hrsg.): Spannungsfeld Grundbildung. Bielefeld 2000 – Wagner, D. u.a. (Hrsg.): Literacy: An International Handbook. Boulder 1999

Monika Tröster

Altersbildung

Das Lebensalter und der Prozess des Alterns stellen zwei unterschiedliche Merkmale biographischer Konstruktionen mit hoher Bedeutung für das → lebenslange Lernen dar: Das Lebensalter orientiert sich an Zeitmarken, die besonders für Statistiker relevant sind und oft mit der Fremdzuschreibung „alt" verbunden werden. Altern hingegen bezeichnet den Entwicklungsprozess vom Beginn bis zum Ende des Lebens mit seinen Veränderungen der thematischen Strukturierungen (Kruse 2008). Altersbilder beeinflussen dabei die Kontexte der Bildung, da sie angeben, welches Verhalten als Teil einer „altersangemessenen Rolle" (Kade 2007) gelten kann. Die Altersbilder verändern sich allerdings mit dem demographischen Wandel der deutschen Gesellschaft.
Der demographische Wandel in Deutschland ist durch sinkende Geburtenraten, steigende Lebenserwartungen und verringerte Zuwanderung gekennzeichnet. Dies verändert die Struktur, die Bedingungen und Aufgaben der WB nachhaltig. Alter war früher keine genuine pädagogische Kategorie, denn organisierte Bildung war historisch zunächst der Jugend vorbehalten, die auf das Erwachsensein vorbereitet wurde. Die Zuständigkeit der EB für das Lernen Älterer – und die Entdeckung des Alters als pädagogische Aufgabe – entwickelte sich parallel zur Ausdehnung einer eigenständigen Altersphase und deren spezifischen Entwicklungsaufgaben.
Die Rolle der Bildung im höheren Lebensalter ist durch diese Faktoren noch nicht ausreichend beschrieben. In den 1990er Jahren finden wir zahlreiche Publikationen zum Thema A., Geragogik und Lernen im Alter. Der Schwerpunkt lag häufig in den Bereichen Freizeitbildung, Alltagsbewältigung, Sinnfindung und Antizipation von Altersproblemen. Die Relevanz sog. qualifikatorischer Themen erschien in der nachberuflichen bzw. in der vierten Lebensphase eher gering. Heute hingegen zeigt sich durch die zeitliche Ausweitung der höheren Lebensphase und ihre stärkere Ökonomisierung die Notwendigkeit, in der Weiterbildung gleichbedeutend allgemeine und qualifizierende Angebote zu berücksichtigen.
Ältere Menschen bilden auch unter der Bildungsperspektive keine homogene Gruppe. Es ist daher schwierig von *der* Alten- oder Altersbildung zu sprechen, Geragogik von der Pädagogik/Andragogik abzugrenzen oder Unterschiede des Lernens junger und alter Erwachsener präzise zu bestimmen. Die Verortung der Geragogik als eigene Disziplin zwischen Gerontologie und Erziehungswissenschaft ist bisher umstritten (Anding 2002), da die spezifischen Dimensionen der Bildung im Alter unscharf bleiben. Insgesamt kann festgestellt werden, dass Alter heute eher aus multidisziplinärer Perspektive betrachtet wird und dass eher die biographisch erworbenen → Kompetenzen und weniger die Defizite des alten Menschen in den Vordergrund gestellt werden (BMFSFJ 2005).

Für den älteren Menschen zeigt sich ein Bildungsbedarf mit drei Schwerpunkten:

- Bildung in der späten Phase der Erwerbstätigkeit (50 plus) zur Erhaltung und Verbesserung der Beschäftigungsfähigkeit,
- Bildung in der nachberuflichen Lebensphase zur Wissensaktualisierung und zur Übernahme sinnstiftender Aufgaben in der Zivilgesellschaft,
- Bildung zur Entwicklung und Erhaltung der Selbstständigkeit in der vierten Lebensphase und zum Management von Alltagsproblemen bei Beeinträchtigungen.

Die → Weiterbildungsbeteiligung älterer Menschen wird bisher diesen Anforderungen nicht ausreichend gerecht. Die aktuellen Daten des „Adult Education Survey" (v. Rosenbladt/Bilger 2008) zeigen, dass ältere Menschen ab 55 Jahren weniger als jüngere Menschen an WB teilnehmen. Allerdings ist der Rückgang der betrieblichen und beruflichen Bildung im Alter eine starke Einflussgröße. Es zeigt sich, dass das Konzept des Lebenslangen Lernens über die Zäsur aufgrund der mit dem Berufsende verbundenen Vergesellschaftungslücke hinwegtäuscht, die keine kontinuierliche Fortsetzung der Bildungsbiographie mehr erlaubt. Individualisierungsprozesse verschärfen den Zwang für die Einzelnen, im Alter Sinn und Lebensaufgaben außerhalb gesellschaftlich relevanter Handlungsbereiche zu finden. Der → Alltag im Alter wird selbst zu einer Bildungsaufgabe (Kade 2007).

Zukünftig werden Bildungsinitiativen für Ältere an Bedeutung zunehmen, die angesichts einer vermehrten, frei disponiblen Alltagszeit und eines schwindenden lebenszeitlichen Horizonts eine Zukunftsperspektive für individuelle Entwicklungen und für die gesellschaftliche Partizipation ermöglichen. Dies können z.B. Angebote der biographischen Bildung sein, in denen Lebensgeschichten reflektiert werden. Geschieht dies gemeinsam mit jüngeren Menschen, so entsteht → intergenerationelle Bildung, die Wissens- und Erfahrungstransfer gestattet und die Älteren in die Gesellschaft zu reintegrieren vermag. Die WB im höheren Lebensalter kann einen wichtigen Beitrag zur Wahrung der Offenheit für neue Fragestellungen, zur Erhaltung der kognitiven Aktivität und zur Verbesserung der sozialen Integration von älteren Menschen leisten.

Literatur

Anding, A.: Bildung im Alter, Bildungsinteressen und -aktivitäten älterer Menschen. Leipzig 2002 – BMFSFJ: Fünfter Bericht zur Lage der älteren Generation in Deutschland. Bericht der Sachverständigenkommission. Berlin 2005 – Kade, S.: Altern und Bildung. Bielefeld 2007 – Kruse, A. (Hrsg.): Weiterbildung in der zweiten Lebenshälfte. Bielefeld 2008 – Rosenbladt, B. v./Bilger, F.: Weiterbildungsverhalten in Deutschland, Bd. 1: Berichtssystem Weiterbildung und Adult Education Survey 2007. Bielefeld 2008

Jens Friebe

Aneignung – Vermittlung

Man kann die EB/WB von den Teilnehmenden und ihren Aneignungsaktivitäten wie Lernen, Erfahrungen, Erwerb von Wissen, Werten und Kompetenzen her analysieren, aber auch von den institutionellen, organisatorischen und professionell bestimmten Vermittlungspraktiken. V. und A. sind damit die zentralen Referenzpunkte der Erwachsenenbildungstheorie. Während aus der Vermittlungsperspektive die Operationen der gesellschaftlichen Institutionen, Organisationen oder Professionen im Vordergrund stehen, wird aus der Aneignungsperspektive der Wissenserwerb als individuelle Eigenleistung von Handlungs- und Erlebenssubjekten begriffen. Mit der Fokussierung auf A. wird auf die Differenz von Lehren und Lernen verwiesen. Verbunden ist damit die Vorstellung, dass das Lernen nicht quasi automatisch aus dem Lehren folgt, sondern eine eigenständige Operation darstellt, die besondere pädagogische Aufmerksamkeit verlangt.

In der neueren Entwicklungsgeschichte der Unterscheidung A. vs. V. lassen sich unterschiedliche Phasen unterscheiden. Der programmatische Auftakt der Entwicklung Anfang der 1980er Jahre ist eng mit dem Aufschwung der Biographieforschung und ihr gemäßer qualitativer Methoden verbunden. Unter dem Leitbegriff „Bildung Erwachsener" wird das durch Selbstständigkeit und Selbstorganisation ausgezeichnete Aneignungshandeln von Erwachsenen innerhalb der EB unter dem Aspekt von Bildung, aber in Differenz zu den Intentionen von Kursleitenden zum Thema gemacht. Mit der Begründung der individuellen Aneignungspraxis als eines eigenständigen theoretischen Bezugspunktes der sich entwickelnden erziehungswissenschaftlichen Teildisziplin EB richtet sich deren Interesse in einer zweiten Phase insb. auf die Erforschung der empirischen Vielfalt von Aneignungsformen, auch jenseits der institutionalisierten EB. Neue Institutionalisierungsformen kommen in den Blick, in denen die Bildungsdimen-

sion von vornherein und auch institutionell sichtbar hybride Verbindungen zu geselligen, unterhaltenden, kulinarischen, aber auch ökonomisch-instrumentellen Dimensionen eingeht (bezogen auf langjährige Teilnahme am Funkkolleg vgl. Kade/Seitter 1996, bezogen auf lernende Organisation vgl. Hartz 2004). Diese Entwicklung hat in einer dritten Phase paradoxerweise dazu geführt, dass A. wieder stärker auf Prozesse der Vermittlung von Wissen bezogen wurde. In einer die EB übergreifenden Perspektive wird nunmehr die Relationierung von V. und A. im Rahmen von systemtheoretisch inspirierten Versuchen zur Bestimmung der Einheit des Pädagogischen unter den Bedingungen seiner Universalisierung zu einem neuen Thema (Kade 1997).
In neuerer Zeit wird diese Verknüpfung von A. und V. unter Bezug auf unterschiedliche empirische pädagogische Formen zum einen durch das Konzept der pädagogischen Kommunikation theoretisch näher bestimmt. Diese wird als aneignungsbezogene Wissensvermittlung in Absetzung von bloßer Wissensvermittlung präzisiert (Kade/Seitter 2007). Andererseits wird im Anschluss an die Unterscheidung zwischen kommunikations- und bewusstseinsintegrierter individueller A. analysiert, wie das Lernen Erwachsener in Kommunikationsprozessen für andere sichtbar zur Darstellung kommt (Dinkelaker 2008).

Literatur
Dinkelaker, J.: Lernen Erwachsener in hybriden Settings. Eine empirische Studie über Muster der Zuschreibung von (Nicht-) Wissen in der Interaktion. Wiesbaden 2008 – Hartz, S.: Biographizität und Professionalität. Eine Fallstudie zur Bedeutung von Aneignungsprozessen in organisatorischen Modernisierungsstrategien. Wiesbaden 2004 – Kade, J.: Vermittelbar/nicht-vermittelbar: Vermitteln: Aneignen. Im Prozeß der Systembildung des Pädagogischen. In: Lenzen, D./Luhmann, N. (Hrsg.): Bildung und Weiterbildung im Erziehungssystem. Lebenslauf und Humanontogenese als Medium und Form. Frankfurt a.M. 1997 – Kade, J./Seitter, W.: Lebenslanges Lernen. Mögliche Bildungswelten. Erwachsenenbildung, Biographie und Alltag. Opladen 1996 – Kade, J./Seitter, W. (Hrsg.): Umgang mit Wissen. Recherchen zur Empirie des Pädagogischen, 2 Bde. Opladen 2007

Jochen Kade

Angebot

Ökonomisch betrachtet bezeichnet das A. das Gut, vor allem die Gütermenge, die ein Anbieter auf dem Markt absetzen will. Im Bildungsbereich wird der Begriff „Bildungsangebot" traditionell weiter gefasst und meint über das Angebotsstadium bzw. die Absatzfunktion hinaus den besonderen Gegenstand oder die Leistung, die das Spezifikum des Bildungsunternehmens ausmacht. Im engeren Sinne besteht das A. in der Zusage, ein vorhandenes Leistungspotenzial in Form einer bestimmten Bildungsdienstleistung zu realisieren.
Als „Dienstleistung" werden alle wirtschaftlichen Leistungen bezeichnet, die nicht in Form fertiger Produkte übergeben oder getauscht werden können, sondern innerhalb eines Prozesses vermittelt werden. „Weiterbildungs-Dienstleistungen" (Schlutz 2006) sind eigenständige (marktfähige) personenbezogene und wissensintensive Leistungen, mit deren Hilfe das Lernen Erwachsener und der damit angestrebte Kompetenzzuwachs systematisch sowie ergebnis- und nutzenorientiert durch Lehren im weiteren Sinne unterstützt werden. „Eigenständig" meint hier: Die Bildungsdienstleistung wird als ganze angeboten und abgenommen, z.B. als Kursangebot. Ein nur innerhalb dieses Kurses angebotener Test würde als Teilleistung bezeichnet. Das Gelingen der Dienstleistung WB setzt das Lernen der Teilnehmenden voraus, also eine Eigenleistung. Ihr Erfolg ist also in einer „Koproduktion" begründet. Neben der Potenzialphase (Erstellung und Absatz des A.) kann man eine Prozessphase (Lehr-Lernprozess) und eine Ergebnisphase (Lernerfolg) unterscheiden. Vom Lernergebnis kann noch ein Folgeergebnis unterschieden werden (z.B. das Erreichen eines beruflichen Ziels), das in der Regel nach Ende der Dienstleistung und außerhalb ihrer Kontrollmöglichkeit eintritt.
Die Immaterialität des Bildungsangebots, die Tatsache also, dass es beim „Kauf" kaum wie ein Produkt auf Qualität und Bedarfsangemessenheit hin begutachtet werden kann, bedeutet für den Nutzer ein besonderes Kaufrisiko. Hinzu kommt, dass der Adressat bei den meisten Bildungsangeboten prinzipiell auch die Alternative hätte, das Ziel in Eigenarbeit zu erreichen, zumal er auch bei Buchung eines Bildungsangebots nicht umhin kommt, eine mehr oder minder große Eigenleistung durch Lernen zu erbringen. Der potenzielle Nutzer muss deshalb durch den Bildungsanbieter nicht nur vertauensbildende Hinweise (z.B. Gütesiegel) bekommen, die das Risikogefühl abmildern, sondern er muss auch von der besonderen Dienstleistungsqualität des A. überzeugt werden, d.h. von dessen Vorteil gegenüber

dem autodidaktischen Lernen (z.B. Entlastung, Kontrolle, Anreicherung). Eine solche Maßnahme könnte darin bestehen, den spezifischen Bildungsbedarf schon vor dem Leistungsprozess gemeinsam festzustellen und diesen nach Möglichkeit noch in die Angebotsentwicklung (→ Programmplanung) einzubeziehen.
Das Kernangebot der WB stellt der Form nach eine Unterrichtsveranstaltung in weitem Sinne dar. Es gibt seit längerem Erwartungen in Praxis und Wissenschaft, dass dieser Dienstleistungstyp differenziert und ergänzt werde, und zwar infolge vielfältigerer Anforderungen und Bedarfe, gestiegenen Kostenbewusstseins, größerer Konkurrenz und neuer technischer Möglichkeiten. In der Tat lassen sich Veränderungen und Experimente beim klassischen Angebotstyp beobachten (Schlutz 2002): Bildungsinnovationen modifizieren bisherige Dienstleistungen (z.B. durch indirektere Instruktion, neue Lernorte), kreieren neue Bildungsdienstleistungen durch Neue Medien oder Verselbstständigung von bisherigen Teilleistungen (z.B. Beratung) und verbinden Bildungsdienstleistungen mit andersartigen Dienstleistungen – auch in Kooperation – zu einem Leistungsmix (z.B. mit Organisationsberatung, Arbeitsbeschaffung). Zwei Tendenzen sind darin zu erkennen, nämlich das Lernen oder die Lernbedingungen zu individualisieren und Leistungen anzubieten, mit denen nicht nur das Lernergebnis, sondern das Folgeergebnis in der Lebens- und Arbeitspraxis abgesichert wird.
Allerdings sind dies noch keine dominanten Tendenzen. Vor allem bei den am meisten erwarteten Trends (Kil/Schlutz 2006; DIE 2008), denen zu mehr Beratung und zum → E-Learning, zeigen sich Schwierigkeiten, diese in größerem Stil als selbstständige marktfähige Leistungen anzubieten. Vielfach werden sie stattdessen als Teilleistungen innerhalb umfassenderer A. und Projekte mitangeboten.
Praxis, Politik und Wissenschaft müssen ein gemeinsames Interesse an Informationen über die Angebotsentwicklung im gesamten Weiterbildungsbereich haben, auch über die inhaltliche. Entsprechende Angebotsanalysen und empirische Erhebungen liegen meist nur für Segmente und bestimmte Themen vor und werden selten kontinuierlich zu Längsschnitten ausgebaut (→ Programme, → Systembeobachtung, → Weiterbildungsstatistik).

Literatur
DIE (Hrsg.): Trends der Weiterbildung. DIE-Trendanalyse 2008. Bielefeld 2008 – Kil, M./Schlutz, E.: „Dienstleistung Weiterbildung" – Feldforschung zu gegenwärtigen Veränderungen und Handlungsspielräumen. In: Meisel, K./Schiersmann, C. (Hrsg.): Zukunftsfeld Weiterbildung. Standortbestimmungen für Forschung, Praxis und Politik. Bielefeld 2006 – Schlutz, E. (Hrsg.): Innovationen in der Erwachsenenbildung – Bildung in Bewegung. Bielefeld 2002 – Schlutz, E.: Bildungsdienstleistungen und Angebotsentwicklung. Münster 2006

Erhard Schlutz

Anschlusslernen

Der Begriff A. ist zuerst in Verbindung mit empirischen Untersuchungen und didaktischen Vorschlägen für die WB betrieblicher Interessenvertreter eingeführt worden (Schmidt/Weinberg 1978). Es wurde davon ausgegangen, dass die → Teilnehmenden über gewisse Kenntnisse und Fähigkeiten verfügen, an die im Interesse des Seminarziels angeknüpft werden kann. Im Zuge der praktischen wissenschaftlichen Reflexion hat sich das Konzept des A. weiterentwickelt und ausdifferenziert; der Gedanke des Lernens, das an Vorhandenes andockt, wird heute stark mit lebensweltlichen und biographieorientierten Vorstellungen des Lernens verbunden. Dabei geht man im Wesentlichen von vier Aspekten aus, an die Lernen anschließen kann:

- das Vorwissen: dies bezieht sich auf die erworbenen Kenntnisse, aber auch Fähigkeiten und Kompetenzen der Menschen, die lernen. Dies ist nicht immer so einfach operationalisierbar wie bei Einstufungstests im Sprachunterricht, gilt aber als wesentliche Grundlage einer teilnahmeorientierten Didaktik;
- die Erfahrung: hier knüpft das → Lernen an Erfahrungen an, die über die kognitive Dimension des Wissens hinausgehen; narrative und lebensgeschichtliche Bezüge, Assoziationen und Verknüpfungen erleichtern nicht nur das Lernen, sondern beziehen es auch in die Entwicklung der Persönlichkeit ein;
- konkrete Interessen: hier knüpft das A. an den Interessen (und meist auch Erwartungen) der Lernenden in organisierten → Lehr-Lernprozessen an. Im A. werden die Interessen ermittelt, präzisiert und in didaktische Konzepte und Aktivitäten übersetzt;

- die Lebenswelt: hier knüpft das A. an den lebensweltlichen Kontext der Lernenden an, bezieht sich auf deren Problem- und Alltagssituation und transferiert sie in ein konzeptionell mit der Lebenswelt verbundenes Angebot.

In der Verknüpfung des A. mit der individuellen Bildungsbiographie wird es zur Determinante gelingenden Lernens im individuellen Kontext. Lernwiderstände sind in diesem Zusammenhang Indizien für Bruchstellen in der Suche nach Anschlüssen auf unterschiedlicher Ebene.

Im Konzept des → Lebenslangen Lernens, das solche biographieorientierten Bildungsprozesse nachzeichnet, spielt das A. sowohl makro- als auch mikrodidaktisch eine wichtige Rolle. Makrodidaktisch geht es darum, dass Individuen Übergänge zwischen organisierten Bildungsangeboten suchen und Module bereitstehen müssen, die einen solchen Anschluss unterschiedlicher Provenienz ermöglichen. Für die Anbieter in der Erwachsenenbildung bedeutet dies auch, dass differenziertere, kleinteiligere und aus unterschiedlichen Richtungen leichter ansteuerbare „Module" geschaffen werden müssen. Ebenfalls bedeutsam ist makrodidaktisch auch die Verknüpfung von informellem und formalisiertem Lernen, der Anschluss eines organisierten Lernprozesses (Kurs, Seminar etc.) an ein selbstgesteuertes und nicht fremd organisiertes Lernen zuvor und danach. Hier sind vielfach Notwendigkeiten einer innovativen Weiterentwicklung der Lehr-Lernangebote erforderlich.

Mikrodidaktisch erfordert das A. Möglichkeiten, im Lehr-Lernprozess die Anschlussstellen der Lernenden hinsichtlich Vorwissen, Erfahrung, Interessen und Lebenswelt aufzuspüren und flexibel sowie teilnehmerorientiert in der Lehre umzusetzen. Dabei spielen neue komplexe Arrangements, die in der Regel → Moderation, Instruktion und Rekonstruktion kombinieren, eine bedeutsame Rolle. Auch ist die Frage der Zertifizierungen bzw. der Anerkennung von Lernleistungen in diesem Kontext wichtig.

Literatur

Alheit, P.: Was die Erwachsenenbildung von der Biographie- und Lebenslaufforschung lernen kann. In: Lenz, W. (Hrsg.): Modernisierung der Erwachsenenbildung. Wien u.a. 1994 – Schmidt, R./Weinberg, J.: Weiterbildung als Lehrhandeln. Münster 1978 – Nuissl, E. (Hrsg.): Vom Lernen zum Lehren. Bielefeld 2006

Ekkehard Nuissl

Arbeit

A. gehört zu den gesellschaftspolitisch und -wissenschaftlich umstrittensten Begriffen. Zunächst bezeichnet A. die zielgerichtete, planmäßige und bewusste menschliche Tätigkeit, die unter Einsatz physischer und psychischer Fähigkeiten erfolgt und die Grundlagen der Existenz sichert. Darüber hinaus hilft A. den Menschen, personale und soziale Identität zu entwickeln und gesellschaftliche Anerkennung zu erlangen. Die Bedeutung von A. für die Menschen in modernen Gesellschaften wird deutlich anhand der psychosozialen, ökonomischen und gesellschaftlichen Folgen von Arbeits- und Erwerbslosigkeit.

Die Wertigkeit von A. wurde aber im Laufe der Geschichte unterschiedlich eingeschätzt. In der Antike wurde körperliche und kommerzielle A. im Gegensatz zur geistigen oder politischen Betätigung eher skeptisch betrachtet, und A. galt im Mittelalter und bis zur Reformation vor allem als Strafe und Buße. In der frühen Neuzeit erfolgte eine Umwertung: A. wurde positiv besetzt, da über sie für die „niederen" Stände Freiheit und Stadtbürgerrechte zu erlangen waren. Im Zeitalter der Aufklärung wurde A. erstmals als Selbstverwirklichung verstanden, eine Funktion, die mit dem Aufstieg des Bürgertums im 19. Jh. im Sinne von Identitäts- und Sinnstiftung noch erweitert wurde und deren irdischer Erfolg als besonderer Ausdruck von Heilsgewissheit gewertet wurde (Weber 1905).

Die Pole, die A. repräsentiert – Mühsal, Kampf, Ausbeutung und Entfremdung auf der einen und Selbstverwirklichung, Identität und Lebensunterhalt auf der anderen Seite – setzen sich in ihrer Dualität fort. Die Industrialisierung und die sich differenzierende Arbeitsteilung zu Beginn der 20. Jh. vergrößern diesen Gegensatz und daraus resultierende Entfremdung noch.

Nach Karl Marx ist die A. gekennzeichnet durch den grundlegenden Widerspruch zwischen der Produktivkraft A. und den kapitalistischen Produktionsverhältnissen. Sie ist „zunächst ein Prozess zwischen Menschen und Natur, ein Prozess, worin der Mensch seinen Stoffwechsel mit der Natur durch seine eigene Tat vermittelt, regelt und kontrolliert" (Marx/Engels 1867). Der Arbeitsprozess abstrakt gesehen ist nach Marx die „zweckmäßige Tätigkeit zur Herstellung von Gebrauchswerten, Aneignung des Natürlichen für menschliche Bedürfnisse, allgemeine Bedingung des Stoffwechsels zwischen

Mensch und Natur, ewige Naturbedingung des menschlichen Lebens, daher unabhängig von jeder Form dieses Lebens, vielmehr allen seinen Gesellschaftsformen gemeinsam" (ebd.). Gleichzeitig findet A. unter Bedingungen statt, welche den Arbeiter/inne/n die Verfügung über ihr Produkt entziehen und Entfremdung erzeugen. Nach ihrer Tauschwertseite hin ist A. der Kapitalverwertung unterworfen. In der Erwerbsarbeit sind die Arbeiter/innen gezwungen, ihre Arbeitskraft zu verkaufen, und sind so Ausbeutung, Unterdrückung und Entfremdung ausgeliefert. Sie bedienen die Maschinerie und werden Lückenbüßer eines großen, unbegriffenen Räderwerks.

Spätestens Ende des 19. Jh. wird A. weitgehend mit „Erwerbsarbeit", also „Produktionsarbeit" gleichgesetzt. Andere Formen der A., die in den Bereich der „Reproduktionsarbeit" fallen, wie Hausarbeit, Familienarbeit, Erziehungsarbeit und Eigenarbeit, werden ausgeschlossen und damit abgewertet. Diese Differenzierung bedeutet historisch gesehen gleichzeitig eine geschlechtsspezifische Diskriminierung, da der Bereich der Reproduktionsarbeit bis heute weitgehend von Frauen übernommen wird – mit entsprechenden Konsequenzen für ihre Präsenz und Durchsetzungsfähigkeit am (Erwerbs-)Arbeitsmarkt.

Bis heute hat sich zumindest für die meisten Menschen nichts daran geändert, dass A. „ewige Naturbedingung des menschlichen Lebens ist." Geändert haben sich allerdings die gesellschaftlichen Rahmenbedingungen für die A., die Verfügbarkeit von A. und die Arbeitsbedingungen selbst. Während in (West-)Deutschland spätestens seit den 1960er Jahren bis in die frühen 1980er Jahre für die männliche erwachsene Bevölkerung die Vorstellung eines „Normalarbeitsverhältnisses" normgebend war – langfristige vollberufliche Tätigkeit, die eine Familie ernähren konnte – erodiert dies seit den 1990er Jahren. Einschränkend muss allerdings festgestellt werden, dass ein „Normalarbeitsverhältnis" nur für eine Minderheit die Regel war; Frauen, Geringqualifizierte, Saison- und Gelegenheitsarbeiter/innen waren davon fast immer ausgeschlossen. Die Feststellung, dass „Normalarbeitsverhältnisse" rückläufig seien und an ihre Stelle vermehrt andere Beschäftigungsformen, wie Selbstständigkeit, Honorartätigkeiten, multiple und/oder prekäre Beschäftigungsverhältnisse treten, die schlecht bezahlt und sozial gering abgesichert sind, ist empirisch nachweisbar. Eine solche Arbeitsmarktstruktur ist allerdings weder historisch noch strukturell gesehen wirklich neu. Neu ist allerdings, dass die Veränderungen auch Gruppen betreffen, die auf dem Arbeitsmarkt bisher eher gute Chancen hatten.

Für die Gegenwart sind Entwicklungen der A. zu konstatieren, die sich bereits mit dem Wandel der Industriegesellschaft zu einer „Dienstleistungsgesellschaft" in den 1970er Jahren abzeichneten und die heute in der „Wissensgesellschaft" vor allem Konsequenzen für die zur Verfügung stehenden Arbeitsplätze haben, dadurch dass Form und Inhalt von A. grundlegend verändert wurden. Die Verlagerung von industrieller Produktion zu Dienstleistungen führte zu neuen Anforderungen an die Aus- und Weiterbildung der Menschen, da Tätigkeiten im Dienstleistungsbereich (Büro/Kommunikation, Gesundheit/Wellness, Erziehung) andere Fähigkeiten und Kenntnisse erfordern als eine überwiegend körperliche Tätigkeit.

Es sind aber nicht nur Veränderungen der Inhalte von A. zu konstatieren. Auch die Arbeitsformen und -strukturen und die Arbeitsorganisation haben sich gewandelt, so dass in manchen Segmenten – besonders für sehr gering und für sehr hoch bezahlte Tätigkeiten – geringere Verbindlichkeiten in Bezug auf Arbeitszeiten, Bezahlung und berechenbare Arbeitsstrukturen eingegangen werden. Im Niedriglohnsegment führt dies häufig zum Zwang, verschiedene Tätigkeiten parallel ausüben zu müssen, um den Lebensunterhalt bestreiten zu können. Für den Hochlohnbereich geht die Arbeitssoziologie von einer „Subjektivierung" bzw. Autonomisierung der A. aus, also stärker auf Eigenverantwortung und Selbstorganisation basierenden Tätigkeiten, die auch innerbetrieblich zu marktähnlichen Auftragsbeziehungen führen können. Diese neuen Arbeitsorganisationsformen drücken sich im Rahmen konventioneller Beschäftigungsverhältnissen in Gruppenarbeit, Zielvereinbarungen, Center-Konzepten (Profit-, Cost-Center, Intrapreneur-Modelle), hochflexibilisierten Arbeitszeiten und neuen Formen von computervernetzter Heim- und Mobilarbeit aus. Im Rahmen betriebsübergreifender Arbeitsbeziehungen zeigen sich Formen der Auslagerung von A. auf Scheinselbstständige, Kooperationen mit Selbstständigen, virtuelle Betriebe usw. (Pongratz/Voß 2004). Für Menschen, die in diesen neuen Arbeitsformen arbeiten, wurde der Begriff „Arbeitskraftunternehmer" geprägt, der über eine höhere Selbstständigkeit verfügt und gleichzeitig dem Zwang unterliegt, die Arbeitskraft der eigenen Person als strategisch handelnder Akteur auf dem Arbeitsmarkt vermarkten zu müssen.

Voraussetzungen dafür sind ein verändertes Selbstbild und Verhalten: die Planung und Steuerung der Arbeitskraft durch verstärkte Selbstkontrolle; die Selbstökonomisierung durch ziel- und zweckgerichtete „Produktion“ und Vermarktung der eigenen Fähigkeiten sowie eine Selbst-Rationalisierung, die als „Verbetrieblichung des Lebenslaufs“ bezeichnet wird (Pongratz/Voß 2004).
Diese Arbeitsformen haben Vor- und Nachteile für die Arbeitnehmer/innen, wobei die jeweilige soziale Situation großen Einfluss darauf hat, wie dieser Subjektvierungsprozess wahrgenommen wird. Subjektivierung ist nach arbeitssoziologischen Einschätzung Folge der „Entgrenzung“ von A. Dazu gehören die Aufweichung arbeitsrechtlicher Verbindlichkeiten, berechenbarer Arbeitszeiten unter gleichzeitigen Verfügbarkeitsansprüchen bedingt durch die erweiterten Möglichkeiten der Kommunikation, andere Formen der Kontrolle der Arbeitstätigkeit, teilweise Aufhebung der Trennung von A. und Freizeit.
Diese neuen Arbeitsformen setzen sich nicht nur im betrieblichen Kontext der sog. „New Economy“ durch, auch wenn sie hier sehr früh zu beobachten waren, sondern auch im Bereich der Produktion (z.B. im Automobilsektor) und im Dienstleistungsbereich (insb. im Bereich Gesundheit und Pflege). Daher ist es sicherlich verfrüht, von einem Ende der Arbeitsgesellschaft zu sprechen; sicherlich ist aber für die Zukunft zu erwarten, dass sich Arbeitsformen noch weiter individualisieren werden, die Arbeitsbeziehungen verändert werden, die Qualifikationsanforderungen und -erfordernisse schneller wachsen.
In diesem Zusammenhang ist dann zu fragen, welche Rolle Aus- und Weiterbildung in Zukunft spielen werden und inwiefern bisherige Modelle und die bisherige Praxis noch tragfähig sind. Das Konzept der „arbeitsorientierten WB“ kann Hinweise geben und weiterführende Perspektiven erschließen (Faulstich 1981). Dabei geht es weder nur um eine berufsbezogene WB, deren Ziel eine reaktive Anpassung an den beruflichen und arbeitsorganisatorischen Wandel oder die antizipative Kompensation solcher Wandlungsprozesse ist. Noch beschränkt sich dieses Konzept daneben auf die Verwirklichung beruflichen und sozialen Aufstiegs durch eine Verbesserung der Qualifikation.
Vielmehr versteht sich der Ansatz der arbeitsorientierten WB als ein Konzept, das die beiden Faktoren A. und Bildung miteinander verknüpft: A. als Konstante menschlichen Lebens, die erheblichen Einfluss auf die Identitätsbildung der Menschen hat, ist der Anknüpfungspunkt für Bildungsprozesse. Diese sollen im humanistisch-aufklärerischen Sinn zur Entfaltung der Person über die Vermittlung individueller und gesellschaftlicher Kenntnisse und Fähigkeiten beitragen und gleichzeitig den Menschen Möglichkeiten geben, ihre Interessen in Bezug auf ihre A. zu artikulieren. Dabei geht es thematisch darum, die Arbeitsbeziehungen, -prozesse und -organisation wie auch -inhalte mitzugestalten und die dafür notwendigen Fähigkeiten und Fertigkeiten zu erwerben. Ein solches Konzept, das ursprünglich im Anschluss an die Diskussionen um die Humanisierung der Arbeitswelt in den 1970er Jahren entwickelt wurde und bei dem es auch um den Anspruch der Integration allgemeiner, politischer und beruflicher Bildung ging, könnte heute im Rahmen veränderter Arbeitsformen und -bedingungen und der neuen Rollen, die Arbeitnehmer/innen ausfüllen, eine besondere Bedeutung bekommen, da die bewusste Gestaltung von A. eine andere Qualität bekommt.

Literatur
Faulstich, P.: Arbeitsorientierte Erwachsenenbildung. Frankfurt a.M. 1981 – Faulstich, P.: Weiterbildung. Begründungen lebensentfaltender Bildung. München 2003 – Lohr, K./Nickel, H.M. (Hrsg.). Subjektivierung von Arbeit. Riskante Chancen. Münster 2005 – Marx, K./Engels, F.: Werke, Bd. 23: Das Kapital. Berlin 1983 (erstmals ersch. 1867) – Negt, O.: Arbeit und menschliche Würde. Göttingen 2002 – Pongratz H.J./Voß, G.G. (Hrsg.): Typisch Arbeitskraftunternehmer? Befunde der empirischen Arbeitsforschung. Berlin 2004 – Weber, M.: Die protestantische Ethik und der Geist des Kapitalismus. In: Winkelmann, J. (Hrsg.): Die protestantische Ethik I. Gütersloh 1979 (erstmals ersch. 1905)

Peter Faulstich & Christine Zeuner

Arbeiterbildung

A. ist ein Produkt der „deutschen Doppelrevolution“ (Wehler 1995): der erfolgreichen industriellen Revolution der vierziger Jahre des 19. Jh. und der gescheiterten politischen Revolution von 1848/49. A. bleibt von Anfang an verknüpft mit der Entstehung und dem Wandel des Industriekapitalismus im Verfassungsstaat. Risse und Bruchstellen der modernen, kapitalistisch verfassten Gesellschaft wirken sich unmittelbar auf die A. aus. Dies spiegelt sich wider in der durch den Faschismus in die Krise geratenen Moderne ebenso wie in den gesellschaftlichen Zukunftsfragen seit den 1970er Jahren. „Was muss geschehen, wenn angesichts der Dynamik der technisch organisierten Arbeitsproduktivität der Arbeitsgesellschaft die Arbeit ausgeht?", formulierte Gorz schon 1980. Dies spiegelt sich ebenso wider in der aktuellen Diskussion über die Rolle der Erziehung in der neoliberalen Gesellschaft, die angesichts der Privatisierung von Bildung durch die Schaffung eines Bildungsmonopols für Bildungskonzerne in eine neue Dimension tritt. Diese Entwicklungen haben dazu beigetragen, dass A. als „Veredelung des Arbeiters" schon lange den traditionell hohen Stellenwert verloren hat – in der proletarisch-sozialistischen A. ebenso wie in der christlichen oder der bürgerlichen Variante.

Im „Handwörterbuch der Arbeitswissenschaften" (Leipart/Erdmann) von 1928 gehen zwei führende Repräsentanten der Gewerkschaften und der Sozialdemokratie, Theodor Leipart und Lothar Erdmann, noch davon aus, dass A. innerhalb der Gesamtheit der Erziehungsaufgaben nur dann erschöpfend gewürdigt werden könne, wenn der Begriff den Bereich der Elementarbildung, der → Allgemeinbildung und der → beruflichen Weiterbildung in den Berufs- und Fachschulen mit einbezieht und nicht nur die von den Parteien und Gewerkschaften (→ gewerkschaftliche Bildungsarbeit) geschaffenen Bildungseinrichtungen und → Angebote berücksichtigt. Damit erinnern sie an die bedeutende Rolle, die Arbeiterbildungsvereine seit Mitte des 19. Jh. als Vorläufer der Arbeiterbewegung wahrgenommen haben. Denn die von bürgerlichen Vertretern initiierten Industrieschulen und Bildungsvereine für Handwerker und Arbeiter/innen postulierten erstmals ein „Bürgerrecht auf Bildung" auch für Benachteiligte. Dieser Form der „Persönlichkeitsbildung" ging es um Verbesserung der Elementarbildung – einschließlich handwerklicher Grundqualifikationen. Das Ziel der einflussreichen liberalen Sozialreformer um den „Verein für Sozialpolitik" blieb es, die soziale und kulturelle Integration der Arbeiterschaft in die bürgerliche Gesellschaft durch → Bildung zu befördern. Dem diente auch die Gründung der „Gesellschaft für Verbreitung von Volksbildung" von 1871 als Vorläufer der → Volkshochschulen. Daneben entstanden seit 1868 die von der erstarkenden Sozialdemokratie unter August Bebel und Wilhelm Liebknecht gegründeten Arbeiterbildungsvereine. Sie rezipierten die marxistische Theoriebildung und zielten darauf ab, mithilfe der Aufklärungsarbeit und Wissensaneignung Arbeiter/innen zu befähigen, den politischen Kampf um eine andere, gerechtere Gesellschaftsordnung erfolgreich zu bestehen. Beide aufklärerisch orientierten Grundhaltungen wirken zusammen mit der integrativ ausgerichteten christlichen A. bis heute nach, wenn auch abgeschwächt und durch zahlreiche staatliche Reformvorhaben quantitativ und inhaltlich reduziert.

Die öffentliche Anerkennung der A. hat nach 1918 und erneut nach 1945 zu einer Integration der verschiedenen Ebenen in das staatlich regulierte Bildungssystem geführt. Die damit verbundene Zersplitterung erschwert die Präzisierung der Aufgaben von A. heute. Die Auflösungsprozesse sind zugleich auf grundsätzliche Veränderungen der kapitalistischen Risikogesellschaft (→ Gesellschaft) wie auf neue Aufgabenfelder der Arbeiterbewegung zurückzuführen. Mit der zunehmenden Integration der Arbeiterorganisationen in Staat und Gesellschaft setzten sich tarifvertragliche und gesetzliche Regelungen durch, die im 1920 verabschiedeten Betriebsrätegesetz ihren ersten prägnanten Ausdruck fanden und den Aspekt einer an organisationspolitischen Zwecken ausgerichteten Funktionärsschulung in den Gewerkschaften nach der Verabschiedung des Betriebsverfassungsgesetzes von 1952 dominant werden ließen.

Diese Verengung der Bildungsarbeit auf das Funktionieren der Funktionsträger reduziert Bildung auf → Qualifikation und Verwertbarkeit. Interessenorientierte → politische Bildung beschränkt sich in Umbruchphasen vielfach auf Sozialmanagementkonzepte und Moderatorenkompetenz (→ Moderation). Interaktive Lernprozesse dominieren heute. Diese neigen dazu, den Widerspruch von pädagogischer Vermittlung und gesellschaftlicher Wirklichkeit zu übersehen. Dieses Problem regte H. J. Heydorn an, auf „kollektive Mündigkeit" zu setzen und → Teilnehmerorientierung nicht mit Organisationsinteressen zu verwechseln (Heydorn 1980). Gerade in Zeiten, in denen der Wettbewerbskorporatismus dazu tendiert, die Ökonomisierung der Bildungsarbeit voranzutreiben, ist eine emanzipatorische politische A. gefordert, ein Gegenwissen als Gegenwehr zu entfalten. Sie plädiert für die Erneuerung von A. als „Gesinnungswandel" – in Anknüpfung an die fortschrittlichen reformpädagogischen Ansätze aus den Kreisen der Arbeiterbewegung um Rosa Luxemburg, Minna Specht und Anna Siemsen. Und sie tritt für eine vermittelnde Verflechtung von Politik, Ökonomie, Pädagogik und Philosophie ein. Das setzt unter den Bedingungen der Globalisierung in der bestehenden neoliberalen Gesellschaft voraus, an die Tradition der parteiunabhängigen, linkspluralistischen und radikaldemokratischen A. anzuknüpfen, in den eigenen Reihen die Stellvertreterpolitik abzubauen und die direkte Beteiligung wie auch die Übernahme von Verantwortung mit grenzüberschreitenden Begegnungen zu fördern.

Literatur
Adler, M.: Die Aufgaben marxistischer Arbeiterbildung. Dresden 1926 – Feidel-Mertz, H.: Zur Ideologie der Arbeiterbildung. Frankfurt a.M. 1972 – Gorz, A.: Abschied vom Proletariat. Frankfurt a.M. 1980 – Heydorn, H.J.: Bildungstheoretische Schriften, Bde. I–III. Frankfurt a.M. 1980 – Leipart, T./Erdmann. L.: Handwörterbuch der Arbeitswissenschaften. 1928 – Negt, O.: Soziologische Phantasie und exemplarisches Lernen. Zur Theorie der Arbeiterbildung. Frankfurt a.M. 1968 – Wehler, H.-U.: Von der Deutschen Doppelrevolution bis zum Beginn des Ersten Weltkrieges 1849–1914. München 1995 – Wollenberg, J.: Arbeiterbildung. Haupttendenzen der Bildungsarbeit in ihrer geschichtlichen Entwicklung. Fernuniversität Hagen 1983 – Wunderer, H.: Arbeitervereine und Arbeiterparteien. Kultur- und Massenorganisationen in der Arbeiterbewegung (1890–1933). Frankfurt a.M. 1980

Jörg Wollenberg

Arbeitsförderung und Weiterbildung

Die politischen Interventionen und Instrumente, die in der Regel unter dem Oberbegriff Sozialpolitik zusammengefasst werden, entwickelten sich im 19. Jh. im Zuge der Industrialisierung, als soziale Sicherung und soziokulturelle Integration nicht mehr als naturwüchsiger Bestandteil von traditionalen Gesellschaften und Gemeinschaften bestanden. Da Sozialpolitik vorrangig auf die Minderung von Schwäche, Hilfsbedürftigkeit und Not zielt, richtete sie sich folgerichtig auch auf die Arbeitsverhältnisse. Ihre Interventionen als Arbeitnehmerschutzpolitik lagen zeitlich noch vor der Sozialgesetzgebung im Kaiserreich. Doch erst in der Weimarer Republik wurden 1920 ein „Betriebsrätegesetz", 1926 ein „Arbeitsgerichtsgesetz" und 1927 dann das „Gesetz über Arbeitsvermittlung und Arbeitslosenversicherung" (AVAVG) verabschiedet. Dieses Gesetz wurde 1969 vom „Arbeitsförderungsgesetz" (AFG) des Bundes abgelöst, auf das 1997 das „Gesetz zur Reform der Arbeitsförderung" (Arbeitsförderungs-Reformgesetz – AFRG vom 24.03.1997) folgte, das zum 01.01.1998 in das Sozialrecht als „Sozialgesetzbuch Drittes Buch – Arbeitsförderung (SGB III)" eingegliedert wurde. Zielsetzung des AFG bei seiner Verabschiedung im Jahre 1969 war, Arbeitslosigkeit zu vermeiden und durch die Verbesserung von beruflicher Beweglichkeit und Qualifikation arbeitsmarktpolitische Probleme zu vermindern. Zuständig für die Durchführung des Arbeitsförderungsrechts des Bundes wurde die damalige Bundesanstalt (heute Bundesagentur) für Arbeit (BA) mit Sitz in Nürnberg. Die BA erhält ihre Finanzmittel größtenteils aus dem Beitragsaufkommen der Arbeitslosenversicherung, die eine öffentlich-rechtliche Zwangsversicherung ist. Arbeitnehmer/innen und Arbeitgeber tragen die Beiträge je zur Hälfte.

Entwicklung der Förderung der beruflichen Weiterbildung durch das AFG von 1969 bis 1997
Das AFG wurde 1969 in einer Phase des politischen Optimismus gegenüber den Möglichkeiten einer wirtschaftlichen Globalsteuerung, einer aktiven Arbeitsmarktpolitik und einer offensiven Bildungspolitik verabschiedet und wirksam. Die Förderungsbedingungen waren damals sowohl in Bezug auf den kaum eingegrenzten förderungsberechtigten Personenkreis als auch in Bezug auf die gewährten Leistungen deutlich großzügiger als in späteren Phasen der AFG-Praxis. In diese Förderpraxis des AFG wurde sechs Jahre nach seiner Verabschiedung mit dem „Haushaltsstrukturgesetz" vom 18.12.1975 massiv mit einer Verschärfung der Förderungsbedingungen eingegriffen. Diese Leistungseinschränkungen des AFG waren eine Reaktion auf massive Haushaltsprobleme des Bundes und der BA, die sich im Laufe des Jahres 1975 gezeigt hatten. Der nächste starke Eingriff in die Förderung der beruflichen WB nach dem AFG erfolgte mit dem „Arbeitsförderungs-Konsolidierungsgesetz" (AFKG vom 22.12.1981). 1981 hatte die Arbeitslosenzahl in der Bundesrepublik den vorläufig höchsten Stand seit 1954 erreicht und der Anteil der Arbeitslosen, die in Maßnahmen der AFG-geförderten beruflichen Fortbildung, Umschulung und Einarbeitung eintraten, war weiter angestiegen. Aus der beruflichen WB nach dem AFG wurde weitgehend eine Förderung von Arbeitslosen. Betrug der Anteil an Arbeitslosen, die in AFG-Maßnahmen der beruflichen Fortbildung, Umschulung und Einarbeitung eintraten, im Jahr 1973 noch 5,8 %, so stieg dieser Anteil in den folgenden Jahren stark an und lag von 1983 an fast regelmäßig über 60 %. Seit 1995 liegt er nunmehr deutlich über 90 % und verharrt auf diesem Niveau. Eine starke Verschiebung von Ressourceneinsatz und politischer

Aufmerksamkeit erfuhr die Förderung der beruflichen WB nach dem AFG mit der deutschen Vereinigung. Die Entlastung des Arbeitsmarktes vor allem in den neuen Bundesländern auch durch Maßnahmen der beruflichen Fortbildung und Umschulung wurde noch stärker als in den 1980er Jahren in der alten Bundesrepublik zur primären Zielsetzung der Arbeitsmarktpolitik von Bund und Bundesanstalt.

Das Sozialgesetzbuch Drittes Buch (SGB III) – Arbeitsförderung

Das AFG wurde 1997 – nachdem es bis dahin rund einhundertmal novelliert worden war – vom „Gesetz zur Reform der Arbeitsförderung" abgelöst, das zum 01.01.1998 in das Sozialrecht als SGB III eingegliedert wurde. Die fast ausschließliche Ausrichtung auf Adressaten, die von Arbeitslosigkeit betroffen oder bedroht sind, hatte die berufliche WB in die Gefahr gebracht, etwas zu suggerieren, was sie nur individuell, aber nicht generell einlösen kann: die Beseitigung von Arbeitslosigkeit. Diese Einsicht fand 1997 Eingang in den grundsätzlichen Ansatz des Arbeitsförderungsrechts. Im SGB III soll der „Ausgleich am Arbeitsmarkt" vor allem durch Beratung, zügige Besetzung offener Stellen und verbesserte Möglichkeiten für benachteiligte Arbeitssuchende für eine Erwerbstätigkeit „unterstützt" werden. Dafür wird im neuen Gesetz an die „besondere Verantwortung der Arbeitgeber für Beschäftigungsmöglichkeiten und der Arbeitnehmer, für ihre eigenen beruflichen Möglichkeiten Rechnung (zu) tragen und die Erhaltung und Schaffung von wettbewerbsfähigen Arbeitsplätzen nicht (zu) gefährden" appelliert (§ 1 Abs. 2). Damit erhält der Staat nicht weiterhin Anspruch und eigene Verpflichtung zur Herstellung eines hohen Beschäftigungsstandes und einer verbesserten Beschäftigungsstruktur aufrecht, sondern schiebt die Verantwortlichkeit für die Arbeitsmarktstruktur vor allem Arbeitgebern und Arbeitnehmer/inne/n mit der Erwartung zu, dass sie durch Anpassung an die Bewegungen des Marktes Arbeitslosigkeit vermeiden oder beseitigen können. Im SGB III wird nicht mehr wie im AFG zwischen beruflicher Fortbildung, Umschulung und Einarbeitung unterschieden, sondern nur zwischen „Förderung der beruflichen Weiterbildung" (6. Absch.) und „Förderung der beruflichen Eingliederung Behinderter" (7. Absch.). Wie im AFG erfolgt auch im SGB III die Förderung der beruflichen WB in erster Linie durch individuelle finanzielle Förderung von Teilnehmenden an Weiterbildungsmaßnahmen – allerdings nur wenn ihre WB als „notwendig" von der Arbeitsverwaltung anerkannt ist. Für die Leistungen der Arbeitsförderung sind weiterhin die örtlichen Arbeitsagenturen zuständig. Personen sind nur förderungsfähig, wenn sie arbeitslos sind, ihnen Arbeitslosigkeit droht oder ihnen ein Berufsabschluss fehlt. Ungelernte oder Personen mit längerer an- oder ungelernter Tätigkeit können auch unabhängig von drohender Arbeitslosigkeit gefördert werden.

Das SGB III nach Verabschiedung der sog. Hartz-Gesetze

Die Rolle der Arbeitsverwaltung in der beruflichen WB schwächte sich in den 1990er Jahren deutlich ab und veränderte sich dramatisch nach Inkrafttreten der sog. „Hartz-Gesetze", die auf Vorschläge der vom ehemaligen VW-Arbeitsdirektor Peter Hartz geleiteten Kommission zurückgehen. Mit den Hartz-„Gesetzen für moderne Dienstleistungen am Arbeitsmarkt" 2003/2004 wurden die Fördermöglichkeiten nach dem SGB III deutlich eingeschränkt. Dieser Rückzug entsprach der generellen Politik der BA und wurde von der Bundesregierung aus Einsparungsgründen und zugunsten der Priorität von Vermittlung in Arbeit gegenüber Qualifizierung nicht nur unterstützt, sondern auch gefordert. Nachdem die Ausgaben der BA für die Förderung von beruflicher Fortbildung, Umschulung und Einarbeitung in den 1990er Jahren bereits deutlich gefallen waren, verminderten sie sich nach Verabschiedung der „Hartz-Gesetze" noch einmal deutlich. Gab die BA 1998 für Maßnahmekosten der beruflichen WB noch 3.765.000 € aus, so sanken diese Ausgaben im Jahre 2003 auf 2.186.000 € und im Jahre 2007 schließlich auf 492.624 €. Das am 01.01.2003 in Kraft getretene „Erste Gesetz für moderne Dienstleitungen am Arbeitsmarkt" (Hartz I) sieht statt der früheren Vermittlung von „Maßnahmen" der beruflichen WB durch die Arbeitsverwaltung die Ausgabe von Bildungsgutscheinen für Weiterbildungsangebote vor, deren Inhaber/innen als Arbeitslose oder von Arbeitslosigkeit Bedrohte dann das für den jeweiligen Gutschein anerkannte Bildungsangebot bei einer anerkannten Weiterbildungseinrichtung suchen und buchen müssen. Deren Wahlmöglichkeiten werden jedoch durch die Geschäftspolitik der BA stark eingeschränkt, die eine Zulassung von Bildungsmaßnahmen in der Regel nur dann vorsieht, wenn eine mindestens 70-prozentige Reintegration der Teilnehmenden in ein Beschäftigungsverhältnis innerhalb von sechs Monaten nach Maßnahmeende prognostiziert werden kann (BA-Rundbrief Geschäftsanweisung 57/2003). Die verschärften Prüf-, Bewilligungs- und Bewertungsbedingungen erleichterten den fortschreitenden Rückzug der BA aus der beruflichen WB. So verminderten sich die Eintritte in die berufliche WB nach SGB III von 607.970 im Jahre 1998 auf 66.417 im Jahre 2005, um im Jahre 2007 auf 203.706 anzusteigen. Jedoch gingen die Teilnehmerbestände von 1.148.466 im Jahre 2005 auf 777.816 im Jahre 2007 zurück. Die gegenläufige Entwicklung von Eintritten und Beständen verweist ebenso wie der starke Rückgang der Ausgaben auf die Hinwendung der BA zu kurzfristigen Veranstaltungen. Im Jahre 2007 lag die geplante Teilnahmedauer bei 83 % aller Zugänge unter sechs Monaten, nachdem dieser Anteil im Jahre 2000 noch 39,8 % betragen hatte.

Die Bedeutsamkeit des Arbeitsförderungsrechts für die WB

Das Arbeitsförderungsrecht war in den vergangenen fast 40 Jahren für die Entwicklung der WB in der Bundesrepublik äußerst bedeutsam. Vor allem seit Verabschiedung der sog. „Hartz-Gesetze" hat die berufliche WB nach dem SGB III einen starken Bedeutungsverlust durch den Rückgang von Quantität und Intensität aufgrund des Wandels von längerfristigeren zu kurzfristigeren Veranstaltungen erlitten. Politische Priorität von Bundesregierung und BA erhielten möglichst schnelle Vermittlung in ein Arbeitsverhältnis, die Senkung der Lohnnebenkosten sowie die Verstärkung von Anreizen und Druck zur Arbeitsaufnahme. Berufliche WB erhielt zunehmend den Ruf, hohe Ressourcen mit geringen Beschäftigungseffekten zu verbrauchen und nur in geringem Maße ein Instrument zur positiven Beeinflussung von Arbeitsmarkt und Wirtschaftsstruktur zu sein. Daneben haben sich ihre bildungspolitischen Funktionen angesichts des starken Anwachsens kurzfristiger Veranstaltungen stark abgeschwächt. Die Senkungen des Beitragssatzes zur Arbeitslosenversicherung von 6,5 % auf 4,2 % zum 01.01.2007 und auf 3,3 % zum 01.01.2008 mit dem Ziel, die Lohnnebenkosten zu senken, haben Ressourcen und Handlungsmöglichkeiten für eine aktive Arbeitsförderung durch die BA stark eingeschränkt. Neben der arbeitsmarktpolitischen Orientierung der beruflichen WB müsste deren bildungspolitische gestärkt werden. Berufliche WB bedarf nicht nur der Verknüpfung mit beschäftigungspolitischen Strategien, sondern auch der Verzahnung mit WB als lebensbegleitendem subjektorientierten Lernen. Hilfen zur Stärkung von Deutungs- und Begegnungsfähigkeit sowie von Veränderungsbereitschaft sind in der beruflichen WB ebenso notwendig wie die Vermittlung neuer Arbeitsqualifikationen.

Literatur

BA: BA-Rundbrief Geschäftsanweisung 57/2003. Nürnberg 2003. URL: www.wiac.de/fileadmin/wiac/Download/BA_Informationen/ba_rdbrief_57_2003.pdf (Stand: 14.11.2009) – BA, Statistik-Datenzentrum. URL: http://statistik.arbeitsagentur.de (Stand: 11.11.2009) – Gagel, A. (Hrsg.): SGB III Arbeitsförderung mit SGB II Grundsicherung für Arbeitssuchende. Kommentar. Loseblattwerk. München 2008 – Kittner, M.: Arbeits- und Sozialordnung. 33. Aufl. Frankfurt a.M. 2008 – Kuhlenkamp, D.: Der Wandel von Weiterbildungspolitik und -finanzierung. In: Grundlagen der Weiterbildung – Praxishilfen. Loseblattwerk. Neuwied 2006

Detlef Kuhlenkamp

Arbeitsgemeinschaft

Die A. bezeichnet ein didaktisches Prinzip der Bildungsarbeit, das Ende des 19. Jh. zunächst in der Lehrerbildung und in der Arbeitsschule erprobt wurde. Nachdem in der Weimarer Republik die Volksbildung in den Verfassungsrang erhoben wurde und einen entsprechenden Bedeutungszuwachs und institutionellen Ausbau erfuhr, wurde die A. als eine wichtige Lern- und Arbeitsmethode in der Volksbildung und der politischen → Jugendbildung diskutiert und angewandt (Mann 1932). Gleichzeitig erfuhr der Begriff A. nach den revolutionären Ereignissen 1918/19 eine gesellschaftspolitische Erweiterung. Er bedeutete den Zusammenschluss politischer, wirtschaftlicher oder gesellschaftlicher Gruppen mit dem Ziel der Durchsetzung gemeinsamer Interessen (z.B. die „Zentralarbeitsgemeinschaft der industriellen und gewerblichen Arbeitgeber und Arbeitnehmer" von 1919 bis 1924).

Die A., wie sie von Volksbildnern der Weimarer Zeit, vor allem den Vertretern der „Neuen Richtung" diskutiert und als → Methode erprobt wurde, folgte didaktischen Grundsätzen, die als Kontrast zu bis dahin vorherrschenden Lern- und vor allem Lehrformen der Volksbildung verstanden wurden. Als Arbeitsform wurde sie vorwiegend in → Volkshochschulen und Heimvolkshochschulen eingesetzt.

Neben den pädagogischen Implikationen galt die A. als ein Instrument, das den Demokratisierungsprozess in Deutschland unterstützen und Elemente einer neuen politischen Kultur entwickeln sollte. Die Übung des demokratischen Umgangs miteinander und die Übernahme von „Selbstverantwortung" beschränkten sich nicht nur auf den Lernprozess; politische Mündigkeit und Emanzipation des Einzelnen sowie die Überwindung politischer, wirtschaftlicher und sozialer Gegensätze waren weitere inhaltliche Zielsetzungen der A.

Als Prinzipien der A. können nach heutiger Terminologie auf der Seite der Teilnehmenden → Teilnehmerorientierung, Persönlichkeitsbildung und die aktive Teilnahme aller gelten; zudem entspricht sie der Idee des langfristigen Lernens. Auf der Seite der Lehrenden ist von einem veränderten Rollenverständnis auszugehen. Als „Gleiche unter Gleichen" sollen Lehrende und Lernende in einen Austausch treten, der zum Miteinander-Lernen führt. Bevorzugte Unterrichtsform ist das Gespräch, das durch Referate, Thesen oder einen „vordenkenden Vortrag" eingeleitet wird. In Ablehnung der von der verbreitenden Volksbildung bevorzugten Methode der Vorlesungen soll die A. Zusammenhänge herstellen, den Teilnehmenden nicht „Wissen" vermitteln, sondern „Erkenntnisse". Unabhängiges Denken, Urteils- und Kritikfähigkeit sollen entwickelt und die Bildung der Persönlichkeit unterstützt werden. Die verwandten Methoden regen die Lernenden an, ihren Lernprozess nicht nur in Bezug auf Lernstrategien und -methoden, sondern auch in Bezug auf die Inhalte eigenverantwortlich zu gestalten.

Hauptzielgruppe der A. war die Arbeiterschaft. Sie sollte Bildungs- und Wissensdefizite überwinden und demokratische Verhaltensformen einüben, die eine Beteiligung an gesellschaftlicher Verantwortung erleichtern würden. Diese von den Vertretern der „Neuen Richtung" gesetzten Ziele entsprachen nicht den Ansätzen der sozialistischen → Arbeiterbildung. Ihre Vertreter kritisierten das von der „Neuen Richtung" geforderte Prinzip der politischen „Neutralität" ebenso wie die Vorstellung der Integration der Arbeiterschaft in die bestehende Gesellschaft. Sie setzten sich für die Schaffung einer neuen, sozialistischen Gesellschaft ein, deren Träger die Arbeiterschaft sein sollte.

Wie weit die A. ihre impliziten politischen Zielsetzungen tatsächlich verwirklichen konnte, ist nicht unmittelbar belegt. Relevant ist jedoch, dass mit der A. eine Methode entwickelt und erprobt wurde, die Ansätze emanzipatorischer EB in sich trägt, deren Ideen erst in den 1960er und 1970er Jahren wieder diskutiert wurden.

Literatur
Mann, A.: Arbeitsgemeinschaft. In: Becker, H. (Hrsg.): Handwörterbuch des deutschen Volksbildungswesens. Breslau 1932 – Wunsch, A.: Die Idee der „Arbeitsgemeinschaft". Eine Untersuchung zur Erwachsenenbildung in der Weimarer Republik. Frankfurt a.M. 1986 – Zeuner, C.: Die Arbeitsgemeinschaft als historischer Vorläufer einer „Erwachsenendidaktik der Selbstorganisation". In: Beiheft zum Report: Selbstorganisiertes Lernen als Problem der Erwachsenenbildung. Frankfurt a.M. 1998

Christine Zeuner

Arbeitsmarkt- und Berufsforschung

A.u.B. ist die unter möglichst umfassender Berücksichtigung von Ursachen, Wirkungen und Einflussfaktoren wissenschaftlich und methodisch abgesicherte Analyse zurückliegender, aktueller und zukünftiger Strukturen (Zustände) und Prozesse (Vorgänge), die für die gesellschaftliche Entwicklung des Verhältnisses von Arbeit und Beschäftigung (A.) sowie von Bildung und Beruf (B.) relevant sind. Während die A. primär jene Faktoren untersucht, welche die Entwicklung von Angebot und Nachfrage auf dem Arbeitsmarkt bestimmen, konzentriert sich die B. entsprechend den Zielen der übergeordneten A. auf die Ermittlung sich wandelnder beruflicher Anforderungen sowie der aktuellen und zukünftig zu erwartenden Qualifikationsstrukturen (Qualifikationsforschung).

Besondere Bedeutung erhält dabei die einerseits an Mobilitäts- und Substitutionsprozessen in Arbeitsmärkten orientierte „Flexibilitätsforschung", wie sie seit 1967 im Auftrag des Arbeitsförderungsgesetzes (→ Arbeitsförderung) von dem 1967 gegründeten und der → Bundesagentur für Arbeit angegliederten Institut für Arbeitsmarkt- und Berufsforschung (IAB) betrieben wird, andererseits jedoch auch die Bildungs- und Berufsbildungsforschung, für die in den 1960er Jahren ebenfalls eigene Forschungsinstitutionen etabliert wurden (Max-Planck-Institut für Bildungsforschung, → Bundesinstitut für Berufsbildung).

Diese komplexen Aufgaben erfordern nicht nur ein hohes Maß an wissenschaftlicher Interdisziplinarität, sondern zugleich vielfältige Forschungsschwerpunkte; relevante Disziplinen sind heute u.a. Volkswirtschaftslehre, Betriebswirtschaftslehre, analytische Statistik, Soziologie, Bildungsforschung sowie die Berufsbildungsforschung, die insb. von der Berufspädagogik betrieben wird. Zentrale Problemfel-

der der A.u.B. sind erstens die Analyse und Prognose der Berufs- und Qualifikationsstrukturen sowie der Strukturen von Bildungs- und Beschäftigungssystem inklusive entsprechender Wandlungstendenzen, zweitens die Erforschung der Übergangs-, Abstimmungs- und Anpassungsprozesse innerhalb des Bildungs- bzw. Beschäftigungssystems und drittens die Interdependenzstrukturen zwischen diesen beiden Subsystemen.
Zu den Forschungsarbeiten des IAB und anderer, meist universitärer Forschungseinrichtungen zählen innerhalb dieser übergeordneten Arbeitsgebiete häufig empirische Untersuchungen, z.B. über den Wandel sektoraler, beruflicher und regionaler Beschäftigungsstrukturen, Studien über Wirkungszusammenhänge zwischen Arbeit und technologischem Wandel, über den Wandel der Erwerbsarbeit in veränderten Arbeitsstrukturen, über Berufsinhalte, Berufsverwandtschaften sowie über Ausbildungs- und Berufsverläufe; ferner Arbeiten zur Klassifikation und Systematisierung von Berufen, Ansätze zur Entwicklung von Arbeitsmarktmodellen sowie methodologische Grundlagenforschung und arbeitsmarktstatistische Erhebungen. Vor dem Hintergrund der Internationalisierungs- und Globalisierungsprozesse werden jenseits der nationalen Perspektive zunehmend Untersuchungen zu Fragen der internationalen Arbeitsmärkte, zum Vergleich von Qualifikationsstrukturen sowie zu Phänomenen der beruflichen und geographischen Mobilität wichtiger.
Neben ihrer wissenschaftlichen Funktion liegen die Forschungsziele der kontinuierlich expandierenden A.u.B. – bezogen auf das IAB – u.a. in der Beratungsfunktion für die BA (Datenerhebung und -analyse, Umsetzung dieser Erkenntnisse für die Berufsberatung der Arbeitsverwaltung). Zudem ist die Gesamtheit der relevanten Forschungsarbeiten von hohem prognostischem Wert für die moderne Arbeitsgesellschaft (z.B. Früherkennung von Qualifikationsbedarfen), insofern sie für die Arbeitsmarkt- und (Berufs-)Bildungs-Politik wissenschaftlich abgesicherte Informationen zur Bekämpfung aktueller und zur Vermeidung künftiger struktureller Ungleichgewichte bereitstellt.

Literatur
Dostal, W./Jansen, R./Parmentier, K. (Hrsg.): Wandel der Erwerbsarbeit. BeitrAB 231. Nürnberg 2000 – Kleinhenz, G.: IAB-Kompendium Arbeitmarkt- und Berufsforschung. BeitrAB 250. Nürnberg 2002 – Kupka, P.: Arbeitsmarkt- und Berufsforschung. In: Arnold, R./Lipsmeier, A. (Hrsg.): Handbuch der Berufsbildung. Wiesbaden 2006 – Nickolaus, R./Zöller, A. (Hrsg.): Perspektiven der Berufsbildungsforschung – Orientierungsleistungen der Forschung für die Praxis. Bielefeld 2007 – Rauner, F. (Hrsg.): Handbuch der Berufsbildungsforschung. Bielefeld 2005

Dieter Münk

Arbeit und Leben

Das Begriffspaar A.u.L. wählten → Volkshochschulen und der Deutsche Gewerkschaftsbund (DGB) nach 1945 als Bezeichnung ihrer institutionalisierten Zusammenarbeit im Bereich der politischen Jugendbildung und EB. Mit ca. 400 regionalen und örtlichen Arbeitsgemeinschaften, Landesarbeitsgemeinschaften in den einzelnen Bundesländern (außer in Baden-Württemberg) sowie dem Bundesarbeitskreis als gemeinsamem Dach ist A.u.L. eine bundesweit flächendeckende Organisation.
Ausgehend von Niedersachsen, wo es 1948 zur Gründung der ersten Landesarbeitsgemeinschaft kam, war es aufgrund der Erfahrungen des Scheiterns der Weimarer Demokratie und der menschenverachtenden Willkür der nationalsozialistischen Diktatur das erklärte Ziel von A.u.L., mit → politischer Bildung den Demokratiegründungsprozess in der Bundesrepublik abzustützen. Nach den niedersächsischen „Grundsätzen zur Zusammenarbeit" von 1948 bedeutete dies, dem Schüler seine Verbundenheit mit den Kräften des öffentlichen Lebens aufzuzeigen und in ihm das Gefühl mitbürgerlicher (sozialer) Verantwortlichkeit zu wecken (Pächer 1999). Die „bildungsbürgerliche" Volkshochschule den Arbeiter/inne/n zu öffnen und die politisch-kulturellen Lagermentalitäten in der deutschen Nachkriegsgesellschaft zu überwinden, machte den überzeugenden Kern der Zusammenarbeit aus, dessen politische Bildungsangebote gegenwärtig einen Beitrag leisten wollen, „dass sich die Arbeit und das Leben der Menschen nach den Prämissen von sozialer Gerechtigkeit, Chancengleichheit und Solidarität mit dem Ziel einer demokratischen Kultur der Partizipation entwickeln" (Bundesarbeitskreis Arbeit und Leben 1999). Charakteristisch für diesen Bildungsansatz ist, dass A.u.L. als erster Weiterbildungsträger den → Bildungsurlaub seit 1960 in die bildungspolitische Diskussion eingebracht hat und bis heute entschieden für die rechtlichen Voraussetzungen und ihre Realisierung in der Bildungswirklichkeit eintritt. Im deutsch-deutschen Vereinigungsprozess

wurden seit 1990 auch in allen neuen Bundesländern Landesarbeitsgemeinschaften eingerichtet.
Die institutionelle Zusammenarbeit zwischen Volkshochschulen und DGB wird auf allen Ebenen paritätisch wahrgenommen, indem Volkshochschul- und Gewerkschaftsvertreter/innen gleichermaßen in den Vorständen vertreten sind. Die Kreis- und die örtlichen Arbeitsgemeinschaften sind in der Gestaltung ihrer Bildungsangebote autonom. Die Landesarbeitsgemeinschaften und der Bundesarbeitskreis (seit 1956) haben die gemeinsamen weiterbildungs- und förderungspolitischen Interessen ihrer Mitglieder auf den unterschiedlichen Ebenen (Land, Bund, EU) zu vertreten, internationale Bildungs- und Austauschprogramme anzubieten, den Austausch über pädagogische Fragen mit Arbeitsgruppen, Fachtagungen und Fortbildungen zu organisieren sowie Modellprojekte zu initiieren und durchzuführen. Über die bildungspolitischen Ziele, die pädagogischen Angebote und organisatorischen Strukturen beraten und entscheiden Mitgliederversammlungen, die auf der Landesebene von den regionalen und örtlichen Arbeitsgemeinschaften und auf der Bundesebene von den Landesarbeitsgemeinschaften beschickt werden.
Die Profilierung der inhaltlichen Arbeit wird gegenwärtig auf der Bundesebene durch die Arbeitsgruppen „Frauen“, „Internationale Arbeit“ sowie „Gender Mainstreaming“ geleistet. Insbesondere der Prozess politischer und wirtschaftlicher Integration in Europa mit seinen Problemen für Partizipation und Arbeitnehmer-Interessenvertretung in politisch-kulturell unterschiedlichst geprägten nationalen Strukturen stellt den traditionellen Schwerpunkt „Internationale Arbeit“ vor neue Herausforderungen, da über die Verknüpfung von sprachlichem und interkulturellem Lernen (→ interkulturelle Bildung) grenzüberschreitendes europäisches Politikbewusstsein angestrebt werden soll.
Ein besonderer Schwerpunkt liegt in der Gestaltung der politischen → Jugendbildung entsprechend den Zielsetzungen, wie sie in den Kinder- und Jugendplänen des Bundes entwickelt werden. In vier vom Bundesarbeitskreis koordinierten Fachgruppen zu den Gegenstandsbereichen Arbeit und Bildung; interkulturelle Bildung, Migration und Europa; Globalisierung, soziale Gerechtigkeit und Nachhaltigkeit; Zivilcourage und Persönlichkeitsentwicklung für eine demokratische Gesellschaft werden didaktische Konzeptionen entwickelt, die, ausgehend von den alltags- und lebensweltlichen Erfahrungen Jugendlicher, Anstöße für ein gesellschaftliches Engagement geben sollen.
Da seit den 1970er Jahren politische WB weniger in ihren Strukturen gefördert wird, vielmehr auf der Bundes- und Landesebene gesellschaftliche Problemlagen als Ausgangspunkt für thematisch und zeitlich begrenzte Förderzusammenhänge dienen, hat A.u.L. zahlreiche Modellprojekte entwickelt. Vornehmlich, doch darin nicht aufgehend, zeichnen sich insb. drei Adressatengruppen in der Bildungsarbeit ab: bildungsbenachteiligte Jugendliche; Aussiedler/innen und Migrant/inn/en und ältere Arbeitnehmer/innen. Die Bildungsangebote wollen Wissen vermitteln, kritische Urteilsbildung fördern und so zur gesellschaftlichen Teilhabe und Mitwirkung anregen.

Literatur
Bundesarbeitskreis Arbeit und Leben (Hrsg.): Berliner Papier. Bericht über die Tätigkeit des Bundesarbeitskreises Arbeit und Leben für die Geschäftsjahre 1997/1998. Düsseldorf 1999 – Jelich, F.-J. u.a. (Hrsg.): Kritisches Bewusstsein und engagiertes Handeln. Zur Geschichte und Aktualität der Landesarbeitsgemeinschaft Arbeit und Leben Hessen. Essen 1995 – Länge, T.W./Jelich, F.-J. (Hrsg.): Politische Bildung und gesellschaftliche Teilhabe. 50 Jahre Bundesarbeitskreis Arbeit und Leben. Recklinghausen 2006 – Pächer, S.: Geschichte von Arbeit und Leben Nordrhein-Westfalen 1949–1999. In: Jelich, F.-J./Schneider, G. (Hrsg.): Orientieren und Gestalten in einer Welt der Umbrüche. Beiträge zur politischen und sozialen Bildung von Arbeit und Leben in Nordrhein-Westfalen. Essen 1999 – URL: www.arbeitundleben.de

Franz-Josef Jelich

Aufklärung

Auf die Frage, was A. sei, hat Immanuel Kant im 18. Jh. eine klassische Antwort formuliert, die auch heute noch als Ausgangspunkt für die Rekonstruktion des Begriffsverständnisses von A. dienen kann. Seine berühmte und knappe Formel lautet: „Aufklärung ist der Ausgang des Menschen aus seiner selbst verschuldeten Unmündigkeit. Unmündigkeit ist das Unvermögen, sich seines Verstandes ohne Leitung eines anderen zu bedienen“ (Kant 1784). Das bedeutet, A. intendiere eine erkenntniskritische Haltung, die auf Rationalität setzt und von Aussagen mit Wahrheitsanspruch einfordert, sie vor „den Richterstuhl der Vernunft“ zu zitieren. Damit wird allen vormodernen Wissensformationen, die sich einzig über Autorität, Tradition, Gehorsam oder Glauben ausweisen konnten, die Grundlage entzogen. Zugleich wird unmittelbar einsichtig, dass aufklärerische Erkenntniskritik verbunden ist mit einer politischen Dimension: nämlich mit dem Sturz des Feudalismus und der Etablierung bürgerlicher Rechtsnormen. Damit korrespondiert eine gesellschaftliche Dimension von A.: Sie manifestiert sich z.B. in der Enttraditionalisierung von Status- und Rollenverteilungen, in der Dynamisierung des → sozialen Wandels (gefasst unter der Chiffre „Fortschritt"), in steigender Reflexivität, Abstraktheit, aber auch Kontrollierbarkeit sozialer Prozesse, schließlich im Anwachsen sozialer Spielräume selbstbestimmter Lebensführung (→ Lebenslauf, → Individualisierung). Diese Spielräume allerdings bleiben von Beginn an eingespannt in eine gegenläufige Bewegung. Der Wirtschaftsbürger bestimmt sich in völliger Abhängigkeit von den Märkten selbst. A. umschließt also nicht zuletzt auch eine ökonomische Dimension.

A. ist so gesehen mehr als nur eine geistesgeschichtliche Epoche, die etwa dem 17. und 18. Jh. zugehört. Sie umfasst einen langfristigen, zunächst europäischen Prozess der Etablierung einer spezifischen gesellschaftlichen Formation, die eng mit der Entwicklung kapitalistischer Ökonomie verknüpft ist, d.h. einer permanenten Umwälzung von Produktions- und Reproduktionsprozessen (→ sozialer Wandel). Man könnte sagen: Die moderne Gesellschaft ist Revolution in Permanenz – und A. ist ihr Prinzip.

Ein Ergebnis dieser A. ist die → Pädagogik, wie wir sie heute kennen. A. nämlich verlangt die autonome und selbstverantwortliche Integration der Menschen in einen sozialen Prozess, der ihnen nicht mehr von Beginn an einen gottgewollten Platz im Gesellschaftsgefüge zuweist, sondern ihnen eine permanente und stets neu zu vollziehende Verhältnisbestimmung zumutet. A. setzt auf geistige, politische und soziale Mündigkeit und Pädagogik ist der Ort, an dem die Moderne diese Ansprüche an die Individuen reflektiert und umzusetzen versucht. Die pädagogischen Vermittlungsbemühungen kulminieren im Begriff der → Bildung: Selbstständigkeit, Selbstbestimmung, Mündigkeit, Subjektivität und kritische Bildung stecken das Feld ab, innerhalb dessen sich moderne Pädagogik bzw. EB konstituieren.

Wenngleich A. zuvor als Revolutionierung der gesellschaftlichen Verhältnisse in Permanenz bestimmt wurde, so muss doch umgekehrt in den Blick genommen werden, dass dieser Umwälzungsprozess seine „eigenen Kinder frisst". Denn die anwachsenden Spielräume subjektiver → Autonomie werden letztlich mit einer „unterirdischen Geschichte" verdrängter, verwilderter Leidenschaften bezahlt, mit einer verstümmelten, ihrer eigenen Sprache beraubten Leiblichkeit, mit der anhaltenden Unterdrückung innerer und äußerer Natur. Mit der A. wird eine durch und durch widersprüchliche gesellschaftliche Entwicklung in Szene gesetzt. Entsprechend macht die „Dialektik der Aufklärung" (Horkheimer/Adorno 1947) dem europäischen Aufklärungsprozess die Rechnung auf. Und dann zeigt sich, dass wir heute vor den Trümmern der großen Aspirationen der A. stehen, vor einer entzauberten Moderne, die sich in wachsendem Maße in Selbstblockaden verfängt – und selbst doch Ergebnis des Aufklärungsprozesses ist.

Die Reaktionen auf die Risse und Bruchstellen, die die in die Krise geratene Moderne im Feld der Pädagogik aufwirft, sind keineswegs einheitlich, oft sogar gegenläufig. Wollte man diese Bewegungen vermessen, so lassen sich drei Muster unterscheiden:

Eine erste Antwort auf die Widersprüchlichkeit des Aufklärungsprozesses bzw. die Krise der Moderne liegt im Versuch, „Rückwege" zu den vormodernen Ursprüngen der A. zu suchen, also zu Phantasie, Sinnlichkeit und Körperlichkeit. Der Rückzug auf das „Andere der Vernunft" allerdings steht durchaus in Gefahr, ins Irrationale abzugleiten, gar in den Widerruf der Vernunft. Der Aufweis solcher Irrationalismen gehört zur aktuellen Gestalt von Ideologiekritik.

Die zweite Reaktion auf die Krise der Moderne lässt sich als „Ausstieg" charakterisieren, als Preisgabe aufklärerischer Ambitionen. Als Beispiel hierfür mag die funktionalistische Systemtheorie gelten, die in ihrer jüngsten, konstruktivistischen Wendung das Motiv des Ausstiegs aus der Moderne aufnimmt.

Das dritte Muster nimmt die kritischen Intentionen der A. beim Wort und wendet sie reflexiv gegen sie selbst. Ihre Grundidee ist die einer kritischen Potenzierung von A. durch „Überschreitung": Indem A. sich selbst unter aufgeklärte Kritik nimmt, öffnet sie sich einer transzendierenden Reflexionsbewegung (Horkheimer/Adorno 1947).

Je nachdem, welchem der hier bezeichneten Muster Weiterbildungskonzeptionen folgen, ergeben sich differierende bzw. konkurrierende Theoriefiguren. Entsprechend markieren die Entwürfe zur konstruktivistischen Erwachsenenbildung einerseits und zur kritischen Erwachsenenbildung andererseits die Pole eines kontroversen Diskursfeldes.

Literatur
Arnold, R./Siebert, H.: Konstruktivistische Erwachsenenbildung. Baltmannsweiler 1995 – Horkheimer, M./Adorno, T.W.: Dialektik der Aufklärung. Amsterdam 1947 – Kant, I.: Beantwortung der Frage: Was ist Aufklärung? In: Schriften, Bd. 8. Berlin/Leipzig 1923 (erstmals ersch. 1784) – Pongratz, L.A.: Zeitgeistsurfer. Beiträge zur Kritik der Erwachsenenbildung. Weinheim/Basel/Berlin 2003 – Pongratz, L.A.: Untiefen im Mainstream. Zur Kritik konstruktivistisch-systemtheoretischer Pädagogik. 2., überarb. Aufl. Paderborn 2009

Ludwig A. Pongratz

Ausgewählte Methoden

Einer verbreiteten Typologie nach werden M. im Sinne von Sozialformen danach unterschieden, wie Verantwortung und Handeln in der Lehr-Lernsituation verteilt sind. Bei referentenzentrierten M. wie dem Vortrag oder dem Impulsreferat trägt der Referent vor, demonstriert oder präsentiert. Die Informationsdichte kann hoch sein und der Stoff lässt sich an den jeweiligen Lernerkreis anpassen. Allerdings ist Informationsdichte nicht gleichbedeutend mit Haftungstiefe und komplexe Lernziele, etwa des Problemlösens, lassen sich nicht erreichen.
Bei referentenorientierten M. entwickelt der Referent gesprächsartig, d.h. mit Fragen und Antworten den Stoff. Die Konzentration kann in der Regel länger als beim reinen Vortrag aufrechterhalten werden. Allerdings kann bei den Lernenden der Eindruck entstehen, dass es weder knappe und präzise Information noch wirkliche Beteiligung der Teilnehmenden gibt.
Bei teilnehmerorientierten M. beschränkt sich der Referent stärker auf moderierende Aktivitäten. Diese M. sind geeignet, um eine aktive Auseinandersetzung mit einem Thema zu betreiben oder auch um Veränderungsbedarf zu ergründen und Veränderungsvorschläge zu erarbeiten. Nicht geeignet sind derartige M., wenn Informationen vermittelt werden sollen, oder der Informationsstand für eine fruchtbare Bearbeitung fehlt.
Bei teilnehmerzentrierten M. hat der Referent nicht einmal mehr die Funktion der Diskussionsleitung oder Moderation, sondern beschränkt sich darauf, Arbeitsaufgaben zu formulieren, die Bedingungen für die Arbeit der Teilnehmenden zu sichern (Einteilung in Kleingruppen, Festlegung des Zeitrahmens) und die Zusammenführung der mit diesen Methoden erarbeiteten Ergebnisse zu unterstützen. Bei dieser Art von M. gibt es eine große Bandbreite möglicher Formen von spielerischer Herangehensweise bis hin zur Simulation realer Vorgänge etwa im Planspiel. Diese M. sind geeignet für die aktive Auseinandersetzung der Teilnehmenden mit dem Gegenstand, sie sind ggf. auch geeignet für die Vermittlung von Informationen, etwa, wenn diese von Kleingruppen selbstständig erarbeitet, gesichtet oder recherchiert werden. Die Wahrnehmung und die Zuschreibung von Bedeutung werden aktiviert, die Behaltensleistung kann so verbessert werden. Bei wirklichkeitsnahen M. der Simulation können sich gute Trainingseffekte ergeben. Als Form der Informationsvermittlung sind diese M. allerdings relativ ineffizient. Die gleiche Informationsmenge kann in einem Vortrag in kürzerer Zeit und mit geringeren Fehlerrisiken vermittelt werden.
Wo die methodische Großform und die Zeitdauer dies zulassen, werden oft wechselnde Sozialformen eingesetzt, um unterschiedliche Lerneffekte zu erzielen bzw. Lernziele zu erreichen. So können bspw. Vorträge für den Überblick, Diskussionen für die vertiefende Auseinandersetzung und Simulationsansätze wie das Planspiel für die differenzierte Erprobung in komplexen Situationen kombiniert werden. Insbesondere im Bereich teilnehmerorientierter oder Moderationsmethoden sind in den letzten Jahren mit Formen wie Open Space, Zukunftszenarien u.a. neue Varianten entstanden. Auch das Feld der Lehr- und Lernmedien hat sich erheblich ausdifferenziert, angefangen von Präsentationsmedien bis hin zu vielfältigen Verbindungen zwischen Präsenzveranstaltungen und computergestütztem Lernen („Blended Learning") und Kommunizieren. Hier entstehen insb. durch die wachsenden interaktiven und kollaborativen Möglichkeiten von Computernetzen neue Möglichkeiten und Herausforderungen für das Lehren und Lernen in der WB.

Literatur
Höffer-Mehlmer, M.: Prinzipien subjektiver Didaktik. In: Grundlagen der Weiterbildung – Praxishilfen. Loseblattwerk. Neuwied 2004 – Knöll, J.: Kleingruppenmethoden. Effektive Gruppenarbeit in Kursen, Seminaren, Trainings und Tagungen. Weinheim u.a. 1993 – Weidenmann, B.: Erfolgreiche Kurse und Seminare. Professionelles Lernen mit Erwachsenen. Weinheim u.a. 1998

Markus Höffer-Mehlmer

Autonomie

Das von Immanuel Kant entwickelte Prinzip der A. als Bestimmung des sittlichen Willens allein durch die Vernunft hat als grundlegender Bestandteil der Idee der → Aufklärung die darauf beruhende (Erwachsenen-)Bildung entscheidend geprägt. Dabei geht es um die A. des Lernenden, zu der (Erwachsenen-)Bildung verhelfen soll. Die auf die Gesamtklientel bezogene Aufgabe hat sich Ende des 19. Jh. mit der → Arbeiterbildung, in der zweiten Hälfte des 20. Jh. mit der Zielgruppenorientierung (→ Zielgruppen) und dann vor allem mit der Frauenbildung auf gesellschaftlich benachteiligte Gruppen spezifiziert, ohne auf den Gesamtanspruch zu verzichten. A.förderung, verbunden mit der Idee der gesellschaftlichen Veränderung durch Aufklärung, hat vor allem die politische EB geprägt.

Eine doppelte Skepsis hat naive Emanzipationsvorstellungen irritiert. Zum einen handelt es sich um den Zweifel an der Vorhersehbarkeit und Leistungsfähigkeit (erwachsenen-)pädagogischer Anstrengungen, wie sie schon Luhmann als Technologiedefizit der Pädagogik beschrieben hat und wie sie als Ergebnis von Teilnehmerforschung als individuelle Aneignung (→ Aneignung – Vermittlung) von Lehrinhalten durch die Teilnehmenden erscheint. Zum anderen geht es um (post-)moderne Zweifel am aufklärerischen Bildungsideal selbst, die das Obsolete des alteuropäischen Dualismus von A. und Heteronomie oder das Illusionäre und Fiktive der Idee der A. betonen.

Einen eher praktischen Akzent erhält die Diskussion um A. in der EB bei der Frage nach der Organisation von Lernprozessen, wie sie neuerdings unter den Stichworten selbstorganisiertes bzw. selbstgesteuertes Lernen (→ Selbstorganisation – Selbststeuerung) diskutiert wird. Dabei steht die selbstständige Planung, Durchführung und Kontrolle des eigenen → Lernens im Vordergrund. EB kann hier A. bewirken oder unterstützen, sie kann aber auch ihre Grenzen erkennen bzw. sich eine neue Rolle suchen, indem sie von der Instruktion auf → Moderation und → Beratung übergeht. Diese Unterstützung von A. scheint gegenwärtig die gebräuchlichste Form der Problembehandlung zu sein: Die Idee, über EB Selbstbestimmung zu bewirken, hat sich dagegen weitgehend als Illusion erwiesen, die prinzipielle Infragestellung von A. findet nur geringe Resonanz.

Eine A. unterstützende EB setzt diese entweder als gegeben voraus oder sieht sie als angelegte, zu entwickelnde Fähigkeit an. Im ersten Fall kann sie sich auf die Bereitstellung von Infrastrukturen (Dräger/Günther/Thunemeyer 1997) zurückziehen, im zweiten mit Selbstbestimmung fördernden didaktischen Arrangements reagieren, die vor allem in den Bereichen der beruflichen und der fremdsprachlichen Bildung propagiert werden. Hier verspricht man sich von der Betonung der Lernera. vor allem eine Steigerung der Effektivität. Aus einer anderen Perspektive wird beobachtet, wie Teilnehmende Veranstaltungen der EB weniger zum Erwerb von A. als zur Darstellung von A. nutzen (Nolda 1996).

Neben der Lerner- bzw. Teilnehmera. werden die A. der Disziplin, der Profession und der Einrichtungen bzw. des Systems der EB/WB diskutiert. Dabei geht es um die Unabhängigkeit der Wissenschaft der EB vom Wunsch der Praxis nach unmittelbar verwertbarem Rezeptwissen und nach legitimatorischer Unterstützung, um die sog. pädagogische A., nach der Ziel und Methoden erwachsenenbildnerischer Arbeit von der EB selbst bestimmt werden, um die Freiheit und Unsicherheit der Arbeitsbedingungen hauptberuflicher Honorarkräfte sowie um die Unabhängigkeit von staatlichen Vorgaben und Eingriffen bzw. um die Zunahme finanzieller Selbstverantwortlichkeit. Im Zusammenhang mit der Kritik am Neoliberalismus wird angesichts der Umwandlung von Bildungsanbietern zu nachfrageorientierten Lernagenturen die Befürchtung geäußert, dass der Einfluss nicht-pädagogischer Institutionen zunehmen und die EB insgesamt einen A.verlust erleiden könnte (Forneck/Wrana 2005).

Literatur

Dräger, H./Günther, U./Thunemeyer, B.: Autonomie und Infrastruktur. Zur Theorie, Organisation und Praxis differentieller Bildung. Frankfurt a.M. 1997 – Forneck, H.J./Wrana, D.: Ein parzelliertes Feld. Eine Einführung in die Erwachsenenbildung. Bielefeld 2005 – Nolda, S.: Interaktion und Wissen. Eine qualitative Studie zum Lehr-/Lernverhalten in Veranstaltungen der allgemeinen Erwachsenenbildung. Frankfurt a.M. 1996

Sigrid Nolda

Beratung

Die zunehmende Komplexität des Lebens, die Möglichkeit und Notwendigkeit, die eigene Biographie selbst gestalten zu können und zu müssen, die Dynamik wirtschaftlicher und gesellschaftlicher Veränderungen bei einer zunehmenden Individualisierung, die Orientierung an gesellschaftlich verbindlichen Normen immer weniger ermöglicht und der Wandel zur Wissensgesellschaft sind die gängigen Erklärungsansätze für den seit einigen Jahren zu beobachtenden Beratungsboom auf der Ebene der personen- und der organisationsbezogenen B. Diese Entwicklungen haben dazu geführt, dass die B. Erwachsener heute nicht mehr als Ausdruck eines Defizits wahrgenommen wird, sondern als integraler Bestandteil → lebenslangen Lernens. Ursprünglich war B. definiert als eine Intervention, die auf die Änderung eines Zustands der Hilfsbedürftigkeit abzielte; sie war vorrangig reserviert für sozialpädagogische und psychosoziale Handlungskontexte.
Heute avanciert B. zu einem „Lebensbegleiter", der Orientierungs- und Entscheidungsprozesse in den Feldern Bildung, Beruf, Arbeit unterstützt. Bezugspunkte der B. sind dabei sowohl bildungs- und berufsbiographische Prozesse als auch die aktuellen (Lebens-)Situationen. Während B. in früheren Jahren auf einer individualisierenden Betrachtungsweise basierte, gehen aktuelle Ansätze davon aus, dass B. nur dann angemessen Orientierungs- und Entscheidungsprozesse begleiten kann, wenn sie prozessual und komplex ausgerichtet ist und die Vielzahl der Umweltfaktoren in den Analyse- und Lösungsweg einbezieht.
Auch wenn B. eine Grundform pädagogischen Handelns darstellt und professionsimmanent ist, gibt es keine allgemeingültige Definition von B. oder einen Konsens darüber, wie Beratungsverläufe zu gestalten seien. „Es ist noch weitestgehend unklar, ob es typische Beratungsverläufe gibt und wenn ja, wie sich diese personenspezifisch darstellen" (Gieseke/Käpplinger/Otto 2007). Allerdings lassen sich zentrale Elemente einer B. beschreiben: Bei einer B. kommunizieren bzw. interagieren mindestens zwei Menschen miteinander; etliche Ansätze betonen die Notwendigkeit einer freiwilligen Teilnahme an der B.; der Kontakt beider Personen ist von zeitlich befristeter Dauer; im Mittelpunkt der Interaktion steht eine zu treffende Entscheidung oder ein zu lösendes Problem; B. bewegt sich in einem Möglichkeitsraum (Bretschneider u.a. 2007). „Zusammen mit den Ratsuchenden sind invariante und variante Größen in der komplexen Dynamik zu unterscheiden, Hypothesen zu formulieren, der Raum der Möglichkeiten abzustecken und verschiedene Lösungsansätze zu testen – und dies mehrfach und iterativ, bis zur besten Lösung" (Dauwalder 2007).
In der EB wird bis heute zwischen personen- und organisationsbezogener B. (→ Organisationsberatung) unterschieden (Schiersmann/Remmele 2004). Bretschneider u.a. (2007) benennen in einer sekundäranalytischen Expertise neun aktuell zu unterscheidende Anwendungsbereiche von B. in der WB:

- (Weiter-)Bildungsb. zur Unterstützung des Entscheidungfindungsprozesses des Einzelnen,
- arbeitsplatzbezogenes Coaching, das die persönliche und berufliche Entwicklung im Blick hat,
- Qualifizierungsb. für und in Unternehmen und Organisationen, die zumeist im Zusammenhang mit betrieblichen Neu- oder Umstrukturierungsprozessen stattfindet (sie hat die Aufgabe, Unternehmen bei der Ermittlung des Qualifizierungsbedarfs und bei der Planung, Durchführung und Evaluation von WB zu unterstützen),
- B. zum Abschluss einer Bildungsteilnahme, um den Übergang in die Arbeitswelt bzw. weiterführende Bildungsprozesse zu fördern,
- B. als unterstützendes und begleitendes Element von Kompetenzerfassungs- und Bilanzierungsverfahren,
- → Lernb. für Lernungewohnte bei Lernschwierigkeiten in einer Bildungsmaßnahme,
- Lernberatung als pädagogische Begleitung eines selbstgesteuerten Lernprozesses,
- psychosoziale B. in Lebenskrisen im Schnittfeld von Sozialpädagogik und EB,
- System- bzw. Politikb. zur Entwicklung und Förderung der Strukturpolitik von EB für regionale und nationale Entscheidungsträger als Grundlage bildungspolitischer Entscheidungen.

Theorie und Empirie der B. waren in der EB lange Zeit auf Weiterbildungsberatung ausgerichtet. Hier entstanden verschiedene, der Profilierung von B. zuträgliche Typologien. Gieseke analysiert die Ergebnisse von Beratungsgesprächen und unterscheidet den „informativen", „situativen" und „biographischen" Beratungstypus (Gieseke 2000; Gieseke/Käpplinger/Otto 2007). Schiersmann hat im Kontext eines Modellversuchs Strukturdiagramme für Weiterbildungsberatungsverläufe erarbeitet (Schiersmann 1993), die für den Aufbau einer systematischen B. dienlich sind. Bauer (1991) hat Handlungsschritte

eines Weiterbildungsberatungsgesprächs beschrieben und dabei vor allem die Einstiegssituation in den Blick genommen.
Als eigenständige Handlungsform und neuer Funktionsbereich im Bildungsgesamtsystem entstand B. erst im Zuge der → Bildungsreform der 1960er und 1970er Jahre. Sie wurde als notwendige Erweiterung neben den mikrodidaktischen Aufgaben des unterrichtlichen Lehrens und → Lernens und den makrodidaktischen Aufgaben des institutionellen Planens und Organisierens als dritter Aufgabenbereich konzipiert und platziert. Ihre vermittelnde „Zwischenfunktion" zeigte sich in den 1980er Jahren ebenso in den Institutionalisierungsformen (z.B. Weiterbildungsberatungsstellen) wie in den Handlungskompetenzen der Bildungsberater/innen in Abgrenzung zu Therapie und → Lehren (Mader 1999). Entsprechend wurde sie als „Scharnierstelle zwischen Angebot und Teilnahmeentscheidung" (Gieseke 1997) beschrieben, und es wurde ihr eine „Gelenkstellenfunktion zwischen Anbieter- und Nachfrageseite" (Bauer 1991) zugewiesen. Angesichts eines intransparenten Weiterbildungsmarktes sollte B. als „Moderator in der pluralen Weiterbildungslandschaft" (LSW 1997) fungieren. In den 1980er Jahren erweiterten sich die Anwendungsfelder von B. auf die von Exklusion aus der Arbeitswelt bedrohten Gruppen. Sozialpädagogische B. in der WB von Arbeitslosen und → Lernberatung für Lernende mit geringen Lern- und Leistungsvoraussetzungen (Volk-von-Bialy 1987) konzentrierten sich auf die B. zur Behebung psychosozialer Probleme, Lernstörungen und -schwierigkeiten. Diese Beratungsformen waren noch weitgehend geprägt von einer Defizitsicht auf die Klientel und gingen vom Berater als Experten für Problemlösungen aus. Zwischenzeitlich hat sich in der situativen und biographiebezogenen B. ein Verständnis durchgesetzt, das in Anlehnung an Rogers dem Berater einen Expertenstatus für „Heuristiken des Problemlösens" (Burkhart 1995) zubilligt, den Ratsuchenden in der Entwicklung von Problemlösungen unterstützt, die tatsächliche Entscheidung hinsichtlich der Lösungswege jedoch auf der Seite des Ratsuchenden belässt. Beim Typus der informativen B. ist es derzeit eine offene Frage, ob diese noch auf Berater/innen angewiesen ist oder ob diese Funktion durch entsprechende Medien übernommen werden kann. Die Vielzahl medialer Informationsserviceangebote und deren Nutzungsintensität deuten jedenfalls in diese Richtung.
Gute B. braucht Zeit und kollidiert damit mit der technokratisch-rational orientierten „Performanzeffizienz" (Gieseke 2000), die Reflexivität und die gemeinsame Suche nach begründeten und tragfähigen Entscheidungen als zeitaufwendig und unwirtschaftlich erscheinen lässt.

Literatur
Bauer, G.: Weiterbildungsberatung. In: Mitteilungen aus der Arbeitsmarkt- und Berufsforschung, H. 2, 1991 – Bretschneider, M. u.a.: Begrifflichkeiten, Ansätze und Praxiserfahrungen in der beruflichen Beratung und Begleitung. In: Dehnbostel u.a. (Hrsg.): Kompetenzerwerb in der Arbeit. Perspektiven arbeitnehmerorientierter Weiterbildung. Berlin 2007 – Burkhart, T.: Beratung beim Lösen komplexer Probleme. Frankfurt a.M./New York 1995 – Dauwalder, J.-P.: Beratung: Herausforderungen für eine nachhaltige Entwicklung. In: Report. Zeitschrift für Weiterbildungsforschung, H. 1, 2007 – Gieseke, W.: Weiterbildungsberatung als Scharnierstelle zwischen Angebot und Teilnahmeentscheidung. In: Nuissl, E./Schiersmann, C./Siebert, H. (Hrsg.): Pluralisierung des Lehrens und Lernens. Bad Heilbrunn 1997 – Gieseke, W.: Beratung in der Weiterbildung – Ausdifferenzierung der Beratungsbedarfe. In: Report. Literatur- und Forschungsreport Weiterbildung, H. 46, 2000 – Gieseke, W./Käpplinger, B./Otto, S.: Prozessverläufe in der Beratung analysieren – Ein Desiderat. Begründung und Entwicklung eines Forschungsdesigns. In: Report. Zeitschrift für Weiterbildungsforschung, H. 1, 2007 – LSW (Hrsg.): Evaluation der Weiterbildung. Soest 1997 – Mader, W.: Weiterbildung und Beratung. In: Tippelt, R. (Hrsg.): Handbuch der Erwachsenenbildung/Weiterbildung. Neuaufl. Opladen 1999 – Schiersmann, C.: Weiterbildungsberatung im regionalen Bezugsfeld. Eine Analyse von Kooperationsstrukturen. Berlin 1993 – Schiersmann, C./Remmele, H: Beratungsfelder in der Weiterbildung – eine empirische Bestandsaufnahme. Baltmannsweiler 2004 – Volk-von-Bialy, H.: Konzept einer Fortbildung „Lernberatung" für das Berufsförderungswerk Hamburg. Hamburg 1987

Rosemarie Klein

Berufliche Weiterbildung

Grundlage für bisherige Ansätze, b.WB zu definieren, ist der Weiterbildungsbegriff des Deutschen Bildungsrates von 1970. In Anlehnung an die Bildungsratsformulierung definierte die BLK: „Weiterbildung ist die Fortsetzung oder Wiederaufnahme organisierten Lernens nach Abschluß einer ersten Bildungsphase und nach Aufnahme einer Berufstätigkeit" (BLK 1974). Diese Definition orientiert sich an der „klassischen" WB, die in Form von Lehrgängen, Kursen und Seminaren durchgeführt wird. Sie wurde mit der Intention entwickelt, die WB als eichwertigen Teilbereich, d.h. als die „vierte n das Bildungswesen zu integrieren. Während die Weiterbildungsdefinition an der Einheit von beruflicher und nicht-beruflicher (allgemeiner und politischer) Bildung orientiert ist, verzichtet die b.WB auf diesen begrifflichen Integrationsanspruch. Wichtige Definitionselemente sind darin zu sehen, dass informelle Lernprozesse, wie z.B. solche im Rahmen der Arbeit, ausgeschlossen werden, beim Zugang zur WB („Aufnahme der Berufstätigkeit") aber auf die Bildungswirksamkeit der Arbeit gesetzt wird. B.WB ist von ihren Aufgaben her nicht auf das Bildungssystem begrenzt, sondern mit zahlreichen Handlungsfeldern verknüpft, wie z.B. mit der Arbeitsmarktpolitik oder der betrieblichen Personal- und Organisationsentwicklung. Von diesen Anwendungsfeldern her ergeben sich weitere definitorische Ansätze: Unter b.WB im betrieblichen Kontext werden z.B. alle betrieblich veranlassten oder finanzierten Maßnahmen verstanden, die dazu dienen, beruflich relevante Kompetenzen der Mitarbeiter/innen oder des Unternehmers zu erhalten, anzupassen, zu erweitern oder zu verbessern. B.WB umfasst damit auch die Formen des arbeitsintegrierten Lernens (z.B. Qualitätszirkel). Von diesem erweiterten Verständnis b.WB gibt es fließende Übergänge zu den Konzepten der Kompetenzentwicklung und des → Lebenslangen Lernens.

Für b.WB im engeren Sinne ist nach wie vor die ordnungspolitisch motivierte Begrifflichkeit nach dem Berufsbildungsgesetz (BBiG) relevant. Berufliche Fortbildung bzw. WB und berufliche Umschulung sind, in strikter Abgrenzung vom Bereich beruflicher Erstausbildung, an Abschlüssen und Prüfungen orientiert. Die ursprünglich im (ordnungsrechtlich regelnden) BBiG und dem (förderrechtlich regelnden) ehemaligen Arbeitsförderungsgesetz (AFG) einheitliche Terminologie „berufliche Fortbildung/berufliche Umschulung" wurde zwar im Förderungsrecht (nach SGB III) zugunsten der b.WB aufgegeben, in der Sache orientiert sich das Förderungsrecht nach wie vor am ordnungspolitischen Konzept des BBiG. B.WB reflektiert so die begrifflichen und institutionellen Traditionen des deutschen Bildungssystems. Niedergeschlagen hat sich das auch in der empirischen Erfassung der b.WB durch das seit 1979 regelmäßig durchgeführte Berichtssystem Weiterbildung (BSW).

Im europäischen Rahmen setzen sich die Vorstellungen eines lebenslangen bzw. lebensbegleitenden Lernens durch, die auch die deutsche Weiterbildungslandschaft zunehmend prägen. Zu den wichtigsten Elementen, in denen diese europäische Dimension in der WB sichtbar wird, gehören z.B. fließende Übergänge zwischen Erstausbildung und WB, die Modularisierung des Bildungsangebots und die wachsende Bedeutung des selbstgesteuerten und selbstorganisierten Lernens.

Vor diesem Hintergrund unterscheidet das europäische Berichtssystem Adult Education Survey (AES), das einen statistischen Gesamtrahmen für vergleichende Ergebnisse auf EU-Ebene liefert, drei Hauptformen des Lernens im Erwachsenenalter: „formal education" (reguläre Ausbildungsgänge), „non-formal education" (organisierte Weiterbildungsmaßnahmen) und „informal education" (informelle WB/ Selbstlernen). Dem deutschen Begriff der WB entspricht am ehesten die Kategorie „non-formal education".

Literatur

BLK (Hrsg.): Bildungsgesamtplan, Bd. 1. Stuttgart 1974 – Kuwan, H. u.a.: Berichtssystem Weiterbildung IX. Integrierter Gesamtbericht zur Weiterbildungssituation in Deutschland. Durchgeführt im Auftrag des BMBF. Berlin/Bonn 2006 – Sauter, E.: Berufliche Weiterbildung. In: Cramer, G./ Schmidt, H./Wittwer, W. (Hrsg.): Ausbilder-Handbuch. Loseblattwerk. Neuwied 2008

Edgar Sauter

Berufsbildung

Der Gegensatz von → Allgemeinbildung und B. ist für das gesamte Bildungswesen der Bundesrepublik Deutschland, aber auch für andere europäische und außereuropäische Länder, strukturprägend. Er konstituiert nicht nur eine Hierarchie der Inhalte, sondern auch eine der Lebenschancen: Allgemeinbildung und B. werden nicht als gleichwertige Bildungsformen angesehen und dementsprechend von der → Gesellschaft nicht gleichermaßen honoriert. Ansehen und gesellschaftliche Aufstiegschancen erwirbt man sich durch allgemeine, nicht durch berufliche Bildung – ein Sachverhalt, der auch bisweilen in den kämpferischen Slogan gefasst wurde: „Allgemeinbildung ist die Berufsbildung der Herrschenden – Berufsbildung ist die Allgemeinbildung der Beherrschten."

Historische Grundlage für dieses Missverhältnis ist eine Bildungstheorie gewesen, der es zunächst und vor allem um die Entwicklung des Menschen zu seinem eigenen Zweck – und nicht zu irgendeinem beruflichen oder ökonomischen Zweck – ging. Was der eigene Zweck des Menschen sei, wusste Wilhelm von Humboldt in die Formel zu fassen: „Der wahre Zweck des Menschen ist die höchste und proportionierlichste Bildung seiner Kräfte zu einem Ganzen" (v. Humboldt 1792). Aus diesen Überlegungen ergaben sich zwei für die weitere bildungspolitische Entwicklung folgenreiche Thesen: Die „Vorrangthese" und die „Ausschlussthese":

Die „Vorrangthese" geht davon aus, dass es Inhalte gibt, die gegenüber anderen eine größere Bedeutung für die Bildung des Subjekts haben. Humboldt sah diese Inhalte in der klassischen Antike, d.h. im Ideal des griechisch-römischen Menschen. Mehrsprachigkeit, historisches Bewusstsein, kulturelle Kommunikation und die damit verbundene Selbstreflexion und Selbstdistanzierung konstituierten ein Bildungsideal, das für den Neuhumanismus leitend wurde. Entsprechende Inhalte wurden im Fächerkanon des Humanistischen Gymnasiums kodifiziert, und Generationen von Schüler/inne/n wurden in der lateinischen und griechischen Sprache und Kultur unterwiesen. Durch diesen Kontakt mit den „vollkommensten Reifungsperioden der abendländischen Zivilisation" sollte die Erfahrung an die nachwachsende Generation vermittelt werden, „was Menschsein eigentlich bedeutet" (ebd.). Vielfach erstarrte diese Intention allerdings in einem rückwärtsgewandten Bildungsidealismus, der zu den Lern- und Reflexionsanforderungen der sich modernisierenden Gesellschaft in einen immer schärferen Widerspruch geriet.

Die „Ausschlussthese" des Neuhumanismus geht auf die Forderung Humboldts zurück, dass die B. der Allgemeinbildung nachfolgen müsse: „Was das Bedürfnis des Lebens oder des einzelnen seiner Gewerbe erheischt, muss abgesondert und nach vollendetem allgemeinen Unterricht erworben werden" (ebd.). Humboldt befürchtete, dass eine Vermischung beider Bildungsformen die Bildung „unrein" werden ließe – eine Sichtweise, die der B. letztlich jegliche Bildungswirkung absprach und sie aus dem Bildungsanspruch ausschloss. Die Bildung des Subjekts – so das Fazit, aber auch die historisch folgenreiche Festlegung der neuhumanistischen Bildungstheorie – erfolgt vor und außerhalb beruflicher bzw. berufsorientierter Bildungsmaßnahmen.

Diese bildungstheoretischen und bildungspolitischen Festlegungen führten dazu, dass auch in der EB das Verhältnis zur beruflichen Bildung „stets ein gebrochenes war" (Dikau 1981). So finden sich weder in der Weimarer Republik noch im Nachkriegsdeutschland der 1950er und 1960er Jahre wirklich bahnbrechende Ansätze zu einer Integration der beruflichen Bildung in das Selbstverständnis und die Politik der → Träger der EB. Und auch ihre als „realistische Wende" bezeichnete Öffnung gegenüber den Anforderungen des Berufs- und Wirtschaftslebens führte nicht wirklich zu einer Neubestimmung des Bildungsgehalts und der möglichen Bildungswirkungen einer beruflichen EB. Zwar intensivierten die Träger in den 1970er und 1980er Jahren ihre diesbezüglichen Angebote, und auch der Deutsche Bildungsrat plädierte für eine „Integration von beruflicher und allgemeiner Bildung", doch konnte beides nicht zu einem theoretisch überzeugenden und curricular sowie institutionell wirklich realisierbaren Konzept entwickelt werden. Während der Bildungsrat für den Sekundarbereich sehr viel konkretere und auch überzeugendere Empfehlungen zur → Integration vorlegte, knüpfte er „in seiner Weiterbildungskonzeption eindeutig an das traditionelle, die berufliche Qualifizierung ausschließende Verständnis von Erwachsenenbildung an und unterzog die Inanspruchnahme von einzelnen Weiterbildungsaufgaben durch unterschiedliche Einrichtungen und Träger keiner Kritik. (...) so bleibt die Forderung nach Integration für die Weiterbildungspraxis weitgehend Ausdruck der Verlegenheit" (ebd.).

Abgesehen von punktuellen curricularen Integrationsversuchen (z.B. von beruflicher und → politischer Bildung in → Bildungsurlaubs- und anderen Maßnahmen) sowie institutionellen Kooperationsprojekten ist die Integration von Allgemeinbildung und B. im Bereich der WB bis in die 1980er Jahre nicht wirklich vorangekommen. Zwar lässt sich ein Anwachsen beruflicher Weiterbildungsmaßnahmen feststellen, doch geht dies nicht mit einer konzeptionellen Integration einher: Man folgt einem auch von der Erwachsenenpädagogik vornehmlich vertretenen subjektorientierten Bildungsbegriff (→ Bildung), dessen Ausklammerungs- und Ausgrenzungshaltung zu allem berufsorientierten Lernen im Kern noch neuhumanistisch ist. Anders stellt sich dies im Rahmen der beruflichen Ausbildung dar. Hier entwickelte sich vor dem Hintergrund veränderter Qualifikationsanforderungen ein erweitertes Verständnis von beruflicher Handlungskompetenz, das auch deutliche Bezüge zur Förderung der Persönlichkeitsbildung und der sozialen und methodischen Kompetenzen der Lernenden aufweist (Arnold/Gonon 2006). Die Rede ist deshalb auch von einer Verallgemeinerung der beruflichen Bildung, wobei sich gleichzeitig eine methodenorientierte Sicht des beruflichen Lernens verbreitet. Um die → Schlüsselqualifikationen zum selbstständigen Planen, Durchführen und Kontrollieren von → Problemlösungen wirklich fördern zu können, sind neue Formen und → Methoden des → Lernens erforderlich, die sich in mehrfacher Hinsicht von den traditionellen Lehrmethoden unterscheiden. Nicht mehr die möglichst exakte Vorplanung und „Erzeugung" von → Kompetenz steht dabei im Vordergrund, sondern die subjektsensible „Ermöglichung" individueller und organisationaler Lernprozesse. Hierzu werden handlungsorientierte und selbstständigkeitsfördernde Ausbildungsmethoden eingesetzt. Diese ermöglichen gleichzeitig inhaltsbezogene Aneignung und Stärkung der Ich-Kompetenz.

Diese Entwicklungen in der beruflichen Erstausbildung zeigen, dass modernisierte B. heutzutage vieles von dem realisieren muss, was vormals der Allgemeinbildung vorbehalten zu sein schien (z.B. „proportionierliche Ausbildung aller Kräfte"). Gleichzeitig entwickelte sich dabei ein Verständnis beruflicher Kompetenzentwicklung, welches das methodische Lernen und die methodische Kompetenz der Lernenden in das Zentrum rückt und die Unterscheidung von beruflicher Erstausbildung und beruflicher WB aufweicht. In modernisierten Arbeitszusammenhängen muss WB die Mitarbeiter/innen heute immer weniger kontinuierlich an den Wandel anpassen, diese müssen vielmehr über Selbstlern- und Selbstqualifizierungsfähigkeiten (→ Selbstorganisation) verfügen, um sich (durch selbstgesteuertes → lebenslanges Lernen) dann an die neuen Anforderungen anzupassen, wenn diese auf sie zukommen. Eine solche methodenorientierte Kompetenzentwicklung zielt auf die Stärkung der Ich-Kräfte der Subjekte. Diese müssen zwar, weil es externe, d.h. betriebliche Zwecke verlangen, entwickelt werden, doch dient ihre Entwicklung auch dem Subjekt, denn selbststeuerungsfähige Mitarbeiter/innen erhalten die Unternehmen nur um den Preis von kritischen Mitarbeiter/inne/n. Wir erleben demnach in der derzeitigen modernisierten Kompetenzentwicklung eine Abmilderung, wenn nicht gar Auflösung des Gegensatzes von Allgemeinbildung und B. Ihre Integration wird dabei paradoxerweise aus dem Bereich zweckorientierten beruflichen Handelns initiiert, weil die „Zwecke" des modernen, hochkompetitiven Wirtschaftens bereits vielerorts nur erfüllt werden können, wenn die handelnden Subjekte mehr können, als vorgegebene Zwecke zu erfüllen. Gleichwohl bedeutet diese Integration nicht, dass es nicht darüber hinaus auch weiterhin zentrale Kompetenzbereiche gibt, für deren Entwicklung gezielte Maßnahmen und Angebote notwendig sind. Nach Oskar Negt sind dies u.a. die „Gerechtigkeitskompetenz", die „ökologische Kompetenz" und die „historische Kompetenz" (letzterer geht es um Erinnerungs- und Utopiefähigkeit) (Negt 1997).

Als spezialisierte pädagogische Disziplin, die sich mit dem berufsorientierten und beruflichen Lernen befasst, hat sich im 20. Jh. die Berufspädagogik bzw. die Berufs- und Wirtschaftspädagogik herausgebildet. Mit dieser Differenzierung des Disziplinfokus öffnete sich die Pädagogik weit über ihre angestammten Themen (Kleinkind- und Schulkindpädagogik) hinaus und bezog auch verstärkt Bereiche der beruflichen bzw. betrieblichen Nachwuchsrekrutierung ein. Seit den 1980er Jahren des 20. Jh. wird darüber hinaus auch verstärkt der Bezug der Berufspädagogik zur Erwachsenenpädagogik thematisiert. Dies ist nicht überraschend, verschwimmen doch mit dem Trend zum lebenslangen Lernen zunehmend die etablierten Grenzziehungen zwischen Erstausbildung und WB, während sich gleichzeitig auch seit Jahren mit dem gestiegenen Vorbildungsniveau der Auszubildenden im dualen System deren Durchschnittsalter erhöht und wir es eindeutig mit jungen Erwachsenen zu tun haben. Wir haben es demnach unübersehbar mit „interdisziplinären Konvergenzen" (Arnold 2003) im Verhältnis von Berufs- und Erwachsenenpädagogik zu tun.

Literatur
Arnold, R.: Zum Verhältnis von Berufsbildung und Erwachsenenbildung. Systematische, bildungspolitische und didaktische Überlegungen. In: Pädagogische Rundschau, H. 3, 1990 – Arnold, R.: Berufspädagogik ist Erwachsenenpädagogik und umgekehrt. In: Ders. (Hrsg.): Berufs- und Erwachsenenpädagogik. Baltmannsweiler 2003 – Arnold, R./Gonon, P.: Einführung in die Berufspädagogik. Opladen 2006 – Benner, D.: Wilhelm von Humboldts Bildungstheorie. Eine problemgeschichtliche Studie zum Begründungszusammenhang neuzeitlicher Bildungsreform. München 1990 – Dikau, J.: Berufsbildung und Erwachsenenbildung. In: Pöggeler, F./Wolterhoff, B. (Hrsg.): Neue Theorien der Erwachsenenbildung. Handbuchs der Erwachsenenbildung, Bd. 8. Stuttgart 1981 – Humboldt, W. v.: Ideen zu einem Versuch, die Grenzen der Wirksamkeit des Staats zu bestimmen". 1792. In: Ders.: Gesammelte Schriften, Bd. 1, hgg. von A. Leitzmann. Berlin, 1903 – Negt, O.: Kindheit und Schule in einer Welt der Umbrüche. Göttingen 1997

Rolf Arnold

Betriebliche Bildung

Mit dem Begriff b.B. wird versucht, die Vielfalt und Vielschichtigkeit der Bildungsarbeit in Betrieben in einem Wort zusammenzufassen. Zum Begriff b.B. gehört

- der *Ort*, an dem die Bildungsarbeit stattfindet: der Betrieb,
- die *Art der Bildungsmaßnahme*, die von den Betrieben durchgeführt werden: die Ausbildung und WB,
- das besondere *didaktische Prinzip* der betrieblichen Bildungsarbeit: der Praxisbezug,
- die *Intention* der Bildungsmaßnahme: die Qualifizierung der Mitarbeiter/innen zur Erreichung des Betriebsziels.

Aufgrund der historischen Entwicklung wird b.B. auch heute noch als Synonym für „betriebliche Ausbildung" verwendet. Diese Gleichsetzung gilt jedoch schon lange nicht mehr. Die b.B. beinhaltet auch die betriebliche WB, einen Bereich, der zunehmend an Bedeutung gewinnt. In sehr vielen Betrieben ist mittlerweile der Etat für WB höher als der für die Ausbildung.

Im Gegensatz zur betrieblichen Ausbildung besitzt die betriebliche WB eine kurze Tradition. Sieht man einmal von den wandernden Handwerksgesellen im Mittelalter sowie von Initiativen einzelner Unternehmer ab, die es seit dem 18. Jh. gibt, dann gewann die betriebliche Weiterbildungsarbeit erst nach 1945 an Bedeutung. Ein wesentlicher Impuls ging von dem aus Amerika importierten TWI-System („Training Within Industry") aus. Der Aufschwung verstärkte sich in den 1960er Jahren und hält bis heute an.

Gründe für das verstärkte Engagement der Betriebe in der WB sind vor allem die technische und gesellschaftliche Entwicklung, der immer schneller werdende Prozess der Wissenserneuerung, der Mangel an qualifizierten Fachkräften, die immer häufigeren Wechsel von Tätigkeit, Arbeitsplatz, Beruf sowie die veränderten Arbeits- und Organisationskonzepte, die von den Erwerbstätigen neue → Qualifikationen/Kompetenzen verlangen (→ Schlüsselqualifikationen).

Allgemeines Ziel der betrieblichen WB ist es, dem Unternehmen dasjenige Potenzial an Arbeitskräften zur Verfügung zu stellen, das zur Erreichung des Betriebsziels erforderlich ist. Dazu wird beruflich-fachliches wie überberufliches Wissen (Schlüsselqualifikationen) vermittelt. In letzter Zeit wird die betriebliche Weiterbildungsarbeit verstärkt in Konzepte der → Personalentwicklung bzw. Organisationsentwicklung (→ Organisation) eingebunden.

Die WB der Mitarbeiter/innen kann auf unterschiedlichen Wegen erfolgen. Sie kann von dem Betrieb selbst organisiert und in eigener Verantwortung durchgeführt werden – man spricht in diesem Fall von innerbetrieblicher WB. Schickt ein Unternehmen einzelne Mitarbeiter/innen zu externen Bildungsträgern, dann handelt es sich um eine außerbetriebliche WB. Von dieser Form der WB machen vor allem Klein- und Mittelbetriebe Gebrauch, für die sich aufgrund der geringen Belegschaftszahl eigene Weiterbildungsmaßnahmen nicht lohnen. Aber auch Großbetriebe nutzen die außerbetriebliche WB, z.B. dann, wenn nur einzelne Mitarbeiter/innen für die Qualifizierung infrage kommen.

Zur b.B. gehören allerdings nicht nur die institutionalisierten, sondern auch die informellen Lernprozesse. Diese erfolgen teils ungeplant und ohne pädagogische Absicht am Arbeitsplatz, z.B. durch die technische und soziale Gestaltung des Arbeitsprozesses oder durch → Aneignung (→ Aneignung – Vermittlung) von Erfahrung, teils geplant, indem die Mitarbeiter/innen sich selbstständig eine Lösung erarbeiten. → Informelles Lernen in diesem Sinn ist als selbstgesteuertes Lernen zu verstehen. Aufgrund des individuellen Lebensweltbezugs des informell Gelernten kann dieses schnell und nachhaltig in die Wissens- und Erfahrungsstruktur des Lernenden integriert werden. Voraussetzung dafür ist jedoch, dass die Lernprozesse (Lernanlass, -bedingungen und Lernergebnis) reflektiert und damit bewusst werden. Über diese Reflexionsprozesse kann zugleich das informell Gelernte mit über formelle Lernprozesse aufgebautem Theorie- und systematisiertem praktischem Wissen integriert werden. Informelles Lernen wird als eine wichtige Basis für Kompetenzentwicklung gesehen.

Literatur

Gonon, P./Stolz, S. (Hrsg.): Betriebliche Weiterbildung. Bern 2004 – Schiersmann, C.: Berufliche Weiterbildung. Wiesbaden 2007 – Wittwer, W./Kirchhof, S. (Hrsg.): Informelles Lernen und Weiterbildung. Neue Wege zur Kompetenzentwicklung. München/Unterschleißheim 2003

Wolfgang Wittwer

Bezugswissenschaften

Wenn → „Bildung" als lebenslange Lernbemühung und als gesellschaftliches Teilsystem verstanden wird, leisten alle Human-, Sozial- und Kulturwissenschaften einen Beitrag zur Erforschung der EB. Aber auch Naturwissenschaften – insb. die Neurowissenschaften – tragen dazu bei. Welche Bedeutung diese Disziplinen für die Theorie und Praxis der EB haben, hängt von den gesellschaftlichen Kontexten und Funktionen der EB, den institutionellen Selbst- und Aufgabenverständnissen sowie von den Selbstbeschreibungen der B. und ihrem Interesse an Bildungsfragen ab.
Gelegentlich wird die → Erwachsenenbildungswissenschaft als interdisziplinäre Querschnittdisziplin bezeichnet. Eine wirksame Verschränkung der disziplinären Logiken und Methoden ist bisher theoretisch und empirisch nur selten gelungen. Eine Ausnahme war die „Göttinger Studie" von Strzelewicz/Raapke/Schulenberg (→ Leitstudien). Neuerdings zeichnet sich in der Konstruktivismusdiskussion (→ Konstruktivismus) eine produktive interdisziplinäre Verknüpfung ab. Für eine sinnvolle Kooperation muss die EB jedoch ihre eigene Problemsicht präzisieren. Außerdem muss sie der Versuchung widerstehen, Erkenntnisse von Bezugswissenschaften zu schnell bildungspraktisch zu verwerten. Wünschenswert sind Perspektivverschränkungen zu zentralen Schlüsselproblemen.
Für eine EB, die sich als Bestandteil gesellschaftlicher Modernisierungsprozesse versteht, sind soziologische Theorien unverzichtbar, so z.B. Ulrich Becks Theorie der Risikogesellschaft, Jürgen Habermas' Theorie des kommunikativen Handelns, Niklas Luhmanns Systemtheorie (→ System). Angesichts der beschleunigten Individualisierung hat die Bedeutung der Psychologie in den 1990er Jahren wieder zugenommen, man denke z.B. an die Biographieforschung und die Kognitionswissenschaft. Da sich Bildungsarbeit vor allem im Medium der → Sprache vollzieht, sind auch die Sprach- und Kommunikationswissenschaften unentbehrlich. Hinzu kommt neuerdings das Interesse an globalen Kommunikationen via Internet.
WB ist seit einigen Jahren zu einem Wachstums- und Wettbewerbsfaktor geworden. Bedarfsanalysen und Finanzierungsmodelle erfordern ökonomische Kosten-Nutzen-Berechnungen. Aber auch Qualitätsmanagement, Organisationsentwicklung (lernende Organisation) und Regionalentwicklung sind nicht ohne ökonomisches Wissen denkbar.
Die meistdiskutierte aktuelle B. ist die Gehirnforschung. Jeder Lern- und Erkenntnisprozess basiert auf biochemischen und neurophysiologischen Aktivitäten des Gehirns. Kenntnisse des neuronalen Systems sind didaktisch anregend, auch wenn von den Neurowissenschaften keine pädagogisch-psychologischen Antworten erwartet werden können.
Aber auch andere Disziplinen sind für die EB von Bedeutung, z.B. die Ethik und die Erkenntnistheorie, die Chaostheorie (zur Selbststeuerung komplexer Systeme), aber mit dem Blick auf die Fachdidaktiken auch fast alle anderen Wissenschaften.

Literatur
Herrmann, U. (Hrsg.): Neurodidaktik. Weinheim 2006 – Nolda, S. (Hrsg.): Sprachwissenschaft als Bezugswissenschaft der Erwachsenenbildung. Bad Heilbrunn/Obb. 1989 – Nuissl, E. (Hrsg.): Vom Lernen zum Lehren. Bielefeld 2006 – Strzelewicz, W./Raapke, H.-D./Schulenberg, W.: Bildung und gesellschaftliches Bewußtsein. Eine mehrstufige soziologische Untersuchung in Westdeutschland. Stuttgart 1966 – Weinert, F./Mandl, H. (Hrsg.): Psychologie der Erwachsenenbildung. Göttingen 1997

Horst Siebert

Bibliotheken

B. sind als in der Regel nicht-kommerzielle Dienstleistungsorganisationen in der Wissensgesellschaft von herausragender Bedeutung für Ausbildung, Forschung, Lehre und WB. B. sichern den Zugang zu Bildungsquellen und wissenschaftlichen Informationen, indem sie gedruckte oder digitale Werke planvoll sammeln, bewahren, erschließen, präsentieren und vermitteln. Durch vernetzte Medienangebote und im Internet zugängliche Kataloge sichern B. die lokale und überregionale Literaturversorgung. In Verbünden zusammengeschlossen bieten B. heute Zugang zu Datenbanken und elektronischen Dokumenten. Verbundkataloge ermöglichen die bibliotheksübergreifende Suche nach Literatur und Dokumenten.
Neben den öffentlichen Trägern (Bund, Ländern, Städten und Gemeinden) unterhalten die Katholische und die Evangelische Kirche sowie private Träger B. Der Bund trägt außer der Deutschen Nationalbibliothek mit Standorten in Frankfurt a.M., Leipzig und Berlin vor allem B. in seinen Behörden und finanziert über die Forschungsförderung zahlreiche Spezialb. mit. Die Länder sind Träger der Hochschulb., Staats- und Landesb. sowie der B. ihrer

Behörden. Städte und Gemeinde unterhalten öffentliche B., die Medien für alle Bevölkerungs- und Altersgruppen zur Bildung und Unterhaltung anbieten.
Die EB braucht ein gut funktionierendes Bibliothekswesen, das allen Bevölkerungsteilen Zugang zu Wissen und Informationen ermöglicht und Bildungsprozesse unterstützt. Besonders die kommunalen öffentlichen B. sind Anlaufstellen für → lebenslanges Lernen. Von ihrer Geschichte her ist die öffentliche B. eng mit der Bildungsbewegung verbunden. Ende des 18. Jh. bildeten sich bürgerliche → Lesegesellschaften mit eigenen B. als Orte der Kommunikation. Seit Mitte des 19. Jh. entstanden durch Initiative liberaler Vereine, der Kirchen und der Arbeiterbewegung B. Die Idee allgemein zugänglicher B. entwickelte sich unter dem Einfluss der amerikanischen Public Libraries. Oft entstanden in den Städten durch Zusammenlegung von wissenschaftlicher Stadtbibliothek und Volksbücherei weltanschaulich neutrale, für jedermann zugängliche Einheitsb., die ein breites Sortiment an Büchern, Zeitungen und Zeitschriften zur Bildung und Unterhaltung boten. Im Kontext der Bestrebungen zur Wissenspopularisierung und der Einrichtung von → Volkshochschulen in der ersten Hälfte des 20. Jh. fiel auch den B. eine wichtige Rolle zu, jedoch entwickelten sich beide Volksbildungseinrichtungen unabhängig voneinander. Im seit vor Beginn des Ersten Weltkriegs schwelenden Richtungsstreit stritten die volkspädagogische Richtung, die den Bibliothekar als pädagogischen Lenker der Leser sah, und die Vertreter der Bücherhallenbewegung, die die Public Library als Modell sahen. Erstere Richtung bereitete der völkischen Bibliothekspolitik im „Dritten Reich" den Boden. „Säuberung" und Gleichschaltung der B., die Vereinnahmung der öffentlichen B. für die Ziele der nationalsozialistischen Diktatur machte die B. zu einseitig ausgerichteten, staatlich gelenkten Institutionen.
Während in der DDR das Bibliothekssystem eine wichtige Rolle beim Aufbau des Sozialismus erhielt, lösten sich die öffentlichen B. im Westen allmählich von der pädagogisch geprägten Thekenbibliothek und knüpften mit systematisch aufgestellten, frei zugänglichen Buchbeständen als Einrichtungen der demokratischen Willensbildung an das amerikanische Vorbild an. Öffentliche B. verstehen sich heute als Bildungseinrichtungen, die kulturelle Jugendbildung, Leseförderung und die Vermittlung von Informations- und Medienkompetenz betreiben sowie ein breites Angebot unterschiedlicher Medien zur Verfügung stellen. Als → Lernorte unterstützen B. sowohl das selbstgesteuerte als auch das institutionalisierte Lernen.
Aktuell gibt es in vielen Kommunen Bestrebungen zur stärkeren Vernetzung der B. mit anderen Bildungseinrichtungen, v.a. mit Schulen und Volkshochschulen. In Kooperationen entstehen den englischen Learning Centres und Idea Stores ähnliche Lernzentren, die traditionelle Bibliotheksangebote mit Selbstlernangeboten und Seminarräumen verbinden und neue Lernformen, wie z.B. → E-Learning, unterstützen.

Literatur
Jochum, U.: Kleine Bibliotheksgeschichte. Stuttgart 1999 – Plassmann, E./Seefeldt, J.: Das Bibliothekswesen der Bundesrepublik Deutschland. Wiesbaden 1999 – Plassmann, E. u.a.: Bibliotheken und Informationsgesellschaft in Deutschland. Wiesbaden 2006 – Seefeldt, J./Syré, L.: Portale zu Vergangenheit und Zukunft. Bibliotheken in Deutschland. 3. Aufl. Hildesheim 2007 – Stang, R. (Hrsg.): Bibliotheken und lebenslanges Lernen. Bielefeld 2001

Carola Schelle-Wolff

Bildung

B. meint in den klassischen Bildungstheorien den Prozess und das Ziel der Kräftebildung, Selbstentfaltung und Selbstverwirklichung jedes Menschen in Auseinandersetzung mit der Welt. B. ist ein Gegenkonzept zu Erziehung und Ungleichheit. In der Alltagssprache wird der Begriff B. sehr umfassend benutzt für alle Erscheinungen, die mit individuellen Lernprozessen oder dem entsprechenden Institutionenbereich (→ Institutionen) zu tun haben. Zumal als „Platzhalter" oder „Leerformel" in Komposita (Bildungswesen, WB, Bildungspolitik) ist die Verwendung des Begriffs unstrittig. Die für Theorie und Praxis strittige Frage ist dagegen: Kann der Begriff B. Leitkategorie sein, können mit seiner Hilfe Ziele und Prozesse des → Lernens gehaltvoll beschrieben und begründet werden?
Im Zeitalter der → Internationalisierung wird eine geringe Realitätstüchtigkeit des Bildungsbegriffs häufig mit seiner Unübersetzbarkeit begründet: Während er in den genannten Komposita in der Regel mit „Erziehung" übersetzt werde („adult education", „éducation des adultes"), sei eine emphatische Vorstellung von B. überhaupt nicht übersetzbar – so die Argumentation. Nun spricht dies noch nicht ge-

gen den Sinn des Bildungsbegriffs, ganz abgesehen davon, dass es genügend Umschreibungen für das Gemeinte gibt (z.B. „self-cultivation", „self-formation" usw.), wohl aber für einen deutschen historisch-semantischen „Sonderweg", der in Erinnerung bleiben muss, wenn man nach der Brauchbarkeit des Bildungsbegriffs heute fragt.

Zur Geschichte

Als pädagogischer und kulturell gehaltvoller Begriff wird B. vor allem gegen Ende des 18. und zu Beginn des 19. Jh. in Deutschland immer häufiger gebraucht. Dabei stand folgende Frage im Raum: Wie kann sich der Mensch im Zuge der Befreiung von überkommenen Verhältnissen, gleichsam wurzellos, neu entwerfen und an einer offenen Zukunft (mit-)arbeiten? Gemeinhin lautete die Antwort darauf: Nur durch selbstständige Entwicklung, und zwar in Auseinandersetzung mit der vorhandenen Kultur und den gegebenen Widersprüchen, also durch B., wobei die Fähigkeit dazu (Bildsamkeit) bei jedem Menschen grundsätzlich vorausgesetzt wird. In Pädagogik und Bildungspolitik wird zugleich gefragt, welche Schulen einem solchen Konzept zuarbeiten könnten. W. von Humboldt stellt mit seinen Bildungsvorstellungen auch die Absicht der Aufklärungspädagogik (→ Aufklärung) infrage, Kinder in „Industrieschulen" für ihren Stand Nützliches lernen und mit Gewinn produzieren zu lassen. Solche Schulen dienten nicht in erster Linie den Kindern und ihrer freien Entwicklung, sondern dem Staat und dem Stand, in den die Kinder eingepasst würden. Die Abkehr von der Nützlichkeit ist bei Humboldt zugleich die Ablehnung einer Standesgesellschaft, in der jeder allenfalls das Nötigste für ein völlig vorgezeichnetes Leben lernen darf. Dagegen habe jeder Mensch das gleiche Recht auf „allgemeine Menschenbildung" (→ Allgemeinbildung), auf Entfaltung seiner Individualität und seiner ästhetischen, theoretischen und praktischen Grundvermögen. Um dafür Grund zu legen, habe das Bildungswesen bis hin zur Universität die Aufgabe, die allgemeine Auseinandersetzung jedes Einzelnen mit der „Welt" und damit seine Mitarbeit an deren Gestaltung zu ermöglichen.

Zweifellos waren dies moderne und demokratische Impulse, dennoch kann man heute nicht unmittelbar daran anknüpfen. Denn diese Denkansätze einer Reformära wurden bald elitär uminterpretiert und überformt. Aus einem Begriff der Entfaltung wird B. zu einem Begriff der „Abgrenzung" (Heydorn 1970). In das entstehende Bildungswesen werden Kinder der unteren Stände nicht voll und Mädchen schon gar nicht einbezogen. Der Bildungsgedanke dient der Rechtfertigung von Privilegien derer, die gymnasiale und universitäre Studien durchlaufen konnten. Aus einem Impuls zur Modernisierung der Gesellschaft wird eine Formel für Stillstand und Abschottung.

Diese Wende hat unmittelbar mit dem Schicksal des um 1800 neu entstehenden Bildungsbürgertums zu tun (Bollenbeck 1984). Dies konnte anfangs mit dem Begriffspaar „B. und Kultur" eine gewisse kulturelle und kommunikative Hegemonie erlangen, weil sich diese universalen Ideen auch bei den oberen und unteren Klassen als Modernisierungsimpulse durchsetzen ließen. Im Laufe des 19. Jh. berufen sich alle auf B.: das Besitzbürgertum zur Rechtfertigung seiner tatsächlichen Macht, das Bildungsbürgertum mit dem Anspruch auf Meinungsführerschaft und die Arbeiterschaft mit der Forderung nach Partizipation. Zugleich lässt sich aber der Alleinvertretungsanspruch des klassischen Gymnasiums und des Bildungsbürgertums hinsichtlich modernerer Bildungsnotwendigkeiten nicht mehr aufrechterhalten. Das Bildungsbürgertum wird als „Modernisierungsfraktion" geschwächt, der universale Impuls der Bildungsidee durch die Ausgrenzungen diskreditiert. Teile des Bildungsbürgertums versuchen durch Verbreitung von Volksbildung vergeblich, den alten Modernisierungsanspruch aufrechtzuerhalten.

Bildung und Weiterbildung

→ Arbeiterbildung, Volksbildung, EB und heute WB sind einerseits unmittelbare Folge der realen gesellschaftlichen Modernisierung. Andererseits spiegeln die Begriffe den Kampf um Teilhabe durch B. und um die Reichweite des Bildungsbegriffs. (So erklärt beispielsweise WB unmissverständlich die berufliche Praxis zu einem gleichberechtigten Moment von B.) Bildungstheorie hat jedoch nur zeitweilig eine führende Rolle für Entwicklung und Reflexion der WB gespielt – am deutlichsten noch in der „Neuen Richtung" der Volksbildung nach 1900, die wesentlich zur Gründung von → Volkshochschulen beigetragen hat. Ihre Vorstellung von Persönlichkeitsb. kann auch als „interne" Kritik des Bildungsbürgertums am Verfall des Bildungskonzepts durch seine Legitimierung von Macht und die Kanonisierung bestimmter Wissensbestände interpretiert werden. Einige nach dem Zweiten Weltkrieg erschienene Schriften knüpfen an diese Tradition wieder an. Sehr vereinfacht geurteilt: Die Humboldt'sche Vorstellung von der Notwendigkeit der zweckfreien B. für die Kinder in der Standesgesellschaft wird hier gleichsam zur Begründung von EB in einer moderneren Gesellschaft herangezogen und „verlängert". Diese bildungstheoretischen Ansätze werden spätestens im Zuge der „realistischen Wende" der EB zurückgedrängt. Bildungstheoretisches Denken erschien jetzt als „Bildungsidealismus" ohne Blick für die realen Gegebenheiten des Berufs oder der Politik. In Wissenschaft und Praxis verlagerte sich das Interesse – auch im Zuge einer Politisierung – auf „objektive" Faktoren und gesellschaftliche Determinanten.

Bildung und Lernen

Zugleich wandelte sich die Pädagogik zur Erziehungswissenschaft. Dieser erschien der Begriff B. als zu unscharf; empirische Forschung brauchte operationalisierbare Begriffe, wie Erziehung, Sozialisation und vor allem → Lernen. B. wurde meist nur noch als Bereichscharakteristik verwendet. Mit der zunehmenden Enttäuschung über umfassende Ziele der Gesellschafts- und → Bildungsreform erfolgt in Wissenschaft und Praxis eine erneute Hinwendung zum Subjektiven, wenn auch weiterhin unter sozialwissenschaftlichen Vorzeichen. „Lernen" bleibt der zentrale Begriff, empirische Forschung ist nicht mehr zu hintergehen. Aber es wird bewusst, dass die sozialwissenschaftlichen Ersatzbegriffe nicht die politisch-pädagogische Orientierungsleistung erbringen, die der Bildungsgedanke versucht hat (Ballauff 1981): Sozialisation ist das, was ohnehin geschieht an Vergesellschaftung. Der Begriff „Erziehung" (das bewusste Handeln zum Zwecke pädagogischer Einwirkung) taugt wenig, um lebenslange Lernprozesse zu beschreiben; überdies gerät er auch im Hinblick auf Kinder und Jugendliche heute in Selbstwidersprüche („Erziehung zur Mündigkeit"). Der Begriff „Lernen" bezeichnet eine Reihe sehr unterschiedlicher Aktivitäten inzwischen relativ präzise, aber weithin ohne Orientierung an der Frage, was permanente Lernprozesse für die → Biographie bedeuten und wie das Gelernte in die eigene Persönlichkeit integriert wird. Vielleicht ist dies in einer Zeit, die den völlig flexiblen Menschen zu brauchen scheint (Sennett 1998), aber auch gar nicht mehr gefragt. Dies würde auch die ausufernde und euphorische Verwendung des Lernbegriffs miterklären.

Der sozialpsychologische Begriff → „Identität" kommt wohl dem Begriff B. am nächsten, etwa im Gedanken der Unverwechselbarkeit der Person. In B. war allerdings auch die „geglückte", nicht nur die zwangsläufige Balance mitgedacht und die Notwendigkeit, sich inhaltlich mit den kulturellen Objektivationen auseinanderzusetzen. Dies unterscheidet Bildungstheorie wohl auch von den neueren theoretischen Strömungen in Wissenschaft und Praxis: → Erfahrungs-, → Lebenswelt-, → Alltags-, → Subjektorientierung oder → Konstruktivismus, gleichsam Varianten einer → Teilnehmerorientierung. Obwohl auch aus den Sozialwissenschaften stammend, wurden sie in der EB – als Gegenbewegung zum „Objektivismus" der 1970er Jahre – mehr und mehr im Sinne eines bloßen Subjektivismus ausgelegt. Dass es bei B. auch um ein Lernen am Widerstand (der Sache, des Konflikts usw.) geht, schien in den Hintergrund zu treten. Dennoch enthalten die genannten Denkansätze (wie auch der zurzeit öfter verwendete Kompetenz-Begriff) in der Regel bildungstheoretische Implikationen, die herauszuarbeiten wären. Am deutlichsten treten sie noch hervor bei interaktionistischen Ansätzen (→ symbolischer Interaktionismus), welche die Sprachabhängigkeit von B. wieder betonen (→ Sprache), etwa beim auslegenden → Verstehen (Tietgens 1981) und in der → Verständigung (Schlutz 1984); dadurch wird zugleich an die Untrennbarkeit von individuellen und sozialen Faktoren im Bildungsprozess erinnert. Nicht übersehen sollte man zudem bereichsspezifische Denkansätze, etwa in der Frauenb. und in der Arbeit mit → Zielgruppen, auch wenn diese häufiger Beschädigung und Vorenthalten von B. thematisieren müssen.

Perspektiven

Wissenschaft wie Praxis brauchen einen ausgearbeiteteren Begriff von gelingender B., nicht als normative Vorschrift, sondern als regulative Idee bei konzeptionellen Arbeiten, empirischen Recherchen und pragmatischen Entscheidungen. Wird dies nicht angestrebt, so wird diese Leerstelle häufig mit „Ersatzhaltungen" besetzt, wie vorgeblicher Wertfreiheit, (heimlichen) Erziehungsvorstellungen oder anderen Ideologien. Auch der Begriff B. kann in ideologischen Auseinandersetzungen benutzt werden, wenn etwa – ohne Präzisierung und mit wenig Empirie – in kulturpessimistischer Manier die Instrumentalisierung der Subjekte und der Verfall der B. beklagt werden oder wenn umgekehrt in ungedecktem Optimismus die Einlösung der Bildungsidee durch bestimmte Maßnahmen postuliert oder versprochen wird. B. als regulative Idee verwenden, heißt auch, zu wissen, dass sich die B. der Einzelnen letztlich dem wissenschaftlichen und praktischen Zugriff entzieht. Praxis stellt eine Dienstleistung dar, die Lernende zu ihrer B. annehmen können, aber sie kann diese selbst nicht herstellen.

Nach dem Ende der idealistischen Philosophie muss jede Bildungstheorie vom geschichtlichen und gesellschaftlichen Charakter des Menschen ausgehen. Das große, in den 1950er Jahren begonnene Forschungsvorhaben „Bildung und gesellschaftliches Bewusstsein" (Strzelewicz/Raapke/Schulenberg 1966; → Leitstudien der EB) hat bereits gezeigt, wie man realistisch gesellschaftliche Vorstellungen von B. erforschen, deren primäre Zweckorientierung aufweisen und dahinter doch eine Hoffnung auf mehr Entfaltung, also auf B. zum Vorschein bringen kann (Barz 2000). Hier müsste ein heutiges wissenschaftliches Bemühen um die Bildungsfrage ansetzen, unter anderem mithilfe einer biographischen Forschung, die den → Lebenslauf und das → lebenslange Lernen in den Mittelpunkt rückt.

Literatur

Ballauf, T.: Erwachsenenbildung – eine pädagogische Interpretation ihres Namens. In: Pöggeler, F./Wolterhoff, B. (Hrsg.): Neue Theorien der Erwachsenenbildung. Stuttgart 1981 – Barz, H.: Weiterbildung und soziale Milieus. Neuwied 2000 – Bollenbeck, G.: Bildung und Kultur: Glanz und Elend eines deutschen Deutungsmusters. Frankfurt a.M. 1984 – Heydorn, H.J.: Über den Widerspruch von Bildung und Herrschaft. Frankfurt a.M. 1970 – Pleines, J.E. (Hrsg.): Bildungstheorien. Probleme und Positionen. Freiburg u.a. 1978 – Schlutz, E.: Sprache, Bildung und Verständigung. Bad Heilbrunn 1984 – Sennett, R.: Der flexible Mensch. Die Kultur des neuen Kapitalismus. Berlin 1998 – Strzelewicz, W./Raapke, H.-D./Schulenberg, W.: Bildung und gesellschaftliches Bewußtsein. Eine mehrstufige soziologische Untersuchung in Westdeutschland. Stuttgart 1966 – Tietgens, H.: Die Erwachsenenbildung. München 1981

Erhard Schlutz

Bildungsbedarf

B. ist das in einer bestimmten Lage an Bildung Benötigte oder Gewünschte. Bedarf hat eine objektive und eine subjektive Seite. Mit dem Wort „Bedarf" assoziiert man eher ein objektiv nachweisbares Qualifizierungserfordernis, bezogen auf eine größere Gruppe, einen Betrieb, die gesellschaftliche Entwicklung. Der subjektive Aspekt des Bedarfs, der in der Motivation des Individuums und in seinen sozialen Lebensbedingungen verankert ist, wird häufig auch als „Bildungsbedürfnis" bezeichnet.

Bedarf kann latent oder manifest sein, kann sich in Nachfrage zeigen, muss aber nicht zur Bildungsnachfrage oder gar -teilnahme (→ Teilnahme) führen. Denn die „Bedarfsträger" (Individuen, Institutionen) wissen nicht unbedingt, ob ein (und welches) Bildungsangebot (→ Angebot) ihre Mangelerscheinung kompensiert, können auf andere Lösungen ausweichen (Nichtstun, autodidaktisches Lernen, Neueinstellungen) oder aus anderen Gründen auf eine Bildungsbeteiligung (→ Weiterbildungsbeteiligung) verzichten. B. ist zudem keine feststehende Größe, sondern kann u.a. durch Bildungsberatung (→ Beratung) oder konkrete Bildungserfahrungen verändert werden.

Bedarfsrecherchen in Form einmaliger und gesonderter Erhebungen lassen deshalb meist nur unsichere Prognosen hinsichtlich der Bildungsbeteiligung zu. Unverzichtbar können solche Erhebungen bei der Erforschung allgemeiner Bedarfslagen und der Bedingungen von Bildungsbeteiligung sein. In der Bildungspraxis, der es weniger auf grundlegende Erkenntnis als auf Resonanz ankommt, müssten Aufwand und möglicher Ertrag abgewogen werden. Es müsste überlegt werden, welche Daten bereits vorliegen (Sekundäranalysen), welche Aufgaben in der eigenen Institution vorgenommen und wann Gespräche mit Expert/inn/en oder aufwendigere Untersuchungen im Feld (Primäranalysen) unverzichtbar erscheinen. Beispielsweise kann es im Hinblick auf die Bedarfsweckung bei großen anonymen Menschengruppen (Volkshochschulangebot) durchaus ökonomischer sein, Probeangebote zu machen, statt vorgängig nach → Motivationen zu fragen. Diese müssen allerdings, wie alle anderen Formen der Bedarfsermittlung, durch Bedarfshypothesen gestützt werden.

Solche Bedarfshypothesen haben die Form von Soll-Ist-Abgleichen, die anhand von künftig nötigen Kompetenzen, jetzigem Leistungs- oder Bildungsstand sowie einem Lern-/Angebotsbedarf (Differenz zwischen erstgenannten Aspekten) erstellt werden. Bedarfshypothesen können aus der Selbstevaluation bisheriger Programme, aus Gesprächen mit Bildungsinteressenten, aus Marktbeobachtungen zu Angebotslücken, aber auch aus Einschätzungen von Entwicklungen in Wirtschaft und Gesellschaft stammen.

Je deutlicher sich mögliche Zielgruppen, Kooperationspartner, Bildungsaufgaben abzeichnen, desto

eher wird man aktivere Bedarfsermittlung in Form von Bedarfserschließung versuchen. Die Bedarfserschließung verbindet Recherchen mit werbender Bedarfsweckung und der Konstitution von Lernangeboten und Lerngruppen. Sie folgt dem Gedanken, dass man sich eines bestimmten B. umso sicherer sein kann, je mehr man ihn mit konkreten Bildungsinteressenten in konkreten Beratungs- oder gar Lernsituationen abgestimmt hat.
Als größere Maßnahmen der Bedarfserschließung sind bisher die Entwicklung der → Zielgruppen im Feld (z.B. Bildungsarbeit für Migrant/inn/en) oder die kooperative Bedarfsermittlung in Betrieben (unter Beteiligung der Leitung, der Mitarbeiter/innen und möglicher Spezialisten für Technikvermittlung, Organisationsberatung, mögliche Nachsorge durch eine Hotline usw.) erfolgreich versucht worden. Als weniger aufwendige Ansätze zur Bedarfserschließung haben sich z.B. Mitarbeitergespräche beim Auftraggeber, Orientierungsangebote für potenzielle Lehrgangsteilnehmende, Planungsrunden mit bisherigen (und potenziellen) Teilnehmenden bewährt.
Die praktische Recherche kann nicht den Aufwand einer wissenschaftlichen erreichen, aber durch vergleichbare Prinzipien und Methoden abgesichert werden: z.B. mithilfe eines Plans, von Leitfragen, Hypothesen, Aufzeichnungen (Recherche-Tagebuch), Reflektieren der Relativität der Befunde (Aussagefähigkeit der Befragten, Reichweite usw.).

Literatur
Grüner, H.: Die Bestimmung des betrieblichen Weiterbildungsbedarfs. Frankfurt a.M. 2000 – Schlutz, E.: Bildungsdienstleistungen und Angebotsentwicklung. Münster 2006

Erhard Schlutz

Bildungsberichterstattung

Die nationale und internationale bildungspolitische Diskussion wird seit einigen Jahren in hohem Maße durch die Befunde empirischer Untersuchungen und statistischer Erhebungen geprägt. Eine solche Faktenorientierung hat es zuletzt in den 1970er und frühen 1980er Jahren gegeben, als Bildungsplanung ein wichtiges Element der Bildungspolitik war und aktuelle Weichenstellungen sich an den erwarteten Entwicklungen bzw. an den Planvorgaben ausrichteten.
Heute stehen allerdings weniger Planungsüberlegungen im Vordergrund, sondern der Gedanke, mit dem Zahlenmaterial die Basis für Steuerungs- und Richtungsentscheidungen zu gewinnen. Eine herausgehobene Bedeutung wird in diesem Zusammenhang dem internationalen Vergleich eingeräumt, der immer mehr auch von den supra- und internationalen Organisationen wie EU und OECD eingefordert wird. Benchmarkingprozesse mit anderen Staaten und damit auch mit anderen Bildungssystemen sollen spezifische Stärken und Schwächen des nationalen Systems aufdecken helfen und dadurch Anregungen und Impulse für Bildungsreformen liefern (Klös/Weiß 2003). Dies ist prototypisch durch die Ergebnisse der PISA-Erhebungen und ihre breite Erörterung in Deutschland geschehen.
Im Zeichen der zitierten Faktenorientierung und der geänderten Politikauffassung (von der Planung zum Monitoring) hat B. einen zentralen Stellenwert. Bei ihr handelt es sich um eine systematische, theoriebasierte, indikatorengestützte, regelmäßige und umfassende Darstellung des Bildungsbereichs mit dem Ziel, Strukturen und Entwicklungen zu beschreiben, regionale und internationale Vergleiche zu ermöglichen, die Leistungsfähigkeit des Bildungswesens insgesamt und seiner Teile einzuschätzen sowie Grundlagen für politische Entscheidungen zur Verbesserung des Bildungswesens zu liefern.
Grundlage für die nationale B. ist das vom „Konsortium Bildungsberichterstattung“ entwickelte Indikatorenmodell. Das Indikatorenmodell umfasst Input-, Prozess- und Output/Outcome-Indikatoren und bezieht die wirtschaftlichen, gesellschaftlichen und demographischen Rahmenbedingungen mit ein. Dieser methodische Ansatz ist prägend auch für Berichtskonzepte auf Länder- und Regionsebene, so dass die Vergleichbarkeit erleichtert wird.
Auch der Weiterbildungsbereich gerät in diesem Kontext ins Blickfeld einer erweiterten Berichterstattung. Mit dem „Adult Education Survey“ (AES) ist für 2007 erstmals europaweit eine Weiterbildungserhebung durchgeführt worden, die den zwischenstaatlichen Vergleich auf eine neue Grundlage stellt. Parallel ist auch das „Berichtssystem Weiterbildung“, welches seit 1979 als zentrale Informationsquelle über WB in Deutschland gilt, durchgeführt worden. Die Ergebnisse beider Erhebungen sind in einem zweibändigen Bericht veröffentlicht, der sowohl inhaltliche als auch methodische Vergleiche vornimmt (v. Rosenbladt/Bilger 2008; Gnahs/Kuwan/Seidel 2008).
Neben dem AES als Individualbefragung liefert der „Continuing Vocational Training Survey“ (CVTS)

als Institutionalbefragung regelmäßig Daten auf EU-Ebene über die Strukturen und Entwicklungen der betrieblichen WB. Einen weltweiten Vergleich auch mit Bezug auf die WB erlaubt der jährlich erscheinende OECD-Bericht „Bildung auf einen Blick" („Education at a Glance"; OECD 2008).
Auf der nationalen Ebene sind neben dem schon erwähnten Nationalen Bildungsbericht (Autorengruppe Bildungsberichterstattung 2008) vor allem der jährlich erscheinende „Berufsbildungsbericht" (BMBF 2008) und die 2008 erstmals erschienene und vom DIE erstellte „Trendanalyse" zu erwähnen (DIE 2008), die umfassend und kontinuierlich über den Weiterbildungssektor berichten.
Insgesamt kann davon ausgegangen werden, dass die B. noch intensiviert werden dürfte. Hinzuweisen ist in diesem Zusammenhang auf geplante und schon im Vorbereitungsstadium befindliche Aktivitäten wie das Deutsche Bildungspanel, das kommunale Bildungsmonitoring und die international vergleichende Kompetenzmessung bei Erwachsenen PIAAC („Programme for International Assessment of Adult Competencies").

Literatur

Autorengruppe Bildungsberichterstattung (Hrsg.): Bildung in Deutschland 2008. Ein indikatorengestützter Bericht mit einer Analyse zu Übergängen im Anschluss an den Sekundarbereich I. Im Auftrag der Ständigen Konferenz der Kultusminister der Länder in der Bundesrepublik Deutschland und des BMBF. Bielefeld 2008 – BMBF (Hrsg.): Berufsbildungsbericht 2008. Bielefeld 2008 – DIE (Hrsg.): Trends der Weiterbildung. DIE-Trendanalyse 2008. Bielefeld 2008 – Gnahs, D./Kuwan, H./Seidel, S. (Hrsg.): Weiterbildungsverhalten in Deutschland, Bd. 2: Berichtskonzepte auf dem Prüfstand. Bielefeld 2008 – Klös, H.-P./Weiß., R. (Hrsg.): Bildungs-Benchmarking Deutschland. Köln 2003 – Rosenbladt, B. v./Bilger, F.: Weiterbildungsverhalten in Deutschland, Bd. 1: Berichtssystem Weiterbildung und Adult Education Survey 2007. Bielefeld 2008

Dieter Gnahs

Bildungsmanagement

Seit einigen Jahren hat der Begriff B. in der EB und WB einen bedeutenden Platz eingenommen. In der gesellschaftlichen Situation zunehmender Globalisierung, Flexibilisierung und → Individualisierung und der Entwicklung zur Wissensgesellschaft wird die Entwicklung von sozialen und mentalen Fähigkeiten zur Lösung von Problemen zu einer zentralen gesellschaftlichen Bezugsgröße. Diese „Humanressourcen" gilt es bestmöglich zu fördern und einzusetzen. Nicht nur in Unternehmen ist man sich im Rahmen beruflicher Bildung der Reichweite dieser gesellschaftlichen Entwicklung bewusst. Auch in Einrichtungen der allgemeinen EB, in Schulen und Hochschulen tritt an die Stelle der Planung und Durchführung von Lern- und Bildungsprozessen zunehmend die Notwendigkeit, Lernen und Bildung zu managen. Hinzu kommt, dass sich insb. im Weiterbildungsbereich statt der öffentlichen Verantwortung, die auf das bildungspolitische Leitziel der 1970er Jahre zurückgeht, spätestens seit den 1990er Jahren die Strukturen des Weiterbildungsmarktes durchgesetzt haben, die sich zunehmend ausdifferenzieren und Managementkompetenzen erfordern. Management in einer kurzen Definition heißt, „durch Unternehmens- und Personalführung einen organisationalen Ordnungsrahmen zu schaffen, in dem Ziele, Mittel und Verfahren so zusammenwirken, dass Handlungen geplant, organisiert, durchgesetzt und kontrolliert werden können" (Behrmann 2006).
Was bedeutet nun Management im Bildungsbereich? Bildung wird zu einem Gut, dass den Gesetzen von Angebot und Nachfrage ausgesetzt ist. Systematische Bedarfsermittlung, → Programmplanung und Bildungsmarketing sind gefragt. Hinzu kommt, dass dem zunehmenden Lern- und Weiterbildungsbedarf oft knappe personale und finanzielle Ressourcen gegenüberstehen, so dass die Bildungsarbeit unter Effektivitätsgesichtspunkten stattfinden muss. Teilnehmende bzw. Kunden haben ein Anrecht auf eine gute Qualität von Bildungsveranstaltungen und professionell ausgebildetes Personal. Somit geht es um → Qualitätsmanagement und → Personalentwicklung. Das Ganze muss in einem Organisationsrahmen stattfinden, der den sich schnell wandelnden Anforderungen des Marktes entspricht, womit die → Organisationsentwicklung angesprochen ist. Um B. handelt es sich, kurz gesagt, wenn Lern- und Bildungsangebote in einem Organisationsrahmen durch effektiven Mitteleinsatz in guter Qualität geplant, organisiert, durchgeführt und erfolgreich umgesetzt werden können.
Kritische Stimmen aus pädagogischer Sicht bezweifeln allerdings, ob Lern- und Bildungsprozesse in diesem Sinne wirklich planbar sind, denn sie setzen immer die aktive Mitwirkung der Lernenden voraus. Managementkonzepte dieser Art werden mit dem Hinweis auf die Gefahr der vollständigen Ökono-

misierung und Instrumentalisierung von Bildung abgelehnt. Dagegen wird auf die Notwendigkeit hingewiesen, bildungsorientierte Managementkonzepte in der erziehungswissenschaftlichen Disziplin zu verankern (Meisel 2009). Für letzteres gibt es inzwischen Vorschläge: Detlef Behrmann hat ein „Reflexives Bildungsmanagement“ entworfen, das Management an pädagogische Professionalität und die Struktur pädagogischer Organisationen knüpft. „Reflexives Bildungsmanagement kennzeichnet ein organisations- und managementtheoretisch fundiertes, an rationalen und ethischen Standards pädagogisch professionellen Handelns ausgerichtetes, entwicklungsorientiertes Gestalten pädagogischer Organisationen, die sich über strategische Orientierungen konfigurieren und sich im Zuge des sozioökonomischen Wandels positionieren (...), um ihre auf individuelles Lernen sowie auf gesellschaftliche Reproduktion und Innovation bezogene Förder- und Reflexionsfunktion organisatorisch angemessen und ethisch verantwortlich wahrzunehmen“ (Behrmann 2006).

Und Steffi Robak hat auf empirischer Ebene mithilfe eines arbeitsplatzanalytischen Zugangs Aufgaben des B. identifiziert und dabei ebenfalls die Spezifik pädagogischer Organisationen und Arbeitsabläufe zugrunde gelegt (Robak 2004). B. entwickelt sich somit zunehmend zu einem Begriff, der betriebswirtschaftliche und erziehungswissenschaftliche Grundsätze zusammendenkt.

Literatur

Behrmann, D.: Reflexives Bildungsmanagement. Frankfurt a.M. u.a. 2006 – Meisel, K.: Weiterbildungsmanagement. In: Tippelt, R./Hippel, A. v. (Hrsg.): Handbuch Erwachsenenbildung/Weiterbildung. 3., überarb. und erw. Aufl. Opladen 2009 – Robak, S.: Bildungsmanagement als Konstellieren von Handlungswaben. In: Report. Zeitschrift für Weiterbildungsforschung, H. 1, 2004

Heide von Felden

Bildungsreform

In demokratischen → Gesellschaften vollzieht sich die B. als permanenter Prozess unter dem Einfluss verschiedener Akteure. Auf institutioneller Ebene kann die B. als ein Vorgang beschrieben werden, der durch die Intentionen von Individuen entsteht und eng mit Wirtschaft, Politik und Kultur verflochten ist. Sprechen wir heute von B. oder auch von Wandel und Entwicklung von Bildungsinstitutionen (→ Institutionen), haben wir die großen Versuche der Modernisierung im Blick, denen Schulen, Berufsbildungseinrichtungen, Hochschulen und Weiterbildungseinrichtungen in den vergangenen 200 Jahren unterworfen wurden.

Modernisierung meint zwei verschiedene und in ihrer historischen Dynamik manchmal widersprüchlich auftretende Strömungen: Einerseits geht es um die Steigerung von Effizienz, um das Durchsetzen des Leistungsprinzips, um die Behauptung von Qualifikations- und Qualitätsansprüchen, wobei Modernisierungs- und Reformprozesse regelmäßig in Widerspruch zu den Privilegien saturierter Bevölkerungsgruppen geraten. Andererseits sind diese Prozesse seit der → Aufklärung mit den Zielen individueller Menschenbildung verknüpft und werden immer stärker im Kontext der Reduktion herkunftsbedingter Disparitäten diskutiert.

Als zentrales Problem der B. wurde in den 1960er und 1970er Jahren die Kluft zwischen dem niederen und dem höheren Bildungswesen, das Problem der Zementierung sozialer Ungleichheit durch Selektion und Chancenungleichheit (→ sozialer Wandel) gesehen. Dieses bestimmende Problem führte zur Formulierung von fünf Hauptzielen der B.:

- Abbau von Ungleichheit im Bildungswesen,
- Demokratisierung im Sinne der Mitwirkung aller am Bildungswesen Beteiligten,
- Wissenschaftsorientierung der → Curricula,
- Humanisierung des pädagogischen Umgangs,
- Integration unterschiedlicher Bildungsgänge.

Am Soll-Ist-Vergleich werden im Rückblick grundlegende Reformvorstellungen häufig enttäuscht kommentiert. Während die vormals benachteiligten Mädchen zumindest im allgemeinbildenden Schulwesen mit den Jungen gleichgezogen haben, bleibt die Sozialschichtzugehörigkeit weiterhin eng an Kompetenzerwerb und Bildungsbeteiligung gekoppelt; die in den 1980er Jahren erreichte Nivellierung des Stadt-Land-Gefälles scheint nicht zuletzt mit Blick auf die Zusammenlegung und Schließung von Grundschulen v.a. in ländlichen Regionen der neuen Bundesländer wieder aufgehoben zu werden. Aber im historisch relevanten War-Ist-Vergleich fällt die Bilanz besser aus. Zahlreiche Veränderungen sind zu nennen, z.B. die soziale Öffnung der weiterführenden Bildung, die Erprobung der Integration allgemeiner und beruflicher Bildung, die Modernisierung der Lehrpläne, die Gestaltung neuer → Medien in Lehr-Lernprozessen, die wissenschaftliche Ausbildung für alle Lehrämter, die Expansion der WB

und des institutionell gestützten → lebenslangen Lernens.
In den 1980er und 1990er Jahren ist parallel zur konjunkturellen Stagnation und zur Reduzierung von Bildungs- und Sozialetat eine Verlagerung der Reformdebatte festzustellen. Eine intensive Diskussion über Qualitätsmanagement von Hochschulen, Weiterbildungseinrichtungen, Schulen, betrieblichen Bildungseinrichtungen hatte verschiedene Formen von → Evaluation, manchmal mehr der ökonomischen Effektivität, manchmal mehr der pädagogischen Qualitätssicherung, ausgelöst. Auch die verstärkte Beteiligung an indikatorengestützter, international vergleichender empirischer Bildungsforschung bildet Grundlagen für weitere Reformen. Einen wichtigen Rahmen bilden dabei die sieben Handlungsfelder zur Qualitätssicherung und Qualitätsentwicklung im Schulsystem, die u.a. die Entwicklung und Umsetzung von Bildungsstandards, den Ausbau schulischer und außerschulischer Ganztagsangebote, Maßnahmen zur Verbesserung der Sprachkompetenz sowie die weitere Professionalisierung der Lehrertätigkeit umfassen (KMK 2003).
Die institutionelle B. der nächsten Jahre steht vor schwierigen Problemen: kaum kalkulierbare demographische Schwankungen, Einstellungsänderungen der Klientel aller Bildungseinrichtungen, deutliche bildungsabhängige Verdrängungswettbewerbe beim Übergang vom Bildungs- in das Beschäftigungssystem, Schieflage des dualen Ausbildungssystems, Ausbau oder rigorose Begrenzung des Hochschulwesens, Umbau der WB zu lebenslangen und stärker selbstregulierten Lernprozessen mit Auswirkungen auf alle Ebenen des Bildungswesens etc. Wurden in den 1960er und 1970er Jahren in Übereinstimmung mit Prinzipien des Grundgesetzes Menschen- und Bürgerrechte sensibel wahrgenommen und eingeklagt, wurden in den1980er und 1990er Jahren die → Autonomie des Einzelnen im Verhältnis zur Tradition und eine größere Offenheit für neue Ideen und Erfahrungen berücksichtigt, so bleibt auch künftig die B. auf der Tagesordnung, weil die europäische Integration B. dringlich macht, die Institutionen sich auf veränderte Fördersysteme einstellen müssen und grundsätzlich Bildungseinrichtungen ihre Bedeutung für eine Krisenbewältigung keinesfalls verloren haben. Wie die Geschichte der B. allerdings zeigt, ist zu bedenken, dass über den Fortgang der B. nicht pädagogische Einsichten und organisatorische Konzepte, sondern gesellschaftliche Machtverhältnisse entscheiden.

Literatur
Autorengruppe Bildungsberichterstattung (Hrsg.): Bildung in Deutschland 2008. Ein indikatorengestützter Bericht mit einer Analyse zu Übergängen im Anschluss an den Sekundarbereich I. Im Auftrag der Ständigen Konferenz der Kultusminister der Länder in der Bundesrepublik Deutschland und des BMBF. Bielefeld 2008 – Cortina, K. u.a.: Das Bildungswesen in der Bundesrepublik Deutschland. Hamburg 2005 – Friedeburg, L. v.: Bildungsreform in Deutschland. Geschichte und gesellschaftlicher Widerspruch. Frankfurt a.M. 1989 – Führ, C./Furck, C.L. (Hrsg.): Handbuch der deutschen Bildungsgeschichte, Bd. VI: 1945 bis zur Gegenwart. Erster Teilband: Bundesrepublik Deutschland. München 1998 – KMK (Hrsg.): Bildungsbericht für Deutschland – Erste Befunde. Opladen 2003

Rudolf Tippelt

Bildungsurlaub

Der Begriff B. bezeichnet, wie auch seine Umschreibungen „Bildungsfreistellung“ und „Arbeitnehmerweiterbildung“, die mehrtägige bezahlte Arbeitsfreistellung für Zwecke der WB. Die zulässigen Themen umfassen in der Regel berufliche und → politische Bildung sowie die Förderung von → Schlüsselqualifikationen und bürgerschaftlicher Betätigung.
Gewerkschaftliche Forderungen und bildungspolitische Reformpläne standen am Ausgangspunkt des B. Landesgesetzliche Regelungen beschreiben in zwölf Bundesländern Umfang und Verfahren der Freistellung sowie Bedingungen der staatlichen Anerkennung von Veranstaltungen und Anbietern. Auszubildende sind von den Gesetzen meist in den Kreis der Anspruchsberechtigten (auf den Bereich politischer Bildung begrenzt) eingeschlossen. Die ersten Bildungsurlaubsgesetze entstanden seit Anfang der 1970er Jahre (in Berlin, Bremen, Hamburg, Hessen und Niedersachsen). Zeitweise machten 6 bis 8 % der Anspruchsberechtigten von dieser Möglichkeit Gebrauch (Nuissl/Sutter 1984). Bis 2001 wurden entsprechende Regelungen in allen Ländern der Bundesrepublik mit Ausnahme Bayerns, Baden-Württembergs, Sachsens und Thüringens eingeführt. Tarifliche Bildungsurlaubsregelungen haben demgegenüber an Bedeutung verloren. Eine Verpflichtung zur Förderung des B. ergibt sich aus der von der Bundesrepublik 1976 ratifizierten „Konvention Nr. 140“ der International Labour Organisation (ILO).
Anlässlich der in den 1980er Jahren entstandenen Gesetze intensivierten sich (mit einem Schwerge-

wicht auf Nordrhein-Westfalen) gesellschaftspolitische und rechtliche Kontroversen über den B. Das Bundesverfassungsgericht befand zwar 1987 die Belastung von Arbeitgebern mit einem Teil der Kosten (nämlich der Lohnfortzahlung) für zulässig; eine Vielzahl von Konflikten wurde aber auch danach vor Arbeitsgerichten ausgetragen. Durch Verfahrensänderungen, Kleinbetriebe-Schutzklauseln und eine stärkere Akzentuierung → beruflicher Weiterbildung versuchten einige Landesgesetzgeber seit den 1990er Jahren, die Akzeptanz des B. bei Arbeitgebern zu verbessern. Die Inanspruchnahme des Rechts auf B. ist seither konfliktärmer geworden; quantitativ ist (bei einer teilweise unklaren Datenlage) von einer Nutzungsquote um 0,5 % in den Flächenländern auszugehen, wofür auch die anhaltende betriebliche Geringschätzung dieser Form von WB ursächlich ist.

Aus dem Individualrecht, für in der Regel fünf Werktage freigestellt zu werden, entstand trotz einer nur minoritären Nutzung eine Angebotsform, die im Vergleich zu anderen heutigen Formaten extensiv ist und oftmals didaktisch anspruchvoll ausgestaltet wird. Von Bildungsreformtheoretikern wurde der B. ursprünglich als Impuls für organisiertes, → lebenslanges Lernen konzipiert; über die tatsächlichen Motivations- und Langzeitwirkungen des B. und das intendierte „Anschlusslernen" liegen aber wenig empirische Befunde vor.

Seit den 1990er Jahren verschoben sich die quantitativen Gewichte im genutzten Angebot zulasten der Themen politischer Bildung. Das Angebotsprofil entfernte sich zugleich von der Programmatik der Benachteiligtenbildung und dem Traditionsstrang der → Arbeiterbildung. Es bietet heute – mit traditionellen wie neuen Teilnehmergruppen, EDV-Trainings und Studienreisen, Sprachenlernen und Soft Skills – ein ebenso differenziertes Bild wie die EB insgesamt. Ungeachtet seines Innovationspotenzials ist der B. vielfach zu einem Privileg der Arbeitnehmer/innen aus Großbetrieben und öffentlichem Dienst geworden. Die Aussicht, dass er als Instrument selbstbestimmter Qualifizierung und Flexibilisierung von Arbeitnehmer/inne/n Eingang in neue Lernzeiten-Konzepte (→ Zeitform) Eingang finden könnte, ist derzeit gering, weil das Konzept der Bildungsfreistellung nur noch geringe politische Unterstützung erfährt. Neue Finanzierungs- und Zeitmodelle und die Einbeziehung prekär Beschäftigter könnten das Potenzial des B. für die Förderung der Beschäftigungs- und Weiterbildungsfähigkeit erschließen helfen.

Literatur

Bremer, H.: Soziale Milieus und Bildungsurlaub. Hannover 1999 – Hessische Blätter für Volksbildung: Bildungsurlaub – eine Zwischenbilanz in weiterführender Absicht, H. 1, 1996 – International Labour Organisation (ILO): C140 Paid Educational Leave Convention. Genf 1974 – Jäger, C.: Bildungsfreistellung: Individueller Rechtsanspruch im Kontext lebenslangen Lernens. In: Außerschulische Bildung, H. 2, 2007 – Nuissl, E./Sutter, H.: Rechtliche und politische Aspekte des Bildungsurlaubs. Heidelberg 1984

Norbert Reichling

Biographie

Der lexikalische Sinngehalt von B. geht auf die griechischen Begriffe *bios* für „Leben" und *graphein* für „schreiben" zurück. Im wissenschaftlichen Kontext setzt Lebensbeschreibung – im Kontrast zur in der Sinnwelt der Kunst angesiedelten „Autobiographie" – nicht nur Empathie und Einfühlungsvermögen, sondern auch Distanz gegenüber dem Protagonisten der Lebensgeschichte voraus. Nur so kann die für die Erstellung einer B. konstitutive Beobachtungsperspektive eingenommen und Erkenntnis generiert werden. Die erziehungswissenschaftliche Konnotation von B. ist komplex: Sie weist entweder in Richtung „Lebensgeschichte", als Synonym für die exklusiv nur dem einzelnen Menschen zugängliche sinnhafte Organisation des Erfahrungsstroms, oder in Richtung „Lebensverlauf". Dieser zielt auf objektivierbare Lebensereignisse, Karrieremuster, Statuspassagen und ritualisierte Einschnitte im Lebenszyklus.

Sozial- und Erziehungswissenschaftler/innen stehen vor der schwierigen Aufgabe, weder die subjektive noch die objektive Seite von B. zu vereinseitigen. Dabei gilt es, am konkreten Fall den Nachweis der Verschränkung von Subjektkonstitution und einer gleichzeitigen Vergesellschaftung zu erbringen, so dass Gegensatzanordnungen, etwa nach dem Muster Individuum vs. → Gesellschaft, vermieden werden. B. stellen so gesehen den Prototyp einer Bildungsgeschichte dar. Darin liegt ihre generelle pädagogische Bedeutung.

In modernen Gemeinwesen, in denen der Einfluss intermediärer Instanzen (Familie) schwächer wird und strukturelle Faktoren (Globalisierung) unmittelbarer das Lebensschicksal bestimmen, scheint die B. immer mehr den Charakter eines Vergesellschaftungsprogramms anzunehmen (Biographisierung). Sowohl das biographische Dokument ersten Grades

(Interviewaussagen) als auch die wissenschaftliche Analyse, also die Reflexionen zweiten Grades, geben die Realität des Lebens nicht in einem Eins-zu-eins-Verhältnis wieder, sondern haben den Status von Konstruktionen. Obwohl die Einschätzungen über die Reichweite des konstruktiven Charakters biographischer Texte weit auseinandergehen, halten Erziehungs-, Sozial-, Geschichts- und Literaturwissenschaftler die Differenz von fiktionalen und nichtfiktionalen B. aufrecht. Als erkenntnisproduktiv und empirisch umsetzbar hat sich das Konzept der biographischen Prozessstrukturen von Schütze erwiesen (Schütze 1981).

Grundlagentheoretisch ist B. insofern relevant, als die Interventionen und Einflüsse des Erziehungssystems sowohl die beschriebene als auch die unbeschriebene Seite der B. maßgeblich bestimmen, womit eine Leistung angesprochen wäre, die kein anderes gesellschaftliches Funktionssystem zu erbringen vermag. B. bildet für die Bildungspraktiker/innen einen nicht hintergehbaren Rahmen, um die Bedeutsamkeit von Bildungsbemühungen vom Standpunkt der → Teilnehmenden einzuordnen, zu reflektieren und in ihre Planungsüberlegungen einfließen zu lassen. Die Umsetzung des Prinzips der → Teilnehmerorientierung ist an laienhafte Formen der „Biographieforschung" seitens der praktisch Tätigen gebunden. Derartigen Konzepten liegt die Überlegung zugrunde, dass im Alltag der Einrichtungen eine Vielzahl von Situationen der biographischen Selbst- und Fremdthematisierung stattfindet (Nittel 1994): Dazu gehören etwa die persönliche Vorstellung zu Beginn eines Kurses, aufwendigere Formen der Weiterbildungsberatung (→ Beratung) und didaktisierte Varianten des → biographischen Lernens. B. bildet sowohl im wissenschaftlichen als auch im Kontext der Berufspraxis vielfältige Anschlüsse gegenüber Schlüsselkategorien wie → „lebenslanges Lernen", „lebensbegleitende Bildung", „Erwachsenensozialisation" usw. Der Verzahnung solcher Schlüsselbegriffe mit biographischen Zugängen liegt gewöhnlich die Haltung zugrunde, die sozialen Welten und Kulturen mittels Biographieforschung anders und neu zu sehen und reife Formen von → Professionalität zu entwickeln. Die hier sichtbare makro- und mikrodidaktische Relevanz von B. evoziert allerdings einen hohen Bedarf an prozessorientierter empirischer Forschung (Kade/Nittel 1997).

Literatur
Kade, J./Nittel, D.: Biographieforschung – Mittel zur Erschließung von Bildungswelten Erwachsener. In: Friebertshäuser, B./Prengel, A. (Hrsg.): Handbuch Qualitative Forschungsmethoden in den Erziehungswissenschaften. Opladen 1997 – Nittel, D.: Report: Biographieforschung. Frankfurt a.M. 1994 – Schütze, F.: Prozeßstrukturen des Lebensablaufs. In: Matthes, J. u.a. (Hrsg.): Biographie in handlungswissenschaftlicher Perspektive. Nürnberg 1981

Dieter Nittel

Biographisches Lernen

Trotz anfänglicher fachlicher Skepsis konnte sich seit Beginn der 1980er Jahre der biographische Ansatz in der westdeutschen EB fest etablieren. In dieser Entwicklung kam ein stärkeres Interesse an den → Teilnehmenden, ihren Bildungserfahrungen und ihrem Aneignungsverhalten (→ Aneignung – Vermittlung) zum Ausdruck, darüber hinaus aber auch ein Artikulationsbedürfnis der Lernenden selbst. Denn die „Entdeckung" individueller Bildungsgeschichten in Wissenschaft und Praxis der EB war nicht nur inspiriert von der Lebenslauf- und der Sozialisationsforschung (Hoerning 1991), sondern ebenso von den neuen sozialen Bewegungen der Bundesrepublik, die eine enge Verbindung von Leben und Lernen kultivierten und zum Ausgangspunkt von (Selbst-)Aufklärungsprozessen machten. Die Anfänge jener Arbeit waren jedoch nicht frei vom Pathos des Authentischen, und häufig wurden Lebensgeschichten allzu vordergründig ausgedeutet. Seither werden biographisches Lernen und biographische Kommunikation mit einer Vielzahl von Herangehensweisen zunehmend professionell praktiziert, vor allem in der → Altersbildung, der → interkulturellen, der historisch-politischen und der → Berufsbildung (zur Vielfalt Schlüter 2004). Schreib- und Geschichtswerkstätten sowie Erzählcafés sind zu gängigen Angebotsformen geworden, und auch das Internet bietet kaum überschaubare beiläufige wie organisierte Lerngelegenheiten im Hinblick auf Lebensgeschichten.

Der EB geht es beim b.L. insb. um die Beziehung des Allgemeinen, d.h. Geschichte, Politik und Gesellschaft, zum „besonderen Allgemeinen" (Th. Schulze) der biographischen Erzählung. Didaktische Rahmungen, eine thematische Fokussierung an geschichtsträchtigen Orten oder die Arbeit mit privaten Fotos und schriftlichen Quellen, geben Erzähl- *und* Reflexionsanlässe. In solchen Lernarrangements können verschiedene → Zielgruppen, junge oder ältere Frauen und Männer mit bestimmten Erfahrungshintergründen „erlebte Geschichte“ erzählen, diese zu deuten versuchen und Kontrastgeschichten vergleichend wahrnehmen. Auf der Basis erster Verallgemeinerungen kann der Interpretations- und Bildungsprozess (→ Interpretatives Paradigma) fortgeführt werden. Durch die Heterogenität von Gruppen wird in Bildungsveranstaltungen Multiperspektivität geradezu herausgefordert, und es kann sich (durchaus produktive) Kontroversität einstellen. Die pädagogische Funktion biographischer Zugänge besteht also zum einen in der Rekonstruktionsleistung und Selbstvergewisserung durch Narration, zum anderen im reflektierenden Austausch der Lernenden untereinander. Der Text des eigenen Lebens lässt sich in Bildungsveranstaltungen „entziffern“, aber, anders als in der individuellen Fallarbeit, werden solche Prozesse ergänzt um die Erfahrungen und Sichtweisen weiterer Beteiligter; komplexe Settings dieser Art ermöglichen, wie sich gezeigt hat, die unterschiedlichsten „Umbildungsprozesse“ (B. Dausien, z.B. in: Report 1996).

Von Pädagog/inn/en wird in diesem Zusammenhang neben der selbstverständlichen Planungs- und Vermittlungstätigkeit das mäeutische Fragen und das taktvolle Moderieren biographischer Gespräche erwartet sowie Kenntnisse über Interpretationsverfahren. Aufseiten der Teilnehmenden braucht es die Fähigkeit des Zuhörens und die Bereitschaft, einen ergebnisoffenen Deutungsprozess, die viel zitierten „Suchbewegungen“, mitzutragen.

Angesichts schichtenübergreifend diskontinuierlicher Berufs- und Lebenswege wird Biographizität, der selbstbewusste Umgang mit der eigenen Geschichte, „die Fähigkeit, moderne Wissensbestände an biographische Sinnressourcen anzuschließen und sich mit diesem Wissen neu zu assoziieren“, zu einer primären Kompetenz (Alheit 1990; zuletzt auch bei v. Felden 2008). Die für das Konzept Biographizität charakteristische Kategorie „transitorische Bildung“ bezieht Lernerfahrungen in die didaktische Planung in der Erwartung ein, Autonomie und Gestaltungsfähigkeit von Erwachsenen zu unterstützen. Eine Integration von Lerninhalten in die Wirklichkeitskonstruktionen der Teilnehmenden gelingt im Sinne des pädagogischen → Konstruktivismus erst, wenn sich neues Wissen für die Einzelnen als „lebensdienlich“ und „anschlussfähig“ erweist.

Die pädagogische Bedeutung der Biographieorientierung beruht auf „Einsichten“ in eigensinnige Bildungsgeschichten und ihre Verarbeitung durch die Biographen. Und die mit Quellen und Medien angereicherte Praxis des hermeneutisch-sinnstiftenden Arbeitens meint mehr als nur die Wahl einer bestimmten → Methode (Ruhe 2007): Biographisches Lernen ist nicht zu trennen von einem gewandelten Lehr-/Lernverständnis, welches das Lebenswissen der Erwachsenen für konstitutiv hält.

Literatur

Alheit, P.: Biographizität als Projekt. Der biographische Ansatz in der Erwachsenenbildung. Bremen 1990 – Behrens-Cobet, H./Reichling, N.: Biographische Kommunikation. Lebensgeschichten im Repertoire der Erwachsenenbildung. Neuwied 1997 – Felden, H. v. (Hrsg.): Perspektiven erziehungswissenschaftlicher Biographieforschung. Wiesbaden 2008 – Hoerning, E.M. u.a.: Biographieforschung und Erwachsenenbildung. Bad Heilbrunn/Obb. 1991 – Report. Literatur- und Forschungsreport Weiterbildung: Biographieforschung und biographisches Lernen, H. 37, 1996 – Ruhe, H.G.: Methoden der Biographiearbeit. Lebensspuren entdecken und verstehen. 3. Aufl. Weinheim u.a. 2007 – Schlüter, A. (Hrsg.): Erfahrungen mit Biographien. Tagungsdokumentation der Duisburger Tagungen zum Thema „Erfahrung mit Biographien“. Bielefeld 2004

Heidi Behrens

Bologna-Prozess

Mit B. wird die politisch gesteuerte Vereinheitlichung des tertiären Bereichs fast aller europäischer Staaten im Sinne der Entwicklung eines gemeinsamen europäischen Hochschulraumes („European Higher Education Area“, EHEA) bezeichnet. Da der EG-Vertrag seit den Änderungen durch die Maastrichter Verträge die Harmonisierung der Rechts- und Verwaltungsvorschriften im Bildungsbereich explizit verbietet (§ 149), wird der B. unmittelbar durch Vereinbarungen zwischen europäischen Staaten getragen. Auch wenn die Organisationsstruktur der Europäischen Union inzwischen in wichtige Bereiche des B. hineinwirkt (Reinalda/Kulesza 2006), bleibt es ein wesentliches Prozessmerkmal, dass die Einzelstaaten sich individuell und freiwillig zur Teilnahme an Harmonisierungsprozessen entscheiden (Bechtel u.a. 2005).

Den Ausgangspunkt des B. bildet die „Sorbonne-Deklaration“, Resultat eines Treffens der Bildungsminister von Frankreich, Italien, Großbritannien und Deutschland im Mai 1998. In diesem Dokument einigten die vier Minister sich auf das Ziel, das europäische Hochschulsystem zu harmonisieren, unter anderem um die Mobilität der Studierenden zu fördern und die gegenseitige Anerkennung von Studienleistungen zu vereinfachen. Dem Treffen folgte ein Jahr später das zweitägige „Bologna-Forum", an dem sich die zuständigen Minister/innen von 29 europäischen Staaten beteiligten (15 davon waren EU-Mitglieder). Dieses Treffen führte zur „Erklärung von Bologna", die eine umfassende Entwicklung und strukturelle Vereinheitlichung des europäischen Hochschulraumes anstrebt. Sie benennt drei Hauptziele: internationale Wettbewerbsfähigkeit, Mobilität und Beschäftigungsfähigkeit, und möchte diese durch sechs Handlungslinien fördern:

- Einführung eines vergleichbaren, transparenten Systems von Abschlüssen im Hochschulbereich,
- Gliederung der Hochschulbildung in zwei Zyklen: ein erster Zyklus führt nach mindestens drei Jahren zum ersten berufsqualifizierenden Abschluss („undergraduate"), darauf kann ein zweiter Abschluss („graduate") folgen, der etwa zu Master und/oder Promotion führt (später wurde die Promotionsphase explizit als dritter Zyklus angeschlossen),
- Einführung eines Leistungspunktesystems, dass es ermöglichen soll, Leistungen anzuerkennen, die an einem anderen Studienort oder auch außerhalb eines regulären Studiums erworben wurden,
- Förderung der Mobilität von Studierenden und Lehrenden,
- europäische Kooperation bei der Qualitätssicherung, Erarbeitung vergleichbarer Kriterien und Verfahren,
- Förderung der europäischen Dimension im Studium auf der Ebene von → Curricula, Kooperationen usw.

Nach dem „offiziellen" Initialtreffen in Bologna schlossen sich weitere Treffen im Zwei-Jahres-Rhythmus an. In deren Verlauf wurden die Handlungslinien um weitere ergänzt, weitere Teilnehmer aufgenommen (die Gesamtzahl beträgt seit der letzten Erweiterung 2007 in London 46 Teilnehmerstaaten, darunter alle 27 EU-Mitglieder), die Organisationsstruktur des B. verfeinert (u.a. die Anbindung an die EU-Kommission und den Europarat verstärkt) und ein System vorbereitender und ergänzender Aktivitäten unterhalb der Ministerebene geschaffen. Programmatisch wurden auf der Ministerkonferenz in Prag (2001) unter anderem die drei Handlungslinien → „Lebenslanges Lernen", „Beteiligung der Lernenden" und „Förderung der Attraktivität und Wettbewerbsfähigkeit des europäischen Hochschulraums im außereuropäischen Ausland" ergänzt. Im darauf folgenden Treffen in Berlin (2003) wurden die nun neun Handlungslinien durch drei Prioritäten konkretisiert, die in den folgenden zwei Jahren verfolgt werden sollten: die Entwicklung und Anwendung eines gemeinsamen Kriterien- und Methodensystems zur Qualitätssicherung, mindestens ein Einstieg in die Einführung des oben beschriebenen zweistufigen Qualifizierungssystems und die Verbesserung der Verfahren zur gegenseitigen Anerkennung von Studienzeiten und -abschlüssen. Das „Berliner Communiqué" enthält darüber hinaus weitere Zielformulierungen, die aber nicht mit dem Termin 2005 verbunden sind, und ergänzte eine zehnte Handlungslinie, „das Promotionsstudium und die Synergie zwischen europäischem Hochschulraum und europäischem Forschungsraum". Beim Ministertreffen in Bergen (2005) spielte die Konsolidierung des B. eine wichtige Rolle. Die Hauptthemen des „Bergen Communiqués" sind die Partnerschaft aller am Prozess Beteiligten (insb. der Bildungseinrichtungen, ihres Personals sowie der Studierenden), die Bestandsaufnahme der bisherigen Ergebnisse (einschließlich der Notwendigkeit, die Entwicklungen zwischen den beteiligten Staaten konsistent zu halten) und die weiteren Aufgaben im Rahmen des B. (v.a. die Berücksichtigung der sozialen Dimension bei der Entwicklung des gemeinsamen europäischen Hochschulraums). Im darauf folgenden „London Communiqué" von 2007 ist bereits spürbar, dass der B. sich dem Ende seiner geplanten Laufzeit nähert. Entsprechend wird das bisher Erreichte gewürdigt; statt um eine Differenzierung der Aufgaben geht es (wieder) mehr darum, in zentralen Handlungsfeldern, insb. bei der Mobilität und sozialen Dimensionen des europäischen Hochschulraums, vorwärts zu kommen. Daneben werden die Akteure des Bildungswesens mit Blick auf das Ziel der Beschäftigungsfähigkeit insb. aufgefordert, den Dialog mit den Arbeitgebern zu intensivieren, um das Beschäftigungssystem und das dreistufige Studienmodell des B. besser aufeinander abzustimmen. Die nächste Ministerkonferenz wird 2009 in Leuven stattfinden, weiterhin ist für 2010 ein Ministertreffen geplant, in dem der B. bilanziert werden, aber auch Maßnahmen zur weiteren Entwicklung des europäischen Hochschulraums beschlossen werden sollen.

Die Bedeutung des B. für die EB/WB ist mit der Zeit immer deutlicher geworden. So ist in der ursprünglichen „Bologna-Erklärung“ von WB noch nicht die Rede. Im „Prager Communiqué“ taucht der Begriff des Lebenslangen Lernens in sehr allgemeiner Weise auf, im „Berliner Communiqué“ wird er wiederum aufgegriffen und insb. in Bezug auf flexible Lernwege und die Anerkennung früherer Lernergebnisse hin konkretisiert. Hierzu ist es erforderlich, Maßstäbe und Verfahren zur Beurteilung von Lernergebnissen zu bilden. Einen wichtigen Schritt in diese Richtung stellt der „Europäische Qualifikationsrahmen“ (EQR/EQF) dar, der zwar nicht unmittelbar Teil des B. ist (er wird vor allem von der Europäischen Kommission vorangebracht), aber dezidiert darauf bezogen wird. Der EQR sieht die Beschreibung von Lernergebnissen auf acht Niveaustufen in den drei Dimensionen „Kenntnisse“, „Fertigkeiten“ und „Kompetenzen“ vor. Dabei sind die Niveaustufen den Zyklen im Bologna-Modell (z.B. Bachelor, Master) zugeordnet. Durch derartige Entwicklungen ist der B. nicht zuletzt eine weitere Triebkraft für die immer noch recht begrenzt ausgebaute wissenschaftliche WB im Hochschulbereich (Bredl u.a. 2006) und die Verringerung von Zugangsbarrieren zur Hochschule. Traditionell oft betonte Unterschiede zwischen einer wissenschaftlich ausgerichteten Hochschulbildung und der handlungspraktischen Orientierung beruflicher Aus- und Weiterbildung werden damit zunehmend verwischt. Auch das „London Communiqué“ fordert explizit einen Ausbau dieser Form von Flexibilisierung lebenslangen Lernens. Im Rahmen der EB/WB kann durch den B. überdies ein weiterer Beitrag zur Professionalisierung geleistet werden. Die Mehrstufigkeit des Studiums bietet die Möglichkeit, an eine bestehende Fachqualifikation (etwa auf Diplom- oder Bachelor-Ebene) ein Master-Studium mit erwachsenenpädagogischer Orientierung anzuschließen, um erwachsenenpädagogische Aufgaben mit Bezug auf das jeweilige Fachgebiet wahrzunehmen. Mittlerweile existieren derartige Studienangebote auf nationaler und internationaler Ebene.

Literatur

Bechtel, M./Lattke, S./Nuissl, E.: Portrait Weiterbildung Europäische Union. Bielefeld 2005 – Bredl, K. u.a.: Wissenschaftliche Weiterbildung im Kontext des Bologna-Prozesses. Jena 2006 – Reinalda, B./Kulesza, E.: The Bologna Process – Harmonizing Europe's Higher Education. 2. Aufl. Opladen/Farmington Hills 2006

Henning Pätzold

Bürgerschaftliches Lernen

B.L. bezieht sich auf Lernprozesse von Menschen im Rahmen ehrenamtlicher, bürgerschaftlicher oder zivilgesellschaftlicher Tätigkeiten. Ebenfalls gebräuchlich sind die Begriffe „Bürgerlernen“, „Bürgerbildung“, „Bildung für zivilgesellschaftliches Engagement“, „Lernen in kommunalen Projekten“ etc. Charakteristisch für diese Lernprozesse ist, dass sie zunächst informell im Rahmen der ehrenamtlich ausgeübten Tätigkeiten stattfinden und damit weitgehend auf → Selbstorganisation beruhen. Sie können formalisiert werden, wenn Einzelpersonen oder auch Gruppen Interesse haben, sich gezielt bestimmte Kenntnisse, Fähigkeiten und Fertigkeiten anzueignen, die durch ihr Engagement Bedeutung bekommen.

Inhalte, die für ehrenamtliches Engagement relevant sind, beziehen sich zum einen auf soziale → Kompetenzen, wie Kommunikationsfähigkeit, Konfliktmanagement; auf methodisches und prozedurales → Wissen, wie Fundraising, Netzwerkmanagement oder auf inhaltliches Wissen, wie betriebswirtschaftliches Organisationswissen und Personalmanagement. Relevant sind die Entwicklung politischen Zusammenhangwissens und Urteilsvermögens im Sinne einer kritischen → politischen Bildung, da ehrenamtliches Engagement sich sehr häufig auf das Agieren im gesellschaftlichen und politischen Raum auf lokaler und regionaler Ebene bezieht. Personen, die sich freiwillig engagieren, verfügen in der Regel vor dem Hintergrund beruflicher Tätigkeiten und Lebenserfahrung über ein ausgedehntes fachliches und allgemeines Wissen, das sich in individueller Handlungskompetenz ausdrückt, an das angeschlossen wird.

Traditionell beruhen Gesellschaften auf einem mehr oder weniger ausgeprägten System von Ehrenamtlichkeit. Innerhalb dieser Tätigkeiten haben Menschen immer gelernt. Allerdings wurden diese Lernprozesse kaum als solche wahrgenommen und thematisiert. Soziale Bewegungen und das Aufkommen von Bürgerinitiativen führten in den 1970er und 1980er Jahren zu einer wissenschaftlichen Auseinandersetzung mit der Frage, ob die Bürgerinitiative als selbstgesteuerter politischer Lernprozess gewertet werden kann. Dass das Thema erneut bildungspraktische wie bildungswissenschaftliche Aufmerksamkeit erfährt, ist auf die zunehmende Relevanz der „Zivilgesellschaft“ als intermediärem Bereich zwischen Markt und Staat zurückzuführen, deren Ur-

sache politische und ökonomische Transformationsprozesse sind. Als Reaktion und teilweise Antizipation von Entwicklungen im Rahmen von Modernisierungsprozessen, Globalisierung und Ökonomisierung von Gesellschaften, wurde die Rolle des sog. „Dritten Sektors“ gestärkt, also von Nonprofit-Organisationen (wie Wohlfahrtsverbänden, Gewerkschaften), die subsidiär an Stelle des Staates gesellschaftliche Aufgaben übernehmen. Zivilgesellschaftliches Engagement und damit wiederum Lernprozesse der Beteiligten finden sich aber auch auf der Ebene von Vereinen, im Freizeit- und Sozialbereich, im kommunalen politischen Bereich usw. Es ist also ein gesamtgesellschaftliches Phänomen.
Die → Erwachsenenbildung spielt für das b.L. eine doppelte Rolle: Zum einen kann sie im traditionellen Sinn Veranstaltungen für Personen anbieten, die sich zivilgesellschaftlich engagieren und im Rahmen dieser Tätigkeit → Bildungsbedarfe definieren und nachfragen. Dann ist es Aufgabe einer Einrichtung, geeignetes → Personal zur Verfügung zu stellen und → Angebote zu entwickeln. Zum anderen können Einrichtungen lokal und regional in zivilgesellschaftliche Prozesse eingebunden sein und damit selbst zu Akteuren werden. In einer solchen Konstellation ist es Aufgabe der Einrichtungen, einerseits die beteiligten Personen bei der Entwicklung ihrer Kompetenzen zu unterstützen und andererseits sich selbst auf Veränderungsprozesse einzulassen und Strukturprobleme zu bewältigen. Die Definition der → Inhalte geschieht in einem Aushandlungsprozess zwischen den beteiligten Personen und den Einrichtungen, was zu einer Enthierarchisierung der Lehr-Lernprozesse führt und neue Formen der → Professionalität des Weiterbildungspersonals erfordert.
Bürgerschaftliches Engagement erhielt politisch einen zusätzlichen Stellenwert, indem der Europäische Rat das Jahr 2005 zum „European Year of Citizenship through Education“ deklarierte. Die Rolle des Bürgers bei der Gestaltung von Demokratie, seine gesellschaftliche und (mit-)bürgerliche Verantwortung wird angesichts der Ausdehnung grenzüberschreitender zivilgesellschaftlicher Strukturen an Relevanz zunehmen.

Literatur
Bildung und Erziehung: Bürgerschaftliche Bildung, H. 3, 2005 – Klemm, K.: Lernen für eine Welt. Globalisierung, Regionalisierung, Bürgergesellschaft. Herausforderungen für die Erwachsenenbildung. Neu-Ulm 2005 – Rosenzweig, B./Eith, U.: Bürgerschaftliches Engagement und Zivilgesellschaft. Schwalbach/Ts. 2004 – Voesgen, H. (Hrsg.). Brückenschläge. Neue Partnerschaften zwischen institutioneller Erwachsenenbildung und bürgerschaftlichem Engagement. Bielefeld 2006

Christine Zeuner

Bundesagentur für Arbeit (BA)

Die BA hat im Wesentlichen die Aufgabe, den Ausgleich auf dem Arbeitsmarkt im Sinne der beschäftigungspolitischen Ziele der Sozial-, Wirtschafts-, und Finanzpolitik der Bundesregierung zu unterstützen. Sie erfüllt damit für Bürgerinnen und Bürger sowie für Unternehmen und Institutionen umfassende Dienstleistungsaufgaben für den Arbeitsmarkt. Durch die Beratung, Betreuung und Integration von Ausbildungs- und Arbeitssuchenden soll die Dauer der Arbeitslosigkeit und des Leistungsbezugs so gering wie möglich gehalten werden. Die Dienstleistungen der BA müssen dabei den individuellen Ansprüchen und Erfordernissen von Arbeitgebern und Arbeitnehmern Rechnung tragen und dürfen zugleich wettbewerbsfähige Arbeitsplätze nicht gefährden.
Die BA erbringt vielfältige Dienstleistungen für unterschiedliche Zielgruppen, wesentliche Aufgaben sind:

- Vermittlung von Ausbildungs- und Arbeitsplätzen,
- Berufsberatung,
- Förderung der Berufsausbildung,
- Förderung der beruflichen Weiterbildung,
- Förderung der beruflichen Eingliederung von Menschen mit Behinderungen,
- Zahlung von Leistungen zur Erhaltung und Schaffung von Arbeitsplätzen,
- Entgeltersatzleistungen, wie z.B. Arbeitslosengeld oder Insolvenzgeld.

Neben diesen Aufgaben ist die BA auch zuständig für die Arbeitsmarkt- und Berufsforschung, die interdisziplinär durchgeführt wird. Mit der Arbeitsmarktbeobachtung und -berichterstattung konzentriert sie sich auf die Beschreibung der aktuellen Lage des Arbeitsmarktes. In diesem Zusammenhang werden Arbeitsmarktstatistiken erstellt. Ferner zahlt die BA mit der Familienkasse das Kindergeld aus. Zur Bekämpfung des Leistungsmissbrauchs sind der BA auch zahlreiche Ordnungsaufgaben zugeordnet.
Nach dem Dritten Sozialgesetzbuch (SGB III) ist die BA als Träger der Arbeitsförderung dreistufig gegliedert und umfasst die Zentrale in Nürnberg, zehn

Regionaldirektionen sowie 178 Agenturen für Arbeit mit rund 660 Geschäftsstellen. Hinzu kommen die besonderen Dienststellen:

- Institut für Arbeitsmarktforschung (IAB) in Nürnberg,
- Zentrale Auslands- und Fachvermittlung (ZAV) in Bonn,
- Hochschule der BA (HdBA),
- Familienkasse,
- Bildungsinstitut der BA – interner Bildungsdienstleister,
- BA-Service-Haus – interner Servicedienstleister,
- IT-Systemhaus – interner IT-Dienstleister.

Die Zentrale mit Sitz in Nürnberg sorgt durch die Planung sowie die Steuerung und Organisation von Aufgaben dafür, dass die fachlichen Aufgaben im Bundesgebiet strategisch ausgerichtet und einheitlich erfüllt werden. Die Zentrale ist strategischer Partner, der die Organisation über geschäftspolitische Ziele führt. Auf mittlerer Ebene sind die Regionaldirektionen der BA für den Erfolg der regionalen Arbeitsmarktpolitik verantwortlich. Zur Abstimmung ihrer Aufgaben mit der Arbeitsmarkt-, Struktur- und Wirtschaftspolitik der Länder arbeiten sie eng mit den Landesregierungen zusammen. Die Regionaldirektionen steuern die Agenturen für Arbeit. Auf örtlicher Ebene sind die Agenturen für Arbeit für die Umsetzung der Aufgaben der BA zuständig. Sie werden wie die Regionaldirektionen von einer Geschäftsführung geleitet.

Die BA ist eine rechtsfähige bundesunmittelbare Körperschaft des öffentlichen Rechts mit Selbstverwaltung. Der Vorstand leitet die Bundesagentur und führt deren Geschäfte. Er besteht aus dem Vorstandsvorsitzenden Dr. rer. pol. h.c. Frank-J. Weise und den Mitgliedern des Vorstands Heinrich Alt und Raimund Becker. Der Vorstand vertritt die BA gerichtlich und außergerichtlich. Selbstverwaltungsorgane der BA sind der Verwaltungsrat und die Verwaltungsausschüsse bei den Agenturen für Arbeit. Sie überwachen die Arbeit des Vorstands beziehungsweise der Geschäftsführung und beraten diese in allen Fragen des Arbeitsmarktes. Strategische und geschäftspolitische Grundsatzentscheidungen unterliegen nach der Satzung der BA dem Zustimmungsvorbehalt des Verwaltungsrats. Die Rechtsaufsicht über die BA führt das Bundesministerium für Arbeit und Soziales.

Die übergeordneten Ziele der Reform der BA, die seit 2004 umgesetzt wird, sind die spürbare Verbesserung der Beratung und Integration von Arbeitssuchenden, die rasche und wirtschaftliche Erbringung von Geldleistungen und die Stärkung der Qualifikation ihrer Mitarbeiter/innen. Durch die Umsetzung der Reformkonzepte hat sich die BA in allen Belangen als moderner und kundenorientierter Dienstleister für den Arbeitsmarkt neu, d.h. mit mehr Service, verbesserten Verfahren und mehr Transparenz über die Wirkung und Wirtschaftlichkeit ihrer Maßnahmen, positioniert.

Die BA misst der Qualifikation und Weiterbildung eine hohe Bedeutung zu; dies sind wichtige Faktoren, um Arbeitslosigkeit zu vermeiden bzw. so schnell wie möglich zu beenden. Sie bietet zahlreiche Programme zur Verbesserung der Beschäftigungsfähigkeit und zur Deckung des Fachkräftebedarfs der Wirtschaft an und hat seit 2006 die Aktivitäten zur Förderung der beruflichen Weiterbildung deutlich gesteigert. Ergänzend zu den Aktivitäten der Weiterbildungsförderung wird die Bedeutung von lebenslangem Lernen durch die 2008 gestartete Qualifizierungsoffensive der BA herausgestellt.

Literatur

Bernhard, S. u.a.: Aktive Arbeitsmarktpolitik in Deutschland und ihre Wirkungen. In: Möller, J./Walwei, U. (Hrsg.): Handbuch Arbeitsmarkt 2009. Bielefeld 2008 – Kruppe, T.: Die Förderung beruflicher Weiterbildung Arbeitsloser im Spiegel von Monitoring und Evaluation. In: Zeitschrift für Evaluation, H. 1, 2006 – Kruppe, T./Stephan, G.: Förderung beruflicher Weiterbildung. In: Institut für Arbeitsmarkt- und Berufsforschung (Hrsg.): Fachkräftebedarf der Wirtschaft. Materialsammlung C: Ansatzpunkte für Therapien. Nürnberg 2007

Anja Mandel

Bundesinstitut für Berufsbildung (BIBB)

Das BIBB betreibt Forschung und Entwicklung auf dem Gebiet der beruflichen Bildung (→ Berufliche Weiterbildung) und nimmt Dienstleistungsfunktionen (Information, Beratung) gegenüber der Berufsbildungspraxis wahr. Es versteht sich als ein national und international anerkanntes Kompetenzzentrum zur Erforschung und Weiterentwicklung der beruflichen Aus- und Weiterbildung. Ziel der Arbeit des Instituts ist es, die berufliche Bildung unter Berücksichtigung der technischen, wirtschaftlichen und gesellschaftlichen Entwicklung zu modernisieren und in enger Zusammenarbeit mit der Berufsbildungspraxis zu verbessern. Das BIBB arbeitet auf der Grundlage des Berufsbildungsgesetzes (BBiG) und

führt seine Aufgaben im Rahmen der Bildungspolitik der Bundesregierung durch (§ 90, 1 BBiG). Seine zentrale Aufgabe, durch wissenschaftliche Forschung zur Berufsbildungsforschung beizutragen, wird auf der Grundlage eines jährlichen Forschungsprogramms durchgeführt, das durch das BMBF genehmigt wird. Darüber hinaus nimmt es, z.T. nach Weisung des zuständigen Bundesministeriums, eine Reihe „sonstiger" Aufgaben wahr, wie z.B. an der Vorbereitung von Ausbildungsordnungen und sonstigen Rechtsverordnungen, an der Vorbereitung des Berufsbildungsberichts, an der Durchführung der Berufsbildungsstatistik sowie an der internationalen Zusammenarbeit in der beruflichen Bildung mitzuwirken.
Zu den Aufgaben des BIBB gehört es zudem,

- → Modellversuche einschließlich wissenschaftlicher Begleituntersuchungen zu fördern,
- die Förderung überbetrieblicher Berufsbildungsstätten durchzuführen,
- das Verzeichnis der anerkannten Ausbildungsberufe zu führen und zu veröffentlichen sowie
- die im Fernunterrichtsschutzgesetz beschriebenen Aufgaben wahrzunehmen.

Dem jährlichen Forschungsprogramm des Instituts liegt eine mittelfristig angelegte Forschungskonzeption zugrunde, die Aktivitäten nach „Forschungskorridoren" gliedert. Das BIBB ist bei seiner Aufgabenwahrnehmung zum einen dem wissenschaftlichen Erkenntnisinteresse der Wissenschaftsgemeinde verpflichtet, zum anderen muss es auch die unterschiedlichen Interessenlagen der an der Berufsbildung Beteiligten (insb. Regierung, Sozialparteien) berücksichtigen. Von Anfang an hat dies bei der Bearbeitung aktueller Fragestellungen sowohl vonseiten der universitären Forschungstradition als auch vonseiten der Berufsbildungspraxis zu Spannungen geführt. Das Forschungsselbstverständnis des BIBB an der Schnittstelle von Wissenschaft und Politik muss deshalb den divergierenden Interessen gerecht werden.
Das BIBB wurde 1970 durch das BBiG von 1969 als Bundesinstitut für Berufsbildungsforschung (BBF) gegründet. Rechtliche Grundlage für das BIBB, seine Aufgaben und Organe ist das BBiG in der Fassung vom 01.04.2005, das die bisherigen Regelungen des Berufsbildungsförderungsgesetzes (BerBiFG) abgelöst hat. Die Organe des BIBB sind der Hauptausschuss und der Präsident. Ein wissenschaftlicher Beirat (§ 94 BBiG) berät die Organe des BIBB in Forschungsfragen. Der Hauptausschuss berät die Bundesregierung in grundsätzlichen Fragen der Berufsbildung, er beschließt das Forschungsprogramm und stellt den Haushaltsplan fest. Im Hauptausschuss arbeiten viertelparitätisch, d.h. mit jeweils gleichem Stimmenanteil (acht Stimmen) die Beauftragten der Arbeitgeber, der Arbeitnehmer, der Länder und des Bundes zusammen. Der Präsident führt die Aufgaben des Bundesinstituts durch, leitet und verwaltet es.
Adressaten der Arbeit des BIBB sind vor allem die Planungspraxis der beruflichen Bildung, z.B. Spitzenorganisationen der Arbeitgeber und Gewerkschaften, Fachverbände, die Durchführungspraxis der beruflichen Bildung, z.B. Lehrpersonal in der Aus- und Weiterbildung, Betriebe und Unternehmen, sowie die wissenschaftliche Öffentlichkeit, z.B. Hochschulen und Einrichtungen der Berufsbildungsforschung.

Literatur

Bundesinstitut für Berufsbildung (Hrsg.): Jahresbericht 2007/2008. Bonn 2008 – Krekel, E.M. u.a. (Hrsg.): Forschung im Spannungsfeld konkurrierender Interessen. Die Ausbildungsstatistik und ihr Beitrag für Praxis, Politik und Wissenschaft. Bonn 2006 – Rauner, F. (Hrsg.): Handbuch Berufsbildungsforschung. 2., akt. Auflage Bielefeld 2006

Edgar Sauter

Coaching

C. ist eine professionelle berufs- bzw. managementbezogene Beratung vor allem von Einzelpersonen, aber auch Gruppen oder Organisationseinheiten. Ziel ist Hilfe zur Selbsthilfe durch systematisch angeleitete Selbstreflexion und so geförderte Problemlösungsfähigkeit. Methodisch steht deshalb Prozess- und nicht Expertenberatung im Mittelpunkt. Entsprechend übernimmt der Coach deshalb nur Verantwortung für den Beratungsprozess, also die Art und Weise, wie über das anstehende Problem nachgedacht, nach Lösungsmöglichkeiten gesucht und anschließend ihre praktische Umsetzung reflektiert wird, nicht aber für die Ergebnisse dieses Prozesses, für die der Klient (Coachee) verantwortlich ist (Rauen 2005).

Die historischen Wurzeln des C. liegen in den späten 1980er Jahren, als in Wirtschaftsunternehmen der Bedarf wuchs, interne Umstrukturierungsprozesse zunehmend selbst durchzuführen und sich damit weniger von externen Beratungsunternehmen abhängig zu machen. Dieser Bedarf generierte C. als eine Mischung von themenbezogener Unternehmensberatung, personenzentrierter Gesprächsberatung und problemlösungsorientierter WB. C. wurde dabei definiert als ein Setting, das sich durch bestimmte äußere Merkmale auszeichnete, nämlich das Vier-Augen-Prinzip der Interaktion zwischen Coach und Klient, die Freiwilligkeit, Auftraggeberschaft und so bedingte Zahlungsverpflichtung des Klienten, die Auftragnehmerschaft und Verschwiegenheitspflicht des Coachs, die inhaltliche Fokussierung/Beschränkung auf berufliche und organisationale Fragen und die Ergebnisorientierung und damit verbundene, relativ enge zeitliche Beschränkung des Prozesses.

Dieses Setting, das ursprünglich nur im Topmanagement Anwendung fand, und zwar unter Umgehung der Personalentwicklungsabteilung, wurde in den 1990er Jahren von der betrieblichen Personalentwicklung entdeckt und zu einem Personalentwicklungsinstrument für obere und mittlere Manager weiterentwickelt. Aus der ursprünglich bilateralen Beziehung, die weiterhin C. im Topmanagement und Selbstzahlermarkt bestimmt, wurde damit eine Dreiecksbeziehung mit den drei Bezugspunkten der durchführungssteuernden Personalentwicklung als organisationalem Auftraggeber, des zu beratenden Klienten und des Coachs.

Die Gegenwart von C. ist heute, nach zehn Jahren C.-Boom, durch eine unüberschaubare Fülle von „Bindestrich-Coachings" bestimmt. Will man in diesen Dschungel eine gewisse Ordnung bringen, bietet sich eine Differenzierung nach Sozial- und Arbeitsformen (z.B. Einzel-, Partner-, Gruppen-, Team-, Organisations-/Organisationsbereichs-, Selbst- und Tele-C.), Zielgruppen (z.B. Executive-, Führungskräfte-, Meister-, Fachkräfte-C. aber auch Unternehmensgründer-, Politiker-, Schauspieler-, Leistungssportler-, Pressesprecher-C.) und Thematiken bzw. Anwendungsfeldern (z.B. IT-, Verkaufs-, Konflikt-, Karriere-, Outplacement/Newplacement-C. aber auch Partnerschafts-, Gesundheits-, Rhetorik-C.) (Lippmann 2006) an.

Die systematischen Wurzeln des C. liegen in der Organisationsentwicklung, Psychotherapie und Didaktik der EB, und zwar speziell in der Prozessberatung als grundlegender Methode der Organisationsentwicklung, in der vor allem von Carl Rogers geprägten klientenzentrierten Gesprächspsychotherapie, in der systemischen (Familien-)Psychotherapie bzw. Kurzzeittherapie und in der subjektorientierten bzw. konstruktivistischen Didaktik (→ Ermöglichungsdidaktik). Angesichts der zunehmenden Aufweichung, C. vorrangig mit Bezug auf äußere Merkmale des Settings zu definieren, machen diese systematischen Wurzeln es möglich, C. als eine spezielle Beratungs- und Weiterbildungs*methode* zu definieren.

Folgt man dieser Spur, bietet es sich mit Blick auf die Zukunft an, die Möglichkeiten der modernen Medien gezielt zu nutzen und mit der Entwicklung von Blended C. systematische Querverbindungen zum Blended Learning herzustellen (Geißler 2008).

Literatur

Geißler, H. (Hrsg.): E-Coaching. Baltmannsweiler 2008 – Lippmann, E. (Hrsg.): Coaching. Angewandte Psychologie für die Beratungspraxis. Heidelberg 2006 – Rauen, C. (Hrsg.): Handbuch Coaching. 3. überarb. und erw. Aufl. Göttingen 2005

Harald Geißler

Controlling

Die englische Vokabel *controlling* kann mit „Steuern" oder „Regeln" übersetzt werden. Als Begriff bezeichnet C. ein aus der Betriebswirtschaftslehre stammendes Steuerungskonzept, dass zu einer konsequenten

Zielorientierung von Organisationen beitragen soll. Es gilt durch die Bereitstellung und die aktive, vorausschauende Nutzung von Führungsinformationen deren Zielerreichungsgrad (Effektivität) zu erhöhen und einen effizienten Ressourceneinsatz (→ Wirtschaftlichkeit) zu gewährleisten. „Führungsrelevant" sind sämtliche Informationen, die sich auf die Planung, Durchführung und Auswertung von Weiterbildungsangeboten beziehen. Zur Sicherung von Qualitätszielen liegt es nahe, → Qualitätsmanagement und C. eng miteinander zu verknüpfen.

Ausgehend von einem funktionalen Verständnis geht es beim C. um die Aufgabe jeder Führungskraft, mithilfe von laufenden bzw. periodischen Informationsrückkopplungen in einem geschlossenen Regelkreis selbst dafür zu sorgen, dass ein geplanter Realisationsgrad bzw. ein angestrebtes Ergebnis auch tatsächlich erreicht wird (Erfassung und Analyse von Soll-Ist-Abweichungen und ggf. frühzeitige Gegensteuerung). Im deutschsprachigen Raum hat sich jedoch, unabhängig von theoretisch-konzeptionellen Varianten, ein institutionelles Verständnis von C. etabliert. Aus dieser Perspektive beschreibt C. ein in der Praxis unterschiedlich ausgestaltetes Tätigkeitsspektrum von Controller/inne/n. Sie nutzen insb. die Instrumente Kosten- und Leistungsrechnung, Kennzahlen- und Indikatorensysteme, Budgetierung und Berichtswesen, um das verantwortliche Management bei der Wahrnehmung seiner Steuerungsaufgaben zu unterstützen und den arbeitsteiligen Führungsprozess auf der Basis von Informationen zu koordinieren. Beziehen sich die Aktivitäten des C. auf die Erreichung gegebener Ziele, spricht man von „operativem" C. („die Dinge richtig tun"). Geht es hingegen um C.-Aktivitäten, die sich auf die Überprüfung und Planung grundlegender Ziele selbst beziehen bzw. auf die Frage, für welche Zielgruppen welche Leistungsangebote bereitgehalten werden sollen, so wird dies als „strategisches" C. bezeichnet („die richtigen Dinge tun").

Die Rolle des C. wird in der Literatur oft mit der eines (navigierenden) Beifahrers oder Fluglotsen verglichen. Angesichts der Notwendigkeit, vielschichtige Verteilungs- und Interessenkonflikte bei zugleich asymmetrisch verteilter Information bewältigen zu müssen, kann das C. aber auch als eine organisatorisch institutionalisierte Maklerinstanz gedeutet werden. Controller/innen erfüllen aus dieser Perspektive eine integrierte Informations- und Vermittlungsfunktion, die dazu beiträgt, den spezifischen Transparenz- und Konsensbedarf an den Schnittstellen der Machtbeziehungen im Führungssystem von Weiterbildugsorganisationen zu befriedigen. Dabei kommt es darauf an, die pädagogischen Zielsetzungen („Fach-C.") und die ökonomischen Zielsetzungen („Finanz-C.") sowie die jeweils hinter diesen Zielsetzungen stehenden unterschiedlichen Rationalitäten und Interessen so in Einklang zu bringen, dass der Erfolg und damit auch die Existenz der jeweiligen Weiterbildungsorganisation nachhaltig gesichert werden kann.

Denkt man beispielsweise an die Planung und Kontrolle von Lernzielen oder an das Thema → Evaluation, so werden auf den ersten Blick unvermutete methodische Bezüge zwischen C. und Konzepten der WB erkennbar. Die allgemeine Beschreibung macht deutlich, dass ein „schlankes" C. auf dem heutigen Stand der Diskussion in Wissenschaft und Praxis prinzipiell unabhängig von der konkreten Ausrichtung und -gestaltung des Zielsystems (z.B. Gewinnerzielung als Primärzweck oder → Wirtschaftlichkeit als Nebenbedingung von Angeboten auf dem → Weiterbildungsmarkt) als ein elementarer Bestandteil von Managementprozessen und als „good practice" im Sinne einer professionellen und verantwortungsvollen Führung von Weiterbildungseinrichtungen zu betrachten ist (→ Bildungsmanagement).

Konkrete C.-Konzepte und C.-Instrumente aus dem privatwirtschaftlichen oder öffentlichen Bereich sind jedoch oft implizit mit einer zielspezifischen Handlungs- und Entscheidungslogik behaftet. Eine sinnvolle Nutzung von C. im Kontext der WB setzt daher voraus, dass die konkrete konzeptionelle und instrumentelle Ausgestaltung von C. sorgfältig auf die Zielkonstellation der jeweiligen Weiterbildungsorganisation bzw. des jeweiligen Weiterbildungsangebots zugeschnitten wird. Bei einer unreflektierten Übernahme von C.-Konzepten und C.-Instrumenten besteht ansonsten grundsätzlich das Risiko einer schleichenden Zielverschiebung und anderer nicht intendierter Effekte. Hierauf ist besonders hinzuweisen, da ein leistungsfähiges C. an bestimmte generelle Voraussetzungen geknüpft ist, die in Organisationen der WB „von Hause aus" konkret noch recht unterschiedlich erfüllt sind:

- operational formulierte Ziele und eine messbare Leistung,
- ein an kaufmännischen Grundsätzen orientiertes betriebliches Rechnungswesen,
- die Fähigkeit und Bereitschaft zum wirtschaftlichen Denken und Handeln,

- organisatorisch dezentrale Entscheidungs- und Verantwortungsstrukturen sowie
- die Existenz einer situationsadäquaten Implementationsstrategie für C. als Teil der → Organisationsentwicklung.

Literatur
Berens, W./Hoffjan, A.: Controlling in der öffentlichen Verwaltung. Grundlagen, Fallstudien, Lösungen. Stuttgart 2004 – Brüggemeier, M.: Controlling und Reformbestrebungen in öffentlichen Weiterbildungsorganisationen: Erweiterung statt Rationalisierung der Rationalität. In: Hessische Blätter für Volksbildung, H. 1, 1998 – Friedrich, K./Meisel, K./Schuldt, H.J.: Wirtschaftlichkeit in Weiterbildungseinrichtungen. 3., überarb. Aufl. Bielefeld 2005

Martin Brüggemeier

Curriculum

Anfang der 1970er Jahre schienen die C.theorie und die C.forschung die geisteswissenschaftliche Pädagogik abzulösen. Die C.theorie kritisiert an den herkömmlichen Lehrplänen zweierlei: Die schulischen Lehrpläne formulieren in den Präambeln normativ überhöhte Bildungsziele, die aber für die konkreten Inhalte meist folgenlos bleiben. Außerdem werden fachliche Sachlogiken überbetont und die Psychologiken und Handlungslogiken vernachlässigt. Traditionelle Lehrpläne sind „stofforientiert" und schreiben einen Fächerkanon fest. C. akzentuieren demgegenüber die Lernanforderungen der Lebenswelten und die wünschenswerten Kompetenzen der Lernenden.
Nach Saul B. Robinsohn (1972) soll die C.entwicklung folgende Schritte enthalten: Analyse (beruflicher und außerberuflicher) Verwendungssituationen, Ermittlung erforderlicher Qualifikationen, Auswahl entsprechender C.instrumente (→ Inhalte, → Methoden, → Medien in Lehr-Lernprozessen), ständige Überprüfung der Lerneffekte und Revision des C.
Als ein Pionier der C.entwicklung kann der brasilianische Pädagoge Paulo Freire gelten. Freire entwickelte ein Alphabetisierungsprogramm (→ Alphabetisierung) aufgrund curricularer Lebensweltanalysen (→ Lebenswelt). Er lebte einige Wochen in den Dörfern seiner Zielgruppen, beobachtete ihren Alltag, hörte ihren Gesprächen zu und ermittelte so das „thematische Universum" der Bauern. Aus diesen Themen wählte er Schlüsselbegriffe aus, die in Silben zerlegt wurden und an denen die Dorfbewohner Lesen und Schreiben lernten, wobei sie glei über diese → „generativen Themen" diskutie (Freire 1974).
Die C.reform beabsichtigte eine stoffliche „Entrümpelung" der Lehrpläne, eine größere Lebensnähe des → Unterrichts, eine Praxisrelevanz und Kompetenzorientierung (→ Kompetenz) des Lernens (→ Selbstorganisation). Außerdem sollten die Lerninhalte auf den Lebenslauf – vom Kindergarten bis zur → Altersbildung – neu verteilt werden. Die Erwartungen an die C.entwicklung wurden nur teilweise erfüllt. In der Bildungspraxis wurde das anspruchsvolle Konzept oft auf die Operationalisierung von Lernzielen reduziert. Es wurden zahlreiche Lernzielkataloge, Unterrichtsmaterialien (inkl. programmierter Unterricht) und methodische Handlungsanweisungen „produziert", die aber eher eine Fremdbestimmung des Unterrichts als ein → „lebendiges Lernen" förderten. So wurde bald gefordert, auf „geschlossene C." zugunsten einer „offenen C.entwicklung" gemeinsam mit den Betroffenen zu verzichten. Abgesehen von einigen → Modellversuchen (z.B. partizipativ entwickelte Sekretärinnenkurse) konnten diese Ansprüche aber in der Bildungswirklichkeit kaum eingelöst werden.
Problematisch sind sozialtechnologische Tendenzen der „Übersteuerung", der übertriebenen Standardisierung und Operationalisierung. Eigensinnigkeit und Selbststeuerung des Lernens Erwachsener wurden eher vernachlässigt. Dennoch hat die C.entwicklung einen Beitrag zur Modernisierung der EB geleistet, indem eine Akzentverlagerung von der fachlichen Stofforientierung zur zielgruppenspezifischen Handlungsorientierung gefördert wurde. Deshalb sind einige Prinzipien immer noch oder erneut aktuell (z.B. Verwendungssituationen, situierte Kognition, → Schlüsselqualifikationen, Verknüpfung von → Qualifikation und → Bildung).
C. beinhalten Hinweise zur Gestaltung von Lernumgebungen, Vernetzungen informeller und formeller Lernphasen, Nutzung Neuer Medien (Blended Learning), Lernberatung, Qualitätssicherung.

Literatur
Freire, P.: Erziehung als Praxis der Freiheit. Stuttgart/Berlin 1974 – Gnahs, D.: Kompetenzen. Erwerb, Erfassung, Instrumente. Bielefeld 2007 – Hameyer, U. u.a.: Handbuch der Curriculumforschung. Weinheim 1983 – Robinsohn, S.B.: Bildungsreform als Revision des Curriculum. Neuwied 1972 – Siebert, H.: Didaktisches Handeln in der Erwachsenenbildung. Neuwied 1997

Horst Siebert

Deutsche Gesellschaft für wissenschaftliche Weiterbildung und Fernstudium (DGWF)

Die DGWF wurde am 03.10.1970 mit dem Namen Arbeitskreis Universitäre Erwachsenenbildung (AUE) in Hannover als gemeinnütziger Verein gegründet. Seit Januar 1968 gab es den AUE allerdings schon als losen Zusammenschluss von Hochschulangehörigen, die sich um das Thema universitäre Erwachsenbildung in Westdeutschland und West-Berlin gruppierten. Bereits in den 1970er Jahren wurde der Begriff „universitäre WB" zunehmend durch den Begriff → „wissenschaftliche Weiterbildung" ersetzt. Außerdem drängten auch Fachhochschulen, die es in der Bundesrepublik seit 1970 gab, auf das Feld WB und fühlten sich durch den „universitären" Verein nicht angesprochen. Schließlich kam es infolge der Einrichtung des Förderschwerpunkts → Fernstudium bei der früheren BLK Anfang der 1990er Jahre zu Fernstudienprogrammen an Präsenzhochschulen, die in den meisten Fällen dem Aufgabenfeld WB zugerechnet werden konnten. Diese Entwicklungen waren es, die zu einer Namensänderung führten. Auf Beschluss der Mitgliederversammlung in Dresden heißt die Vereinigung seit dem 19.09.2003 nun Deutsche Gesellschaft für wissenschaftliche Weiterbildung und Fernstudium.

Bei der DGWF (und auch schon dem AUE) handelt es sich um den Zusammenschluss von Personen und Institutionen, die sich in Hochschulen und hochschulnahen Einrichtungen der wissenschaftlichen WB verbunden haben oder – wenn sie außerhochschulisch sind – ein besonderes Interesse an dem Thema aufweisen. Gegenwärtig zählt die Gesellschaft 127 persönliche und 137 institutionelle Mitgliedschaften; die Tendenz ist leicht steigend. Unter den institutionellen Mitgliedern befinden sich auch zehn ausländische, überwiegend aus anderen deutschsprachigen Ländern. Der satzungsgemäße Zweck der DGWF besteht in der Förderung, Entwicklung, Koordinierung und Repräsentation der von den Hochschulen und hochschulnahen Einrichtungen getragenen wissenschaftlichen WB und des Fernstudiums in Deutschland und international. Dazu gehört auch die Förderung der Forschung und Lehre sowie des wissenschaftlichen Nachwuchses auf dem Gebiet der EB und des Fernstudiums. Die Gesellschaft erfüllt diese Aufgaben insb. durch Tagungen und Kongresse, Weiterbildungsveranstaltungen, Veröffentlichungen, Beteiligung an Forschungs- und Entwicklungsvorhaben, Empfehlungen, Information, Beratung und Kooperation. Neben den Veröffentlichungen ist die Jahrestagung der DGWF ein besonderes Element der Dienstleistungen, die für die Mitglieder und das Gegenstandsfeld insgesamt erbracht werden. Die Ausrichtung der Jahrestagungen findet in der Regel in Verbindung mit Hochschulen statt. Sie sind zumeist übergreifenden Themen gewidmet und werden von bis zu 170 Personen besucht.

Die Entfaltung, welche die wissenschaftliche WB im Laufe ihrer Entwicklung seit Gründung des AUE durchlief, führte zu einer Differenzierung der Arbeit innerhalb der DGWF. Dabei waren zwei Tendenzen ausschlaggebend: die inhaltliche Dimension (Themen, Zielgruppen, Organisation und Angebotsformen der wissenschaftlichen WB), die zur Bildung von Sektionen in der DGWF führte, und die Dimension Regionalisierung, die zur Bildung von Landesgruppen führte. Letztere befindet sich noch am Anfang – es existieren gegenwärtig vier Landesgruppen – und stellt angesichts der ehrenamtlichen Leitungsstrukturen der DGWF eine besondere Herausforderung dar. Was die Sektionen anbetrifft, so bestehen gegenwärtig drei, die

- Arbeitsgruppe der Einrichtungen für Weiterbildung an Hochschulen (AG-E),
- Arbeitsgemeinschaft für das Fernstudium an Hochschulen (AG-F),
- Bundesarbeitsgemeinschaft Wissenschaftliche Weiterbildung für Ältere (BAG WiWA).

Die Sektionsstruktur ist für die Arbeit innerhalb der DGWF inzwischen so entscheidend, dass die Satzungsreform von 2003 auch dazu genutzt wurde, den Vorsitzenden der Sprechergruppen der Sektionen qua Amt Sitz und Stimme im Vorstand des Vereins zu geben.

Was die inhaltlichen Schwerpunkte der jüngsten Zeit anbetrifft, so stehen die Auswirkungen des → Bologna-Prozesses auf die wissenschaftliche WB im Vordergrund. Dabei spielen insb. Themen wie Formate wissenschaftlicher WB, Akkreditierung, Anerkennung vorgängigen Lernens, Qualitätssicherung, Leistungspunktesystem und Modularisierung eine wichtige Rolle. Aber auch die klassischen Themen der wissenschaftlichen WB, wie Organisationsformen, Kosten und Finanzierung, Schaffung von Anreizsystemen und Aufgabe und Funktion zentraler Einrichtungen, bleiben aktuell. Die Diskussion von Restriktionen, welchen die wissenschaftliche WB durch landesspezifische Regelungen (in unter-

schiedlichem Maß) unterworfen war, tritt demgegenüber in den Hintergrund, je mehr die Bundesländer ihren Hochschulen Autonomie zugestehen.
Die DGWF unterhält gute Kontakte zu ihren Schwesterorganisationen in Österreich (AUCEN, Netzwerk der österreichischen Universitäten für wissenschaftliche WB und Personalentwicklung) und der Schweiz (SwissUni, Vereinigung der Weiterbildungsstellen der schweizerischen Universitäten) und ist Mitglied bei EUCEN (European Continuing Education Network), der europäischen Vereinigung für die wissenschaftliche Weiterbildung.

Literatur
Dikau, J./Nerlich, B.P./Schäfer, E. (Hrsg.): Der AUE an der Schnittstelle zwischen tertiärem und quartärem Bildungsbereich – Bilanz und Perspektive. Festschrift aus Anlaß des 25-jährigen Bestehens des AUE. Bielefeld 1996 – Cordes, M./Dikau, J./Schäfer, E. (Hrsg.): Hochschule als Raum lebensumspannender Bildung. Auf dem Weg zu einer neuen Lernkultur. Festschrift für Ernst Prokop. Regensburg 2002 – Faulstich, P. (Hrsg.): Öffentliche Wissenschaft. Neue Perspektiven der Vermittlung in der wissenschaftlichen Weiterbildung. Bielefeld 2006 – URL: www.dgwf.net

Helmut Vogt

Deutscher Volkshochschul-Verband (DVV)

Der DVV ist die bundesweite Dachorganisation der sechzehn Landesverbände der → Volkshochschulen und wurde im Jahr 1953 als einer der ersten Bildungsverbände auf Bundesebene gegründet. Als „Verband der Verbände" vertritt er auf Bundesebene die knapp 1.000 (kommunalen und regionalen) Volkshochschulen und ihre Landesverbände.
Der DVV hat einen Vorstand mit Präsidialamt, eine Bundesgeschäftsstelle in Bonn sowie eine Geschäftsstelle in Berlin mit einem hauptberuflichen Geschäftsführer und etwa 40, zum Teil projektbezogen beschäftigten Mitarbeiter/inne/n. Neben der Erledigung innerverbandlicher Aufgaben, wie Information, Service und Mittelakquise für die Mitgliedseinrichtungen und die Landesverbände, obliegt der Verbandsgeschäftsstelle insb. die Interessenvertretung der Volkshochschulen und ihrer Verbände auf Bundesebene. Entsprechend arbeiten DVV-Repräsentanten in überregionalen Zusammenhängen mit (etwa in dem vom Bund einberufenen Expertengremium „Innovationskreis Weiterbildung").
Der DVV setzt sich für eine WB in → öffentlicher Verantwortung mit sozialer Verpflichtung ein. Er gibt ein Informationsmagazin heraus und unterhält einen Pressedienst mit Sitz in Berlin. Zusammen mit dem Deutschen Gewerkschaftsbund trägt er den Bundesarbeitskreis → Arbeit und Leben und ist Mitglied im Europäischen EB-Verband (→ European Association for the Education of Adults). Im entwicklungspolitischen Bereich arbeitet der DVV über sein Institut für Internationale Zusammenarbeit (IIZ/DVV) aktuell in mehr als 40 Ländern in Afrika, Asien, Lateinamerika, Mittel-, Südost- und Osteuropa in Kooperation mit vielfältigen Projektpartnern im Bereich der EB zusammen. In der politischen Jugendbildung ist der DVV bereits seit 1956 (u.a. über das langjährige Jugendreferentenprogramm) aktiv. Weitere größere Aktions- und Projektfelder sind das Sprachenlernen, die Zertifizierung beruflicher Kompetenzen (über die Dachmarke Xpert), die Integration von Migrant/inn/en und die Grundbildung.
Der DVV befindet sich wie andere gesellschaftliche Großorganisationen auch seit Mitte der 1990er Jahre in einer Phase des Strukturwandels. Dieser ist geprägt von einer abnehmenden Verantwortungsfunktion des Staates und der Kommunen im (Weiter-)Bildungsbereich, was sich in erster Linie an den geringer werdenden öffentlichen Mitteln zeigt. Die Volkshochschulen, wie ihre Verbände, sind dementsprechend vor die Notwendigkeit gestellt, sich den damit einhergehenden veränderten Rahmenbedingungen strukturell, inhaltlich und unternehmerisch anzupassen; dies gilt insbesondere für den finanziell vergleichsweise schlecht ausgestatteten Bundesverband. Die gleichzeitige Zunahme der Nachfrage nach Serviceleistungen seitens der Mitglieder und Mitgliedseinrichtungen an den DVV (wie die Landesverbände) erschwert dies.
Nach der Verselbstständigung des bis Ende 1997 zum DVV gehörigen pädagogischen Fachinstituts (→ Deutsches Institut für Erwachsenenbildung) sowie des medienpolitischen Adolf-Grimme-Instituts (hier ist der DVV heute Hauptgesellschafter) konzentriert sich der DVV auf Fragen der Verbandsorganisation und der verbandspolitischen Umsetzung. In diesem Zusammenhang stellt sich auch die Frage nach der Rolle des Verbandes in einem sich weiter ausdifferenzierenden, pluralen/pluralistischen Spektrum der WB. Wie es für die vor allem öffentlich geförderte EB/WB inzwischen typisch ist, arbeitet auch der DVV in diesem Zuge vermehrt in Kooperationsprojekten bzw. Projektverbünden zu bil-

dungspolitisch aktuellen Fragestellungen mit anderen Organisationen und Verbänden zusammen (z.B. im Alphabetisierungsbereich).

Literatur
DVV (Hrsg.): Geschichte – Geschichten – Gesichter. Ein halbes Jahrhundert Deutscher Volkshochschul-Verband e. V. Bonn 2003 – DVV: Stellungsnahme des DVV zur Anhörung des Bundestagsausschusses für Bildung, Forschung und Technikfolgenabschätzung am 29. Januar in Berlin „Lebenslanges Lernen – Bedarf und Finanzierung". In: Dis.kurs, H. 1, 2007 – Jüchter, H.T.: Unser Verband: Weiterbildungspolitik, Qualitätspflege und Service. In: DVV-Magazin, H. 2, 1995 – Nolda, S.: The Role of History in the Official Self-descriptions of National Organizations of Adult Education. A closer look at the websites of WEA, Znanie, VÖV and DVV. In: Reischmann, J. (Hrsg.): Comparative Adult Education 2008: experiences and examples (ISCAE). Frankfurt a.M. u.a. 2008 – Otto, V.: Entwicklungsstationen des Deutschen Volkshochschul-Verbandes. In: Otto, V. (Hrsg.): 50 Jahre Volkshochschulverbände. Bonn 1996 – URL: www.dvv-vhs.de

Ekkehard Nuissl

Deutsches Institut für Erwachsenenbildung (DIE)

Das Deutsche Institut für Erwachsenenbildung – Leibniz-Zentrum für Lebenslanges Lernen (DIE) ist eine wissenschaftliche Serviceeinrichtung, die von Bund und Ländern gemeinsam finanziert wird. Es ist eines von 80 Instituten der Leibniz-Gemeinschaft und wird in diesem Rahmen finanziert (analog gibt es die Helmholtz Gemeinschaft, die Max-Planck-, und die Fraunhofer-Gesellschaft).
Das DIE wurde 1957 als „Arbeitsstelle innerhalb des Deutschen Volkshochschul-Verbandes" in Frankfurt a.M. eingerichtet. Als „Pädagogische Arbeitsstelle des Deutschen Volkshochschul-Verbandes" (PAS/DVV) erweiterte es kontinuierlich seine Aufgaben, Zuständigkeiten und Kapazitäten. 1978 wurde das Institut in die gemeinsame Förderung von Bund und Ländern aufgenommen und von da an als wissenschaftliches Serviceinstitut für die gesamte WB finanziert. In der Konsequenz dieser Aufgabe änderte es 1994 seinen Namen und verselbstständigte sich rechtlich mit Beginn des Jahres 1998. Das DIE hat (2008) etwa neunzig Beschäftigte und ein jährliches Budget von knapp sechs Mio. €. Es ist ein europaweit bekanntes Institut, zu dessen Aufgaben ausschließlich Service, Forschung und Entwicklung für die EB/WB gehören.

Das Institut fungiert als „Schaltstelle" zwischen Wissenschaft und Praxis und ist maßgeblich daran beteiligt, EB als ein eigenständiges Gebiet der Erziehungswissenschaften zu konstituieren. Dafür liefert es kontinuierliche Forschungsleistung, bietet eine interdisziplinäre Vernetzung von EB mit → Bezugswissenschaften sowie einen systematischen Bezug zum Praxisfeld. Es befindet sich von daher in einem engen Arbeitszusammenhang nicht nur mit Universitäten und Forschungseinrichtungen, sondern insb. auch mit der Weiterbildungspraxis.
Die besondere Situation der erziehungswissenschaftlichen Teildisziplin EB sowie die eng in gesellschaftliche Bezüge eingebettete Praxis der EB machen es erforderlich, dass das DIE in hohem Maße interdisziplinär und vernetzt arbeitet. Das DIE erfüllt seine Aufgabe dadurch, dass es Bezüge zwischen den unterschiedlichen wissenschaftlichen und praktischen Bereichen der EB herstellt und jeweils auf den Kern, das → Lernen der Erwachsenen, konzentriert. Seine Einbettung entspricht einem Netzwerk, in dem es erwachsenenbildungsrelevante Informationen sammelt, verbreitet, Impulse gibt und diesbezüglich Fragen stellt. Innovativ ist das DIE durch neu entwickelte → Curricula, Lernkonzepte, → Fortbildungen in der WB; Forschungsservice liefert es über Forschungsdissemination sowie die Ermittlung von forschungsrelevanten Fragen; Qualität sichert es durch das jeweilige Anknüpfen an den Forschungs- und Diskussionsstand und die enge Zusammenarbeit mit der Scientific Community (insb. der DGfE). Mit den zuständigen politischen Instanzen von Bund und Ländern (Gemeinsame Wissenschaftskonferenz und BMBF) arbeitet das DIE eng zusammen.
International ist das DIE insb. engagiert im Konsortium → European Research and Development Institutes for Adult Education (ERDI). Hinzu kommen enge Kooperationen mit den beiden anderen großen europäischen Weiterbildungsorganisationen, der → European Association for the Education of Adults (EAEA) und der → European Society for Research on the Education of Adults (ESREA). Seit 2008 koordiniert es einen europäisch-asiatischen Ausschuss für Erwachsenenbildungsprofessionalisierung. In vielfältigen Zusammenhängen vertritt das DIE die deutsche EB auch im Ausland und liefert unentbehrliche Informationen für übergreifende Darstellungen, Datensammlungen und Kooperationsprozesse.
Die Arbeitsformen des DIE – Publikationen, Konferenzen, → Beratung, Projekte, Fortbildung – ori-

entieren sich gleichermaßen an Interessen und Bedürfnissen von Wissenschaft und Praxis. Dazu gehören vor allem

- Konzeption, Entwicklung und Erprobung von Rahmenplänen und Fortbildungsmodulen,
- Organisation und → Evaluation wissenschaftlicher Fortbildung und Beratung,
- Entwicklung von Zertifikaten und Konzepten,
- Kooperation mit Wissenschaft, Politik, Verwaltung und Bildungseinrichtungen,
- Bereitstellung von Grundlagen für Lehre und Forschung der EB (Statistik (→ Weiterbildungsstatistik), Dokumente, Literaturservice usw.),
- Entwicklung und wissenschaftliche Begleitung von → Modellversuchen,
- Organisations- und Politikberatung sowie Systemevaluation,
- Forschungsarbeiten zu Lehr-Lernprozessen, institutionellen Strukturen und Zugangswegen.

Das Institut bietet ein Forum für die unterschiedlichen Akteure in der Wissenschaft und Praxis von EB. Ziel ist es, Menschen zum → lebenslangen Lernen zu motivieren und zu aktivieren und eine an den Interessen und Bedürfnissen der Lernenden orientierte EB zu entwickeln. Seit 2008 heißt das DIE im Untertitel „Leibniz-Zentrum für Lebenslanges Lernen".

Literatur

DIE: Jahresbericht 2007. Bonn 2008 – Nuissl, E. (Hrsg.): 50 Jahre für die Erwachsenenbildung. Bielefeld 2008 – URL: www.die-bonn.de

Ekkehard Nuissl

Deutungsmuster

Mit dem Begriff D. entwickelte die erwachsenenpädagogische Diskussion der 1980er Jahre eine Kategorie, die es ihr ermöglichte, die prinzipielle Interpretationsabhängigkeit und den Lebensweltbezug (→ Lebenswelt) des Erwachsenenlernens sowohl theoretisch als auch didaktisch angemessen zu konzeptualisieren.

D. sind kognitive Perspektiven (→ Kognition), die durch alltägliches Handeln erworben, verändert und gefestigt werden und selbst wieder Handeln anleiten. Sie sind lebensgeschichtlich verankert und eng mit der eigenen → Identität verwoben und insofern auch affektiv bzw. emotional besetzt (Arnold 2007) besetzt. Durch ihre handlungsorientierende und identitätsstabilisierende Funktion bieten sie dem Einzelnen Sicherheit, Sinnhaftigkeit und Kontinuität in seinem Verhalten, wobei sie ihrem Träger nur eingeschränkt reflexiv verfügbar sind. Um Verunsicherungen zu vermeiden, ist das Individuum in der Regel bestrebt, an bestehenden D. festzuhalten und die Umwelt so zu deuten, dass möglichst keine Widersprüchlichkeiten zu bisherigen vertrauten Ansichten entstehen. Die Nachhaltigkeit, auch „Persistenz", und Veränderungsresistenz ist bei solchen D. am größten, die bereits früh im Lebenslauf erworben wurden und grundlegend die Basispersönlichkeit prägen.

Erwachsene leben und lernen daher im „Modus der Auslegung" (Tietgens 1981) bzw. im Modus der Deutung. D.h. ihre biographischen Erfahrungen und ihre lebensgeschichtlich entwickelten D. sind sowohl für die Inhaltlichkeit als auch für den Verlauf und die Ergebnisse ihres Lernens prägend. Diese prägende Wirkung der D. erwachsener Lernender kann sich nun in ganz unterschiedlicher Weise erwachsenendidaktisch auswirken. So kann man zum einen davon ausgehen, dass alles „signifikante", d.h. wirklich verändernde Lernen immer mit einer Transformation bisheriger D. verbunden ist, da Erwachsene sich in der Regel dann auf Lernprozesse einlassen, wenn sie „mit ihrer Weisheit am Ende sind" und nach Neuem bzw. weiterentwickelten Interpretations- und Erklärungsmöglichkeiten suchen. EB stellt sich uns demnach immer als ein Deutungslernen, d.h. als eine Differenzierungsarbeit an den D. der → Teilnehmenden dar. Durch diese D.abhängigkeit des Erwachsenenlernens ist auch das Bild einer Vermittlung von Inhalten ins Wanken geraten. Wenn erwachsene Lernende auch in ihren Lernprozessen ihre D. „ins Spiel bringen", ist davon auszugehen, dass jeder Einzelne von ihnen an einem anderen „Lernprojekt" (Holzkamp 1993) arbeitet, EB also nicht mit einem einheitlichen Lernprozess, sondern mit unterschiedlichen Lernprozessen zu tun hat. Erwachsenenpädagog/inn/en vermitteln deshalb nicht wichtigeres oder angemesseneres Wissen, sie legen vielmehr Sichtweisen vor, arrangieren Lernsituationen und fragen nach, um diese individuelle Aneignung (→ Aneignung – Vermittlung) im Sinne einer Transformation bisheriger D. anzuregen und zu initiieren. Dabei geht es auch nicht in erster Linie um Aufklärung durch die Verbreitung differenzierteren (in der Regel wissenschaftlichen) → Wissens, es geht dem Deutungslernen, welches bisherige D. nachhaltig zu differenzieren und zu transformieren vermag,

...mehr um die Ermöglichung von Selbstaufklärungsprozessen. Entscheidend ist, dass dieses Differenzierungslernen zu viablen, d.h. gangbaren bzw. anwendbaren Erklärungen und D. bei den Teilnehmenden führt. In diesem Sinne ist Erwachsenenlernen stets auf eine Veränderung bzw. Weiterentwicklung biographisch eingespurter und „bewährter" Muster des Denkens, Fühlens und Handelns bezogen. Erwachsene lernen letztlich nur zu ihren eigenen inneren Bedingungen. Die Nachhaltigkeit dieses Lernens (Schüßler 2007) hängt wesentlich davon ab, wie vielfältig und offen die Lehr-Lernarrangements sowie die Begleitungsweisen gestaltet sind, um der unhintergehbaren Subjektivität der Aneignungsprozesse Erwachsener die Rahmung zu geben, die diese benötigt.

Literatur

Arnold, R.: Die emotionale Konstruktion der Wirklichkeit. Beiträge zu einer emotionspädagogischen Erwachsenenbildung. Baltmannsweiler 2007 – Arnold, R. u.a.: (Hrsg.): Lehren und Lernen im Modus der Auslegung. Erwachsenenbildung zwischen Wissensvermittlung, Deutungslernen und Aneignung. Baltmannsweiler 1998 – Holzkamp, K.: Lernen. Subjektwissenschaftliche Grundlegungen. Frankfurt a.M./New York 1993 – Schüßler, I.: Deutungslernen. Erwachsenenbildung im Modus der Deutung. Eine explorative Studie zum Deutungslernen in der Erwachsenenbildung. Baltmannsweiler 2000 – Schüßler, I.: Nachhaltigkeit in der Weiterbildung. Theoretische und empirische Untersuchungen zum nachhaltigen Lernen. Baltmannsweiler 2007 – Tietgens, H.: Die Erwachsenenbildung. München 1981

Rolf Arnold

Didaktik – Methodik

Die D. ist die Wissenschaft vom lernwirksamen Lehren bzw. Unterrichten. Wortgeschichtlich stammt der Begriff vom griechischen Verb *didaskein* ab, was sowohl „lehren, unterrichten" als auch „lernen, belehrt werden" bedeutet. Didaktische Konzeptionen beschreiben deshalb die Wechselwirkung von → Lehren und → Lernen im unterrichtlichen Interaktionsprozess. Die „Erwachsenendidaktik" (Tietgens 1992) bezieht sich dabei auf das Lehren und Lernen im Erwachsenenalter, wobei der Begriff (nicht: Erwachsenenbildungsd.) bereits deutlich macht, dass gerade Erwachsene auch weitgehend außerhalb und unabhängig von institutionalisierten Lehrveranstaltungen (im → Alltag, am Arbeitsplatz, selbstgesteuert und autodidaktisch) lernen. Folgt man einer neueren Definition, so kann man D. definieren als „die Kunst, zwischen die Erfahrungen zu gehen" (Arnold 2007). Horst Siebert definiert in ähnlicher Weise die D. als „die Vermittlung zwischen der Sachlogik des Inhalts und der Psychologik des/der Lernenden. Zur Sachlogik gehört eine Kenntnis der Strukturen und Zusammenhänge der Thematik, zur Psychologik die Berücksichtigung der Lern- und Motivationsstrukturen der Adressat/innen" (Siebert 1997). Die Vermittlung dieser beiden Seiten geschieht durch „didaktisches Handeln" (ebd.) der für das Arrangement bzw. die Inszenierung von Lehr-Lernprozessen verantwortlich zuständigen Professionals.

Die in der Schulpädagogik entwickelten didaktischen Modelle gehen von einem unterschiedlich weiten D.begriff aus und bestimmen auch das Verhältnis zwischen D. und M. in einer jeweils spezifischen Art und Weise. Während die der geisteswissenschaftlichen Pädagogik entstammenden bildungstheoretischen Ansätze D. in engerem Sinne als eine Theorie der Bildungsinhalte definierten und sich demzufolge auf die Bestimmung und Legitimation des „Was" konzentrierten (z.B. nach Klafki 1958), gehen die der lerntheoretischen D. nahestehenden Konzeptionen in ihrem Strukturmodell des Lehr-Lernprozesses von einem weiten D.begriff aus. In diesem Strukturmodell firmiert der Inhalt gleichberechtigt neben den anderen didaktischen „Entscheidungsfaktoren" (sog., weil über sie „entschieden" werden kann) → Lehr-/Lernziele, → Methoden und → Medien in Lehr-Lernprozessen. Ihm kommt also nicht, wie in der bildungstheoretischen D., eine Vorrangstellung zu. Und D. hat in diesem Strukturmodell die Funktion, das Zusammenwirken dieser prinzipiell „entscheidbaren" Faktoren zu analysieren, zu beschreiben und zu konzipieren.

Während im bildungstheoretischen D.verständnis die M. als Weg (vom griechischen Wort *methodos* abgeleitet für „der Weg") zu den Bildungsinhalten eine untergeordnete, dienende Funktion erfüllt, steht die M. in dem lerntheoretischen D.modell in einer Wechselbeziehung mit den anderen didaktischen Faktoren, und es ist auch ein methodenorientierter Lernprozess denkbar, in dem es nicht um die Aneignung (→ Aneignung – Vermittlung) von inhaltlichem → Wissen, sondern um die Aneignung methodischer → Komptenzen (z.B. Lern-, Erschließungs-, Problemlösungskompetenz) geht. Gerade im Zusammenhang mit der Forderung nach der Entwicklung von → Schlüsselqualifikationen sind Kon-

zeptionen einer methodenorientierten Erwachsenend. stärker in den Vordergrund getreten. Die von der bildungstheoretischen D. entwickelten Leitfragen an den Gegenstand, mit deren Hilfe geprüft und entschieden werden kann, ob ein Inhalt „es wert ist", im Lernprozess einer bestimmten Teilnehmergruppe eine Rolle zu spielen, sind auch für die EB von Belang. Entsprechende Überlegungen haben ihren Niederschlag in den für die Erwachsenend. maßgeblichen didaktischen Prinzipien der → Teilnehmerorientierung, der → Erfahrungsorientierung und des Lebensweltbezugs (→ Lebenswelt) sowie der Verwendungsorientierung gefunden. Mithilfe dieser didaktischen Prinzipien hat die Erwachsenend. Kriterien definiert, die es auch ermöglichen, dem bildungstheoretischen Anliegen der Inhaltslegitimation gerecht zu werden und die Fragen zu klären, welche Bedeutung der Lerngegenstand bereits jetzt im Leben der Lernenden hat (Erfahrungsorientierung und Lebensweltbezug), welchen er für die Zukunft der Lernenden haben wird (Verwendungsorientierung) und welche Bedeutung ihm für das Verständnis anderer bzw. weiterführender Inhaltsbereiche zukommt (Exemplarik, → exemplarisches Lernen). Dem didaktischen Prinzip der Teilnehmerorientierung kommt dabei eine Leitfunktion zu: In ihm ist der Anspruch der Erwachsenend. verdichtet, dass Bildung Erwachsener nur in Maßnahmen gelingen kann, in denen die → Teilnehmenden tatsächlich ein Korrektiv des Planbaren im Lernprozess sind, weil Partizipationsmöglichkeiten gegeben sind, ihre subjektiven und soziobiographischen Bedingungen im Lernprozess berücksichtigt (Identitätsbezug), im Hinblick auf Kompetenz und → Autonomie ernst genommen (Abbau des überflüssigen pädagogischen Gefälles) und in der Lernsituation aktiviert werden.
Eine besondere Variante der Inhaltslegitimation liefert die curriculare D. (→ Curriculum), die auch in der EB (insb. in der → beruflichen Weiterbildung) eine Bedeutung erlangte. Sie erhebt das didaktische Prinzip der Verwendungsorientierung (bisweilen auch als Praxisbezug oder Bedarfsorientierung bezeichnet) zum erwachsenendidaktischen Leitprinzip und misst die Inhalte an ihrem prospektiven Beitrag zur „Bewältigung späterer Lebenssituationen". Das Problem der curricularen D., welches sich gerade in Zeiten rasanter Veralterungsraten im Bereich berufsrelevanten Fachwissens drastisch verschärft, ist allerdings die Prognostik. Es gab und gibt deshalb in der → Berufsbildung immer wieder Stimmen, die die Auffassung vertreten, dass die beste Form der Bedarfsorientierung die „Nichtorientierung an einem Bedarf" sei. Gleichzeitig wird das methodenorientierte Lernen erwachsenendidaktisch aufgewertet, wobei davon ausgegangen wird, dass Erwachsenenlernen, insb. im Hinblick auf den sich rasant verändernden beruflichen Bereich, Fachwissen („Knowhow") nicht mehr zeitgerecht vermitteln kann, sondern sich vielmehr auf die Vermittlung methodischer Kompetenzen („know-how-to-know") konzentrieren solle. Berufsorientiertes Erwachsenenlernen erhält so die Funktion, Erwachsene auf die Selbstanpassung an den Wandel vorzubereiten.
Für das Verhältnis von D. und M. ist auch wesentlich, dass inhaltliche Entscheidungen in Lehr-Lernprozessen oft überhaupt nicht losgelöst von methodischen Überlegungen getroffen werden können, denn was im Lehr-Lernprozess nicht „inszenierbar" ist, kann nicht vermittelt und angeeignet werden. Umgekehrt legen bestimmte Fächer oder Themen bereits bestimmte methodische Zugriffe nahe. So können z.B. manche beruflichen Fertigkeiten nicht wirksam vermittelt werden, wenn sie nicht auch selbsttätig geübt und angewendet werden können, ebenso wenig können Kommunikationstechniken in einem Frontalunterricht vermittelt und verbessert werden. Didaktische und methodische Fragen müssen bei der Planung und situativen Gestaltung von Erwachsenenlernprozessen deshalb gleichzeitig bedacht und entschieden werden, wobei auch nicht übersehen werden darf, dass die Teilnehmenden bei wachsender methodischer Kompetenz hierbei eine mitentscheidende und mitgestaltende Funktion übernehmen. Eine stärkere Gewichtung der M. gegenüber der D., bis hin zu ausdrücklich methodenorientierten Erwachsenenbildungsangeboten (Lerntechniken, → Problemlösung, Kooperation und Kommunikation usw.), gewinnt auch im Zusammenhang mit dem Anspruch an eine umfassende Kompetenzentwicklung der erwachsenen Lernenden an Bedeutung. EB soll – so der dabei artikulierte Anspruch – selbstgesteuertes Lernen (→ Selbstorganisation) ermöglichen, indem sie subjektseitig die Voraussetzungen für ein solches Lernen zu schaffen hilft (Methodenkompetenz) und gleichzeitig Lernarrangements bereitstellt, die ein selbstgesteuertes Lernen gewährleisten. Die Bedingungen, Möglichkeiten und Begrenzungen einer entsprechenden → Ermöglichungsdidaktik des Erwachsenenlernens weisen auch den → Kursleitenden, Dozent/inn/en und Referent/inn/en veränderte Funktionen als Coach, Lernberater (→ Beratung), Begleiter, Arrangeur

oder „facilitator" (Ermöglicher) weitgehend selbstgesteuerten Lernens zu.
Neben den die Lehr-Lernsituation unmittelbar betreffenden mikrodidaktischen Fragen wird seit den 1970er Jahren in der Erwachsenenbildungsdebatte auch die „Makrodidaktik" als ein eigenständiges Entscheidungs- und Gestaltungsfeld erwachsenendidaktischen Handelns angesehen. Der Begriff bezeichnet dabei den Bereich der → Programmplanung und der Angebotsentwicklung. Damit das → Angebot einer Bildungsinstitution den Bedarf einer Region bzw. der anvisierten → Zielgruppen „trifft" und zudem den institutionellen Selbstansprüchen (Leitbild) und den dahinter stehenden wirtschaftlichen Erwartungen zu entsprechen vermag, müssen Entscheidungen getroffen werden, die ebenfalls von didaktischer Relevanz sind. Programmplanung und Angebotserstellung erfordern dabei Entscheidungen über: „1. Zielsetzungen und thematische Schwerpunkte der Einrichtung, 2. die Zuordnung, Differenzierung und Stufung von Veranstaltungen (z.B. Grund- und Aufbaukurse, Verbindung von → politischer und beruflicher Bildung), 3. die Lernvoraussetzungen der Zielgruppe und die Teilnehmerwerbung, 4. die Auswahl und Beratung der Dozenten, 5. die Veranstaltungsformen, 6. die Auswahl aus vorhandenen überörtlichen Richtlinien, Zertifikatkursen und curricularen Empfehlungen" (Siebert 1982). Diese makrodidaktischen Entscheidungen sind in der Regel von den hauptberuflichen pädagogischen Mitarbeiter/inne/n oder Referent/inn/en zu treffen, deren Zuständigkeit oft mit dem Begriff des Disponierens charakterisiert wird und die planerischen und organisierenden Aufgaben im Zusammenhang mit der Realisierung von Bildungsangeboten umfasst. Die eigentlichen mikrodidaktischen Entscheidungen werden von den Kursleitenden, Referent/inn/en oder Dozent/inn/en getroffen, wobei diese in der Regel relativ „frei schalten" können; nur vergleichsweise selten werden sie bereits von den disponierend Verantwortlichen erwachsenendidaktisch geleitet, weitergebildet oder gar zur Realisierung einer bestimmten (z.B. vom Leitbild her naheliegenden) Erwachsenend. „verpflichtet". Neben Makrod. und Mikrod. wird bisweilen auch eine Mesod. erwähnt: Diese bezieht sich auf die Planung, Konzipierung und Gestaltung einzelner Lern- bzw. → Fachbereiche (z.B. Fremdsprachenprogramme oder → Bildungsurlaube) und hat einen starken Bezug zu fachdidaktischen Besonderheiten bzw. Prinzipien.

Literatur

Arnold, R.: Ich lerne, also bin ich. Eine systemisch-konstruktivistische Didaktik. Heidelberg 2007 – Arnold, R./Krämer-Stürzl, A./Siebert, H.: Dozentenleitfaden. Planung und Unterrichtsvorbereitung in Fortbildung und Erwachsenenbildung. 2. Aufl. Berlin 2005 – Arnold, R./Pätzold, H.: Bausteine zur Erwachsenenbildung. Baltmannsweiler 2008 – Gieseke, W./Siebers, R.: Zur Relativität von Methoden in erfahrungsverarbeitenden Lernkontexten. In: Arnold, R. (Hrsg.): Lebendiges Lernen. Baltmannsweiler 1996 – Nezel, I.: Allgemeine Didaktik der Erwachsenenbildung. Stuttgart u.a. 1992 – Raapke, H.-D./Schulenberg, W. (Hrsg.): Didaktik der Erwachsenenbildung. Stuttgart 1985 – Siebert, H.: Programmplanung als didaktisches Handeln. In: Nuissl, E. (Hrsg.): Taschenbuch der Erwachsenenbildung. Baltmannsweiler 1982 – Siebert, H.: Didaktisches Handeln in der Erwachsenenbildung. Berlin 1997 – Tietgens, H.: Reflexionen zur Erwachsenendidaktik. Bad Heilbrunn/Obb. 1992

Rolf Arnold

Didaktische Handlungsebenen

Die Unterscheidung d.H. ist sinnvoll, um systematisch lehr- und lernrelevante Handlungsfelder berücksichtigen und aufeinander beziehen zu können. Selbstverständlich gibt es verschiedene Möglichkeiten, um d.H. zu differenzieren. Der bekannteste Entwurf eines nach Ebenen gegliederten didaktischen Handlungssystems wurde von Flechsig/Haller (1975) entwickelt. Die dort beschriebenen d.H. beziehen sich in erster Linie auf das organisierte Lernen in Schulen, sie lassen sich aber auch auf andere → Lernorte und Bildungsinstitutionen (→ Institutionen) sowie auf die → Erwachsenenbildung übertragen (Weinberg 2000).
Auf einer *ersten* Ebene wird dabei didaktisches Handeln (→ Didaktik) auf die Gestaltung der institutionellen, ökonomischen, personellen und konzeptionellen Rahmenbedingungen bezogen. Die Planung dieser soziokulturellen Ebene liegt vorwiegend im unmittelbaren Handlungsbereich von Bildungspolitiker/inne/n, Bildungsplaner/inne/n und Verwaltungskräften, ist aber immer demokratisch kontrolliert. Auf einer *zweiten* Ebene werden übergreifende Lehrplan- und Institutionenkonzepte gestaltet. Auf dieser Ebene werden Grundsätze der Lernorganisation festgelegt und entsprechend handeln hier Leitende und Dozent/inn/en von Bildungseinrichtungen, Vertreter/innen von Interessen- und Trägerverbänden (→ Träger), Erziehungs- und Sozialwissenschaftler/innen, aber auch aktive Bürger/innen, die

an der Gestaltung ihrer → Einrichtung mitwirken können.
Interessenunterschiede und Positionsunterschiede sind dabei selbstverständlich; ebenso werden Fragen der Kooperation und Konkurrenz thematisiert. Auf einer *dritten* Ebene werden Fachbereiche, Unterrichtskonzepte und → Angebote gestaltet. Es geht darum, für → Fachbereiche und spezifische Adressatengruppen Pläne auszuarbeiten, die Angebotsdurchführung aber auch verantwortlich zu evaluieren (→ Evaluation) und gegebenenfalls Konsequenzen zu ziehen und Alternativen zu entwickeln. Auf einer *vierten* Ebene werden einzelne Unterrichtseinheiten, die sich den Lehrplänen, → Programmen und Angeboten zuordnen lassen, gestaltet. Dazu zählen nicht nur die Auswahl der Lehr-/Lernmaterialien und Lerninhalte, sondern auch die Formulierung von Ankündigungstexten und die Gestaltung von Marketinginstrumenten. Dies wird primär als Handlungsbereich des Lehrenden bzw. des Dozenten oder Dozententeams angesehen, der allerdings Absprachen mit den pädagogischen Mitarbeiter/inne/n voraussetzt (Siebert 2003). Auf einer *fünften* Ebene werden unter starker Berücksichtigung der Interessen und → Kompetenzen der Lernenden konkrete Lehr-Lernsituationen gestaltet. War dies früher vorrangig informierender Unterricht, ist diese Ebene heute stark durch die moderierenden Fähigkeiten des pädagogischen Personals (→ Moderation) geprägt. Es wird deutlich, dass bei diesem Versuch, Stufen der Unterrichts- und Lernwirklichkeit zu rekonstruieren (Flechsig 1991), verschiedene professionelle pädagogische → Gruppen miteinander kooperieren: Bildungspolitiker/innen und -planer/innen, Leitende von Bildungseinrichtungen, Fachbereichsleitende, Lehrende sowie → Kursleitende und → Teilnehmende von Bildungsveranstaltungen.
Ein anderer Versuch, d.H. zu rekonstruieren, ergibt sich aus der Betrachtung des didaktischen Handelns im Zeitablauf (Siebert 1974). Jedem didaktischen Konkretisierungsprozess gehen kategoriale Situationsanalysen, prognostische Qualifikationsbestimmungen, die Analyse der Lernvoraussetzungen der Teilnehmenden oder die Analyse von Wissenschaftsdisziplinen voraus. Nur auf der Basis der Analyse dieser vier Bereiche lassen sich auf einer weiteren Ebene die → Lehr-/Lernziele und Lerninhalte konkret bestimmen. Daran schließt sich die Planung der Lernorganisation und der Mediennutzung (→ Medien in Lehr-Lernprozessen) an. Als nächste Ebene wäre die konkrete Gestaltung des Lehr-Lernprozesses zu nennen, dem sich im zeitlichen Verlauf unbedingt eine Evaluations- und eine Revisionsphase des gesamten Lernprozesses anschließen sollen (Siebert 1974). Tietgens (1992) hat darauf hingewiesen, wie schwierig diese Planungsschritte in der EB zu realisieren sind. Dennoch können dieser Zeitablauf didaktischen Handelns und die damit beschriebenen Ebenen zur situationsbezogenen Sensibilisierung des didaktischen Handelns in der WB beitragen.
In neueren arbeits- und lernintegrierten Weiterbildungseinheiten (Götz/Häfner 1998) lassen sich im zeitlichen Ablauf ebenfalls Phasen und Ebenen didaktischen Handelns identifizieren: Orientierungsphasen, die einen Überblick über den Lernbereich vermitteln und zur Klärung des Vorwissens und der Interessen von Lernenden beitragen, konkrete Interaktionsphasen (Arbeitsphasen), die den Kern der Umsetzung planerischer Komponenten didaktischen Handelns darstellen und die unter Berücksichtigung von Informations- und Hilfsmitteln zu Ergebnissen führen, Präsentationsphasen, in denen sich Lernende ihre Ergebnisse wechselseitig vorstellen, und Bewertungsphasen (Evaluierungsphasen), in denen von den gefundenen → Problemlösungen aus Rückbezüge zu den Aufgabenstellungen und zu den im Prozess gewonnenen Erfahrungen vorgenommen werden können.
Schließlich lassen sich d.H. auch aus der aktuellen Diskussion zur Qualitätssicherung (→ Qualitätsmanagement) von Schule und WB ableiten (Fend 1998). Die erste d.H. bezieht sich auf die angebotsbezogenen Stützsysteme sowie auf die formulierbaren Standards und ist etwa durch eine adäquate Dozentenaus- und Fortbildung, durch die Entwicklung von beratenden Supportstrukturen und die konkrete Gestaltung organisatorischer, aber äußerst wichtiger Rahmenbedingungen (wie Bibliothek, PC-Ausstattung oder Architektur von Einrichtungen) gestaltbar. Auf der zweiten Ebene müsste didaktisches Handeln die nutzungsbezogenen Stützsysteme und beispielsweise die Absicherung von Lernleistungen durch Arbeitgeber, durch Familien und Peers analysieren und das → Lernen gegebenenfalls durch weitere Angebote (wie zusätzliche Stützkurse etc.) fördern. Auf der dritten Ebene muss didaktisches Handeln unter dem Aspekt von Qualitätssicherung die Personalausstattung, die Unterrichtsverteilung, die faktische Nutzung der Unterrichtszeit, die methodische Gestal-

tung und Variabilität sowie die Kontinuität von Lehreinheiten berücksichtigen. Auf einer vierten Ebene wird mit Bezug zu konkreten Lehr- und Lernsituationen die fachliche, pädagogische, beratende und methodische Kompetenz des Lehrpersonals thematisiert. Im Falle von Defiziten müssen durch Dozentenfortbildungen diese Kernkompetenzen erweitert werden. Die Qualitätssicherung und die daraus ableitbaren d.H. haben unbedingt die kognitiven und affektiven Lernvoraussetzungen der Teilnehmenden zu berücksichtigen. Besonders wichtig ist hier das Prinzip der Passung, d.h. dass die didaktische Gestaltung von Lehr-Lernsituationen, aber auch schon die → Programm- und Angebotsplanung an den Voraussetzungen der Teilnehmenden anschließen müssen. Die häufig notwendige Interessen- und Leistungsdifferenzierung ist dieser Ebene didaktischen Handelns zuzuordnen.

Literatur

Fend, H.: Qualität im Bildungswesen. Weinheim/München 1998 – Flechsig, K.-H.: Kleines Handbuch didaktischer Modelle. Göttingen 1991 – Flechsig, K.-H./Haller, H.-D.: Einführung in didaktisches Handeln. Stuttgart 1975 – Götz, K./Häfner, P.: Didaktische Organisation von Lehr- und Lernprozessen. Weinheim 1998 – Lehnert, M.: Didaktik und Weiterbildung. Zur historischen Rekonstruktion des didaktischen Denkens in der Erwachsenenbildung. Weinheim 1989 – Siebert, H.: Curricula für die Erwachsenenbildung. Braunschweig 1974 – Siebert, H.: Didaktisches Handeln in der Erwachsenenbildung. Didaktik aus konstruktivistischer Sicht. Neuwied 2003 – Tietgens, H.: Reflexionen zur Erwachsenendidaktik. Bad Heilbrunn/Obb. 1992 – Weinberg, J.: Einführung in das Studium der Erwachsenenbildung. Bad Heilbrunn/Obb. 2000

Rudolf Tippelt

Diskurs

In der Literatur zur EB wird der Begriff D. vornehmlich in zwei Bedeutungen verwendet: Zum einen wird auf den D.begriff von J. Habermas zurückgegriffen. Hier geht es um die Begründung und Reflexion von Normen und deren Geltung im Medium eines herrschaftsfreien Dialogs. Zum anderen ist eine Beeinflussung durch das französische, von M. Foucault (1971) geprägte D.konzept nachweisbar. Dieses hebt die Abhängigkeit der Individuen von Beschränkungen dessen, was und wie etwas gesagt werden kann, hervor, aber auch deren aktive Rolle als Machtausübende und gegenüber der (diskursiven) Macht Opponierende. Neben diesen beiden D.begriffen bzw. -konzepten wird der Terminus in der englischsprachigen (oder von dieser geprägten) linguistischen Literatur allgemeiner als „language in use“ definiert.

Habermas' „Theorie des kommunikativen Handelns“ (1981) ist schon bald nach Erscheinen des Textes in der EB rezipiert und als Hintergrund für das Ziel der diskursiven Verständigung genutzt worden. Diese besteht aus dem Aufheben von Selbstverständlichkeiten und dem Aufstellen strittiger Geltungsansprüche, einem Prozess der Argumentation und dem Ziel des begründeten Einverständnisses. Damit ist Verständigung anders als erfolgsorientiertes Handeln mit rationalem → Lernen verbunden. Die Idee der diskursiven Verständigung geht – was von ihren Kritikern oft übersehen wird – bewusst von drei Fiktionen aus: der relativen Unabhängigkeit der Lernsituation, der uneingeschränkten Transparenz der Kommunikation und der → Autonomie der Handelnden. Nur über eine Unterstellung dieser Fiktionen ist Verständigung möglich.

Während der D.begriff von Habermas eher mit den ethischen (→ Ethik) Zielen von EB verbunden ist und damit eine utopische Dimension aufweist, ist der D.begriff der französischen Schule gerade auch für empirische Studien geeignet, die die jeweilige Realität der die EB kennzeichnenden D. bzw. die durch D. hergestellte Realität der EB erfassen wollen. Konkrete methodologische Anregungen stellt u.a. die v.a. im englischsprachigen Raum verbreitete „critical discourse analysis“ bereit, die die gegenseitige Beeinflussung von Sprache und sozialer Struktur untersucht (Fairclough 1992).

Der von Foucault benutzte D.begriff verbindet diesen unlöslich mit den Begriff → Wissen und Macht: D. produzieren demzufolge Wissen, und Wissen ist das, wovon man in einer diskursiven Praxis sprechen kann. D. bestimmen, worüber zu einem gegebenen Zeitpunkt in einer gegebenen gesellschaftlichen Formation gesprochen werden kann. Auf der Basis dieser Überlegung ist davon auszugehen, dass innerhalb der öffentlich verantworteten EB die D. (re-)produziert werden, die „gängig“ sind, dass diese Form der EB sich mit ihrem Bekenntnis zum → Pluralismus aber von anderen Subsystemen und Bildungssektoren dadurch unterscheidet, dass sie eine Vielfalt (wenn auch nicht das Gesamt) an bestehenden D. zulässt. Der „Wertepluralismus“ der gegenwärtigen öffentlichen EB schließt z.B. den expliziten faschis-

tischen, rassistischen oder (männlich) chauvinistischen D. aus (Nolda 1996).
Neben den in → Veranstaltungen der EB praktizierten D. muss eine reflexive → Erwachsenenbildungswissenschaft aber auch ihre eigenen bzw. die auf ihren Gegenstand bezogenen D. wahrnehmen und analysieren. Dazu gehören vor allem die politischen und die wissenschaftlichen D. sowie die davon beeinflussten D. der praktisch in der EB Tätigen (vgl. zum Begriff des → „lebenslangen selbstgesteuerten Lernens“ Forneck/Wrana 2005 oder zum Begriff → „Kompetenz“ Haeske 2007). Dabei geht es nicht darum, die Wirklichkeit hinter den D. aufzudecken, sondern diese in ihren Entstehungsbedingungen und ihrer Bindungswirkung zu beschreiben.

Literatur
Fairclough, N.: Discourse and Social Change. Cambridge 1992 – Forneck, H.J./Wrana, D.: Ein parzelliertes Feld. Eine Einführung in die Erwachsenenbildung. Bielefeld 2005 – Habermas, J.: Theorie des kommunikativen Handelns. Frankfurt a.M. 1981 – Haeske, U.: „Kompetenz“ im Diskurs. Eine Diskursanalyse des Kompetenzdiskurses. Bielefeld 2007 – Nolda, S.: Interaktion und Wissen. Eine qualitative Studie zum Lehr-/Lernverhalten in Veranstaltungen der allgemeinen Erwachsenenbildung. Frankfurt a.M. 1996

Sigrid Nolda

Dropout

Das Wegbleiben oder „Herausfallen“ aus einer Bildungsmaßnahme ist ein Phänomen in allen Bildungsmaßnahmen. Gerade bei der freiwilligen Teilnahme in der WB, für die der Erwachsene selbst verantwortlich ist, tritt D. häufig auf. Unter D. kann man neben dem Kursabbruch auch die unregelmäßige Teilnahme, passive Anwesenheit und auch den Fall fassen, dass sich jemand angemeldet hat, aber am Angebot nie teilnimmt.
D. kann zum Problem werden unter ökonomischen Aspekten (Angebotskosten, Einrichtungsimage), unter organisatorischen Aspekten (dauerhafte Angebotsorganisation), unter pädagogischen Aspekten (Verlustgefühle, Atmosphäre, Gruppenstruktur) und unter individuellen Aspekten (Misserfolgserlebnisse bei häufigem D.).
Auch wenn der D. komplex und multifaktoriell ist, können vor allem drei Hauptgründe identifiziert werden, die zu einem Abbruch führen können: Rahmenbedingungen, individuelle Faktoren und Faktoren im Lernprozess.

- Rahmenbedingungen: Ein wichtiger Aspekt ist die Dauer der Bildungsmaßnahme, allerdings ohne dass grundsätzlich bei längerer Dauer die Abbruchquote steigt, hier wirken andere Faktoren (etwa Verbindlichkeiten, beruflicher Nutzen, Erreichbarkeit des Angebots usw.). Insgesamt sind diese Elemente der „Rahmenbedingungen“ jedoch immer in Relation zu den individuellen Faktoren und denen des Lernprozesses zu sehen.
- Individuelle Faktoren: Darunter fallen z.B. Persönlichkeitsstruktur, Motivation und Bildungsbiographie. Die → Motivation ist weniger von ihrem Inhalt als vielmehr von ihrer Intensität und Belastbarkeit ein D.faktor. Die Abbruchquote ist desto niedriger, je häufiger Möglichkeiten zu persönlichen Kontakten zwischen den → Teilnehmenden gegeben sind. Schließlich verringert eine Bildungsteilnahme im Kontext des Arbeits- oder Alltagslebens die D.quote. Wird den Erwartungen der Teilnehmenden nicht entsprochen, oder fehlt ein Bezug des Inhalts zu Erfahrungen und Alltagswelt der Teilnehmenden, begünstigt dies einen Abbruch.
- Faktoren im Lernprozess: Es kann gesagt werden, dass D.quoten in berufsorientierten → Angeboten geringer sind als in nicht-beruflichen. Hier spielen Verbindlichkeit der Teilnahme und Nutzen der Zeitinvestition (in Konkurrenz zu anderen Freizeitangeboten) eine Rolle. Das Anforderungsniveau des Lehr-Lernprozesses fördert den D., wenn es entweder zu hoch oder zu niedrig ist. Oft wurde auch der Lernaufwand als zu gering eingeschätzt. Auch eine zu scharfe Leistungskontrolle oder starke zeitliche Belastung erhöht die Gefahr des Abbruchs. Besonders häufig tritt der Abbruch zu Beginn einer Maßnahme auf, da hier der Entschluss zur Teilnahme geprüft und Erwartungsmissverständnisse aufgedeckt werden. Auch eine schlechte Passung in den eigenen Tagesablauf wird zu diesem Zeitpunkt deutlich. Schließlich wird immer wieder betont, dass die Zusammensetzung der Lerngruppe von wesentlicher Bedeutung ist, da die Teilnahme auch ein „geselliges“ Ereignis ist. Hier zeigt sich, dass eine Homogenität der → Gruppe in Bezug auf den Lerngegenstand (Lernvoraussetzungen, Lernverhalten) die Abbruchquote stark reduziert. Ein weiteres Thema ist die persönliche und fachliche Akzeptanz des Kursleitenden.

Zwischen 10 % und 50 % der Teilnehmenden verlassen ein Bildungsangebot vorzeitig. Dies ist nicht immer und nicht einmal in den häufigsten Fällen eine Kritik an den Lehrenden, der Lerngruppe oder der Organisation des Lehr-Lernprozesses. Meist kumulieren mehrere Faktoren und lösen den Abbruch aus.

Literatur
Brödel, R.: Dropout – Kursabbruch. In: LV der VHS NRW (Hrsg.): Handbuch Weiterbildung. Dortmund 1994 – Nuissl, E./Sutter, H.: Dropout in der Weiterbildung. Heidelberg 1979 – Siebert, H.: Didaktisches Handeln in der Erwachsenenbildung. München 2003

Ekkehard Nuissl

Einrichtungen

Organisiertes Lernen in der EB wird durchgeführt von einer unüberschaubaren Vielzahl von → Institutionen. Im Kontext der „institutionellen Staffelung" (Tietgens 1997) sind E. die Orte, an denen das Lernen organisiert wird. Es ist nicht erfasst, welche und wie viele Anbieter in diesem Feld aktiv sind, es existiert keine hinreichende Statistik. Zudem ist das Institutionenspektrum selbst zum einen schwer abgrenzbar, indem es sich überschneidet mit Organisationen, welche andere Kernaufgaben haben, aber auch u.a. WB betreiben; zum andern besteht eine hohe Instabilität, so dass sich die Anzahl permanent verändert durch Wegbrechen vorhandener und Entstehen neuer → Träger und E. Bundesweit kann geschätzt werden, dass einige 10.000 Institutionen mehrere 100.000 Programme und Kurse durchführen. Im Gutachten über die Situation der WB in Hessen wurden 524 Institutionen dokumentiert, für Schleswig-Holstein 320 (Faulstich u.a. 1996, 2005). Die Datenbank der BA, Kursnet, verzeichnete 2009 ca. 14.000 Anbieter. Dieses Spektrum ist letztlich nur verständlich, wenn man sich seine geschichtliche Entwicklung verdeutlicht. Diese ermöglicht einen Überblick über die gegenwärtige Erwachsenenbildungslandschaft und einzelne Leitinstitutionen.

Im Verlauf ihrer Geschichte haben sich die E. der EB zunehmend segmentiert und partialisiert. Die in den Arbeiterbildungsvereinen (→ Arbeiterbildung) und in der „Gesellschaft für Verbreitung von Volksbildung" noch zusammengefassten Bestrebungen haben sich spätestens nach dem Ersten Weltkrieg differenziert. Die Institutionen wurden aufgespalten in E. der Kommunen, wie die → Volkshochschulen, die 1919 in großer Zahl gegründet worden sind, und Aktivitäten der Kirchen (→ evangelische Erwachsenenbildung, → katholische Erwachsenenbildung), der Gewerkschaften (→ gewerkschaftliche Bildungsarbeit) und der Parteien. Spät erst, in nennenswertem Umfang nach 1960, ist mit der WB der Betriebe ein weiteres Segment hinzugekommen, und seit den 1980er Jahren expandieren kommerzielle Weiterbildungsunternehmen.

Die Systematisierungsmöglichkeiten, die E. einzugruppieren, sind unterschiedlich. Tippelt (1996) unterscheidet vier Weiterbildungsstrukturen:

- Volkshochschulen und die Erwachsenenbildungswerke der Kirchen, der Gewerkschaften, der Parteien und der Kammern,
- die neuen Angebote der Arbeitgeberverbände, der Kammern, der Handwerksorganisationen und der Betriebe,
- neue Initiativ- und Selbsthilfegruppen, Vereine und kleine Bildungswerke sowie Bürgerbewegungen,
- kleine kommerzielle Anbieter und private Bildungsunternehmen.

Diese Unterscheidung ist nicht immer durchhaltbar. Dröll (1999) versucht demgegenüber eine Gliederung nach Branchen. Da aber zumindest ein Teil der E. branchenübergreifend Angebote bereitstellt, kommt auch diese Systematik in eine Schieflage. Körber u.a. haben entsprechend fünf bis sieben Allround-Anbieter, 14 Mehrspartenanbieter und 73 Spezialisten unterschieden (1995). Insgesamt ist das Spektrum der E. von einer Dynamik, welche sich einer festen Einteilung entzieht. Zusätzlich ist zu berücksichtigen, dass Weiterbildungsangebote auch bereitgestellt werden von Organisationen, die nicht gesonderte E. institutionalisieren, sondern diese in anderen organisationalen Kontexten einbinden.

Literatur

Dröll, H.: Weiterbildung als Ware. Schwalbach/Ts. 1999 – Faulstich, P./Gnahs, D.: Weiterbildungsbericht Hessen. Frankfurt a.M. 2005 – Faulstich, P./Teichler, U./Döring, O.: Bestand und Entwicklungsrichtungen der Weiterbildung in Schleswig-Holstein. Weinheim 1996 – Körber, K. u.a.: Das Weiterbildungsangebot im Lande Bremen. Strukturen und Entwicklungen in einer städtischen Region. Bremen 1995 – Nuissl, E./Pehl, K.: Porträt Weiterbildung Deutschland. 3., akt. Aufl. Bielefeld 2004 – Tietgens, H.: Einleitung in die Erwachsenenbildung. Darmstadt 1997 – Tippelt, R./Eckert, T./Barz, H.: Markt und integrative Weiterbildung. Bad Heilbrunn/Obb. 1996

Peter Faulstich

E-Learning

Der Einsatz von → Medien in Lehr-Lernprozessen ist in den letzten Jahren u.a. aufgrund der technologischen Entwicklung größeren Veränderungen unterworfen. Insbesondere den digitalen bzw. interaktiven Medien wird innerhalb der mediendidaktischen Diskussion ein großes Potenzial zugesprochen, Lehr- und Lernprozesse zu optimieren. Dabei lässt sich feststellen, dass der Einsatz der sog. Neuen Medien in Unterrichtssituationen von einer wachsenden Anzahl unterschiedlicher Begriffsdefinitionen und oft kurzlebiger Wortschöpfungen begleitet wird. Als gebräuchlicher und derzeit die Fachdiskussion dominierender Begriff im Zusammenhang mit der Integration von digitalen Medien in Lehr-Lernprozessen hat sich der Terminus „E-Learning“ durchgesetzt.

Medien

Beim Begriff „Medien“ handelt es sich um einen ausgesprochen vielseitig verwendeten Begriff, der je nach Zielsetzung und Begründungszusammenhang unterschiedlich konkretisiert wird. Die Konkretisierungen reichen von der systemtheoretischen Beschreibung von Medien als „lose Koppelung massenhaft vorkommender Elemente“ (Luhmann 2002) bis zur kommunikationsorientierten Definition von Medien als Mittler, die potenzielle Zeichen speichern, darstellen, transportieren oder anordnen (Tulodziecki/Herzig 2004). In der Medienpädagogik wird weiter nach Gesamtmedien (etwa dem Computer), Medienarten (beispielsweise Tonmedien oder Bildmedien), Medienformen (beispielsweise Softwarearten oder Sendeformate im Fernsehen) und medialen Produkten (etwa einer bestimmten Lernsoftware) unterschieden. In Bezug auf den Einsatz von Medien in formellen Lehr-Lernsettings, im Besonderen in schulischen Lehr-Lernprozessen, aber auch im Bereich der EB, hat sich der Begriff „Unterrichtsmedien“ etabliert. Dieser kann in die zwei Bereiche „didaktische“ und „publizistische“ Medien differenziert werden. Unter didaktischen Gesichtspunkten werden Medien als technische Hilfsmittel zur Verbesserung von Lehr-Lernsituationen verstanden. Im Gegensatz dazu beinhaltet ein publizistisches Medienverständnis die Betrachtung von Medien als Programm- oder Massenmedien (z.B. Tageszeitungen oder Nachrichtensendungen). Publizistische Medien sind nicht originär für Lehr-Lernprozesse vorgesehen, können aber auch dafür genutzt werden.

E-Learning

Entsprechend dieser Begrifflichkeit beinhaltet E. den Einsatz des Gesamtmediums Computer mittels der Medienarten Bild, Ton und Text und in der Regel unter Verwendung von spezifischen Medienformen, z.B. Learning-Management-Systemen. Dabei können ebenso für einen bestimmten didaktischen Zweck erstellte Unterrichtsmedien zum Einsatz kommen wie die weiten Bereiche des World Wide Web, die als publizistische Medien aufzufassen sind. Mit der Nutzung des Computers ist klar, dass E. in medientechnischer Hinsicht auf die Verwendung digitaler Medien fokussiert ist, auch wenn andere Medien als zusätzliche Lernressourcen oft ebenso eine Rolle spielen. Namensgebendes Kennzeichen ist die elektronische (bzw. digitale) Bereitstellung der Lerninhalte sowie begleitende Kommunikations- und Interaktionsmöglichkeiten. Nach diesem Verständnis ist die Bezeichnung E-„Learning“ allerdings irreführend: Aus didaktischer Perspektive steht nicht der Lernvorgang im Vordergrund, sondern vielmehr die Lehr- oder Instruktionsmethode, so dass mitunter auch der Begriff „E-Teaching“ verwendet wird.

E. beinhaltet eine breite Palette an Angeboten zur Realisierung von mediengestützten Lehr- und Lernformen. Typische Anwendungsfelder sind computerunterstützte Lernsysteme, die offline (CD-Rom, DVD) oder online (Internet) angeboten werden. Zu den Unterkategorien zählen u.a. die Konzepte computerunterstützten oder webbasierten Lehrens (CBT, WBT), Online-Lernen, virtuelles Lernen etc. ebenso wie neuere Konzepte, z.B. Enhanced Learning oder Mobile Learning. Generell umfasst E. die verschiedenen Arten von Lernsoftware, welche sich – idealtypisch – in mehrere Kategorien differenzieren lassen. Eine gebräuchliche Typisierung ist die Unterteilung in Drill-and-Practice-Programme, tutorielle Programme (adaptive Programme, intelligente tutorielle Systeme), Hypertext und Hypermedia, Simulationen und Mikrowelten sowie interaktive Lernumgebungen (u.a. Weidenmann 2006).

Hinsichtlich des Einsatzes computerbasierter Medien in Lehr-Lernarrangements lässt sich seit Anfang der 1980er Jahre ein technologischer Trend beobachten, welcher von stationären Stand-alone-Systemen (z.B. CBT) über webbasierte E.-Systeme (WBT) bis zu Mobile-Learning-Varianten reicht und mit einer Zunahme der technischen Komplexität verbunden ist (de Witt/Czerwionka 2007). Vor diesem Hintergrund wird in neueren Konzeptionen dem kooperativen Lernen im Rahmen von E.-Arrangements eine große Bedeutung zugeschrieben. Neben dem kooperativen Lernen werden als wesentliche Vorteile des E. die Orts- und Zeitunabhängigkeit und die damit zusammenhängenden Potenziale der Individualisierung und Flexibilisierung von Lernmöglichkeiten gesehen.

Synonym für E. wird mitunter der Begriff des „virtuellen Lernens“ (oder Lehrens) verwendet. Der Begriff der „Virtualität“ bezieht sich auf Simulationen mithilfe von Computer- und Internettechnologien, in welchen die Lernorte, -situationen und -partner nur mittels der Medien erfahrbar werden. Auch wenn die virtuelle Realität lediglich ein mithilfe der digitalen Medien geschaffenes Abbild der Wirklichkeit darstellt, können Interaktionen und Lernprozesse in der realen Welt zustande kommen. Die Bezeichnung virtuell erscheint allerdings im Zusammenhang mit E. eher als eine „Durchgangsmetapher" – in dem Maße, in dem etwa elektronische Kommunikations- und Interaktionsformen zur Gewohnheit werden, verschwindet die spezifische Anschauung dieser Formen als „Virtualität".

Blended Learning
Aufgrund der Erfahrungen mit „reinen" E.-Lösungen wurde von verschiedenen Seiten Kritik am Konzept der vollständigen Ablösung und Ersetzung von klassischen Präsenzangeboten durch E. geäußert und ein Einbezug traditioneller Formen der Präsenzlehre gefordert. In den vergangenen Jahren hat sich in diesem Sinne als Erweiterung bisheriger E.-Lösungen das Konzept des „Blended Learning" bzw. „hybriden Lernens" als dominierender Trend etabliert. Blended-Learning-Arrangements beinhalten die Kombination aus traditionellen Lehr-Lernarrangements (z.B. Präsenzunterricht) und elektronischen Lernarrangements auf der Basis neuer und klassischer Medien (z.B. Studienbriefe). Die verschiedenen Elemente sollen dabei möglichst optimal in einem didaktisch sinnvollen Arrangement miteinander kombiniert werden, wobei die jeweiligen Stärken der einzelnen Bereiche (u.a. soziale Aspekte des gemeinsamen Lernens oder zeitliche Flexibilität) ausgeschöpft und Synergieeffekte geschaffen werden sollen. „Reine" E.-Arrangements werden inzwischen nur noch dann als sinnvolle Alternative gesehen, wenn die Vermittlung von Informationen im Vordergrund steht (Sauter/Sauter/Bender 2004) oder reale Begegnungen etwa aus zeitlichen und räumlichen Gründen nicht realisierbar sind. Dies ist vor dem Hintergrund der Erfahrungen der letzten Jahre zu sehen, die vielfach gezeigt haben, dass sich nicht jedes Thema für das Lernen mittels einzelner Medien eignet (Bates 2000).
Blended Learning (vom englischen *to blend* für „vermischen" abgeleitet) stellt ein integriertes Lernkonzept dar, welches die Koppelung von didaktischen Elementen des E. mit traditionellen Lernmethoden bzw. Präsenzunterricht beinhaltet und auf die Nutzung verschiedener Lern- und Sozialformen sowie verschiedener Medien in einem auf die entsprechende Zielgruppe abgestimmten Medienportfolio abzielt. Damit knüpft es an ältere Medienkonzepte wie beispielsweise das Verbundlernen an. Charakteristisches Merkmal ist die Kombination von Präsenz- und Online-Lernen, während E.-Lösungen lediglich Lern- und Lehrformen beinhalten, die ausschließlich auf der Nutzung neuer bzw. digitaler Medien beruhen. Die Abläufe und Strukturen können im Blended Learning sehr variabel gestaltet werden. Ein typisches Beispiel ist die Sandwich-Struktur, bestehend aus einer einführenden Präsenzphase („Face-to-face"-Veranstaltung) zum gegenseitigen Kennenlernen der Teilnehmenden, einer anschließenden Online-Phase mit adressatengerechten, kooperativ zu bearbeitenden und curricular relevanten Lernaufgaben sowie einer abschließenden Präsenzphase, in welcher die Ergebnisse der zuvor bearbeiteten Aufgaben präsentiert und besprochen werden.
Im Hinblick auf die didaktische Fundierung haben sich im Bereich des E. und Blended Learning Konzeptionen durchgesetzt, welche einen Wechsel von der Instruktion zur Konstruktion beinhalten und Anlehnungen an eine konstruktivistische Vorstellung von Lehren und Lernen beinhalten, wie sie beispielsweise in der → Ermöglichungsdidaktik thematisiert werden. Insbesondere Ansätze eines situierten und problembasierten Lernens können verstärkt mit entsprechenden Lernarrangements realisiert werden. Insgesamt wird dem Einsatz digitaler Medien ein hohes Potenzial zugesprochen, die → Selbstorganisation und Selbststeuerung von Lernprozessen sowie im Hinblick auf den erwachsenenpädagogischen Diskurs das → Lebenslange Lernen zu unterstützen.
Das zentrale Medium von E. und Blended-Learning-Arrangements ist heute in der Regel das Internet, welches vor allem als Distributionsmedium für unterschiedliche Lernressourcen genutzt wird und ein orts- sowie zeitflexibles Lernen für unterschiedliche Zielgruppen ermöglicht. Gleichzeitig bietet das Internet verschiedene Instrumente zur synchronen und asynchronen Interaktion, Kommunikation und Kooperation, welche u.a. im Bereich der EB für die Etablierung von virtuellen Lerngruppen genutzt werden. In der aktuellen Debatte werden diesbezüglich die Veränderungen des Web 2.0 thematisiert, welche auf eine Mitgestaltung des Netzes durch die Nutzenden und eine verstärkte Hinwendung zu Social-Software-Systemen ausgerichtet sind. Unter dem Schlagwort „social software" werden dabei Softwaresysteme zur Vereinfachung und Unterstützung von Kommunikations- und Kooperationsprozessen über das Internet verstanden.

Sowohl E. als auch Blended Learning beinhalten Anknüpfungspunkte an das → Fernstudium bzw. den → Fernunterricht und können als konsequente Fortführungen der Entwicklung in diesem Bereich angesehen werden. Mit dem Einsatz neuer Technologien wird es oft einfacher, für räumlich getrennt und oft asynchron Lernende Räume der gemeinsamen themenbezogenen Kommunikation zu schaffen. Darüber hinaus erweitern sie die Möglichkeiten der Präsentation von Inhalten, etwa indem Tondokumente, audiovisuelles Material oder Simulationsprogramme leicht zugänglich gemacht werden können. Schließlich erweitern sie die Möglichkeiten der Kommunikation und Betreuung zwischen Fernstudierenden und Anbietern.

Literatur
Arnold, R./Lermen, M. (Hrsg.): eLearning-Didaktik. Baltmannsweiler 2006 – Bates, T.: Managing Technological Change. San Francisco 2000 – De Witt, C./Czerwionka, T.: Mediendidaktik. Bielefeld 2007 – Hüther, J./Schorb, B. (Hrsg.): Grundbegriffe Medienpädagogik. 4., vollst. neu konzip. Aufl. München 2005 – Luhmann, N.: Einführung in die Systemtheorie. Heidelberg 2002 – Rosenberg, M.J.: E-Learning: Strategies for Delivering Knowledge in the Digital Age. New York u.a. 2001 – Sauter, A.M./Sauter, W./Bender, H.: Blended Learning: effiziente Integration von E-Learning und Präsenztraining. Unterschleißheim/München 2004 – Tulodziecki, G./Herzig, B.: Mediendidaktik. Stuttgart 2004 – Weidenmann, B.: Lernen mit Medien. In: Krapp, A./Weidenmann, B. (Hrsg.): Pädagogische Psychologie. Ein Lehrbuch. 5., vollst. überarb. Aufl. Weinheim 2006

Markus Lermen & Henning Pätzold

Emotion und emotionale Kompetenz

Mit dem Deutungsmusteransatz (Arnold 1985) vollzog die erwachsenenpädagogische Debatte der 1980er Jahre eine endgültige Abkehr von mehr oder weniger deutlich normativ aufgeladenen Konzepten gelingender Bildung. Hatten sich bereits die emanzipatorischen Ansätze (z.B. in der Tradition der → Arbeiterbildung) stärker an der Befähigung zur Gestaltung der gesellschaftlichen Praxis als an der Erreichung externer Bildungsnormen orientiert, so vollzog der Deutungsmusteransatz eine noch deutlichere Orientierung an lebensweltlichen und gesellschaftlichen Erfahrungen. Pate standen phänomenologische und wissenssoziologische Konzepte; erst in einem zweiten Schritt wurde auf konstruktivistische Konzepte zurückgegriffen (Arnold/Siebert 2005), wobei bereits wesentliche Aspekte einer autopoietischen Wende des Deutungsmusteransatzes in den Blick gerieten, ohne dass jedoch die innere Systemik des Sich-in-der-Welt-Orientierens mit ihren kognitiven *und* emotionalen Bestandteilen schon vollständig ausgelotet wurde. Damit wirkte sich auch im Deutungsmusteransatz das kognitivistische Bias der Erwachsenenpädagogik aus, das darin begründet liegt, dass ihr ein Begriff des Emotionalen weitgehend fehlt. Ihre implizite Lerntheorie ist die eines „Begreifens", in der sich der aus der Aufklärung hergeleitete Anspruch ausdrückt, dass eine Differenzierung von Deutungsmustern und Sichtweisen auch schon per se mit einem Lernfortschritt im Sinne einer gewandelten Handlungskompetenz verbunden sei – ein Anspruch, der gerade in Anbetracht der früh eingespurten emotionalen Gewissheitsbasis hinterfragt werden muss, scheint doch „Gewissheit" eine eher emotionale als allein erkenntnisgetragene Befindlichkeit auszudrücken. Diese innere Logik erwachsenenpädagogischer Interaktion ist bis zum heutigen Tage in der Erwachsenenbildungsforschung noch überhaupt nicht in den Blick gerückt worden, sieht man einmal von den Vorarbeiten von Tobias Brocher (Brocher 1967), der „affektiven Bildung" von Alexander Mitscherlich (1963) sowie vereinzelten Arbeiten von Günther Holzapfel und Wiltrud Gieseke (Gieseke 2007) ab, die zwar in der EB vereinzelt rezipiert, aber in ihrem Kern nicht wirklich aufgegriffen worden sind (Arnold/Holzapfel 2008).

Dass Einsicht allein bereits selten veränderungswirksam ist, zeigt nicht nur die neuere emotionspsychologische Forschung, auch bereits die Dissonanztheorien wiesen darauf hin, dass der Mensch die Wirklichkeit so sieht bzw. sehen „muss", wie er sie aushalten kann. D.h. Deutungen und Interpretationen der Welt streben „in sich" nach einer Konsistenz, sie streben aber darüber hinaus auch nach einer emotionalen Stimmigkeit – eine Hypothese, der in der bisherigen erwachsenendidaktischen Forschung noch nicht genügend Aufmerksamkeit gewidmet worden ist. Geht man davon aus, dass unsere Gefühle unser ursprünglicher Verstand sind, so kann man – systemtheoretisch informiert – in der erwachsenenpädagogischen Theoriebildung nicht länger davon abstrahieren, dass sich psychische Systeme durch Gedanken *und* Gefühle hervorbringen und entwickeln. Dies bedeutet, dass die Relativität der Weltsicht auch vor dem Hintergrund der früh eingespurten emotionalen Muster gesehen werden muss. Menschen rekonstellieren Emotionsmuster insb. in leistungsthematischen Situationen, in denen es um den Umgang mit Angst und Unsicherheit geht, aber auch im Umgang mit Autoritäten. Beide Elemente konstituieren auch erwachsenenpädagogische Situationen. So wird der Lehr-Lernzusammenhang auch dann als eine autoritätsstrukturierte Situation aufgefasst, wenn Lehransprüche professionell zurückhaltend artikuliert und teilnehmerorientiert ein didaktisch offenes Vorgehen zu realisieren versucht wird. Übersehen wird dabei oft, dass solche Absichten einen emotionalen Hintergrund mobilisieren, der ambivalent auf Autorität eingestellt ist. Diese wird häufig – als strukturierende Vorgabe oder expertenschaftlicher Input – von den → Teilnehmenden erwartet und den Kursleitenden auch bisweilen geradezu abgenötigt, doch gleichzeitig möchte man die mit Autoritätserleben bildungsbiographisch verbundenen Erinnerungen oder gar Traumatisierungen meiden und selbstgesteuert handeln.

Solche Tendenzen sind unbewusst in der Person früh angebahnt. In ihnen rekonstellieren sich die frühen Erfahrungen im Umgang mit Gesehenwerden und dem, was das Subjekt dafür mit welcher Anstrengung und Verbiegung zu tun gelernt hat. Diese früh gelernten Programme kommen im späteren Leben häufig nicht mehr zur Ruhe, sie springen auch in strukturähnlichen Situationen an. Solche strukturähnlichen Situationen gibt es auch in der EB: Sie sind etwa dann gegeben, wenn ein Teilnehmender einen verzweifelten Machtkampf gegen die Vorschläge und Vorgaben des Kursleitenden startet, oder wenn ein Kursleiter überwertig auf den Eigensinn bzw. „(Lern-)Widerstand" der Teilnehmenden reagiert. Dabei springt bei ihm vielleicht auch wieder seine Grunderfahrung mit dem „Nicht-Gesehen-Werden" in seinem Herkunftskontext an und bestimmt den Entschiedenheitsgrad oder den Rigorismus seiner Reaktion. Diese Hinweise verdeutlichen, dass auch in der EB zahlreiche Verhaltens- und Interaktionsformen nichts mit den konkreten Situationen zu tun haben, sondern in ihrem Kern und ihrem Ablauf ganz wesentlich von dem Anspringen solcher früh geprägter Konstellierungen bestimmt sind. Auch in der EB gibt es somit das emotionale Echo, d.h. die Dynamik und Handlungslogik des Geschehens ist auch – und in ganz entscheidendem Maße – von der inneren Logik des seelischen Überlebens- und Anerkennungskampfes der Beteiligten bestimmt. Sie rekonstellieren in strukturähnlichen Lernsituationen ihre Komplexprägungen, d.h. ihre Muster des Umgangs mit Anerkennungs-, Beziehungs- und Leistungsthematiken.

Literatur

Arnold, R.: Deutungsmuster und pädagogisches Handeln in der Erwachsenenbildung. Bad Heilbrunn 1985 – Arnold, R./Holzapfel, G. (Hrsg.): Emotionen und Lernen. Die vergessenen Gefühle in der (Erwachsenen-)Pädagogik. Baltmannsweiler 2008 – Arnold, R./Siebert, H.: Konstruktivistische Erwachsenenbildung. Von der Deutung zur Konstruktion von Wirklichkeit. Baltmannsweiler 2005 – Brocher, T.: Gruppendynamik und Erwachsenenbildung. Zum Problem von Konformismus oder Autonomie in Arbeitsgruppen. Braunschweig 1967 – Gieseke, W.: Lebenslanges Lernen und Emotionen. Wirkungen von Emotionen auf Bildungsprozesse aus beziehungstheoretischer Perspektive. Bielefeld 2007 – Holzapfel, G.: Leib, Einbildungskraft, Bildung. Nordwestpassagen zwischen Leib, Emotion und Kognition in der Pädagogik. Bad Heilbrunn/Obb. 2002 – Mitscherlich, A.: Auf dem Weg zur vaterlosen Gesellschaft. Ideen zur Sozialpsychologie. München 1963

Rolf Arnold

Entwicklung

Während traditionelle Modelle der E. des Menschen zum einen auf Kindheit und Jugend begrenzt und zum anderen auf universelle Strukturen gerichtet waren, definieren neuere Ansätze E. als lebenslangen, kulturspezifisch und gesellschaftlich bestimmten und durch starke interindividuelle Unterschiede geprägten Prozess. E. betrifft aber nicht nur die intellektuelle, die personale und die soziale, sondern auch die organisationale und die gesellschaftliche Dimension.

EB greift die generelle Entwicklungsfähigkeit von Erwachsenen als Legitimation ihrer Arbeit auf, reagiert aber auch auf die Aufforderung zur E., wie sie durch moderne, dynamische Gesellschaften nahegelegt und in der Arbeitswelt gefordert wird. In diesem Sinn bemüht sich speziell die → berufliche Weiterbildung, zur E. von Fach-, Methoden-, Sozial-, Individual- und Handlungskompetenzen beizutragen (Erpenbeck/Heyse 2007) (→ Kompetenz). Entwicklungspsychologische Längsschnittstudien haben – in Übereinstimmung mit der modernen Hirnforschung – die pauschale Annahme eines Abfalls der kognitiven Leistungsfähigkeit älterer Erwachsener revidiert und stattdessen die Relevanz gesellschaftlicher Einflüsse und des jeweiligen Gesundheitszustandes der Einzelnen für die Intelligenzentwicklung hervorgehoben. Die Entwicklungspsychologie der Lebensspanne betont die Multidirektionalität und die Multidimensionalität von Entwicklungsprozessen über die Dauer des gesamten Lebens. Sie verfolgt damit einen interaktionistischen Ansatz, der sich von organismischen und mechanistischen Modellen abgrenzt, die von einem im Organismus selbst angelegten Programm bzw. von einer prinzipiellen Reaktivität des Organismus ausgehen. Infrage gestellt werden demnach die universellen und eindirektionalen Phasenmodelle der menschlichen E., wie sie in der Nachfolge Freuds von Erikson und Havighurst aufgestellt wurden. Die dort formulieren Entwicklungsaufgaben bzw. -themen wie z.B. die das mittlere Erwachsenenalter kennzeichnende Generativität werden dagegen auch von einigen Erwachsenenbildner/inne/n zur Bestimmung von Erwachsenheit aufgegriffen. Mit dem Schwinden von Normalbiographien werden Phasenmodelle obsolet. Plausibler scheint es, die E. von Erwachsenen auf unterschiedliche Faktoren zurückzuführen, zu denen neben dem biologischen Alter und der umgebenden Gesellschaft unvorhersehbare individuelle Ereignisse gehören. Angesichts der demographischen E. wird das Thema der E. im Alter zunehmend wichtig. Hier stoßen unidirektionale, nur auf Gewinn und Zuwachs gerichtete Konzepte offenkundig an ihre Grenzen und werden durch Vorstellungen ersetzt, die Gewinne ebenso wie Verluste, Ausfälle ebenso wie Kompensationen in den Blick nehmen.

E. im Erwachsenenalter bezeichnet qualitative, auf Fähigkeiten und Verhalten bezogene Veränderungen, die aus der Interaktion mit der Umwelt entstanden sind. Auch → Lernen im Erwachsenenalter als Änderung im Verhalten, als Erwerb von → Wissen oder Fähigkeiten und als Veränderung oder Restrukturierung von bestehendem Wissen ist eine Form von E. Diese ist mit anderen Entwicklungsdimensionen, z.B. sozialen und emotionalen, verbunden. Deutlich wird dies z.B. bei der Beziehung zwischen → Autonomie und selbstständigem Lernen oder zwischen dem Gefühl der Verbundenheit bzw. Zugehörigkeit und dem „community learning".

Zu den zentralen Konzepten der E. im Erwachsenenalter gehören u.a. die → Identität, die Sozialisation und das Phänomen des Übergangs bzw. der Krise. Demnach stellen moderne Gesellschaften mit ihrem Mangel an verbindlichen Normen einerseits und individuelle Krisenerfahrungen andererseits Entwicklungspotenziale dar, die durch Erwachsenenbildung als solche genutzt werden können.

Stärker als in der deutschen EB wird in der angloamerikanischen Literatur die Beziehung zwischen E. und EB auch auf der politisch-gesellschaftlichen Makroebene diskutiert: Das betrifft die Rolle von EB für die kommunale E. sowie für die E. in Ländern der „Dritten Welt". Neben dieser Makroebene und der anfangs beschriebenen Mikroebene der individuellen E. wird E. auch auf die Mesoebene von Organisationen bezogen. Zu deren E. (→ Organisationsentwicklung) beizutragen bzw. diese zu analysieren wird zunehmend zur Aufgabe der EB und ihrer Wissenschaft erklärt.

Literatur

Erpenbeck, J./Heyse, V.: Die Kompetenzbiographie. Strategien der Kompetenzentwicklung durch selbstorganisiertes Lernen und multimediale Kommunikation. 2. Aufl. Münster 2007 – Faltermaier, T. u.a.: Enzwicklungspsychologie des Erwachsenenalters. 2. Aufl. Stuttgart 2002 – Hoare, C. (Hrsg.): Handbook of Adult Development and Learning. New York 2006

Sigrid Nolda

Erfahrungsorientierung – Erfahrung

E.o. ist eine grundlegende Kategorie für lebenslanges Lernen. Der Begriff „erfahren" geht zurück auf „fahren" oder „auf dem Weg sein". Gleichzeitig beinhaltet es „erkunden", „erforschen" und „prüfen". Letzteres ist aber zugunsten des Gewahrens und Vernehmens zurückgetreten; andererseits wird gefragt, „ob tätige Kunde von erleidender Wahrnehmung zu trennen sei" (Meyer-Drawe 2005). Die Fülle der Bedeutung von Erfahrung klärt auf, dass es die rezeptiv anschauende, aber auch die aktiv anschauende Haltung gibt.

Das Leben ist eine Reise und auf diesem Weg trifft man auf Situationen, Konstellationen und einzelne Menschen, mit denen man handelnd Prozesse durchläuft, die nachhaltige Wirkungen hinterlassen. Die subjektive Verarbeitung dieser Erlebnisse und Eindrücke schreiben sich im Gedächtnis ein. E. sind danach Selbstinterpretationen von Weltsicht, die in konkreten Situationen des Alltags das Handeln und die Interpretationen des Handelns, wenn nicht bestimmen, so doch wesentlich beeinflussen. In Deutungen von Situationen werden E. wiedergegeben, um sie in der Gegenwart zu nutzen. E. erscheinen als aufgeschichtetes Wissen, die in der Regel intuitiv erworben und verarbeitet wurden und Selbstsichten auf die Wirklichkeit präsentieren und damit die Persönlichkeit stabilisieren. Für den biographischen Bezug des Lernens verweisen die E. aber nicht nur auf die Arbeitswelt und familiäre Bedingungen, sondern ebenso auf E. mit → Lernen, vor allem schulischem Lernen. In die WB wirken alle E. hinein und nehmen Einfluss auf Lerninteressen und -haltungen. In den späten 1970er und 1980er Jahren gab es in der Erwachsenenpädagogik ein großes Interesse an erfahrungsorientierten Lernkonzepten. E. war ein emphatischer Begriff, er stand für eine gesellschaftliche, politische Praxis. E. waren der Rohstoff, aus dem sich über eine analytische Auswertung unter Zuhilfenahme der marxistischen Theorie neues Bewusstsein schaffen ließ. Man erhoffte sich durch die E. in der gewerkschaftlichen Bildungsarbeit eine neue Schubkraft für gesellschaftliche Veränderungen. Über → exemplarisches Lernen sollten die E. durch Theorie aus ihrem statischen Erleiden in eine verändernde Praxis transformiert werden.

Die gesellschaftsverändernde Kraft von E. (als Ausdruck einer Schicht oder Klasse) hat sich nicht bewahrheitet; zwar gehen von gleichen Lebensbedingungen zumindest auch ähnliche E. aus, es bleiben aber subjektbezogene und gruppenbezogene Differenzen. Noch heute sind die Untersuchungen zum Deutungsmusteransatz von W. Thomssen maßgeblich, der den Zusammenhang von Erfahrung und Handeln in einem bestimmten (gewerkschaftlichen) Kontext neu begründete. Spezifische Deutungen sind dabei das Ergebnis dieser Auseinandersetzung mit der Lebens- und Arbeitswelt. Deutungen sind demnach Produkte interessenorientierten Handelns bei permanenter Bestätigung durch die Umwelt (Thomssen 1980). E. werden also dem Subjekt nicht zugemutet, sondern sie konstruieren die Deutungen zur Interpretation der eigenen Lebenswelt. Die anschließende Arbeit von R. Arnold (1985) systematisiert das sozialpsychologische → Wissen über → Deutungsmuster. Dabei zeigt sich nicht nur die fundierende Wirkung von Deutungsmustern für die E., sondern auch ihre persönlichkeitsprägenden Kräfte. Mit den empirischen Befunden von Thomssen und der systematischen Arbeit von Arnold erweisen sich E. und Deutungen als widerständig gegen neues, diesen widersprechendes systematisches Wissen. Das durch Handeln selbst erworbene Wissen als E. hat für das Individuum eine hohe Evidenz und strukturiert nachhaltig die Sicht auf die Welt. Im radikalen → Konstruktivismus wird die Sicht aufgegeben, dass die Deutungen als Ergebnis einer Verarbeitung von Erlebnissen in der Realität des Alltagslebens verankert sind, vielmehr werden sie als selbst konstruierte Wirklichkeitssichten interpretiert, die weniger auf die Lebens- und Arbeitsbedingungen als auf die biographischen Selbstkonstruktionen verweisen.

Lernen besonders im Erwachsenenalter hat also auf jeden Fall mit E. zu rechnen. Bildung beginnt nach Stojanov in seiner Auslegung eines anerkennungstheoretischen Bildungsverständnisses dann, wenn die Selbstbeziehungsmodi, die nur intersubjektiv zu denken sind, sich ausdehnen, übersetzt und durch den sog. Weltbezug ausgeweitet werden. Nur so kann sich Selbstartikulation, Selbstüberholung zur Selbstentwicklung erweitern, wobei E. sich neu in erweiterten Zusammenhängen formen können. Bilden ist nach Stojanov „ein Sich-Bewegen in einem ‚Zwischen-Raum' (...) als ein Hinausgehen über das aktuell Wahrgenommene und Erlebte" (Stojanov 2006).

Bildung und Kompetenzerwerb sind auf E. angewiesen. E. haben sich intersubjektiv kommunizierbar zu machen, da sie nicht intuitiv greifbar sind, sondern sich erst im Weltbezug artikulieren und ausweisen. Die empirischen Befunde verdeutlichen aber, dass an E. in Lernprozessen nicht unmittelbar angeknüpft werden kann. E. konfrontieren uns daher mit der paradoxen Situation, dass ihre persönlichkeitsstabilisierende Wirkung, sich in der eigenen Lebenswirklichkeit zurechtzufinden, gleichzeitig als Blockade für neue Lernprozesse wirken kann. E. wirken als Filter, die nur das Wissen durchlassen, das erfahrungskompatibel ist. Lernwiderstände (→ Lernstörungen), die häufig auch als Kritik am Lernverlauf missverstanden werden, verweisen damit auf hochwirksame, aber nicht schnelle Lernprozesse, weil neues Wissen sich an alten Gewissheiten reibt. Der Selbstbezug reibt sich am Weltbezug. Die Regel beim erfahrungsorientierten Lernen ist nicht die Auflösung von E. durch erfahrungsorientierte Lernangebote, sondern eher ihre verfestigende Selbstbestätigung (→ Leitstudien). Die → Ermöglichungsdidaktik schafft Zugänge zu einem kompetenzerweiternden erfahrungsgebundenen Lernen. Das → informelle Lernen, insb. das → Lernen am Arbeitsplatz zielt darauf ab, neues theoretisches Wissen, neue Instrumente und bisherige E. nah am Ort der Umsetzung und der bisherigen E. zu platzieren. Vorgeschlagen wird, informelles und formelles Lernen bei der Zunahme an theoretischem, wissenschaftlichem Wissen im Arbeitshandeln neu miteinander zu verzahnen. Theoretisch werden neue Lernkulturen vor-

geschlagen, um lebenslanges Lernen neu zu gestalten und das informelle Lernen als erfahrungsnahe Form anzubieten.
Aktuelle Entwicklungen in der Arbeitswelt verweisen auf zunehmende Rationalisierung und Standardisierung von Arbeitsverläufen, die eigenaktive Strukturierung von Handlungen und eine dazu notwendige Erfahrungsausdifferenzierung auch in anspruchsvollen Tätigkeiten einschränken und auf andere Ebenen verweisen. Neue Erfahrungsräume zur Entdeckung eigener Sichtweisen, als Ausdruck von Subjektivität zeichnen sich als zukünftige E. ab. In der → kulturellen Bildung wird dieser Weg bereits gegangen, um den subjektiven Selbsterhalt über sinnliches Selbsterfahren zu erarbeiten (Gieseke 2005). In der beruflichen Aus- und Weiterbildung ist in Begleituntersuchungen in differenten Berufsfeldern das Unplanbare, die Nichtplanbarkeit von Handlungsabläufen erkannt worden. Informelles Lernen soll dabei die Brücke zwischen Erfahrung und formellem Lernen bilden. Der aktive Part, E. zu machen, besteht darin, in sog. kritischen Situationen erfahrungsgeleitet und subjektiv rasch neue Lösungen zu finden, um verantwortungsbewusst zu handeln. Von Personen, die als Expert/inn/en auf diesem Gebiet gelten, wird gesagt, dass sie ein Gefühl und Gespür für eine Situation haben, blitzschnell Entscheidungen ohne langes Nachdenken fällen können (Böhle 2004). Wir haben es mit bisher unsichtbaren Leistungen im Prozess der Arbeit zu tun, die erbracht werden, um unvorhersehbare, nicht berechenbare und schleichende Veränderungen zu erkennen. Dieser neue Diskurs zu E. verweist auf eine komplexe Verbindung von Emotion und Kognition als intuitives Wissen (Arnold 2005; Gieseke 2007). Man spricht von „tacit skills", die angewandt werden, aber stillschweigend unter der Oberfläche wirken. Aber dieser Typus, mit allen Sinnen E. zu machen, kann ebenso erlernt werden (Böhle 2004). Es geht um eigenstimulierten Wissenserwerb. Verbunden sind sinnliche Erfahrungen, mental-geistige Prozesse, der Umgang mit Arbeitsgegenständen sowie ihre Beziehung. Nach Schemme (2005) geht es um die Erfahrungsfähigkeit. E. sind folglich im gegenwärtigen Weiterbildungsdiskurs als neue Herausforderung in einer durchsteuerten, rationalisierten Welt zu betrachten, die einem nicht zustoßen und die nicht allein in Erkenntnisse und/oder im Verstehen durch Dritte, also durch eine erweiterte Perspektive zu verwandeln sind, sondern es geht darum, E. zu machen und dies als einen aktiven Prozess sinnlicher Wahrnehmung des Unplanbaren, aber permanent Ablaufenden zu verstehen. Für professionelles Handeln auf allen Hierarchieebenen kommt es dabei darauf an, situationsspezifisch wissenschaftlich fundiertes Fachwissen und planmäßig rationales Handeln einerseits, und andererseits auch ein besonderes Erfahrungswissen und erfahrungsgeleitet-subjektivierendes Handeln zur Verfügung zu haben.

Literatur
Arnold, R.: Deutungsmuster und pädagogisches Handeln in der Erwachsenenbildung. Bad Heilbrunn/Obb. 1985 – Arnold, R.: Die emotionale Konstruktion der Wirklichkeit. Beiträge zu einer emotionspädagogischen Erwachsenenbildung. Baltmannsweiler 2005 – Böhle, F.: Erfahrungsgeleitetes Arbeiten und Lernen – Ein anderer Blick auf einfache Arbeit und Geringqualifizierte. In: Loebe, H./Severing, E. (Hrsg.): Zukunft der einfachen Arbeit – Von der Hilfstätigkeit zur Prozessdienstleistung. Bielefeld 2004 – Gieseke, W.: Leiblich-emotionale ästhetische Einbindungen kultureller Bildung. In: Dies. u.a.: Kulturelle Erwachsenenbildung in Deutschland – Exemplarische Analyse Berlin/Brandenburg. Münster u.a. 2005 – Gieseke, W.: Lebenslanges Lernen und Emotionen. Wirkungen von Emotionen auf Bildungsprozesse aus beziehungstheoretischer Perspektive. Bielefeld 2007 – Meyer-Drawe, K.: Anfänge des Lernens. In: Zeitschrift für Pädagogik, 49. Beiheft, 2005 – Schemme, D.: Modellvorhaben fördern Erfahrungsfähigkeit und Erfahrungswissen. In: BWP, H. 5, 2005 – Stojanov, K.: Bildung und Anerkennung. Wiesbaden 2006 – Thomssen, W.: Deutungsmuster – eine Kategorie der Analyse von gesellschaftlichem Bewusstsein. In: Weymann, A. (Hrsg.): Handbuch für die Soziologie der Weiterbildung. Darmstadt/Neuwied 1980

Wiltrud Gieseke

Erlebnispädagogik

Erlebnispädagogische Ansätze und → Programme haben vor allem seit 1980 einen beachtlichen Aufschwung erfahren; mehrere Zeitschriften, eine eigene Fachmesse, zahlreiche Kongresse und eine kaum noch überschaubare Literatur verbreiten und vertiefen ihre Absichten, Konzepte und Methoden. Mit E. werden im Allgemeinen teilweise gleichgesetzt oder assoziiert: Wanderpädagogik, Outdoor-Pädagogik, Outdoor-Training, Abenteuerpädagogik, → handlungsorientierte Didaktik, Experimental Learning, Survival Training, Wilderness Experience, Outdoor Development, Erfahrungspädagogik (→ Erfahrungsorientierung), Challenge Programm, Outward-Bound-Pädagogik, Learning by Doing, Adventure Programming u.a.m.

Allen Ansätzen gemeinsam sind drei Momente: individuell-subjektives, nur begrenzt organisierbares Erleben und Erfahren im Rahmen (überwiegend) gruppenbezogener Aktivitäten in (mitunter auch extremen) Naturräumen (Outdoor). Die dabei intensiv „erlebten" Erfahrungen fördern die Fähigkeiten Jugendlicher und Erwachsener, bisheriges Verhalten, wie z.B. Sozialkompetenz (→ Kompetenz), Initiative, Ausdauer, → Kreativität, zu reflektieren, neue Verhaltensweisen zu erproben und diese in den Alltag zu übertragen. Persönlichkeitsbildung durch E. ist das Ziel fast aller einschlägigen Kurzzeitangebote (Kurse, Trainings) und Langzeitangebote (Einzelfallhilfen, Heimbetreuung, Internate).

Aufbauend auf Gedanken von J.J. Rousseau (1712–1778), H. Thoreau (1817–1862), J. Dewey (1859–1952) und der deutschen Reformpädagogik konzipierte Kurt Hahn (1886–1974, Gründer der Internatsschule Salem) in den 1940er Jahren die sog. Outward-Bound-Elemente: körperliches Training (Fitness), Rettungsdienst (Anteilnahme), Projekt (Genauigkeit, Sorgfalt) und Expedition (Initiative, Ausdauer), die auch heute noch das Grundgerüst erlebnispädagogischer Kurse darstellen. Die Gründe für den außerordentlichen Boom der E. sind vielfältig: Ablösung des traditionellen seminaristischen Lernens durch handlungsorientierte Konzepte (→ Projektlernen, Leittextmethode, Spiele), Erlebnis- und Outdoor-Orientierung in vielen Lebensbereichen, Zunahme ökologischer Sensibilität, Vordringen ganzheitlicher Ansätze in der Bildungsarbeit, Übernahme der „new games" in die Pädagogik und in den Sport und nicht zuletzt die z.T. spektakulären Events und Aktivitäten in Führungskräftetrainings.

Die Wirkungen von E. sind in den USA, in Großbritannien und auch in Deutschland mannigfach evaluiert worden, am grundsätzlichen Erfolg von E. besteht kaum ein Zweifel mehr; sie können erklärt werden u.a. durch: Lernen durch Erfolg (Feedback im Rahmen von Reflexion), aktive Hilfe bei Problembewältigungen (durch den Teamer), Identitätsstärkung durch intensive Erlebnisse, Lernen am Modell (Trainer), Steigerung der Selbstwirksamkeit durch sog. Mastery-Effekte, bewussteres Handeln im Lichte von getroffenen Zielen und Vereinbarungen. Im Brennpunkt der Diskussion stehen Fragen der Anwendung und Verbreitung der E., wirkungsvoller Methoden und neuer Formen der Transferreflexion als Bestandteil jeder Aktion. So wird derzeit diskutiert, inwieweit die Transfereffekte z.B. durch eine Ausrichtung an Metaphern (Beispiel: „Wir sitzen alle in einem Boot!" als Motto für ein Training) noch gesteigert werden können. Kritik erfährt die E. zum Teil aus ökologischer oder aus pädagogischer Sicht, indem ihr vorgeworfen wird, Natur lediglich als Mittel zum Zweck zu missbrauchen bzw. einem übertriebenen Aktionismus und einer zu starken Orientierung an männlichen Idealen (Abenteuer, Leistung) zu huldigen.

Bevorzugte Aktionen im Rahmen der E. sind: Segeln, Kanufahren, Trekking und Expeditionen, Skitouren, Höhlenfahrten, Schlauchboot- und Floßfahrten sowie zahlreiche sog. Interaktions-, Initiativ- und Problemlösungsspiele. Fast alle Kurse oder Trainings folgen den Sequenzen: Einstieg, gemeinsame Planung und Vereinbarungen (Ziele, Sicherheit u.a.), Durchführung bzw. Übung sowie Transferreflexion (back home).

Über die außerschulische Jugendarbeit hinaus findet die E. mittlerweile Anwendungen in der → Gesundheitsbildung, in der ökologischen Bildung, in → Angeboten der personorientierten Bildungsarbeit (→ Selbsterfahrung), in der → Familienbildung (gemeinsames Erleben), im Fremdsprachentraining (durch besonders kommunikationsintensive Interaktionsspiele in fremder Sprache), in der → kulturellen Bildung (z.B. „Mit Goethe auf den Brocken"), ferner in der Ausbildung von Azubis (z.B. „Wir wollen ein Team werden!"), zunehmend in der (schulinternen) Lehrerfortbildung, in der WB für Führungskräfte sowie ebenfalls zunehmend in der interkulturellen Bildungsarbeit (Verständigung über Interaktionen), in der Kompetenzentwicklung (Outdoor-Pädagogik als Kompetenzanalyse) sowie verstärkt in verschiedenen Therapieprogrammen.

Literatur

Heckmair, B./Michl, W.: Erleben und Lernen – Einführung in die Erlebnispädagogik. 6. Aufl. München 2008 – Kölsch, H./Wagner, F.J.: Erlebnispädagogik in der Natur. 2. Aufl. München 2004 – Schad, N./Michl, W.: Outdoor-Training. 2. Aufl. München 2004

Michael Jagenlauf

Ermöglichungsdidaktik

Mit dem Begriff E. wird ein Verständnis des Lehr-Lernprozesses charakterisiert, das um dessen Eigendynamik und die begrenzte „Machbarkeit" von Lernergebnissen weiß. Anders als erzeugungsdidaktische Konzepte geht die E. nicht davon aus, dass durch eine möglichst exakte Lernzielbestimmung (→ Lehr-/Lernziele) und eine möglichst detaillierte Lernplanung Lernerfolge gewährleistet werden können. Im Anschluss an neuere kognitionstheoretische sowie konstruktivistische Konzepte werden die erwachsenen Lernenden vielmehr als relativ geschlossene, selbstorganisierte Systeme verstanden, deren Entwicklung (z.B. durch → Lernen) zwar durch externe Inputs angeregt, aber nicht determiniert werden kann. Professionelle Lehr-Lernarrangements können demnach individuelle Aneignung (→ Aneignung – Vermittlung) von Neuem sowie eine Weiterentwicklung von → Kognition und → Kompetenz ermöglichen, sie können aber nicht wie bei einer Trivialmaschine bestimmte Lernergebnisse erzeugen.

Während die Lernziel- und Curriculumtheorien (→ Curriculum) der 1970er Jahre, die auch Einzug in die EB hielten, eher dazu beitrugen, dass Vorstellungen einer Ingenieurslogik auch für die → Professionalität und → Didaktik der EB eine gewisse Leitfunktion erhielten, besinnt man sich seit den 1980er Jahren wieder stärker auf den Bildungsbegriff (→ Bildung) und die Professionskonzepte der geisteswissenschaftlichen Pädagogik – wenn auch in sozialwissenschaftlicher Reformulierung. Diese können heute allerdings systemtheoretisch sehr viel präziser gefasst werden. Sprach E. Spranger von den „ungewollten Nebenfolgen" und wies damit auf die nur begrenzte Beherrschbarkeit von Bildungs- und Lernprozessen als Problem hin, so erhebt die systemtheoretisch inspirierte E. diese Kontingenz selbst zum Programm: Nachhaltig und transformierend ist ein Erwachsenenlernen nur, wenn es die Lernenden nicht nach einem geplanten Konzept zu „belehren" trachtet, sondern wenn es ihnen die Möglichkeit gibt, aktiv, selbstorganisiert bzw. selbstgesteuert, konstruktiv und situiert (auf ihre Lebenssituation bezogen) eigene Lernprozesse zu realisieren (→ Selbstorganisation, → Konstruktivismus).

Insbesondere die Reformpädagogik hat bereits wichtige Anregungen und Vorarbeiten für die Entwicklung ermöglichungsdidaktischer Konzepte geliefert. So verbirgt sich z.B. hinter der in den 1920er Jahren propagierten Erwachsenenbildungsmethode der → Arbeitsgemeinschaft auch eine Didaktik, die versucht, weitgehend ohne didaktische „Erzeugung" auszukommen. Erwachsene sollen vielmehr Gelegenheit erhalten, in der Begegnung mit anderen kooperativ voneinander zu lernen. Durch die im Umfeld der humanistischen Psychologie von R. Cohn und C. Rogers entstandenen → Methoden eines lebendigen oder signifikanten Lernens hat sich das ermöglichungsdidaktische Methodenarsenal der EB in diesem Jh. erheblich erweitert. Damit diese Methoden wirksam werden und auch in den → Einrichtungen der EB eine Kultur des selbstgesteuerten Lernens möglich wird, ist es allerdings notwendig, dass sich die Professionals (→ Professionalität) selbst von ihrer Rolle als im Zentrum des Geschehens stehende „Macher" lösen und Lerngelegenheiten schaffen, in denen erwachsene Lernende selbstgesteuert lernen, dabei ihre eigenen Lernmethoden verfeinern und so ein Vertrauen in ihre eigenen Kräfte entwickeln können. Erwachsenenpädagogisches Personal, das solche Lernprozesse begleitet, hat mit den Dozent/inn/en oder Referent/inn/en (→ Kursleitenden) traditioneller Prägung nur noch wenig gemeinsam. Es ist vielmehr auf die Rolle eines Lernarrangeurs, eines Lernberaters (→ Beratung) oder Coachs für die Lernenden verwiesen und spielt damit die Rolle eines „facilitators" (Ermöglichers) im Sinne von C. Rogers. Eine solche E. schafft somit wesentliche Voraussetzungen für die Fähigkeit zum → lebenslangen Lernen des Einzelnen und der → Gesellschaft.

Literatur

Adam, E.: Das Subjekt in der Didaktik. Ein Beitrag zur kritischen Reflexion von Paradigmen der Thematisierung von Unterricht. Weinheim 1988 – Arnold, R.: Ich lerne, also bin ich. Eine systemisch-konstruktivistische Didaktik. Heidelberg 2007 – Arnold, R./Gómez Tutor, C.: Grundlinien einer Ermöglichungsdidaktik. Bildung ermöglichen – Vielfalt gestalten. Augsburg 2007

Rolf Arnold

Erwachsenenbildung/Weiterbildung

Das EB- bzw. → Weiterbildungssystem in Deutschland ist zwar quantitativ und qualitativ als eigenständiger Bildungsbereich erkennbar und als solcher seit 1970 deklariert (Deutscher Bildungsrat), andererseits aber nicht systematisch gestaltet oder geordnet. Bislang gilt als Abgrenzung von EB/WB die Definition des Deutschen Bildungsrates: „Fortsetzung oder Wiederaufnahme organisierten Lernens nach Abschluss einer unterschiedlich ausgedehnten ersten Bildungsphase".

Zur EB/WB gehören danach Bereiche wie → berufliche und betriebliche WB, → Fortbildung und → Umschulung, → politische Bildung, gewerkschaftliche Bildung (→ gewerkschaftliche Bildungsarbeit), konfessionelle Bildung, Grund- und → Allgemeinbildung (darunter auch die → Alphabetisierung Erwachsener) und → kulturelle Bildung. EB/WB umfasst Angebote, die von einer einzelnen Abendveranstaltung bis zu mehrjährigen Ausbildungsgängen gehen, → Einrichtungen völlig unterschiedlicher Zielrichtung, → Rechtsform und Arbeitsweise sowie soziale und personale Zusammenhänge ganz unterschiedlicher Provenienz. EB/WB ist historisch gewachsen, aus unterschiedlichen Zusammenhängen entstanden und nicht staatlich organisiert.

Staatliche Initiativen seit 1970, EB/WB zum „vierten Bildungsbereich“ zu machen, unterliegen den Prinzipien der Pluralität und Subsidiarität. Pluralität bedeutet, dass in den konstituierten vierten Bildungsbereich die bestehenden → Institutionen und Strukturen übernommen und Weiterbildung im Großen und Ganzen von gesellschaftlichen Organisationen verantwortet wird. Subsidiarität bedeutet, dass der Staat nur dort eingreift, wo EB/WB mit Blick auf öffentlich definierte Ziele unterstützt und entwickelt werden muss (z.B. Flächendeckung, benachteiligte → Zielgruppen). Entscheidend ist auch das föderalistische Grundprinzip der deutschen Bildungs- und Kulturpolitik insgesamt.

Die Entstehungsgeschichte der EB/WB im heutigen Deutschland hat verschiedene Wurzeln (→ Geschichte der EB in Deutschland bis 1945). Prägend waren hier u.a.: Kants Aufklärungskonzeption (→ Aufklärung, → Lesegesellschaften); die Entstehung der → Arbeiterbildung, die sich früh für ein gesamtgesellschaftliches, integrierendes und (politisch) aufklärerisches Bildungsverständnis eingesetzt hat; sowie erste Formen von betrieblicher EB/WB, wie sie sich im Zuge der Industrialisierung in Anlernprozessen am Arbeitsplatz, innerbetrieblichen Fortbildungen u.ä. immer stärker herausbildeten.

Trotz zweier Weltkriege, Indienstnahme des gesamten Bildungssystems während der NS-Diktatur und vierzigjähriger Doppelstaatlichkeit mit unterschiedlichen politischen und ideologischen Ausrichtungen sind diese Wurzeln der EB/WB in Deutschland auch heute noch erkennbar. Mit der Verwendung des allgemeineren Begriffs „Weiterbildung“, im Zuge der gesellschaftlichen Wandlungsprozesse der 1970er Jahre, anstelle des früheren Begriffs „Erwachsenenbildung“ wird versucht, diese historisch disparaten Wurzeln in einen systemischen Zusammenhang zu bringen. Begriffe wie Kooperation und Koordination, flächendeckende Versorgung, → Professionalität und Qualität stehen in einem solchen systemischen Kontext. Staatlicherseits wird versucht, EB/WB über ordnungspolitische (Gesetze, Verordnungen) und förderpolitische Maßnahmen zu strukturieren (→ Weiterbildungsstruktur, → Grundsicherung für Arbeitssuchende – SGB II und WB).

EB/WB wird in Deutschland allerdings durch eine Vielzahl ineinander verschränkter Regelungen geordnet, die teilweise unterschiedlichen Leitzielen dienen und manche Bereiche gänzlich unberührt lassen. Weitgehend unberührt von öffentlichen Strukturimpulsen sind die kommerziell betriebene EB sowie die WB in den Betrieben, die – wenn überhaupt – im Rahmen der Tarifautonomie zwischen Unternehmensleitungen und Gewerkschaften ausgehandelt wird. Darüber hinaus gibt es eigenständige gesetzliche Bestimmungen für einzelne Personengruppen (etwa auf Bundesebene für Betriebsräte im Rahmen des Betriebsverfassungsgesetzes, auf Landesebene für die Fortbildung für Beschäftigte im öffentlichen Dienst, insb. Lehrer/innen), für einzelne Institutionen (etwa für die Hochschulen auf Bundesebene im Hochschulrahmengesetz) sowie für einzelne Fachressorts (auf Landesebene etwa für Landwirtschaft sowie Handel und Industrie). Hinzu kommen Ländergesetze zur Freistellung von der Arbeit für Bildungszwecke (→ Bildungsurlaub), Regelungen und Empfehlungen der → Kultusministerkonferenz und der Gemeinsamen Wissenschaftskonferenz (von Bund und Ländern), Regelungen im allgemeinen Tarifrecht und – länderspezifisch – zum Nachholen von Schulabschlüssen (→ zweiter Bildungsweg).

Rechtliche Grundlagen und Ordnungsgrundsätze sind im System EB/WB immer nur für Teilbereiche gültig. Sie sind jedoch unterschiedlich gewichtet, was die Ausstrahlung auf den Gesamtbereich angeht. Grundsatz ist allerdings, dass EB/WB in Deutschland nicht staatlich geordnet sein *muss*. Anders als etwa im Schulbereich unterliegt EB nicht staatlichem Anerkennungszwang.

In der Verfassung der Bundesrepublik ist die EB/WB nicht geregelt. Einige Bundesländer haben sie in ihre Landesverfassungen explizit aufgenommen, so etwa Baden-Württemberg und Bremen. Für das gesamte Bundesgebiet gelten auch unterhalb der Verfassungsebene keine umfassenden gesetzlichen Regelungen zur EB/WB. Hauptgrund dafür ist die föderale Zuständigkeit der Länder (→ Weiterbildungspolitik).

Die wichtigsten gesetzlichen Regelungen sind die → Weiterbildungsgesetze der Länder. Sie gehen vom Prinzip der Pluralität aus, sind aber in der Interpretation des Subsidiaritätsgrundsatzes unterschiedlich. Insb. die auf Fortbildung, Professionalität und Qualität gerichteten ordnungspolitischen Vorgaben der Ländergesetze zur WB strahlten in das System EB/WB spätestens seit Beginn der 1970er Jahre bestimmend aus.
Die institutionelle Struktur der EB/WB ist heterogen, unübersichtlich und differenziert. Es gibt kein einheitliches Raster, um die Institutionen darzustellen. Nach dem obersten Grundsatz der Pluralität haben die ideologischen Wurzeln, organisatorischen Bindungen und institutionellen Voraussetzungen der → Einrichtungen und → Träger nach wie vor eine große Bedeutung.
Entsprechend der Vielfalt institutioneller, organisatorischer und rechtlicher Grundlagen der EB/WB sind auch die finanziellen Strukturen sehr differenziert. Erst seit ein bis zwei Jahrzehnten sind finanzielle Aspekte überhaupt verstärkt in den Blick geraten, da EB traditionell auf ideengeschichtlicher und am Menschenbild orientierter Grundlage stattfand. Auch sind die Beträge, die für EB/WB aufgewendet werden, gemessen an anderen Bildungsbereichen insgesamt nach wie vor gering. Von der öffentlichen → Finanzierung her ist EB/WB der am schlechtesten ausgestattete Bildungsbereich.
Allerdings ist zu berücksichtigen, dass die öffentlichen Mittel in einem großen Umfang ergänzt werden durch Förderungen und Zuschüsse von gemeinnützigen Stiftungen und gesellschaftlichen Organisationen, zu denen Bildungseinrichtungen zählen, durch finanzielle Aufwendungen der Betriebe, durch gezielte Förderungen der → Bundesagentur für Arbeit und schließlich durch erhebliche Aufwendungen der → Teilnehmenden selbst. Hinzu kommen Projektfinanzierungen über verdeckte öffentliche Etats, also etwa personengruppenspezifische Finanzen in anderen Ressorts als in dem der Bildung. Auch in den Institutionen, die überwiegend als öffentlich gefördert eingeschätzt werden und auch in ihrem Selbstverständnis → öffentliche Verantwortung tragen, existiert längst eine Mischfinanzierung. Beispiel dafür sind die Volkshochschulen; bei ihnen hat sich seit den 1980er Jahren der Anteil öffentlicher Mittel zugunsten privater Gelder (insb. der Entgelte der Teilnehmenden) verschoben.

Literatur
DIE (Hrsg.): Trends der Weiterbildung. DIE-Trendanalyse 2008. Bielefeld 2008 – Diemer, V./Peters, O.: Bildungsbereich Weiterbildung. Rechtliche und organisatorische Bedingungen, Inhalte, Teilnehmer. Baltmannsweiler 1997 – Dröll, H.: Weiterbildungspolitik in Deutschland, Frankfurt a.M. 1999 – Faulstich, P. u.a.: Weiterbildung für die 90er Jahre. München 1992 – Nuissl, E./Pehl, K.: Porträt Weiterbildung Deutschland. 3., aktual. Aufl.. Bielefeld 2004 – Tippelt, R./ Hippel, A. v. (Hrsg.): Handbuch Erwachsenenbildung/Weiterbildung, 3., überarb. und erw. Aufl. Opladen 2009 – Wittpoth, J.: Recht, Politik und Struktur der Weiterbildung – eine Einführung. Baltmannsweiler 1997

Ekkehard Nuissl

Erwachsenenbildung in der „Dritten Welt“

Der Begriff „Dritte Welt“ ist belastet, weil mit ihm eine Art Ranking der Staaten der Erde konnotiert werden kann. Mittlerweile wird im entwicklungspolitischen Diskurs die Existenz der „Einen Welt“ betont, um damit die Interdependenzen zu unterstreichen, die das Verhältnis der armen und wohlhabenden Regionen zueinander kennzeichnen. Dennoch ist es vernünftig, auch weiterhin eine Dreigliederung vorzunehmen, indem von „armen Ländern“, von „Transformations“- oder „Schwellenländern“ und von „reichen“ bzw. „hochentwickelten Ländern“ gesprochen wird. Die Grenzen zwischen den drei Ländertypen sind allerdings fließend. Als Beispiele seien China und Argentinien genannt: Ersteres ist aktuell dabei, sich vom Schwellenland in eine der reichsten Nationen der Erde zu verwandeln; letzteres hat sich während der ersten Jahre des neuen Jh. zu einem Schwellenland zurückentwickelt, nachdem es zuvor bereits den Status einer wohlhabenden Industrienation erreicht hatte.
EB in der „Dritten Welt“ bezeichnet demnach erwachsenenpädagogische Bemühungen in Regionen, die hinsichtlich ihrer sozialen, politischen und vor allem wirtschaftlichen Entwicklung einen vergleichsweise niedrigen Stand aufweisen; Länder also, die in einem ökonomischen Sinne als unterentwickelt angesehen werden müssen und bis auf wenige Ausnahmen in der südlichen Erdhälfte lokalisiert sind.
EB in diesen Ländern erweist sich dann als besonders erfolgreich (was Nachfrage und Auswirkungen betrifft), wenn sie zum einen betont informelle Strukturen aufweist, sich zum anderen durch besondere Sensibilität gegenüber Mentalitäten und gewachse-

nen Sozialformen auszeichnet. Ökonomische Rückständigkeit nämlich hat sich als keinesfalls gleichbedeutend mit kultureller Unterentwicklung erwiesen. EB hingegen, die in rigider Weise Modernisierungsabsichten verfolgt und kulturelle wie soziale Traditionen nicht berücksichtigt, stößt bei den Adressaten nach anfänglicher Offenheit mittelfristig auf Ablehnung. Informelle Strukturen von EB genießen nicht zuletzt deshalb eine besondere Attraktivität, weil die angesprochenen Menschen in vielen Fällen im formalen staatlichen Bildungssystem gescheitert sind.
Die herausragenden Themenfelder von EB in der „Dritten Welt" sind:

- Qualifizierung von Multiplikatoren für die ländliche und städtische Entwicklung, damit auch Stärkung der Selbstverwaltung in Dörfern und Slums,
- Bekämpfung des primären und funktionalen Analphabetismus,
- Familienplanung und Hygiene, was angesichts der AIDS-Epidemie in zahlreichen Ländern massiv an Bedeutung gewonnen hat,
- die berufliche WB in unterschiedlichen Branchen und zu verschiedenen Themen.

Adressatengruppen sind je nach Region:

- Mitglieder von Bauernverbänden, Gewerkschaften und Selbstverwaltungorganen,
- Erwachsene, die die fehlende Lese- und Schreibkompetenz als soziale Hürde erleben,
- Frauen, die in allen Familienangelegenheiten als zentrale Verantwortungsträger fungieren,
- Bauern, Handwerker, aber auch zunehmend Akademiker/innen, die eine berufliche Höherqualifizierung intendieren.

Vor dem Hintergrund teilweise jahrzehntelang ausgetragener blutiger Konflikte und Bürgerkriege in Afrika, Asien und Lateinamerika sind in den vergangenen Jahren verstärkt erwachsenenpädagogische Bemühungen hinzugekommen, die sich um Konfliktanalyse, Mediation und Traumabewältigung kümmern. Hier werden mit friedenspädagogischen Methoden bislang verfeindete Bevölkerungsgruppen angesprochen. Damit wird zugleich ein Beitrag zum Aufbau einer mehr oder minder demokratisch strukturierten Zivilgesellschaft geleistet, deren ethische Maxime darin besteht, die Menschenrechte zu achten.
Als zentrale Theoriereferenz einer EB in der „Dritten Welt" ist bis heute die „Pädagogik der Befreiung" von Paulo Freire auszumachen, deren zentrales Anliegen in einer Rückbesinnung auf „einheimisches Wissen" besteht. Freire empfiehlt kleine, an lokale Bedingungen anknüpfende Bildungsangebote, die nach den „generativen Themen", also den originären Lernbedürfnissen der Menschen, fragen. Freires Konzept, das sich eminent gegen eine fremdbestimmte EB wendet, hat in den vergangenen zwei Jahrzehnten (oft auch, ohne explizit seinen Namen zu nennen) zu zahlreichen Lehr-Lernprojekten geführt, deren verbindendes Element eine partizipative Vorgehensweise darstellt: Partizipation der Lernenden bei der Themenwahl, der Themenbearbeitung und der Evaluation der Lernergebnisse. Dem stehen gelegentlich staatlicherseits organisierte Themenkampagnen gegenüber, die groß angelegte Lernprozesse intendieren und dabei den partizipativen Ansatz eher vernachlässigen.
Generell läßt sich konstatieren, dass sich auch in den Ländern der „Dritten Welt" die EB zunehmend ausdifferenziert und dabei immer stärkere Akzente im Bereich beruflicher WB erfährt. Globalisierungsprozesse haben auch hier ihre handlungsstiftenden Auswirkungen.

Literatur
Freire, P.: Pädagogik der Befreiung. Reinbek 2002 – Lenhart, V./Maier, M.: Erwachsenenbildung und Alphabetisierung in Entwicklungsländern. In: Tippelt, R. (Hrsg.): Handbuch Erwachsenenbildung/Weiterbildung. 2., überarb. und akt. Aufl. Opladen 1999

Wolfgang Müller-Commichau

Erwachsenenbildung in Übergangsgesellschaften

Im Zusammenhang mit den politischen, wirtschaftlichen, sozialen und kulturellen Umgestaltungsprozessen nach dem Zusammenbruch des Staatssozialismus in Mittelosteuropa im Jahre 1989 ist der Begriff Ü. bzw. „Transformationsgesellschaften" zur Bezeichnung der Entwicklungstendenzen und -prozesse in den ehemals sozialistischen Staaten in die politische Sprache eingegangen. Er weist darauf hin, dass sich die Staaten in einem grundlegenden gesellschaftlichen Umbau befinden. Die von ihnen angestrebten Veränderungen folgen der Vorbildwirkung des Westens, d.h. im wirtschaftlichen Bereich der kapitalistischen Marktwirtschaft und im politischen Bereich in Richtung Demokratie. Sie erfolgen gewaltlos, in friedlichen Verhältnissen und mit unglaublichem Tempo (Kornai 2005). In den vergangenen zwei Jahrzehnten galt der Begriff „Transformationsgesellschaften" hauptsächlich für die Länder in Mittelosteuropa sowie die Nachfolgestaaten der ehemaligen Sowjetunion, die den Weg von der zentral gelenkten in eine Marktwirtschaft eingeleitet haben. Gegenwärtig wird er zunehmend im Zusammenhang mit den sich in kapitalistischen Gesellschaften im Zuge der Globalisierung vollziehenden strukturellen Veränderungsprozessen verwendet.

Einen Sonderfall einer Transformationsgesellschaft stellen die neuen Bundesländer dar, in denen die gesellschaftlichen Regelungsprozesse, grundlegende Strukturen, Gesetze und Institutionen nicht neu entwickelt und konzipiert, sondern weitgehend seit 1990 aus der alten Bundesrepublik übernommen wurden. Dadurch konnten die Ressourcen für WB unmittelbar nach der deutsch-deutschen Vereinigung in eine umfassende Qualifizierungsoffensive (sog. „Qualifizierungsoffensive Ost") investiert werden.

Den Status eines Übergangslandes haben aktuell Weißrussland und die Ukraine, wobei die Situation in Weißrussland keineswegs ausreichend Kriterien der Transformation erkennen lässt.

Tiefgreifende Transformationsprozesse haben sich in Mittelosteuropa vollzogen. Die Lenkung der Reformen in der Region, sowohl in wirtschaftlicher als auch politischer Hinsicht, übernahm die EU. Der Transformationsprozess war für große Teile der Bevölkerung mit immensen Problemen verbunden. Zunächst einmal haben viele Bürger/innen nicht von den Veränderungen profitiert. Die Hauptursache hierfür war die unzureichende Konkurrenzfähigkeit und der daraus folgende Zusammenbruch der Wirtschaftsbetriebe, aber auch obsolet gewordene Kenntnisse der Menschen, nicht entwickelte Eigeninitiative, die in der sozialistischen Rundumversorgung nicht gefordert und eher hinderlich gewesen wäre, und mangelnde Vertrautheit mit den Arbeitsformen und Kompetenzen, die in der Marktwirtschaft gefordert sind. Vor dem Hintergrund der sich in allen Lebensbereichen vollziehenden Veränderungen gewann die EB in den Ü. erheblich an Bedeutung. Die Aktivitäten bezogen sich hauptsächlich auf einkommens- und existenzschaffende berufliche Bildungsmaßnahmen, einschließlich Fremdsprachenvermittlung und EDV-Kurse. In kleinerem Umfang zielte die Arbeit auf Demokratiebildung, Zivilgesellschaft, Erwerb neuer Alltagskompetenzen und persönliche Orientierung. Da die Regierungen in den Transformationsländern sich zudem aus der Verantwortung für ein flächendeckendes Weiterbildungssystem in der Erwartung zurückgezogen hatten (weil dies das freie Spiel der Marktkräfte regulieren würde), blieben viele Menschen unversorgt und orientierungslos auf einem sich schnell entwickelnden, aber vollständig deregulierten Weiterbildungsmarkt. Um rasche Profite zu erzielen, versuchten zahlreiche Anbieter ohne Qualitätsgarantie und die notwendigen fachlichen und materiellen Voraussetzungen, Kunden für überteuerte Kurse, die die unrealistischen Erfolgserwartungen nicht erfüllten, zu gewinnen.

Die durch historisch-kulturelle Erbschaften unterschiedlich geprägten nationalen Systeme der EB bestritten unterschiedliche Pfade, dennoch gab es vergleichbare Aktivitäten in der Schwerpunktbildung, insb.: Sensibilisierung der politischen Entscheidungsträger für die EB, Schaffung gesetzlicher Grundlagen, Stärkung lokaler und regionaler Strukturen der EB, Entwicklung qualitativ guter und flächendeckender Bildungsangebote, Betonung besonderer Felder, z.B. die ländliche WB, Zielgruppenarbeit (Frauen, sozial und wirtschaftlich benachteiligte Personen, Arbeitslose), Aus- und Weiterbildung des pädagogischen Personals, Aufbau von fachlichen Netzwerken und grenzüberschreitenden Kooperationen.

Die ehemaligen Ü. teilen heute im bemerkenswerten Umfang Probleme Westeuropas im Bildunsgbereich. Die EB in ganz Europa gewinnt an Vergleichbarkeit, vorangetrieben sowohl durch Herausforderungen und Gestaltungsmöglichkeiten, die das Paradigma des → Lebenslangen Lernens beinhaltet, als auch grundlegende Transformationsprozesse der kapitalistischen Gesellschaften.

Literatur

Kornai, J.: Transformation Mitteleuropas: Erfolg und Enttäuschung. In: Europäische Rundschau. Vierteljahreszeitschrift für Politik, Wirtschaft und Zeitgeschichte, H. 4, 2005 – OECD: Liste der Entwicklungsländer und -gebiete sowie Übergangsländer und -gebiete 2004–2007 des Development Assistance Committee (DAC). Paris. URL: www.daad.de/imperia/md/content/entwicklung/hochschulen/ast/dac-liste_aufbaustudiengaenge.pdf (Stand: 05.11.2009) – Schäffter, O.: Weiterbildung in der Transformationsgesellschaft. Zur Grundlegung einer Theorie der Institutionalisierung. Berlin 1998

Ewa Przybylska

Erwachsenenbildungs-/Weiterbildungsforschung – Forschungsmethoden

Für die Betrachtung von E. und F. ist es sinnvoll, die Begriffe „Forschung" und „Methoden" in verschiedenen Kontexten zu unterscheiden. „Forschung" ist ein Grundbegriff, der in den Kulturwissenschaften (Geistes- oder Sozialwissenschaften) anders aufgefasst wird als in den Naturwissenschaften. In den Naturwissenschaften soll Forschung Natur beschreiben (Klassifikation, Typenbildung) und naturwissenschaftliche Theorien, Gesetze oder Hypothesen (in der Regel experimentell) überprüfen. „Forschungsmethoden" in den Naturwissenschaften sind die Regeln oder Vorgehensweisen, die dazu führen, dass Theorien kritisch geprüft werden können. Idealerweise sind Methoden in allen Wissenschaften genau beschreibbar und in Abhängigkeit von der Güte dieser Beschreibung lehr- oder lernbar. Bei sog. „Kunstlehren" ist die Lehrbarkeit nur begrenzt gegeben, wenn für die Entscheidung über die richtige Anwendung von Regeln ein „Meister" zuständig ist, der die jeweilige Kunstlehre erfunden hat. Vor allem bei der „objektiven Hermeneutik" wird dies kritisiert (Reichertz 1991). Dieses Problem existiert überall dort, wo die Terminologie der Methodenlehre mit sehr unterschiedlich interpretierbaren Metaphern arbeitet, wie z.B. „Triangulation" (Flick 1991).
Forschung im Sinne eines vor allem den Kulturwissenschaften verpflichteten Forschungsgebiets „Erwachsenenbildungs- und Weiterbildungsforschung" könnte im Prinzip nach dem Muster der Naturwissenschaften verfahren (Siebert 1984). Sie stößt hierbei aber auf Probleme, die die Naturwissenschaft nicht – oder nicht in gleichem Maße – hat. Das beginnt bei der Feststellung von Tatsachen. Die Feststellung von Tatsachen ist nur möglich, wenn hierzu hinreichend brauchbare Definitionen vorliegen. Bei gesellschaftlichen Phänomenen zeigt sich aber, dass, wie Oskar Negt (1996) feststellt, „alles, was sich im gesellschaftlichen Leben wirklich abspielt, durch Definitionen nicht vollständig fassbar" ist.
Besondere Schwierigkeiten ergeben sich bei der Beschreibung von „Interaktionen", wenn diese als interpretative Prozesse angesehen werden. In der Konsequenz sind diese Beschreibungen im Sinne einer weitgehenden Übereinstimmung kaum noch intersubjektiv überprüfbar. Damit fehlt in der E. häufig die in den Naturwissenschaften vorhandene Möglichkeit, bei Tatsachenfeststellungen begründet übereinzustimmen. Was bleibt, ist die im „interpretativen Paradigma" behauptete Möglichkeit, Han delnden Absichten und Umstände (Situationen) zuzuschreiben, die geeignet sind, dem Beobachter ein beobachtetes Handeln verständlich zu machen (Wilson).
Dementsprechend gelingt es nur selten, hinreichend elaborierte Theorien für eine wissenschaftliche Überprüfung vorzulegen bzw. vorhandene Theoriestücke und Begriffe gut zu operationalisieren bzw. in Indikatoren oder Skalen zu übersetzen. Sofern überhaupt in diesem Gebiet ausgearbeitete Theorien existieren, sind es vor allem psychologische oder soziologische Konzeptionen, die sich im Wesentlichen mit der Lernfähigkeit Erwachsener und dem Milieu ihrer Lernbedingungen beschäftigen und deren fördernder oder einschränkender Bedeutung. Der Forschungsgegenstand „erwachsener Mensch" wird hier entweder wie ein biologisches System aufgefasst, über das man generalisierbare Aussagen machen kann, etwa über die Lerngeschwindigkeit oder die Gedächtnisleistung und ihre Determinanten im Alternsprozess, oder aber als ein Träger von Arbeits- und Berufsrollen in einem System der Statuszuweisung nach Leistung oder Loyalität (Dieckmann 1973).
Wird der Mensch aber als Geschöpf oder Gestalter von Kultur oder Zivilisation aufgefasst, dann geht es darum, Zivilisationsprozesse und Prozesse kulturellen Wandels im Zusammenhang mit Bildungs- und Lehr-Lernprozessen Erwachsener zu beschreiben, zu verstehen und zu deuten, was zu den oben angedeuteten Schwierigkeiten führt.
Forschung müsste, will sie auf ihr Methodenrepertoire pochen dürfen, trotz dieser Schwierigkeiten Beschreibungen sowie Verstehens- und Deutungsakte begründbar machen, um sie aus der Beliebigkeit subjektiver Urteile herausnehmen und in den Kreis wissenschaftlich begründeter Aussagen einbeziehen zu können.
Ob eine (u.a. von Habermas) behauptete Differenz zwischen Naturwissenschaften und Sozialwissenschaften erheblich ist – nämlich das Ausmaß an Interaktion zwischen „Objekt/Person" und „Forscher/Subjekt" bei unmittelbarer Kommunikation zwischen beiden – ist zu diskutieren. Können solche Interaktionen durch methodische Arrangements (z.B. non-reaktive Verfahren) ausgeschaltet werden oder nicht? Wenn nicht, verschwimmt der Gegenstand der Forschung, wenn er gerade durch diese Interaktion „konstituiert" wird.

Strategien, diesem Problem zu entkommen, berichtet Habermas (1981):

- Man gibt den Anspruch auf, überhaupt theoretisches Wissen erzeugen zu können,
- man versucht, die Forschungsmethoden so zu verbessern, dass Alltagstheorien nicht unreflektiert in Messungen einfließen,
- man sucht nach Verfahren, nach denen es möglich ist, Invarianzen in Deutungsprozeduren, deren sich Interaktionspartner bedienen, zu entdecken.

Das Problem, solche „Universalienforschung" methodisch abzusichern, scheint bisher ungelöst zu sein.

Die Entwicklung des Bewusstseins von den methodischen Schwierigkeiten in der E. hat sich langsamer entwickelt als in der Psychologie und Soziologie, von deren Methodendiskussionen sie heute profitiert. Ein Blick auf die Entwicklung der E. macht dies offenkundig. Nach dem Zweiten Weltkrieg werden in den empirischen Untersuchungen immer differenziertere Erhebungsmethoden erprobt, wie repräsentative Umfrage, teilstandardisierte und Intensiv-Interviews, teilnehmende Beobachtung und Gruppendiskussionen. Andererseits differenziert sich das Interesse bezüglich der einbezogenen Variablen erheblich. Bei Raapke/Strzelewicz/Schulenberg werden die Forschungsinteressen auf Bildungsvorstellungen und damit verbundene Normen sowie Vorstellungen von gesellschaftlichen Zuständen (bei Teilnehmenden und einer repräsentativen Bevölkerungsstrichprobe) ausgeweitet. Buttgereit, Deuchert, Dieckmann und Holzapfel gehen in ihrem Projekt „Zur Expansion des Weiterbildungsbereichs" noch weiter. In der „Arbeitsgruppe für empirische Bildungsforschung in Heidelberg" werden die von ihnen interviewten Personen nach berufsgruppen-, arbeitsplatz- und arbeitsobjektspezifischen Variablen unterschieden. Ein hierzu publizierter Theorieband fasst die relevante gesellschaftstheoretische Diskussion der damaligen Zeit zusammen. Erstmals wurde damit in der E. die Frage des Zusammenhangs der Struktur der Arbeitssituation (Komplexität, Geschwindigkeit der Änderung von Anforderungen) mit der institutionalisierten Möglichkeit und der Motivation zur Weiterbildung empirisch untersucht.

Anschlussprojekt an diese Arbeiten war das Bildungsurlaubs- Versuchs- und Entwicklungsprogramm der Bundesregierung (BUVEP), das in den dazu erschienen Berichtsbänden neue methodische Wege zeigt (→ Leitstudien). Methodisches Neuland (Siebert 1984) wird im BUVEP bei der Analyse der Interaktionsprozesse durch dokumentarische Interpretation im → Bildungsurlaub betreten. Kurz zuvor hatte sich mit diesem Problem eine von Tietgens moderierte Gruppe mit Fragen der Beobachtung von Weiterbildungsprozessen ausführlich beschäftigt. Demgemäß fragt die Analyse der Interaktionsprozesse im Bildungsurlaub nach der pädagogischen Konzeption, die den Bildungsangeboten im Seminar zugrunde lag sowie nach Schwierigkeiten bei der Realisierung. Methodisch wurden hier die Bildungsangebote zu Typen zusammengefasst, die daraufhin mittels der Fragestellungen sog. „Problemfelder" analysiert wurden.

Spätere Forschungen, die vom finanziellen Aufwand her wesentlich weniger umfangreich waren, richteten ihr Interesse auf folgende Bereiche:

- die tatsächlichen Nutzer der Erwachsenen- und Weiterbildungseinrichtungen (Sozialstruktur, Dropout-Verhalten von Teilnehmenden, Lerntypen),
- die Adressaten und ihre Biographie (vor allem im Zusammenhang mit Zielgruppenforschung), ihre Bildungsbedürfnisse und ihre Bildungsabstinenz,
- die potenziell Teilnehmenden (Forschung zum Weiterbildungsverhalten der Bevölkerung insgesamt),
- die Dozent/inn/en, Kursleitenden und (mehr mit Planungsarbeiten betrauten) pädagogischen und Verwaltungsmitarbeiter/innen (Sozialstatus, Ausbildungsstatus, Arbeitsrolle, Praxisprobleme, biographische Perspektiven),
- die Träger und Einrichtungen selber als Organisation (Entstehungsgeschichte, interne Verfassung, Planungspraxis, Kommunikationsstruktur, Entwicklungsfähigkeit, Finanzierung),
- die Inhalte und ihre Entstehung, ihre Geschichte und ihre Vermittlungsweisen, (curriculare und fachdidaktische Forschung, auch zum Zwecke der Kursleiter-Fortbildung),
- die Veranstaltungen und ihre Formen (Fachaffinität, Zeitstruktur, Gruppenstruktur, Lehr- und Lernmitteleinsatz, Bezug zur Berufs- und Lebenspraxis der Teilnehmenden),
- gesellschaftliche, wirtschaftliche und technische Entwicklungen als Grundlage der Entstehung neuer Lernbedürfnisse und Lehr-/Lernkulturen, speziell in der Qualifikationsforschung und in der Arbeitsmarkt- und Berufsforschung.

Während noch bis zum Beginn der 1980er Jahre in der E. überwiegend Wissenschaftler/innen aus dem politischen Umfeld der Volkshochschulen tätig waren, kamen sie später zunehmend aus dem Umfeld von Industrie, öffentlichem Dienst und Gewerkschaften: eine Folge von Privatisierungsprozessen in der EB/WB. Mit diesem Wandel korrespondiert die Nähe/Ferne solcher Forschungen zu erziehungswissenschaftlichen Traditionen bzw. zu Traditionen der Organisations- und Planungswissenschaften betriebswirtschaftlicher Provenienz. Während die erziehungswissenschaftlichen Traditionen immer weniger rezipiert werden, nimmt die Begrifflichkeit der Organisations- und Planungswissenschaften in den Forschungen zur E. immer größeren Raum ein.

Wie auch in der Frauenforschung hat sich eine spezielle, wissenschaftstheoretisch begründete „Bereichsmethodologie" in der E. nicht entwickelt, die es nicht schon an anderen Orten gäbe. Die Forschungen in diesem Handlungsfeld zehren alle von den methodischen Regeln und Positionen mehrerer Grundlagendisziplinen: den Staatswissenschaften, der Soziologie, der Psychologie, der Philosophie, der Pädagogik, der Geschichtswissenschaft und den Philologien verschiedener Sprachen. Diese sind aber ihrerseits derart differenziert, dass eine für die E. hilfreiche Klassifikation methodischer Positionen besser daran tut, die oben schon erwähnten wissenschaftstheoretischen Positionen zu benennen, auf die die einzelwissenschaftlichen Ansätze jeweils verweisen.

Neben den methodischen Schwierigkeiten der erwähnten grundsätzlichen Art existieren in der E. statistisch-forschungstechnische Probleme, wo es – aus Gründen der speziellen Organisationsformen des Lernens von Erwachsenen – kaum möglich ist, hinreichend gute Beschreibungen von Grundgesamtheiten zu bekommen, aus denen man wissenschaftlich exakt interpretierbare Stichproben ziehen bzw. Panels gewinnen kann, wenn es um die Herstellung von Zeitreihen geht. Gerade in der E. wäre es von großem Interesse, zwischen Kohorteneffekten und Alterseffekten zu unterscheiden.

Probleme, die einer solchen Forschung im Wege stehen, resultieren aus folgender Struktur: Die EB/WB ist ein System, in dem permanentes Innehaben von Mitgliedschafts- und Professionsrollen eher untypisch als die Regel ist; eine Tatsache, die die Geltung von Forschungsergebnissen stark einschränkt. Die meisten Forschungsarbeiten sind daher Feldforschung, oft mit wenig erprobten Erhebungsinstrumenten, unklarer Validität und starker historischer Prägung der Ergebnisse (schnelles Veralten von Informationen). Auf weitere Probleme der Weiterbildungsrealität, die statistische Erhebungen erschweren, weist D. Gnahs (Tippelt 2009) ausführlich hin.

Wünsche bezüglich künftiger Forschung sind in Memoranden zur E. niedergelegt worden. Das im Jahre 2000 im Auftrag der Sektion Erwachsenenbildung der DGfE verfasste Forschungsmemorandum für die Erwachsenen- und Weiterbildungsforschung (FMEW) ordnet zahlreiche Forschungsfragen nach folgenden Forschungsfeldern: „Lernen Erwachsener", „Wissensstrukturen und Kompetenzbedarfe", „professionelles Handeln", „Institutionalisierung" sowie „System und Politik". Diese Forschungsfelder werden in dem im Jahre 2004 im Auftrage des DIE verfassten „Memorandum zur historischen Erwachsenenbildungsforschung" (MhE) für die historische Forschung „übersetzt", wobei (im Gegensatz zum FMEW) ein kurzer Einblick in den jeweiligen Forschungsstand gegeben wird. Beide Memoranden nennen Schwerpunkte und Desiderate und formulieren Perspektiven sowie anstehende Forschungsfragen.

Den oben geschilderten methodischen Dilemmata entspricht, dass „trotz einer Vielzahl von Studien, Konzepten und ‚Schulen' (...) noch immer weitgehend die Bezugnahme der Einzelstudien aufeinander" fehlt (Schrader/Berzbach 2005). Weiter bleibt oft die Nachvollziehbarkeit von „Ergebnissen", wenn es diese überhaupt gibt, auf Insider beschränkt. Für die forschungsmethodische Diskussion ist das MhE ergiebiger als das FMEW, in dem zwar viele Fragen aufgeworfen werden, aber kaum problematisiert wird, ob sich solche Fragen empirisch untersuchen lassen. Das ist im MhE anders. Methodische Anregungen können aus den Detaildarstellungen zu den Forschungsfeldern gewonnen werden, die in jeweiligen Kapiteln über Gegenstand, Forschungsstand und Perspektiven geliefert werden. Die wichtigsten Anregungen beziehen sich auf die Aufzählung von möglichen (historischen) Quellen beziehungsweise die Empfehlungen, solche Quellen zu sichern (Arnold u.a. 2000).

Grundlegende wissenschaftstheoretische Positionen, auf die in Erwachsenenbildungsstudien verwiesen wird, sind vor allem von Karl Popper (Kritischer Rationalismus) und später von Jürgen Habermas in seinen vorbereitenden Arbeiten zu einer Logik der Sozialwissenschaften und in seiner „Theorie des kommunikativen Handelns" dargestellt worden. Als weitere Quellen „grundlegender wissenschaftstheoretischer Positionen" gelten die Arbeitsgruppe Bielefelder Soziologen, Berger/Luckmann, Devereux, Holweg, Oevermann, Schütz, Strauss, Weingarten.

Literatur
Arnold, R. u.a.: Forschungsmemorandum für die Erwachsenen- und Weiterbildung, im Auftrag der Sekt. EB der DGfE. Frankfurt a.M. 2000 – Buttgereit, M. u.a.: Berufsgruppenspezifische Weiterbildungsprobleme. Zur Theorie und Methode explorativer Analysen. Weinheim 1975 – Ciupke, P. u.a.: Memorandum zur historischen Erwachsenenbildungsforschung. Beiheft zum Report. Bielefeld 2002 – Derichs-Kunstmann, K./Faulstich, P./Tippelt, R. (Hrsg.): Theorien und forschungsleitende Konzepte der Erwachsenenbildung. Beiheft zum Report. Bielefeld 1995 – Dieckmann, B. u.a.: Gesellschaftsanalyse und Weiterbildungsziele. Braunschweig 1973 – Flick, U.: Triangulation. In: Ders. (Hrsg.): Handbuch Qualitative Sozialforschung. 2. Aufl. Weinheim 1995 – Negt, O.: Was ist Kultur? Vortragsmanuskript zum 10-jährigen Bestehen des Studiengangs Kulturwissenschaft an der Universität Bremen, 29.11.1996 – Reichertz, J.: Objektive Hermeneutik. In: Flick, U. (Hrsg.): Handbuch Qualitative Sozialforschung. 2. Aufl. Weinheim 1995 – Schrader, J./Berzbach, F.: Empirische Lernforschung in der Erwachsenenbildung/Weiterbildung. Bonn 2005. URL: www.die-bonn.de/esprid/dokumente/doc-2005/schrader05_01.pdf (Stand: 26.11.2009) – Siebert, H.: Problembereiche der Weiterbildungsforschung. Hagen 1984 – Strzelewicz, W./Raapke, H.-D./Schulenberg, W.: Bildung und gesellschaftliches Bewusstsein – ein mehrstufige soziologische Untersuchung in Westdeutschland. Stuttgart 1966 – Tippelt, R. (Hrsg.): Handbuch Erwachsenenbildung/Weiterbildung. 3., überarb. und erw. Aufl. Opladen 2009

Bernhard Dieckmann

Erwachsenenbildungswissenschaft

Der Begriff E. wird in vier verschiedenen Bedeutungen gebraucht:

- als allgemeiner Oberbegriff für alle auf den Objektbereich von EB, WB, lebenslangem Lernen und nachschulischer Selbstbildung bezogenen wissenschaftsförmigen Bestände,
- zur Bezeichnung einer eigenständigen Wissenschaftsdisziplin (insoweit auch synonym mit „andragogy“ im ursprünglichen Sinne von Malcolm Knowles),
- zur Bezeichnung der Teildisziplin innerhalb der Erziehungswissenschaft oder der Bildungswissenschaft(en), in diesem Sinne auch synonym mit „Erwachsenenpädagogik“, „EB/WB“ (hier als Wissenschaftsbezeichnung, nicht als Bezeichnung des Phänomens, Sachverhalts oder Praxisfeldes) oder auch „Andragogik“ (im Sinne des deutschen Sprachgebiets),
- (zumeist nur) adjektivisch in einem transdisziplinären Sinn einer „erwachsenenbildungswissenschaftlichen“ Relevanz, die sich in erster Linie aus dem Forschungsgegenstand und seiner Bedeutung, gelegentlich auch aus der Methodik herleitet und sich in verschiedensten Wissenschaftsdisziplinen manifestieren kann.

Genereller Gegenstandsbereich der E. ist das Phänomen der → Bildung und Selbstbildung, des Vermittelns und Aneignens, des (selbst- oder fremd-) organisierten und des informellen Lernens im Lebenslauf des erwachsenen Menschen. Aufgrund ihres thematischen Horizonts, insb. aber aufgrund der Nutzbarkeit von Theorieansätzen und Methoden steht die E. in besonderer Nähe zu bestimmten Nachbardisziplinen, die sie auch als ihre (primären) Bezugsdisziplinen ansieht: Das sind in erster Linie die Soziologie und die Psychologie, hinzu können andere Wissenschaften treten, wie etwa die Kommunikations- und Medienwissenschaften, die Philosophie und die Politologie. Eine übliche interne Gliederung des Wissenschaftsbereichs der E. ist die nach beruflicher und betrieblicher WB einerseits, nach allgemeiner, kultureller, freizeitbezogener und politischer Bildung andererseits. Eine gewisse Verselbstständigung haben gleichsam als Teildisziplinen die vergleichende (internationale und interkulturelle) und die historische Erwachsenenbildungsforschung erfahren. Im Übrigen sind verschiedene Spezialfelder ausgeprägt, so die Gerontagogik (Altersbildung), die Museumspädagogik und die Freizeitpädagogik (für Erwachsene), die Sprachandragogik und die Gemeindepädagogik. Verflechtungen sind mit Fragestellungen verschiedener Fächer gegeben, so mit der Sozialpädagogik, etwa im Bereich der Resozialisation, und mit der Sonderpädagogik für Menschen mit Behinderungen. Multidisziplinäre Bezüge bestehen zur Gesundheitsbildung und Rehabilitation. Nicht wenige dieser thematischen Schwerpunkte werden von anderen Disziplinen oder deren Teildisziplinen beansprucht oder sind z.T. in diesen sogar explizit verankert, so etwa die Gemeindepädagogik in der praktischen Theologie, die Sprachandragogik in der Didaktik der Fremdsprachen, die berufliche EB zumindest auch in der Berufs- und Wirtschaftspädagogik sowie in Betriebswirtschaft und Managementlehren, und die politische EB – je nach örtlichen Entwicklungen – zum Teil auch in der Politikwissenschaft. Ein eigener Fall ist die wegen des demographischen Wandels zunehmend wichtiger werdende Gerontagogik, die sich als autonome Disziplin, als Teil- oder Subdisziplin der multidisziplinären Gerontologie oder als Teildisziplin einer

auf den gesamten Lebenslauf des erwachsenen Menschen hin angelegten E. versteht.
Von ihrer Fachgeschichte her ist die E. multidisziplinär disponiert. In Deutschland haben neben Erziehungswissenschaftler/inne/n vor allem Staats- und Sozialwissenschaftler/innen frühe Ansätze wissenschaftlichen Arbeitens und akademischer Etablierung und Institutionalisierung vorangebracht: Die erste akademische Antrittsvorlesung zu einem Thema der E. wurde 1922 an der Universität Jena gehalten, die erste Institution (Seminar für freies Volksbildungswesen) wurde 1923 an der Universität Leipzig gegründet, und was das Lehrangebot bis 1933 betrifft, so stand die Universität Köln an der Spitze. Nach 1945 fand die E. in West und Ost zunächst nur vereinzelt und nicht als entfaltetes Lehrgebiet Eingang in die Universitäten. Während in der Bundesrepublik der Ausbau des Fachs an Universitäten und Pädagogischen Hochschulen seit den 1960er Jahren fortschritt, wurde die E. in der DDR nicht kontinuierlich fortgeführt.
Die Problematik der E. (wie sie u.a. auch im schwankenden Gebrauch der Terminologie zum Ausdruck kommt) ist vielfältig. Genannt seien hier:

- die diffuse Grenzziehung hinsichtlich des Objektbereichs mit einer Tendenz zur Totalisierung und Diffusion,
- die multidisziplinäre Bestimmtheit als Folge der Einbettung des Erkenntnisbereichs und der Untersuchungsfragen in die Komplexität der Lebenswirklichkeit,
- die systematische Verflochtenheit der E. in eine interkulturelle Grundkonstellation und ihre Verwiesenheit auf internationale Orientierung,
- die Stellung der E. innerhalb der oder in Nachbarschaft zur Erziehungs-/Bildungswissenschaft,
- das teilweise ungeklärte Verhältnis zu den sog. Bezugsdisziplinen,
- eine besonders unmittelbare Exponiertheit gegenüber extradisziplinären Dynamiken des Wandels,
- die zu geringe Ausprägung der zentripetalen Kräfte und das tendenzielle Übergewicht der zentrifugalen Kräfte innerhalb der E.,
- das schwierige Verhältnis zur Praxis, zum einen als wissenschaftsinterne Klärung der Anwendungsorientierung der E., zum anderen als wissenschaftsinterne und wissenschaftsexterne Bestimmung der Position der E. als Größe in einem nur teilweise professionalisierten Handlungsfeld,
- das Verhältnis zur Bildungspolitik und deren Sicht auf die E. im Spannungsfeld von Vernachlässigung vs. konjunkturabhängiger übermäßiger Inanspruchnahme,
- der Stellenwert des Objektbereichs der E. in Bezug auf das lebenslange Lernen insgesamt und die Gewichtung einzelner Lebensphasen,
- die Auswahl relevanter und die Integration heterogener Wissensbestände und der Umgang mit Dynamiken des Wissens,
- die Klärung des Beitrags der E. im Hinblick auf Förderung nachhaltiger Entwicklung und Humanisierung globalen Zusammenlebens.

Aus dem Charakter der E. ergibt sich, dass sie sich zu den größten Traditionen der wissenschaftlichen Überlieferung in unmittelbare Beziehung setzen kann. Dabei entspricht der Pluralität ihres Gegenstandsbereichs eine Vielfalt relevanter Forschungsmethoden der E., in der alle geistes-, sozial- und kulturwissenschaftlichen Methoden Raum finden; gleichzeitig wird damit eine fachliche Kernbildung erschwert. Insgesamt sind innerhalb der E. unterschiedliche Tendenzen hinsichtlich der Leitwerte und des wissenschaftlichen Selbstverständnisses auszumachen, deren auffälligste entweder die Orientierung an einem humanistisch-personalen Menschenbild oder das Interesse an Interventions- und Steuerungsprozessen oder aber an gesellschaftlicher Modernisierung sind.
Ob sich die E. künftig als ein thematisch locker verbundenes Agglomerat von Arbeitsansätzen und Projekten aus verschiedenen Disziplinen im Zwischenfeld von Wissenschaft und Praxis, als eine ihrem Anspruch voll gerecht werdende „anwendungsorientierte Integrationswissenschaft" oder als selbstständige Einzeldisziplin bzw. als Teil- oder Subdisziplin behaupten kann, wird die weitere Entwicklung zeigen. Eine Reihe von fachlichen Entwicklungsprozessen der letzten Jahre geben Anlass zu der Prognose, dass sich die E. dem Status einer „Normalwissenschaft" (Kuhn) annähert.

Literatur
Arnold, R. u.a.: Forschungsschwerpunkte zur Weiterbildung. Frankfurt a.M. 2002 – Faulstich, P.: Weiterbildung. Begründungen lebensentfaltender Bildung. München u.a. 2003 – Friedenthal-Haase, M.: Erwachsenenbildung im Prozeß der Akademisierung. Der staats- und sozialwissenschaftliche Beitrag zur Entstehung eines Fachgebiets an den Universitäten der Weimarer Republik unter besonderer Berücksichtigung des Beispiels Köln. Frankfurt a.M. u.a. 1991 – Kade, J. u.a.: Fortgänge der Erwachsenenbildungswissenschaft. Pädagogische Arbeitsstelle des Deutschen Volkshochschul-Verbandes. Frankfurt a.M. 1990 – Kuhn, T.S.: Die Struktur wissen-

schaftlicher Revolutionen. Frankfurt a.M. 1967 – Zeitschrift für Pädagogik: Theoriediskussion in der Erwachsenenbildung – Weiterbildung, H. 4, 2005

Martha Friedenthal-Haase & Elisabeth Meilhammer

Erwachsenenpädagogik

Die E. ist der Bereich der Pädagogik bzw. der Erziehungswissenschaft, der sich mit der Konzeptualisierung und der Erforschung der Bildung und des Lernens Erwachsener beschäftigt. Als etablierte Spezialdisziplin ist die E. allerdings noch vergleichsweise jung. Erst seit den 1970er Jahren wurden in der Bundesrepublik Deutschland erwachsenenpädagogische Professuren geschaffen, obgleich es auch schon früher eine theoretische und empirische Analyse der EB und ihrer Praxen gab (z.B. Flitner; Borinski). Interessanterweise ist die Spezialisierung sowie die wissenschaftspolitische Ausdifferenzierung der Disziplin E. (bisweilen auch Andragogik genannt) in anderen europäischen und außereuropäische Ländern in der Regel wesentlich geringer ausgeprägt, teilweise werden erwachsenenpädagogische Fragestellungen auch stärker unter sozialpädagogischem Fokus analysiert (z.B. in Spanien) bzw. im Zusammenhang mit den europäischen Debatten um das → Lebenslange Lernen erörtert.

Die E. befasst sich mit den Begründungen (Theorien), der Entwicklung (Geschichte), dem Bedarf sowie den Inhalten und Prozessen (→ Didaktik), den Lernformen (→ Methoden), den Lernsubjekten in ihrer biographischen (→ Biographie), sozialpsychologischen und soziokulturellen Vorprägungen sowie in ihren das Erwachsenenlernen jeweils prägenden Aneignungs- und → Deutungsmustern (Lernpsychologie des Erwachsenenalters, Erwachsenensozialisationsforschung), den Adressaten- und → Zielgruppen (Milieu- sowie Adressaten- bzw. Teilnehmerforschung), der rechtlich-institutionellen Verfasstheit der EB sowie mit weiterbildungspolitischen und internationalen Rahmenbedingungen und Entwicklungstendenzen. Deutlicher hervorgetreten sind zudem in den letzten Jahren auch die Themenbereiche → Marketing, Management sowie Qualitätssicherung von EB (→ Qualitätsmanagement), womit auch die E. auf den Trend zu einer stärker markt-, konkurrenz- sowie kundenorientierten Positionierung von Erwachsenenbildungsangeboten reagiert.

Die genannten Themen- und Gegenstandsbereiche der E. werden sowohl theorieorientiert mit deskriptiv-strukturierendem Zugriff als auch empirisch bearbeitet. Die empirische Forschung der E. greift dabei sowohl auf quantitative (empirisch-analytische) als auch auf qualitative (sozialwissenschaftlich-hermeneutische) Analysen zurück. Was die Analyse der Teilnehmervoraussetzungen, ihres Lern- und Auseinandersetzungs- sowie Aneignungsverhaltens anbelangt, so hat sich die deutsche → Erwachsenenbildungs-/Weiterbildungsforschung deutlich stärker im Sinne des qualitativen Forschungsparadigmas entwickelt, was auch auf die Strukturparallelität von qualitativer Forschung und der Bildung Erwachsener zurückgeführt wird (Tietgens 1981): In beidem geht es um Verstehen, um Deutungsabhängigkeit sowie Interpretationsgebundenheit von Interaktion und subjektiver Aneignung.

In dem Maße, in dem die E. so ihren Gegenstand als „lebensweltbezogenen Erkenntnisprozess" (Schmitz 1984) (→ Lebenswelt) bzw. als „Konstruktion von Wirklichkeit" (→ Konstruktivismus) zu konzeptualisieren begann, gelang es ihr auch, Grundlinien einer Theorie des Erwachsenenlernens zu entwickeln, die den engen Rahmen behavioristischer Lerntheorien sprengte und Erwachsenenlernen als den Prozess eines durch die jeweiligen Deutungs- und Emotionsmuster geprägten Erfahrungslernens (→ Erfahrungsorientierung) zu beschreiben vermochte. Mit der Entwicklung einer solchen Aneignungsperspektive ist die EB in den 1980er und 1990er Jahren zu ihrem genuinen Kern vorgedrungen, den sie mit keiner anderen wissenschaftlichen Disziplin gemeinsam hat: Sie fragt nach der subjektiven Aneignung (→ Aneignung – Vermittlung) von → Wissen, Deutungen und Erfahrungen in Lernprozessen, in denen Erwachsene sich vor dem Hintergrund ihrer biographischen, kognitiv-emotionalen sowie lebensweltlichen Erfahrungen um eine Transformation ihrer Kompetenzen, d.h. ihrer Möglichkeiten des Denkens, Fühlens und Handelns bemühen, wohl wissend, dass diese Prozesse durch professionelles Handeln ermöglicht und gefördert, kaum aber monokausal erzeugt werden können. Dieser Fokus versetzt sie zudem als eine interdisziplinär orientierte Wissenschaft überhaupt erst in die Lage, die Beiträge anderer Wissenschaftsdisziplinen wie der Psychologie und Soziologie daraufhin zu „konsultieren", ob und inwieweit diese Merkmale und Besonderheiten des Aneignungslernens Erwachsener tiefer und facettenreicher verstehen und erweiterte Handlungsmöglichkeiten aufweisen. In diesem Sinne hat z.B. die Psychologie der Lebensspanne ebenso wichtige Anregungen geliefert wie die neueren Modernisierungstheorien (Modernisierung). Ähnliche interdisziplinäre Anregungen ergeben sich derzeit auch aus den Kognitionswissenschaften, den neueren Systemtheorien, der (Neuro-)Biologie und dem → Konstruktivismus, die helfen, Eigenvarietät und Selbstorganisationskräfte lernender Individuen neu zu konzeptualisieren.

Der Versuch, „Andragogik" auch im deutschsprachigen Bereich als Bezeichnung für die Wissenschaft von der EB zu etablieren, hat nur sehr vereinzelt zu entsprechenden Bezeichnungen der Lehrstühle, Ansätze oder Qualifizierungsangeboten (z.B. in Aachen und Bamberg) geführt. Im internationalen Kontext stellt sich dies etwas anders dar. So werden z.B. im amerikanischen Kontext die Begriffe „adult education" und „andragogy" parallel verwendet.

Literatur
Arnold, R./Pätzold, H.: Bausteine zur Erwachsenenbildung. Baltmannsweiler 2008 – Jarvis, P.: Adult and Continuing Education. Theory and practice. 2. Aufl. London/New York 1995 – Schmitz, E.: Erwachsenenbildung als lebensweltbezogener Erkenntnisprozess. In: Schmitz, E./Tietgens, H. (Hrsg.): Erwachsenenbildung. Enzyklopädie Erziehungswissenschaft, Bd. 11. Stuttgart 1984 – Schober, W.: Andragogik? Zur Begründung einer Disziplin von der Erwachsenenbildung/Weiterbildung. Baltmannsweiler 2003 – Tietgens, H.: Die Erwachsenenbildung. München 1981 – Tippelt, R./Hippel, A. v. (Hrsg.): Handbuch Erwachsenenbildung/Weiterbildung. 3., überarb. und erw. Aufl. Opladen 2009 – Wittpoth, J.: Einführung in die Erwachsenenbildung. Opladen 2003

Rolf Arnold

Erwachsenensozialisation

Sozialisation bezeichnet den geschlechts-, bildungs-, milieu- und (sub)kulturtypischen (vgl. die Trias von „class – race – gender") und entsprechend variabel und komplex verlaufenden lebenslangen Prozess der Anpassung und Auseinandersetzung eines menschlichen Organismus mit seiner personalen, soziokulturellen und materiellen Um- und Mitwelt. Das prozesshafte Ergebnis des Lebenslaufs, in dem sich Identität und Handlungsfähigkeit entwickeln (Kindheit), konstituieren und verfestigen (Jugend), weiterentwickeln oder verändern (Erwachsenenalter) und schließlich stagnieren bzw. regredieren (Alter), lässt sich am besten im Begriff bzw. Konstrukt des „Habitus" (Bourdieu) als Inkorporation biographisch-sozialstruktureller Erfahrungen fassen. Der Habitus einer Person ist stark abhängig von historisch-gesellschaftlichen Verhältnissen sowie insb. von der jeweiligen Kapitalausstattung (ökonomisches, soziales und kulturelles Kapital) des Herkunftsmilieus.

Sozialisation ist immer „Vergesellschaftung" (Verallgemeinerung durch Anpassung bzw. „role-taking" als „soziale Identität") als auch „Personalisation" (Individuation bzw. Rückwirkung auf die Umwelt durch „role-making" als „personale Identität"). Weiter kann man unterscheiden zwischen primärer Sozialisation (Kindheit bzw. Familie und Kinderspielgruppen), sekundärer Sozialisation (Jugend bzw. Schule, Ausbildung, peer groups, Medien und Popkulturen) und tertiärer Sozialisation (Erwachsenenalter bzw. Beruf, WB, Familie, Hobbies, Ehe oder Partnerschaft).

E. ist tertiäre Sozialisation, die Weiterentwicklung und/oder Veränderung des Habitus bzw. der Identität, der Wertorientierungen, Einstellungen und Verhaltensweisen eines primär und sekundär sozialisierten Individuums. Die Erwachsenensozialisationsforschung hat ihren Ursprung in der US-amerikanischen Soziologie der 1960er Jahre im Kontext der rollentheoretischen Vermittlung von Strukturfunktionalismus (T. Parsons) und Symbolischem Interaktionismus (G.H. Mead) bei O. Brim und S. Wheeler (1974), die auch die deutschsprachige Diskussion in den 1970er Jahren (Griese 1979) stark beeinflusst haben.

Hierbei kann man differenzieren zwischen Ereignis-E. (durch „Schaltstellen" bzw. „kritische Lebensereignisse" wie Scheidung, Tod signifikanter Anderer/der Eltern, Umzug, Arbeitslosigkeit, Geburt eines Kindes, Krankheit, Unfall) und Alltags-E. („normale" Kommunikationen und Interaktionen). Einen Sonderfall der E. stellt die Resozialisation dar (in Institutionen wie Krankenhaus oder Gefängnis), welche die vorangegangene Sozialisation durch verordnete pädagogische, juristische und/oder therapeutische Maßnahmen rückgängig machen soll.

Prozesse der E. können selbstinitiiert (Selbstsozialisation), fremdgesteuert (Fremdsozialisation) oder zufällig (Sozialisation durch Zufall) sein. E. spielt sich immer im Spannungsfeld zwischen Stabilität/Kontinuität einerseits und Veränderung/Wandel der Person andererseits ab und kann – idealtypisch – bruchlos auf der primären und sekundären Sozialisation aufbauen oder diese infrage stellen (z.B. durch Identitätskrisen, midlife-crisis). Inwieweit sich der Habitus einer Person in der E. noch tiefergehend verändern kann („vom Saulus zum Paulus") oder relativ konstant bleibt („Was Hänschen nicht lernt, lernt Hans nimmermehr"), ist dabei die entscheidende, aber kontrovers diskutierte Frage der Erwachsenensozialisationsforschung. Hinzu kommt, dass der Einfluss der jeweiligen Sozialisationsinstanzen sich in den letzten Jahren enorm verändert hat, z.B. durch das Dominantwerden neuer Medien wie Handy, Computer und Internet in Familie, Schule, peer groups, Ausbildung und Beruf, so dass frühere Erkenntnisse zur Sozialisation und E. eventuell revidiert werden müssen.

Eine besondere und theoretisch begründbare Bedeutung kommt der E. für die Theorie und Praxis der EB zu, und E. wurde dort intensiv diskutiert und rezipiert (Arnold/Kaltschmid 1986). Zu fragen ist z.B., inwieweit die Lernbereitschaft (Motivation) und -fähigkeit (Kompetenz) von Erwachsenen von (kritischen) Ereignissen der E. abhängen oder gar dadurch blockiert werden. Gegenwärtig liegt aber keine konsensfähige Theorie der E. vor, und es mangelt an empirischen Studien über die (Bedingungen der) Konstanz oder Veränderbarkeit des Habitus.

Literatur

Arnold, R./Kaltschmid, J. (Hrsg.): Erwachsenensozialisation und Erwachsenenbildung. Frankfurt a.M. u.a. 1986 – Brim, O./Wheeler, S.: Erwachsenensozialisation. Stuttgart 1974 – Griese, H.M. (Hrsg.): Sozialisation im Erwachsenenalter. Weinheim/Basel 1979

Hartmut Griese

Erwachsenwerden

Das E. markiert den wenig bewussten Referenzrahmen für alle Erziehungs- und Bildungsbemühungen in einer Gesellschaft. Wer „erwachsen" ist, muss nicht mehr erzogen werden, und „Bildung" erwirbt man, um in seinem Erwachsenenleben „sich selbst und die Welt zu verstehen und diesem Verständnis gemäß zu handeln" – so lautet die mittlerweile klassische Definition des „Deutschen Ausschusses für das Erziehungs- und Bildungswesen" in den 1960er Jahren, durch die „Bildung" mit selbstverantwortlicher und reflektierter Lebensführung gleichgesetzt wurde. Wer „gebildet" ist, galt – notwendig – als „erwachsen". Dies ist eine Gleichsetzung, die allerdings nicht in umgekehrter Reihenfolge gilt. Bei Kindern und Jugendlichen sprechen wir nicht von „Bildung" im Sinne einer abgeschlossenen Kompetenzentwicklung, sondern lediglich von „Bilden" im Sinne eines Unterwegsseins. So betrachtet definiert sich das Erwachsensein durch sein Gegenteil: „Der Begriff des Kindes wird durch den Gegenbegriff des Erwachsenen definiert, schließt also das Erwachsensein aus" (Luhmann 1997), so lautet die Festlegung des bekannten Soziologen Niklas Luhmann, die einer detaillierten Prüfung allerdings kaum standhält. Das Erwachsensein präsentiert sich uns in den modernen Gesellschaften so unterschiedlich wie noch nie, so dass es immer schwerer wird, die Unterschiede zwischen Jugendlichen und Erwachsenen wirklich substanziell, d.h. über eine bloß altersmäßige Definition hinausgehend, zu bestimmen. Die Wahrnehmung eigener biographischer Kontinuität beinhaltet ein anderes Verhältnis von Kind und Erwachsenen als das der Unterscheidung. Der Erwachsene ist in seinem Erwachsensein auch durch die strukturelle Rationalität seiner verbliebenen Kindlichkeit geprägt. Erwachsensein ist nämlich zwar einerseits unterschieden von dem Kindsein, andererseits ist letzteres aber auch in ersterem unauflösbar und zumeist unbewusst als „fortwirkende Kindlichkeit" integriert, weshalb wir „nie erwachsen werden" (Lempp 2003). Diesen Sachverhalt beschreibt bereits Robert Bly in „Die kindliche Gesellschaft" mit dem treffenden Untertitel „Über die Weigerung, erwachsen zu werden" (Bly 1996) im Blick auf die aktuelle gesellschaftstypischen Ausdrucksformen des erwachsenen Kindes.

Solche, den Individuationsprozess und die innere Reifung betreffenden Überlegungen werden im erwachsenenpädagogischen Diskurs nur sehr vereinzelt aufgegriffen (Bittner 2001) und vom erwachsenenpädagogischen Mainstream kaum rezipiert. Diesem fehlt deutlich ein entwicklungstheoretisches Konzept, der Entwicklungs- bzw. Individuationsgedanke wird vielmehr überlagert durch ein systemtheoretisches Denken, welches einseitig begriffstheoretisch sowie soziologisch akzentuiert ist. Gearbeitet wird mit Leitdifferenzen („Kind" vs. „Erwachsener"), denen allerdings entgeht, dass wir für unser wissenschaftliches Denken neben den Leitdifferenzen auch die Leitintegrationen verstärkt in den Blick nehmen müssen, da die Wirklichkeit sich uns scheinbar nicht allein durch die Unterscheidung des einen *vom* anderen, sondern auch durch das Fortdauern des einen *im* anderen konstituiert.

E. ist in seinen Kernprozessen durch die Überlagerung und Durchdringung des biographisch bereits Vermittelten mit dem aktuell sich Vermittelnden im Kontext einer sich verengenden Zeitperspektive geprägt, dem eine nicht bloß tendenziell andere Art von Lernen zugrunde liegt als beim Aneignungslernen von Kindern und Jugendlichen. Dies wird u.a. durch die Hinweise auf die „Strukturdeterminiertheit" des Lernens deutlich, wenn man in Rechnung stellt, dass die Binnenstrukturiertheit des Erwachsenen etwas ist, das sich biographisch aufschichtet, herauskristallisiert und verfestigt. So ist leicht einsehbar, dass Erwachsenenlernen auch durch einen nachdrücklicheren – und im Zuge der Pädagogisierung der Erwachsenenpädagogik gerne übersehenen – strukturellen Konservatismus der Entwicklung von Kognition und Emotion gekennzeichnet zu sein scheint. Wenn Erwachsene als „lernfähig, aber unbelehrbar" (Arnold/Siebert 2003) angesehen werden können, dann ist auch die Vermittlung von Neuem, wenn sie denn denkbar ist, eine andere.

Erwachsene folgen in ihrer Aneignungslogik, wie Kinder und Jugendliche, den Maßgaben der „operativen Geschlossenheit" sowie der „autopoietischen Selbstreferenz", doch ist die Fülle dessen, was da bereits vorstrukturierend und rekonstellierend in ihnen nach Anwendung drängt, eine dichtere (und möglicherweise auch „festgelegtere") als die von Kindern und Jugendlichen. Insbesondere für die Lernfähigkeit im Erwachsenenalter – der Phase, in welcher nach Singer „die Architektur des Nervensystems auskristallisiert und starr wird" (Singer 2002) – ergibt sich die Notwendigkeit, das Aufbruchsparadigma der Erwachsenenbildung (→ Lebenslanges Lernen) neu zu diskutieren: Die Lernvorgänge im Erwachsenenalter „beruhen darauf, dass die Wirksamkeit der vorhandenen Verbindungen verändert wird. Diese können in ihrer Effektivität, in ihrer Koppelstärke, entweder erhöht oder abgeschwächt werden" (ebd.), wobei erwachsenendidaktisch die Frage nach der Erstarrung der hirnphysiologischen Verschaltungen nicht ausgeklammert bleiben darf, da sie uns möglicherweise zu einem neuen Verständnis der Besonderheit des Erwachsenseins (gegenüber dem Kindsein) zu führen vermag.

Um diese Andersartigkeit haben die erwachsenenpädagogischen Theorien schon stets gewusst, weshalb der Versuch, auch das Erwachsenenlernen über eine einheitliche pädagogische Leitdifferenz zu definieren, eher als ein Rückschritt, der mehr vernebelt als erhellt, zu werten ist. Erfahrung sowie die Eigendynamik der „biographischen Konstruktion der Wirklichkeit" (Alheit/Dausien 2000), welche sich altersspezifisch unterschiedlich artikulieren, geraten dabei aus dem Blick. Dieses Einheitsdenken (gemein: die Einheit des Pädagogischen) führt letztlich – zumindest in der wissenschaftlichen Konstruktion der Wirklichkeit – zu einem „Verschwinden des Erwachsenen" (Lenzen 2002), wobei es sich ein solches Denken mit den „Gleichzeitigkeiten von Ungleichzeitigkeiten" zu einfach macht. Zwar lassen sich in den postmodernen Gesellschaften durchaus Tendenzen einer „strukturelle(n) Expansion der Kindheit" (ebd.) feststellen, die dafür sprechen, dass „die Menschen in unserer Kultur gleichsam mental in der ersten Lebensphase verharren, der des Kindes" (ebd.); doch bleibt die Frage, ob diese äußeren Ähnlichkeiten (z.B. Abhängigkeit, Pflegebedürftigkeit im Alter usw.) wirklich bereits eine substanzielle Ähnlichkeit nahelegen.

Eine solche Konstruktion des E. vermag den Blick darauf zu lenken, dass die Erwachsenenpädagogik vor allem eine Lebenslaufwissenschaft ist. Sie fokussiert die lebenslangen Bemühungen des sich entwickelnden Menschen um Identitäts- und Kompetenzsicherung. Diese folgt bei jungen Menschen mehr der biographischen Aufbruchslogik, während in mittleren Jahren sich die Sicherung des erreichten Erfahrungswissens (um sich selbst und um die Welt) zu einer wichtigen Komponente der Identitätsarbeit entwickelt und in der Altersphase der ordnende Blick auf das Zurückliegende an Bedeutung gewinnt. Die sich aus diesem sich wandelnden biographischen Blick ergebenden Such- und Lernbewegungen – formeller und informeller Art – lassen sich nicht vor dem Hintergrund einer universalen Leitdifferenz begründen.

Aufgrund dieser lebenslangen Entwicklungsperspektive, welche gewissermaßen von konstitutiver Bedeutung für die Erwachsenenpädagogik gewesen ist, fiel und fällt es ihr eher schwer, sich mit den stabilen Momenten der Identität des Erwachsenen auseinanderzusetzen, die neuerdings durch neurophysiologische Arbeiten wieder stärker in den Vordergrund rücken. Zwar ist es sicherlich noch viel zu früh, aus den neurobiologischen Einsichten zum Lernen und zur Altersabhängigkeit der Lernfähigkeit des Menschen grundlegende Folgerungen für die Erwachsenenpädagogik sowie die Prozesse des lebenslangen Lernens ableiten zu wollen, doch verweisen uns die bereits vorliegenden Ergebnisse auf einen grundlegenden Strukturbruch im pädagogischen Denken. Dieses berief sich auf einen einheitlichen „pädagogischen Grundgedankengang", der auch von der Lernfähigkeit des lernenden Subjekts im Sinne eines Aufnahmelernens ausging. Nicht zuletzt auch aus dem Grunde, sich in diesen Mainstream des pädagogischen Denkens einordnen zu können, wurden die Erkenntnisse der Lebenslaufpsychologie von der Erwachsenenpädagogik weitgehend unkritisch aufgegriffen: Diese konnte sich gewissermaßen an die vorliegenden pädagogischen Begriffe und Konzepte anlehnen und als Teildisziplin der Pädagogik reüssieren, allerdings um den Preis, dass ihr die neuerdings wieder ins Bewusstsein gerückten Beharrungs- und Starrheitsmomente der Erwachsenenidentität mehr und mehr aus dem Blick gerieten. Diese Besonderheiten konstituieren nämlich das Erwachsenenlernen als ein prinzipielles Anschlusslernen, weshalb alle implizit einen „Lehr-Lern-Kurzschluss" (Holzkamp 1993) transportierenden Didaktikkonzepte insb. beim Erwachsenen in die Irre gehen. Dies ist ein Sachverhalt, der der erwachsenenpädagogischen Debatte differenziert ausgelotet wurde (Faulstich/Ludwig 2004), durch die universalpädagogische Perspektive aber eher wieder zugeschüttet zu werden droht.

Das Erwachsensein präsentiert sich uns in systemischer Perspektive unterschiedlich, je nachdem, welche Leitaspekte wir unserer Beobachtung – bevorzugt – zugrunde legen; eher die „differenztheoretischen Konzepte" im Anschluss an Luhmann oder eher die „integrationstheoretischen Systemkonzepte", wie wir sie bei Bateson, Maturana oder Simon vorbereitet finden können. Für diese Theoretiker berührt das „to draw a distiction" von Spencer-Brown (1969) lediglich eine erkenntnistheoretische Dimension, und sie wissen, dass die soziale Praxis sowie die Selbstbeschreibungen der Subjekte letztlich auch anderen Maßgaben als denen der Abgrenzung folgen. Auf diesen Aspekt verweisen auch die Überlegungen von Holm von Egidy, der auf das „Motiv, eine Unterscheidung zu treffen" (v. Egidy 2001) rekurriert, womit deutlich darauf verwiesen ist, dass von der Unterscheidung als solcher allein – z.B. die zwischen „Kind" und „Erwachsenem" – noch nicht die wirklichkeitskonstituierende Kraft ausgeht; diese lebt vielmehr von der „Beharrlichkeit, eine Frage *aufzuwerfen*, wo es in Wirklichkeit *nichts* zu fragen gibt" (Spencer-Brown 1997).

Literatur

Alheit, P./Dausien, B.: Die biographische Konstruktion der Wirklichkeit. Überlegungen zur Biographizität des Sozialen. In: Hoerning, E. (Hrsg.): Biographische Sozialisation. Stuttgart 2000 – Arnold, R.: Seit wann haben Sie das? Grundlagen eines Emotionalen Konstruktivismus. Heidelberg 2009 – Arnold, R./Siebert, H.: Konstruktivistische Erwachsenenbildung. Von der Deutung zur Konstruktion von Wirklichkeit. 4. Aufl. Baltmannsweiler 2003 – Bittner, G.: Der Erwachsene. Multiples Ich in multipler Welt. Stuttgart 2001 – Bly, R.: Die kindliche Gesellschaft. München 1996 – Egidy, H. v.: Beobachtung der Wirklichkeit. Heidelberg 2004 – Faulstich, P./Ludwig, J. (Hrsg.): Expansives Lernen. Baltmannsweiler 2004 – Holzkamp, K.: Lernen. Ein subjektwissenschaftlicher Entwurf. Stuttgart 1993 – Lempp, R.: Das Kind im Menschen. Über Nebenrealitäten und Regression – oder: Warum wir nie erwachsen werden. Stuttgart 2003 – Lenzen, D.: Das Verschwinden des Erwachsenen: Kindheit als Erlösung. In: Wulf, C. (Hrsg.): Logik und Leidenschaft. Berlin 2002 – Lenzen, D./Luhmann, N. (Hrsg.): Bildung und Weiterbildung im Erziehungssystem. Lebenslauf und Humanontogenese als Medium und Form. Frankfurt a.M. 1997 – Luhmann, N.: Erziehung als Formung des Lebenslaufs. In: Lenzen/Luhmann 1997: a.a.O. – Simon, F.B.: Unterschiede, die Unterschiede machen. Klinische Epistemologie: Grundfragen einer systemischen Psychiatrie und Psychosomatik. Frankfurt a.M. 1993 – Singer, W.: Der Beobachter im Gehirn. Essays zur Hirnforschung. Frankfurt a.M. 2002 – Spencer-Brown, G.: Gesetze und Form. Lübeck 1997

Rolf Arnold

Erziehungswissenschaft und Erwachsenenbildung

E.w., neuerdings auch Bildungswissenschaft, sind die Begriffe für die wissenschaftlichen Disziplinen, die sich mit Pädagogik im weitesten Sinne befassen. Pädagogik wiederum bezeichnet alles, was die Beziehung von Lehren und Lernen, Lehrenden und Lernenden betrifft. E.w. ist insofern eine praxisorientierte Wissenschaft, als sie darauf abzielt, das Verhältnis von Lehren und Lernen zu verbessern und zu entwickeln. Ähnlich wie Medizin und Jura ist die E.w. mit einem definierten Praxisfeld, in dem Pädagogik stattfindet, verbunden.

Entsprechend der Entwicklung des Praxisfeldes hat sich die E.w. mittlerweise ausdifferenziert, man spricht von „Erziehungswissenschaften". Pädagogische Felder wie Schule, Sozialpädagogik, Hochschuldidaktik, Berufsausbildung etc. sind konstitutiv auch für wissenschaftliche Spezialisierungen. Zu ihnen gehört auch die Wissenschaft von der EB, die seit den 1970er Jahren, verbunden mit entsprechenden Aktivitäten der → Weiterbildungspolitik, an vielen Hochschulen in Deutschland als Studienfach angeboten wird.

Die Wissenschaft von der EB/WB oder „Erwachsenenpädagogik" (gelegentlich und in anderen Sprachen wird auch der Begriff „Andragogik" verwendet) beschäftigt sich, wie andere erziehungswissenschaft-

liche Schwerpunkte auch, mit Fragen des Lehrens und Lernens. Dabei ist das Spezifische das Alter der Lernenden, das unter verschiedenen Gesichtspunkten auch spezifische Lehrformen erfordert.
Darüber hinaus beschäftigt sich die Wissenschaft von der EB/WB aber auch mit bereichspezifischen Besonderheiten, wie sie etwa im Schulbereich nicht vorzufinden sind. Dazu gehören die pluralen Strukturen des Weiterbildungsbereichs, die spezifische ökonomische Situation („Markt"), die differenzierte Struktur der Akteure in der Weiterbildung (insb. bei den Lehrenden), die Frage der Zu- und Übergänge bei Weiterbildungsangeboten und die Frage der → Zielgruppen, auf die hin sich EB/WB in besonderer Weise bezieht. Die herausragende Qualität der EB/WB liegt, verglichen mit anderen pädagogischen Feldern, allerdings in der weitgehenden Integration in gesamtgesellschaftliche Prozesse; EB/WB ist eng verzahnt mit Betrieben, Regionen, Kultureinrichtungen, Verbänden, Kirchen, Sportorganisationen etc. Weiterbildung ist an den „Rändern" offen und fluide und hat auch im Kern nur eine „mittlere Systematisierung". Die Wissenschaft von der EB/WB erfasst daher nicht nur den engeren Bereich des Lehrens und Lernens, sondern auch die jeweiligen gesellschaftlichen Kontexte und Entwicklungen.
Entsprechend stark ist der Einfluss von Bezugsdisziplinen auf die Wissenschaft von der EB/WB. Nicht nur die pädagogische Psychologie und die Soziologie sind wichtige Bezugswissenschaften, sondern auch die Kommunikationswissenschaften, die Neurowissenschaften und die Wirtschaftswissenschaften sind auf die eine oder andere Weise mit der Wissenschaft der EB/WB verbunden und tragen zur Erforschung des Gegenstandsbereiches „Weiterbildung" bei. In diesem Sinne ist auch die „Allgemeine Pädagogik" eine Art Bezugswissenschaft für die WB.
An deutschen Universitäten erscheint EB/WB in der Regel nur als Ergänzung oder Profilschwerpunkt in der allgemeinen erziehungswissenschaftlichen Ausbildung; entsprechend klein sind auch die universitären Einheiten zur EB/WB (meist nur eine Professur). Außerhalb der Universitäten verfügt Deutschland über eines der größten weiterbildungsbezogenen wissenschaftlichen Institute, das → Deutsche Institut für Erwachsenenbildung. In der Scientific Community ist die Wissenschaft von der EB in der DGfE angesiedelt und repräsentiert dort eine eigenständige Sektion. Die Forschungsaktivitäten zur EB/WB sind seit 2008 in der Datenbank „Forschungslandkarte Weiterbildung" dokumentiert.

Literatur
Brange, K.: Die vielen Erziehungswissenschaften und die eine Pädagogik. In: Report. Literatur- und Forschungsreport Weiterbildung, H. 1, 2005 – DIE/DGfE: Forschungslandkarte Erwachsenenbildung. URL: www.die-bonn.de/forschungslandkarte.info (Stand: 01.12.2009) – Nuissl, E.: Einführung in die Weiterbildung. Augsburg 2009

Ekkehard Nuissl

Ethik

E. ist Moraltheorie; Moral umfasst die Gesamtheit von Werten und Normen, Anschauungen, Theorien, → Institutionen, die sittliches Verhalten organisieren und regulieren und die festlegen, was es heißt, gut zu leben, gerecht zu handeln, vernünftig zu entscheiden und zu urteilen. E. der EB ist Moraltheorie bezogen auf den moralischen Gehalt des in der EB vermittelten → Wissens und Könnens, auf das moralische Verhalten der darin Lehrenden und Lernenden und auf die Ermöglichung der Aneignung moralischen Verhaltens durch die Institutionen und die → Organisation der EB.
Moraltheorie ist Teil der Werttheorie und kann im Grunde nicht losgelöst von der Vermittlung anderer – hedonistischer, utilitaristischer, ästhetischer, politischer, religiöser – Werte und Normen behandelt werden. Für die EB ist die Differenzierung von ethischen und politischen Werten und Normen besonders wichtig: Erstere beziehen sich primär auf das Verhalten von Individuen (moralisch oder unmoralisch kann eigentlich nur der Einzelne handeln), letztere auch auf das Verhalten von → Gruppen, Organisationen, Nationen, Staaten usw.; es ist fragwürdig, kollektive Subjekte als moralisch oder unmoralisch zu bewerten (Subjektakzentuierung). Erstere gelten formal meist für alle Gesellschaftsglieder gleichermaßen (Homogenisierungstendenz) und ohne definitive zeitliche Begrenzung (Verewigungstendenz) – man denke an die zehn Gebote –, während letztere für Herr und Knecht differieren (Differenzierungstendenz) und oft nur für zeitlich begrenzte Abschnitte als gültig gesetzt werden, beispielsweise während revolutionärer Veränderungen (Zeitlichkeitstendenz). Allerdings werden politische Differenzen oft moralisch ausgelebt und gerechtfertigt (Herrenmoral) oder politische Verurteilungen in moralische Kategorien gekleidet (ein „unmoralisches Regime"), ein solcher politischer Moralismus ist jedoch in vielerlei Hinsicht zweifelhaft (Lübbe 1987).

Werte und Normen werden anders als Informationen und Sachwissen angeeignet. Sie müssen in einem komplizierten Prozess ausgehend von (nichtalgorithmisierbaren) individuellen Entscheidungssituationen unter Selbstverantwortung und Entscheidungsfreiheit, über die Entstehung kognitiver Dissonanzen bzw. einer Labilisierung und Instabilität des inneren Zustands durch Ungewissheit bzw. innerer Widersprüche und über die (hoch emotionalisierte) Entscheidung unter Unsicherheit sowie entscheidungsgemäßem Handeln bis hin zur komplexen „Abspeicherung" von Stützungswissen, Entscheidungen, Handlungsergebnissen, Handlungserfolgen und deren Bewertung tief auf emotionalmotivationaler Basis verankert werden. Diese Umwandlung von „bloß gelernten" – und damit handlungsunwirksamen – Werten und Normen in individuelle Emotionen und → Motivationen wird als Interiorisation bezeichnet. Sie bildet den Kern jeder Werterziehung (Erpenbeck/Weinberg 1993). Im Bereich der Pädagogik, insb. der → Erwachsenenpädagogik sind umfassende Modelle zur Entwicklung des moralischen Urteils (Piaget), der Stufen der Moralentwicklung (Kohlberg), der Wertklärung („values clarification") und anderer Aspekte entwickelt worden (Oser/Althof 1997). Eine E. der EB, welche die genannten Differenzierungs- und Interiorisationsaspekte berücksichtigt, steht vor vielschichtigen Problemen. Sie muss zum einen das Spezifische moralischer Werte und Normen hervorheben, ohne deren oft unauflösliche Verflechtung mit anderen Normen- und Wertebereichen zu vernachlässigen. Für die ästhetische Erziehung und → Bildung ist so die Verbindung ästhetischer, für die Religionspädagogik die religiöser, für die → politische Bildung die politischer Werte und Normen mit moralischen Werten und Normen von großer Bedeutung. Zum anderen muss die E. der EB danach fragen, wo intendierte Bildungsprozesse Möglichkeiten der Wertinteriorisation bieten, und zwar

- ob und inwieweit das in der EB vermittelte Orientierungswissen und damit – insb. moralische – Werte und Normen einschließt,
- ob und inwieweit das moralische Verhalten von Lehrenden via Vorbildwirkung die Lernenden zu beeinflussen vermag und
- ob und inwieweit die Institutionen und die Organisation der EB freie, selbstverantwortete individuelle Entscheidungen erlauben.

Eine zunehmende Bedeutung für die EB hat die sich seit Jahren immer weiter auffächernde Diskussion um sog. „Bindestrich-Ethiken" wie Bio-E., Medizin-E., Wissenschafts-E., Sozial-E., Arbeits-E., Wirtschafts- bzw. Unternehmens-E., Rechts-E., Politische E. usw (Fischer 2006). Diese Diskussionen sind einerseits ein Indiz für die zunehmende Handlungsunsicherheit angesichts der sich beschleunigenden und immer komplexer werdenden sozialen, ökonomischen und politischen Entwicklungen. Sie ragen andererseits, anders als die klassischen und oft realitätsferner verhandelten Probleme ethischer Grundlagen tief in den Arbeits- und Bildungsalltag von Menschen und Berufen hinein. So ist beispielsweise die Arbeit von modernem Pflegepersonal ohne ein Training in medizin-ethischen Fragen nur noch schwer vorstellbar. Im Internetforum „Treffpunkt Ethik" (URL: www.treffpunkt-ethik.de) hat die E. endgültig den auch erwachsenenpädagogisch relevanten Alltag erreicht.

Literatur

Erpenbeck, J./Weinberg, J.: Menschenbild und Menschenbildung. Münster/New York 1993 – Fischer, M. (Hrsg.): Ethik transdisziplinär, 9 Bde. Frankfurt a.M. 2006 – Lübbe, H.: Politischer Moralismus. Der Triumph der Gesinnung über die Urteilskraft. München 1987 – Oser, F./Althof, W.: Moralische Selbstbestimmung. Modelle der Entwicklung und Erziehung im Wertebereich. Stuttgart 1997

John Erpenbeck

Europäische Erwachsenenbildung

Der Begriff e.EB ist nicht präzise definiert. In der Praxis werden damit vor allem zwei unterschiedliche Dimensionen angesprochen. Erstens geht es um die Gestaltung der EB in den unterschiedlichen europäischen Ländern, deren Erforschung sich die → internationale und vergleichende Erwachsenbildungsforschung widmet, zweitens um die Aktivitäten europaweit oder annähernd europaweit operierender Akteure im Erwachsenenbildungsbereich. Zu letzteren zählen zum einen nicht-staatliche Verbände wie die → European Association for the Education of Adults (EAEA), die → European Research and Development Institutes for Adult Education (ERDI) sowie die → European Society for Research on the Education of Adults (ESREA), zum anderen staatliche inter- bzw. supranationale Organisationen wie Europarat und Europäische Union (EU), sowie schließlich auch informellere Zusammenschlüsse und Netzwerke. Letzere können trotz ihres formal wenig geregelten Status eine erhebliche Dynamik entfalten. Herausragendes Beispiel hierfür ist der → Bologna-Prozess, der von keiner Organisation, sondern unmittelbar von den miteinander kooperierenden Hochschulministern der beteiligten europäischen Länder initiiert wurde.

Die Unterschiede zwischen den Erwachsenenbildungssystemen der europäischen Nationalstaaten sind nach wie vor groß. Vor allem lassen sich Unterschiede zwischen einer stärker institutionalisierten und systemisch ausgebauten EB in Nordeuropa und einer stärker projekt- und prozessbezogenen EB in den Mittelmeerstaaten erkennen. Die neuen EU-Mitgliedstaaten in Mittel- und Osteuropa unterscheiden sich wiederum durch die spezifische Rolle, die der EB während ihrer Transformation vom sozialistischen zum marktwirtschaftlichen System zukommt (→ Erwachsenenbildung in Übergangsgesellschaften). Trotz dieser systemischen Differenzen sowie der vorhandenen sprachlichen und kulturellen Unterschiede zeichnet sich eine zunehmende Annäherung der unterschiedlichen Entwicklung von EB in Europa ab. Dabei erweist sich der überstaatliche Zusammenschluss der EU, verbunden mit Finanzen und ordnungspolitischen Instrumenten, als treibendes Moment. So kann aufgrund der seit den Maastrichter Verträgen (1993) stetig ausgebauten Aktivitäten der EU mittlerweile vom Vorhandensein einer europäischen Erwachsenenbildungspolitik gesprochen werden, die sich über die EU-Mitgliedstaaten hinaus auch auf andere europäische Länder (Beitrittskandidaten, Europäischer Wirtschaftsraum) auswirkt.

EB und Bildung insgesamt haben in der Politik der EU bis zu den Maastrichter Verträgen nur eine nachgeordnete Rolle gespielt, und zwar als ein Instrument im Rahmen regionaler Strukturpolitik und als ein Element von Arbeitsmarktpolitik. Wenn EB überhaupt thematisiert wurde, dann betraf sie berufliche → Fortbildung. In den Verträgen von Maastricht wird Bildungspolitik erstmals explizit als eigenständige Gemeinschaftsaufgabe der EU definiert (Art. 3). Konkret ausgeführt wird dies in den Art. 126 und 127, die sich auf die Förderung einer „qualitativ hochstehenden Bildung" (insb. allgemeinen Bildung) bzw. eine „Politik der beruflichen Bildung" beziehen. Mit beiden Artikeln verfolgt die EU vor allem die Ziele, die Mobilität von Lernenden und Lehrenden zu erhöhen, die Zusammenarbeit zwischen den nationalen Einrichtungen zu verbessern und den Informations- und Erfahrungsaustausch über gemeinsame Probleme der Bildungssysteme auszubauen. Weitere Ziele im Bereich der allgemeinen Bildung sind die Entwicklung der europäischen Dimension im Bildungswesen, insb. durch Erlernen und Verbreitung von Fremdsprachen, Förderung der Entwicklung der Fernlehre und Förderung des Jugendaustauschs. Auf dem Gebiet der beruflichen Bildung werden als zusätzliche Ziele ein verbesserter Zugang zu beruflicher Bildung, die Erleichterung der Anpassung an industrielle Wandlungsprozesse sowie die Erleichterung der beruflichen Eingliederung und Wiedereingliederung in den Arbeitsmarkt genannt. Diese Bestimmungen bilden bis heute die rechtliche Grundlage der EU-Aktivitäten im Bildungsbereich.

Die politische Umsetzung erfolgt nach dem Prinzip der Subsidiarität, demzufolge die Gemeinschaft im Bildungsbereich nur tätig werden darf, sofern und soweit die Ziele der in Betracht gezogenen Maßnahmen auf Ebene der Mitgliedstaaten allein nicht ausreichend erreicht werden können. Die EU darf demnach nur ergänzend und unterstützend tätig werden, während Eingriffe in die nationale Bildungspolitik, insb. in die Gestaltung der Bildungssysteme und der Lehrinhalte, ausdrücklich ausgeschlossen sind. Der in früheren Jahren verfolgte Ansatz einer „Harmonisierung" nationalstaatlicher Regelungen auch in bildungsrelevanten Bereichen, wie z.B. Berufsabschlüssen wurde damit aufgegeben.

Aufgrund des Subsidiaritätsprinzips konzentrierte sich die europäische Politik in Bildungsfragen nach Maastricht auf zwei Ebenen: Auf einer diskursiven Ebene treibt die EU über die Veröffentlichung programmatischer Dokumente sowie die Initiierung europaweiter Konsulationsprozesse die Rahmung und Weiterentwicklung einer europäischen Bildungspolitik voran. So erschien 1995 das Weißbuch „Lehren und Lernen. Auf dem Weg zur kognitiven Gesellschaft", das sowohl arbeitsmarktbezogene als auch pädagogische Aspekte aufgreift. Im Jahr 2000 publizierte die EU-Kommission ein „Memorandum über lebenslanges Lernen", dem ein Jahr später eine Mitteilung folgt, in welcher die Errichtung eines „europäischen Raumes des lebenslangen Lernens" als Ziel postuliert und Aktionsschwerpunkte für künftiges Handeln benannt werden. Ebenfalls 2001 identifizierte die Kommission in einer weiteren Mitteilung die „konkreten künftigen Ziele der Bildungssysteme" in Europa, für deren Erreichung der EU-Ministerrat 2002 ein „detailliertes Arbeitsprogramm" verabschiedete. Waren Aspekte der EB in allen diesen Diskursen stets präsent, so gewann der

Bereich erst ab 2006 ein schärferes eigenständiges Profil, als ihm erstmals eine eigene Kommissionsmitteilung „It is never too late to learn" gewidmet und ein Jahr darauf auch ein spezifischer Aktionsplan für EB erarbeitet wurde.
Neben der diskursiven Ebene ist die EU seit Maastricht auf einer förderpolitischen Ebene aktiv, wobei durch europäische Förderprogramme die länderübergreifende Zusammenarbeit und Vernetzung im Bildungsbereich ausgebaut und gezielt übergreifende Projekte und Aktivitäten zu Bildungsfragen in Europa realisiert werden sollen. Die seit 1995 bestehenden Programme LEONARDO (für → berufliche Weiterbildung) und SOKRATES (für die → allgemeine Bildung) wurden 2007 in einem „Integrierten Programm für Lebenslanges Lernen" zusammengefasst, dessen finanzielle Ausstattung gegenüber früheren Phasen noch einmal deutlich erhöht wurde. Der EB war innerhalb von SOKRATES seit 1998 eine eigene, im Vergleich mit dem Schul- und Hochschulbereich allerdings kleine Unteraktion gewidmet, die ab 2000 unter dem Namen GRUNDTVIG läuft.
Durch die Einführung der Methode der offenen Koordinierung im Bildungsbereich im Jahr 2000 hat die europäische Erwachsenenbildungspolitik eine neue Qualität erhalten. Bei diesem ursprünglich dem wirtschaftspolitischen Bereich entnommenen Verfahren vereinbaren die Mitgliedstaaten gemeinsame politische Ziele, deren Erreichungsgrad in jedem beteiligten Staat fortlaufend anhand gemeinsam festgelegter Indikatoren durch die Kommission überprüft und in regelmäßigen Berichten publik gemacht wird. Während so formal das Subsidiaritätsprinzip gewahrt bleibt, wächst gleichzeitig der öffentliche Druck auf die einzelnen Mitgliedstaaten, ihre nationalen Politiken auf europäische einheitliche Ziele hin auszurichten.
Inhaltlich stehen in der EU-Politik als übergeordnete Ziele die Erhöhung der Qualität und Wirksamkeit der Bildungssysteme, die Verbesserung des Zugangs zu Bildungsangeboten für alle Bürger/innen sowie eine Öffnung der Bildungssysteme gegenüber der (außereuropäischen) Welt im Vordergrund. Erreicht werden soll ein höheres Qualifikationsniveau der Gesamtbevölkerung sowie die Sicherung des Erwerbs von Schlüsselkompetenzen durch jeden Einzelnen. Zu diesem Zweck sollen u.a. die räumliche, zeitliche und organisatorische Flexibilität von Lernangeboten gesteigert, die Bewertung und Anerkennung von Lernergebnissen verbessert, die Qualifzierung des Personals gefördert und der Aufbau von Informations- und Beratungsstrukturen vorangetrieben werden.
Während die konkrete Umsetzung dieser Ziele in der Verantwortung der einzelnen Mitgliedstaaten liegt, werden auf EU-Ebene unterstützende Maßnahmen zur Verbesserung von Transparenz und länderübergreifender Kooperation vorangetrieben. Hierzu zählen die Entwicklung von Qualitätsstandards, Benchmarks und Indikatoren, die Bereitstellung von Datenbanken und Informationsportalen, die Erarbeitung multilingualer Glossare, die Schaffung von organisatorischen Rahmen für den Erfahrungsaustausch nationaler Bildungsexperten sowie die Erarbeitung gesamteuropäischer Referenzinstrumente, wie z.B. des 2007 vom Europäischen Parlament verabschiedeten „Europäischen Qualifikationsrahmens" (EQR/EQF).
Das Konzept des → Lebenslangen Lernens, wie es von der EU vertreten wird, prägt mittlerweile wesentlich die nationalstaatlichen bildungspolitischen Diskurse in Europa. Bedeutsam dabei ist eine Verlagerung der Perspektive, die vorrangig auf → Angebote, → Institutionen, Lehre, → Curricula und Abschlüsse fokussierte, hin zu einer Orientierung, bei der die individuellen Lernenden, ihre Lernbedarfe und die de facto erzielten Lernergebnisse im Mittelpunkt stehen. Diese „Outcome"-Orientierung hat eine prinzipielle Gleichwertigkeit von formaler (d.h. abschlussbezogener) WB, non-formaler (d.h. nichtabschlussbezogener, aber organisierter WB) und informeller WB (nicht-organisiertes Lernen im Alltag in sozialen Kontexten wie Arbeitsplatz, Familie u.a.) zur Folge. Die Gleichbehandlung von Lernergebnissen und Kompetenzen, unabhängig von den Wegen, auf denen sie erworben wurden, mithilfe entsprechender Validierungsverfahren stellt so einen wichtigen Arbeitsschwerpunkt in der europäischen EB dar.
Die europäische (EB-)Bildungspolitik ist fest eingebettet in die sog. Lissabon-Strategie, mit deren Hilfe das 2000 vom Europäischen Rat festgelegte Ziel erreicht werden soll, die Union bis zum Jahr 2010 zum wettbewerbsfähigsten und dynamischsten wissensbasierten Wirtschaftsraum der Welt zu machen. Lebenslanges Lernen bildet im Rahmen dieser Strategie ein Schlüsselelement. Mit seiner Hilfe sollen Beschäftigungsfähigkeit, gesellschaftliche Teilhabe und persönliche Entwicklung der Bürger gefördert und Wirtschaftswachstum wie sozialer Zusammenhalt in der EU gestärkt werden. Trotz der regelmäßigen Be-

tonung sozialer wie auch persönlicher Ziele in den einschlägigen EU-Verlautbarungen wird freilich vielfach ein faktisches Übergewicht ökonomischer und arbeitsmarktrelevanter Aspekte und eine entsprechende Instrumentalisierung des lebenslangen Lernens durch die EU-Bildungspolitik kritisiert (Kotthoff/Moutsios 2007).

Literatur
Bechtel, M./Lattke, S./Nuissl, E.: Porträt Weiterbildung Europäische Union. Bielefeld 2005 – Dewe, B./Weber, P.: Wissensgesellschaft und lebenslanges Lernen. Eine Einführung in bildungspolitische Konzeptionen der EU. Bad Heilbrunn/Obb. 2007 – Europäische Kommission: Mitteilung der Kommission an den Rat, das Europäische Parlament, den Europäischen Wirtschafts- und Sozialausschuss und den Ausschuss der Regionen: Aktionsplan Erwachsenenbildung. Zum Lernen ist es nie zu spät. Brüssel, 27.09.2007 – European Commission: The History of European Cooperation in Education and Training. Europe in the making – an example. Luxembourg 2006 – Fahle, K.: Europäische Union. In: Praxishandbuch Weiterbildungsrecht. Loseblattwerk. Neuwied 2004 (Grundwerk) – Kaiser, A./Feuchthofen, J./Güttler, R. (Hrsg.): Europahandbuch Weiterbildung. Loseblattwerk. Neuwied 1994 (Grundwerk) – Kotthoff, H.-G./Moutsios, S. (Hrsg.): Education Policies in Europe. Economy, citizenship, diversity. Münster u.a. 2007 – Report. Zeitschrift für Weiterbildungsforschung: Trends in Adult and Continuing Education in Europe, H. 2, 2008

Susanne Lattke

European Association for the Education of Adults (EAEA)

Die EAEA ist auf europäischer Ebene der größte Zusammenschluss von Verbänden und Institutionen im Bereich der allgemeinen EB. Zurzeit zählt der Verband 128 Mitgliedsorganisationen in 41 Ländern. Die EAEA ist ein transnationaler gemeinnütziger Verband. Er verfolgt den Zweck, Organisationen in Europa, die unmittelbar in der allgemeinen EB engagiert sind, miteinander zu vernetzen und zu vertreten.

Die EAEA fördert die Grundsätze der Lissabon-Strategie zur sozialen Eingliederung; sie fördert das Lernen Erwachsener und setzt sich für die Ausweitung des Zugangs und die Teilnahme aller an der formalen und non-formalen EB, insb. von unterrepräsentierten Gruppen, ein.

Lernziele können die persönliche Entfaltung sein, → sozialer Wandel, → politische Bildung, → Nachhaltigkeit, kulturelles und interkulturelles Lernen sowie die → Entwicklung von Kompetenzen für den Beruf.

1953 durch Repräsentanten verschiedener europäischer Länder gegründet, war es ursprünglich bekannt als „Europäisches Büro der Erwachsenenbildung". Ziele der Arbeit der EAEA sind:

- die Förderung der Entwicklung von EB,
- die Stärkung von Kooperationen im Bereich der EB auf europäischer Ebene,
- Überzeugungsarbeit bei internationalen Institutionen, Pläne, Strategien und Politiken zu entwickeln und zu verabschieden, die dem Lernbedarf der erwachsenen Bevölkerung in Europa entsprechen,
- die Unterstützung von Vereinen im Bildungsbereich bei ihrem Bestreben, zusammenzuarbeiten und eine aktive Rolle auf internationaler Ebene einzunehmen.

Die EAEA kooperiert mit nationalen und regionalen Regierungsorganisationen sowie mit internationalen Institutionen wie z.B. der Europäischen Union, dem Europarat, dem Internationalen Rat für Erwachsenenbildung (ICAE, in dem EAEA ein Mitglied ist) und der UNESCO.

Die Mitgliederschaft des EAEA setzt sich zusammen aus nationalen koordinierenden Organisationen europäischer Länder oder nationalen Organisationen in europäischen Ländern, in denen es mehr als eine oder keine nationale koordinierende Organisation gibt. Lokale, regionale, nationale oder transnationale Organisationen können assoziierte Mitglieder werden. Die geographische Verteilung der Mitgliedschaft umfasst dabei nicht nur die 27 Mitgliedsstaaten der EU, sondern auch die Länder des Europarates.

Die EAEA agiert als Fürsprecher für das Lernen Erwachsener und für die Vereine, die in diesem Bereich tätig sind. Sie tritt für die Entwicklung von politischen Strategien für EB auf europäischer Ebene ein, beobachtet und begleitet politische Strategien zu EB und lebenlangem Lernen auf europäischer Ebene. Sie entwickelt und fördert das Wissen über EB und darüber, wie man Umfang und Qualität von bzw. Zugang zu Lernmöglichkeiten verbessern kann. Sie fördert gemeinsames Lernen durch den Austausch von Informationen, Wissen und Erfahrung unter den Mitgliedern. Und sie veröffentlicht Informationsblätter (Newsletter) und Berichte.

Die EAEA hat für den Service ihrer Mitglieder vier Büros. Das Hauptbüro in Brüssel ist das Zentrum der EAEA-Aktivitäten. Von hier aus wird das Ar-

beitsprogramm koordiniert und ein enger Kontakt zu EU-Institutionen und anderen internationalen Organisationen gepflegt. Das Büro in Helsinki ist zuständig für Information und Dokumentation. Das Büro in Madrid kümmert sich um die Entwicklung und Koordinierung im Mittelmeerraum, das Büro in Budapest um die Entwicklung und Koordinierung in Mittel-und-Ost-Europa.
URL: www.eaea.org

Gina Ebner

European Research and Development Institutes for Adult Education (ERDI)

Mit den Maastrichter Beschlüssen der Europäischen Union (1992) wurde WB als ein eigenständiges europäisches Politikfeld konstituiert, dem europäisch initiierte Programme und Aktionen (etwa LEONARDO und SOKRATES) folgten. Die internationale Kooperation mit der EB innerhalb der EU erhielt dadurch einen wichtigen Impuls.
Das seit 1991 existierende Netzwerk von Forschungs- und Entwicklungsinstituten der EB in Großbritannien, Spanien, Belgien, Griechenland, Dänemark, Deutschland und den Niederlanden entwickelte sich in diesem Zusammenhang zu einem verbindlich organisierten Konsortium, das sich im Oktober 1996 als Verein konstituierte. Bis zu diesem Zeitpunkt war die Zahl der Mitgliedsinstitute auf zehn gewachsen, heute sind in ERDI Institute aus sechzehn europäischen Ländern vertreten.
Der Name der Organisation charakterisiert auch ihre Funktion. Sie ist ein internationales Netzwerk mit dem Ziel, den Austausch von Informationen, die Bereitstellung von Service sowie Forschung und Entwicklung zu koordinieren. Zu diesem Zweck werden Informationen über die Aktivitäten der Institute sowie über allgemeine Entwicklungen in den Mitgliedsländern ausgetauscht, Kontakte auf europäischer Ebene gefördert, Vorschläge und Anträge für gemeinsame Forschungsarbeiten formuliert und entsprechende Projekte durchgeführt sowie übernationale Studien zur Entwicklung der EB erstellt.
Zur besseren Verständigung nicht nur innerhalb von ERDI, sondern innerhalb der europäischen EB hat die Organisation Pilotstudien zu aktuellen Entwicklungen der EB in der EU erstellt (z.B. zum Zusammenhang zwischen allgemeiner und beruflicher EB), in denen insb. auch der Problematik der Terminologie zur EB in Europa Rechnung getragen wird. ERDI führt jährlich eine europäische Veranstaltung zu aktuellen Fragen der EB durch und kooperiert mit den beiden anderen europäischen Erwachsenenbildungsorganisationen → EAEA und → ESREA.
Perspektivisch plant ERDI seine Weiterentwicklung als europäische Exzellenzorganisation, in der alle wichtigen Institute der Weiterbildung und des lebenslangen Lernens im europäischen Raum versammelt sind. Mit Unterstützung auch hauptberuflichen Personals soll die forschungsorientierte Arbeit sowie die Politikberatung der Organisation verstärkt werden.

Literatur

Consortium of European Research and Development Institutes for Adult Education: Participation in Adult Education. Mechelen 2006 – Nuissl, E.: European Research and Development Institutes ERDI: Netzwerk von Service und Wissenschaft. In: Education Permanente, H. 1, 2008

Ekkehard Nuissl

European Society for Research on the Education of Adults (ESREA)

Die ESREA ist eine europäische wissenschaftliche Fachgesellschaft, die das Ziel verfolgt, die Forschung im Feld der EB/WB in ihrer theoretischen und methodologischen Breite zu fördern. Sie wurde 1991 von zwölf Wissenschaftler/inne/n aus acht europäischen Ländern in Leiden gegründet, um die Wissenschaftskooperation in Europa in diesem Bereich zu intensivieren. Die ESREA weist individuelle und assoziierte institutionelle Mitglieder aus praktisch allen Ländern und Regionen Europas auf; die fachliche Zusammenarbeit zu außereuropäischen Regionen und Ländern nimmt ebenfalls zu.
Die ESREA zielt auf den direkten Austausch von aktiv Forschenden durch thematische Netzwerke, Seminare, Konferenzen und durch Publikationen. Besonders strukturbildend sind die derzeit sieben thematischen Netzwerke, die jährlich oder zweijährlich Seminare und Konferenzen in verschiedenen europäischen Orten durchführen, um den Austausch und die Veröffentlichung von Forschungsergebnissen zu Schwerpunktthemen zu intensivieren. Sie umfassen eine große thematische Bandbreite: „Access, learning careers and identities"; „Active democratic citzienship and adult learning"; „Between global and local: adult learning and development", „Cross-cultural influences in the european history of

adult learning"; „Gender and adult Learning"; „Life-history and biographical research"; „Working life and learning." Derzeit neu entstehende Netzwerke wie zu den Themenfeldern „Professionalisierung", „Migration und Ethnizität" oder zu „policies" zeigen, wie aktuelle Bedarfe aufgegriffen und in Forschungsagenden überführt werden.
Alle drei Jahre hält die ESREA eine europäische Forschungskonferenz als umfassendes Forum ab, die auf eine breite geographische Repräsentation setzt. Nach Konferenzen in Strobl (1995), Brüssel (1998), Lissabon (2001), Wroclav (2004) und Sevilla (2007) wird die Konferenz 2010 in Linköping stattfinden.
Die thematischen Forschungsnetzwerke und Konferenzen haben mittlerweise zu einer bedeutenden Anzahl von Veröffentlichungen geführt. Seit 2005 wird eine eigene Serie „European Studies in Lifelong Learning and Adult Learning Research" im Peter-Lang-Verlag herausgegeben. Mit der Konzipierung der neuen, auf Open Access basierten Online-Zeitschrift European Journal for Research on the Education and Learning of Adults wird sowohl auf veränderte Publikationsgewohnheiten („peer-review journals") reagiert als auch der angelsächsischen Dominanz in internationalen Zeitschriften zur EB begegnet.
Die Mitgliedschaft ist offen für in Forschung zur EB/WB engagierte Personen oder Institutionen. Alle drei Jahre wählen die Mitglieder zwölf Vorstandsmitglieder, die möglichst breit die verschiedenen europäischen Regionen repräsentieren. Sie werden in ihrer Arbeit von einem Sekretariat unterstützt, das bei einer der Mitgliedsinstitutionen für einen Zeitraum von drei Jahren angesiedelt ist. Seit der Gründung 1991 war das Sekretariat zunächst in Leiden, seit 2007 ist es an der Universität Linköping.
Zentrale Herausforderungen für eine europäische Fachgesellschaft bilden die Sprachenpolitik, die Förderung des Nachwuchses und die Zusammenarbeit mit anderen Fachgesellschaften. Wenngleich die Arbeitssprache Englisch ist, werden Formen gesucht, diejenigen nicht auszuschließen, die diese Sprache nicht genügend beherrschen. Die ESREA unternimmt besondere Anstrengungen, Nachwuchswissenschafter/innen in ihrer professionellen Entwicklung zu fördern. Dies geschieht bspw. durch Stipendien für „PhD-Studierende", um die Teilnahme an den Aktivitäten zu erleichtern. Wenngleich das Peer-to-peer-Prinzip handlungsleitend ist, arbeitet die ESREA mit internationalen und europäischen Organisationen und nationalen Fachgesellschaften zusammen. Dies geschieht zumeist fallweise; regelmäßige Arbeitsbeziehungen und thematische Koordination mit Fachgesellschaften wie → ERDI und EUCEN sind bisher nur in einem geringen Maße entwickelt; hier entsteht derzeit in der europäischen Wissenschaftskooperation ein neuer Abstimmungsbedarf.

Literatur
Alheit, P./Hake, B. J.: Wissenskooperation. ESREA – Die europäische Gesellschaft für Erwachsenenbildungsforschung. In: DIE Zeitschrift, H. 3, 1998 – URL: www.esrea.org

Wolfgang Jütte

Evaluation

E. steht nicht nur für ein spezifisches Handeln, das die Gewinnung von Informationen und deren Bewertung zum Ziel hat, sondern auch für das Ergebnis dieses Prozesses. Mithilfe von E. können sowohl die Prozesse der Planung und Steuerung als auch die erbrachten Leistungen („outputs"), die erreichten Ziele („outcomes") und die verursachten Wirkungen („impacts") überprüft und bewertet werden.
Im wissenschaftlichen Kontext (und davon unterscheidet sich E. im Alltagshandeln) werden empirische Methoden zur Informationsgewinnung und systematische Verfahren zur Informationsbewertung anhand offengelegter Kriterien verwendet, die eine intersubjektive Nachprüfbarkeit möglich machen. E. stellen im Unterschied zur fachbezogenen wissenschaftlichen Forschung keinen Selbstzweck dar. Sie sind nicht dem puren Erkenntnisinteresse verpflichtet, sondern sollen einen Nutzen stiften und dazu beitragen, Prozesse transparent zu machen, Wirkungen zu dokumentieren und Zusammenhänge aufzuzeigen, um letztlich Entscheidungen treffen zu können.
Die Bewertung der evaluierten Sachverhalte richtet sich allerdings nicht nach vorgegebenen Normen (wie z.B. bei ISO) oder Parametern (wie z.B. bei EFQM), sondern nach Kriterien, die sehr verschieden sein können. Diese orientieren sich sehr oft am Nutzen eines Gegenstands, Sachverhalts oder Entwicklungsprozesses für bestimmte Personen oder Gruppen. Die Bewertungskriterien können durch den Auftraggeber einer E., durch die → Zielgruppe, beteiligte Interessengruppen („stakeholder"), durch den Evaluator selbst oder durch alle gemeinsam festgelegt werden. Es liegt auf der Hand, dass je nach

Kriterienauswahl die Nutzenbewertung in einer E. sehr unterschiedlich ausfallen kann. Dabei kommt es nicht nur darauf an, wer die Bewertungskriterien erstellt, sondern auch, zu welchem Zweck die E. verwendet werden soll (welche Funktion sie haben soll), welche Aufgaben sie erfüllen soll (auf welche Programmphase sie sich richtet, welche Analyseperspektive sie einnimmt, was für ein Erkenntnisinteresse sie verfolgt), wie sie durchgeführt wird (welches Untersuchungsparadigma ihr zugrunde liegt und welche Methoden angewendet werden) und wer sie durchführt (die programmdurchführende Organisation selbst oder eine externe Stelle).

E. werden häufig zu dem Zweck durchgeführt, um Informationen für Entscheidungen im Rahmen von Steuerungs- und Managementprozessen zu beschaffen. Sie können im Prinzip vier miteinander verbundenen Funktionen dienen: dem Erkenntnisgewinn, der Kontrolle, der Entwicklung und der Legitimation. Gerade in Zeiten knapper Finanzmittel nimmt die Bedeutung von E. zu, da Programme und Maßnahmen oft zueinander im Wettbewerb stehen und Prioritäten gesetzt werden müssen. Anhand von Evaluationskriterien (z.B. Effektivität, Effizienz, Relevanz, Nachhaltigkeit etc.) können sie bewertet werden, um sie zu verbessern oder ihre Legitimität zu demonstrieren.

E. können intern durchgeführt werden, wenn sie von der gleichen Organisation vorgenommen werden, die auch das Programm durchführt, oder extern, wenn sie von Personen erbracht werden, die nicht dem Mittelgeber oder der Durchführungsorganisation angehören.

E. werden häufig gleichgesetzt bzw. assoziiert mit: Erfolgs-, Qualitäts-, Wirkungskontrolle, Kosten-Nutzen-Analyse, Effizienzmessung, Bildungscontrolling, wissenschaftlicher Begleitung oder Kursbeurteilung. E. kann Elemente dieser Verfahren enthalten, ist aber davon abzugrenzen.

In der EB/WB wird E. häufig dazu verwendet, um Prozesse und Abläufe von Bildungsangeboten zu analysieren (Reichmann 2006); zu überprüfen, ob die intendierten (Lern-)Ziele erreicht wurden; wie zufrieden die Teilnehmenden mit Veranstaltungen sind; ob festgesetzte Qualitätskriterien erfüllt werden (z.B. für die Erlangung eines Gütesiegels oder für eine Zertifizierung); ob die intendierten Zielgruppen (z.B. sozial Benachteiligte) erreicht werden; ob Bildungsinnovationen die in sie gesetzten Erwartungen erfüllen etc.

Um eine möglichst hohe Evaluationsqualität zu erreichen, sollen E. nützlich sein und realistisch und kostenbewusst, rechtlich und ethisch korrekt sowie wissenschaftlich genau durchgeführt werden. Hierfür hat die Gesellschaft für Evaluation (URL: www.degeval.de) entsprechende Standards entwickelt.

Literatur

Reischmann, J.: Weiterbildungs-Evaluation: Lernerfolge messbar machen. 2. Aufl. Augsburg 2006 – Stockmann, R.: Evaluation und Qualitätsentwicklung. Münster 2006 – Stockmann, R. (Hrsg.): Evaluationsforschung. Münster 2006 – Stockmann, R. (Hrsg.): Handbuch zur Evaluation. Münster 2007

Reinhard Stockmann

Evangelische Erwachsenenbildung

Unter dem Begriff e.EB werden alle Formen organisierten Lernens verstanden, die in der Trägerschaft und Verantwortung von Einrichtungen der evangelischen Kirchen stattfinden. In einer übergreifenden historischen Perspektive markiert diese definitorische Begriffsbestimmung einen organisatorischen Entwicklungsstand der e.EB, der primär dadurch charakterisiert ist, dass sie gleichzeitig auf der Basis der Ländergesetzgebung als Teil der öffentlich verantworteten EB/WB und in der Trägerschaft der evangelischen Landeskirchen und kirchlicher Werke und Verbände institutionalisiert ist. Dieses spannungsvolle doppelte „Konstitutionsprinzip" der öffentlichen und kirchlichen Trägerschaft hat zum einen das Prinzip der Freiwilligkeit der Teilnahme zur Voraussetzung; es geht zum anderen aber auch von dem Abschluss vorausgegangener Bildungsprozesse aus. Schließlich ist e.EB auch von dem Verantwortungsdualismus konstitutiv geprägt, der die politische Regelungskompetenz für berufliche und schulisch-allgemeine Bildung verfassungsrechtlich zwischen Bund und Ländern aufteilt. Das gesamtgesellschaftliche berufliche Qualifikationspotenzial unterliegt damit auch der übergeordneten Gesetzgebungskompetenz und begründet die öffentliche und bildungspolitische Diskursdominanz der beruflichen gegenüber der durch die partikulare Ländergesetzgebung geregelten allgemeinen EB/WB. Diese für die e.EB konstitutiven institutionellen Regelungen und die durch die nationale Bildungsgeschichte bestimmten Ordnungsprinzipien werden gegenwärtig (seit 2000) durch das abstraktere europäische Leitprinzip des Lebenslangen Lernens überboten und einem irreversiblen Anpassungsprozess ausgesetzt. Die auf die europäische Ebene sich verlagernde Kompetenz zu transnationaler Rahmensetzung, mit dem Ziel, einen „einheitlichen europäischen Bildungsraum" zu schaffen, setzt auch ohne direkte Gesetzgebungskompetenz einen neuen konzeptionellen und bildungspraktischen Focus für die Akteure in der e.EB und bildet gleichzeitig einen erweiterten Bezugsrahmen für die Rekonstruktion des Selbstverständnisses von e.EB. Der europäische konzeptionelle Bezugs- und Handlungsraum macht es notwendig, die auf die bundesrepublikanische Binnenperspektive reduzierte Beschreibung historisch und systematisch zu erweitern.

E.EB ist historisch und systematisch im Selbstverständnis der reformatorischen Kirchen begründet. Die Etablierung der heiligen Schrift, der hebräischen Bibel und des Neuen Testaments – als letztinstanzliche Legitimations- und Selbstüberprüfungsbasis der Kirche – bedeutete die Institutionalisierung eines organisations- und institutionenkritischen Prinzips, dessen Wirksamkeit an die Literarisierung und hermeneutische Kompetenz der Gläubigen gebunden ist. Durch die prinzipielle Einebnung des Unterschieds zwischen geweihten Priestern als den Experten, die über den Zugang zum heilsnotwendigen Wissen und über die mit dem Göttlichen vermittelnden Sakramente verfügten, und den getauften Laien, die auf die vermittelnde ritualisierte Praxis angewiesen sind, wurde die Befähigung zur eigenverantwortlichen Schriftexegese und die Professionalisierung des pfarramtlichen Dienstes zur Grundlage einer prinzipiell autonomen Lebensführungspraxis. Das Prinzip der Unvertretbarkeit des einzelnen Individuums vor Gott und den Menschen konstituierte einen subjektzentrierten Bildungsbegriff und implizierte eine grundsätzliche Aufwertung der Relevanz von beruflich und lebenspraktisch erworbener individueller Erfahrung.

Die geschichtliche Entwicklung einer gegenüber der katechetischen und verkündenden Praxis der Kirche ausdifferenzierten Bildungsarbeit mit Erwachsenen ist am Beginn des 20. Jh. der Initiative einzelner Pfarrer und Laien zu verdanken, die sich aus der Tradition des Kulturprotestantismus und des religiösen Sozialismus sowie in Anlehnung an kulturkritische Strömungen der Volksbildung zuwandten. Eine weitere (und bis heute vorhandene) wesentliche Quelle der e.EB waren die Bildungsaktivitäten, die in die übergreifenden sozialen und religiösen Aufgaben kirchlicher Vereine und Verbände eingebettet sind. Ein starker Impuls waren dabei einerseits ein auf weltanschauliche Auseinandersetzung und Abgrenzung abzielendes Bildungsverständnis, andererseits die Orientierung an einer die individuelle Verantwortlichkeit des Subjekts betonenden Bildung, die gleichzeitig auf neue Formen der Gemeinschaftsbildung ausgerichtet war, durch die Milieu-, Klassen- und Standesgrenzen überwunden werden sollten. Die frei gewählte Lerngruppe war der Ort für Lernprozesse, welche die aktive und selbstbestimmte Mitarbeit aller Beteiligten ermöglichen sollte. Exemplarisch entwickelt wurde dieses Verständnis in der Weimarer Republik von Eugen Rosenstock-Huessy im Konzept der „Arbeitsgemeinschaft", das sich vom passivem Bildungskonsum einerseits und ritueller Andachtshaltung andererseits abgrenzte.

Die Revolution im Jahr 1918 beendete die bis dahin in Deutschland bestehende verfassungsrechtliche Einheit von Thron und Altar und machte in der Folgezeit die Kirchen zu Körperschaften des öffentlichen Rechts. Dieser bis heute gültige verfassungsrechtliche Status gewährleistet die eigenverantwortliche und unabhängige Regelungs- und Entscheidungskompetenz im Hinblick auf Lehre und Bekenntnis, Ausbildung und Beschäftigung des Personals, eigene Finanzressourcen und Vermögensverwaltung und sichert eine beschränkte eigene Gerichtsbarkeit. Dieser Status bildete die rechtliche Folie für die für e.EB kennzeichnenden Institutionalformen: Die seit 1919 entstehenden evangelischen Heimvolkshochschulen, seit 1945 die evangelischen Akademien und etwa seit 1960 die regionalen Bildungsstätten organisieren Bildungsprozesse als „Lerngemeinschaften auf Zeit". Mit der in den 1970erJahren beginnenden Ländergesetzgebung zur EB/WB (→ Weiterbildungsgesetze) werden diese traditionellen Institutionalformen ergänzt. Die in dieser Zeit neu entstehenden Institutionen der e.EB sind die regionalen Bildungswerke, die als Kooperationszentren der EB zusammen mit Kirchengemeinden, Vereinen, Gruppen und Einzelpersonen Bildungsangebote entwickeln und öffentlich anbieten. Das programmatische Selbstverständnis der e.EB umfasst Themen und Fragestellungen, Interessen und Aufgaben, die das Individuum in seinen sozialen und lebensweltlichen, seinen ökonomischen und politischen Kontexten betreffen und in denen es sich als „verantwortlicher Mensch zu bewähren hat". Mit den Begriffen „Verantwortung" und „Bewährung"

sind Verhaltensprinzipien benannt, deren protestantische Grundkonnotation heute in dem Begriff der „rational-autonomen Lebensführung" ebenso aufgehoben wie reduziert worden ist. Das begriffliche Konstrukt der „Lebensführung" bezeichnet jedoch in einem allgemeinen Sinne die Orientierungs-, Entscheidungs- und damit die Handlungskompetenz der Individuen. Es stellt damit das zentrale begrifflich-konzeptionelle Bindeglied dar, durch das die e.EB an einer gesamtgesellschaftlichen Bildungsaufgabe teilhat. Ihr Spezifikum ist dabei, dass sie sich weder auf das Subjektverständnis des rational handelnden „homo oeconomicus" noch auf die Pflege und Stärkung des sozialmoralischen Selbstverständnisses des Bürgers beschränken lässt, sondern darauf hinwirkt, die Artikulationskompetenz der Individuen für die zentralen religiösen und ethischen Gehalte der hebräischen Bibel und des neutestamentlichen Evangeliums zu entfalten und sie darin in ihrer interreligiösen Verständigungsfähigkeit zu stärken.
Die Programmstruktur der e.EB bezieht sich daher immer auch auf die Dimensionen der persönlichen Interessen und der existenziellen Lebensfragen und ihrer Verknüpfung mit denen der öffentlich-allgemeinen Themen und Konflikte, also Dimensionen der Ökonomie, der Politik, der Ökologie, der Religion und der Globalisierung und ihren Aus- und Rückwirkungen auf ein humanes gesellschaftliches Zusammenleben. Die Programmstruktur konkretisiert sich in vielfältig methodisch-didaktisch konzipierten Bildungsangeboten der individuellen Selbsterfahrung, der Familien- und Altenbildung ebenso wie in solchen der kulturellen, religiösen und politischen Bildung und solchen, die die Motivation und Befähigung zum bürgerschaftlichen Engagement stärken und entwickeln. Spezifische Angebote der religiösen Bildung bilden dabei ein jeweils konstitutives Element, das sich oft mit den Dimensionen verschränkt, die in der Tradition des konziliaren Prozesses der 1980er und 1990er Jahre mit den Leitbegriffen Mitmenschlichkeit und Solidarität, Gerechtigkeit, Frieden und Bewahrung der Schöpfung artikuliert wurden.
Die Einrichtungen der e.EB sind in landeskirchlichen Arbeitsgemeinschaften zusammengefasst, von denen die politische Vertretung gegenüber den zuständigen Landesministerien wahrgenommen wird. Sie sind zusammen mit anderen Verbänden und Werken in der Deutschen Evangelischen Arbeitsgemeinschaft für Erwachsenenbildung (DEAE) organisiert. Im Jahr 2006 waren insgesamt 29.798 Personen im Bereich der e.EB tätig; davon 1.476 als hauptamtliche, 6.615 als ehrenamtliche, 1.926 als nebenamtliche Mitarbeiter/innen und 19.781 als Honorarkräfte. In insgesamt 480 Einrichtungen wurden 145.331 Veranstaltungen durchgeführt, an denen 2.921.630 Personen teilgenommen haben.

Literatur
Deutsche Evangelische Arbeitsgemeinschaft für Erwachsenenbildung (Hrsg.): Statistik als Element von Qualitätsentwicklung. Frankfurt a.M. 2005 – Seiverth, A.: Auf dem Weg in die Moderne. Zur Konstitutionsproblematik Evangelischer Erwachsenenbildung – eine historische Skizze. In: Ders. (Hrsg.): Evangelische Erwachsenenbildung in der zweiten Moderne – Entwürfe 1–2. Karlsruhe 1995 – Seiverth, A. (Hrsg.): Am Menschen orientiert – Re-Visionen Evangelischer Erwachsenenbildung. Bielefeld 2002

Andreas Seiverth

Evolutionstheorien

E. beinhalten Erklärungsansätze und Modelle zur Beschreibung der Entstehung und Entwicklung des Lebens. Während die E. von Charles Darwin → Entwicklung als historische Selektion von Möglichkeiten („survival of the fittest") beschrieb, konzentrieren sich die neueren E. auf die genauere Analyse der dabei wirkenden Prinzipien. Chaostheorien sowie neuere System- und Selbstorganisationstheorien (→ Selbstorganisation) fokussieren dabei auf drei Wirkprinzipien, die Evolution auslegen und gestalten: Erstens → Kreativität führt zu Komplexität; zweitens Musterbildung durch Vernetzung und drittens Evolution durch Selbstorganisation.
Zu erstens: Die neueren E. betrachten Natur und Lebendiges nicht mehr als Ansammlung fundamentaler Eigenschaften, sondern als ein dynamisches Gewebe von Geweben, die ihrerseits innerlich zusammenhängen. Diese Gewebe entwickeln sich durch die Kreativität der Natur, die ständig in der Lage ist, Neues hervorzubringen, wobei man davon ausgeht, dass genau dies das Ziel der Natur ist, nämlich möglichst komplex zu werden. Die Evolution schaukelt sich sozusagen zu immer komplexeren Formen der Vernetzung und des Zusammenwirkens vernetzter Systeme empor.
Zu zweitens: Durch die Vernetzung der vielfältigen Teile und Beziehungen von Systemen entstehen komplexe Muster. Evolution kann deshalb nur angemessen beschrieben werden, wenn man sich nicht länger nur ausgewählten Aspekten dieser komplexen

Zusammenhänge zuwendet, sondern versucht, das sie verbindende Muster wahrzunehmen. Die Fähigkeit zum vernetzten, integrativen Denken beschreibt das Vermögen, die verbindenden Muster, die die Systemelemente aneinander koppeln, zu erkennen und im eigenen Handeln zu berücksichtigen.
Zu drittens: Die neueren E. gehen von dem Prinzip der Selbstorganisation (Autopoiesis) aus. Diese Selbstorganisationsannahme trägt der Tatsache Rechnung, dass Systeme einfach zu komplex, zu variantenreich und in sich zu differenziert sind, um sie wirklich in einfachen Erklärungsmodellen abbilden zu können. Systeme sind auch zu komplex und zu wenig kalkulierbar, um sie nur durch die Handhabung einiger zentraler Faktoren erfolgreich und zielorientiert steuern zu können. Isolierte Eingriffe in komplexe Systeme, die nicht deren Vernetztheit und deren Eigendynamik Rechnung tragen, zeigen sehr häufig andere, bisweilen sogar kontraproduktive Wirkungen.
Überträgt man die neueren E. auf den Zusammenhang von → Lernen und → Bildung, so lassen sich sowohl Individuen wie auch Lerngruppen als komplexe soziale Systeme, die nach den oben skizzierten Wirkprinzipien „funktionieren", beschreiben. Für erwachsenenpädagogische Interventionen wesentlich ist dabei der Gesichtspunkt, dass man in komplexe Systeme nicht „zielorientiert intervenieren" kann, man kann die Systemkomplexität nur von außen stören (Perturbation). Zu welchem neuen Gleichgewicht (Lernergebnis) der so gestörte Systemzusammenhang dann selbst gelangt, ist häufig in wesentlich stärkerem Maße von den in ihm wirksamen Kräften als von der Zielorientierung der extern motivierten Intervention abhängig.

Literatur

Arnold, R.: Ich lerne, also bin ich. Eine systemisch-konstruktivistische Didaktik. Heidelberg 2007 – Balck, H./Kreibich, R. (Hrsg.): Evolutionäre Wege in die Zukunft. Wie lassen sich komplexe Systeme managen? Weinheim/Basel 1991 – Binning, G.: Aus dem Nichts. Über die Kreativität von Natur und Mensch. 4. Aufl. München – Braitenberg, V./Hosp, I. (Hrsg.): Evolution, Entwicklung und Organisation in der Natur. Reinbek 1994 – Capra, F.: Wendezeit. Bausteine für ein neues Weltbild. München 1988 – Küppers, G. (Hrsg.): Chaos und Ordnung. Formen der Selbstorganisation in Natur und Gesellschaft. Stuttgart 1996 – Simon, F.B. (Hrsg.): Lebende Systeme. Berlin u.a. 1988

Rolf Arnold

Exemplarisches Lernen

E.L. und Lehren als methodischer Ansatzpunkt für die Aneignung (→ Aneignung – Vermittlung) von → Wissen und als Grundlage für → Interaktion in Bildungsprozessen wurde in den 1950er und 1960er Jahren innerhalb der Pädagogik diskutiert, in allen Schulformen erprobt und, von der → Didaktik im Physikunterricht ausgehend, auch in andere Disziplinen aufgenommen. Das Interesse an Lehr- und Lernformen des Exemplarischen nahm innerhalb der Pädagogik mit dem Anwachsen der Stofffülle im → Unterricht zu. Auf einer Tagung von Lehrenden der höheren Schulen und Hochschulen 1951 in Tübingen wurde e.L. gefordert und darüber Klage geführt, dass das deutsche Bildungswesen in Gefahr sei, „das geistige Leben durch die Fülle des Stoffes zu ersticken". Auf dieser Tagung wurde das Postulat formuliert: „Ursprüngliche Phänomene der geistigen Welt können am Beispiel eines einzelnen, vom Schüler wirklich erfassten Gegenstandes sichtbar werden" (Wagenschein 1992). Heute ist e.L. weitgehend eine Didaktikform neben anderen. Die Implikationen des e.L. wurden vor allem von M. Wagenschein dargestellt: „Gründlichkeit (Verweilen, Auswahl), Selbsttätigkeit, ergriffenes Ergreifen (Spontaneität), Beziehung zum genetischen Verfahren, erwartende Aufmerksamkeit" (Wagenschein 1959). Sie sind heute zum größten Teil aus dem Blick geraten. Vorrang bekam die Stoffreduktion und nicht die Neuorganisierung des → Lehrens und → Lernens und die Interaktion zwischen Lernenden und Lehrenden. Die bürgerliche Pädagogik hat die Bedeutung des exemplarischen Prinzips für die Stoffreduktion und für die Aufschlüsselung komplexer Zusammenhänge aus einem „prägnanten Punkt" heraus durchaus erkannt. Sie ist bis heute, mit wenigen Ausnahmen (Labor-Schule, Glocksee-Schule, Odenwaldschule, Hibernia-Schule u.a.), jedoch nicht imstande, ihre Erziehungsziele aus historischen und gesellschaftlichen Aufgaben zu begreifen; es liegt außerhalb des Aufgabenkreises der auf Stoffreduktion verengten Didaktik, Schüler/innen und Heranwachsende für ihre demokratischen Aufgaben „Gestaltung der öffentlichen Angelegenheiten" und „demokratische Kontrolle verfestigter Machtstrukturen in Wirtschaft, Gesellschaft und Staat" vorzubereiten. Zum soziologisch erweiterten Begriff des Exemplarischen gehört jedoch, dass die als exemplarisch bestimmten Themenbereiche durch tendenzielles Rückgängigmachen der verfestigten Arbeitsteilungen der Einzel-

wissenschaften und durch Aufhebung ihrer traditionellen Gliederung unter soziologischen und historischen Aspekten zu entfalten sind.
Wenn das exemplarische Prinzip nicht zur vollen Entfaltung im Bildungssystem gebracht werden konnte, lag es daran, dass es nicht gelang, das Prinzip aus der bürgerlichen Ideologie herauszulösen. Erforderlich war und ist das Erkennen der „ganzen Welt“: Natur, Ökonomie, Kultur, → Gesellschaft /Staat in den soziologischen Zusammenhang zu stellen und zu interpretieren. „Ganzes“ in diesem veränderten Sinne ist die arbeitsteilig organisierte Totalität des Produktions- und Reproduktionsprozesses einer Gesellschaft in historischer Dimension, „Einzelnes“ der für das Leben der Gesellschaft, der Klassen und der Individuen relevante soziologische Tatbestand.
Das e.L. und Lehren war zunächst auf die Schulen und Hochschulen bezogen. Mitte der 1960er Jahre wurde die erweiterte Konzeption in die → Arbeiterbildung und die allgemeine → politische Bildung integriert. Ausgangspunkt der erweiterten Konzeption war die Notwendigkeit, die Arbeiterbildung wieder aus Emanzipationsinteressen heraus zu verstehen und jenem Theoriezusammenhang zuzuordnen, in dessen Zentrum Gesellschaftskritik steht, gleichzeitig aber die Arbeitenden zu befähigen, diese zum Bestandteil ihrer täglichen Praxis im Betrieb zu machen und in ihren Interessenvertretungen (Betriebsräten und Gewerkschaften) zur Sprache zu bringen. Dazu ist neben der Anwendung des exemplarischen Prinzips die Aneignung und Entfaltung der soziologischen Denkweise unerlässlich, deren bestimmender Zweck die Verwandlung der vorpolitisch existierenden Formen des Klassenbewusstseins (Arbeiterbewusstseins) in politisch manifeste Aktionen ist. Darüber hinaus soll sie den Einzelnen befähigen, daran mitzuwirken, wissenschaftliche Arbeitsteilungen rückgängig zu machen und damit handlungsmotivierende Strukturen in die chaotische Fülle der Informationen und des Lehrstoffes zu bringen. Exemplarischer Einstieg so strukturierter Lernprozesse ist der Konflikt bzw. sind bestimmte Erfahrungen und Probleme im Arbeits- und Lebenszusammenhang. Die milieu- und klassenspezifisch bedingten präformierten Gefühls-, Denk- und Sprachstrukturen (→ Fremdsprachen) sind in die Lernarbeit einzubeziehen. Die Erfahrungen sind gleichzeitig unter historischen und sozioökonomischen Gesichtspunkten zu entfalten, um so das Erkennen struktureller Zusammenhänge zwischen individueller Lebensgeschichte, unmittelbaren Interessen, Wünschen, Hoffnungen und geschichtlichen Ereignissen zu ermöglichen.
E.L. ist, richtig angeeignet und angewandt, eine Methode mit Sprengkraft, die in der Lage ist, den Schleier von Interessen und Ideologien, der über das gesamte Bildungssystem in Deutschland gezogen worden ist, zu zerreißen im Interesse einer demokratischen Weiterentwicklung des Bildungssystems, insb. von Arbeiterbildung und politischer Bildung.

Literatur
Brock, A. u.a. (Hrsg.): Lernen und Verändern – Zur soziologischen Phantasie und exemplarischem Lernen in der Arbeiterbildung. Marburg 1988 – Gerner, B. (Hrsg.): Das exemplarische Prinzip – Beiträge zur Didaktik der Gegenwart. Darmstadt 1970 – Negt, O.: Soziologische Phantasie und exemplarisches Lernen. 7. Aufl. Frankfurt a.M. 1975 – Negt, O.: Der Politische Mensch. Göttingen 2010 – Wagenschein, M.: Zum Begriff des Exemplarischen Lehrens. 2. Aufl. Weinheim 1959 – Wagenschein, M.: Verstehen lehren. Genetisch – sokratisch – exemplarisch. 10. Aufl. Weinheim/Basel 1992 – Zeuner, C.: Gesellschaftliche Kompetenzen – Konzept für emanzipatorische politische Bildung. In: Politische Partizipation durch gesellschaftliche Kompetenz. Recklinghausen 2008

Oskar Negt & Adolf Brock

Fachbereich

Der Begriff F. gehörte noch bis vor wenigen Jahren zum Standardrepertoire in der EB/WB. Mit ihm wurden die fachlich-inhaltlichen Angebote eines gemeinsamen Fachgebiets auch organisatorisch zusammengefasst bzw. der Planungsverantwortung eines Fachbereichsleitenden unterstellt (Volkshochschulverband Baden-Württemberg 1995). Mit F. war also immer eine doppelte Sichtweise gemeint: Thematisch zusammengehörige Wissensstruktur übersetzt sich in Angebote, die den → Teilnehmenden präsentiert werden. Gleichzeitig ist diese Angebotsstruktur aber auch intern in der Weiterbildungseinrichtung von organisierender Bedeutung im Sinne der Generierung und Entwicklung von passenden Angeboten und spielt eine wichtige Rolle bei der internen Verteilung organisatorischer Zuständigkeiten.
So orientiert sich die Einteilung der Fachbereiche an Volkshochschulen häufig an denjenigen Gliederungseinteilungen, wie sie in der Statistik des DVV vorgesehen ist. Dort gibt es: Politik – Gesellschaft – Umwelt; Kultur – Gestalten; Gesundheit; Sprachen; Arbeit – Beruf; Grundbildung – Schulabschlüsse.
Diese Einteilung wird immer noch bei zahlreichen Einrichtungen als interne Fachbereichs- oder Programmbereichsstruktur übernommen und bildet sich in der nach außen gerichteten Darstellung im Programmheft ab. In Erwachsenenbildungseinrichtungen der Kirchen und in anderen, öffentlich mitverantworteten Weiterbildungseinrichtungen ist zwar eine Einteilung in Fachbereiche vorzufinden, diese ist aber außerordentlich variabel. In Einrichtungen der Familienbildung gab es ebenfalls in über der Hälfte eine Einteilung der Angebote nach Fachbereichen (Schiersmann u.a. 1998). Der inhaltliche Zuschnitt der Fachbereiche ist jedoch heterogen.
Mittlerweile hat der Begriff F. aus mehreren Gründen an Aktualität und Bedeutung eingebüßt: Zum einen hat sich die Berufsrolle des Fachbereichsleitenden verändert. Die Fachlichkeit im Sinne einer Wissenschaftsdisziplin ist keine zentrale Grundlage des pädagogisch planenden Handelns mehr. Zwar bleibt ihre Funktion, die Programmplanung zu verantworten, bestehen, ihr Handeln und ihre Kompetenzen richten sich aber auch an Anforderungen des Weiterbildungsmanagements aus. Fachbereichsleitende übernehmen leitende Funktionen mit der Verantwortung für Personal(führung) und Finanzen. Zudem spielen methodisch-didaktische Aspekte zunehmend eine Rolle.
Desweiteren hat die Ausdifferenzierung der Angebote nicht nur fachbereichsintern zugenommen, sondern auch vermehrt zu Angeboten geführt, die entweder an den „Rändern" der Fachgebiete angesiedelt sind oder auch andere Gebiete miteinbeziehen. So hat z.B. im Sprachenbereich nicht nur eine Differenzierung nach Niveau, Adressatentypus, Ziel und Lernort stattgefunden, sondern es findet eine interdisziplinäre Reformulierung statt: Sprachkompetenz als interkulturelle Kompetenz. Ebensolche Entwicklungslinien finden sich im Bereich Gesundheit und Umwelt, oder auch im Bereich beruflicher Weiterbildungsangebote, wo nicht nur Angebote nach Wissensbereichen (EDV, kaufmännische Kenntnisse, Managementqualifikationen) angesiedelt sind, sondern auch die Soft Skills wie z.B. Rhetorik, Kommunikation, Teamentwicklung u.ä. angeboten werden. Den im beruflichen Bereich immer komplexer und reflexiver werdenden Qualifikationsanforderungen stehen ebensolche Angebotstypen gegenüber.
Schließlich können die einrichtungsinternen Gliederungsprinzipien in Bezug auf die Angebotsstruktur im Programm themen- oder fachspezifische Gruppierungen, zielgruppenspezifische Angebotsbündelungen (z.B. im Bereich der Familienbildung), produkt- und geschäftsfeldbezogene (v. Küchler 2007) oder auch lebenswelt-/alltagsweltbezogene Zusammenstellungen der Angebote vornehmen. Bei größeren Einrichtungen zeigt sich eine Abkehr von Fachbereichen zugunsten von Abteilungsstrukturen, die unterschiedliche Fachgebiete bündeln.
Darüber hinaus haben die Bemühungen der Weiterbildungseinrichtungen zugenommen, spezifische Merkmale ihres Profils öffentlichkeitswirksam zu präsentieren; schon aus diesem Grund sind sie bestrebt, die vorgefundene Einteilung nach Fachbereichen zu differenzieren oder grundlegend zu verändern.
Der Bedeutungsverlust des Terminus F. signalisiert, dass der bisherige angebotsbezogene Differenzierungsprozess an Grenzen stößt und zunehmend andere Prioritäten das öffentlich kommunizierte Erscheinungsbild von Weiterbildungseinrichtungen prägen.

Literatur
Küchler, F. v.: Organisationsveränderungen von Bildungseinrichtungen. Bielefeld 2007 – Schiersmann, C. u.a. Innovationen in Einrichtungen der Familienbildung. Opladen 1998 – Volkshochschulverband Baden-Württemberg (Hrsg.):

h für VHS-Dozentinnen und VHS-Dozenten. Lein-
hterdingen 1995

Felicitas von Küchler

Fachdidaktik

Wenn man unter → Didaktik Theorie und Lehre des Erwachsenenunterrichts versteht, dann ist F. dieses unter Bezug auf eine Fachwissenschaft. Sie nährt sich aus der Erkenntnis, dass Fachwissen oder Methodenkenntnis allein keine guten Grundlagen für die Erstellung didaktischer Designs oder für guten Erwachsenenunterricht sind. In der F. fließen Erkenntnisse der allgemeinen Didaktik und der Fachwissenschaft zusammen. Die F. selbst teilt sich in einen außerberuflichen und einen beruflichen Wirkungsraum ein, der sich in die spezifischen Bereichsdidaktiken differenziert (außerberuflich: Lebensbereich, Allgemeinbildung; beruflich: z.B. → Volkshochschulen, Betriebe), worunter auch die → Beratung zu zählen ist. Es ist dabei nicht Aufgabe der F., spezifische → Lernorte oder Bildungsbereiche zu berücksichtigen.
Aufgabe der F. ist es, die Bedeutung des Fachs für Ausbildungsgänge in der EB und für die Menschenbildung philosophisch, wissenschaftstheoretisch und lebenspraktisch zu begründen. Sie soll den Prozess des → Lehrens und → Lernens mit Begriffen, Forschungsergebnissen und eine durch die Bildungsnotwendigkeit begründete Auswahl der repräsentativen und exemplarischen Fachinhalte (Struktur) unterstützen (Erstellung von → Curricula). Sie bedient sich für das Erkennen inhaltlicher Strukturen und für die → Evaluation sozialwissenschaftlicher Methoden. Sie arbeitet dabei mit anderen Bezugswissenschaften des → Unterrichts zusammen, insb. um fachspezifische → Methoden und Medien (→ Medien in Lehr-Lernprozessen) zu erarbeiten. Die F. erarbeitet für die Lehrenden exemplarisch bestimmte Ausschnitte aus dem Fach, um dessen grundlegende Prinzipien zu verdeutlichen.
Folgende problematische Entwicklungen sind derzeit auszumachen:

- Einer notwendigen Interdisziplinarität zwischen den Fächern wird durch die Bestimmung durch eine Fachwissenschaft entgegengearbeitet.
- Fächergrenzen werden auch durch die F. zementiert.
- F. ist für den Bereich der EB an Universitäten nicht etabliert.
- Das Problem der Erwachsenendidaktik, nämlich dass man oft auf Schuldidaktik zurückgreift, zeigt sich auch im Bereich der F. (Bezug auf falsche Adressaten).

Der geringe Stellenwert der F. in der EB ist allerdings auch darauf zurückzuführen, dass man in diesem Bereich nicht anhand eines vorgegebenen Fächerkanons arbeiten kann. Damit wäre es aber für die EB angebracht, zumindest eine Didaktik der Lern- oder → Fachbereiche zu etablieren. Die ansonsten positiv zu bewertende Diskussion um eine originelle Erwachsenendidaktik und die meist damit verbundene starke → Subjektorientierung führen u.a. dazu, dass allgemeindidaktische oder -methodische Überlegungen sich noch weiter von Vorgaben der F. entfernen. Die allgemeine Didaktik soll zwar Grenzen zwischen den Fächern aufheben, aber deren Stellenwert auch erkennen.

Literatur
Kochan, D. (Hrsg.): Allgemeine Didaktik, Fachdidaktik, Fachwissenschaft. Darmstadt 1970 – Kron, F.W.: Grundwissen Didaktik. München 1993 – Reinhardt, S. (Hrsg.): Allgemeine Didaktik und Fachdidaktik. Weinheim 1997

Matthias von Saldern

Fachsprache

Im Zuge der Spezialisierung haben sich unter den auf einem Spezialgebiet Tätigen besondere Kommunikationsbeziehungen und typische Formen der Informationsübermittlung mit einem hohen Grad an Standardisierung herausgebildet. Die sprachlichen Elemente (→ Sprache), die zur Kommunikation zwischen Menschen aus einem abgegrenzten Kommunikationsbereich eingesetzt werden (→ Interaktion), werden als F. (engl.: *language for specific purposes* LSP; frz.: *langue de spécialité*) zusammengefasst. Aufgabe der F. ist die Bereitstellung eines Zeichenvorrats zur Verständigung über bestimmte Sachbereiche, die möglichst genau und wirtschaftlich erfolgen soll. F. können somit als sprachliche Zeichensysteme mit instrumentellem Charakter betrachtet werden. Abzugrenzen hiervon sind die Gruppen- oder Sondersprachen (Jägersprache, Sprache der Jugend usw.), in denen es im Gegensatz zu der auf Klarheit und Eindeutigkeit ausgerichteten F. eher auf eine „Verrätselung“ gegenüber Außenstehenden ankommt, um diese damit sprachlich auszugrenzen.

Damit ist die F. primär die Sprache eines Fachs, z.B. des Rechts(wesens), der Medizin usw. und manifestiert sich in entsprechenden Fachtexten. Mit ihrer Hilfe können theoretische Elemente des Fachs und praktische Prozesse adäquat erfasst und beschrieben werden. Die Besonderheit der F. liegt in ihrem speziellen, auf die Bedürfnisse des jeweiligen Fachs abgestimmten Wortschatz (dessen Übergänge zur Gemeinsprache fließend sind und der auch allgemeinsprachliche Wörter – oft in eingegrenztem Bedeutungsumfang – enthält). Ferner liegt ihre Besonderheit in der Gebrauchsfrequenz bestimmter morphologischer und syntaktischer Mittel sowie in Sonderformen der phonetischen und graphischen Realisierung. Die Unterschiede zur Allgemeinsprache werden also auf allen Ebenen deutlich: in der Grammatik, teilweise in der Aussprache und in der Schreibweise, vor allem aber in der Lexik (Fachterminologie).

Die Differenziertheit des fachspezifischen Wortschatzes spiegelt das Ausmaß der fachlichen Spezialisierung wider. Das terminologische System einer F. bringt in Abhängigkeit vom Entwicklungsstand der jeweiligen F. ein mehr oder weniger vollständiges Begriffssystem zum Ausdruck. Mithilfe der Fachterminologie werden Sachverhalte möglichst exakt und eindeutig benannt. Aus diesem Grunde wurde lange Zeit die Bedeutung der Lexik gegenüber der Bedeutung der Grammatik überschätzt. Heute ist jedoch die strukturbildende Bedeutung fachsprachlicher Syntax und Morphologie nachgewiesen. Dies heißt aber nicht, dass F. eine eigene Grammatik besitzen, sondern dass bestimmte, in der Allgemeinsprache vorhandene Mittel bevorzugt und teilweise in anderer Bedeutung eingesetzt werden.

Die F. umfasst sowohl den schriftlichen als auch den mündlichen Sprachgebrauch; beide können sowohl in einer horizontalen Schichtung (handwerkliche, technische, wissenschaftliche F.) als auch in einer vertikalen Schichtung (fachlich-praktischer, sachlich-belehrender, wissenschaftlich-theoretischer Stil) unterteilt werden. Fachtexte können ferner sowohl unter funktionalen als auch unter strukturellen Aspekten beschrieben werden. Die funktionale Beschreibung von Fachtexten setzt eine Kenntnis des Kommunikationsgegenstandes, eine Analyse der Kommunikationssituation, die Gegenüberstellung der Kommunikationspartner und eine Erfassung ihrer Kommunikationsinteressen voraus.

Die Beschreibung der Textstruktur umfasst die gedankliche Gliederung (Makrostruktur), die Textkohärenz (sowohl semantisch als auch syntaktisch), die syntaktische Struktur (Thema-Rhema-Gliederung), die Lexik (Terminologie, Wortbildung und -ableitung), grammatische Kategorien und ihre formalen Repräsentationen sowie die Ausdrucksgestaltung (bei gesprochenen Fachtexten) bzw. die optisch-graphische Strukturierung (bei geschriebenen Fachtexten). Kenntnisse über Textstrukturen können die Aufnahme und Integration der in Fachtexten vermittelten Informationen nachhaltig beeinflussen. So bestimmen strukturelle Eigenschaften der Fachtexte die Zeitspanne, die vom Rezipienten für die Verarbeitung der Textinhalte benötigt wird. Auch der Behaltensgrad der mitgeteilten Informationen hängt zum Teil von der Makrostruktur des Fachtextes ab. Schließlich ist der Erfolg der Textrezeption auch davon abhängig, inwieweit sich der Textproduzent auf das Wissensniveau der Rezipienten einzustellen vermag.

Im Fremdsprachenunterricht spielt im Zusammenhang mit berufsorientierter F.ausbildung ebenfalls der Fachtext eine bedeutende Rolle. Dies gilt insb. für den Bereich der EB (Hochschule, → Volkshochschule, innerbetriebliche Ausbildung, Vorbereitung auf eine Berufstätigkeit im Ausland). In zunehmendem Maße sind seit den 1970er Jahren auch fachsprachliche und berufsorientierte Sprachlehrwerke entstanden, zunächst als Zusatzmaterialien zu allgemeinsprachlichen Lehrwerken, dann als eigenständige, kurstragende Lehrwerke für Fortgeschrittene, die eine allgemeine Sprachausbildung durchlaufen haben, und schließlich seit Beginn der 1990er Jahre auch als kurstragende Lehrwerke für den Anfängerunterricht. Ziel des fachsprachlichen Fremdsprachenunterrichts ist es, die sprachliche Handlungsfähigkeit der Lernenden im Fach zu erhöhen, die erforderlichen Fertigkeiten zu entwickeln, die dazu befähigen, sich in der F. zu verständigen, d.h. sich hinreichend zu informieren sowie sich angemessen und differenziert zu äußern (jeweils mündlich und schriftlich).

Literatur

Fluck, H.-R.: Fachsprachen. 5. Aufl. Tübingen 1996 – Hoffmann, L. u.a. (Hrsg.): Fachsprachen. Ein internationales Handbuch zur Fachsprachenforschung und Terminologiewissenschaft. Berlin 1998 – Kelz, H.P. (Hrsg.): Fachsprache, Bd. 1, Bonn 1983; Bd. 2, Bonn 1987 – Roelcke, T.: Fachsprachen. 2. Aufl. Berlin 2005

Heinrich Kelz

Fallbasierte Weiterbildung – Fallarbeit

F.WB meint ein Erwachsenenbildungskonzept, dessen Eigenart sich am ehesten über folgende Leitfragen jeglicher Bildungsarbeit darlegen lässt: Woher stammen die Bildungs- bzw. Lerninhalte? Welche Autoritäten entscheiden über sie, zu welchem Zeitpunkt der Bildungsaktivitäten werden sie festgelegt? In den meisten Veranstaltungen der Erwachsenenbildungspraxis sind diese Fragen eindeutig wie folgt entschieden: Die Bildungsinhalte werden vor Beginn des Bildungsprozesses nach Kriterien, die den Teilnehmenden nicht bekannt sind, aus dem Fundus gesellschaftlichen Wissens ausgewählt und als Lehrgegenstand definiert, sei es durch die Weiterbildner/innen, ggf. in Abstimmung mit den Repräsentanten der Weiterbildungsinstitution bzw. Auftraggeber oder durch Organe der Verbände bzw. des Staates. Von den → Teilnehmenden wird erwartet, dass sie sich, in der Regel in Kenntnis der Legenden der Bildungsveranstaltung, vertrauensvoll auf das Vorentschiedene einlassen, das zu Lehrende also engagiert lernen – weil es quasi in ihrem „wohlverstandenen Interesse" so festgelegt wurde. Auf der Ebene der konkreten Bildungsarbeit gibt es für die Teilnehmenden gewisse Spielräume, eigene Lerninteressen einzubringen; oft genug sind diese aber vom guten Willen und der Kompetenz der Lehrenden abhängig. Dies ändert allerdings nichts an der grundständigen didaktischen Logik dieses Ansatzes. In der Erwachsenenbildungstheorie wird dieses didaktische Denken mit dem Begriff der Teilnehmerorientierung gefasst.

Exemplarisch für dieses didaktische Denken sei hier die sog. Fallmethode genannt, die zwar eine begriffliche Ähnlichkeit zur f.WB aufweist, sich aber gerade in den o.g. Leitfragen grundsätzlich unterscheidet. Bei der Fallmethode werden die von den Weiterbildner/inne/n nach didaktischen Gesichtspunkten – Leitideen sind meist die der Exemplarik und der Praxisnähe – eigens konstruierten bzw. ausgewählten Praxissituationen („Fälle") den Teilnehmenden zur Bearbeitung vorgesetzt. An diesen „Fällen" werden die vorentschiedenen Bildungsinhalte exemplarisch entwickelt.

Von diesem didaktischen Ansatz grenzt sich f.WB ganz grundständig ab. Hier entstehen die Bildungsinhalte über die strukturierte Auseinandersetzung mit schwierigen Praxissituationen („Fallgeschichten"), die die Teilnehmenden aus ihrer je konkreten Lebenspraxis zum Zwecke ihres eigenen Lernens auswählen. Das Lernsubjekt selbst bestimmt also den groben Rahmen dessen, was es in Auseinandersetzung mit seinen Handlungsproblematiken zu lernen gilt. In diesem Sinne kann man f.WB als ein Bildungskonzept verstehen, das der Leitidee der → Subjektorientierung verpflichtet ist: Das Lernsubjekt erscheint hier als Souverän bei der Auswahl des Bildungsgegenstands. Durch ihre eigentümliche methodische Strukturierung und die darüber provozierten Bildungsprozesse unterscheidet sich f.WB deutlich von zunächst ähnlich anmutenden Konzepten, wie etwa dem gelenkten Erfahrungsaustausch oder der Supervision.

„Fälle" im Sinne f.WB sind konkrete Ereignisse (Szenen, Situationen), die die Bildungsteilnehmenden in ihrer Alltagspraxis (z.B. berufliche, familiale Praxis) selbst entweder gerade erleben oder erlebt haben, in denen sie selbst eine zentrale Rolle spielen und die sie sich zum Zwecke ihrer (Fort-)Bildung in einer Bildungssituation zur Verfügung stellen. Die Energie zur lernenden Auseinandersetzung mit diesen alltäglichen Situationen entsteht vor allem aus der Erfahrung der Erwachsenen, dass sie mit ihren Handlungsroutinen diese Situationen nicht souverän handhaben können (z.B. Schwierigkeiten beim didaktischen Handeln als Weiterbildner/innen, beim Führungshandeln als Vorgesetzte, beim betriebspolitischen Handeln als Betriebsrat). Wird dieser Verlust an Handlungssicherheit und Problemlösungsfähigkeit als Herausforderung für die persönliche Entwicklung definiert, eröffnet sich der Erwachsene über f.WB die Chance, eingeschliffene Einstellungen und Orientierungen, Werte-, Deutungs- und Handlungsmuster und die damit zusammenhängenden emotionalen Befindlichkeiten sowie Alltags- und Berufswissensbestände hinsichtlich ihrer Anteile an der Entstehung und dem Fortbestehen der Problemszenarien zu überprüfen und gegebenenfalls zu ändern bzw. zu erweitern. Die (Wieder-)Gewinnung bzw. Erweiterung von Handlungsfähigkeit in aspektreichen, vielschichtigen und uneindeutigen alltäglichen Handlungssituationen wird für die Erwachsenen zur zentralen Figur der Begründung ihres Lernens, wenn sie sich der f.WB als Lernprojekt stellen.

Die vielfältigen Bildungsinhalte und damit die Bildungsoptionen von f.WB ergeben sich über die aus zehn Arbeitsschritten, dem sog. Arbeitsmodell, bestehende methodische Struktur der Fallbearbeitung. Die Erwachsenen werden durch dessen Struktur aufgefordert, sich den „Fällen" empathisch zu nähern, sie aus verschiedenen Perspektiven zu betrachten sowie die unterschiedlichen Sinn- und Bedeutungshorizonte der Fallgeschichte zu erschließen, indem die subjektiven, interaktiven, institutionellen und gesellschaftlichen Anteile sowie der Kern des von den Fallerzählern praktizierten beruflichen Handelns (bei Pädagog/inn/en z.B. deren didaktisches Handeln, bei Führungskräften deren Führungshandeln, bei Berater/inne/n deren Beratungshandeln, bei Personalräten deren betriebspolitisches Handeln) im Kontext der Fallgeschichte rekonstruiert werden (Verstehen von Sinnstrukturen als Basis kompetenten Handelns). Die dabei in den Vordergrund tretenden „Knackpunkte" der Fallgeschichte sind jene Sachverhalte, die allem Verstehen nach in besonderer Weise zur Entstehung und zur Entwicklungsdynamik der Fallsituation beigetragen haben. Diese werden unter Inanspruchnahme unterschiedlicher Wissensformen (Alltags-, Berufs- und Wissenschaftswissen) bearbeitet und bilden einen notwendigen Beitrag zu erweitertem bzw. vertieftem Fallverstehen. F.WB schließt mit sachlich begründeten Handlungsoptionen für die Fallerzähler/innen und alle an der Fallbearbeitung Beteiligten, die sich in vergleichbaren Lebenspraxen befinden. Diese Optionen werden in konkrete, Erfolg versprechende Handlungsprojekte übergeführt, die die Teilnehmenden nach Abschluss der Bildungsveranstaltung in ihrer jeweiligen Praxis realisieren. Gelingende Praxis aus gewachsener Kompetenz wird zum Leistungskriterium für f.WB.

Literatur
Kade, S.: Handlungshermeneutik. Qualifizierung durch Fallarbeit. Bad Heilbrunn/Obb. 1990 – Ludwig, J.: Kompetenzentwicklung und Bildungsberatung als reflexiver Verständigungsprozess. In: Heuer, U./Siebers, R. (Hrsg.): Weiterbildung am Beginn des 21. Jahrhunderts. Münster 2007 – Müller, K.R.: Ausbilderqualifizierung durch lebendiges und reflexives Lernen. In: Arnold, R. (Hrsg.): Lebendiges Lernen. Baltmannsweiler 1996 – Müller, K.R.: Handlung und Reflexion – Fallorientierte universitäre Bildung im Studiengang Pädagogik. In: Knoll, J. (Hrsg.): Hochschuldidaktik der Erwachsenenbildung. Bad Heilbrunn/Obb. 1998 – Müller, K.R./ Mechler, M./Lipowsky, B.: Verstehen und Handeln im betrieblichen Ausbildungsalltag. München 1997

Kurt R. Müller

Familienbildung

F. wird in diesem Zusammenhang als Teil des Erwachsenenbildungs-/Weiterbildungssystems gesehen, das sich als Ausdruck und Motor gesellschaftlicher Modernisierungsentwicklungen herausgebildet hat. F. hat in dieser Perspektive daher auch Anteil an den Widersprüchen und Barrieren, die den Institutionalisierungsprozess eines gesellschaftlich verantworteten und durch staatliche Rahmengesetzgebung bestimmten Erwachsenenbildungs-/Weiterbildungssystems bestimmen. Über diese Zuordnung darf die Integration der F. in das System sozialer Vorsorge und Unterstützung nicht übersehen werden. In der Konsequenz dieser Entwicklung ist F. seit 1991 auch als Leistung der Jugendhilfe definiert.

Die Existenz eines gesonderten Handlungsfeldes F. ist Ausdruck einer gesellschaftlichen Arbeitsteilung, die die bürgerliche Gesellschaft insgesamt auszeichnet: Die Trennung zwischen privater und öffentlicher Sphäre ist dafür ebenso kennzeichnend wie eine Geschlechtertrennung, die Familie als gesellschaftliche Reproduktionsinstanz und als autonomen privaten Lebensbereich gegenüber politischen und ökonomischen Rahmenbedingungen abtrennt und ihn zugleich als spezifisches Handlungsfeld Frauen (Müttern) zuschreibt. Frauenbildung und Mütterschulen bilden insofern den historischen und gesellschaftlichen Hintergrund für die institutionelle Ausdifferenzierung von Familienbildungseinrichtungen, die sich heute in einer Pluralität unterschiedlicher gesellschaftlicher Trägerorganisationen darstellt.

Die vielfältig differenzierten, lokalen und regionalen Familienbildungsstätten sind in drei großen Trägerorganisationen zusammengefasst: zum einen in kirchlicher Trägerschaft (Bundesarbeitsgemeinschaft Evangelischer Familienbildungsstätten, Bundesarbeitsgemeinschaft Katholischer Familienbildungsstätten), zum anderen in dem Zusammenschluss der Bundesarbeitsgemeinschaft Familienbildung und -beratung, die durch die Arbeiterwohlfahrt, das Deutsche Rote Kreuz oder andere kommunale oder freie Organisationen getragen wird. Insbesondere für die Familienbildungsstätten in kirchlicher Trägerschaft gilt, dass sie vielfach in enger institutioneller und räumlicher Nähe zu Einrichtungen der EB organisiert sind.

Eine wesentliche institutionelle Grundlage hat F. zum einen in den Ländergesetzen der EB, zum anderen im Kinder- und Jugendhilfegesetz (KJHG, § 16). Jedoch ist das als Leistungsgesetz konzipierte KJHG keine essentielle Finanzierungsbasis, da seine Umsetzung von Umsetzungsrichtlinien auf Länderebene abhängig ist. Für ihre finanzielle Sicherung sind die Einrichtungen der F. daher in verstärktem

Maße auf Teilnahmegebühren und auf die Zuschüsse der Trägerorganisationen angewiesen.
F. ist in ihrer institutionellen Form Ausdruck des Reflexivwerdens der Gesellschaft und des Lebensalltags. In dem Maße, in dem der Lebensalltag (→ Alltag) als gesellschaftliche Bildungsaufgabe wahrgenommen und in Formen organisierter sozialer Beratung, Unterstützung und Bildung zum „Gegenstand" wird, verlieren familiäre Lebensformen den Charakter der „Natürlichkeit"; sie werden zu gesellschaftlichen Beziehungen, die beeinflusst und gesteuert werden können, und sie werden in ihrer Abhängigkeit von ökonomischen und politischen Bedingungen durchschaubar. Darin ist die gesellschaftliche Notwendigkeit von F. begründet, die zugleich den Hintergrund für ihre Entwicklung zu einem eigenständigen Handlungsfeld der EB/WB darstellt. Durch ein stetig gewachsenes Qualifikationsprofil der Mitarbeitenden hat sich F. als Teil eines professionellen Arbeitsfeldes etabliert.
→ Programmplanung und die damit verbundenen Kompetenzen mikro- und makrodidaktischer Arbeit sowie Formen kontinuierlicher und organisierter Mitarbeiterfortbildung bilden eine weitere institutionelle Stütze, die F. auch als eine wesentliche Ressource für die Bewältigung der Widersprüche von Modernisierungsprozessen erscheinen lässt. Unter den Bedingungen einer fortschreitenden Marktvergesellschaftung der Individuen und der Auflösung des traditionellen Geschlechterverhältnisses haben sich die Voraussetzungen des Aufwachsens junger Menschen und der Familienbeziehungen nachhaltig verändert. Seit der Jahrhundertwende sind diese neu zum Gegenstand von politischen Gestaltungsinitiativen geworden, in die auch die Leistungen der F. als Einfluss- und Bestimmungsgröße einbezogen werden. Die sozial- und bildungspolitische Stärkung der Eltern- und Erziehungskompetenzen, die Verzahnung von institutioneller und privater Erziehung und der lebensweltlichen Adaption neuerer wissenschaftlicher Erkenntnisse im Bereich frühkindlicher Pädagogik, Psychologie und Neurobiologie haben zu einer Tendenzumkehr im Verhältnis von familiärer Privatheit und Öffentlichkeit geführt und Familienpolitik und -bildung zu einem zentralen politischen Handlungsfeld und Gegenstand von Gesetzgebung und öffentlicher Finanzierung gemacht.

Literatur

Deutsche Evangelische Arbeitsgemeinschaft für Erwachsenenbildung: Was heißt hier politisch? Bedingungen politisch wirksamer Familienbildung. Karlsruhe 1998 – Schiersmann, C. u.a.: Innovationen in Einrichtungen der Familienbildung. Eine bundesweite empirische Institutionenanalyse. Opladen 1998

Andreas Seiverth

Fernstudium

Als F. bezeichnet man eine Form der akademischen Lehre, die überwiegend unabhängig von Zeit, Ort und Person eine lernende Auseinandersetzung mit Wissensgebieten initiiert und begleitet. Dabei ist diese Form des Lernens in hohem Maße individualisiert: Fernstudierende bestimmen selbst, wann sie sich mit welchem Tempo und mit welcher Intensität mit dem Stoff auseinandersetzen. Zentrale didaktische Funktionen, die im Präsenzlernen von Lehrpersonen (Professor/inn/en, Dozent/inn/en) wahrgenommen werden, werden im F. medial organisiert. Dies gilt insb. für die Stoffgliederung, die Lernkontrollen, den Transfer in die Praxis, die Diskussionen und Nachfragen. Diese sind an Medien übergeben (Text, Bild, Ton, Netz) und werden von diesen realisiert: So dienen die im Fernstudienmaterial definierten Lernziele auch der Gliederung des Stoffes in Lernschritte, Einsendeaufgaben dienen der Lernkontrolle bzw. dem Feedback, begleitende Fernsehprogramme oder versandte Videos dienen der Illustration und praktischen Veranschaulichung, und die Online-Betreuung im Internet („discussion groups", „pinboards" usw.) ermöglicht Austausch, → Interaktion und Vernetzung unter den am Lernprozess Beteiligten.
Lernen im F. ist ein in hohem Maße selbstgesteuertes Lernen (→ Selbstorganisation). Untersuchungsergebnisse zeigen, dass diese Form des Studiums bevorzugt von Menschen gewählt wird, die gelernt haben, in dieser Form zu lernen. Gleichwohl nutzen auch andere Menschen das F., weshalb Fernstudienanbieter es sich auch nicht erlauben können, sich nur an den Lerntyp des selbstgesteuerten Lerners zu wenden.
Neben den klassischen Fernstudiengängen der ersten Generation, die sich in der Regel gedruckten Materials, angeleiteten Selbststudiums, auditiver und audiovisueller Medien sowie einiger Präsenztreffen bedienen, haben sich in den vergangenen Jahren vornehmlich durch den Einsatz und die Nutzung der Neuen Medien weitere Formen des F. entwickelt. So beruht die zweite Generation des F. vor allem auf den

verschiedenen Spielarten des „teleconferencing“: Hier werden überschaubare Gruppen von Studierenden in einem virtuellen Raum zusammengeführt, in dem sie untereinander und mit Lehrenden in einer dem Präsenzstudium ähnlichen Form interagieren. Eine dritte Generation des F. bietet sich durch die Nutzung vernetzter Computer sowie der Möglichkeiten des Web 2.0. Dies eröffnet vollständig neue Formen des angeleiteten Selbststudiums (z.B. durch Nutzung von Literaturdatenbanken usw.) und der „computer mediated communication“. Durch die Neuerungen der zweiten und dritten Generation wird das F. in den kommenden Jahren sein Erscheinungsbild vollständig verändern. Gleichzeitig wird sich aber auch das Präsenzstudium grundlegend wandeln. Viele der heute noch eher hilflos anmutenden Visualisierungs- und Präsentationsformen in Vorlesungen werden multimedialer Aufbereitung weichen, die auch von Präsenzstudierenden im „distance learning mode“ selbstgesteuert bearbeitet werden können – anstelle der oder ergänzend zur Teilnahme an Vorlesungen und Seminaren. Und es wird sich auch die Frage nach der Unterscheidbarkeit von Präsenzstudium- und F. in einer Welt multimedial vernetzter Lerngelegenheiten stellen.

Literatur

Arnold, R.: Fernstudium in der Wissensgesellschaft. In: Schulz, M. u.a. (Hrsg.): Wege zur Ganzheit. Profilbildung einer Pädagogik für das 21. Jahrhundert. Weinheim 1998 – Bates, A.W.: Technology, Open Learning and Distance Education. London/New York 1995 – Garrison, G.R.: Three Generations of Technological Innovation in Distance Education. In: Distance Education, H. 6, 1985 – Jütte, W./Weber, K. (Hrsg.): Kontexte wissenschaftlicher Weiterbildung. Entstehung und Dynamik von Weiterbildung im universitären Raum. Münster 2005 – Peters, O.: Didaktik des Fernstudiums. Erfahrungen und Diskussionsstand in nationaler und internationaler Sicht. Neuwied 1997

Rolf Arnold

Fernunterricht

Unter F. wird allgemein ein angeleiteter und kontrollierter Selbstlernprozess unter Überwindung räumlicher Entfernung verstanden. Die räumliche Trennung kann durch Zusendung von gedruckten Lehrbriefen oder CDs oder Herunterladen von Lerneinheiten überwunden wird. Eine räumliche Trennung in diesem Sinne liegt nicht bei synchroner Kommunikation wie z.B. bei Videokonferenzen vor. F. unterscheidet sich damit vom Direktunterricht (→ Unterricht) und von Selbstlernprogrammen (Fachbüchern, CBT-Programmen etc.) und ist besonders auf das → Lernen in eigener Verantwortung ausgerichtet. Er unterscheidet sich durch die Form der Aufbereitung des Lernstoffes von Fachbüchern oder anderen medialen Lernformen. Die zu vermittelnden Inhalte werden nicht lediglich fachsystematisch bzw. fachwissenschaftlich abgehandelt, sondern in pädagogischen Strukturen vermittelt, die die Funktion des Lehrenden im Direktunterricht übernehmen. Auch gehören Möglichkeiten der Selbst- und Fremdkontrolle durch Korrektoren in den Fernlehrinstituten dazu, die Einsendeaufgaben korrigieren und mit Hinweisen für den weiteren Lernprozess versehen. Die Lernenden können bestimmen, wann, wo und wie schnell sie lernen wollen, sind aber in dem Lernprozess nie auf sich allein gestellt. Sie haben auch unabhängig von den Einsendeaufgaben die Möglichkeit, sich bei Tutor/inn/en Rat und Unterstützung bei auftretenden Schwierigkeiten zu holen. Zum F. können auch mehr oder weniger umfangreiche Präsenzphasen gehören. Die Frage, ob und in welchem Umfang Präsenzphasen (fakultativ oder obligatorisch) angeboten werden, richtet sich zum einen nach den Lernzielen, zum anderen nach der Konzeption des Bildungsträgers. Für bestimmte Lernziele, insb. solche, die auf Verhaltensänderungen (Kommunikation, Rhetorik, Präsentation etc.) oder den Erwerb von Kompetenzen abzielen, stößt rein mediengestütztes Lernen an Grenzen. Hier sind andere Lernformen erforderlich, so dass Präsenzphasen oder andere Formen des gemeinsamen Lernens und Einübens Bestandteil des Lehrgangs sein müssen. Im Übrigen hat der Anbieter des Lehrgangs Spielräume, auch unter anderen Gesichtspunkten Seminare, Workshops usw. anzubieten.

Werden mehr als 50 % der Kenntnisse und Fähigkeiten so vermittelt und wird dazu ein privatrechtlicher Vertrag gegen Entgelt geschlossen, liegt F. im Sinne des Fernunterrichtsschutzgesetzes (FernUSG) vor. Nach diesem Gesetz bedarf jeder Fernlehrgang vor dem Vertrieb der Zulassung durch die zuständige „Staatliche Zentralstelle für Fernunterricht“ in Köln. Der Begriff F. dient der Abgrenzung zur bloßen Lieferung von Büchern und anderen Lernmaterialien sowie programmierten Unterweisungen, denen das Element der Betreuung und der individuellen Anleitung durch den Bildungsträger fehlt. Die Anwendbarkeit des Gesetzes wird weder von Bildungsinhalten, Lehrgangszielen, → Zielgruppen oder der Art

eventueller Abschlüsse noch vom Status der → Träger des Lehrgangs beeinflusst.
Im Rahmen des Zulassungsverfahrens wird geprüft, ob der Lehrgang geeignet ist, auf das beschriebene Lehrgangsziel vorzubereiten, die eingesetzten Verträge den gesetzlichen Bestimmungen entsprechen und das Informationsmaterial, das anfragenden Interessenten übermittelt wird, den Lehrgang zutreffend beschreibt. Die Interessen der Lernenden sind durch gesetzlich zwingende Regelungen sehr weitgehend geschützt.
Nach Vertragsabschluss kann innerhalb von zwei Wochen nach Erhalt des ersten Lehrmaterials ein Widerrufsrecht ausgeübt werden. Der Fernunterrichtsvertrag kann jederzeit, zum ersten Mal nach Ablauf des ersten Halbjahres nach Vertragsabschluss, mit einer Frist von sechs Wochen gekündigt werden. Die zu zahlende Vergütung darf nur in Raten gefordert und geleistet werden. Im Falle einer Kündigung ist daher auch nur so viel zu zahlen, wie auf den entsprechenden Teil der Laufzeit des Vertrags entfällt. Im Zentrum des Zulassungsverfahrens steht die Prüfung, ob die Lehrgangskonzeption den Anforderungen entspricht, die erfüllt sein müssen, um die versprochenen Kenntnisse, Fähigkeiten und → Kompetenzen erwerben zu können. Darüber hinaus wird geprüft, ob die Lernmaterialien fachlich richtig sind und die erforderlichen Kenntnisse im notwendigen Umfang vermitteln. Von daher wurde das Zulassungsverfahren von einer Prüfung der Lernmaterialien zur Prüfung der Konzeption und deren Umsetzung im Sinne von Qualitätssicherung und → Qualitätsmanagement entwickelt.

Literatur
Balli, C./Sauter, E.: Medien und Fernunterricht. In: Tippelt, R. (Hrsg.): Handbuch der Erwachsenenbildung/Weiterbildung. 2., überarb. und akt. Aufl. Opladen 1999 – Holmberg, B.: The Evolution, Principles and Practices of Distance Education. Schriftenreihe der Fernstudienforschungsstelle der Universität Oldenburg 2005 – Scheuermann, F./Schwab, F./Augenstein, H. (Hrsg.): Studieren und weiterbilden mit Multimedia: Perspektiven der Fernlehre in der wissenschaftlichen Aus- und Weiterbildung. Nürnberg 1998 – ZFU: Ratgeber für Fernunterricht. Informationen und Empfehlungen. Alle Fernlehrinstitute. Alle Fernlehrgänge. Köln/Bonn 2008

Michael Vennemann

Finanzierung

Eine enge Definition (Gablers Wirtschaftslexikon 1996) kennzeichnet F. als Maßnahme der Beschaffung und Rückzahlung von liquiden Mitteln. Der Begriff stellt hier einzig auf den Erhalt der Zahlungsfähigkeit einer Organisation ab. Eine weite Begriffsfassung (Mäding 1984; Expertenkommission Finanzierung Lebenslangen Lernens 2002) setzt auf die Herstellung der Verfügbarkeit von Ressourcen.
Für das → Lernen in allgemeinbildenden Schulen müssen vier, für das Lernen in Berufsbildungseinrichtungen und Hochschulen fünf Ressourcenarten verfügbar sein. Allgemeinbildendes Lernen kann nur stattfinden, wenn mentale bzw. psychische Ressourcen, Zeit für Lernen, sachlich-physische Ressourcen (z.B. Gebäude samt Raumausstattung) und Geld in Form liquider Mittel bereitstehen. Für Lernen, das in die Arbeitswelt führt, kommen als fünfte Gruppe institutionelle Bedingungen wie Sicherheits- oder Qualitätsanforderungen an Produkte und Arbeitsplätze oder lerntransfer- und lernträchtige Arbeitsplätze, Arbeitsinhalte sowie Arbeitsumgebungen hinzu. Diese Ressourcenarten stehen in einem streng komplementären Verhältnis zueinander: Ohne Lernmotivation ist Zeit vergebens geopfert, ist Geld zum Fenster hinausgeworfen, kann Lernen nicht geschehen. Ohne die nötige Zeit zum Lernen kann zumindest formales und non-formales Lernen, d.h. Lernen, das in eigens arrangierten Lernkontexten und Lernsituationen organisiert geschehen soll, nicht stattfinden. Das Gleiche gilt, wenn die physisch-materiellen wie auch die erforderlichen finanziellen Bedingungen nicht erfüllt sind. Im Falle informellen Lernens stellt sich das Ressourcenproblem anders dar: Als Voraussetzungen gelten, dass erstens Lernbereitschaft, -motivation und -wille präsent und zweitens informelle Lerngelegenheiten (z.B. in Gestalt von Arbeitsplatz, Arbeitsinhalten und Arbeitsumgebung) nutzbar sind. Sofern das informelle Lernen außerhalb von Arbeitsplatz und -umgebung stattfinden soll (z.B. auf einer Fachtagung oder durch Lesen einer Fachzeitschrift), stellt sich auch hier die Frage nach den Zeit- und Geldressourcen. Zeit und Geld werden beim Arbeitsplatzlernen nicht benötigt, da es uno actu mit dem Arbeitsprozess geschieht. Der Bedarf an Geld bzw. Liquidität erklärt sich aus der Tatsache, dass in aller Regel die sachlich-physischen Ressourcen (Gebäude, Energie, Personal), die für die Gestaltung formaler und non-formaler Lernarrangements erforderlich sind, in einer

hoch arbeitsteiligen Ökonomie nur über verfügbares Geld beschafft werden können.
Ressourcen werden beschafft und verfügt, damit Lernen stattfinden kann, oder ökonomisch ausgedrückt, damit ein Set von Inputs (Inhalte/Informationen/Wissen aufseiten der Lernenden, der Lehrenden und der Lehr- und Lernmittel; Verhaltensweisen und Einstellungen aufseiten der Lehrenden und Lernenden; Räume und deren Ausstattung mit Lernhilfen, Energie; lehrendes, erziehendes oder unterstützendes Personal mit bestimmten Qualifikationen; Wissensträger wie Bücher, Zeitschriften oder elektronische Medien; Zeit des lehrenden Personals und der Lerner) in einem bestimmten, durch didaktisch-methodische Überlegungen und Prinzipien gesteuerten Kombinations- und Transformationsprozess so eingesetzt wird, dass systematisch Lern-Outputs erzeugt werden (Wissen, Einstellungen und Verhaltensweisen aufseiten der Lernenden), die einen Lernzuwachs in dem Sinne repräsentieren, dass das Wissen der Lernenden am Ende des Prozesses deutlich feststellbar und erkennbar über dem Eingangswissen liegt und dass ihre Einstellungen sowie Verhaltensweisen am Ende des Prozesses deutlich erkenn- und messbar den Lernzielen näher gekommen sind. Dabei hängt der Finanzierungsbedarf für die Ermöglichung von Lernprozessen in formalisierten Lernstrukturen und -bedingungen von den Mengen, Preisen und Qualitäten der Inputs, aber auch von der Organisation und Gestaltung der formalen Lehr-Lernprozesse ab. Der Finanzierungsbedarf wird also durch die Effektivität und Effizienz der Lehr-Lernprozesse, durch ihre Didaktik und Methodik, mitbestimmt. Die in einem bestimmten Zeitraum (z.B. ein Jahr) Auszahlungen bewirkenden Kosten erzeugen den Finanzbedarf und damit das Finanzierungsproblem, das angebots- oder nachfrageorientiert gelöst werden kann. Bei der angebotsbezogenen oder institutionellen Finanzierung fließen die Finanzmittel von den Geldgebern direkt an die Bildungsinstitution. Bei der nachfrageorientierten Bildungsf. leisten die Nutzer/innen selbst einen Finanzierungsbeitrag (z.B. in Form von Gebühren), oder andere Finanziers (z.B. der Staat, Stiftungen, Unternehmen) zahlen ihren Finanzierungsbeitrag nicht unmittelbar an die Bildungseinrichtung, sondern an die Nutzer/innen, die dadurch mit Kaufkraft ausgestattet werden und Nachfragemacht im Sinne ihrer Lerninteressen entfalten können. Es handelt sich um Voucher bzw. Bildungsgutscheine, die z.B. modellhaft in Hamburger Kindertagesstätten, bei der Förderung der Weiterbildung Arbeitsloser nach dem SGB III und in Nordrhein-Westfalen zur Förderung der Weiterbildung von Beschäftigten in kleinen und mittelgroßen Unternehmen erprobt werden (Mattern 1997). Die beiden Finanzierungsalternativen üben aufgrund ihrer verschiedenen Anreizmuster unterschiedlichen Einfluss auf das Angebots- und Nachfrageverhalten der Akteure aus und erzeugen differente Steuerungswirkungen.
F. bedeutet nicht nur die Beschaffung von Geldsummen, sondern die Geldbeschaffung ist lediglich ein Mittel, um physische und immaterielle Güter (einschließlich Zeit) besorgen und über sie verfügen zu können. Während also der Finanzierungszweck in der Verfügbarkeit über Ressourcen für Lernen besteht, stellt die Geldbeschaffung lediglich ein Mittel dafür dar, ist allerdings ein notwendiger Schritt. Als Finanzierungsquellen kommen nur drei alternative Finanzierungsquellen infrage: vergangenes Einkommen (früher Gespartes, Geld- oder Sachvermögen), das laufende Einkommen (Löhne, Gehälter, Zins-, Miet- oder Pachteinkommen, Steuereinnahmen, Umsätze, Einnahmen aus laufenden Umlagen) und zukünftiges Einkommen (Kredite und Darlehen). Als Zahler kommen infrage die Teilnehmenden oder ihre Angehörigen, die Erwerbstätigen (d.h. Angestellte, Arbeiter/innen, Beamte, Selbstständige), private Organisationen (z.B. Unternehmen, Stiftungen, Korporationen, Bildungsträger), der Staat (Bundesregierung, Länder, regionale Staatseinheiten oder Kommunen).

Literatur
Expertenkommission Finanzierung Lebenslangen Lernens (Hrsg.): Auf dem Weg zur Finanzierung Lebenslangen Lernens. Bielefeld 2002 – Gablers Wirtschaftslexikon: Finanzierung. Wiesbaden 1996 – Mäding, H.: Finanzierung des Bildungswesens. In: Baethge, M./Nevermann, K. (Hrsg.): Organisation, Recht und Ökonomie des Bildungswesens. Enzyklopädie Erziehungswissenschaften, Bd. 5, Stuttgart 1984 – Mattern, C.: Der Bildungsgutschein. In: Böttcher, W./Weishaupt, H./Weiß, M. (Hrsg.): Wege zu einer neuen Bildungsökonomie. Weinheim/München 1997

Dieter Timmermann

Fortbildung

F. ist ein Teil der → beruflichen Weiterbildung, die alle Angebote zur Entwicklung beruflicher → Kompetenzen umfasst, die nach dem Abschluss einer ersten beruflichen Ausbildung in Anspruch genommen werden. Seit den 1980er Jahren ließ sich eine stetig wachsende Bedeutung der beruflichen WB feststellen, so dass einige Wissenschaftler/innen bereits den Wandel der Bundesrepublik von einer „Erstausbildungs- zu einer Weiterbildungsgesellschaft" proklamieren (Arnold/Gieseke 1999). Dies ist eine Einschätzung, die auch durch den seit 1997 einsetzenden leichten Rückgang (TNS Infratest Sozialforschung 2008) nicht wirklich infrage gestellt wird (Arnold/Pätzold 2008). Nach dem Tiefstand der rückläufigen Weiterbildungsbeteiligung im Jahr 2003 ist inzwischen wieder eine leicht steigende Tendenz zu beobachten. Aktuell nehmen z.B. über 40 % der Deutschen im Alter von 19 bis 64 Jahren jährlich an Weiterbildungsmaßnahmen teil. Die berufliche WB – gemäß der Definition des Adult Education Survey (AES) – ist dabei mit 60 % aller Weiterbildungsaktivitäten der größte Bereich (TNS Infratest Sozialforschung 2008). Wie F. werden auch → Umschulung und → Lernen am Arbeitsplatz unter beruflicher WB gefasst.

Als Anpassungsf. werden solche Maßnahmen bezeichnet, in denen (häufig in von Betrieben oder Kammern organisierten Kursen bzw. Programmen) die → Qualifikationen der Arbeitnehmer/innen an die gewandelten Anforderungen angepasst werden. Dies kann sowohl in kurativer als auch in präventiver Absicht geschehen. „Kurativ" ausgerichtet ist die Anpassungsf. dann, wenn benachteiligte Arbeitnehmer/innen bzw. Arbeitssuchende (z.B. Arbeitslose, Frauen nach der Familienphase) auf den beruflichen Wiedereinstieg vorbereitet werden. Eine „präventive" Funktion erfüllt die Anpassungsf. dann, wenn sie in sich verändernden Marktsituationen Arbeitnehmer/innen „vorauseilend" so qualifiziert, dass diese die neuen beruflichen Situationen gestalten und so vor Arbeitslosigkeit bewahrt werden können.

In der Aufstiegsf. erwirbt demgegenüber der Arbeitnehmer nicht nur Kenntnisse, sondern auch Berechtigungen (z.B. Meister- oder Techniker-Abschluss) zur Übernahme höherer Positionen mit erweiterten Aufgaben. Auch Aufstiegsf. kann eine arbeitsplatzsichernde – also präventive – Funktion erfüllen, im Vordergrund steht allerdings die karriereorientierte Intention des beruflichen Aufstiegs.

Die Umschulung ist ein Sonderfall der beruflichen WB: Hier werden Arbeitnehmer/innen für einen anderen Beruf qualifiziert. Dies kann bedeuten, dass die bislang erworbenen beruflichen Kompetenzen nicht weiterentwickelt bzw. „weitergebildet", sondern dass völlig neue Kenntnisse, Fähigkeiten und Fertigkeiten erworben werden. Die Umschulung hat deshalb meist mehr den Charakter einer „Zweitausbildung" (Münk/Lipsmeier 1997) als den einer beruflichen WB.

Man kann beim Lernen am Arbeitsplatz sowohl organisierte als auch nicht-organisierte bzw. informelle Formen feststellen. Zu den organisierten Formen des Lernens am Arbeitsplatz gehören u.a. das „Anlernen" und die sog. „Qualitätszirkel", während das informelle Lernen im Arbeitsprozess weitgehend selbstorganisiert abläuft. Das „Anlernen" geschieht in kurzen Unterweisungssequenzen, in denen eine neue Fachkraft die für einen Arbeitskontext notwendigen Kompetenzen gezielt erwirbt.

Die Förderung der beruflichen WB durch die Bundesanstalt für Arbeit stieg – mit Ausnahme eines gewissen Rückgangs 1989 – bis 1993 kontinuierlich an. Dieser Anstieg eskalierte insb. nach dem Beginn der sog. Qualifizierungsoffensive (ab 1985). Ziele dieser Offensive waren die Verbindung von öffentlicher und betrieblicher Qualifizierung und die Schwerpunktsetzung auf die Verbreitung der neuen Technologien. Ab 1993 sind Rückgänge zu verzeichnen (1993 um ca. 39 %, 1994 um 10 %), so dass sich die AFG-finanzierte berufliche WB 1994 wieder auf dem Stand von 1983 einpendelte (Mangold u.a. 1996).

An der Finanzierung von beruflicher WB sind die Betriebe, öffentliche bzw. staatliche Stellen sowie die Individuen selbst beteiligt. Seit 1996 ist ein Rückgang der öffentlichen Ausgaben für WB insgesamt zu verzeichnen, sowohl absolut als auch hinsichtlich des Anteils am BIP. Für den Bereich der beruflichen WB hat insb. der deutliche Rückgang der Förderung von Weiterbildungsmaßnahmen nach dem SGB III (zwischen 1996 und 2006 um 83,75 %, DIE 2008) große Auswirkungen auf die Zahl der Teilnehmenden. Dabei gilt es zu berücksichtigen, dass die Teilnehmenden immer stärker an der Finanzierung von WB beteiligt sind.

Literatur

Arnold, R./Gieseke, W. (Hrsg.): Die Weiterbildungsgesellschaft. 2 Bde. Neuwied 1999 – Arnold, R./Pätzold, H.: Bausteine zur Erwachsenenbildung. Baltmannsweiler 2008 – DIE: Trends der Weiterbildung. DIE-Trendanalyse 2008. Bielefeld 2008 – Mangold, M. u.a.: Qualifizierung im Strukturwandel: Zur Bedeutung der Weiterbildung. Tübingen 1996 – Münk, D./Lipsmeier, A.: Berufliche Weiterbildung. Grundlagen und Perspektiven im nationalen und internationalen Kontext. Baltmannsweiler 1997 – TNS Infratest Sozialforschung (Hrsg.): Weiterbildungsbeteiligung in Deutschland – Eckdaten zum BSW-AES 2007. München 2008

Rolf Arnold

Freizeit – Freizeitpädagogik

F. scheint in → Gesellschaften der Moderne wichtiger, zugleich aber auch problematischer zu werden. Dieser gesellschaftliche Prozess geht einher mit einer begrifflichen Unterdeterminierung. Grundsätzlich lässt sich F. als temporale Kategorie verstehen, die auf den Umgang mit „freier“ Zeit verweist, welche in eine charakteristische Trias unterteilt werden kann. Die „organisierte Zeit“ (z.B. Aktivitäten in Vereinen), welche oftmals verpflichtend wirkt und von Arbeit nur schwer abzugrenzen ist, verwirkt ihre Spontanität durch Regelmäßigkeit und Verbindlichkeit. Die „gebundene Zeit“ wird maßgeblich durch Bezugspersonen fremdbestimmt (z.B. Eltern bei Kindern) und die eigentlich spontane, selbstbestimmbare F. wird bezeichnet als „gestaltbare Zeit“ (Eder 2003). Mit einer ähnlichen Differenzierung argumentiert auch Opaschowski (2003), wenn er von fremdbestimmter „Determinationszeit“, zweckgebundener „Obligationszeit“ und selbstbestimmbar, frei verfügbarer „Dispositionszeit“ spricht.

Die geläufigsten Abgrenzungsversuche des Begriffs F. orientieren sich an negativen und positiven Definitionsansätzen, wobei die negativen Definitionen in Bezug zur Arbeitszeit (Nahrstedt 1990) und die positiven Definitionen in Bezug zu inhaltlichen Kategorien, wie Aktivitäten, stehen (Opaschowski 2003). Demnach wird F. einerseits als „frei von etwas“ verstanden, wobei sie nur als eine Residualkategorie im Vordergrund steht und andererseits soll die positive Sichtweise auf F. als „frei für etwas“ die dichotome Form von Arbeit und F. aufheben (Weber 1963). Lässt man diese duale Ausprägung der Ansätze zunächst einmal unberücksichtigt, so ist F. im Wesentlichen bestimmt durch

- eine individuell freie Zeiteinteilung, die flexibel nach den eigenen Bedürfnissen und den objektiven Bedingungen selbstbestimmt verwendet werden kann,
- die Freiwilligkeit, Spontanität und Kontinuität der Tätigkeiten, welche je nach Neigung bzw. Interesse ohne Ausgrenzung ausgeübt werden können,
- Zwanglosigkeit bzw. offene Handlungssituationen, die in Bezug auf Ort und Zeit sowie Einzel- und Gruppenaktivität nicht unter Erfolgszwang oder Leistungsdruck stattfinden.

Desweiteren ist es notwendig, den Begriff F. selbst im soziokulturellen Wandel und in seiner Relation zu anderen gesellschaftlichen Handlungsfeldern zu rekonstruieren (Prahl 2002).

Obwohl nach dem Zweiten Weltkrieg in der Bundesrepublik eine Arbeitszeitverkürzung hinsichtlich der Tages-, Wochen-, Jahres- und Lebensarbeitszeit zu verzeichnen ist (die aktuell wieder hinterfragt wird), gibt es keinen Zweifel daran, dass die Bundesrepublik nach wie vor, trotz eines Wertewandels in Teilen der jüngeren Generation, eine Arbeits- und Leistungsgesellschaft ersten Ranges ist. F. steht somit weiterhin im engen Zusammenhang mit Erwerbsarbeit. Sie ist trotz bzw. besonders wegen der strukturellen Arbeitslosigkeit als eine davon abgegrenzte Restzeit aufzufassen. Sozialer Aufstieg, soziales Prestige und Statuszuweisungen sind primär über Erwerbsarbeit zu realisieren. Der enge Zusammenhang von Arbeit und F. zeigt sich auch an der Instrumentalisierung der vermehrten F. zur Beschaffung von mehr Erwerbsarbeitsplätzen (job-sharing, small office/home office). Arbeit garantiert erst in unserer Gesellschaft F. sowohl in materieller wie in existentieller Hinsicht. Für aus dem Erwerbsprozess Ausgeschlossene ist es in der Regel primäres Ziel, wieder in einen solchen Prozess zu gelangen. Vor diesem Hintergrund relativiert sich der im Prinzip gestiegene Bedeutungsfaktor von F. Es lassen sich folgende Bedingungszusammenhänge und Orientierungsmuster der F. benennen (Tokarski/Schmitz-Scherzer 1985): Aufgrund von nicht unerheblichen Arbeitszeitverkürzungen sowie eines vergleichsweise gestiegenen Wohlstands ist es zu dem gekommen, was sich jenseits reiner Erholungs- bzw. Rekreationszeit als konsumorientierte oder erlebnisorientierte Massenfreizeit charakterisieren lässt.

- Aufgrund des hohen Differenzierungsgrades unserer Gesellschaft werden in der F. als einem Teil des Alltagslebens sämtliche arbeitsbezogenen, milieuspezifischen, sozialen und psychologischen Rahmenbedingungen und Strukturprinzipien des Alltags (Dewe/Ferchhoff 1984) wirksam, einschließlich des Phänomens, dass F. als Last erlebt werden kann.
- Aufgrund der spezifischen Verkürzung von Wochen- und Jahresarbeitszeiten muss mit dem Phänomen der „Blockfreizeiten“ gerechnet werden.
- Es existiert aufgrund der insgesamt kürzeren Lebensarbeitszeit (verlängerte Schulzeiten, relativ frühe Verrentung/Pensionierung) und bei gleichzeitig höherer Lebenserwartung vermehrte freie Zeit vor bzw. jenseits des Erwerbslebens.
- Aufgrund insgesamt gestiegener Massenkaufkraft

und des dramatischen Ansteigens der Konsumgüterindustrie kommt es zu einer vermehrten konsumtiven Ausrichtung der Freizeitgestaltung.

- Angesichts unterschiedlich entwickelter kultureller Orientierungsmuster (→ Deutungsmuster) bei verschiedenen sozialen Gruppen (Jugendkulturen) und in unterschiedlichen Lebensmilieus ist eine Differenzierung, Pluralisierung und Individualisierung von Lebensstilen und Freizeitorientierungen zu beobachten, die eine homogene Definition von F. nicht mehr zulassen.

Zukünftige Differenzierungsversuche zum Thema F. sind demnach herausgefordert, folgende Tendenzen in die wissenschaftliche Betrachtung einzubeziehen: erstens die Tendenz zu einer neuen individuell multilateralen Lebensweise aus Arbeit und Freizeit, Bildung und freiem Engagement; zweitens der demografische Wandel und Generationskonflikt; drittens der Bedeutungszuwachs für informelles Lernen; viertens der Paradigmenwechsel von der berufsbezogenen zur lebensgestaltenden Wissensvermittlung; und fünftens die Instrumentalisierung und Kommerzialisierung der Freizeit. Erst diese definitorische Neuorientierung wirft die Fragestellung auf, ob F. zur Bildungszeit wird oder unter dem Druck des → Lebenslangen Lernens schrumpft.

Ein perspektivisches Verständnis hätte zu berücksichtigen, dass F. ein System zur individuellen Selbstverwirklichung und Ungezwungenheit darstellt – ein System, in dem ohne fremdbestimmte Einflüsse die zwanglosen individuellen Neigungen ausgeübt werden können und sich dem gewidmet wird, was gefällt. Die Art und Weise, wie die F. ausgefüllt wird, gilt als Ausdruck der Persönlichkeit und des je individuellen Lebensstils, wodurch stillschweigend Menschen miteinander vernetzt werden.

Seit Beginn des 20. Jh. lassen sich Tendenzen feststellen, F. auch unter pädagogischen Gesichtspunkten zu thematisieren bzw. einer Pädagogisierung zu unterwerfen. Hier liegt die Geburtsstunde der Fp. Relativ voraussetzungslos wurde der Begriff Fp. in den 1920er-Jahren von F. Klatt in die pädagogische Diskussion eingeführt. Zum expliziten Thema von Wissenschaft und Pädagogik wurde F. in ihrem Verhältnis und der daraus resultierenden dichotomen Stellung zur Erwerbsarbeit jedoch erst Ende der 1950er Jahre.

Konsequenterweise wurde wenig später die Notwendigkeit der Konstitution einer Fp. behauptet (Weber 1963). In der Folge gab es vor allen Dingen von schulpädagogischer Seite vielfältige Versuche, über den Erziehungs-, Bildungs- und Vermittlungsauftrag der Schule hinaus, F., besonders die von Schüler/inne/n, als notwendiges und deshalb auch legitimierbares Betätigungsfeld von Lehrer/innen in den Fächerkanon zu integrieren. Die Protagonisten der Idee „Pädagogisierung der Freizeit" (Klatt 1929) konnten dabei schon auf Fröbel zurückgreifen. Dieser Zusammenhang von F., Schule und Pädagogik verweist schon früh auf das Problem möglicher Verschulungstendenzen. Mit der Institutionalisierung spezialisierter erziehungswissenschaftlicher Diplom-Studiengänge Anfang der 1970er Jahre hat die Fp. als zwar nicht unumstrittene, aber eigenständige pädagogische Teildisziplin ihren Platz an den Hochschulen gefunden (Nahrstedt 1990). Opaschowski legt folgende Programmatik der Fp. dar: „Freizeitpädagogik stellt einen Verbund von vier Lern- und Erziehungsaspekten dar. Sie verbindet und fördert die Sozial-, Kultur-, Kreativitäts- und Kommunikationserziehung unterschiedlicher Sozial- und Altersgruppen", wobei sie ein „Pädagogikangebot entwickelt (...) das von einem ganzheitlichen Verständnis des Menschen ausgeht und Arbeitswelt, Freizeit, familiäre und soziale Bindungen gleichermaßen berücksichtigt (...). Diese Integrationsfunktion wird bisher weder von der Schulpädagogik noch von der Jugend- und Erwachsenenbildung, noch von der Sozialpädagogik hinreichend wahrgenommen" (2003). In diesem Sinne unterscheidet Fp. drei Funktionsebenen:

- Befähigung zum kritischen Umgang mit Einflussfaktoren für Konsumentenhaltung,
- Erlebnisvermittlung als Ausgleich zur Arbeitsroutine,
- Erprobung selbstorganisierter Formen von Freizeitgestaltung und die Arbeitsmethoden der informativen → Beratung, der kommunikativen Animation und der partizipativen Planung.

Das Abgrenzungsproblem der Fp. von anderen außerschulischen Pädagogiken existiert bis in die Gegenwart, denn traditionell wurde die Fp. als Untergebiet etwa der Kindererziehung, der Jugendarbeit, aber auch der → Arbeiterbildung verstanden. Mit der Konstitution der Fp. als Spezialdisziplin innerhalb wie außerhalb der modernen Erziehungswissenschaft erscheint die Distinktion sowohl gegenüber der Jugend- und Erwachsenenbildung als auch der Sozialpädagogik/Sozialarbeit nicht unproblematisch, wenn Fp. für sich in Anspruch nimmt, gegenüber unterstellten reaktiv und kurativ ansetzenden Konzepten ausschließlich präventive Strategien zu verfolgen. Das Verständnis von Fp. als Teilbereich der Pädagogik, das seine Zuständigkeit und Aufgaben explizit aus dem hoch komplexen und vielfältig differenzierten Handlungsfeld F. abzuleiten und zu legitimieren zu lassen, wird neuerdings einer erweiterten Sichtweise unterworfen. Doch die Versuche aus der jüngeren Vergangenheit, die Fp. in eine „pädagogische Freizeitforschung" oder Freizeitwissenschaft umzubenennen (Opaschowski 2003) und mittels semantischer Umstrukturierung sich gegen die bisherige Beschränkung auf Handlungsfelder und Berufsbilder zu wenden, bleiben unbefriedigend. Die damit verbundene Absicht, ein offeneres und breiteres Spektrum von Forschungsschwerpunkten sicherzustellen, die interdisziplinär verfolgt werden sollen, führen aus dem Problem komplementär oder kompensatorisch denkender Definitionen nicht hinaus.

Moderne Fp. im Sinne einer „Zukunftspädagogik" (Pries 2004) ist gezwungen, die skizzierten strukturellen und kulturellen Veränderungen der F. zu reflektieren und jeweils situations- und lebensweltbezogene freizeitpädagogische Angebote auch und besonders in Einklang mit Bildungsangeboten der EB zu machen.

Literatur

Dewe, B./Ferchhoff, W.: Alltag. In: Kerber, H./Schmieder, A. (Hrsg.): Handbuch Soziologie. Reinbek 1984 – Eder, F.: Der Lebensbereich der Gleichaltrigen: Freizeit und Peergruppenbeziehungen. Linz. 2003 – Klatt, F.: Freizeitgestaltung. Stuttgart 1929 – Nahrstedt, W.: Leben in freier Zeit. Grundlagen und Aufgaben der Freizeitpädagogik. Darmstadt 1990 – Opaschowski, H.W.: Pädagogik der Freizeit: Historische Entwicklung und zukünftige Entwicklungsperspektiven. In: Popp, R./Schwab, M. (Hrsg.): Pädagogik der Freizeit. Baltmannsweiler 2003 – Prahl, H.-W.: Soziologie der Freizeit. Paderborn 2002 – Pries, M.: Eine Art Zukunftspädagogik. Zur erziehungswissenschaftlichen Neuorientierung der Freizeitpädagogik im 21. Jahrhundert. In: Erziehungswissenschaft, H. 29, 2004 – Tokarski, W./Schmitz-Scherzer, R.: Freizeit. Stuttgart 1985 – Weber, E.: Das Freizeitproblem. Eine pädagogisch-anthropologische Untersuchung. München 1963

Bernd Dewe & Randy Adam

Fremdsprachen

Die Vermittlung von Sprachkenntnissen bildet einen Schwerpunkt der EB. → Volkshochschulen zeichnen sich durch einen breiten Fächer von Sprachangeboten aus, insb. durch die Diversifizierung nach Sprachen, Niveaustufen, Adressaten, Zielen und Inhalten. Die Vermittlung von Deutsch als F. bzw. Zweitsprache für Migrant/inn/en hat besondere Bedeutung erhalten. Auffällig ist das Entstehen zahlreicher Sprachenschulen, deren Angebote sich im Allgemeinen auf Deutsch als F. sowie auf einige ausgewählte andere (Schul-)F. konzentrieren.

Folgende Gründe für die wachsende Bedeutung der F.angebote sind auszumachen:

- F.kenntnisse werden zunehmend als Voraussetzung für individuelle, vor allem berufliche Mobilität erkannt.
- F.kenntnisse im Verbund mit interkultureller → Kompetenz fördern das wirtschaftliche, politische und kulturelle Zusammenwachsen Europas.
- Das erklärte Ziel europäischer Institutionen, dass die Bürger Europas neben ihrer Muttersprache zwei weitere Sprachen der Mitgliedsstaaten beherrschen sollen, führt zu verstärkten Bemühungen, das Sprachenlernen vom Frühbeginn über Grund- und weiterführende Schule bis in die EB als → lebenslanges Lernen zu gestalten (Programm der Europäischen Union 2007–2013).
- Eine gewisse Rolle spielt wohl auch die Wahrnehmung sprachenbezogener Aktivitäten durch die Erwachsenenbildungseinrichtungen („Europäisches Jahr der Sprachen", „Europäischer Sprachentag", „Europäisches Sprachensiegel", Sprachenmessen u.a.).

Die Besonderheit des F.lernens in der EB ist die → Teilnehmerorientierung, das heisst u.a.: Anwendung erwachsenengemäßer Lehrmethoden (im Hinblick auf Motivation, Bedürfnisse, Lernmöglichkeiten und -bedingungen); Hinwendung zu einer ganzheitlichen Sprachauffassung und auf die aus sozialen Gründen notwendige → Handlungsorientierung als Grundlage für das Lernen und Lehren von Sprachen; spezielle Lehrwerke für Erwachsene (kaum für ältere Lernende); Angebote von → Sprachenzertifikaten; Anpassung an den Lernrhythmus der Erwachsenen und Berücksichtigung der sozialen und psychologischen Situation erwachsener Lerner.

Der Anteil von „native speakers" unter den Kursleitenden ist, verglichen mit den schulischen Verhältnissen, erfreulich groß. Sehr unterschiedlich ist die „Philosophie" von F.angeboten; neben den Kursen und Institutionen mit instrumentellen Zielen und Methoden gibt es (gerade in den öffentlich anerkannten Einrichtungen) Bemühungen um „global issues", wie Förderung von Fremdverstehen, Empathie, Toleranz, Kommunikations- und Kompromissoffenheit, Europakompetenz.

Gegenwärtig steht die möglichst flächendeckende Implementierung von innovatorischen Ansätzen im Mittelpunkt der Erwartungen an das Sprachenlernen und -lehren in der EB. Einiges davon ist bereits realisiert worden. Zu nennen sind folgende Aspekte:

- Strategien des autonomen Lernens (→ Autonomie), Blended Learning; Befähigung zum selbstständigen Lernen/Weiterlernen als Voraussetzung für die Anpassung an sich ändernde gesellschaftliche und individuelle Anforderungen an Sprachkompetenz und an die Lernbedingungen,
- Förderung der „language awareness", der „language learning awareness" und der „language teaching awareness" durch Implementierung der Europäischen Sprachenportfolios des Europarates,
- Zielgruppenorientierung (→ Zielgruppen) der Angebote, speziell im Rahmen der → Altersbildung (zunehmend wichtig im Hinblick auf den demographischen Wandel)
- Nutzung Neuer Medien (→ E-Learning, Internet, E-Mail),
- Vertiefung und Umsetzung der Qualitätssicherung (→ Qualitätsmanagement), insb. in Bezug auf die Qualifizierung der Lehrkräfte, auf den Ausbau der curricularen Vorgaben, der Erarbeitung modularer Angebote und der weiteren → Internationalisierung der Zertifizierungsangebote (→ Zertifikate und Abschlüsse),
- Ausbau der Professionalisierung des Lehrkörpers u.a. durch die Nutzung nationaler und internationaler Kooperationen in Aus- und Fortbildung.

Stärkere Unterstützung des F.lernens in der EB müsste von aussen erfolgen:

- Förderung der institutionellen Rahmenbedingungen (kleinere Lerngruppen, bessere technologische Ausstattung),
- Ausbau der EB in der F.lehrerausbildung,
- erweiterte Angebote in interkultureller Bildung und interkultureller Kommunikation,
- Durchsetzung lebenslangen Lernens durch konsequente institutionenübergreifende Kooperation aller an der Sprachvermittlung beteiligten → Institutionen und Instanzen,
- bessere Möglichkeiten zur Einwerbung von → Fachsprachen-Lehrkräften zum Ausbau der bedarfs- und bedürfnisorientierten berufsbezogenen Kompetenz in Fachkommunikation,
- weiterer Ausbau einer systematischen und kontinuierlichen → Lernberatung,
- fortschreibende Erarbeitung eines Profils für erwachsenenspezifischen Sprachunterricht (Forschungsmöglichkeiten),
- Förderung der Bewusstseinsbildung in der Öffentlichkeit, z.B. im Hinblick auf die modernen, unschulischen Konzepte, die gerade von den europäischen Institutionen intensiv gefördert werden (Europarat, Europäische Union).

Literatur

Amt für amtliche Veröffentlichungen der Europäischen Gemeinschaften (Hrsg.): Förderung des Sprachenlernens und der Sprachenvielfalt. Aktionsplan 2004–2006. Luxemburg 2004 – Council of Europe, Language Policy Division: From Linguistic Diversity to Plurilingual Education: Guide for the development of language education policies in Europe. Straßburg 2007 – Jung, U.O.H. (Hrsg.): Praktische Handreichungen für Fremdsprachenlehrer. 4. Aufl. Frankfurt a.M. u.a. 2006 – Raasch, A.: Sprachen- und Bildungspolitik. In: Hallet, W./ Königs, F.: Handbuch Fremdsprachendidaktik. Hannover 2009

Albert Raasch

Funkkolleg

Der ursprüngliche Medienverbund F. bestand als universitätsorientiertes Fortbildungs- und Weiterbildungsangebot von 1966 bis 1998. Wenige Jahre nach dem Start hatte er seine Grundstruktur mit Radiosendungen und Studienbriefen, VHS-Begleitzirkeln, Prüfungen und Zertifikaten gefunden. Rechtlich gesehen wurde der Verbund jährlich mit einer Verwaltungsvereinbarung zwischen den Partnern erneuert. Maßgeblich für die Gestaltung und Weiterentwicklung war die Planungskommission, in der die beteiligten Rundfunkanstalten, Kultusministerien der Bundesländer, Landesverbände der → Volkshochschulen, Landesrektorenkonferenzen oder Landesuniversitäten sowie das Deutsche Institut für Fernstudienforschung an der Universität Tübingen (DIFF) vertreten waren.

Das F. startete am 5. Mai 1966 im zweiten Programm des Hessischen Rundfunks (HR) als auf drei Jahre terminierte Sendereihe in Form einer Ringvorlesung. Dieses „Funk-Kolleg zum Verständnis der modernen Gesellschaft" ist aus dem bildungspolitischen Kontext der 1960er Jahre zu verstehen als Projekt einer gezielten Lehrerfortbildung (Mangel an Lehrkräften für Gemeinschaftskunde), der Erschließung von Bildungsreserven und Überwindung von Bildungsbarrieren (Begabtenprüfung, → zweiter und dritter Bildungsweg). 1967 wurde ein Kontaktbüro an der Universität Frankfurt a.M. eingerichtet (später das länderfinanzierte F.-Zentralbüro), die Publikation der F.-Vorlesungstexte gestartet (nach über 20 Jahren der Reihe F. lag die Auflage bei 1,5 Mio. Exemplaren) und z.T. ein Begleitangebot im Fernsehen zusammengestellt. Ebenfalls 1967 erfolgte die Gründung der Planungskommission für das „Quadriga-F." (1969–1974) mit dem Saarländischen Rundfunk, dem Süddeutschen Rundfunk und dem Südwestfunk. Neue Verbundpartner waren das DIFF (schriftliche Begleitmaterialien) und die Pädagogische Arbeitsstelle des Deutschen Volkshochschul-Verbandes (→ Deutsches Institut für Erwachsenenbildung).

Ein F. bestand aus dreißig Sendungen mit einstündiger Laufzeit. Die Begleitmaterialien des DIFF erschienen im Beltz-Verlag. Wegen der hohen Teilnahmezahlen wurde für die elektronische Korrektur von je zwei Hausarbeiten und Prüfungen das Multiple-Choice-Verfahren eingesetzt. Eine Prüfungskommission befasste sich mit Fragen der Aufgabenstellung und Prüfungsdurchführung. Zentrale → Volkshochschulen wurden als Prüfungsorte ausgewählt.

1977 traten der Westdeutsche Rundfunk und 1989 der Norddeutsche Rundfunk dem Verbund bei. Als 1994 die Deutsche Welle und das Deutschland-Radio Mitveranstalter wurden, hatten sich die südwestdeutschen Sender bereits aus dem Medienverbund zurückgezogen; 1995 auch der Saarländische Rundfunk. Die Teilnahme von Deutschland-Radio brachte nicht die erhofften neuen → Teilnehmenden aus den neuen Bundesländern. Daher wurde 1996 das Ende des Verbunds beschlossen. Das letzte F. „Deutschland im Umbruch" (Deutschland-Radio) fand 1997/98 statt. Insgesamt liefen 31 F. mit 722.442 Teilnehmenden. 156.665 Zertifikate wurden für erfolgreiche Prüfungen erteilt.

Seit 1998 werden vom HR und dem Hessischen Volkshochschulverband wieder F. unter der Bezeichnung „Neues Funkkolleg" (ohne Prüfungen und Studienbegleitbriefe) angeboten. Die Themen reichen von „Jugendkultur und Popmusik" über „Glück und Globalisierung" bis „Astronomie und Raumfahrt". Die Sendungen sind als Podcast verfügbar; ein Reader wird in einem renommierten Verlag veröffentlicht. Erstmals mit dem F. „Psychologie" (2008) bieten der HR Online-Zwischenprüfungen und die hess. Volkshochschulen Präsenz-Abschlussprüfungen (MC) zur Zertifikatserlangung an. Wegen des Erfolgs (660 Zertifikate, ca. 1/2 Mill. Podcast-Abrufe) und der erleichterten Anerkannung als berufliche Fortbildung wird das F. in dieser attraktiven Angebotsform fortgesetzt. Das Funkkolleg 2009 befasste sich mit dem Thema „Religion und Gesellschaft".

Literatur

Greven, J.: Das Funkkolleg 1966–1998. Ein Modell wissenschaftlicher Weiterbildung im Medienverbund. Erfahrungen – Auswertungen – Dokumentation. Weinheim 1998 – Livestream und Podcast: URL: www.hr2-Kultur.de

Bernhard S. T. Wolf

Gedächtnis

Mit dem Begriff G. werden die Prozesse des Einprägens, der Speicherung und des Erinnerns von Information und Wissen bezeichnet. Das G. bildet damit die Grundlage für die Nutzung von Erfahrung. Es können verschiedene G.formen unterschieden werden, die in unterschiedlicher Weise auf bereits bekanntes Wissen zurückgreifen oder neue Information verfügbar machen.

Unter „Einprägen" werden jene kognitiven Prozesse verstanden, die dazu führen, dass Information in einen Speicher übertragen wird. „Speicherung" bezeichnet das geordnete Behalten von Information, so dass sie später als Wissen verfügbar ist und für bestimmte Zwecke wiedergegeben und genutzt werden kann. Mit „Erinnern" ist die Wiedergabe von Inhalten aus dem Speicher gemeint. Mit G. sind meist bewusste kognitive Prozesse assoziiert, jedoch werden G.inhalte auch beiläufig („inzidentell", „implizit") in der aktiven Auseinandersetzung mit der Umwelt erworben. Besonders in pädagogischen Ansätzen zum Lernen Erwachsener und zum professionellen Lernen wird die Notwendigkeit betont, Arbeitsplätze sogar so zu gestalten, dass beiläufiges Lernen ermöglicht wird.

Die Bedeutung des G. für die EB resultiert aus dem engen Zusammenhang zwischen G.leistung und kompetenter Handlungsfähigkeit. Da gute G.leistungen Folge von Lern- und Erwerbsprozessen sind, sollten sie Gegenstand pädagogischer Bemühungen sein.

Das menschliche G. spielt für alle komplexen Informationsverarbeitungsprozesse eine zentrale Rolle, da sich in ihm die Auseinandersetzung des Menschen mit seiner Umwelt abbildet. Die pädagogische Relevanz des G. und seines Einflusses auf Lernprozesse zeigte sich seit Beginn einer empirischen G.forschung gegen Ende des 19. Jh. (Ebbinghaus; Binet), erfuhr jedoch erst seit der „kognitiven Wende" in den 1960er Jahren gebührende Würdigung. Seither wurde eine Reihe unterschiedlicher Modelle zur Beschreibung des menschlichen G. hervorgebracht; zwei besonders einflussreiche Modelle waren das „Mehrspeichermodell" und der „Verarbeitungstiefenansatz".

Im Mehrspeichermodell des G. werden drei G.formen mit jeweils spezifischen Eigenschaften unterschieden. Das sensorische Register erstellt für einen sehr kurzen Zeitraum (weniger als eine Sekunde) eine Repräsentation einer Sinneswahrnehmung (z.B. das Nachbild einer Lichtquelle beim Schließen der Augen). Im Kurzzeitg. kann eine begrenzte Informationsmenge aufgenommen und durch bewusstes Einprägen aufrechterhalten bzw. rasch genutzt werden (z.B. durch Wiederholen einer Telefonnummer); unterbleiben solche intentionalen Prozesse, geht die Information verloren. Das Langzeitg. wird als dauerhafter Speicher von Information (ähnlich einer Bibliothek) aufgefasst. Hier kann beliebig viel Information unbegrenzt aufbewahrt werden, die Speicherung und der Abruf von Information aus dem Langzeitg. sind jedoch aufwendig.

Auch wenn die Modellierung von G.prozessen mittlerweile viel differenzierter wurde, bleibt diese funktionale Unterscheidung dreier G.systeme für die Gestaltung von Lernprozessen hilfreich. So sollte für die Aufnahme neuer Information Gelegenheit zum willentlichen Einprägen gegeben werden; damit Information nicht verloren geht, muss deren Überführung in den Langzeitspeicher ermöglicht werden. Dies gilt insb. für die Erwachsenenpädagogik, da die Geschwindigkeit, mit der neue Information eingeprägt werden kann, mit zunehmendem Alter sinkt.

Arbeiten zum Verarbeitungstiefenansatz zeigten, dass Information, die tief verarbeitet wird, besonders gut gespeichert und erinnert werden kann. Gelingt es Menschen, neue Information an ihr Vorwissen anzubinden und mit ihrer Erfahrung zu verknüpfen, zeigen sie gute G.leistungen, weil die neue Information bereits beim Einprägen zu Sinn tragenden Einheiten („chunks") zusammengeschlossen wird. Dabei verschwimmen die Grenzen zwischen Kurz- und Langzeitspeicherung, da Personen mit großem Vorwissen offenbar imstande sind, neue Information, die aus ihrem Kompetenzbereich stammt, unmittelbar in einen Langzeitspeicher zu überführen („Skilled-memory-Theorie"). Das G. spielt dann eine aktive Rolle bei der Einbindung neu eintreffender Information in künftige Handlungspläne.

Trotz der unbestrittenen Bedeutsamkeit des G. für Lernprozesse wird G.strategien in der Erwachsenenpädagogik noch immer zu wenig Aufmerksamkeit geschenkt. Dass daher auch der Erwerb von metakognitivem Wissen und metakognitiven Prozeduren bislang in der Praxis kaum eine Rolle spielt, ist umso beklagenswerter, als verschiedene Lernsituationen ja den Einsatz unterschiedlicher G.formen fordern. Dies gilt für die zahlreichen Formen des → Lernens mit Neuen Medien sogar in besonderem Maße. Das Lernen mit Neuen Medien, insb. das Lernen mit dem Internet, gewann in den letzten Jahren

rasant an Bedeutung und stellt insb. erwachsene Lernende vor ungewohnte neue Lernanforderungen. Daher ist für Erwachsene die Schulung und das Training des G. heute bedeutsamer denn je.
Die geringe Aufmerksamkeit für G.prozesse ist womöglich auf das Fehlkonzept zurückzuführen, das G. sei ausschließlich und unveränderbar durch physiologische Faktoren bestimmt. Während die G.kapazität und Verarbeitungsgeschwindigkeit in der Tat kaum durch Training und Lernen beeinflussbar sind, ist dies in Bezug auf weitere G.faktoren anders: Strategien des Einprägens und Erinnerns, Metagedächtnis (Komponenten der Gedächtnisüberwachung und der Steuerung von G.- und Lernprozessen), inhaltliches Vorwissen und episodisch fundierte Speicherung von Information sind außerordentlich lernabhängig. Zugleich sind diese Komponenten für die Gestaltung von Lernprozessen im Erwachsenenalter bedeutsam. Die Nutzung des G. für weitere Lernprozesse setzt voraus, dass Information tief und damit erinnerns- und anwendungswirksam verarbeitet wird. Wird in Trainingsmaßnahmen die Kompetenz zur Initiierung subjektiv relevanter, episodisch verankerter Informationsverarbeitungsprozesse gefördert, wird die Plastizität und Trainierbarkeit des menschlichen G. deutlich. Damit kann erreicht werden, was im „Good-information-processing-Modell“ als Zusammenspiel mehrerer G.kompetenzen formuliert wird: schnelles Auffassen und Weiterverarbeiten von Information; aktive Verfügbarkeit über verschiedene, flexibel und gezielt nutzbare G.strategien; Zusammenspiel von Strategiewissen und breitem Weltwissen; gleichzeitige Aktivierung von Strategien, Metagedächtnis, Welt- und Vorwissen beim Lösen von Problemen.

Literatur
Gruber, H./Harteis, C./Rehrl, M.: Professional Learning: Erfahrung als Grundlage von Handlungskompetenz. In: Bildung und Erziehung, H. 2, 2006 – Kail, R.: Gedächtnisentwicklung. Heidelberg 1992 – Oswald, W.D./Rödel, G.: Gedächtnistraining. Ein Programm für Seniorengruppen. Göttingen 1996

Heinz Mandl & Hans Gruber

Gender und Erwachsenenbildung

G. gilt in erster Linie als analytische Kategorie, welche sich auf Frauen und Männer sowie auf das Verhältnis zwischen den Geschlechtern bezieht. G. bezeichnet die soziale Dimension von Geschlecht und basiert auf der Erkenntnis, dass Geschlechterbilder gesellschaftlich konstruiert und individuell erlernt sind. Deshalb können sie rekonstruiert und verändert werden. Transnationale Bedeutung erhält G. als Begriff durch die europaweit verbindliche Vorgabe, das Gender Mainstreaming (G.M.) („Amsterdamer Vertrag“ 1999) umzusetzen. Das G.M. geht von der Voraussetzung aus, dass es keine geschlechtsneutrale Wirklichkeit gibt. Es setzt das Ziel, Strukturen und Interaktionen in institutionellen Kontexten nach gleichstellungspolitischen Gesichtspunkten zu überprüfen, indem die unterschiedlichen Interessen und Lebenslagen von Frauen und Männern berücksichtigt werden.
In Wissenschaft und Praxis der EB verbindet sich das analytische Potenzial von G. mit geschlechterdemokratischen Absichten. Diese werden sowohl als theoretische Perspektiven verfolgt wie auch in geschlechtergerechte Konzeptionen und Didaktiken (Derichs-Kunstmann 2000) übersetzt. Im Sinne des G.M. sind sie Fokus spezieller Trainings für Multiplikator/inn/en, teilweise auch Gestaltungsprinzipien der Qualitätsentwicklung von Bildungseinrichtungen. G.zentrierte Bildungsangebote können an Frauen wie an Männer adressiert sein oder sich an geschlechtsheterogene Lerngruppen richten. Sie regen jeweils dazu an, die Auswirkungen von Geschlechterstereotypen auf den Lebenszusammenhang Erwachsener durch geschlechtssensibles Lernen kritisch zu hinterfragen.
Die interdisziplinäre Verbindung von Geschlechterforschung und EB wird besonders aufschlussreich für die Diagnose der genderimpliziten Textur geschlechtsneutraler Phänomene. Dann steht zur Diskussion, inwiefern Differenzen zwischen den Geschlechtern bzw. Konzepte von Geschlecht über das einzelne Bildungsangebot hinaus bildungstheoretische Maximen, Angebotsinhalte und das Lernen und Lehren selbst beeinflussen. In diesem Interesse wendet sich eine diskursanalytische Forschungsarbeit der Frage zu, in welcher Weise die EB zur Akteurin eines „Doing Gender“ wird, das traditionelle Geschlechterkonstellationen auflöst oder verstärkt (Venth 2006). Vor allem im Hinblick auf eine Korrektur der geschlechtsspezifischen Arbeitsteilung und die Zukunft des Geschlechterverhältnisses stellt sie für die EB ein Defizit an g.reflexiven konzeptionellen Antworten unter empirischen Beweis.
In welcher Intensität Veränderungen der tradierten Geschlechterkonstellation mit Möglichkeiten des

Zugangs zum Lernen verknüpft sind, wird beim Blick auf die Bildungswege und Beteiligungsquoten von Frauen und Männern deutlich sichtbar. Mädchen und junge Frauen erreichen heute höhere Schulabschlüsse als Jungen bzw. junge Männer. Bei der Teilnahme an EB haben Frauen den nahezu gleichen quantitativen Stand wie Männer erreicht; dies entspricht der internationalen Entwicklung. Im Unterschied zu Männern zeigen Frauen hingegen ein weiter gefächertes Interesse sowohl an allgemeiner wie beruflicher Bildung. Kommen in einer Partnerschaft aber Kinder im erziehungspflichtigen Alter hinzu, so fällt die Doppelbelastung durch Erwerbsarbeit und Familie nach wie vor auf die Frauen zurück. In der Folge sinkt ihre Bildungsbeteiligung rapide, während diejenige von Vätern mit kleinen Kindern steigt. In dieser Lebensphase findet eine „Retraditionalisierung" (Friebel 2007) des Geschlechterverhältnisses statt, welche die ansteigende Kurve weiblicher Bildungsbeteiligung nachhaltig bricht. Noch weisen die Statistiken keine Steigerung männlichen Lerninteresses an nicht-berufsbezogener Bildung nach. Im Zuge neuer Anforderungen an die Balance zwischen produktivem und reproduktivem Bereich wird zukünftig allerdings zu prüfen sein, inwieweit sich das inhaltliche Bildungsinteresse bei beiden Geschlechtern verändern wird.

Literatur
Derichs-Kunstmann, K.: Geschlechtergerechte Didaktik in der Erwachsenenbildung: Ein Beitrag zur Demokratisierung der Geschlechterverhältnisse. In: DIE Zeitschrift für Erwachsenenbildung, H. 4, 2000 – Friebel, H.: Familiengründung als Sollbruchstelle? In: DIE Zeitschrift für Erwachsenenbildung, H. 3, 2007 – Nuissl, E.: Männerbildung. In: Tippelt, R./ Hippel, A. v. (Hrsg.): Handbuch Erwachsenenbildung/Weiterbildung. 3., überarb. und erw. Aufl. Opladen 2009 – Venth, A.: Gender-Porträt Erwachsenenbildung. Bielefeld 2006

Angela Venth

Generative Themen

Für den brasilianischen Pädagogen Paulo Freire stellten g.T. die Basis dar, um pädagogische Ziele mit dem Kampf gegen Unterdrückung und Elend zu verbinden. In den 1960er Jahren entwickelte er als Konsequenz aus der Kritik an den Herrschaftsverhältnissen und der bestehenden Alphabetisierungspraxis ein Konzept, das nicht nur in Brasilien und weiteren Ländern Lateinamerikas, sondern auch in Ländern Afrikas zum Einsatz gelangte. Ziel seiner Arbeit war es, durch die Verknüpfung von Reflexion und Aktion bei den Lernenden ein kritisches Bewusstsein zu schaffen. Seine befreiende subjektorientierte Bildungsarbeit stellte hierbei das Erkennen des eigenen Handlungspotenzials und der herrschenden Machtverhältnisse als Voraussetzung zur Veränderung der Welt in den Mittelpunkt. Nur auf diese Weise sah Freire die Möglichkeit, zur Befreiung der unterdrückten Bevölkerung sowie zu Gerechtigkeit und Demokratie zu gelangen. Mit diesem Ansatz fokussierte er gleichzeitig die politische Dimension von Erziehung, der er jegliche Neutralität absprach (Freire 1973).

Den Ausgangspunkt seiner Pädagogik markiert die Abkehr vom „Bankierskonzept der Erziehung", bei dem Lehrkräfte traditionell die Rolle des Wissensübermittlers übernehmen. Dies führt „die Schüler dazu, den mitgeteilten Inhalt mechanisch auswendig zu lernen. Noch schlimmer aber ist es, dass sie dadurch zu ‚Containern' gemacht werden, zu ‚Behältern', die vom Lehrer ‚gefüllt' werden müssen" (ebd.). Hierbei wird die Wissensübermittlung in einem zweistufigen Verfahren durchgeführt, bei dem die Lehrenden einen Lerngegenstand auswählen, diesen für den Unterricht aufbereiten und ihn dann den Lernenden als Objekt erläutern. Dies lähmt und behindert jedoch die schöpferische Kraft und die Kreativität der Lernenden, deren einzige Aufgabe es ist, die vorbereiteten Inhalte zu lernen, ohne jedoch in einen Dialog mit dem Lehrenden über diesen Gegenstand zu treten.

Anders als das von ihm heftig kritisierte „Bankiers-Konzept", zielt Freires Ansatz der problemformulierenden Bildungsarbeit auf „consientização", eine Bewusstmachung und Bewusstwerdung, die durch Aktion und Reflexion und die Schaffung individueller Voraussetzungen für die Erziehung zur Selbstbefreiung die enthumanisierenden Verhältnisse zu überwinden versucht. In der problemformulierenden Bildungsarbeit soll der Lehrer-Schüler-Widerspruch durch eine dialogische Beziehung aufgelöst werden, indem Lehrende und Lernende sich im gegenseitigen Austausch belehren und dabei alle Beteiligten lernen. Lerninhalte werden nicht vorgegeben, sondern durch die Untersuchung des Umfelds der Lernenden gemeinsam erarbeitet. Methodisch ergibt sich damit, dass Erkenntnisobjekte nicht allein von den Lehrenden bestimmt werden, sondern Lernende „kritische Mitforscher" werden. Gemeinsam werden von Lehrenden und Lernenden solche Bedingungen geschaffen, die es ermöglichen, die Wirklichkeit zu enthüllen. Durch die dialogische Vorgehensweise wird Kreativität und Aktivität bei den Lernenden stimuliert. Gegenstand des Lernens sind damit die generativen Themen, d.h. die Untersuchung von Themen, an deren Auswahl die Lernenden eine tragende Rolle spielen, ausgehend von der Einsicht: „Ich kann nicht *für andere*, auch nicht *ohne andere* denken, noch können andere *für mich* denken“ (ebd.).

Am Beginn steht damit stets die gemeinsame dialogisch angelegte „thematische Untersuchung“ der Probleme, Sichtweisen und Visionen einer örtlichen Lerngemeinschaft. Lernen geschieht hierbei in einem mehrstufigen Verfahren: In einer ersten Stufe werden durch die sorgfältige Aufnahme von informellen Gesprächen und Beobachtungen sowie die Teilnahme am Alltagsleben vor Ort die spezifischen Themen, aber auch die örtlichen Ausdrucksweisen und Redewendungen, die existenzielle Grunderfahrungen widerspiegeln, gesammelt und nachfolgend als „generative Worte“ bzw. als „generative Themen“ (Freire 1974) festgehalten und der „lebendige Code“ zur Annäherung an die örtliche Realität in der sich anschließenden Stufe entziffert. „Wer nach dem g.T. sucht, fragt nach dem Denken des Menschen über die Wirklichkeit und nach seinem Handeln in der Wirklichkeit, worin seine Praxis beruht. (…) Je aktiver die Menschen im Blick auf die Untersuchung ihrer Themen eingestellt sind, umso mehr vertiefen sie ihre kritische Wahrnehmung der Wirklichkeit und nehmen sie von ihrer Wirklichkeit Besitz, während sie diese Thematik formulieren“ (Freire 1973). Durch diese dialogische Vorgehensweise entstehen Kodierungen, wie z.B. Skizzen oder Fotographien, die bei der sich anschließenden Arbeit am didaktischen Material eingesetzt werden.

Die kritische Analyse im Prozess der Dekodierung führt zu einer vertieften Sicht auf die Zusammenhänge des ursprünglich nur diffus begriffenen Ganzen. Durch den fortschreitenden Dekodierungsprozess und die Generierung immer neuer Themen erschließen sich die Lernenden die Wirklichkeit und lernen gleichzeitig durch die in Silben zerlegten Begriffe ein sich immer weiter ausdifferenzierendes Vokabular zu lesen und zu schreiben.

Freires Bildungsansatz hat in vielen Ländern breite Anerkennung erfahren. Auch in Europa konnte der Ansatz Fuß fassen und wird bis in die Gegenwart hinein nicht nur in der EB, sondern vor allem in der Sozialpädagogik, speziell in der Gemeinwesenarbeit, aber auch in der politischen und feministischen Arbeit rezipiert. Die Berücksichtigung des sozialen und gesellschaftlichen Kontextes führte auch zu Auswirkungen auf die Theologie der Befreiung in Lateinamerika. Schließlich sind Einflüsse auf die kritische Pädagogik zu verzeichnen sowie – trotz einer anderen theoretischen Ausgangsposition Freires – eine Nähe zu ermöglichungsdidaktischen Ansätzen der EB unverkennbar.

Literatur
Freire, P.: Pädagogik der Unterdrückten. Bildung als Praxis der Freiheit. Reinbek 1973 – Freire, P.: Erziehung als Praxis der Freiheit. Beispiele zur Pädagogik der Unterdrückten. Stuttgart 1974 – Dabisch, J./Schulze, H. (Hrsg.): Befreiung und Menschlichkeit. Texte zu Paulo Freire. München 1991

Claudia Gómez Tutor

Geschichte der Erwachsenenbildung – in Deutschland bis 1945

Mit der Erwachsenenbildungsgeschichtsschreibung sind folgende forschungsmethodische Probleme verbunden. Erstens: In ihrer vorherrschenden Form wird sie dem breiten Begriff von EB nicht gerecht, der alle Formen der organisierten und nicht-organisierten, einschließlich der informellen, Bildung und Selbstbildung im Erwachsenenalter umfasst; nicht mehr zu legitimieren ist die Fokussierung auf die institutionellen Orte der EB und deren Programmatik. Fragwürdig ist zweitens, von einem „Anfang“ der EB (üblicherweise in der Zeit der Aufklärung datiert) zu sprechen, anstatt EB als wesentlich zum Menschsein gehörig und damit als so alt wie die Menschheit selbst zu begreifen. Drittens: Mit einem weiten Begriff von EB ist aber das Problem der Eingrenzung ihres Gegenstands verbunden; die Bestimmung der Spezifik ihrer eigenen Geschichte ist angesichts der Tendenz der EB zu Totalisierung und Diffusion schwierig und immer auch fragwürdig. Viertens: Der Versuch einer Rekonstruktion der Vergangenheit kann nur das in historischen Quellen oder Zeugnissen Konservierte berücksichtigen; hieraus entstehen Probleme der Vernachlässigung sozial schwächerer Gruppen und schlecht dokumentierter Formen, Bedürfnislagen und Rezeptionsweisen der individuellen Bildung. Fünftens: Bei der Rede von EB *in Deutschland* ist zu beachten, dass erst im Jahr 1871 ein deutscher Nationalstaat gegründet wurde, wohingegen es innerhalb des Alten Reiches, das ein viel weiteres Gebiet als das heutige Deutschland umfasste, eine große Zahl relativ selbstständiger Territorien gab, die sich durchaus durch Heterogenität auszeichneten (z.B. wurden dort auch romanische und slawische Sprachen gesprochen). Und schließlich wird die Auswahl und Interpretation des Relevanten immer auch durch die individuelle Forscherperspektive bestimmt sein.

Ungeachtet dieser Probleme kann die Theoriebildung der EB nicht ohne eine historische Dimension auskommen. An dieser zeigt sich, dass EB stets in Zusammenhang und Wechselwirkung mit Politik, Kultur, Wirtschaft und Alltagsleben zu sehen ist und einen eigenständigen Beitrag zur Entwicklung der modernen Bildungsgesellschaft wie auch zur gesellschaftlichen Modernisierung allgemein (gerade in Zeiten von Krisen und Umbrüchen) geleistet hat. Gleichzeitig wird deutlich, dass die Entwicklung der EB sich nicht nur der Einwirkung der Pädagogik verdankt, sondern auch Initiativen aus Theologie, Philosophie, Politikwissenschaft, Soziologie und Kulturanthropologie.

Von einem Lernen im Erwachsenenalter, das es schon immer gegeben hat, sind Versuche zu unterscheiden, gezielt auf dieses einzuwirken. Als recht frühes Zeugnis aus dem 8. Jh. sind die Bildungsinitiativen Karls des Großen überliefert, die darauf gerichtet waren, dem geistigen Niedergang der Zeit entgegenzuwirken und die Zukunftsfähigkeit des christlich geprägten Reiches zu sichern. Unter anderem wurde eine „Hofschule" etabliert, in der der Kaiser selbst und seine Familie sowie große Teile des Adels lernten; alle Menschen im Volk sollten bestimmte, als zentral erachtete religiöse Inhalte kennen oder streng bestraft werden. Hier wird bereits eine enge Verknüpfung von EB mit gesellschaftlicher Entwicklung und politischer Stabilität deutlich.

Ein Entwicklungssprung der EB war mit der Verbreitung gedruckter Bücher ab Mitte des 15. Jh. verbunden, die zu einer Explosion des zugänglichen Wissens führte und immer mehr Menschen in die Lage versetzte, zu lesen oder sich vorlesen zu lassen. Auch veränderte sie das Verhältnis zwischen Vermittlern und Rezipienten von Wissen: Das Medium Buch trat neben traditionelle Formen der Weitergabe von Wissen und der Selbstreflexion (z.B. der Predigt), weitete Möglichkeiten des Unterrichts und der Selbstbildung signifikant aus und verlieh Lernenden eine gewisse Unabhängigkeit von den Lehrenden; es beschleunigte Wissenszirkulation und -akkumulation, und dadurch, dass das Wissen prinzipiell öffentlichen Charakter annahm, erhöhte sich der soziale Stellenwert des Lernens.

Der Buchdruck kam auch der Reformation zugute, und diese wiederum der EB. Martin Luthers Übersetzung der Bibel (1522) in eine deutsche Umgangssprache, die in allen Regionen Deutschlands verstanden wurde, sollte das Volk mit den authentischen Gehalten des Christentums vertraut machen und die Urteilskraft möglichst vieler Menschen gegenüber Bibelauslegungen stärken. Konsequenterweise setzten sich die Reformatoren für die Verbreitung des Lesens und Schreibens unter Menschen aller sozialen Schichten ein – als eine Voraussetzung für die intendierte religiöse Emanzipation.

Im 17. und insb. im 18. Jh. wurde das öffentliche Kommunikationsnetz immer effektiver, einhergehend mit einem Alphabetisierungsschub. Durch Expansion des Buch- und Zeitschriftenmarktes, durch Kostensenkung, höhere Nachfrage und das Entstehen von → Lesegesellschaften (einer frühen Institutionalform der EB) nahm die Zugänglichkeit gedruckter Medien rasant zu und veränderte die Lesegewohnheiten breiter Bevölkerungskreise: Rezipiert wurde nicht mehr nur religiöse, sondern auch weltliche Literatur, die dem „Nutzen und Vergnügen" im häuslichen und beruflichen Alltag dienen, eine sittlich-moralische Lebensführung stärken sowie den geistigen Horizont und das Wissen über politische, soziale und kulturelle Zusammenhänge erweitern sollte. Zudem wurde Bildung mit Geselligkeit verknüpft. Beispielhaft hierfür sind sog. Patriotische Gesellschaften, Museums- und Harmonievereine und die seit Ende des 18. Jh. nach französischem Vorbild entstehenden Salons geistreicher Frauen (so Rahel Varnhagen und Henriette Herz in Berlin, Caroline Schlegel in Jena, Johanna Schopenhauer in Weimar).

Der aufklärerische Anspruch, das gesamte Leben an der Vernunft zu orientieren, konnte nur auf dem Wege der Bildung, namentlich der EB, eingelöst werden. Sollte die Idee der → Aufklärung zu einer allgemeinen werden, musste dem Gedanken einer naturgemäßen Freiheit und Gleichberechtigung unter den Menschen Geltung verschafft werden, denn dieser Gedanke ließ eine Beschränkung von Bildungsmöglichkeiten auf bestimmte soziale Schichten nicht zu. Die EB in Deutschland im späten 18. Jh. war von diesen Ideen inspiriert, die sich politisch u.a. in der Gründung der Vereinigten Staaten von Amerika und in der Französischen Revolution manifestierten. Seit dem Beginn der Volksaufklärung werden Versuche einer theoretischen Durchdringung des Problems der EB sichtbar, z.B. der Ansatz einer landwirtschaftlichen Fortbildung von Philipp Ernst Lüders (1769), einer politischen EB von Heinrich Stephani (1797) oder einer „Theorie der Popularität“ (1804) von Johann Christoph Greiling. Mit dem Übergang von der ständischen zur bürgerlichen Gesellschaft kann erstmals von EB als einer „Bewegung“ gesprochen werden. Der mit der Industrialisierung verbundene soziale Wandel brachte neue Bildungsbedürfnisse hervor und führte in der ersten Hälfte des 19. Jh. dazu, dass Arbeiter und Handwerker als Akteure und Adressaten der EB mit eigenen Bildungsvereinen in den Blick traten, für die nicht nur eine beruflich-fachliche, sondern oft auch eine soziale und politische Zielsetzung typisch war; sie beeinflussten maßgeblich die Entstehung der Arbeiterbewegung (insb. ist die Verbindung der EB mit der „Sozialen Frage“ bedeutsam). Im Zuge der Niederschlagung der Revolution wurden nach 1848 viele dieser Bildungsvereine verboten; zugelassen waren nur noch solche, die sich unpolitisch gaben, wie z.B. die Mitte des 19. Jh. aus den evangelischen „Jünglingsvereinen“ entstehenden Bildungsinitiativen der „Inneren Mission“ von Johann Hinrich Wichern oder die katholischen „Gesellenvereine“ Adolf Kolpings. Die politische Entspannung ab den 1860er Jahren ließ zahlreiche neue sozialistische und bürgerlich-liberale Arbeiterbildungsvereine entstehen. Ab ca. 1865 formierte sich auch die erste deutsche Frauenbewegung, zu deren wichtigsten Zielen bessere Bildungsmöglichkeiten im gesamten weiblichen Lebenslauf gehörten.

Mit der Gründung des Deutschen Kaiserreichs 1871 nahm die Breitenwirksamkeit und Ausdifferenzierung von Erwachsenenbildungsorganisationen und Erwachsenenbildungsinstitutionen einen Aufschwung. Hervorzuheben ist die Gesellschaft für Verbreitung von Volksbildung (GVV), die größte Bildungsorganisation der Zeit, deren auf Flächendeckung gerichteter Ansatz (später als „Alte Richtung“ bezeichnet) sich u.a. in der Organisation unzähliger Vorträge zeigt, aber auch in der systematischen Gründung von Volksbibliotheken, hierbei in enger Verbindung mit der ab den 1890er Jahren entstehenden, von Großbritannien und den USA inspirierten Bücherhallenbewegung. Mit der Zeitschrift „Der Bildungsverein“ trug die GVV zur Professionalisierung der praktischen EB bei.

Während es einzelne Initiativen einer Popularisierung der Wissenschaft auch schon in der ersten Hälfte des 19. Jh. gab (vor allem die öffentlichen Vorträge Alexander v. Humboldts 1827/28 und der 1841 von Friedrich v. Raumer gegründete „Verein für wissenschaftliche Vorträge“), engagierten sich ab dem ausgehenden 19. Jh. verstärkt Universitätslehrer für die EB, und zwar mit der an der britischen University Extension orientierten Etablierung „volkstümlicher Hochschulkurse“, dabei intensive und extensive Methoden (Vortragsreihen, Seminare und z.T. Ferienkurse) verbindend. Etwa gleichzeitig kam die Idee der dänischen Volkshochschule nach Deutschland (1905 Gründung der Heimvolkshochschule Tingleff, heute Dänemark).

Einen wichtigen Einschnitt in der Entwicklung der deutschen EB stellt das Jahr 1919 dar. Das Desaster des Ersten Weltkriegs und die Gründung der Weimarer Republik machten die Notwendigkeit einer geistigen Neuorientierung und der politischen Bildung für die Demokratie sichtbar; erstmals wurde die Förderung der EB als öffentliche Aufgabe in der Verfassung niedergelegt (Art. 148 WRV). Hervorzuheben ist die ab 1919 einsetzende Gründung von Volkshochschulen im ganzen Reich als Stätten einer selbstorganisierten, lebensbedeutsamen und weltanschaulich „freien“ (neutralen) Bildung. Daneben entwickelte sich eine differenzierte Landschaft sog. „gebundener“ Bildungsträger (konfessionelle, sozialistische, völkische), so dass sich die EB in den 1920er Jahren zu einem plural organisierten, eigenständigen Bildungsbereich mit deutlichen Professionalisierungstendenzen emanzipierte und mehr und mehr auch wissenschaftlich reflektiert wurde (1922 erste akademische Antrittsvorlesung zum „Problem der Erwachsenenbildung“ von Wilhelm Flitner an der Universität Jena; 1923 Gründung des „Hohenrodter Bundes“ als Gesprächskreis von Denkern und Praktikern der EB; 1927 Gründung der „Deutschen Schule für Volksforschung und Erwachsenenbildung“ als Stätte der Mitarbeiterweiterbildung und Erwachsenenbildungsforschung). Ein Grundkonsens über Aufgaben und Ziele der EB konnte indes erst 1931 mit der sog. „Prerower Formel“ erzielt werden. Mit der nationalsozialistischen Machtübernahme in Deutschland 1933 wurde die EB für die Durchsetzung der neuen politischen Ziele instrumentalisiert; nicht linientreue Erwachsenenbildner/innen wurden entlassen. Inwieweit es, z.B. im konfessionellen Bereich, noch Ansätze gab, die den Namen „EB“ verdienen, ist bisher wenig erforscht. Bemerkenswert ist, dass es nach 1933 (bis zum Novemberpogrom 1938) zu einer Intensivierung der jüdischen EB kam, die u.a. mit dem Engagement von Martin Buber verbunden ist und auf eine Stärkung des geistigen Widerstands der jüdischen Bevölkerung abzielte. Einige vor 1933 aktive Erwachsenenbildner/innen gingen in die innere Emigration oder ins Exil. Dort, im Exil, entstanden ab 1943 Entwürfe (insb. von Fritz Borinski) für den Wiederaufbau einer freiheitlichen EB in einem vom Nationalsozialismus befreiten Deutschland, das an seine demokratischen Traditionen anknüpfen könne.

Literatur

Balser, F.: Die Anfänge der Erwachsenenbildung in Deutschland in der ersten Hälfte des 19. Jahrhunderts. Stuttgart 1959 – Götze, W.: Die Begründung der Volksbildung in der Aufklärungsbewegung. Berlin/Leipzig 1932 – Olbrich, J.: Geschichte der Erwachsenenbildung in Deutschland. Bonn 2001 – Pöggeler, F. (Hrsg.): Geschichte der Erwachsenenbildung. Stuttgart u.a. 1975 – Seitter, W.: Geschichte der Erwachsenenbildung. 3. Aufl. Bielefeld 2007 – Wolgast, G.: Zeittafel zur Geschichte der Erwachsenenbildung. Neuwied u.a. 1996

Elisabeth Meilhammer

Geschichte der Erwachsenenbildung – ab 1945 in den Westzonen und der Bundesrepublik Deutschland

Ein zeithistorischer Zugang zur EB sieht sich mit Problemen der Begrifflichkeit von EB, der Auswahl und Interpretation konfrontiert (→ Geschichte der Erwachsenenbildung in Deutschland bis 1945) und vor eine insgesamt defizitäre Forschungslage gestellt. Konsens besteht dahingehend, dass die EB sich seit 1945 zu dem am stärksten expandierenden Bildungssektor in Deutschland entwickelt hat und dadurch ausgezeichnet ist, dass sie ein hohes Maß an Pluralität und Dynamik aufweist, dabei aber unübersichtlich und in ihren Grenzen diffus ist.

Das Ende des Zweiten Weltkrieges markiert den (Neu-)Anfang dieser Entwicklung. Die vor 1933 sehr ausdifferenzierte Erwachsenenbildungslandschaft war von den Nationalsozialisten zerstört worden, die EB zum Instrument der Propaganda und Indoktrination, der bloßen Fachschulung oder der ablenkenden Unterhaltung verkommen. Für den Neubeginn in ihren jeweiligen Besatzungszonen ab Frühjahr 1945 sahen die westlichen Siegermächte als vordringlich an, ein demokratisches Bildungswesen neu zu konstituieren (v.a. durch Etablierung demokratischer Strukturen und Besetzung öffentlicher Positionen mit politisch nicht vorbelasteten Personen) und zugleich die Deutschen zu Demokraten zu bilden (→ Reeducation). In der unmittelbaren Nachkriegszeit gab es zudem zahlreiche weitere Lernanlässe (viele davon informell), die mit der Notwendigkeit zur Neuorientierung in anderen politischen Verhältnissen und mit dem Überleben in einer extremen Mangelgesellschaft zu tun hatten. Ungeachtet aller Schwierigkeiten (materieller Mangel, Beschränkung durch den Besatzungsstatus, Personalmangel) wurden auf der Grundlage von individuellem Engagement und einzelnen Gruppeninitiativen bereits 1945/1996 erste Erwachsenenbildungsinstitutionen neu gegründet (z.B. die Volkshochschulen in Berlin, Hamburg, München, Hannover, Ulm und Nürnberg, die Heimvolkshochschule Jagdschloss Göhrde, die Evangelische Akademie Bad Boll). Versucht wurde dabei, an freiheitliche Traditionen der Weimarer EB anzuknüpfen. Dies geschah mit Unterstützung der westlichen Alliierten, die gemäß dem Ziel, die Demokratisierung und Westbindung ihrer drei Besatzungszonen voranzutreiben, die Verantwortung für Organisation und Administration der EB mehr und mehr den Deutschen selbst übertrugen. Eine besondere, erfolgreich bewältigte, Bildungsaufgabe der Nachkriegszeit war die Integration der Kriegsheimkehrer, Flüchtlinge und Vertriebenen.

Bereits wenige Jahre nach ihrer Gründung verfügte die Bundesrepublik Deutschland über ein plurales Erwachsenenbildungssystem mit sich stabilisierenden Strukturen. Diese manifestierten sich in der Etablierung (z.B. 1952 Bundeszentrale für Heimatdienst, heute Bundeszentrale für politische Bildung; 1953 Deutscher VHS-Verband; 1957 Katholische Bundesarbeitsgemeinschaft für Erwachsenenbildung; 1957 Führungsakademie der Bundeswehr) und in der Zusammenarbeit (z.B. 1951 Deutsche Arbeitsgemeinschaft Arbeit und Leben) unterschiedlicher Träger, Organisationen und Verbände.

Für die öffentliche Anerkennung der EB und ihre zunehmende Verwissenschaftlichung bedeutsam ist die 1957 gegründete PAS, aus der 1994 das → Deutsche Institut für Erwachsenenbildung hervorgegangen ist. Die Aufgaben der PAS waren (ähnlich dem heutigen Profil des DIE) die Vermittlung von Theorie und Praxis der EB, wissenschaftliche Serviceleistungen, die Publikation von didaktischen Materialien und wissenschaftlicher Literatur zur EB, seit den 1970er Jahren auch eigene Forschungen.

Aufgrund der föderalen Struktur der Bundesrepublik ist die landesspezifische Entwicklung der EB, bei

Übereinstimmung in den Grundprinzipien, durchaus unterschiedlich verlaufen. Trotzdem gab es schon in den 1950er Jahren Initiativen zu einer Bund und Länder übergreifenden, bildungspolitischen Verständigung über die EB und deren Förderung. Bedeutsam dabei ist der 1953 einberufene Deutsche Ausschuss für das Erziehungs- und Bildungswesen, dessen Gutachten „Zur Situation und Aufgabe der deutschen Erwachsenenbildung" (1960) einen Meilenstein darstellt. Es begriff die EB als öffentliche Aufgabe, erkannte sie erstmals als wichtigen Bereich des Bildungswesens an, definierte die EB von der „ständigen Bemühung" jedes Erwachsenen her, „sich selbst, die Gesellschaft und die Welt zu verstehen und diesem Verständnis gemäß zu handeln", wandte sich gegen die Alternativen „Freiheit oder Bindung" und „Ausbildung oder Bildung" und lenkte den Blick auf die Bildungsbedürfnisse Erwachsener sowie auf die Legitimität allgemeinbildender *und* berufsbezogener Inhalte in der EB.

Damit bahnte sich ein Paradigmenwechsel in der EB an. In den 1950er Jahren war das Bildungsangebot der EB zwar bei weitem nicht so idealistisch und „affirmativ", wie ihr später vorgeworfen wurde, sondern durchaus an der Lebenswirklichkeit orientiert, aber es betonte doch abendländisch-kulturelle Inhalte und Ziele. Für die 1960er Jahre hingegen ist die Entwicklung zu einer sozialwissenschaftlichen Fundierung der EB kennzeichnend. Beispielhaft hierfür ist die empirische Studie „Bildung und gesellschaftliches Bewußtsein" von Strzelewicz/Raapke/Schulenberg (1966), die u.a. berufliche Motive und gute schulische Vorbildung als zentral für die Weiterbildungsbereitschaft herausstellte und damit, in einer dafür hochsensiblen Zeit der Erstarkung sozialer Bewegungen (Studenten-, Frauen-, Antikriegsbewegung), auch auf das Problem der Gewinnung breiterer Bevölkerungsschichten für die EB aufmerksam machte. Symptomatisch ist die Studie auch für die sich abzeichnende sog. „realistische Wende", womit die Orientierung an realen Bildungsbedürfnissen gemeint war, verbunden mit der Annahme, dass abschluss- und berufsbezogene Inhalte und deren Zertifizierung in der EB unverzichtbar seien, und mit der Forderung nach weiterer Professionalisierung und öffentlicher Anerkennung der EB. Das wichtigste bildungspolitische Dokument in diesem Zusammenhang ist der 1970 publizierte „Strukturplan für das Bildungswesen" des Deutschen Bildungsrates, der von der Vorstellung eines umfassenden, in allen seinen Teilen aufeinander bezogenen, insgesamt auf Chancengleichheit ausgerichteten Bildungssystems ausging, EB terminologisch durch WB ersetzte, diese als „Fortsetzung oder Wiederaufnahme organisierten Lernens nach Abschluss einer unterschiedlich ausgedehnten ersten Bildungsphase" definierte und als quartären Bereich des Bildungswesens bestimmte, der öffentlich zu fördern und systematisch auszubauen war.

Seit Mitte der 1960er Jahre entwickelte sich die EB zum akademischen Lehrgebiet (Freie Universität Berlin, Ruhr-Universität Bochum). Der erste Studiengang Diplom-Pädagogik mit Schwerpunkt EB wurde zuerst 1969 an der FU Berlin etabliert. Parallel dazu wurde die wissenschaftliche WB als Aufgabe der Universität anerkannt, wofür die 1970 erfolgte Gründung des Arbeitskreis Universitäre Erwachsenenbildung bezeichnend ist (seit 2003 in → Deutsche Gesellschaft für wissenschaftliche Weiterbildung und Fernstudium umbenannt). Gleichzeitig wurden bis 1975 in den meisten Bundesländern Gesetze zur Regelung und staatlichen Förderung der EB/WB verabschiedet, zuerst 1969 in Niedersachsen. 1969 trat auch das bundesdeutsche Arbeitsförderungsgesetz in Kraft (seit 1998 in das SGB III eingeordnet), das (zunehmend auch angesichts des Problems der Arbeitslosigkeit) als ein staatliches Förderungsinstrument der beruflichen WB gelten kann. Mit der Akademisierung und Verrechtlichung der EB/WB waren wichtige Schritte auf dem Weg zu ihrer Professionalität, Kontinuität und Handlungssicherheit getan; andererseits hat sich die Verfestigung von Strukturen nur bedingt als innovationsförderlich erwiesen.

Dadurch, dass die EB/WB als vierter Bildungsbereich anerkannt wurde, kam es auch zu einer Veränderung des öffentlichen Stellenwerts des Lernens im gesamten Lebenslauf. Hierzu trugen maßgeblich auch international geführte Diskussionen bei, die das neue Konzept des → Lebenslangen Lernens propagierten. Diese Diskurse führten zu einem erneuerten Selbstverständnis der EB/WB: Lernen wurde als unabschließbare Notwendigkeit und als ein die gesamte Lebensspanne durchziehendes Kontinuum erachtet. Zunächst bestehen blieb allerdings die Spannung in der deutschen EB/WB der 1970er Jahre hinsichtlich der Frage, wie sie ihren Anspruch einlösen könne, zur Emanzipation des Menschen beizutragen, wenn sie primär auf den Erwerb unmittelbar verwertbarer Qualifikationen gerichtet war. Ihre Auflösung fand diese Spannung im Zuge der sog. „reflexiven Wende", wobei diese Bezeichnung auf den Tagungsbericht 1982 der Kommission EB der DGfE zurückgeht. EB ist nun nicht nur als Instanz der Befriedigung beruflicher Weiterqualifizierungsbedürfnisse zu verstehen, sondern auch als Ort der Reflexion des Menschen auf sich selbst (→ Selbsterfahrung), womit sie sich begrifflich wieder ihrem traditionellen Selbstverständnis annäherte.

Einen wichtigen Einschnitt stellt die deutsche Wiedervereinigung im Jahr 1990 dar. Im Gebiet der ehemaligen DDR stellte sich die (mit vielfältiger Unterstützung aus Westdeutschland angegangene) Aufgabe, ein zentralistisches und für Staatszwecke instrumentalisiertes Erwachsenenbildungssystem in ein plurales, subsidiäres und demokratisches System umzuwandeln und gleichzeitig den Anschluss an die nun gesamtdeutsche, bildungspolitische und bildungstheoretische Diskussion zu finden. Für viele Menschen in den neuen Bundesländern bedeutete die Wiedervereinigung neben der Notwendigkeit der politisch-sozialen Neuorientierung und der beruflichen Anpassungsqualifizierung oder Umschulung auch die Möglichkeit zur Befriedigung allgemeiner Bildungsbedürfnisse (z.B. westliche Fremdsprachen, Studienreisen, freie Diskussionsabende).

In den 1990er Jahren setzte ein Prozess der Europäisierung der EB ein (→ Europäische Erwachsenenbildung). Initiativen auf europäischer Ebene schlagen sich auch in nationalen Erwachsenenbildungsdiskursen nieder (z.B. über die Anerkennung informell erworbener Qualifikationen, die Förderung von Selbstlernkompetenzen, die Etablierung neuer Lernkulturen, die Schaffung eines Qualifikationsrahmens für Lebenslanges Lernen).

Herausforderungen für die Zukunft der EB sind, was ihre Inhalte angeht, die Probleme der Integration des Heterogenen in der multikulturellen Gesellschaft des langen Lebens, des Umgangs mit (auch langfristiger) Erwerbslosigkeit, der Bildung zu Demokratie und Nachhaltigkeit, was ihre Gestalt angeht, die Wahrung eines klaren Profils, die Sicherung von Qualität in Forschung und Praxis, die offensive Präsenz in der bildungspolitischen Diskussion.

Literatur

Friedenthal-Haase, M. (Hrsg.): Erwachsenenbildung im 20. Jahrhundert: Was war wesentlich? München/Mering 2001 – Nuissl, E. (Hrsg.): 50 Jahre für die Erwachsenenbildung. Das DIE – Werden und Wirken eines wissenschaftlichen Serviceinstituts. Bielefeld 2008 – Olbrich, J.: Geschichte der Erwachsenenbildung in Deutschland. Bonn 2001 – Pöggeler, F. (Hrsg.): Geschichte der Erwachsenenbildung. Stuttgart u.a. 1975 – Seitter, W.: Geschichte der Erwachsenenbildung. 3. Aufl. Bielefeld 2007 – Wolgast, G.: Zeittafel zur Geschichte der Erwachsenenbildung. Neuwied u.a. 1996

Elisabeth Meilhammer

Geschichte der Erwachsenenbildung – von 1945 bis 1989 in der SBZ/DDR

Die WB wurde in der DDR als ein Bestandteil des Bildungssystems verstanden, das als Gesamtsystem im sozialistischen Sinne konzipiert war und zentralistisch reguliert wurde.

In den normativen Aussagen zum einheitlichen sozialistischen Bildungssystem wurde durchgängig die Einheit von → Allgemeinbildung, beruflicher Ausbildung und WB betont. Als Konsequenz daraus waren sowohl die Berufs- als auch die Fach- und Hochschulausbildungen auf Grundlagen orientiert, während die Spezialisierung vorrangig durch berufsbegleitende WB erfolgen sollte. Im Mittelpunkt stand die → berufliche Weiterbildung für alle Beschäftigtengruppen, an die auf allen Ebenen politische WB angelagert war. Hatte die berufliche WB bis in die 1960er Jahre die nachholende Qualifizierung zum Facharbeiter als Schwerpunkt, wurde ab Mitte der 1970er Jahre die arbeitsplatznahe, aufgaben- und objektbezogene ständige berufliche WB als Hauptform propagiert. In den 1980er Jahren wurden Kurskorrekturen vorgenommen und die allgemeine EB wieder aufgewertet.

Historisch betrachtet wurden die Strukturen der WB mehrfach verändert. Nach 1945 standen die → Volkshochschulen im Zentrum, die sich ein Netz von Außenstellen und Betriebsvolkshochschulen schufen. Sie sollten den dringenden Bedarf an qualifizierten Fach- und Führungskräften decken. Ab 1952 wurde die berufliche WB in die Verantwortung der Betriebe verlagert und hatte Ende der 1950er Jahre mit den Kombinats- und Betriebsakademien ihre endgültige Struktur gefunden, die mit gewissen Modifizierungen bis 1989 bestand. Die Betriebs- und Dorfakademien bildeten Facharbeiter, Meister sowie mittlere Leitungskräfte weiter und übernahmen die Qualifizierung zum Facharbeiter für Erwachsene ohne beruflichen Abschluss. Leitungskräfte der Betriebe wurden in den Kombinatsakademien und Instituten für sozialistische Wirtschaftsführung weitergebildet.

Die Volkshochschulen konzentrierten sich auf kompensatorische allgemeinbildende Schulabschlüsse und die allgemeine EB. Mit dem Rückgang des ent-

sprechenden Nachholebedarfs traten interessenbezogene, allgemeinbildende Kurse für Fremdsprachen, Kunst, Literatur, Natur- und Gesellschaftswissenschaften in den Vordergrund. In geringem Umfang führten Volkshochschulen auch berufliche WB für kleine Betriebe und Genossenschaften durch.
Die Universitäten, Hoch- und Fachschulen nahmen durch Fern- und postgraduale Studien WB-Aufgaben für Hoch- und Fachschulabsolventen wahr. Neben ihnen wirkten in der WB die URANIA als Gesellschaft zur Verbreitung wissenschaftlicher Kenntnisse, die Ingenieurorganisation Kammer der Technik, weitere wissenschaftliche und technische Gesellschaften, der Kulturbund der DDR, die Kulturhäuser, Weiterbildungseinrichtungen für Ärzte oder Künstler, das Weiterbildungssystem für Lehrer, Weiterbildungskurse in Fernsehen und Rundfunk sowie die Bildungsstätten der Parteien und gesellschaftlichen Organisationen, insb. der Gewerkschaft (FDGB). Außerhalb dieses offiziellen Weiterbildungssystems entstanden zunehmend in den 1980er Jahren kirchliche Gesprächskreise, Öko- und Bürgerrechtsgruppen als systemkritische, informelle Weiterbildungsstrukturen.
Insgesamt war die offizielle WB der DDR als geschlossenes, zentral gesteuertes System mit vielfältigen Organisationsformen flächendeckend präsent und vor allem in der beruflichen WB umfangreich wirksam. Die einheitliche Planung und Leitung von Ausbildung und WB führte zu diskussionswerten Teilergebnissen, z.B. zur Durchlässigkeit der Bildungswege oder zur Verbindung von Lernen und Arbeit. Sie erbrachte jedoch letztlich weder die propagierte Entwicklung „sozialistischer Persönlichkeiten“ noch die erhofften bedarfsgerechten, planmäßig einsetzbaren Qualifikationspotenziale. Die zentralistische Regulierung stand im Widerspruch zu den allen Bildungsstrukturen immanenten sich selbst organisierenden Kräften und verfestigte die wirtschaftliche und politische Erstarrung des Systems.

Literatur
Opelt, K.: DDR-Erwachsenenbildung. Münster 2005 – Schneider, G./Achtel, K. u.a.: Erwachsenenbildung. Berlin 1988 – Siebert, H.: Erwachsenenbildung in der Bundesrepublik Deutschland. In: Tippelt, R./Hippel, A. v. (Hrsg.): Handbuch Erwachsenenbildung/Weiterbildung. 3., überarb. und erw. Aufl. Opladen 2009

Matthias Trier

Geschichte von unten

Die Formel G.v.u. steht für eine Programmatik und Praxis alternativen Forschens und → Lernens: eine aktivierende Laiengeschichtsschreibung aus den Blickwinkeln der Arbeiter, der Frauen und anderer, in der konventionellen Geschichtsschreibung „zu kurz gekommener“ Gruppen. „Von unten“ markierte einerseits einen demokratisierenden Anspruch, andererseits eine Akzentuierung von Arbeit und → Alltag. Dieser Ansatz ist eng verknüpft mit der Geschichtswerkstätten-Bewegung, die in Deutschland die fortschrittskritischen, neuen sozialen Bewegungen der 1980er Jahre begleitete. Ihre Breitenwirkung wurde durch (damalige) Außenseiter des Wissenschaftsbetriebs und den Schülerwettbewerb „Deutsche Geschichte“ des Bundespräsidenten und der Körber-Stiftung verstärkt.
Inzwischen haben öffentliche Diskurse und die akademische Historiographie viele früher vernachlässigte Themengebiete und -akzente (z.B. der Arbeiter-, Geschlechter- und Sozialgeschichte, Alltagskultur und Mentalitätsgeschichte) aufgegriffen und eine Erweiterung ihres Methoden- und Quellenrepertoires vollzogen – vor allem durch die Einbeziehung der „Oral history“ und die Anerkennung des Quellenwerts von Alltagsrelikten, Fotos etc. Die angestrebte Rehabilitierung von vergessenen oder diskreditierten geschichtlichen Optionen gelang nicht gleichermaßen. Seit dem Epochenwechsel 1989 erfuhr die vielerorts erst seit den 1980er Jahren intensiv erforschte Lokalgeschichte des antinazistischen Widerstands der Linken oftmals eine Abwertung – auch weil sie hier und da neue Vereinfachungen und Mythen produziert hatte.
In der nicht-akademischen Geschichtsarbeit stießen die Initiativen der G.v.u. seit Mitte der 1980er Jahre eine Modernisierung an: Geschichts- und Heimatvereine sowie Stadtarchive, zeitweise auch gewerkschaftliche Gruppen öffneten sich für neue Fragestellungen und Arbeitsweisen, befassten sich z.B. mit Stadtteilgeschichte, Arbeiter- und Betriebsgeschichte, Außenseiter(gruppe)n, vergessenen NS-Opfern oder „verschütteten“ Phasen und präsentierten ihre Resultate in Büchern, Videos und Ausstellungen.
In der DDR der 1980er Jahre versuchten die „Arbeitsgemeinschaften junger Historiker“ etwas von diesen sozial- und kulturgeschichtlichen Impulsen aufzunehmen; in der Regel gelang es ihnen aber nicht, die strengen Interpretationsraster der marxis-

tisch-leninistischen Geschichtsphilosophie abzuschütteln.

Das Pathos einer oppositionellen Bewegung, die politische Hoffnung auf neue emanzipatorische Kollektive und der Anspruch, die Rollentrennung von Forschenden und Erforschten aufzuheben, sind inzwischen ebenso verflogen wie der Gebrauch der Formel G.v.u.; das Interesse für Mikrogeschichte und subjektive Quellen aber wird weithin als legitim anerkannt. Viele Aktive der Geschichtswerkstätten haben sich in Museen, Gedenkstätten und anderen Lernorten etablieren können; in manchen Segmenten ist auch eine privatwirtschaftliche Professionalisierung (etwa in Form spezialisierter Forschungsbüros und Reiseagenturen) zu beobachten.

Wirkungen auf die EB sind in zweierlei Richtung bemerkenswert: Zum einen bewegten Geschichtswerkstätten viele Bildungseinrichtungen, insb. die → Volkshochschulen, zu ihrer Unterstützung und machten sie damit zu einem Ort kritischer lokalgeschichtlicher Diskurse; umgekehrt initiierten auch Lehrende der EB historische Projektgruppen und Geschichtswerkstätten. Zeitzeugengespräche und Erzählcafés, Ausstellungen und Stadtrundgänge sind mittlerweile stabile Angebotsformen historisch-politischer Bildung.

Zweitens gingen von den Aktivitäten der G.v.u. Impulse methodisch-didaktischer Art aus: Die Fruchtbarkeit projektorientierter Arbeitsweisen und forschenden Lernens wurde von ihnen vorexerziert. Ihr Anstoß beschränkte sich aber nicht auf die methodische Seite, da der Ansatz G.v.u. auch ein besonderes Ernstnehmen der Teilnehmendenperspektiven impliziert: Offene und diskursive Lernarrangements verweisen gleichzeitig auf die Offenheit von Geschichtsbildern und die Notwendigkeit pluraler Sichtweisen. Im Kontext der „Aufarbeitung" von DDR-Geschichte wiederholt sich allerdings in jüngster Zeit die kritische Debatte der 1980er Jahre darüber, ob mit deutlicher Einbeziehung von Alltag und individuellen Erfahrungen nicht die historische Einordnung und die politisch-normative Gewichtung Schaden erleiden.

Literatur

Berliner Geschichtswerkstatt (Hrsg.): Alltagskultur, Subjektivität und Geschichte. Münster 1994 – Dittmer, L./Siegfried, D. (Hrsg.): Spurensucher – ein Praxisbuch für historische Projektarbeit. Hamburg 2005 – Lüdtke, A.: Alltag: Der blinde Fleck? In: Deutschland Archiv, H. 5, 2006

Norbert Reichling

Gesellschaft

G. ist wohl einer der komplexesten Begriffe der Soziologie und zugleich als Grundbegriff umstritten. In einem ersten Versuch, den Begriff zu definieren, lassen sich vier Bedeutungen unterscheiden, und zwar als Bezeichnung für:

- die Verbundenheit von Menschen bzw. für die Menschheit als Ganzes (im Gegensatz zum Tierreich),
- für einen strukturierten, räumlich abgrenzbaren Zusammenhang zwischen Menschen (die deutsche G.),
- für die Form des Zusammenlebens von Menschen, die in der historischen Entwicklung den Handlungsrahmen weit über die individuelle Erfahrungswelt hinaus steigert,
- einen Zusammenschluss von Menschen in einer Zweckvereinigung, die mitunter rechtsförmig ausgestaltet wird (z.B. Aktieng., in der WB Casino- und Leseg.).

In der Soziologie wird der Begriff als analytische Kategorie durch Ferdinand Tönnies eingeführt. In seiner Arbeit „Gemeinschaft und Gesellschaft" untersuchte Tönnies (1887) die Entwicklungen von der ständisch und agrarisch geprägten G. zur modernen Industriegesellschaft. Der Begriff der G. markiert dabei einen Gegensatz zu dem der Gemeinschaft, der sich durch Eintracht, Homogenität und gegenseitiges Vertrauen auszeichnet. G. geht von einer losen Verknüpfung der Individuen aus, wobei es für Tönnies ein wesentliches Kennzeichen darstellt, für sich selbst tätig sein. In Tönnies' Begriff der G. ist also der grundständige Wandel von Organisationsformen des Zusammenlebens aufgehoben.

Mit den Arbeiten von Durkheim wird der Begriff dann auch für die Pädagogik relevant. Durkheim befasst sich mit der Entwicklung von G. und unterscheidet zwei empirisch belegbare Gesellschaftsformen, die „segmentierte" und die „arbeitsteilige" G. Die segmentierte G. ist in Clans und Horden organisiert, wobei nur geringe Interdependenzen bestehen. Sie ist ferner gekennzeichnet durch „repressives" Recht. Die arbeitsteilige G. versteht Durkheim als System funktional differenzierter Teile, wobei die Interdependenzen zwischen den Gruppen sehr hoch sind. Kennzeichnend ist hier „restitutives", d.h. wiederherstellendes Recht. Ausgehend von seinem Grundaxiom, „dass Erziehung eine eminent soziale Angelegenheit ist, und zwar durch ihren Ursprung wie durch ihre Funktionen, und dass folglich die Pä-

dagogik stärker von der Soziologie abhängt als jede andere Wissenschaft" (Durkheim 1984), untersucht Durkheim das Verhältnis von Erziehung und G. sowie von Pädagogik und Soziologie.
Mit Blick auf die Änderung der Organisationsformen des Zusammenlebens verweist Schäfers auf sieben Phänomene, die weltweit beobachtbar und in Teilen immer noch nicht abgeschlossen sind:

- Trennung von Wohn- und Arbeitsplatz und die Auflösung darauf aufbauender gemeinschaftlicher Beziehungen,
- Entpersonalisierung von Arbeitsbeziehungen, d.h. die Freisetzung von Einzelnen zu selbstgewählter Arbeit,
- Veränderungen hinsichtlich sozialer Sicherheit (für Krankheit, Armut, Alter) von persönlich erfahrbaren Formen hin zu abstrakter Solidargemeinschaft,
- Urbanisierungsprozesse mit Vereinzelung aber auch Individualisierung der Lebensweise,
- Ablösung von ständischen Ordnungsmustern durch einheitliches und auf Gleichheit basierendes Recht,
- Ausbildung von autonomen gesellschaftlichen Teilbereichen mit einhergehender Ausdifferenzierung von Rollen sowie der Notwendigkeit diese zu erlernen,
- Zunahme des Einflusses „gesellschaftlicher Universalien" (z.B. Geld, Rechtssystem, universalistische Normen) auf Struktur und Entwicklung der G. (Schäfers 1992).

Diese strukturtypischen Merkmale kennzeichnen weithin auch das Gesellschaftsmodell der Industriegesellschaft als Modell der Moderne. Debatten seit Mitte der 1980er Jahre verweisen darauf, dass sich nach dem Übergang von der vormodernen zur modernen G. ein weiterer einschneidender Übergang vollzieht. Während Theoretiker der Postmoderne einen klaren Bruch mit der Moderne konstatieren und von einer vollständig neuen Ära ausgehen, sehen die Protagonisten der „Hochmoderne" (Giddens), der „zweiten Moderne" (Beck) oder „fluiden Moderne" (Bauman) die derzeitige Phase als Fortsetzung der Moderne. Die Moderne ist solchermaßen eher ein konstitutives Element etwa der Hochmoderne als eine trennscharf abzugrenzende Phase.
Die im Folgenden kursorisch dargestellten Gesellschaftsmodelle stellen Gegenmodelle zur Industriegesellschaft dar, wobei als Auswahlkriterien herangezogen wurde, dass die Modelle über einen längeren Zeitraum in der öffentlichen Wahrnehmung standen bzw. noch stehen und auch in der Weiterbildungsdebatte eine gewisse Resonanz gefunden haben.

Postindustrielle Gesellschaft
Aus der Vielzahl von Varianten der postindustriellen G. lassen sich zwei als besonders einflussreich kennzeichnen. In der Konzeption von Fourastié rückt die sektorale Entwicklung einer Volkswirtschaft als zentraler Faktor für die gesellschaftliche Entwicklung in den Vordergrund. Die historische Entwicklung einer Volkswirtschaft ist dabei von Schwerpunkten im primären (Rohstoffgewinnung), sodann sekundären (Rohstoffverarbeitung) und schließlich tertiären Sektor (Dienstleistung) gekennzeichnet. Der Übergang zur postindustriellen G. bedeutet Arbeitsplatzverluste im produzierenden Bereich, die zunächst zu erheblichen ökonomischen Ungleichgewichten führen, aber durch den Dienstleistungssektor wieder ausgeglichen werden, da sich das Bedürfnis nach immateriellen Gütern steigert. In Daniel Bells Gesellschaftsmodell rückt die zunehmende Bedeutung von Bildung in den Blick. Stand in der Industriegesellschaft noch die optimierte Organisation von Maschinen zur Produktion von Gütern im Zentrum, so stellt in der nachindustriellen G. das theoretische Wissen jene Achse dar, an der sich Technologie, Wirtschaftswachstum und Schichtung der G. ausrichten. Damit verschieben sich auch die Koordinaten der Macht: Nicht mehr Kapital-, sondern Informations- und Wissensbesitz sind die neuen Grundlagen. In der WB ist im Anschluss an u.a. Bells Konzeption insb. die Frage des Wissens thematisiert worden (Nolda 2001).

Informations- und Kommunikationsgesellschaft
Im Blickpunkt von Gesellschaftsmodellen der Informations- und Kommunikationsgesellschaft stehen weniger Fragen der zunehmenden Bedeutung von Dienstleistungen und Wissen als vielmehr der Ausbreitung von Wissen aller Art. Dabei avanciert Information zur bestimmenden Größe menschlicher Tätigkeiten in Bereichen der Produktion und des Konsums oder der sozialen und politischen Kontrolle. Die digitale Revolution erlaubt die Integration von verschiedenen Medien und hat Folgen für Medienlandschaften, Bildung, Alltags- und vor allem Arbeitswelt, da nun räumlich weit voneinander entfernte Arbeitsplätze virtuell miteinander verbunden werden können. Damit einher gehen auch neue Ungleichheitsformen zwischen und innerhalb von G.

Diese werden in der Debatte um den „digital divide" thematisiert.

Risikogesellschaft
Nach Beck wird die Industrieg. durch die Risikog. abgelöst. Dabei wird Risiko in verschiedener Hinsicht zum zentralen Kennzeichen. Mit dem Bedeutungszuwachs von Wissenschaft und Technik entstehen neue Risiken, die sich von den früheren unterscheiden. Beck geht dabei nicht davon aus, dass die zeitgenössische Welt mehr Risiken aufweist, allerdings verändert sich im Vergleich zu früheren Gesellschaftstypen ihre Natur. Risiken ergeben sich nun weniger aus Naturkatastrophen, sondern aus der industriellen Produktion selbst. Eine neue Qualität ergibt sich zudem dadurch, dass die neuen Gefahren nicht mehr einzugrenzen sind. An den Szenarien atomarer oder gentechnischer Unfälle wird die räumliche, zeitliche und soziale Entgrenzung der Risiken erkennbar. Auch in der Alltagswelt ergeben sich neue Risiken und Unsicherheiten. Durch Individualisierung und Selbstreflexivität als Kennzeichen der neuen Moderne werden Individuen zunehmend aus den Bindungen an Institutionen wie Klassen, Geschlechterrollen, Familie herausgelöst und sind nun selbst dafür verantwortlich, ihre biographischen Verläufe zu gestalten. In der WB hat die Risikog. nachhaltige Resonanz gefunden. Dabei lassen sich mit Kade zwei Anschlüsse an die Gesellschaftskonzeption unterscheiden: Zum einen jener, der WB als Instrument versteht, Problemlösungen bereitzustellen und das Eintreten der möglichen Gefahren zu verhindern. Zum anderen gibt es jenen Anschluss, der WB als Teil der Risikog. thematisiert (Kade 2001).

Erlebnisgesellschaft
Schließlich soll noch auf Schulzes Gesellschaftsmodell der Erlebnisg. verwiesen werden. Schulze (1992) nimmt Becks Individualisierungstheorem auf und nimmt zum Ausgangspunkt seiner Überlegungen, dass Individuen nicht mehr zweckrational um die Bewältigung von Lebensumständen kämpfen, sondern vielmehr über Lebenslauf und -stil frei entscheiden. Kennzeichnend sei der Wunsch nach einer Befriedigung eines Lebensgefühls, jedes Individuum sei gezwungen, das Leben zu genießen. Die gesellschaftlichen Auswirkungen ließen sich in vielen Bereichen erkennen, so etwa im Konsum. Handlungsrelevanz sei nun nicht mehr der Gebrauchswert, sondern der Erlebniswert eines Produkts. Mithilfe der Milieu- und Lebensstilforschung wird analysiert, wie Menschen ihre Wirklichkeit interpretieren, mit welchen Symbolen sie Verständigung suchen und welche Gruppen sich bilden. Schulze unterscheidet fünf soziale Milieus: Niveau, Harmonie, Integration, Selbstverwirklichung, Unterhaltung.
In der WB wurde an andere Milieumodelle (insb. an SINUS) angeschlossen, wobei Fragen des Weiterbildungsmarketings in den Vordergrund gerückt wurden. Der Anspruch von Gesellschaftsmodellen ist es, die gegenwärtige G. als Ganze zu kennzeichnen. Die Gesamtheit von Gesellschaftszuständen ist jedoch nicht zu erfassen. Daher müssen sie sich auf die Erfassung von nur bestimmten Phänomenen beschränken, empirische Belege selektiv heranziehen und Befunde bzw. Annahmen überdehnen. In dem Maße, in dem sich möglichst viele Menschen mit ihren Ängsten und Hoffnungen in diesen Deutungen wiederfinden, finden auch die Modelle Anklang. An dieser Stelle können Gesellschaftsmodelle, die auf Problemlagen aufmerksam machen oder neue Interpretationen aufschließen, ohne Frage auch eine gesellschaftliche Wirkung entfalten.
Mit Blick auf den Anschluss erziehungswissenschaftlicher Reflexion an Gesellschaftsmodelle ist diese notwendige Verkürzung auf bestimmte Phänomene jedoch in Rechnung zu stellen. Damit ist nicht nur eine, möglicherweise als überlegen erachtete Perspektive in Betracht zu ziehen, sondern die Befunde zur Bildung Erwachsener sind im Lichte mehrerer Gesellschaftsmodelle zu beleuchten (Wittpoth 2001).

Literatur
Durkheim, E.: Erziehung, Moral und Gesellschaft. Frankfurt a.M. 1984 – Kade, J.: Risikogesellschaft und riskante Biographien. In: Wittpoth, J. (Hrsg.): Erwachsenenbildung und Zeitdiagnose. Theoriebeobachtungen. Bielefeld 2001 – Nolda, S.: Das Konzept der Wissensgesellschaft und seine (mögliche) Bedeutung für die Erwachsenenbildung. In: Wittpoth, J. (Hrsg.): Erwachsenenbildung und Zeitdiagnose. Theoriebeobachtungen. Bielefeld 2001 – Schäfers, B. (Hrsg.): Grundbegriffe der Soziologie. 3. Aufl. Opladen 1992 – Schulze, G.: Die Erlebnisgesellschaft. Kultursoziologie der Gegenwart. Frankfurt a.M. 1992 – Tönnies, F.: Gemeinschaft und Gesellschaft. Grundbegriffe der reinen Soziologie. Darmstadt 2005 (erstmals ersch. 1887) – Wittpoth, J.: Zeitdiagnose: nur im Plural. In: Ders. (Hrsg.): Erwachsenenbildung und Zeitdiagnose. Theoriebeobachtungen. Bielefeld 2001

Michael Schemmann

Gesundheitsbildung

Während der englische Begriff „health education" eine solche Unterscheidung nicht zulässt, stand im Deutschen die Differenzierung der Begriffe „Gesundheitserziehung" und „Gesundheitsbildung" seit 1985 für eine konzeptionelle Abgrenzung: Gesundheitserziehung umfasst Programme der Einübung von risikoarmem, krankheitsvermeidendem Verhalten. G. dagegen will die Kompetenzen stärken, sich für die eigene Gesundheit einzusetzen. Sie zielt auf die Selbstbestimmung über die Determinanten der Gesundheit und will dazu befähigen, auf Lebensbedingungen Einfluss zu nehmen. G. verstand sich insofern politisch.

Gegenwärtig vermischt sich der Gebrauch der Begriffe erneut. Dies ist Ausdruck des Spannungsfeldes zwischen den Wissenschaftsdisziplinen Pädagogik und Gesundheitswissenschaften, in dem sich die G. bewegt. Zugleich ist es die Folge der indirekten Einflussnahme gesundheitlicher Versorgungs- und Finanzierungsstrukturen und Folge des weitgehenden Rückzugs öffentlicher Bildungsförderung aus der G.

G. umfasst die Vermittlung grundlegenden Wissens über Gesundheits- und Krankheitsprozesse („healthy literacy"), Lernangebote über Handlungschancen zur individuellen Bewältigung gesundheitlicher Belastungen („healthy lifestyles") und kollektive Lernchancen für die gesundheitsfördernde Gestaltung von Lebenskontexten und Organisationen („healthy settings").

Um bildungsferne Zielgruppen zu erreichen und den partizipativen Ansatz der Gesundheitsförderung zu verwirklichen, bietet es sich zudem an, mit organisierten Subkulturen und Gemeinschaften zu arbeiten („healthy communities"). Dies stellt Organisationsformen der EB vor erhebliche Herausforderungen, die nur institutionsübergreifend und kooperativ gelöst werden können. Maßnahmen der beruflichen Qualifizierung im Themenfeld Gesundheit werden im Rahmen des sog. Bologna-Prozesses weitgehend an Hochschulen verlagert.

Historisch stellt der „Rahmenplan Gesundheitsbildung" (1985) den Beginn der Wahrnehmung eines quantitativ erheblichen Angebotsbereichs dar, der binnen 20 Jahren eine Qualitätsoffensive insb. an Volkshochschulen folgte. Eine Fülle von Empfehlungen schließt an die Grundkonzeption des „Rahmenplans" an und normiert die Bildungspraxis nicht formal, sondern öffnet für inhaltlich-qualitative Fortschritte (→ Qualitätsentwicklung). Im Einzelnen richten sich die entwickelten Instrumente z.B. auf die Planung, Ankündigung und Durchführung von Kursangeboten, auf die Auswahl und → Beratung von → Kursleitenden sowie auf die Auswertung von Bildungsprozessen. Kursleitermanuale und Handbücher für Teilnehmende wurden entwickelt, fanden allerdings nicht den gewünschten Absatz.

Bildungswissenschaftliche Implikationen des Lernfeldes Gesundheit sind nach wie vor kaum erschlossen. Ausnahmen verweisen auf den Konstruktionscharakter des Gesundheitsbegriffs und eröffnen eine systemstheoretische Betrachtung von → Lernen. Didaktische Herausforderungen des Lerngegenstands „körperliches, mentales und soziales Wohlbefinden" (WHO) sind wissenschaftlich kaum diskutiert.

Stärkeren Einfluss erhalten dagegen gesundheitswissenschaftliche Themen wie „gesundheitliche Ungleichheit", „Evidenzbasierung" oder auch die Entstehung von Gesundheit im Ergebnis der Auseinandersetzung eines handelnden Menschen mit seinem Lebenskontext. Dass primär Frauen gesundheitsbezogene Lernbedürfnisse artikulieren, während Männer größere Lernbedarfe hätten, rechtfertigte, ebenso wie die Fokussierung von Lebensbedingungen, lange Zeit die weitgehende Ausgrenzung der Pädagogik aus den sich interdisziplinär definierenden Gesundheitswissenschaften. Mit dem Versuch, dem Geist der „health education" zu folgen, scheint nun eine Renaissance der Gesundheits*erziehung* bevorzustehen. In diesem Zusammenhang wird eine stärkere Verankerung der Pädagogik in den Gesundheitswissenschaften gefordert (Wulfhorst 2009).

Literatur

Arbeitskreis Gesundheitsbildung (Hrsg.): Rahmenplan Gesundheitsbildung. Frankfurt a.M. 1985 – Blättner, B.: Gesundheit lässt sich nicht lehren. Bad Heilbrunn/Obb. 1998 – Wulfhorst, B.: Theorie der Gesundheitspädagogik. Weinheim/München 2002 – Wulfhorst, B./Hurrelmann, K.: Handbuch Gesundheitserziehung. Bern 2009

Beate Blättner

Gewerkschaftliche Bildungsarbeit

Mit dem Begriff g.B. werden alle Bildungsangebote und -maßnahmen bezeichnet, mit denen sich die Einzelgewerkschaften und ihr Dachverband, der Deutsche Gewerkschaftsbund (DGB), an ihre Mitglieder – seit einigen Jahren teilweise auch an interessierte Nicht-Mitglieder – und an ihre Mitarbeiter/innen wenden. Sie ist somit ein spezieller Teil der Arbeiterbildung.

„Gewerkschaftliche Bildungsarbeit als organisationsgebundene Bildungsarbeit hat mehrere Funktionen bzw. Aufgaben zu erfüllen: Sie soll Menschen an die Organisation heranführen und sie mit den Zielen und Aufgaben der Gewerkschaft vertraut machen. Sie will das aktive Eintreten für diese Zeile und die Mitarbeit in der gewerkschaftlichen Interessenvertretung fördern. Zugleich soll sie Mitglieder und Funktionäre für die Übernahme von Aufgaben in ihren Arbeits- und Lebensbereichen qualifizieren und sie bei der Bewältigung dieser Aufgaben beraten und unterstützen" (Röder 2002).

Im Vergleich zur Gremienarbeit und zum Versammlungswesen der Gewerkschaften und in Abgrenzung zu deren politischen Aktivitäten ist g.B. der Versuch, zielgerichtet und methodisch abgesichert die Bildungsinteressen und -bedürfnisse der Teilnehmenden möglichst gut zu bedienen und dadurch der eigenen Organisation zu nutzen (in Form von Mitgliederbindung, Loyalitätssicherung u.ä.).

Das System g.B. ist in hohem Maße differenziert; Unterschiede beziehen sich z.B. auf:

- den jeweiligen Träger (DGB, Einzelgewerkschaften, Bildungswerke, Vereine wie → Arbeit und Leben usw.),
- die Formen der Angebote (Grundlagenbildung, Aufbauseminare, Themenseminare, Beratung u.ä.),
- die angesprochene Zielgruppe (Betriebsräte/Obleute, Frauen, Jugend, Senior/inn/en),
- die vorhandenen Finanzierungsmöglichkeiten (kostenlos, mit Eigenbetrag, Mischkalkulation).

Informationen über Veranstaltungen der g.B. sind bei den einzelnen Gewerkschaften, über den örtlichen DGB-Kreis oder im Internet zu finden.

In den zurückliegenden 40 Jahren hat es innerhalb der Gewerkschaften sehr heftig geführte Auseinandersetzungen darüber gegeben, wie das Spannungsverhältnis zwischen den von g.B. formulierten Organisationsinteressen auf der einen und den sich schnell verändernden Arbeits- und Lebenssituationen der Adressaten von g.B. auf der anderen Seite richtig auszutarieren sei. Ursachen für diese Auseinandersetzung waren zum einen interne Probleme (z.B. schwindendes Interesse an den Angeboten, Finanzierungsfragen). Zum anderen traf der in den 1970er Jahren rasant zunehmende soziokulturelle Wandel die Gewerkschaften: Es mussten schnell mehrheitsfähige Ideen und Konzepte entwickelt werden, um auf diese Wandlungsprozesse angemessen reagieren zu können.

Diese Auseinandersetzung ist insofern beendet, als in den letzten Jahren „kaum eine der bildungsaktiven Gewerkschaften darauf verzichtet (hat), neue didaktische Entwürfe oder Materialien zur Bildungsarbeit bzw. reformierte Konzeptionsentwürfe herauszugeben, (...) die darauf abzielen, die Subjektivitätsansprüche der Teilnehmenden sehr ernst zu nehmen" (Johannson 1997). Die neuen Konzepte berücksichtigen eine geschlechtergerechte Didaktik (→ Gender und Erwachsenenbildung), verfolgen einen handlungsorientierten Ansatz (→ handlungsorientierte Didaktik) und sind oft modularisiert. Die Bildungsangebote werden mitgliedernah und für die jeweilige Zielgruppe maßgeschneidert (z.T. vor Ort und z.T. in zentralen Bildungsstätten) angeboten. Eine immer stärkere Rolle spielt die Evaluation und Zertifizierung der Angebote der g.B. Die Geschichte dieser Phase der g.B. ist anschaulich dargestellt bei Richert 1994.

Zukunftsorientierte g.B. hat die Selbst-Bildung ihrer Adressaten im Blick; ihre Ziele sind die Erweiterung der individuellen Handlungsfähigkeit der Subjekte in Politik (politische Handlungsfähigkeit), im Beruf (fachliche Handlungsfähigkeit) und in deren gewerkschaftlichem Engagement. Dementsprechend muss g.B. Angebote entwickeln, die sich auf folgende Dimensionen beziehen: Vermittlung (gewerkschafts-)politischer Orientierungen, Qualifikations- und Kompetenzerweiterung (→ Kompetenz), Berücksichtigung der Wünsche ihrer Teilnehmenden (Teilnehmerorientierung statt Schulung).

Literatur

Johannson, K.: Gewerkschaftliche Bildungsarbeit im Umbruch – Veränderungen der Arbeitsformen und Adressaten-Kreise in der gewerkschaftlichen Bildungsarbeit. In: Hessische Blätter für Volksbildung, H. 1, 1997 – Richert, J.: (Hrsg.): Subjekt und Organisation – Neuorientierung gewerkschaftlicher Bildungsarbeit. Münster 1994 – Röder, W.: Zwischen Effizienz und Utopie – gewerkschaftliche Bildungsarbeit vor neuen Herausforderungen. In: Röder, W./Dörre, K.: (Hrsg.): Lernchance und Marktzwänge: Bildungsarbeit im flexiblen Kapitalismus. Münster 2002

Stefan Pfaff

Grundsicherung für Arbeitssuchende – Sozialgesetzbuch II (SGB II) und Weiterbildung

Das SGB II (G.f.A.) vom 24.12.2003 trat zum 01.01.2005 in Kraft. Es richtet sich an „erwerbsfähige Hilfsbedürftige" und zielt vorrangig auf die Eingliederung in den Arbeitsmarkt. Das Gesetz wird zumeist als „Hartz IV" bezeichnet, da es als viertes der „Gesetze für moderne Dienstleistungen am Arbeitsmarkt" verabschiedet wurde, die auf Vorschläge der vom damaligen VW-Arbeitsdirektor Peter Hartz geleiteten Kommission zurückgehen.

Es soll Arbeitssuchenden und Erwerbstätigen ohne eine ausreichende Bedarfsdeckung durch Erwerbsarbeit eine Grundsicherung zur Absicherung des Existenzminimums bieten. Das SGB II bedeutet die Zusammenlegung der früheren Arbeitslosenhilfe und der Sozialhilfe. Die Aufgaben der Sozialhilfe für Hilfsbedürftige, die nicht oder nicht mehr als erwerbsfähig gelten, sind im Sozialgesetzbuch (SGB) Zwölftes Buch (XII) „Sozialhilfe" geregelt. Zuständig für die Durchführung des SGB II sind überwiegend Arbeitsgemeinschaften aus Kommunen und Arbeitsagenturen. In 21 Kreisen nimmt die Agentur für Arbeit diese Aufgabe in getrennter Trägerschaft allein war, in 69 Kreisen sind sog. Optionskommunen als zugelassene kommunale Träger für die arbeitsmarktpolitischen Leistungen nach dem SGB II zuständig. Das Bundesverfassungsgericht hat jedoch im Dezember 2007 die Konstruktion der Arbeitsgemeinschaften als eine unzulässige Form der Mischverwaltung beurteilt und deren Tätigkeit in der gegenwärtigen Rechtskonstruktion bis zum 31.12.2010 begrenzt.

Das SGB II stellt programmatisch den Grundsatz des „Förderns" und „Forderns" seiner Adressaten in den Mittelpunkt. Gefordert wird von den Arbeitslosen, sich nach Kräften um eine Arbeitsstelle zu bemühen. Gefördert werden sie vor allem durch eine finanzielle Grundsicherung des Lebensunterhalts. Das Gesetz sieht auch Qualifizierungs- und Trainingsmaßnahmen als Leistungen zu Erhalt, Verbesserung oder Wiederherstellung der Erwerbstätigkeit vor, die sich nach den Regelungen des SGB III richten müssen, nicht jedoch nach den zusätzlichen Geschäftsbedingungen der BA. Gingen die Ausgaben der Bundesagentur für die → berufliche Weiterbildung auch im Jahre 2007 gegenüber den Vorjahren weiter zurück, so lagen die steuerfinanzierten Ausgaben für die WB nach dem SGB II 2007 um 157 % über denen des Jahres 2005 und die Zahl der Eintritte in solche Maßnahmen stieg von 65.104 im Jahr 2005 auf 139.937 im Jahre 2007 an. Als Leistungen zur Eingliederung in Arbeit fördern die Arbeitsgemeinschaften zumeist kurzfristige Trainingsmaßnahmen, die auf die Eingliederung in den ersten Arbeitsmarkt, auf die Vorbereitung von Praktika oder auf die Teilnahme an einer längerfristigen WB zielen.

Inzwischen gibt es in den meisten Bundesländern Ergänzungsprogramme, die mit Landes- oder ESF-Mitteln Erwerbslose, die Leistungen nach dem SGB II erhalten, sozial und arbeitsmarktlich integrieren, ihre Beschäftigungsfähigkeit erhalten oder wiederherstellen und die Chancen auf eine Erwerbstätigkeit auf dem allgemeinen Arbeitsmarkt erhöhen sollen. Diese Programme zielen zwar auf die Aufnahme einer Erwerbstätigkeit, beinhalten jedoch vielfach allgemeinbildende Inhalte, die Kompetenzen, soziale Stabilisierung und weitergehende Qualifizierungsfähigkeit verstärken sollen. Das SGB II ist für die WB durchaus bedeutsam geworden. Die Ausgaben zur Förderung der beruflichen WB nach dem SGB II lagen im Jahre 2007 über denen der beruflichen WB nach SGB III. Das SGB II bietet die Möglichkeit der Förderung von beruflicher und allgemeiner WB, allerdings von zumeist sehr kurzfristiger Art – 2007 lag die geplante Teilnahmedauer bei 71 % aller Zugänge unter sechs Monaten – mit einer stark sozial- und arbeitsmarktpolitischen Ausrichtung, jedoch aufgrund der zahlreichen kurzfristigen Veranstaltungen mit sehr eingeschränkter bildungspolitischer Wirksamkeit.

Literatur
Bieback, K.-J.: Einführung SGB II. In: Gagel, A. (Hrsg.): SGB III Arbeitsförderung mit SGB II Grundsicherung für Arbeitssuchende. Kommentar. Loseblattwerk. München 2008 – Kittner, M.: Arbeits-und Sozialordnung. 33. Aufl. Frankfurt a.M. 2008 – URL: http://statistik.arbeitsagentur.de

Detlef Kuhlenkamp

Gruppe

Wie in anderen Bereichen des Erziehungs- und Bildungswesens finden auch in der EB die Bildungsarbeit und weitgehend auch das Management von Einrichtungen in G. statt (→ Bildungsmanagement). Abgesehen davon, dass es im Rahmen des Managements sowohl feste, längere Zeit bestehende, als auch

kurzfristige, in wechselnder Zusammensetzung arbeitende G. gibt, weisen Lern- und Arbeitsg. hinsichtlich ihrer Struktur- und Prozessmerkmale eine große Ähnlichkeit auf. Dies dürfte auch für Großgruppenverfahren gelten, die durch einen Wechsel von G.- und Plenumsarbeit gekennzeichnet sind.
Kern der unterschiedlichen Definitionen von G. ist, dass es sich um einen Interaktionszusammenhang mehrerer Personen handelt, der sich zur Erfüllung eines gemeinsamen Zwecks für eine bestimmte Dauer gebildet hat und in dem sich Gefühle der Zusammengehörigkeit, gemeinsame Ziele, Verhaltensregeln, eine Rollendifferenzierung und eine höhere Kontaktdichte als mit Personen außerhalb der G. entwickeln (Sader 1996). Darüber hinaus konvergieren in der G. „allgemeinmenschliche" bzw. kulturbedingte Tendenzen des Sozialverhaltens (z.B. Stereotypisierung von anderen) mit gruppenspezifischen Mechanismen (z.B. Konformitätszwang).
Die Betrachtung der G. unter verschiedenen Gesichtspunkten führte zu einer ganzen Reihe von meist dichotomen Unterscheidungen: Primär- vs. Sekundärg., formelle vs. informelle G., Eigeng. vs. Fremdg., Kleing. vs. Großg. usw. Lerng. sind den Sekundärg., d.h. den zweckorientierten G. zuzurechnen, können sich aber unter bestimmten Bedingungen (hoher Zusammenhalt) den Primärg. annähern. Sie sind in der Regel Kleing. (bis zu 25 Personen).
Das Spektrum der Funktionen von G. hat sich im Laufe der Geschichte beträchtlich erweitert. Die für die modernen westlichen Gesellschaften typische multiple Gruppenzugehörigkeit scheint zudem zusätzlich ein Ersatz für die durch den Industrialisierungsprozess beeinträchtigte psychosoziale Stabilisierungsfunktion primärer G.bildungen wie Familie, Sippe und Nachbarschaft geworden zu sein. Dafür spricht auch die große Resonanz, die die Ende der 1940er Jahre in den USA entstandene „Angewandte Gruppendynamik" (Lewin u.a.) bis in die 1980er Jahre auch in Europa hatte, was nicht nur mit den vielfältigen Möglichkeiten der → Selbsterfahrung, sondern auch mit der hohen Kontaktdichte dieser G. zusammenhing. In Unternehmen, Behörden usw. werden kleine G. seit Anfang des vergangenen Jh. in zunehmendem Maße für die Mobilisierung des kreativen Potenzials der Mitarbeiter/innen eingesetzt. Seit Beginn der 1990er Jahre werden in deutschen Unternehmen, vor allem in der Produktion, nach einem in Schweden entwickelten Modell teilautonome Arbeitsg. eingeführt. Der in all diesen Entwicklungen erkennbare Trend zur Ausschöpfung der Möglichkeiten der G. als Vehikel partizipatorischer Definition und Lösung gesellschaftlicher Probleme findet sich dezidiert auch in der → Organisationsberatung. Dort gewinnen die – teilweise schon vor Jahrzehnten in den USA, Großbritannien und der BRD entwickelten – Großgruppenverfahren wie „Open Space" oder „Zukunftskonferenz" (Weber 2005) seit Beginn des neuen Jahrtausends eine wachsende Bedeutung.
Die interdisziplinäre, vor allem von Psychologie und Soziologie betriebene Kleingruppenforschung hat das Wissen darüber, wie G. entstehen, wie sie funktionieren, was für Strukturen sich in ihrem Verlauf bilden usw. erheblich erweitert. Im Unterschied zu Diskussions- oder Problemlöseg. sind Lerng. wenig untersucht worden. Dies dürfte einerseits mit der in der Kleingruppenforschung bis heute vorherrschenden Neigung zu kurzzeitigen Experimenten unter Laborbedingungen, andererseits mit den mannigfachen Schwierigkeiten zusammenhängen, mit denen die Untersuchung von realen G. konfrontiert ist: So gibt es häufig Widerstände der verantwortlichen Institutionen oder der Teilnehmenden gegen eine teilnehmende oder nicht-teilnehmende Beobachtung; und die in solchen G. wirksamen Variablen sind meist so komplex, dynamisch und vernetzt, dass die Datenauswertung schwierige methodologische Probleme aufwirft.
Befunde der experimentellen Kleingruppenforschung, die cum grano salis auch für Lerng. in der EB gelten, zeigen, dass bei der Lösung einer einfachen psychomotorischen Aufgabe schon die Anwesenheit eines einzigen Wettbewerbers eine Erhöhung des psychophysiologischen Erregungsniveaus der Versuchsperson bewirkt, was sowohl leistungsfördernde als auch leistungsmindernde Auswirkungen haben kann („Bewertungsangst"). Dem „Menschen im Plural" (Hofstätter) wurden aufgrund solcher Erfahrungen besondere Fähigkeiten zugeschrieben, die der wissenschaftlichen Überprüfung nur teilweise standhielten. So konnte die Forschung über G.leistungen nachweisen, dass der schon von Aristoteles behauptete „Leistungsvorteil der G." nur unter bestimmten Bedingungen zutrifft. Dazu gehören ein mittlerer Schwierigkeitsgrad der Aufgabe, eine klare Instruktion und – nicht zuletzt – eine ausreichende Kohäsion (Zusammenhalt) der G.: Wenn z.B. in den Experimentalg. die sozialen Bedürfnisse einiger Mitglieder nicht befriedigt wurden, ließen ihre Leistungen nach, so dass sich die gesamte G.leistung verschlechterte (Witte 1994). Das heißt, dass auch die

Mitglieder einer leistungsorientierten G. füreinander nicht nur einen Anreizwert im Hinblick auf Wettbewerb oder Zusammenarbeit haben, sondern wechselseitig soziale Grundbedürfnisse (Bedürfnisse nach Zugehörigkeit, Zuneigung, Anerkennung, Kompetenz und Macht) auslösen können. Die Stärke dieser Grundbedürfnisse bzw. der von ihnen abgeleiteten Handlungsmotive in einer bestimmten Situation hängt von der habituellen Bedürfnisstruktur und der aktuellen Sättigung der einzelnen Bedürfnisse des Individuums ab. Diese sozialen Bedürfnisse können in Lerng. meist nicht direkt befriedigt werden. Indirekte Befriedigungsmöglichkeiten bieten sich an, wenn G.mitglieder über besondere funktionale oder extrafunktionale Ressourcen verfügen, durch die sie erhöhte Anerkennung und Zuwendung von den anderen erfahren (Doerry 1981).

In der Kleingruppenforschung werden zwei Funktionen von G. unterschieden, nämlich die Funktion der Aufgabenerfüllung („task function") und die Funktion der G.erhaltung („maintenance function"). Von ihrer ausgewogenen Berücksichtigung durch den G.leitenden und die Mitglieder hängt die Effektvität von G. ab. Es konnte nachgewiesen werden, dass es in Diskussionen zwei Reaktionsarten gibt, die den beiden G.funktionen entsprechen, nämlich instrumentelle und sozio-emotionale Reaktionen. Der Wechsel dieser Reaktionen im Ablauf der G.arbeit dient auch der Regulierung des gruppeninternen Spannungsniveaus, das ansteigt, wenn eine der beiden G.funktionen zu lange im Fokus der G.interaktion gestanden und zu Sättigungserlebnissen bei den Mitgliedern geführt hat (Witte 1994).

Die Erforschung von Lerng. in der EB ist in der Bundesrepublik – im Zusammenhang mit der Rezeption der Angewandten G.dynamik seit Mitte der 1960er Jahre – Anfang der 1970er Jahre zu einem beachteten Teilgebiet der Lehr-Lernforschung geworden (Tietgens/Weinberg 1971). Im Zuge der Reduzierung der personellen und finanziellen Ausstattung der universitären und außeruniversitären Erwachsenenbildungsforschung und dem Aufkommen neuer Forschungsthemen stagnierte die einschlägige, vornehmlich deskriptive Forschung in den 1980er Jahre allerdings zunehmend. Ein Wiederaufleben des Interesses an G. ist mit der qualitativen Erforschung der Interaktion in Kursen auf der Basis von Tonband- und neuerdings von Videoprotokollen eingetreten (Nolda 2007).

Die Dynamik des Interaktionsgeschehens in Lerng. der EB wird wesentlich von der Lernvergangenheit der Teilnehmenden bestimmt. Dazu gehören die Vorerfahrungen mit Lernsituationen, durch die Lernanforderungen bei einigen Neugier, bei anderen Angst auslösen. Dazu gehört weiter die sog. „psychosoziale Vorstruktur", in der sich die frühen Objektbeziehungen in der Herkunftsfamilie niedergeschlagen haben. Diese werden in einem Kurs unbewusst auf den Kursleitenden und die anderen Teilnehmenden übertragen (Brocher 1981). Eine wichtige Rolle spielen auch Störungen der Lehr-Lernsituation. Diese reichen von den Auswirkungen beruflicher und privater Beanspruchungen auf das Lernverhalten in Form von Unpünktlichkeit oder Unkonzentriertheit bis zu der Definition des Kurses als einem „anderen Typ von sozialer Situation" (wie der Besuch eines Kinos oder Cafés), so dass Kontakt- und Freizeitbedürfnisse stärker auf den Kurs durchschlagen als normalerweise (Kade 1985). Eine mögliche Quelle von Konflikten während des gesamten Kurses ist der Kursleitende. Das ergibt sich zum einen aus den Leistungs- und Konkurrenzängsten mancher Teilnehmender, zum anderen aus deren Versuchen, ihn zum Bundesgenossen, Schiedsrichter oder Sündenbock zu funktionalisieren. Derartige Reaktionen können auch eine Folge eines Führungsstils sein, der Teilnehmenden ungewohnt oder bedrohlich erscheint. Die in Kursen praktizierten Führungsstile sind häufig eher sozialisationsbedingte persönliche Handlungsstile als professionell angeeignete.

Die Entwicklung von Lerng. in der EB ist in der Regel durch die allmähliche Herstellung einer Balance zwischen den aufgabenbezogenen und den sozio-emotionalen Bedürfnissen der Mehrheit der Teilnehmenden gekennzeichnet. Dieser Prozess wird durch das von Tuckman (1965, 1977) entwickelte Phasenmodell der G.entwicklung („forming", „storming", „norming", „performing", „adjourning") (Witte 1994) recht gut beschrieben.

Die seit Ende der 1960er Jahre in der EB verbreitete neue Sicht des Interaktionsgeschehens in Kursen hat – in Verbindung mit der neuen Rollendefinition des Kursleitenden als Moderator, Lernberater u.a. – eine Erhöhung der Anforderungen an diesen zur Folge gehabt. Denn er muss nun neben dem Lernprozess auch den G.prozess im Auge behalten. Das bedeutet, auch die non-verbale Kommunikation der Teilnehmenden zu entschlüsseln und Veränderungen in der G.struktur zu erkennen. Er sollte aber nach Möglichkeit auch die Auswirkungen seines eigenen Interaktionsverhaltens auf die Lerng. wahrnehmen. Der

Kursleitende kann sich diese schwierige Aufgabe dadurch erleichtern, dass er zu Beginn des Kurses mit den Teilnehmenden einige bewährte Rückmeldungsverfahren vereinbart. In der Angewandten G.dynamik und G.pädagogik ist eine Reihe von Verfahren entwickelt worden, die von den Cohnschen Regeln („Störungen haben Vorrang") über Stichproben („Blitzlicht") und veranstaltungsbegleitende Kontrollen der G.situation („Stimmungsbarometer") bis zur gemeinsamen Prozessananalyse bzw. Metakommunikation reicht. Die Entwicklung einer selbstreflexiven G.kultur in einem Kurs gelingt allerdings eher, wenn die Teilnehmenden authentische Kommunikation bereits aus ihrem Alltag gewohnt sind und wenn die → Zeitform dies begünstigt (z.B. bei Kompaktveranstaltungen). Sie stellt jedenfalls für alle Beteiligten eine zusätzliche Chance zum sozialen Lernen dar. Für den Kursleitenden können die dadurch gewonnenen Informationen eine Grundlage für eine → Supervision oder Selbstsupervision bilden.

Literatur

Brocher, T.: Gruppendynamik und Erwachsenenbildung. Zum Problem der Entwicklung von Konformismus oder Autonomie in Arbeitsgruppen. 16. Aufl. Braunschweig 1981 – Doerry, G.: Sozialemotionale Bedingungsfaktoren des Lernverhaltens von Erwachsenen. In: Ders. u.a.: Bewegliche Arbeitsformen in der Erwachsenenbildung. Braunschweig 1981 – Kade, J.: Gestörte Bildungsprozesse. Empirische Untersuchungen zum pädagogischen Handeln und zur Selbstorganisation in der Erwachsenenbildung. Bad Heilbrunn/Obb. 1985 – Nolda, S.: Videobasierte Kursforschung. Mögliche Erträge von interpretativen Videoanalysen für die Erforschung des organisierten Lernens Erwachsener. In: Zeitschrift für Erziehungswissenschaft, H. 4, 2007 – Sader, M.: Psychologie der Gruppe. 5. Aufl. Weinheim/München 1996 – Tietgens, H./Weinberg, J.: Erwachsene im Feld des Lehrens und Lernens. Braunschweig 1971 – Weber, S.M.: Rituale der Transformation. Großgruppenverfahren als pädagogisches Wissen am Markt. Wiesbaden 2005 – Witte, E.H.: Lehrbuch Sozialpsychologie. 2. Aufl. Weinheim 1994

Gerd Doerry

Handlung – Handlungsforschung – Handlungstheorie

Handlungsforschung ist ein interdisziplinäres Forschungsgebiet. Im Mittelpunkt steht der Handlungsbegriff, dessen Inhalt und Umfang in unterschiedlicher Weise benannt werden können. Eine solche variationsreiche Vorgehensweise setzt sich fort, wenn Erwartungen eingelöst werden sollen, die an die essentielle Kraft der Handlungskonzeption gestellt werden. Diese Situation bedarf deshalb einer Bestandsaufnahme. Neben dem auf Kurt Lewin (1944) zurückgehenden, Handlung und Erkenntnis integrierenden Konzept des „action research" bezieht sich Handlungsforschung auf grundlagentheoretische Verortungen des Handlungsbegriffs. Diese haben im deutschsprachigen Raum ihren Ursprung bei Max Weber.

„Handeln soll (...) ein menschliches Verhalten (einerlei, ob äußeres oder innerliches Tun, Unterlassen oder Dulden) heißen, wenn und insofern als der oder die Handelnden mit ihm einen subjektiven Sinn verbinden. ‚Soziales' Handeln aber soll ein solches Handeln heißen, welches seinem von dem oder den Handelnden gemeinten Sinn nach auf das Verhalten anderer bezogen wird und daran in seinem Ablauf orientiert ist. ‚Sinn' ist hier entweder a) der tatsächlich α. in einem historisch gegebenen Fall von einem Handelnden oder β. durchschnittlich und annähernd in einer gegebenen Masse von Fällen von den Handelnden oder b) in einem begrifflich konstruierten reinen Typus von dem oder den als Typus gedachten Handelnden subjektiv gemeinte Sinn" (Weber 1976). M. Weber nennt den „tatsächlichen" Sinn, den der Handelnde mit einer H. verbindet, das „Motiv" der H.

Der Grundgedanke der Handlungstheorie lässt sich dahingehend umschreiben, dass soziale H. die „Grundeinheit" der „sozialen Welt/Wirklichkeit" sind. Alles „Nicht-Handeln", also auch „menschliches Verhalten", das dem reduktionistisch verfahrenden Modell von Reiz und Reaktion im Sinn der „Verhaltenstheorie" folgt, unterscheidet sich bedeutsam von sozialem Handeln. Der erst durch „Intentionalität" im Handlungsvollzug ergriffene Sinn lässt „Verhalten" zur „H." werden. Dieses Grundaxiom der Sinnstiftung in sozialen H. gibt gleichzeitig auch den Modus der Erfassung an.

Im Anschluss an die Weber'sche Grunddefinition des Handelns hat der phänomenologische Sozialwissenschaftler A. Schütz den beim sozialen Handeln involvierten Weberschen Sinnbegriff in kritischer Absicht in mehrere „Sinnschichten" aufgespalten (Schütz 1974), um seinerseits den Rekurs auf Sinnbildungsprozesse durch die Ableitung der Genesis dieser Sinnbildungsprozesse zu leisten. Weber und Mead haben den Sinnbegriff beim sozialen Handeln bzw. in der symbolisch strukturierten Interaktion (→ symbolischer Interaktionismus) naiv vorausgesetzt oder haben im Rahmen des „perspektivischen Handelns" im Interaktionsvollzug selbst die Konstitution von Sinn angesiedelt, während Schütz in Anlehnung an die Philosophien Bergsons und Husserls das methodologische Konzept, dass der „Handelnde mit seinem Handeln einen Sinngehalt impliziert" und das dieses Handeln gleichsam „sinnhaft am Handeln anderer orientiert" ist, einer radikalen, sozialphänomenologischen Analyse unterzieht. Die Konstruktion und Rekonstruktion sinnhaften Handelns führt nach Schütz (1974) auf die „Probleme der Konstitution des Sinnes eines Erlebnisses im inneren Zeitbewusstsein" (nach Husserl 1911) bzw. der „inneren Dauer"/„la durée" (nach Bergson 1889) zurück. Der Leitgedanke der Schütz'schen Handlungstheorie, dass Handeln, → Verstehen, Beobachten und Beurteilen nur im Regress auf den einzelnen Handelnden, auf das „Ego", das Erleben des „einsamen Ich" erfassbar wird, radikalisiert das Webersche Grundprinzip, soziales Handeln auf das Handeln beteiligter Einzelner zurückzuführen, und sucht die originäre Konstitution des Sinns im „einsamen Ich" zurückzuverfolgen. Es zeigt sich, dass das hier in Anspruch genommene Modell des epistemologischen Subjekts in Abgrenzung zum Verhaltenskonzept des Behaviorismus sein Handeln durch die Verausgabung handlungsleitenden → Wissens steuert (Charpa 2001). Dabei hat die Sozialphänomenologie sich den Wissensvorrat als nach Graden der Bestimmtheit „geschichtet" vorgestellt (Bühl 2007) und die ihr nahestehende Kognitionspsychologie z.B. zwischen subjektiven Theorien geringer, mittlerer und hoher Reichweite unterschieden (Solso 2005).

Ob es ein derart handlungsleitendes Wissen jedoch gibt, wird von der analytischen Handlungstheorie (Meggle 1985) kontrovers beurteilt. Die Beobachtung, dass es speziell in Interaktionsprozessen viele H. gibt, denen kein zeitlich bestimmbares Ereignis vorausgeht, das man als den Augenblick der Entscheidung bezeichnen könnte (Hampshire/Hart 1985), wird von der Feststellung begleitet, dass auch in solchen Momenten unthematisch fungierende

Wissensbestände vorhanden sein müssen, die etwa in der Vorstellung der Sozialphänomenologie als „Gewissheiten" oder als abgelagerte → Erfahrungen jenseits des kognitiven Wissens eine H. steuern. Der Vertreter der analytischen Philosophie, Gilbert Ryle, (1992) hat das Argument zugespitzt und behauptet, dass die analytische Aufspaltung von Entscheidung und H. selbst einem „Kategorienfehler" geschuldet sei, weil Entscheidung und H. ein und dasselbe darstellen, und dass besondere geistige H. neben, vor oder hinter beobachtbaren Verhaltensweisen nicht postuliert werden können. Werden die Einwendungen der analytischen Handlungstheorie ernst genommen, dann ist die in der Wahrnehmungs- und Denkpsychologie vorgetragene Konzeptualisierung von H., die die Annahme eines empirisch identifizierbaren „handlungsleitenden Wissens" einschließt, zu überdenken. Denn wenn die Differenz von Entscheiden und Handeln entfällt, sind Fragen danach, was es sich „gedacht" habe, an ein „Informationenverarbeitendes-Subjekt", zumindest für den Bereich situativen und interaktiven Handelns, falsch gestellt. Was einer kann, wenn er eine H. „gut" und „erfolgreich" ausführt, wenn er Kriterien/Regeln angemessen anwendet, muss weder explizit noch symbolisch verfügbar sein und geht nicht auf in der Fähigkeit, über die angewendeten „Regeln" der H. Auskunft zu geben. Angesichts des impliziten Charakters des situativ zu verausgabenden Wissens wird deutlich, dass auch das Handlungswissen stets eine → Kompetenz einschließt, die sich nicht in Gestalt von wissenschaftlichen Aussagen objektivieren und mitteilen lässt. Ryle hat hier die Unterscheidung von „knowing how" und „knowing that" eingeführt, mit der das Wissen und das Können als differente Formen des Handelns bezeichnet werden.

Wird darüber hinaus die heuristische Figur „Sprechen als Metapher für Handeln" verwendet, so lässt sich das Handlungswissen analog zu dem „tacit knowledge" (Polanyi 1986) bestimmen, das im Zusammenhang mit Sprech-H. unterstellt wird. Der Sprecher verfügt über ein System von Regeln und generativen Schemata, die nachträglich, im Wege der Theoriebildung, als Grammatik rekonstruiert werden können. Diese Grammatik ist aber keineswegs Bestandteil des → Alltags. Der kompetente Sprecher einer → Sprache wendet sie nicht an, ja er braucht sie zum Formen „richtiger Sätze" nicht einmal zu kennen. Grammatik ist die theoretische Rekonstruktion von Mustern, die beim Formen richtiger Sätze benutzt worden sein können.

Die Metapher „Sprechen als Modell für Handeln" bezogen auf den Fall erwachsenenpädagogischen Handelns hat zu verschiedenen Weiterentwicklungen geführt. Neben Arbeiten zum Verhältnis von Handlung und Kompetenz (Vonken 2005) versuchen Studien zum Themenkomplex Handlung, Habitus und Berufskultur eine neue Perspektive zu eröffnen (Bremer 2007). Danach stellt der Habitus des einzelnen Erwachsenenbildners als Ausdruck einer geteilten Berufskultur ein personenunabhängiges Handlungsdispositiv dar, mit dem Erwachsenenbildner/innen, wissentlich oder unwissentlich, ihre Wirklichkeit konstruieren und ihre Praxis organisieren. In der evozierten Verbalisierung erscheinen die in Anspruch genommenen Deutungs- und Handlungsschemata als „pädagogische Konventionen" (Dewe 1999), die als typische Deutungs- und Legitimationsmuster der Berufsgruppe anzusehen sind und die zunftkonforme Übereinstimmung nachträglich kommunikativ herstellen. Die Inhalte der Konventionen bilden sich heraus durch kollektive Erfahrung. In neueren Ansätzen zur Organisationstheorie wird die Arbeit in den Organisationen aufgefasst als „Tätigkeit des Organisierens, welche definiert ist als durch Konsens gültig gemachte Grammatik für die Reduktion von Mehrdeutigkeit mittels bewusst ineinander greifender H. (Weick 1985). Sofern erwachsenenpädagogisches Handeln in → Institutionen als die Deutung uneindeutiger Situationen aufgefasst wird und die Mehrdeutigkeit verschiedene Ursachen haben kann, kommt es für die in der → Organisation Handelnden darauf an, ihre Handlungssicherheit durch nicht weiter zu hinterfragende Deutungs- und Handlungsmuster zu erhöhen.

Die Konventionen enthalten ein Wissen an sich, das „schlau" verwendet wird, ohne gewusst zu werden. Das Denken und Handeln des Einzelnen wird in vorbereitete Bahnen gelenkt, die die gleichermaßen von der Institution Betroffenen angelegt haben, um zu „überleben". Diese Lesart des → Deutungsmusterkonzepts (Dewe u.a. 2001) transformiert die aus der Kognitionspsychologie, und der Sozialphänomenologie stammende egologische Konstruktion des Handlungswissens. Es wird somit ersichtlich, dass das Handlungswissen nicht eine individuelle Schöpfung ist. Vielmehr bedient sich der Handelnde bei der Entscheidungsfindung und ihrer nachträglichen Begründung aus einer kollektiv erwirtschafteten Teilkultur oder einem berufsspezifisch bereitgestellten Fundus von Handlungsoptionen.

Literatur
Bremer, H.: Soziale Milieus, Habitus und Lernen. Zur Analyse von sozialer Selektivität und Chancengleichheit in pädagogischen Handlungsfeldern am Beispiel der Erwachsenenbildung. Weinheim 2007 – Bühl, W.L.: Phänomenologische Soziologie. Ein kritischer Überblick. Konstanz 2007 – Charpa, U.: Wissen und Handeln. Grundzüge einer Forschungstheorie. Stuttgart/Weimar 2001 – Dewe, B.: Lernen zwischen Vergewisserung und Ungewissheit. Reflexives Handeln in der Erwachsenenbildung. Opladen 1999 – Dewe, B. u.a.: Professionelles soziales Handeln. 3. Aufl. Weinheim/München 2001 – Hampshire, S./Hart, H.L.A.: Entscheidung, Absicht und Gewissheit. In: Meggle, G. (Hrsg.): Analytische Handlungstheorie, Bd. 1. Frankfurt a.M. 1985 – March, J.G./Olson, J.P.: Ambiguity and Choice in Organisations. Bergen 1976 – Meggle, G.: Analytische Handlungstheorie. Frankfurt a.M. 1985 – Polanyi, M.: Implizites Wissen. Frankfurt a.M. 1986 – Ryle, G.: Der Begriff des Geistes. Überarb. Neuaufl. Stuttgart 1992 – Schütz, A.: Der sinnhafte Aufbau der sozialen Welt. Eine Einleitung in die verstehende Soziologie (1932). Frankfurt a.M. 1974 – Solso, R.L.: Kognitive Psychologie. Berlin 2005 – Vonken, M.: Handlung und Kompetenz. Theoretische Perspektiven für die Erwachsenen- und Berufspädagogik. Wiesbaden 2005 – Weber, M.: Soziologische Grundbegriffe. Tübingen 1976 – Weick, K.E.: Der Prozeß des Organisierens. Frankfurt a.M. 1985

Bernd Dewe

Handlungsorientierte Didaktik

H.D. bezeichnet eine Konzeption von D., welche auf konsequente Weise dem von der konstruktivistischen Erkenntnistheorie sowie der neueren Kognitionsforschung (Reinmann-Rothmeier 1999) geprägten Verständnis von Lernen Rechnung trägt, wonach Wissen – und auch Fähigkeiten – nicht einfach konsumiert, sondern kontext- und aufgabenbezogen konstruiert werden. Der Logik der Selbstorganisation verpflichtet liefert h.D. ein Konzept für die didaktisch-methodische Gestaltung aktivierender Lernarrangements, in denen durch wohldosierte Fremdsteuerung eine weitgehende Selbststeuerung der Lernenden ermöglicht wird. H.D. vermag so den für die Didaktik grundlegenden Widerspruch zwischen „Anleitung geben" und „Selbstständigkeit fördern" durch eine thematisch gebundene Selbsttätigkeit der Lernenden aufzulösen, die beides gleichzeitig leistet. In diesem Spannungsfeld wird eine h.D. angestoßen, welche auf die weitgehende Selbsterschließung des Lehrstoffs zielt. Zu den wichtigsten Kennzeichen zählen:

Zweifacher Bezug auf das Handeln
Durch eine „Situierung" (Lave/Wenger 1991) der neu zu erschließenden Thematik erfolgt ein Lernen durch und für das Handeln. Durch planvolles Handeln wird gelernt und auf ein zukünftiges Handeln vorbereitet. Nach dem „Modell der vollständigen Handlung" durchlaufen die Lernenden einen vollständigen Handlungsbogen von der Planung über die Durchführung bis hin zur Kontrolle und Bewertung der Handlungsergebnisse. Sie erleben dabei nicht nur ihre Selbstwirksamkeit (Bandura 1997), sondern stärken gleichzeitig ihre Selbstevaluationsfähigkeit – eine wichtige Voraussetzung zur verantwortlichen Steuerung der Lernprozesse.

Zweifache Erfahrungsorientierung
Wenn Lernende planvoll handeln dürfen, fließen in ihr Handeln einerseits „alte" Erfahrungen ein und andererseits werden „neue" Erfahrungen gesammelt. Solche lernrelevanten Erfahrungen entstehen nicht einfach durch bloßes Erleben. Voraussetzung ist vielmehr eine aktive und bewusste Auseinandersetzung, d.h. eine „reflexive" Verarbeitung von Lernerlebnissen und deren „Ordnung" (nach Aebli 1981) und „Symbolisierung" (Gudjons 1992) durch die Lernenden. Statt „unter fremder Kontrolle" kann Lernen dabei „subjektwissenschaftlich" (Holzkamp 1993) gedacht werden.

Vorrang der Selbststeuerung
Die Lernenden beginnen nach Möglichkeit selbst mit der Erschließung neuer Sachgebiete. Dazu bearbeiten sie konkrete Aufgabenstellungen mithilfe von Selbsterschließungswerkzeugen (Arbeitsaufträge, Leitfragen), Selbstlernmaterialien (Wissensquellen) und offen gestaltbarer Medien zur Materialisierung abstrakter Lerninhalte. Die Lehrenden nehmen sich in diesen Selbsterschließungsphasen soweit wie möglich zurück, um durch eine weitgehende Entreglementierung des Lernens viel Raum zur Freisetzung evolutionärer Kräfte anzubieten. Durch selbstgesteuerte Suchbewegungen wird der Qualifizierungsprozess gleichzeitig zu einem individuellen Prozess des Entdeckens und Konstruierens, Sammelns und Forschens, Findens und Erfindens. Die Lernenden übernehmen mit der Zeit vollständig die Verantwortung für ihren Lernprozess. Deshalb sind sie nach einigen Erfahrungen mit h.D. in der Lage, ihre Lernziele mit den dazugehörenden „Projekten" und Bearbeitungswegen selbst zu planen.

Handlungsorientierte Lernschleife
Bei der experimentellen Erprobung möglicher Stufenmodelle zur Gestaltung der Dramaturgie des Lernprozesses hat sich das iterativ-zyklische Strukturierungsmuster der „Lernschleife" (Arnold/Müller 1993) als effektiv erwiesen. Durch den Verzicht auf eine vorbereitende Qualifizierung zugunsten einer Auftragsübergabe-Situation direkt zu Beginn des Lernprozesses ermöglicht es die Maximierung der auf die Erschließung des Lehrstoffs gerichteten Selbsttätigkeit der Lernenden. Lehrende sollten sich deshalb zu Beginn soweit „zurücknehmen", dass sie nur durch grobe Markierungen das zu „erkundende Terrain" im neuen Fachgebiet als sinnvolle Unterrichtseinheit begrenzen. Haben dann die Lernenden ihre Erkundungen und Erprobungen beendet und die Ergebnisse ihrer Erkenntnissuche präsentiert, so bleibt für die nachfolgende Besprechungssituation erfahrungsgemäß immer noch ein Teil (20 bis 40 %) des Lehrstoffs übrig, der vom Lehrenden moderierend, fragend-entwickelnd oder darbietend (in Form theoretischer Einschübe) korrigiert oder ergänzt werden kann. In diesem Sinne geht es bei der Einführung einer h.D. nicht darum, eine Monokultur (frontalunterrichtliche Lehre) durch eine andere (die des selbstorganisierten Lernens) zu ersetzen. Es kommt vielmehr auch auf eine Methodenvarianz an.

Der „kaum noch lehrende" Pädagoge
Da Selbstorganisation sich nur „zu Lasten" der Fremdorganisation entwickeln kann, ist h.D. eng mit der Forderung nach einer Neubestimmung der professionellen Rolle der Lehrenden verbunden. Nicht allein die abwartende Geduld und der Verzicht auf Eingriffe (auf der Inhaltsebene) kennzeichnen die pädagogische Professionalität des Lehrenden, er übernimmt vielmehr eine andere, weniger im Zentrum des Geschehens stehende, aber gleichwohl didaktisch zentrale Funktion: Er arrangiert zwar weiterhin die Lernsituation, jetzt aber mehr im Sinne einer Facilitierung der Lernenden (z.B. mit Wissensquellen, Medien und Selbsterschließungswerkzeugen), um sie in die Lage zu versetzen, sich selbstorganisiert neues Wissen zu erschließen und neues Können zu entwickeln. Insofern plant er den Lernprozess weniger im „Modus des Handelns", als vielmehr im „Modus des Zulassens" (Lenzen) und von den Aneignungsaktivitäten der Lernenden her.

Ganzheitlicher Charakter
Die Orientierung an Kopf, Herz und Hand des „ganzen Lerners" hat eine dreifache Perspektive: Didaktisch gilt es zu jedem Zeitpunkt, die Sache, um die es geht, die Person, die lernt, und die Gruppe, in deren Kontext dies geschieht, gleichermaßen „im Blick" zu halten. Intentional geht es neben der Vermittlung von Fachkompetenzen auch immer um die Förderung von Methoden-, Sozial- und Individualkompetenzen im Hinblick auf die komplexe Struktur konkreter Situationen der Lebens- und Berufsrealität und interaktionell kann der Lernprozess auf drei Ebenen kategorisiert werden: der Inhalts-, der Prozess- und der Geschäftsordnungs-Ebene.

Persönlichkeitsentwickelndes Lernen
Das Lernarrangement mit seinen Merkmalen der Subjektivierung, der Entreglementierung, der Entschleunigung sowie der Ganzheitlichkeit eröffnet die Möglichkeit, dass neben Fach-, Methoden- und Sozialkompetenzen auch „personale Schlüsselqualifikationen" (Arnold/Müller 2006; Müller 2006) entwickelt werden können. Solche „Individualkompetenzen" sind Haltungen, Einstellungen sowie gelebte Normen und Werte, wie z.B. Offenheit, Vertrauen, Zielstrebigkeit, Gelassenheit und Selbstakzeptanz. Dieses scheinbar allein bildungstheoretisch anmutende Anliegen wird seit einiger Zeit auch durch die Dialektik der Anpassung an industrielle Bedingungen zusätzlich didaktisch legitimiert. Eine solche Persönlichkeitsbildung geschieht deshalb – zumindest im beruflichen Lernen – eingebunden in konkrete Verwendungssituationen, die dabei zu „Anlässen und Auslösern individueller Reflexionsprozesse" (Siebert 1994) für die persönliche Weiterentwicklung werden.
Im Zusammenhang mit der Moderationsmethode kann die h.D. in der EB mit dazu beitragen, den Wandel von der Erzeugungs- zur Ermöglichungsdidaktik zu vollziehen und auf diese Weise die erwachsenenpädagogische Didaktik zunehmend an den Konzepten der Selbstorganisation und des Konstruktivismus auszurichten – beides Voraussetzungen für eine stärkere → Subjektorientierung in der EB.

Literatur
Arnold, R./Müller, H.-J.: Handlungsorientierung und ganzheitliches Lernen in der Berufsbildung. In: Erziehungswissen-

schaft und Beruf, H. 4, 1993; erneut abgedruckt in: Arnold, R./Gonon, P.: Einführung in die Berufspädagogik. Opladen 2006 – Arnold, R./Müller, H.-J.: Betriebspädagogik und Organisationsentwicklung – ein Verhältnis besserwisserischer Konkurrenz oder erfolgreicher Kooperation? In: Arnold, R. (Hrsg.): Taschenbuch der betrieblichen Bildungsarbeit. Hohengehren 2006. – Bandura, R.: Self-Efficacy. The exercise of control. New York 1997 – Gudjons, H.: Handlungsorientiert lehren und lernen. Bad Heilbrunn/Obb. 1992 – Holzkamp, K.: Lernen. Subjektwissenschaftliche Grundlegung. Frankfurt a.M. 1993 – Lave, J./Wenger, E.: Situated Learning. Legitimate peripheral participation. New York 1991 – Müller, H.-J.: Erschließen durch Versprachlichen – Zur Didaktisierung von Schlüsselqualifikationen im Kontext des handlungs- und erfahrungsorientierten Lernens. In: Arnold, R./Müller, H.-J. (Hrsg.): Kompetenzentwicklung durch Schlüsselqualifizierung. Baltmannsweiler 2006 – Reinmann-Rothmeier, G./Mandl, H.: Unterrichten und Lernumgebungen gestalten. In: Forschungsbericht Nr. 60 des Instituts für Pädagogische Psychologie und Empirische Pädagogik der Ludwig-Maximilians-Universität München, 1999 – Siebert, H.: Lernen als Konstruktion von Lebenswelten. Frankfurt a.M. 1994

Rolf Arnold & Hans-Joachim Müller

Human-Resource-Ansatz

Die H.-Ansätze nehmen ihren Ausgang bei der Unternehmensstrategie einerseits und den menschlichen Ressourcen andererseits. Die zielgerichtete Integration beider Komponenten soll eine strategiebezogene Personalarbeit ermöglichen. In den H.-Ansätzen geht es schwerpunktmäßig um die zielorientierte Planung, den Einsatz und die Entwicklung des Humanpotenzials als wichtigste Ressource in Organisationen, von der Personal- und Bildungspolitik über die Personaleinstellung, Gestaltung von Entgelt- und Anreizsystemen, Personalbeurteilung, Ausbildung/WB bis zur Personal- und Organisationsentwicklung.

H.-Ansätze untersuchen individuelle Voraussetzungen und gesellschaftliche Prozesse des Wandels. Die Ansätze haben jeweils das Zusammenwirken und die zielgerichtete Integration von Strukturen, Prozessen und Personen zu berücksichtigen. Die Erforschung von Entwicklung und Lernen geschieht interdisziplinär und interkulturell: Im Mittelpunkt steht die Personal-, Organisations- und Managemententwicklung. H.-Ansätze unterstützen deshalb die Bedingungen der Möglichkeit von individueller und organisationaler Entwicklung und sind in ihrer funktionalen Bedeutung eng mit dem „human resource(s) management/development“ zu sehen.

H.-Ansätze waren in den 1960er Jahren stark administrativ ausgerichtet, stellten in den 1970er Jahren stärker ordnungspolitische Aspekte in den Vordergrund und favorisierten in den 1980er und 1990er Jahren vor allem Dezentralisierungsansätze. Heute ist eine starke Differenzierung feststellbar, die von der Größe, der Branche, der Wettbewerbssituation und der Tradition des Unternehmens abhängt. H.-Ansätze richten vor dem Hintergrund einer unternehmerischen Personalarbeit ihren Fokus auf die Grundlagen, die historische Entwicklung, gegenwärtige Verhältnisse und die zukünftigen (z.B. demographischen) Entwicklungen. Theorien im Zusammenhang mit H.-Ansätzen sind u.a. der Shareholder-Value-Ansatz, die Balanced Scorecard, Change Management, Business Reengineering, die Systemische Theorie, Wettbewerbstheorien, Managementtheorien, Zukunfts- und Trendforschung, Prognostik und Globalisierungstheorien. Inhaltlich beschäftigen sich die H.-Ansätze u.a. mit der Personal-, Arbeits- und Bildungspolitik, mit variablen Beschäftigungsformen, Arbeitszeitmodellen, Entgeltsystemen, Arbeits- und Sozialrecht, Management und Leadership, Organisationskultur und Wirtschaftsethik, Teamkonzepten und Gruppenarbeit, Entrepreneurship, Personalentwicklung, Personalbedarfsanalyse, Personalmarketing, Personalauswahl, Rekrutierung, Personaleinsatzplanung, Personalmanagement, Coaching, Aus- und Weiterbildung, Organisationsentwicklung, Organisationsanalyse und -diagnose, Teamentwicklung, Konfliktmanagement, Interventionstechniken etc.

H.-Ansätze beschreiben das aktive („manageriale“) Gestalten und Einsetzen der verfügbaren Humanressourcen unter Einbeziehung von körperlicher und geistiger Leistungsfähigkeit. Häufige Kategorien hierfür sind „Wissen“, „Können“, „Erfahrung“, „Motivation“, „Kompetenz“, „Präferenz“ usw. „Human Capital“ ist der (statische) Begriff für die Gesamtheit der dem Unternehmen zur Verfügung stehenden Kompetenzen. Der Zweck von Bildungsanstrengungen im Unternehmen ist generell die (strategiegeleitete) Vermehrung des „human capital“ und ist damit ein Kernelement der wertorientierten Führung.

Grundsätzlich geht es in der wissenschaftlichen Ausrichtung der H.-Ansätze um das Verhalten von Menschen in Organisationen. Es stehen dabei Fragen zu den Grundlagen, der Entwicklung, der Gestaltung und der Wirksamkeit individueller und organisationaler Lern- und Entwicklungsprozesse im Mittel-

punkt der Betrachtung. H.-Ansätze versuchen dies mittels Beobachtung, Beschreibung, Erklärung und Beeinflussung der Ressourcen und des Verhaltens von Menschen in Organisationen zu leisten. Es sind dabei die bewussten von den unbewussten Ressourcen zu unterscheiden. Gegenstand ist sowohl die Förderung der bewussten Ressourcen von Menschen in Organisationen als auch die der unbewussten Ressourcen, die Menschen haben, aber nicht nutzen. Auch diese unbewussten Ressourcen gilt es zu erkennen und zu fördern.
H.-Ansätze lenken ihre Aufmerksamkeit auf Veränderungen, die im Spannungsfeld von Person, Funktion und Organisation geschehen. Dazu sind praxisbewährte Kenntnisse und Fähigkeiten und eine interdisziplinäre Sicht der Dinge für ein adäquates und zukunftsorientiertes System- und Personverständnis notwendig. Die zunehmende globale Verflechtung von Märkten, Unternehmen und der arbeitenden (oder arbeitssuchenden) Menschen erfordert zudem die Beachtung internationaler Aspekte der Personalarbeit.

Literatur

Gmür, M./Thommen, J.-P.: Human Resource Management. Strategien und Instrumente für Führungskräfte und das Personalmanagement. Zürich 2006 – Knauth, P./Wollert, A. (Hrsg.): Human Resource Management. Neue Formen betrieblicher Arbeitsorganisation und Mitarbeiterführung. Köln 1999 – Oechsler, W.A.: Personal und Arbeit. 8. Aufl. München 2006 – Wunderer, R./Dick, P.: Personalmanagement. Quo vadis? Analysen und Prognosen zu Entwicklungstrends bis 2010. 4. Aufl. Neuwied 2006

Klaus Götz

Identität

Von I. ist in unterschiedlichen Wortkombinationen die Rede: „Ich-I.", „soziale I.", „kulturelle und nationale I.", „I. einer Wissenschaftsdisziplin", „corporate identity", „I. der Geschlechter" usw. Fast immer geht es um Selbstbild und Selbstverständnis, um das Besondere, aber auch um das Beständige.
In der EB wird dieser Begriff als Identitätslernen, Identitätsfindung und Bewältigung von Identitätsproblemen im Zusammenhang mit → biographischem Lernen und → Subjektorientierung verwendet. Ziel dieser Bildungsarbeit ist die Reflexion der eigenen Lebensgeschichte sowie die Erweiterung der Möglichkeiten des Denkens und Handelns.
In den 1980er Jahren nach der „realistischen Wende" und dem gesellschaftskritischen Paradigma wurde von einer „subjektiven Wende" der EB gesprochen. Doch schon bald warnte H. Tietgens davor, Qualifikationslernen (→ Qualifikation) und Identitätslernen gegeneinander auszuspielen. Zu warnen war auch vor einer Psychologisierung des Bildungsbegriffs (→ Bildung), d.h. vor einer Beschäftigung mit dem Selbst ohne eine Beschäftigung mit der außersubjektiven Wirklichkeit.
In der beginnenden Individualisierungsdiskussion wurde einerseits der „subjektive Faktor" (u.a. im Kontext der „neuen sozialen Bewegungen") auch von den Sozialwissenschaften wiederentdeckt, andererseits wurde die harmonische, in sich stimmige I. als brüchig und problematisch wahrgenommen. So wurde Identitätslernen häufig mit Identitätskrisenbewältigung gleichgesetzt. Beachtung fanden E. Eriksons Lebensphasenmodell und seine These, dass eine persönliche Entwicklung die produktive Auseinandersetzung mit Identitätskrisen erfordert. Interesse fand auch die Veröffentlichung vor allem der amerikanischen Forschungsergebnisse über „kritische Lebensereignisse" („critical life events") durch S.H. Filipp. O. Negt (1988) sprach von dem „Umgang mit gebrochener Identität" als einer neuen gesellschaftlichen → Schlüsselqualifikation. Die Diagnose der Individualisierungsprozesse zeigt, dass sich die Normalbiographien auflösen und dass „Bastelbiographien" („Patchwork-I.") zum Normalfall werden.
Bildungsaktivitäten sind in mehrfacher Hinsicht identitätsrelevant:

- Jede sinnvolle Bildungsaktivität bereichert und erweitert das Selbstkonzept; → Lernen ist Bestandteil der I.
- In vielen Seminaren werden existentielle, generative Themen diskutiert, I. besteht auch aus dem
- individuellen „thematischen Universum".
- EB kann durch die Erörterung „kritischer Lebensereignisse" das Repertoire an „Coping-Strategien" erweitern, z.B. Umgang mit Krankheiten, Arbeitslosigkeit u.Ä.
- → Kursleitende und → Teilnehmende „inszenieren" im Seminar ihre I., sie erproben neue Verhaltensmuster.

Identitätslernen erfordert eine reflexive Vergewisserung der eigenen Lebensgeschichte und ist daher eng mit → biographischem Lernen und → Erfahrungsorientierung verknüpft.

Literatur

Erikson, E.: Identität und Lebenszyklus. Frankfurt a.M. 1966 – Erpenbeck, J./Heyse, V.: Die Kompetenzbiographie. Münster 1999 – Filipp, S.H.: Kritische Lebensereignisse. München 1981 – Krüger, H.H./Marotzki, W. (Hrsg.): Handbuch erziehungwissenschaftliche Biographieforschung. Opladen 1999 – Negt, O.: Alternative Schlüsselqualifikationen. In: Report. Literatur- und Forschungsreport Weiterbildung, H. 22, 1988 – Siebert, H.: Theorien für die Praxis. Bielefeld 2006 – Tietgens, H.: Die Erwachsenenbildung. München 1981

Horst Siebert

Individualisierung

Im Zuge der Herausbildung moderner Gesellschaften versteht man unter I. eine Entwicklung, die den einzelnen Menschen mit seiner Biographie, seinen individuellen Fähigkeiten und Ressourcen zunehmend als autonom denkendes und handelndes Subjekt begreift. Dem gegenüber steht eine Sichtweise auf den Menschen, der als Teil eines Kollektivs (z.B. eines Standes) in starre Strukturen und tradierte Denk- und Verhaltensweisen eingebunden ist. Insofern enthält I. zunächst einen emanzipatorischen Kerngedanken.
Der Begriff der I. hat vor allem über die zeitdiagnostischen Arbeiten des Soziologen Ulrich Beck zur „Risikogesellschaft" (1986) und zur „reflexiven Modernisierung" (1996) Eingang in die Sozialwissenschaften gefunden. Beck hebt den doppelten Charakter der I. hervor: Zwar erhöhen sich die Möglichkeiten und Freiheitsgrade in allen Bereichen der Gesellschaft (z.B. bezogen auf Lebensformen), gleichzeitig sind die Individuen aber auch einem erhöhten Druck ausgesetzt, ihre Biographien aktiv und eigenverantwortlich zu gestalten sowie Entscheidungen

für oder gegen bestimmte Optionen bewusst zu treffen. Damit haftet dem Prozess der Individualisierung auch ein Zwangsmoment an.
Die EB greift beide Seiten der I. auf, indem sie einerseits in einer stimulierenden Funktion mit Konzepten wie dem Lebenslangen Lernen Erwachsene dazu auffordert, sich bietende Lern- und Bildungsmöglichkeiten in ihrer Vielfalt zur persönlichen und beruflichen Weiterentwicklung zu nutzen, indem sie andererseits in einer orientierungs- und ordnungsstiftenden Funktion Erwachsenen aber auch dabei hilft, sich in einer komplexen und damit unübersichtlich gewordenen Welt (wieder) zurechtzufinden. Im Kontext von Modernisierungsprozessen übernimmt die EB damit gleichermaßen eine antreibende wie eine kompensatorische Aufgabe.
I. und EB sind aber nicht erst im Gefolge soziologischer Zeitdiagnosen eng miteinander verknüpft. Betrachtet man etwa die Begriffe, mit denen das Lernen Erwachsener seit der Aufklärung etikettiert wurde, so lässt sich von der Volksbildung über die EB/WB bis hin zum → Lebenslangen Lernen eine Linie aufzeigen, die die Erwachsenen zunehmend als Träger individueller Biographien wahrnimmt und somit ihrer Subjektivität und Eigenständigkeit größeren Platz einräumt, was sich auch in der Aufwertung didaktischer Prinzipien wie der Teilnehmer- oder Lebensweltorientierung widerspiegelt. Vor allem mit Beginn der 1980er Jahre ist ein gesteigertes Interesse an den Biographien, dem Alltag und den Lebensumständen von Adressaten und Teilnehmenden der EB festzustellen. Diese Hinwendung zum Teilnehmenden, die als „reflexive Wende" bezeichnet wird und → Lernen und Bildung nicht auf bloße Verwertbarkeit reduziert, sondern mit Selbstbildung und Persönlichkeitsentwicklung verbindet, lässt sich einerseits mit dem Phänomen einer „Pädagogisierung der Lebenswelt" erklären, also einer zunehmenden Durchdringung des Alltags mit pädagogischen Fragen und Mustern, zum anderen mit der Etablierung insb. qualitativer Forschungsverfahren, wie etwa der Biographieforschung, die sich ausdrücklich für die Lebenswege und -situation des einzelnen Erwachsenen interessiert. In diesem Kontext erlangen subjektorientierte, aneignungstheoretische und systemisch-konstruktivistische Sichtweisen auf das Lernen und die Bildung Erwachsener innerhalb der Erwachsenenbildungswissenschaft an Bedeutung. Diese betonen die Eigenwilligkeit und die autonome Aneignung, in dezidierter Abgrenzung etwa von institutions- und professionszentrierten Vorstellungen von EB, die vor allem auf pädagogische Wirksamkeit ihrer durchdachten Programme setzen.
Aktuell lässt sich der Begriff der I. als positiv besetzte Chiffre betrachten, die sowohl im Zusammenhang mit wissenschaftlichen Debatten um das selbst organisierte, selbstgesteuerte, → informelle Lernen, das Lernen mit Neuen Medien, neue Lehr-/Lernkulturen usw. genutzt, als auch gerne von bildungspolitischen Programmen aufgegriffen wird, die allerdings immer auch im Verdacht stehen, aus rein ökonomischen Interessen heraus die Eigenverantwortung Erwachsener hinsichtlich ihrer Lebensgestaltung sowie ihrer Lern- und Bildungsprozesse zu betonen. Gleichwohl mehren sich auch in der Erziehungswissenschaft die kritischen Stimmen, die vor einer normativ überhöhten Erwartung an die Eigenständigkeit Erwachsener warnen bzw. zu differenzierteren Betrachtungen auffordern: So haben insb. Studien aus dem Bereich des → E-Learning deutlich gemacht, dass ein individualisiertes Lernen durchaus voraussetzungsvoll ist und dass es – will es nicht zu einem vereinzelten und isolierten Lernen führen – in vielfältige, auch institutionelle und professionelle Netzwerke eingebettet sein muss.

Literatur
Beck, U.: Die Risikogesellschaft. Auf dem Weg in eine andere Moderne. Frankfurt a.M. 1986 – Beck, U./Giddens, A./Lash, S.: Reflexive Modernisierung – Eine Kontroverse. Frankfurt a.M. 1996 – Egloff, B.: Der Wandel der Bedingungen des Lehrens und Lernens: Der Trend zur Individualisierung. In: Grundlagen der Weiterbildung – Praxishilfen. Loseblattwerk. Neuwied 2007 – Kraft, S. (Hrsg.): Selbstgesteuertes Lernen in der Weiterbildung. Baltmannsweiler 2002 – Wittpoth, J. (Hrsg.): Erwachsenenbildung und Zeitdiagnosen. Theoriebeobachtungen. Bielefeld 2001

Birte Egloff

Informelles Lernen

In Anknüpfung an nordamerikanische Studien wird seit Ende der 1960er Jahre → Lernen außerhalb von Bildungseinrichtungen als i.L. bezeichnet. Livingstone (1999) bestimmt i.L. als „jede mit dem Streben nach Erkenntnissen, Wissen oder Fähigkeiten verbundene Aktivität außerhalb der Lehrangebote von Einrichtungen, die Bildungsmaßnahmen, Lehrgänge oder Workshops organisieren. Informelles Lernen kann außerhalb institutioneller Lehrinhalte in jedem denkbaren Umfeld stattfinden". Informelles Lernen gilt heute nicht als zweitrangige Form des

Lernens, sondern als ebenso wichtig und notwendig wie die formale Bildung. Das organisierte bzw. formelle Lernen ist auf die Vermittlung festgelegter Lerninhalte und Lernziele gerichtet, i.L. zeichnet sich hingegen durch seine Offenheit aus. Es wird in der Regel ohne pädagogische Vorstrukturierung gelernt (Dehnbostel 2001).

Die nur negative Abgrenzung des i.L. gegen Lernen in Bildungseinrichtungen ist allerdings im Fortgang der wissenschaftlichen Diskussion als ungenügende Definition empfunden worden, weil dadurch i.L. zu einer bloßen Residualkategorie wird (Eraut 2000). Eine Reihe neuerer Ansätze bestimmen i.L. nicht aus der Systemperspektive der institutionalisierten Bildung, sondern aus Perspektive der Lernenden selbst: So beschreibt Wittwer (2003) i.L. sowohl als nicht-intentionales und nicht bewusstes Lernen, dessen der Lernende nur im Resultat gewahr wird, als auch als bewusstes und intentionales Lernen im Rahmen des Arbeitsprozesses oder im sozialen Umfeld. Dohmen (2001) sieht als entscheidendes Kriterium, dass der Lernimpuls aus praktischen Anforderungen entsteht und das Lernen in der Bewältigung dieser Anforderungen stattfindet.

In der erwachsenen- und berufspädagogischen Literatur der vergangenen beiden Jahrzehnte ist dem i.L. zunehmende Aufmerksamkeit zuteil geworden. Die Potenziale informeller Lernkontexte sind mehrfach durch Teilnehmerstudien belegt worden. So resümiert die NALL-Erhebung (eine Erhebung des kanadischen Forschungsnetzwerks New Approaches to Lifelong Learning, die 1998 mit 1.562 Befragten durchgeführt wurde) „dass die EB einem Eisberg gleicht – weitgehend den Blicken entzogen, aber in ihren verborgenen informellen Aspekten von gewaltigen Ausmaßen“ (Livingstone 1999). Gemäß einer repräsentativen Studie zum Weiterbildungsbewusstsein der deutschen Bevölkerung im erwerbsfähigen Alter geben nur 14 % der Befragten formalisiertes Lernen als wichtigsten Lernkontext an, für 87 % waren andere Lernkontexte, vor allem das „arbeitsbegleitende Lernen“ (58 %) wichtiger (Baethge/Baethge-Kinsky 2004).

Auch in der → beruflichen Weiterbildung stagniert das Lernen in Lehrgängen und Seminaren, während sich das informelle berufliche Lernen ausweitet. Die Reichweite der informellen WB liegt deutlich höher als die → Weiterbildungsbeteiligung an Lehrgängen und Seminaren. In der → betrieblichen Bildung dominiert dabei das Lernen am Arbeitsplatz. Grundlagen dieser Entwicklung sind zum einen ein schneller Wandel von Arbeitsanforderungen in wissensbasierten Tätigkeiten, der allein mit berufsorientierten Erstausbildungskonzepten oder formalen Bildungsinterventionen nicht zu bewältigen ist und zum anderen die in vielen Unternehmen zu konstatierende Delegation von Qualifizierungsverantwortung an die Beschäftigten (Severing 2001).

Restriktionen für i.L. sind in der noch mangelhaften Transparenz der Lernergebnisse zu sehen, die ihre Verwertung etwa auf dem Arbeitsmarkt behindert (→ Weiterbildungspässe). Auch sind Bildungsabschlüsse in der Regel noch den Absolvent/inn/en formaler Bildungsgänge vorbehalten. Mit der formalen Bildung kompatible Dokumentationsinstrumente und → Zertifizierungen für i.L. sind insb. in Deutschland noch ungenügend entwickelt (Geldermann u.a. 2009). In der → Weiterbildungsstatistik wird dem i.L. noch keine angemessene Beachtung geschenkt, auch weil es einer Erfassung und Quantifizierung naturgemäß weniger zugänglich ist als das formale Lernen.

Literatur

Baethge, M./Baethge-Kinsky, V.: Der ungleiche Kampf um das lebenslange Lernen. Eine Repräsentativ-Studie zum Lernbewusstsein und -verhalten der deutschen Bevölkerung. In: Arbeitsgemeinschaft Betriebliche Weiterbildungsforschung e.V. (Hrsg.): edition QUEM, Bd. 18: Studien zur beruflichen Weiterbildung im Transformationsprozess. Münster 2004 – Dehnbostel. P.: Perspektiven für das Lernen in der Arbeit. In: Arbeitsgemeinschaft Betriebliche Weiterbildungsforschung e.V. (Hrsg.): Kompetenzentwicklung 2001. Münster 2001 – Dohmen, G.: Das informelle Lernen. Die internationale Erschließung einer bisher vernachlässigten Grundform menschlichen Lernens für das lebenslange Lernen aller. Bonn 2001 (BMBF) – Eraut, M.: Non-formal learning, Implicit Learning and Tacit Knowledge in Professional Work. In: Coffield, F.: The Necessity of Informal Learning. Bristol 2000 – Geldermann, B./Seidel, S./Severing, E.: Rahmenbedingungen zur Anerkennung informell erworbener Kompetenzen in der Berufsbildung. Bielefeld 2009 – Livingstone, D.W.: Informelles Lernen in der Wissensgesellschaft. In: QUEM-Report, H. 60, 1999 – Severing, E.: Entberuflichung der Erwerbsarbeit. In: Arbeitsgemeinschaft Betriebliche Weiterbildungsforschung e.V. (Hrsg.): Kompetenzentwicklung 2001. Münster 2001 – Wittwer, W./Kirchhof, S. (Hrsg.): Informelles Lernen und Weiterbildung. Neue Wege zur Kompetenzentwicklung. München 2003

Eckart Severing

Inhalte

Mit dem Begriff I. kann sowohl das (im Rahmen der Planung (→ Programmplanung) vorgesehene Thema eines Lernangebots bezeichnet werden (aus dem Bereich des → E-Learning wird hierfür auch der Begriff „content" übernommen) als auch das (davon unter Umständen abweichende) tatsächlich Be- und Erarbeitete (Siebert 2003). I. sind damit ein wichtiges Moment erwachsenenpädagogischer Planung *und* Gestaltung, aber auch Theoriebildung. Bereits in der allgemeinen Didaktik wurden sie zum Kristallisationspunkt der Auseinandersetzung zwischen verschiedenen didaktischen Modellen. Während die bildungstheoretische Didaktik vom „Primat der Inhalte" ausging, diese also zumindest systematisch in den Mittelpunkt didaktischer Überlegungen stellte, wurden sie im „Berliner Modell" der Didaktik als ein „Entscheidungsfeld" neben anderen charakterisiert. Über I. kann ebenso entschieden werden wie über → Methoden, Medien und Ziele des Lehr-Lernprozesses. Beide Orientierungen sind in der Erwachsenenpädagogik anwendbar, wenn auch mit einer etwas veränderten Ausrichtung. Die bildungstheoretische Perspektive ist ergiebig bei der Frage, welche I. sich aus einer umfassenden Bestimmung des Auftrags der EB heraus legitimieren lassen und in Veranstaltungen berücksichtigt werden sollen oder müssen. Die Perspektive des „Berliner Modells" ordnet die I. hingegen in das Gesamtensemble der Entscheidungsfelder ein, so dass etwa die Frage, ob ein bestimmter I. Berücksichtigung findet, in Abhängigkeit von Entscheidungen über Methoden, Medien und Zielen gefällt werden kann.

Die wissenschaftliche wie praktische Bearbeitung der Inhaltsfrage erfolgt in der Erwachsenenpädagogik aus beiden Blickwinkeln. So wird → politische Bildung nicht zuletzt aus dem Bildungsauftrag begründet (Siebert 2003); ebenso ergeben sich inhaltliche Prädispositionen aus der weltanschaulichen Orientierung von Trägern der EB. Sie sind sowohl auf der Ebene der Planung als auch innerhalb einzelner Veranstaltungen wirksam. Die relativierende Position des „Berliner Modells" wird ebenfalls bezogen, allerdings in einem etwas weiteren Sinne, weil in der EB die Platzierung eines Angebots innerhalb einer Nachfragestruktur ein zusätzlicher Aspekt ist, der Entscheidungen erforderlich macht. Entsprechend werden hier Inhalte auch nach ihrer potenziellen Nachfrage auf dem Weiterbildungsmarkt ausgewählt.

Einen Überblick über generelle inhaltliche Richtungen der EB erhält man etwa aus der Fachbereichsgliederung von Bildungseinrichtungen, differenziertere Darstellungen geben einschlägige → Weiterbildungsstatistiken (z.B. v. Rosenbladt/Bilger 2008). Ausgehend vor allem von der beruflichen Bildung lässt sich gegenwärtig insgesamt eine Verschiebung beobachten von fachspezifischen Inhalten zu solchen Veranstaltungen, die sich an der Entwicklung von → Schlüsselqualifikationen orientieren. Es greift allerdings zu kurz, diese Entwicklung ausschließlich auf bestimmte Prozesse am Arbeitsmarkt zurückzuführen. Vielmehr ist sie eingebettet in eine grundlegende Neubewertung von Wissen (Arnold/Pätzold 2008; Kade 2005). Entsprechend der Einschätzung, dass bestimmte Leitvorstellungen („große Erzählungen") ihre orientierende Kraft verlieren, können auch die daraus abgeleiteten I. etwa der → kulturellen Bildung immer weniger allgemeine Gültigkeit beanspruchen. Modernisierungstheoretisch lässt sich dann auch erklären, dass gleichzeitig mit dem Verschwinden der verbindlichen I. ein Bedarf nach inhaltlicher Orientierung entsteht, der vor allem in den 1990er Jahren erkennbar durch Kanondebatten und ähnliches bedient wurde.

Literatur

Arnold R./Pätzold, H.: Bausteine zur Erwachsenenbildung. Baltmannsweiler 2008 – Kade, J.: Bildung, Wissen und das Pädagogische im Kontext der Wissensgesellschaft. In: Baldauf-Bergmann, K./Küchler, F. v./Weber, C. (Hrsg.): Erwachsenenbildung im Wandel – Ansätze einer reflexiven Weiterbildungspraxis. Baltmannsweiler 2004 – Rosenbladt, B. v./Bilger, F.: Weiterbildungsverhalten in Deutschland, Bd. 1: Berichtssystem Weiterbildung und Adult Education Survey 2007. Bielefeld 2008 – Siebert, H.: Didaktisches Handeln in der Erwachsenenbildung. 2. Aufl. München 2003

Henning Pätzold

Inklusion

Der Begriff I. ist in der EB/WB noch wenig verbreitet und kaum konturiert, während er in der Erziehungswissenschaft im Bereich Sonder- und Heilpädagogik für einen paradigmatisch neuen Ansatz des Umgangs mit Vielfalt und Heterogenität als „inklusive Pädagogik" steht (Hinz 2006). Die inklusive Pädagogik, so der normative Anspruch, geht bewusst von der Verschiedenheit aller Lernenden aus und fordert dazu auf, das Lernumfeld so zu gestalten, dass Lernende mit unterschiedlichen, vielfältigen und heterogenen Lernvoraussetzungen erfolgreich miteinander lernen können. Nicht Integration der „Abweichenden" *in* eine Lernumgebung, die für die Mehrheit konzipiert war, ist das Ziel, sondern die Veränderung *der* Lernumgebung im Interesse der Berücksichtigung der Potenziale aller Lernenden. Auch in der Sozialpädagogik wird die Debatte um I. und Exklusion, hier allerdings mit dem Akzent auf Exklusion, geführt, um Ausschlüsse und Ausgrenzungen von Bevölkerungsgruppen, die neue gesellschaftliche Entwicklungen indizieren, und darauf aufbauende Interventionsstrategien identifizieren zu können.

Bekannt wurde das Begriffspaar I./Exklusion durch Lenoirs Buch „Les Exclus. Un Francais sur dix" (1974). In der Folgezeit entwickelte sich Exklusion zu einem zentralen Begriff der französischen gesellschafts- und sozialpolitischen Debatte um die Grundlagen des sozialen Zusammenhalts, gesellschaftlicher Solidarität und die Aufgaben des republikanischen Staats. „Exklusion" wurde auch in den offiziellen Sprachgebrauch der europäischen Gemeinschaft aufgenommen, die seit 1989 unter dem Stichwort „combat social exclusion" Programme zur Armuts- und Arbeitslosigkeitsbekämpfung auflegt und im Gefolge der sog. „Lissabon Strategie" seit 2000 eine Beobachtung sozialen Zusammenhalts und sozialer Gerechtigkeit in den Mitgliedsländern durchführt.

Kronauer entwickelt aus soziologischer Perspektive einen integrativen und multidimensionalen Begriff, der sich auf drei Ebenen von Zugehörigkeit und Teilhabe bezieht:

- den Bürgerstatus, d.h. Teilhabe an Lebensstandard und Lebenschancen als Partizipation an Bildungs-, Gesundheits- und sozialen und rechtlichen Institutionen,
- die Einbindung in die Interdependenzen der gesellschaftlichen Arbeitsteilung durch Arbeitsmarkt und Erwerbsarbeit,
- die Reziprozitätsverhältnisse sozialer Nahbeziehungen (Kronauer 2007).

Konzeptionelle Merkmale, wie Temporalität und Prozesshaftigkeit, Mulitdimensionalität von Teilhabe und Ausgrenzung, unterschiedlich gelagerte Probleme in „gesellschaftlichen Zonen", institutionelle Mechanismen und organisationale Praktiken von I. und Exklusion kristallisieren sich, unabhängig von theoretischen Zugängen, heraus.

In der Weiterbildung wird I. zunächst und vor allem unter dem Aspekt der Teilnahme verstanden. Der Zugang zum lebenslangen und lebensweiten Lernen ist nicht für alle Gesellschaftsmitglieder selbstverständlich und möglich, das belegen alle neueren Untersuchungen zur Beteiligung an Bildung und WB (DIE 2008). Dies hat zur Wiederaufnahme der Diskussion geführt, wie Zugänge zur WB erleichtert und bessere Chancen ermöglicht werden können (Forneck/Wiesner/Zeuner 2006). Ein Rückbezug auf die sozialwissenschaftlichen Analysen zur Einbeziehung bzw. zur Ausgrenzung bestimmter Bevölkerungsgruppen und das entwickelte Begriffsinventar scheint möglich. Danach ginge es auch in der WB nicht mehr allein um Teilhabe oder Nicht-Teilhabe unterschiedlicher Milieus an WB, vielmehr wären dann konzeptionelle Merkmale der Inklusions-Exklusionsdiskussion einzubeziehen. „Weniger der Ausschluss aus Institutionen als die Ausgestaltung der Institutionen selbst" – die „Ausgestaltung der institutionellen Inklusion – ist heute für den Verlust von realer Teilhabe entscheidend" (Kronauer 2007). Eine Verwendung der Begriffe I./Exklusion zielt auf eine gesellschaftstheoretisch aufgeklärte Selbstreflexion der WB, die ihren Wissensbestand im Hinblick auf Exklusionsmechanismen und -faktoren erweitern, neue gesellschaftliche Bedarfslagen erforschen und sich an der positiven Vorstellung einer gesellschaftlichen Inklusions-/Integrationsfunktion von Bildung orientieren will.

Inklusion spielt sowohl auf der System- und Organisationsebene der WB als auch auf der Ebene von Lehr-Lernprozessen eine Rolle. Als gesellschafts- und bildungspolitische Leitvorstellung ist sie auf der Systemebene relevant als Aspekt der politisch gewünschten bildungsbereichsübergreifenden Integration, Vernetzung und Infrastrukturentwicklung. Im Anschluss daran lässt sich fragen: Sind institutionelle Arrangements der WB – auf der Systemebene, auf der Ebene der Organisationen und Institutionen und auf der Ebene der Leistungen – geeignet, soziale Exklusion zu verhindern und I. zu fördern? Daran wird deutlich, dass der produktive Gehalt des Begriffs I. in dem Changieren zwischen wissenschaftlicher Analyse und normativen Leitvorstellungen anzusiedeln ist.

Literatur

Bude, H./Willisch, A. (Hrsg.): Das Problem der Exklusion. Hamburg 2006 – DIE: Trends der Weiterbildung. DIE-Trendanalyse 2008. Bielefeld 2008 – Forneck, H.J./Wiesner, G./Zeuner, C. (Hrsg.): Teilhabe an der Erwachsenenbildung und gesellschaftliche Modernisierung. Dokumentation der

Jahrestagung der Sektion EB der DGfE 2005. Report. Zeitschrift für Weiterbildungsforschung, H. 1, 2006 – Hinz, A.: Integration und Inklusion. In: Wüllenweber, E./Theunissen, G./Mühl, H. (Hrsg.): Pädagogik bei geistigen Behinderungen. Stuttgart 2006 – Kronauer, M.: Inklusion – Exklusion: ein Klärungsversuch. Vortrag auf dem 10. Forum Weiterbildung des Deutschen Instituts für Erwachsenenbildung. Bonn, 8. Oktober 2007. URL: www.die-bonn.de/doks/kronauer 0701.pdf (Stand: 07.11.2009)

Felicitas von Küchler

Innovation

I. ist ein Begriff, der erst seit Beginn der 1990er Jahre im Bereich der EB gebraucht wird. Zu der Zeit hatte der „Club of Rome“ erstmals innovative statt „tradierte“ Lernprozesse mit den Merkmalen Antizipation, Partizipation, → Autonomie und → Integration betont. U.a. taucht I. seit einigen Jahren häufig im bildungspolitischen Zusammenhang auf. Sie steht dann z.B. im Kontext von Forschung, Entwicklung, (insb. beruflicher) Bildung und der Suche nach Strategien zur Bewältigung gesellschaftlicher Herausforderungen. Aktuelle Beispiele für ein Vorkommen des Begriffs I. sind die zahlreichen Innovationspreise im Forschungs-, Entwicklungs- und (Weiter-) Bildungsbereich oder die Einberufung des „Innovationskreises Weiterbildung“ im Jahr 2006 durch die Bundesbildungsministerin zur Stärkung der WB und des → Lebenslangen Lernens. Zudem tragen zunehmend wissenschaftliche und politische Einrichtungen die I. explizit in ihrem Titel (wie z.B. das MIWFT in Nordrhein-Westfalen), womit ihr nicht nur ein zentraler, sondern auch programmatischer Stellenwert im Bereich von gesellschaftlicher Entwicklung, Wissenschaft und Forschung zukommt.
Macht man sich die Bedeutung des Wortes bewusst, verwundert dies nicht weiter: I. wird gewöhnlich mit „Erneuerung“, damit aber missverständlich übersetzt; gemeint ist eher etwas „Neues“, weniger etwas „Erneuertes“. I. bezeichnet begrifflich unterschiedliche Dinge. So gelten etwa Maßnahmen der Gegensteuerung ebenso als innovativ wie solche der Trend-Ergänzung, der Grenzüberschreitung oder der Neuerfindung. Im Allgemeinen wird I. als wertende Kategorie gebraucht, jeweils mit Blick auf ein wünschenswertes Ziel (und erst im Zuge seiner Realisierbarkeit) – etwa mehr Demokratie oder mehr Humanität. Fortschritt, insb. nur technischer Fortschritt, ist daher nicht identisch mit I., genauso wenig, wie die Utopie es (noch) ist. Oft wird allerdings versäumt, den Wertmaßstab, auf den sich das Innovative bezieht, explizit zu nennen.
In der EB sind I. historisch bekannt und systematisch denkbar zu:

- Inhalten: die Arbeit der neuen, gesellschaftlich und politisch wichtigen Themen (z.B. Umwelt, Globalisierung),
- Arbeitsformen: die Arbeit mit neuen Mitteln (etwa Neuen Medien),
- → Zielgruppen: die Arbeit mit neuen Personengruppen (etwa im Sinne von sozialer → Inklusion),
- Programmen: die Arbeit mit neuen Systemen und Bezügen (z.B. → Curricula, → Zertifikate, Management- und Steuerungsinstrumente wie Bildungsmonitoring, Benchmarking),
- Reichweiten: die Arbeit mit kooperativen und vernetzten Modellen (z.B. Lernende Regionen, → Selbstorganisation des Lernens, Lernzentren).

Oft sind I. nur schwer beobachtbar, vor allem dann, wenn kein Außenstandpunkt bezogen wird; nicht selten wird daher eine I. erst in der historischen Betrachtung erkennbar. Nur selten verfügen I. über benennbare Initiationsakte, meist entwickeln sie sich in längerfristigen Analyse- und Umsetzungsverfahren und sind daher schwer einzugrenzen. Oft ist feststellbar, dass I. nur einmalig auftreten, sich nicht dauerhaft etablieren oder wiederholen.
Viele I. der WB wurden in anderen gesellschaftlichen Bereichen oder in anderen Sprachen oder in anderen Ländern entwickelt, bevor sie auf die EB übertragen wurden. Innovativ ist somit auch die Anwendung bereits bekannter Paradigmen auf neue Situationen, dies gilt dann als ein innovativer Transfer.
Heuristischen Wert hat der Begriff I. dann, wenn mit ihm Flexibilität und Wandlungsfähigkeit bezeichnet werden. Genau das Gegenteil davon kann aber entstehen, wenn I. als Wert an sich gilt. I. definiert etwas Bewegliches und Lebendiges, in diesem Sinne ist der Begriff auch pädagogisch hilfreich und politisch wertvoll. Er schlägt ins Gegenteil, wenn mit seiner Hilfe bestehende funktionierende und bereits bewegliche Strukturen gestört oder gar zerschlagen werden.

Literatur

Barz, H. (Hrsg.): Innovation in der Weiterbildung. Was Programmverantwortliche heute wissen müssen. Augsburg 2006 – BMBF: Bundesbericht Forschung und Innovation 2008. Bonn/Berlin 2008 – Landesinstitut für Schule und Medien Berlin-Brandenburg: Bildungsmonitoring, Vergleichsstudien und Innovationen. Berlin 2008 – Schlutz, E.: (Hrsg.): Innovationen in der Erwachsenenbildung – Bildung in Bewegung. Frankfurt a.M. 2001 – Streich, D./Wahl, D. (Hrsg.): Innovationsfähigkeit in einer modernen Arbeitswelt. Personalentwicklung – Organisationsentwicklung – Kompetenzentwicklung. Beiträge der Tagung des BMBF. Frankfurt a.M. u.a. 2007

Ekkehard Nuissl

Institutionen

Für die EB ist, bedingt durch ihre Entstehungsgeschichte, eine Vielzahl und Vielfalt von Trägern und Einrichtungen kennzeichnend. Das Spektrum reicht von der betrieblichen WB über kommerzielle Anbieter, die Einrichtungen der Arbeitgeber, der Gewerkschaften, der Kirchen und der Parteien, die → Volkshochschulen und Fachschulen bis zur WB an Berufsschulen und Hochschulen. Es ist ein Feld entstanden, in dem unabgeschlossene Institutionalisierung und gegenläufige Deinstitutionalisierung gleichzeitig stattfinden. Auch die Bearbeitung der Thematik I. in der → Erwachsenenbildungsforschung ist defizitär. Dies entspricht in gewisser Weise dem Entwicklungsniveau des Gegenstands, da die EB einen geringeren Institutionalisierungsgrad aufweist als andere Bereiche des Bildungswesens.

Nach der Entstehung der Arbeiterbildungsvereine Mitte des 19. Jh. sowie der „Gesellschaft für Verbreitung der Volksbildung" von 1871 setzte eine Intensivierung des Institutionalisierungsprozesses erst nach dem Ende des Ersten Weltkrieges ein – vor allem durch den „Gründungsboom" von 174 Volkshochschulen 1919/20. Ein weiterer Expansionsprozess ist in der Bundesrepublik Deutschland besonders durch das „Gutachten des Deutschen Ausschusses für das Erziehungs- und Bildungswesen" 1960 und dann durch die Empfehlungen des Strukturplans des Deutschen Bildungsrates 1970 und vor allem durch die Ländergesetze zur EB 1970 und 1974 (→ Weiterbildungsgesetze) angestoßen worden. Dies hat zu Anforderungen einer verstärkten Institutionalisierung geführt, wie sie sich in der Formel von der „vierten Säule" des Bildungswesens niedergeschlagen haben. Entstanden ist ein hochgradig differenziertes Netz von I.

Gegenläufig ist eine Infragestellung des Stellenwerts von I. für die EB im Zusammenhang gesellschaftlicher Organisation von Aneignungsverhältnissen. Die veränderte Situation ist mit den Stichwörtern Ausbreitung, Zerstreuung und Entgrenzung gekennzeichnet worden. Zu einer ähnlichen Problematik führt die Unterscheidung zwischen institutionalisierter WB, Lernen am Arbeitsplatz, Lernen im sozialen Umfeld und selbstorganisiertem Lernen, welche das Gewicht organisierten Lernens relativiert. Damit verliert EB ihren exklusiven Ort und wird zurückverlagert in andere Funktionssysteme. Es ist also gleichzeitig ein Prozess der Deinstitutionalisierung zu verzeichnen.

Eine erhebliche Expansion der institutionalisierten WB erfolgte von den 1980er Jahren bis zur Jahrtausendwende. Dies spiegelte sich in der steigenden Quote der → Teilnahme (1979: 23 %, 1988: 35 %, 1997: 48 %) wider, die allerdings auch wieder rückläufig sein kann (2000: 43 %, 2003: 41 %).

Gleichzeitig findet eine Differenzierung und Pluralisierung des I.spektrums statt. Es schien lange Zeit, als sei die Entwicklung im Weiterbildungssystem getrennt in zwei deutlich abgrenzbare Stränge: die betriebliche WB (→ betriebliche Bildung) einerseits, die Angebote der Erwachsenenbildungsträger andererseits. Dieses klare Bild löste sich in den 1990er Jahren auf. Gleichzeitig mit dem belegbaren Bedeutungszuwachs und Wachstum von WB differenziert sich das I.system und wird instabil. Es verändern sich etablierte und es entstehen neue → Träger; auch verschiebt sich die Situation der betrieblichen WB in den Unternehmen gravierend, und es ergeben sich breite Überschneidungsbereiche.

Als wichtigste externe Anstöße wirken Diffusionsprozesse zwischen Bildungs- und Wirtschaftssystem. Die systemische Rationalisierung ergreift auch den Weiterbildungsbereich. Die betrieblichen Bildungsabteilungen werden reorganisiert, in Profitcenter umgewandelt, vom Outsourcing erfasst o.ä. Gleichzeitig werden öffentliche Weiteribildungseinrichtungen kommerzialisiert und sogar privatisiert. Der Institutionalisierungsprozess unterliegt also divergierenden Impulsen.

Die Einordnung der I.entwicklung erfordert zunächst einen Rückgriff auf die Systemebene. Das System der EB befindet sich in der Konsequenz ökonomischer Umbrüche gegenwärtig in einer Phase des Übergangs. Einerseits hat der Umfang der Aktivitäten ein Niveau erreicht, das sich in gestiegenen Teilnehmerzahlen, erweiterter Angebotsbreite und -vielfalt und in einer Vielzahl von I. niederschlägt. EB wird „besondert" zu einem Partialbereich des Bildungssystems. Andererseits tendiert sie dazu, für aktuelle gesellschaftliche Aufgaben und besonders für

ökonomische Interessen verstärkt in den Dienst genommen zu werden, und wird so Teil z.B. ökonomischer, sozialer oder politischer Sinnzusammenhänge (Zeuner 2006).
Die Grenzen des Systems werden zu allen Seiten hin ausgelotet. Diese besondere Entwicklungsstufe der EB wurde als „mittlere Systematisierung" gekennzeichnet (Faulstich u.a. 1991). Damit werden unterschiedliche Aspekte der Erwachsenenbildungsentwicklung zusammengefasst. Dies sind langfristige Tendenzen, welche unter den Stichwörtern Professionalisierung, Curricularisierung und Institutionalisierung diskutiert werden. Innerhalb gesellschaftlicher Systeme kommt es zu internen Differenzierungen und Strukturierungen, die sich als spezifische I. ausprägen.
Der Begriff I. wird in der Diskussion in der EB meist unscharf gebraucht. Allgemein wird er verwendet, um Ordnungen von Handlungszusammenhängen zu bezeichnen. I. sind dann ein Typ sozialer Systeme, der durch relative Stabilität ausgezeichnet ist. Sie weisen eine „verfasste" Gleichartigkeit und Regelmäßigkeit auf, die stabilisiert wird durch rechtliche Regelungen, organisatorische Strukturen, wertbegründete Normen und Kommunikationsstrukturen. Ein solcher Begriff von I. umfasst sowohl die traditionellen Erwachsenenbildungsträger als auch die betrieblichen Personal- und Bildungsabteilungen sowie die in den letzten Jahren vermehrt entstandenen Weiterbildungsunternehmen. Dabei wird deutlich, dass divergierende Entwicklungen in einzelnen Systemsegmenten stattfinden, welche nur dann zu fassen sind, wenn man verschiedene I.typen genauer betrachtet, gleichzeitig aber den Gesamtzusammenhang berücksichtigt.
Auf der Grundlage unterschiedlicher Konzepte und Traditionen von EB ist eine Landschaft von I. entstanden, welche jeweilige Partialfunktionen übernehmen. Für das Gefüge der EB ist darüber hinaus eine „institutionelle Staffelung" (Tietgens 1984) kennzeichnend. Es ist zu unterscheiden zwischen der Durchführung (→ Einrichtungen) und der Entscheidungs-, Finanzierungs- und Rechtszuständigkeit (Träger).
Eine für die Entwicklungsdynamik des Weiterbildungssystems entscheidende Konstellation ist die Einordnung der I. bezüglich Trägerschaft im Spannungsfeld von Staat und Unternehmen. Übersetzt auf die wirkenden Regulationsmechanismen von Macht und Geld erhalten die I. unterschiedliche Ausprägungen vor allem auf den Dimensionen Integration vs. Konkurrenz bzw. staatliche oder im weiteren Sinne → öffentliche Verantwortung vs. Marktorientierung. Dabei geht es für konkrete I. nicht um die Besetzung der extremen Pole, sondern um spezifische Ausprägungen auf dieser Dimension. Während in Deutschland das Schul- und Hochschulwesen grundsätzlich staatlich bzw. kommunal organisiert ist, findet sich in der EB immer schon ein institutioneller → Pluralismus. Neben öffentlichen Trägern stehen z.B. die kirchlichen Einrichtungen, die → gewerkschaftliche Bildungsarbeit oder die betriebliche WB der Unternehmen. Hintergrund dafür ist, dass sich in modernen Demokratien zwischen die Privatpersonen und den Staat eine Vielzahl von Interessenorganisationen mit sehr unterschiedlichen Zielen, Macht- und Einflussmöglichkeiten schiebt, wobei allerdings nicht übersehen werden kann, dass die Machtgruppen durchaus unterschiedliche Gewichte erhalten. Insofern konzentriert sich, obwohl mehrere tausend I. existieren, die Relevanz auf einige wichtige Träger der EB.
Die Position der EB zwischen Staat, Interessenorganisationen und privaten Unternehmen liefert das spezifische Profil der jeweiligen I. der EB: Es gibt Träger und Einrichtungen, die sich hauptsächlich an einem öffentlichen Auftrag orientieren. Eine zweite Hauptgruppe nimmt partikulare Funktionen für gesellschaftliche Großgruppen wahr. Eine dritte Hauptgruppe sind kommerzielle Unternehmen, die WB verkaufen. Die vierte Hauptgruppe stellt die betriebliche WB der Unternehmen selbst dar.
Wichtig ist dabei, das gesamte Spektrum und seine Interdependenzen im Auge zu behalten. Zwischen den vier I.segmenten entstehen verstärkt Überschneidungsbereiche: „Öffentliche", aber auch „partikulare" Träger kommerzialisieren sich, betriebliche Weiterbildungsabteilungen werden selbstständige Rechtsträger, Weiterbildungsunternehmen gehen vielfältige Geschäftsbeziehungen mit den anderen Bereichen ein. In diesem Spektrum sind die Einrichtungen der EB hinsichtlich ihrer Trägerschaft zu verorten:

- Staat/öffentlich: Volkshochschulen, Fachschulen,
- Interessenorganisationen/partikular: Einrichtungen von Parteien und Stiftungen, Interessengruppen, Konfessionen, Wirtschaftsverbänden; Gewerkschaften,
- Unternehmen/privat: betriebliche Bildungsabteilungen, Weiterbildungsunternehmen.

Im Rahmen des unabgeschlossenen Institutionalisierungsprozesses – der „mittleren Systematisierung" –

erhält die Erwachsenenbildungslandschaft eine eigene Dynamik, bei der es regional zu unterschiedlichen Ausprägungen kommt. Es kann folglich von einem einem permanenten Transformationsprozess gesprochen werden.

Literatur
Faulstich, P./Teichler, U./Döring, O.: Bestand und Entwicklungsrichtungen der Weiterbildung in Schleswig-Holstein. Weinheim 1996 – Faulstich, P. u.a.: Bestand und Perspektiven der Weiterbildung. Das Beispiel Hessen. Weinheim 1991 – Faulstich, P./Zeuner, C:. Erwachsenenbildung. Eine handlungsorientierte Einführung in Theorie, Didaktik und Adressaten. 2. Aufl. Weinheim 2006 – Kuwan, H. u.a.: Berichtssystem Weiterbildung IX. Integrierter Gesamtbericht zur Weiterbildungssituation in Deutschland. Durchgeführt im Auftrag des BMBF. Berlin/Bonn 2006 – Tietgens, H.: Institutionelle Aspekte der Erwachsenenbildung. In: Schmitz, E./Tietgens, H. (Hrsg.): Erwachsenenbildung. Enzyklopädie Erziehungswissenschaft, Bd. 11. Stuttgart 1984 – Wirth, I.: Fragen und Probleme der Institutionalisierung der Erwachsenenbildung. In: Blaß, J. L. u.a. (Hrsg.): Bildungstradition und moderne Gesellschaft. Hannover 1978 – Zeuner. C.: Zwischen Widerstand und Anpassung: Perspektiven von Erwachsenenbildungseinrichtungen im Prozess der Modernisierung. In: Ludwig, J./Zeuner, C. (Hrsg.): Erwachsenenbildung im Zeitraum 1990–2006–2022. Entwicklungs- und Gestaltungsmöglichkeiten. Weinheim 2006

Peter Faulstich

Integration

Die didaktische Konzeption des fächerübergreifenden integrativen Lernens wird in der Literatur auch mit Begriffen wie „Verbindung", „Verklammerung", „Verzahnung" oder „Synthese" belegt. In der intensiven Diskussion der 1970er Jahre galt sie insb. der I. von beruflicher, politischer und allgemeiner Bildung und meinte die didaktische I. von fachlich qualifizierender WB für Arbeit und Beruf mit gesellschaftlich-politischer Aufklärung, so weit sich deren Lernziele und → Inhalte unmittelbar aus den Inhalten und Zielen der fachlichen Qualifizierung, aus der Lebens- und Arbeitssituation der → Teilnehmenden oder aus dem Weiterbildungsarrangement ergeben. I. hat jedoch auch in anderen Kombinationen Bedeutung, z.B. mit → kultureller, fremdsprachlicher, → Umweltbildung oder Verbraucherbildung,
Zeitgeschichtlich geht die Konzeption vor allem auf die Forderungen des Deutschen Ausschusses für das Erziehungs- und Bildungswesen und des Deutschen Bildungsrates nach Befähigung des Menschen zu mündiger Selbstorientierung und gleichberechtigter gesellschaftlich verantwortlicher Partizipation sowie entsprechender Durchlässigkeit des Bildungssystems zurück. Ihre Genese ist historisch eng mit der Entwicklung des Bildungsbegriffs und den philosophischen Grundlagen von → Bildung verbunden, von der Leibniz'schen Monadenlehre als „Begründung menschlicher Verschiedenheit", den „Kategorien Vernunft und Mündigkeit in der Philosophie Kants", der „Reflexivität und Intellektualität" bei Fichte, der „Bildung in der Dialektik von Selbst und Welt bei Humboldt" bis hin zur eigenständigen Erschließung von Wirklichkeit durch „kategoriale Bildung" bei Klafki und zum Konzept der → Deutungsmuster und der „Erwachsenenbildung als Suchbewegung" bei Tietgens (Schulz 1996).
I. will u.a. die Folgen der historischen Fehlinterpretation W. v. Humboldts durch den Neuhumanismus überwinden, die mit der institutionellen Trennung von beruflicher und allgemeiner Bildung (→ Allgemeinbildung) den Prozess der schichtenspezifischen Trennung von Beruf und Politik, beruflicher Ausbildung für ausführende Arbeiten und allgemeiner Bildung als Grundlage für privilegierte berufliche und gesellschaftliche Positionen in der bürgerlich-industriellen → Gesellschaft ausgelöst hat. In jüngster Zeit setzt sich diese Trennung in unterschiedlicher Gesetzgebung und getrennten Förderungsbedingungen für berufliche und allgemeine Bildung fort, während gleichzeitig die Qualifikationsstruktur der Arbeit auch auf den mittleren und unteren Ebenen eher prozess- und produktunabhängige → Schlüsselqualifikationen erfordert, die berufliche, politische und allgemeinbildende Aspekte gleichsam beinhalten.
Im Zusammenhang mit historischen Ableitungen aus kritisch aufklärerischen Intentionen und Traditionen von EB finden sich konkrete Begründungen und Argumentationen:

- Wirtschaft und Technik als Lerninhalte sind wie die gesellschaftlichen und betrieblichen Verwertungszusammenhänge von beruflicher Qualifizierung nicht wertfrei, sondern enthalten immer auch Elemente politischer Sozialisation, die es gegenüber den Teilnehmenden kritisch zu hinterfragen gilt.
- Bestimmte fachliche Inhalte und Arbeitsabläufe lassen sich aus erkenntnistheoretischen Gründen nur adäquat begreifen, wenn auch ihre politisch-ökonomischen Zusammenhänge auf dem Hintergrund der gesellschaftlichen und betrieblichen In-

teressensstrukturen und Organisationsformen (→ Organisation) transparent werden.

- Bildungsbereitschaft und Lernmotivation (→ Motivation) sind unter lerntheoretischen Gesichtspunkten abhängig von der Einsicht der Lernenden in Sinn und Erfolgschancen ihrer Bildungsanstrengungen. Die Thematisierung des gesellschafts- und bildungspolitischen Bezugsrahmens von Erwachsenenbildungsangeboten eröffnet solche lernmotivierenden Perspektiven.

Integrative → Angebote gibt es heute explizit vor allem in längerfristigen finanziell und personell gut ausgestatteten Veranstaltungen sowie im → Bildungsurlaub, oft verbunden mit → Methoden, wie → Projektlernen, → biographisches Lernen oder Zukunftswerkstatt, die selbst integrativ angelegt sind. Relativ neu ist der Ansatz der „strukturellen Teilnehmerorientierung" (Schulz 1996), der sich an ältere didaktische Strukturmodelle des teilnehmerorientierten Lernens anlehnt. Besondere Aktualität gewinnt integratives Lernen angesichts wachsender Perspektivlosigkeit, Individualisierung und Entfremdungsmechanismen wie auch der Situation am Arbeitsmarkt, die eine Einlösung eindimensionaler Qualifikationsversprechen obsolet werden lässt.

Literatur

Schulz, M.: Integrative Weiterbildung: Chancen und Grenzen. Konzeptionelle Überlegungen zur Integration allgemeiner, politischer und beruflicher Bildung. Neuwied u.a. 1996

Albert Pflüger

Intelligenz

Der Bedeutungskern der zahlreichen Definitionen des Begriffs I. (aus dem Lateinischen *intellegere* für „zwischen etwas die richtige Wahl treffen") wird als Anpassungs- und Problemlösefähigkeit beschrieben. Intelligenter sein heißt, Neues rascher zu lernen und neuartige Situationen und Probleme effektiver bewältigen zu können als andere Personen. In der Bildungspraxis wird I. einem Subjekt als überdauernde Eigenschaft („trait") zugeschrieben. Oft werden Intelligenz und Begabung synonym behandelt.

Für Sternberg (1985) besteht I. aus einem konzeptuellen, einem kreativen und einem kontextuellen Teil. Intelligentes Handeln schließt alle drei Komponenten ein. Zum konzeptuellen Aspekt gehören → Wissen, Planen, → Lernen, Analysieren. Kreativ zu sein bedeutet, Findigkeit zu besitzen, Probleme umstrukturieren zu können, kombinieren zu können. Kontextuelle I. bedeutet das Abstimmen auf die konkrete Situation, also die „praktische I."

Die I.forschung zeigt, dass man unter dem Dach des Begriffs I. eine Vielfalt von Teilfähigkeiten subsumieren kann. Die klassischen I.tests erfassen mithilfe normierter Aufgaben, z.B. sprachliches und mathematisches Können, logisches Denken, räumliches Vorstellungsvermögen, Merkfähigkeit. Kritische Autoren meinen, die meisten I.tests würden bildungsbenachteiligten Personen nicht gerecht, weil sie zu stark erlernte Kulturtechniken und Schulwissen erfassen. Diese Bedenken sind ernst zu nehmen, weil als Ergebnis eines I.tests eine feste Größe, der sog. „I.quotient (IQ)" (I.-Alter/Lebensalter mal 100) bestimmt wird, der den Probanden im Vergleich zum Leistungsmittelwert seiner Altersgruppe einordnet. In der Praxis der Schul- und Gerichtsdiagnostik sowie bei der Bewerberauswahl in der Wirtschaft kann der IQ handfeste Konsequenzen haben. Mit nicht-sprachlichen I.tests hat man versucht, dem Einwand der Kulturgebundenheit zu begegnen. Eine weitere Kritik richtet sich darauf, dass der Begriff zu einseitig auf kognitive Fähigkeiten beschränkt sei und eine Reihe von anderen Fähigkeitsunterschieden ausblende. So plädiert z.B. Gardner (1983) dafür, mehrere „Intelligenzen" zu unterscheiden und systematisch zu erfassen, wie etwa musische I., Körper-I. und interpersonelle (soziale) wie intrapersonale I. (Umgang mit der eigenen Person). Goleman hat in seinem Bestseller zur „emotionalen I." gezeigt, dass wirklich intelligentes Handeln nicht allein rationales Denken bedeuten kann.

Bei der gesellschaftlichen Bedeutung, die der I. und dem IQ zugewiesen wird, ist es verständlich, dass die Frage heftig umstritten ist, ob und in welchem Ausmaß I. angeboren oder erlernt ist, d.h. beeinflusst werden kann. Die Forschung stimmt darin überein, dass die genetischen Anlagen einen Bereich von I. nach oben und unten markieren, dass jedoch Umwelteinflüsse entscheidend dazu beitragen, wie sich ein Individuum innerhalb dieser Bandbreite konkret entwickelt. Für die EB bedeutsam sind Forschungsergebnisse, wonach der IQ über die Lebensspanne keineswegs stabil bleiben muss. Monotone Arbeit wirkt sich z.B. bei Erwachsenen hinderlich auf die kognitive Leistungsfähigkeit aus. Umgekehrt lässt sich das Nachlassen der Denkfähigkeit im höheren Alter durch systematisches Training verhindern. Grundsätzlich müsse die Pädagogik, so Gardner, zur Kenntnis nehmen, dass jede Person eine einzigartige

Kombination von I. aufweist. Diese individuelle I. sollte differenziert erfasst und → Curriculum wie Lernform sollten darauf abgestimmt werden.

Literatur
Gardner, H.: Frames of Mind: The theory of muliple intelligences. New York 1993 – Goleman, D.: Emotionale Intelligenz. München 1997 – Stern, E./Guthke, J. (Hrsg.): Perspektiven der Intelligenzforschung. Lengerich 2001 – Sternberg, R.: Beyond IQ: A triarchic theory of human intelligence. New York 1985 – Sternberg, R.: (Hrsg.): Handbook of Intelligence. Cambridge 2006

Bernd Weidenmann

Interaktion – Kommunikation

Unter I. wird die wechselseitige Beeinflussung des Handelns von mindestens zwei Personen bzw. die elementare soziale Einheit verstanden, in der Menschen ihr Verhalten aneinander orientieren. I. und K. werden häufig synonym verwendet, es empfiehlt sich aber, I. – in Abhebung von K. – als eine Situation zu verstehen, bei der die Beteiligten gleichzeitig anwesend sind. Im Sinne des → symbolischen Interaktionismus versuchen diese auf der Grundlage eines Sockels von geteilten Bedeutungen und Verhaltensmustern jeweils die Reaktionen des anderen vorausgreifend zu berücksichtigen und sich mit ihm über die Bedeutung der Situation zu verständigen. Während der symbolische Interaktionismus Deutung und Verständigung hervorhebt, betont die systemtheoretisch-konstruktivistische Sicht die „doppelte Kontingenz" von I. und schenkt dem Phänomen der Beobachtung und des Wahrgenommenwerdens Aufmerksamkeit.

Das Interesse der EB am interaktionellen Geschehen in Lerngruppen (→ Gruppe) war zunächst eher von der Gruppendynamik und von der Kommunikationstheorie von Watzlawick u.a. mit Axiomen und Begrifflichkeiten wie „digitale" bzw. „analoge" Kommunikationsformen oder „komplementäre" bzw. „symmetrische" I. und Metak. geprägt. Auf dieser Basis sind Verhaltensempfehlungen für Unterrichtende, aber auch konkrete Vorgaben für die Beobachtung und Analyse von unterrichtlichen I. entwickelt worden. Das Interesse an Fragen der I. wird in der EB gewöhnlich normativ oder kritisch gegenüber gesellschaftlichen Machtverhältnissen diskutiert. Angestrebt wird die Etablierung einer für Bildungs- bzw. Lernzwecke optimalen I., die beispielsweise die Ziele der → Teilnehmerorientierung oder der diskursiven Verständigung (→ Diskurs) im Sinne des Modells der idealen Sprechsituation von Habermas erfüllen soll.

Ein wesentliches Motiv für die Durchführung von Interaktionsanalysen in der EB war es deshalb zunächst, die diffus wahrgenommenen Lern- und Verständnisbarrieren bildungsungewohnter Teilnehmender auf den Begriff zu bringen und auf dieser Grundlage didaktische Verfahren oder Verhaltensempfehlungen zu entwickeln. Neuere Untersuchungen zur I. im Bereich der EB streben eher eine Beschreibung des komplexen und deutungsabhängigen Ist-Zustandes an. Sie richten ihre Aufmerksamkeit auch weniger auf schichtspezifische Unterschiede und eher auf geschlechts- bzw. genderspezifische Differenzen des Interaktionsverhaltens. Die Basis solcher Untersuchungen bilden verschriftlichte Protokolle von Unterrichts- oder auch Beratungsgesprächen als eines besonderen Typus von institutioneller Interaktion.

Interaktionsforschung kann für die Praxis neben der Rezeption ihrer Ergebnisse durch Formen der gemeinsamen Interpretation solcher Protokolle fruchtbar gemacht werden, wo unter handlungsentlasteten Bedingungen die entsprechende Deutungskompetenz von Praktiker/inne/n zu entwickeln bzw. zu steigern versucht wird (Arnold, R. u.a. 1998).

Das Vordringen webbasierter Lehr-Lernformen auch in der EB (→ E-Learning) hat die Aufmerksamkeit auf die zeitversetzte oder synchrone schriftliche Kommunikation in Chats und Foren sowie auf Formen der K. unter den Teilnehmenden selbst (Arnold, P. 2003) bzw. auf I. und K. verbindende Mischformen (Blended Learning) gelenkt. Auf der anderen Seite ist durch moderne Aufnahmetechniken eine Erweiterung des Untersuchungsobjekts „Kurs" als I. unter Anwesenden möglich geworden, die die Gesamtgruppe der Teilnehmenden und ihre nonverbale Interaktion im Raum überprüfbar dokumentiert und analysierbar macht (Nolda 2007).

Literatur
Arnold, R. u.a. (Hrsg.): Lehren und Lernen im Modus der Auslegung. Erwachsenenbildung zwischen Wissensvermittlung, Deutungslernen und Aneignung. Baltmannsweiler 1998 – Arnold, P.: Kooperatives telematisches Lernen aus der Perspektive der Lernenden. Qualitative Analyse einer Community of Practice im Fernstudium. Münster 2003 – Nolda, S.: Videobasierte Kursforschung. Mögliche Erträge von interpretativen Videoanalysen für die Erforschung des organisierten Lernens Erwachsener. In: Zeitschrift für Erziehungswissenschaft, H. 4, 2007 – Nolda, S.: Interaktionsanalysen in der

Erwachsenenbildung. In: Friebertshäuser, B./Prengel, A. (Hrsg.): Handbuch Qualitative Forschungsmethoden in der Erziehungswissenschaft. Studienausgabe. 2. Aufl. Weinheim/ München (ersch. 2010)

Sigrid Nolda

Intergenerationelle Bildung

Der Begriff Generation umschreibt eine Gruppe von Personen ähnlichen Alters, die aus einer vergleichbaren Lebensphase heraus denselben sozialhistorischen Kontext erlebt, was dazu führt, dass Generationen eigene „Grundintentionen" (Mannheim 1928) und Kulturtechniken entwickeln, die sich in kollektiven Symbolen (z.B. der Fall der Berliner Mauer), Kompetenzen (z.B. zeitgemäße Arbeitstechniken) und Themen (z.B. Ökologie) in das Gedächtnis dieser Generationen einverleibt haben. Bildung als Teil von Lebensläufen ist somit auch generations- und zeitspezifischen Ausprägungen unterworfen, insofern mit der Generationenkultur auch die Gesellschafts- und Lernkultur einem Wandel unterliegt (Gregarek 2007). Allerdings wird aufgrund demographischer Veränderungen die Generation als Ankerplatz für fest definierbare Anschauungs- und Verhaltensweisen schwächer. Kollektives Alter ist aufgrund der Auflösung des traditionellen Lebenslaufregimes nur noch ein sekundäres Merkmal zur Beschreibung von Generationen und wird durch das Zugehörigkeitsgefühl der Akteure zu nicht „altersgemäßem" Handeln überdeckt. Alter, Status und Funktion in Arbeit und Gesellschaft stellen sich als zunehmend entkoppelt dar, was im Begriff der „flüssigen Generation" zum Ausdruck kommt.

Die i.B. ist somit auf einen Gegenstand gerichtet, dessen Konturen sich tendenziell auflösen, der gleichzeitig jedoch genau hierdurch seine Bedeutung manifestiert. Ließen sich unter „Seniorenbildung" abgrenzbare Angebote für Menschen im dritten oder vierten Lebensalter verstehen, die sich um Themen der Identitätsarbeit, Biographie und Kreativität drehten, so würde sich intergenerationelles Lernen, auch aufgrund der bewussten Ansprache von mehr als einer Generation, methodisch wie inhaltlich flexibler präsentieren. I.B. in beruflicher Hinsicht befasst sich in der Praxis hauptsächlich mit der Weitergabe von im Berufsleben informell oder formell etabliertem Wissen an nachwachsende Generationen in „alternden Institutionen". In gesellschaftlicher Hinsicht dominieren Projekte der Revitalisierung von Generationskontakten, die in den horizontal wie vertikal verschlankten und lokal verstreuten Familienstrukturen verloren gegangen sind. Im Fokus steht die Kontaktaufnahme zwischen Kindern und Senior/inn/en, derweil die mittlere Generation nur selten einbezogen wird. Während im Feld der beruflichen Bildung die Prozesse auf eine umsetzungsversierte Wissensvermittlung durch eine „Mentorengeneration" hinauslaufen, steht im gesellschaftlichen und familiären Dialog der Generationen der Austausch von Erfahrungen und generationseigenem Deutungswissen im Vordergrund. In beiden Feldern wird das Generationenverständnis selbst zum didaktischen Gestaltungsprinzip wissens- und gruppenvermittelnder Bildungsangebote, was eine Besonderheit der i.B. ist – im Gegensatz zu vielen anderen Formen des Lernens.

Die Praxis der i.B. ist ungeachtet der wenig genutzten Potenziale innerbetrieblicher Ansätze stark durch gesellschaftsbezogene Projekte geprägt (Eisentraut 2007). Eine Systematik der Projekte kann anhand des Ursprungs des Wissens erfolgen. In Projekten des „Voneinander-Lernens" liegt das Expertenwissen in mindestens einer der Generationen und wird der anderen Generation nähergebracht. „Übereinander-Lernen" bezeichnet Prozesse der Öffnung für die Perspektiven und Kulturtechniken der anderen Generation. Beim „Miteinander-Lernen" erarbeiten die anwesenden Generationen mit den ihnen spezifisch zur Verfügung stehenden Mitteln gemeinsam ein Thema. Am Beispiel von Lesepatenschaften und Mentorenprogrammen für Kinder und Jugendliche wird deutlich, dass auch das „Füreinander" der Generationen die i.B. prägt, deren Formen häufig ehrenamtlich geprägt sind (Franz 2006).

Literatur

Eisentraut, R.: Intergenerationelle Projekte: Motivationen und Wirkungen. Baden-Baden 2007 – Franz, J.: Die ältere Generation als Mentorengeneration – Intergenerationelles Lernen und intergenerationelles Engagement. In: Bildungsforschung, H. 2., 2006 – Gregarek, S.: Chancen und Möglichkeiten intergenerationeller Bildungsarbeit unter den historisch-gesellschaftlichen Bedingungen der Bundesrepublik Deutschland. Dissertation, Dortmund 2007 – Mannheim, K.: Das Problem der Generationen. In: Wissenssoziologie. Auswahl aus dem Werk. Berlin/Neuwied 1964 (erstmals ersch. 1928) – Neidhardt, H.: Wenn jüngere und ältere Erwachsene gemeinsam lernen… Altersintegrative Erwachsenenbildung. Bonn 2008. URL: www.die-bonn.de/doks/neidhardt0801.pdf (Stand: 20.11.2009)

Andreas Meese

Interkulturelle Bildung

Trotz einer seit mehr als zwei Jahrzehnten andauernden Diskussion hat sich im deutschen Sprachraum bislang keine trennscharfe Verwendung des Begriffs i.B. gegenüber den Begriffen „interkulturelle Erziehung“, „multikulturelle Erziehung“ oder „interkulturelles Lernen“ herauskristallisiert. Dies zeigen überaus deutlich die Resultate des von 1991 bis 1997 durch die Deutsche Forschungsgemeinschaft geförderten Schwerpunktprogramms FABER („Folgen der Arbeitsmigration für Bildung und Erziehung“, Gogolin/Nauck 2000), wo diese unterschiedlichen Bezeichnungen synonym verwendet werden, obgleich es im Verlauf der 1980er Jahre zunächst heftige Auseinandersetzungen um die richtige Verwendung des Begriffs des „Interkulturellen“ gegeben hatte. Häufig wird die Faktizität der Migrationssituation im Einwanderungsland mit dem Begriff des „Multikulturellen“ bezeichnet (Neubert u.a. 2002), während darauf bezogene normative Handlungskonzepte als „interkulturelle“ verstanden werden (Hohmann 1983). Zutreffend erscheint der Hinweis von Auernheimer (1990), dass es sich hierbei um eine der deutschen Diskussion eigentümliche Unterscheidung handelt, die in der internationalen Diskussion kaum eine Entsprechung findet. Während in anglophonen Kulturen in der Regel von einer „multicultural education“ die Rede sei, werde in französischen Debatten die „éducation interculturelle“ thematisiert. Unabhängig von dieser Wortwahl ist jedoch auch der Adressatenkreis einer i.B. umstritten. Während auf der einen Seite unter i.B. kompensatorische Maßnahmen verstanden werden, die sich an nicht der Mehrheitsgesellschaft zugerechnete und als ethnisch different definierte Gruppen wenden, wird auf der anderen Seite i.B. als notwendiger Prozess der Selbstreflexivität der Mehrheitsgesellschaft gefordert (Hamburger 1994). Mit dieser Forderung wird zugleich die Legitimation der i.B. als besonderes disziplinäres Feld innerhalb pädagogischer Theorie und Praxis infrage gestellt und die i.B. der allgemeinen und der → politischen Bildung zugerechnet.

In der Bundesrepublik sind – wie in anderen westeuropäischen Industrieländern – drei Phasen der Auseinandersetzung mit i.B. auszumachen. Die erste Phase ist mit der Abwendung von einer kompensatorischen „Ausländerpädagogik“ zu Beginn der 1980er Jahre abgeschlossen. In einer zweiten Phase rückt die Beschäftigung mit den besonderen Kulturen der Einwandererminoritäten als mehr oder weniger bleibenden Phänomenen der Einwanderungsgesellschaften in den Vordergrund. In einer dritten Phase seit Beginn der 1990er Jahre wird ansatzweise eine systematische Kritik am multikulturellen → Curriculum erkennbar. Es wird darauf aufmerksam gemacht, dass ethnische Strukturen und Konzepte z.T. durch dieses Curriculum hervorgebracht werden. Das Minderheitenkollektiv werde durch die i.B. zum Teil überhaupt erst erzeugt, insofern die letztere von der kulturellen Selbstdefinition der Adressaten ausgehe (ebd.). Diese Kritik, die weitgehend theoretisch Zustimmung findet, jedoch auch als Blockade der Ausbildung professioneller Praxis empfunden wird, kann in ihrer Engführung korrigiert werden durch die Definition einer „Politik gegenseitiger Anerkennung“ in multikulturellen Gesellschaften, die es ermöglichen soll, „ungekränkt in einer kulturellen Herkunftswelt aufzuwachsen und seine Kinder darin aufwachsen zu lassen, (...) sich mit dieser Kultur – wie mit jeder anderen – auseinanderzusetzen, sie konventionell fortzusetzen oder sie zu transformieren“ (Habermas 1993). Heute wird diese Orientierung im Paradigma „transnationaler Bildung“ weitergeführt (Apitzsch/Siouti 2008).

Im Mittelpunkt der Forschung zu Praxisformen i.B. (Apitzsch 1997) steht eindeutig das Interaktionsfeld Schule. Zentral waren dabei lange Zeit die Probleme der „Sprachschwierigkeiten“ und des Zweitspracherwerbs. Neuerdings werden zunehmend Geschlechterdifferenzen in der Bildungssituation und die besonders benachteiligte Situation ausländischer Jungen thematisiert (Bednarz-Braun u.a. 2004). In den 1990er Jahren rücken insb. Probleme von Flüchtlingen, auch von unbegleiteten Flüchtlingskindern aus Krisenregionen ins Blickfeld. Im Zusammenhang von Familienzusammenführung und Feminisierung der Migration entstand das bis heute im Bereich der Erwachsenenbildung mehr oder weniger professionalisierte Segment „interkulturelle Frauenarbeit“. Eine Reihe von EU-Programmen schuf Angebote insb. für Frauen im Bereich → beruflicher Weiterbildung sowie der Ausbildung zur selbstständigen Unternehmerin (Apitzsch u.a. 2008). Trotz der sich im Verlauf der 1990er Jahre verfestigenden Schlechterstellung ausländischer Personen im Beschäftigungssystem aufgrund von Prozessen technologischen Wandels hatten Ausländer/innen einen verschwindend geringen Anteil an innerbetrieblicher und gewerkschaftlicher WB; Sondermaßnahmen wurden in diesem Bereich nur in sehr geringem Umfang gefördert.

Literatur
Apitzsch, U.: Interkulturelle Arbeit. Migranten, Einwanderungsgesellschaft, interkulturelle Pädagogik. In: Krüger, H.H./ Rauschenbach, T. (Hrsg.): Einführung in die Arbeitsfelder der Erziehungswissenschaft. 2. Aufl. Opladen 1997 – Apitzsch U./ Siouti, I.: Transnationale Biographien. In: Günther, H. u.a. (Hrsg.): Soziale Arbeit und Transnationalität. Weinheim 2008 – Apitzsch, U. u.a. (Hrsg.): Migration, Biographie und Geschlechterverhältnisse. Münster 2003 – Apitzsch, U. u.a. (Hrsg.): Self-employment Activities of Women and Minorities. Their success or failure in relation to social citizenship policies. Wiesbaden 2008 – Auernheimer, G.: Interkulturelle Erziehung. Darmstadt 1990 – Bednarz-Braun, I./Heß-Meining, U. (Hrsg.): Migration, Ethnie und Geschlecht. Wiesbaden 2004 – Gogolin, I./Nauck, B. (Hrsg.): Migration, gesellschaftliche Differenzierung und Bildung: Resultate des Forschungsschwerpunktprogramms FABER. Opladen 2000 – Habermas, J.: Anerkennungskämpfe im demokratischen Rechtsstaat. In: Gutmann, A. (Hrsg.): Multikulturalismus und die Politik der Anerkennung. Frankfurt a.M. 1993 – Hamburger, F.: Pädagogik der Einwanderungsgesellschaft. Frankfurt a.M. 1994 – Hohmann, M.: Aufnahmeunterricht, muttersprachlicher Unterricht, interkultureller Unterricht. München 1983 – Neubert, S. u.a. (Hrsg.): Multikulturalität in der Diskussion: Neuere Beiträge zu einem umstrittenen Konzept. Opladen 2002

Ursula Apitzsch

International Council for Adult Education (ICAE)

Der ICAE (auf Deutsch „Internationaler Rat für Erwachsenenbildung") wurde 1972 von Teilnehmenden an der Dritten Internationalen Erwachsenenbildungskonferenz (CONFINTEA III) der UNESCO in Tokio ins Leben gerufen. Mit seiner Gründung sollte der Bedarf an einer internationalen Nichtregierungsorganisation befriedigt werden, die in der Lage sei, weltweit gegenüber den Regierungen die drängenden Fragen der EB und des → Lebenslangen Lernens zu vertreten.

Der ICAE ist ein Zusammenschluss von nationalen und regionalen Erwachsenenbildungsverbänden. In seinem Exekutivausschuss waren lange Zeit 32 Repräsentanten der regionalen Verbände aus Afrika, den arabischen Ländern, Asien und dem Südpazifik, Europa, Nordamerika, Lateinamerika und der Karibik versammelt. Malcolm Adeseshiah (Indien) war der erste Präsident, Julius Nyerere (Tansania) der erste Ehrenpräsident und Roby Kidd (Kanada) der erste Generalsekretär.

Als ein seit 1973 in Kanada eingetragener Verein widmete sich der ICAE frühzeitig der Arbeit für Frieden, Entwicklung und Demokratie, suchte die enge Zusammenarbeit mit der UNESCO und trat für eine verstärkte Rolle des Staates bei allen Sozialprogrammen ein. Budd Hall, Generalsekretär von 1979 bis 1991, unterscheidet hinsichtlich der Funktion des ICAE fünf Phasen. 1972–1976: Internationale Kooperation in der EB; 1976–1982: EB und Entwicklung; 1982–1990: EB und soziale Bewegungen; 1990–1999: EB und Demokratie; seit 2000: Engagement für ein universales und lebenslanges Recht auf Bildung.

Der ICAE hat fünf Weltversammlungen abgehalten, die von Hunderten von Teilnehmern aus Forschung, Lehre und Praxis aus dem sozial- und geisteswissenschaftlichen Bereich besucht wurden. Seit dem Jahr 2000 ist Paul Bélanger, der frühere Direktor des UNESCO-Instituts für Lebenslanges Lernen (UIL) in Hamburg, Präsident des ICAE, Celita Echer (Uruguay) fungiert als Generalsekretärin.

Der ICAE ist von der UNO anerkannt und wird von der UNESCO als eine Organisation der Kategorie A geführt. Ihr Büro ist in Montevideo (Uruguay) beheimatet. Ein weiteres Büro in Toronto (Kanada) gibt die Zeitschrift „Convergence" sowie ein wöchentlichen Online-Magazin „Voice Rising" heraus. Der ICEA unterstützt vier Schwerpunktprogramme zu den Bereichen Umwelt, Gender, Alphabetisierung, Frieden und Menschenrechte, sowie eine internationalen Akademie für Lebenslanges Lernen. Finanziert wird sie größtenteils aus staatlichen Unterstützungsprogrammen für Entwicklungsländer, die von den Regierungen Schwedens, Norwegens und der Schweiz getragen werden.

Eine wichtige Rolle spielt der ICAE beim Aufbau partizipativer Forschungsnetzwerke, bei der Etablierung des Gender-Aspekts in Debatten und politischen Dokumenten sowie bei der Vernetzung von sozialen Bewegungen mit EB. Der ICAE hat das „Alphabetisierungsjahr" der UNO lanciert, lokale Einrichtungen zu dezentralisierter Planung angeregt und regionale Strukturen für EB und Erwachsenenlernen gefördert.

Seine heutige Rolle besteht darin, die Belange von EB und Erwachsenenlernen weltweit gegenüber internationalen politischen Gremien und Hilfsorganisationen für Entwicklungsländer zu vertreten, über bildungspolitische Fragen zu informieren und seinen Mitgliedsorganisationen den Zugang zu internationalen Netzwerken zu ermöglichen.

Literatur
Hall, B.: The International Council for Adult Education: Global civil society structure. In: Convergence, H. 1, 2000 – International Council for Adult Education (Hrsg.): A Seven Year Plan for Major Institutional Change. Toronto 1996 – International Council for Adult Education (Hrsg.): Constitution and Bye-Laws Working Documents. Toronto 1997 – URL: www.icae.org.uy

Paul Bélanger & Arne Carlsen

International Society for Comparative Adult Education (ISCAE)

Aufgabe dieses Netzwerks ist die Förderung der international-vergleichenden Forschung in der EB. Die ISCAE hat etwa 130 Mitglieder in 35 Ländern: Personen, die durch Forschungsarbeiten, Publikationen und Kongresspräsenz in der internationalen Diskussion sichtbar waren und sind. 1995 fand die erste Konferenz von ISCAE in Bamberg statt, 1998 eine Folgekonferenz in Slovenien. 2002 tagte die ISCAE zusammen mit der American Association of Adult and Continuing Education in St. Louis, 2006 erneut in Bamberg. Die Ergebnisse der Konferenzen wurden in zwei Konferenzbänden dokumentiert (Reischmann/Bron/Jelenc 1999, Reischmann/Bron 2008).

Begründet wurde diese Gesellschaft von Alexander Charters (USA). Über Jahrzehnte hinweg initiierte er Arbeitsgruppen zur international-vergleichenden EB, so 1960 auf dem UNESCO-Kongress in Ottawa (Kanada), 1966 auf der Exeter-Konferenz in Exeter (USA), 1970 beim Gründungskongress des World Council of Comparative Education Societies in Ottawa. 1992 auf dem VIII. World Council of Comparative Education Societies in Prag leitet Colin Titmus (GB) eine Arbeitsgruppe dieser Gesellschaft.

Bis zu diesem Jahr trug die Gesellschaft den Namen „Committee on Study and Research in Comparative Adult Education“ (CSRCAE). Auf Initiative von Alexander Charters wurde 1992 beim Jahreskongress der American Association for Adult and Continuing Education (AAACE) in Anaheim/California ein neuer Vorstand gewählt, mit Jost Reischmann (Deutschland) als Präsident und Marcie Boucouvalas (USA) als Generalsekretär. Dabei erfolgte auch die Umbenennung in „International Society for Comparative Adult Education“ (ISCAE).

International-vergleichende Forschung umfasst unterschiedliche Typen von „Vergleich“. Am Anfang stehen Reiseberichte, die zumeist als „vorwissenschaftlich“ und „subjektiv-impressionistisch“ eingeschätzt werden. Zu den wissenschaftlichen Typen zählen Länderstudien (Darstellung nationaler Erwachsenenbildungssysteme), Programmstudien (Darstellung ausländischer Erwachsenenbildungsprogramme, -institutionen, -organisationen) und Juxtaposition (Nebeneinanderstellen von zwei oder mehr Ländern ohne expliziten Vergleich). Im Mittelpunkt der Arbeit von ISCAE steht der Typus „Vergleich“. Beim Vergleich werden Daten aus zwei oder mehreren Ländern zusammengetragen und explizit verglichen. 1989 formulierten Charters und Hilton (1989) sinngemäß: „Eine Studie der international-vergleichenden Erwachsenenbildung (....) muss einen oder mehrere Aspekte der Erwachsenenbildung mindestens zweier Länder oder Regionen beinhalten. (...) Im zweiten Schritt wird versucht, die Ähnlichkeiten und Unterschiede der untersuchten Aspekte zu identifizieren. (...) Der wahre Wert vergleichender Forschung ergibt sich erst aus dem Versuch, zu erkennen, warum die Unterschiede und Ähnlichkeiten auftreten und welche Signifikanz sie in der EB der untersuchten Länder haben.“ Ein weiterer Schwerpunkt ist die komparatistische Methodenreflexion.

Zentrale Probleme komparatistischer Arbeit sind nach einer Befragung der ISCAE-Mitglieder „Sprache“ und „Geld“. Der Fachaustausch auf Englisch und das Einwerben von Forschungsmittel sind aufwendiger als bei nationaler Forschung. Da selten eine über ein Einzelprojekt hinausgehende verlässliche Finanzierung verfügbar ist, müssen immer Eigenmittel eingebracht werden. Dies mag ein Grund dafür sein, dass jüngere deutsche Wissenschaftler im internationalen Kontext kaum vertreten sind.

Komparative EB wird meist mit zwei Hauptzwecken begründet: Auf der Praxis-Ebene erhofft man sich Effekte des „Borrowing“, d.h. dass man aus der Erfahrung anderer Länder etwas ausborgen kann. Auf der Theorie-Ebene erhofft man das Überwinden ethno-zentristischer Blindheit, d.h. dass man durch die Irritationen, die der Blick auf „Fremdes“ auslöst, das „Eigene“ besser versteht. ISCAE trägt durch die Kontakte und Begegnungen außerdem dazu bei, den professionellen und persönlichen Austausch zwischen Kolleg/inn/en verschiedener Länder zu fördern.

Literatur
Charters, A.N./Hilton, R. (Hrsg.): Landmarks in International Adult Education. London 1989 – Reischmann, J.: Von

Anfängen: ISCAE – International Society for Comparative Adult Education. In: Bildung und Erziehung, H. 3, 1997 – Reischmann, J./Bron, M.: Comparative Adult Education: Experiences and Examples. Frankfurt a.M. 2008 – Reischmann, J./Bron, M./Jelenc, Z. (Hrsg.): Comparative Adult Education 1998: The contribution of ISCAE to an emerging field of study. Ljubljana 1999 – URL: www.iscae.org

Jost Reischmann

Internationale Erwachsenenbildung

Internationalität bedeutet, dass ein Gegenstand oder Sachverhalt über nationale Grenzen hinaus thematisiert, entwickelt oder beeinflusst wird. I.EB folgte zeitlich und systematisch dem Entstehen nationaler Strukturen von EB. Diese ist erst nach dem Zeitalter der → Aufklärung, in gesellschaftlichen Strukturen erst seit Mitte des 19. Jh. in den europäischen Nationen erkennbar. Eng verflochten mit gesellschaftlichen Entwicklungen wuchs die jeweilige nationale Bedeutung von Volksbildung und EB. Über die nationalen Grenzen hinweg lassen sich dabei Einflüsse feststellen (etwa des Grundtvig-Modells in der nordeuropäischen EB oder des englischen „Open-university"-Konzepts insb. auch in Deutschland), und es fanden bi- und trinationale Kooperationen statt.

Im eigentlichen Sinne strukturiert wurde die i.EB erst im Jahre 1919, nach dem Ende des Ersten Weltkrieges, als in England, veranlasst von A. Mansbridge, die „World Association for Adult Education" (WAAE) gegründet wurde. In dieser Organisation war angestrebt, einen regelmäßigen Informationsdienst (Bulletin) und ein Informationsbüro einzurichten, womit bereits wesentliche Ziele i.EB definiert sind: Forschung, Dokumentation, Erfahrungsaustausch. Die deutsche EB arbeitete bereits in den 1920er Jahren in der WAAE mit, hatte einen „deutschen Arbeitsausschuss" gegründet. Namen von Erwachsenenbildnern dieser Zeit wie W. Hofmann, W. Koch, W. Flitner, W. Picht und R. v. Erdberg sind damit verbunden.

Historisch denkwürdig in der i.EB ist die erste Weltkonferenz, die 1929 in Cambridge stattfand. Ihr voran ging ein Arbeitstreffen in Oberhof 1928, mit dem erstmals auch in Deutschland ein international zusammengesetztes Forum der EB stattfand. Diskutiert wurden nicht mehr nur organisatorische, sondern auch inhaltliche Fragen (Knoll 1996).

Mit der Behandlung auch inhaltlicher Fragen erweiterte sich das Spektrum gemeinsamer Zielvorstellungen einer i.EB. Interkulturelle Verständigung und der Versuch, EB länderübergreifend dem Ziel einer humanen Gesellschaft zu verpflichten, ergaben intensive Diskussionen zu → Arbeiterbildung, Teilnahmestrukturen und gesellschaftlicher Funktion von EB. Allerdings zeigte sich auch – und dieses Problem besteht nach wie vor – die Schwierigkeit, gerade EB, die eng mit den jeweiligen gesellschaftlichen Strukturen und Prozessen verbunden ist, international vergleichbar und übergreifend zu gestalten: Ein zu unsensibles Verständnis traditionell geprägter Unterschiede beispielsweise kann die internationale Zusammenarbeit nach Knoll (1996) beeinträchtigen.

Nach dem Zweiten Weltkrieg übernahm die UNESCO die Rolle der WAAE. Sie berief bereits 1959 (in Helsingör) eine Weltkonferenz der EB ein (CONFINTEA), der weitere vier Konferenzen folgten (1960 Helsinki, 1972 Tokio, 1985 Paris, 1997 Hamburg). Die jüngste – Ende 2009 in Belém (Brasilien) – thematisierte insbesondere die Grundbildung im globalen Kontext.

Neben der UNESCO wird die internationale EB vorangetrieben von der OECD, einem Zusammenschluss der dreißig entwickelten Industriestaaten, mit ihrem „Education Committee" und dem CERI in Paris. Sie organisiert aktuell mit „PIAAC" einen internationalen Vergleich der Kompetenzen Erwachsener.

Neben OECD und UNESCO, die beide staatlich getragen sind, existieren nicht-staatliche internationale Organisationen der EB. Die wichtigste von ihnen ist der → International Council for Adult Education (ICAE), eine übergreifende Organisation von bereits auf nationaler und internationaler Ebene bestehenden Dachorganisationen. Ergänzt werden diese Organisationen durch jeweils kontinentale internationale Zusammenschlüsse, wie sie etwa in der EU bereits differenziert bestehen (→ Europäische Erwachsenenbildung).

Die internationale Diskussion zur EB, getragen von diesen Organisationen, konzentriert sich vor allem auf Konzepte des → Lebenslangen Lernens und des Erwerbs von Grundbildung in einer möglichst humanistisch orientierten Gesellschaft. Wesentliche Dokumente dabei sind der „Faure-Report" zum lebenslangen Lernen (Paris 1972) und der Bericht der Delors-Kommission, der 1995 in Paris vorgelegt wurde. In gewisser Weise gehört dazu auch der Be-

richt des Club of Rome aus dem Jahre 1979, in dem Konzepte antizipatorischen Lernens entwickelt und in ihrer internationalen und „globalen" Bedeutung begründet werden.
Der „Faure-Report" definiert lebenslange Bildung als Mittel und Ausdruck einer wechselseitigen Beziehung der Formen, Ergebnisse und Elemente von Bildung. EB wird zwar explizit nur wenig thematisiert, ist jedoch implizit in der Unabgeschlossenheit schulischen Lernens und der Mobilität vertikaler und horizontaler Anpassungs- und Ausschließprozesse enthalten. Insgesamt definiert der Report die technologische Zukunft als einen Motor der lebenslangen Bildung und Erziehung. Und er führt aus: „The normal culmination of the education process is adult education" (Faure-Report 1972).
Auch im „Bericht des Club of Rome" aus dem Jahre 1979 wird EB explizit nicht in den Mittelpunkt gestellt. Sie ist jedoch der Kern der Gedanken des Club of Rome, innovative, lebensbegleitende und an menschlichen Zielen des ökologischen Lernens orientierte Aktivitäten zu unterstützen und auszubauen.
Wesentlich deutlicher thematisiert die Delors-Kommission in ihrem Bericht „Erziehung für das 21. Jahrhundert" die EB. Die Kommission stellt Bildung in den Kontext der Probleme von Bevölkerung, Umwelt, Beschäftigung, Globalisierung, Rassismus, Arbeitsmarkt- und Berufsstrukturen und weist insb. der EB hierbei jeweils die spezifischen Funktionen zu, Erfahrungen, soziales Leben, gemeinschaftliches Verständnis und Gestaltung der Zukunft sicherzustellen. Hingewiesen wird auch auf die Notwendigkeit der Verbindung von → Jugendbildung und EB auf der Basis eines Konzepts, das weniger lebenslange Bildung als vielmehr lebenslanges Lernen betont.
I.EB wird heute vielfach im Kontext von Globalisierung gesehen. Bildungsprojekte dienen der Entwicklung großer Regionen in der Welt: Afrika, Südamerika, Südosteuropa. Inhaltlich geht es dabei nicht nur um die Entwicklung dieser Regionen, sondern auch um diejenigen Fragen, die global interessieren: Ökologie, Humanität und Menschenrechte, Genderfragen, Armut und Weltmärkte. Die Frage der „Inklusion" wird nicht nur im Kontext der Europäischen Union diskutiert, sondern global als eine der Ziele und Aufgaben von Erwachsenenbildung. Mithilfe der i.EB soll eine vernetzte, humane Weltgesellschaft entstehen, die sich als lernende Gesellschaft versteht und der sozialen Gerechtigkeit und dem Gemeinwohl verpflichtet fühlt. Zu diesem Ziel i.EB tragen nicht nur internationale Weiterbildungsorganisationen und staatliche Stellen bei, sondern auch etwa die Weltbank (z.B. UNESCO 2007).
Im Bereich der Forschung zur EB bedeutet Internationalität insb. die vergleichende Erwachsenenbildungsforschung, die gelegentlich als „Teildisziplin" der Wissenschaft von der EB bezeichnet wird. Ihr Forschungsgebiet liegt analog zur vergleichenden erziehungswissenschaftlichen Forschung vor allem in der Untersuchung der Unterschiede der Ziele, Strukturen, Methoden, Voraussetzungen und Konzeptionen von EB. Die besonderen Schwierigkeiten ergeben sich hier darin, dass EB enger mit gesellschaftlichen Strukturen verbunden ist als andere, bereits stärker institutionalisierte Bildungsbereiche.
Die Probleme i.EB liegen vor allem in der Schwierigkeit, die gemeinsamen Ziele in unterschiedlich entwickelten Ländern zu finden, kaum vergleichbare Strukturen aufeinander zu beziehen und zu akzeptieren sowie gemeinsame Probleme zu finden und zu lösen. Insb. das Sprachproblem zeigt sich in der i.EB darin, dass die Bedeutungen auch von gleichlautenden Begriffen des gleichen Wortstamms je nach den nationalen Kontexten, in denen sie benutzt werden, unterschiedlich sind. Trotz des großen staatlichen Engagements in Fragen der EB zeigt sich auch ein Problem in der Umsetzung und im Transfer der Diskussionen für eine zukünftige Gestaltung dieses Bildungsbereichs.

Literatur
BMBF (Hrsg.): Leben und Lernen für eine lebenswerte Zukunft – die Kraft der Erwachsenenbildung. Confintea VI-Bericht Deutschland. Bonn/Berlin 2000 – Faure, E. u.a.: Learning to be. The world of education today and tomorrow. Paris 1972 – Henry, M. u.a.: The OECD. Globalization and Educational Policy. Oxford 2001 – Hovenberg, H.: TERMINTEA. Glossary an Adult Education. Linköping 1998 – Knoll, J. H.: Internationale Weiterbildung und Erwachsenenbildung. Darmstadt 1996 – Schemmann, M.: Combatting Exclusion through Adult Education as a Policy Goal of International Organisations. In: Journal of Adult & Continuing Education, H. 7, 2004 – Schemmann, M.: Internationale Weiterbildungspolitik und Globalisierung, Bielefeld 2007 – Titmus, C. (Hrsg.): Lifelong Learning for Adults. An International Handbook. Oxford 1989 – UNESCO (Hrsg.): Hamburger Deklaration zum Lernen im Erwachsenenalter. Hamburg 1998 – UNESCO (Hrsg.): Education for All (EFA). Global Action Plan: improving support to countries in achieving the EFA Goals. Paris 2007

Ekkehard Nuissl

Internationale und vergleichende Erwachsenenbildungsforschung

Die Begriffskombination i. und v.E. zeigt das Bedingungsverhältnis der beiden Forschungsansätze. Während internationale Ansätze sich auf die Situation in anderen Ländern oder auf transnationale Fragestellungen richten, ist bei vergleichenden, d.h. komparativen Ansätzen die Gegenüberstellung von Einzelaspekten notwendig. Eine genaue Trennung der beiden Ansätze in der Forschungspraxis ist aufgrund von komplexen Fragestellungen und unter Beachtung der Forschungskontexte oft nicht möglich. So werden Forschungsansätze, die ausschließlich i. oder v. arbeiten, nicht ausgeschlossen.

Seit Beginn des 20. Jh. entwickelt sich in der Praxis der EB verstärkt Aufmerksamkeit für Modelle aus anderen Ländern. Eine besondere Bedeutung kam der dänischen Heimvolkshochschule und der englischen Universitätsausdehnungsbewegung zu. Neue Impulse erhielt der Vergleich in der EB nach dem Zweiten Weltkrieg im Rahmen der → Reeducation. Wissenschaftlich-analytische Vergleiche finden sich weltweit vor allem seit Ende des Zweiten Weltkriegs. Forschungsabsichten liegen oft in den Problemlagen und Reformabsichten des eigenen Landes begründet („educational borrowing"). Darüberhinaus intendieren Studien die Darstellung präziser Einschätzungen zur Situation und kulturellen Prägung der EB des eigenen Landes. So wird zwischen „problem approach" und „topic approach" auf den Untersuchungsgegenstand unterschieden. Durch die Bemühungen um die Schaffung eines gemeinsamen europäischen Bildungsraums seit Mitte der 1990er Jahre sind verstärkt Best-Practice-Modelle sowie statistisch-vergleichbare Daten im Bildungsbereich gefragt.

Die i. und v.E. unterscheidet sechs Forschungstypen:

- Länderstudien, die die Situation in einem Staat beschreiben,
- Programmstudien, die ein Programm, eine Institution oder eine Organisation darstellen,
- Juxtapositionen, welche Daten verschiedener Länder nebeneinanderstellen,
- Vergleiche, die Ähnlichkeiten und Unterschiede herausarbeiten,
- Feld- und Methodenreflexionen,
- Berichte aus transnationalen Organisationen, wie z.B. der EU, UNESCO, OECD oder Weltbank.

Forschungsmethodisch wird, unter kritischer Überprüfung der Übertragbarkeit, auf die Arbeiten der vergleichenden Erziehungswissenschaft zurückgegriffen. Vergleichende Studien beschäftigen sich idealtypisch mit dem Vergleich von einem oder mehreren Aspekten der EB in mindestens zwei Regionen, Ländern oder Organisationen. Ziel ist es, Ähnlichkeiten und Unterschiede zu analysieren und zu erklären. Der Vergleich wird anhand eines tertium comparationis durchgeführt. Dieses bildet zumeist das Raster, mithilfe dessen Daten erhoben und/oder verglichen werden.

Die Publikation von Erfahrungen und gemeinsamen Problemsichten hat sich die International Society for Adult and Continuing Education zur Aufgabe gemacht. Auf europäischer Ebene findet sich die → European Society for Research on the Education of Adults, die den internationalen und vergleichenden Forschungsaustausch fördert.

Gekennzeichnet ist die i. und v.E. durch vielfältige methodische Schwierigkeiten, z.B. Zugang zu Daten und mangelnde Sprachkenntnisse. Aufgrund des aufwendigen Forschungszugangs werden Studien überwiegend von (internationalen) Organisationen oder Forschungsverbünden durchgeführt. I. und v.E. hat ein starkes Übergewicht an qualitativen Studien. Beispiele stellen die Länderporträts zur EB der → European Research and Development Institutes for Adult Education dar. Durch Initiativen und Mittelbereitstellung internationaler Organisationen werden seit einigen Jahren verschiedene, vergleichend-quantitative Studien entwickelt und durchgeführt, z.B. Adult Education Survey (EU), Programme for the International Assessment of Adult Competencies (OECD).

Literatur

Knoll, J.: Stand der Vergleichenden Forschung in der Erwachsenenbildung. Von der systemischen Juxtaposition zum problem-/gegenstandsorientierten Vergleich? In: Bildung und Erziehung, H. 3, 1997 – Reischmann, J.: Internationale und vergleichende Erwachsenenbildung: Beginn einer Konsolidierung. In: Faulstich, P./Wiesner, G./Wittpoth, J. (Hrsg.): Internationalität der Erwachsenenbildung. Analysen, Erfahrungen und Perspektiven. Bielefeld 2000 – Waterkamp, D.: Vergleichende Erziehungswissenschaft. Ein Lehrbuch. Münster u.a. 2006

Regina Egetenmeyer

Internationale Zusammenarbeit in der beruflichen Bildung

I.Z. in der Berufsbildung besteht in dem gemeinsamen Bemühen staatlicher, privater und/oder ge-

meinnütziger Akteure, die berufliche Bildung international zu stärken und nachhaltig zu verbessern.
Die i.Z. in der beruflichen Bildung ist disziplintheoretisch Teil der international vergleichenden Berufsbildungsforschung. In der Praxis dient sie einem mehrfachen Zweck:

- Die Auseinandersetzung mit anderen Berufsbildungssystemen wandelt und relativiert die Sicht auf die Verhältnisse im eigenen Land. Das Eigene verändert sich durch den fremd gewordenen Blick.
- Der Aufbau von Berufsbildungsstrukturen, die den deutschen Gegebenheiten ähneln, in anderen Ländern hilft deutschen Unternehmen, die international tätig sind, z.B. bei der Rekrutierung von Fachkräften.
- Berufsbildung gilt als wichtiger Beitrag zur Wirtschafts- und Beschäftigungsförderung armer Gesellschaften. Sie unterstützt sowohl die Integration in die formale Wirtschaft als auch die Selbstständigkeit in informellen Wirtschaftsbereichen.

Im Bundesinstitut für Berufsbildung ist die Abteilung I (Internationale Berufsbildung) für die Unterstützung globaler privatwirtschaftlicher Aktivitäten durch den Ausbau beruflicher Bildung sowie die Förderung der Entwicklungszusammenarbeit im Berufsbildungsbereich tätig.
Hier arbeitet es mit dem Bundesministerium für wirtschaftliche Zusammenarbeit und Entwicklung (BMZ) zusammen. Seitdem im Jahr 2000 auf einem Gipfeltreffen der Vereinten Nationen die sog. Millenniumsentwicklungsziele (MDG) benannt wurden, ist die Politik des BMZ auch in der Berufsbildungszusammenarbeit vor allem darauf ausgerichtet, den Anteil der Weltbevölkerung, der unter extremer Armut und Hunger leidet, zu halbieren (MDG 1), die Gleichstellung der Geschlechter zu fördern und die Rechte von Frauen zu stärken (MDG 3), den Schutz der Umwelt zu verbessern (MDG 7) und eine weltweite Entwicklungspartnerschaft aufzubauen (MDG 8). Aber auch die mittelfristigen Ziele des Zweiten Internationalen UNESCO-Kongresses zur beruflichen Bildung 1999 in Seoul setzten Orientierungen für die Arbeit. Vereinbart wurden dort die Stärkung der Berufsbildung als Bestandteil lebenslangen Lernens, die Orientierung der beruflichen Bildung am Ziel nachhaltiger Entwicklung und die Ermöglichung des Zugangs zur Berufsbildung für alle.
Die Durchführungsorganisationen des BMZ leisten finanzielle Hilfe (Kreditanstalt für Wiederaufbau, KFW), personelle Hilfe (Deutscher Entwicklungsdienst, DED) und technische Hilfe (Gesellschaft für technische Zusammenarbeit, GTZ und Internationale Weiterbildung und Entwicklung gGmbH, InWEnt). Doch auch privatwirtschaftliche Verbände (Industrie- und Handelskammer und Handwerkskammer), Entwicklungsinstitutionen der Bundesländer und vor allem eine große Zahl von Nichtregierungsorganisationen der Kirchen und privater Einrichtungen (z.B. das Institut für internationale Zusammenarbeit des DVV, IIZ) sind in der Entwicklungszusammenarbeit tätig. In den letzten Jahren wird verstärkt versucht, die Aktivitäten deutscher und europäischer Geber zu koordinieren und in gemeinsamen Programmen zu kanalisieren.
In den ersten Jahren der Berufsbildungszusammenarbeit versuchte man, funktionierende Zentren beruflicher Bildung in Entwicklungsländern aufzubauen. Um „Insellösungen" zu vermeiden, wurden später systemverändernde Gesamtlösungen angestrebt. Da sich diese in andere Kulturen jedoch letztlich nicht implementieren lassen, geht man heute dazu über, Systemelemente (Kompetenz- und Bedarfsorientierung, betriebsbezogene Ausbildung) je nach Bedarf in bestehende Systeme zu integrieren.

Literatur

BMZ (Hrsg.): Berufsbildung in der entwicklungspolitischen Zusammenarbeit. Bonn 2005. URL: www.bmz.de/de/service/infothek/fach/spezial/spezial122pdf.pdf (Stand: 07.11.2009)

Ute Clement

Internationalisierung

I. bezeichnet den Prozess einer jeweils zunehmenden Internationalität (→ internationale Erwachsenenbildung). Sie beinhaltet eine intensive Verknüpfung der nationalen und internationalen Strukturen. I. der EB in Deutschland folgte mit nur geringem zeitlichem Abstand ihrer Institutionalisierung. Bereits auf der „World Conference on Adult Education" in Cambridge 1929 wurden die Probleme der I. thematisiert, vor allem die Unterschiede in Bildungszielen und gesellschaftlichen Funktionen von Bildung. Diese Probleme bestehen auch heute noch, wobei sich auch zwischen größeren Regionen in einzelnen Nationen deutliche Unterschiede ergeben. Dabei ist neben der inhaltlichen und kulturellen insb. auch die sprachliche Seite von Bedeutung.
WB ist in allen Nationen auf jeweils unterschiedliche Weise mit gesellschaftlichen Strukturen verbunden,

auch bei Verwendung gleicher Begriffe ergeben sich daraus vielfach Verständigungsprobleme. Die I. der EB wird unterstützt von internationalen Organisationen. Besonders wichtig sind dabei die OECD mit ihrem Education Committee und dem Center for Education Research and Innovation (CERI) in Paris. Im europäischen Rahmen sind dies zudem der Europarat mit Sitz in Straßburg sowie – wirksam seit den Maastrichter Beschlüssen 1992 – die EU und deren Kommission mit Sitz in Brüssel (→ Europäische Erwachsenenbildung). Neben den eher staatlich oder wissenschaftlich begründeten internationalen Zusammenschlüssen sind in den letzten dreißig Jahren vor allem auch verbandliche internationale Organisationen entstanden. Zu ihnen gehören der → International Council for Adult Education (ICAE) mit nichtstaatlichen Organisationen in über 100 Mitgliedsländern und die → European Association for the Education of Adults (EAEA). In der Verbindung von staatlichen und nicht-staatlichen Weiterbildungspolitiken fanden auf europäischer Ebene vorwärts weisende internationale Konferenzen statt, die seit 1994 stattfinden und für die EU konzeptionelle Einigungen erbrachten.
Neben perspektivischen und konzeptionellen Diskursen gewinnen auf internationaler Ebene zunehmend die Lobbyarbeit, die → Öffentlichkeitsarbeit sowie der Service für unterschiedliche Bereiche an Bedeutung. Beim Service handelt es sich insb. um Datenbanken, Fortbildungen und curriculare Konzepte.
Nach Jahren des Beschreibens und Hinterfragens, gefolgt von der Verabschiedung von Programmen, die auf gemeinsame Ziele ausgerichtet sind, werden zunehmend handlungsrelevante Verabredungen getroffen. Denn in einer globalisierten Welt wird z.B. das Wissen um berufliche Abschlüsse bzw. das Streben nach vergleichbaren Qualifikationen, wichtiger. Insgesamt haben vergleichende Projekte mit dem Ziel von Benchmarking und Ranking zugenommen. Kritisch wird oft angemerkt, dass hinter den Investitionen in diesem Bereich ökonomische Interessen stehen. In einer Wissensgesellschaft ist I. politische Strategie, der Blick über den Tellerrand aber auch Notwendigkeit für jede wissenschaftliche Disziplin.
I. wird auch im Bereich EB weiter an Bedeutung gewinnen; Gegenströmungen, wie Regionalisierung und Individualisierung, werden dies eher beflügeln als behindern.

Literatur
Huber, A.: Internationalisierung als Problem ökonomischer Bildung. Frankfurt a.M. 2003 – Schäffter, O./Küchler, F. v.: Institutioneller Wandel im Weiterbildungssystem – Lebenslanges Lernen als latenter Veränderunsdruck. In: Künzel, K. (Hrsg.): Internationales Jahrbuch der Erwachsenenbildung, Bd. 33/34: Bildung durch das ganze Leben – Europäische Beiträge zur Pädagogik der Lebensspanne. Köln u.a. 2007

Ekkehard Nuissl

Interpretatives Paradigma

Mit der Hinwendung zur soziologischen Richtung des → symbolischen Interaktionismus hat die EB in den 1970er Jahren versucht, die prinzipielle Deutungsabhängigkeit der Wirklichkeit für die Erforschung des Lehrens und Lernens Erwachsenen inner- und außerhalb von Institutionen zu nutzen.
Der Begriff des i.P. ist von Thomas P. Wilson verwendet worden, um den spezifischen Zugang des symbolischen Interaktionismus in Abgrenzung zu Ansätzen zu kennzeichnen, die er dem sog. „normativen Paradigma" zugeordnet hat. Diese Ansätze gehen davon aus, dass Menschen Situationen und Handlungen in der gleichen Weise definieren. Sie tun dies als Mitglieder einer Gesellschaft, die von einem verbindlichen System von Symbolen und Bedeutungen bestimmt wird. Handelnde sind demnach mit bestimmten erworbenen Dispositionen ausgestattet und mit bestimmten Rollenerwartungen konfrontiert. Dispositionen sind Regeln, die von Handelnden erlernt oder übernommen werden, Erwartungen sind Regeln, die in einem sozialen System institutionalisiert wurden.
Fasst man demgegenüber Interaktion als interpretativen Prozess auf, so geht es nicht um die Ausführung einer Rolle, sondern darum, dass die Beteiligten ihre Handlungen aufeinander beziehen und abstimmen. Ein solcher Prozess folgt keinem vorgegebenen Schema, sondern besteht in wechselseitigen Redefinitionen von Handlungen und Situationen. Um Realität zu erkennen, müssen deshalb die Interpretationen der Handelnden ermittelt werden. Der Deutungsleistung der im Alltag Handelnden entspricht die rekonstruierende Deutungsleistung von Forschenden.
Die auf dieser Grundlage entwickelten Methoden der qualitativen Sozialforschung wie teilnehmende Beobachtung, Gruppendiskussionen, (narrative) Interviews sowie die Analyse von Dokumenten und Interaktionsprotokollen sind von der → Erwachse-

nenbildungswissenschaft für ihre Zwecke genutzt worden: vor allem für die Analyse von Kursen, die Erschließung der → Lebenswelten von Adressaten und → Teilnehmenden und für die Sicht der professionell in der EB und in Organisationen Tätigen. Eine besondere Rolle spielt dabei die Biographieforschung (→ Biographie), während ethnographische Forschungen von erwachsenenpädagogisch relevanten Lebenswelten bisher eher rar sind. Schließlich sind es vor allem Texte (vorgefundene oder erhobene), die untersucht werden, während visuelle Materialien kaum behandelt werden.

Theoretische Bezugspunkte sind neben dem symbolischen Interaktionismus vor allem der → Deutungsmusteransatz und der → Konstruktivismus. Mit dem Zurückdrängen des symbolischen Interaktionismus wird mittlerweile eher von qualitativer (im Gegensatz zu quantitativ ausgerichteter) Erwachsenenbildungsforschung gesprochen und auf den Gegensatz zwischen interpretierend-sinnverstehenden vs. abbildend-beschreibenden und messenden Verfahren abgehoben.

Eine besonderer Anwendung des i.P. kann in seiner expliziten didaktischen Nutzung gesehen werden: in Veranstaltungen der EB, in denen explizites Deutungslernen befördert wird (Schüssler 2000) sowie in Interpretationswerkstätten, in denen Dokumente aus der Praxis der EB im Hinblick auf ihre verschiedenen Lesarten analysiert werden (Arnold u.a. 1998). Diese Verwendung macht sich die von Tietgens vertretenen Auffassung einer Strukturhomologie zunutze, wonach der interpretative Ansatz der EB insofern in besonderer Weise adäquat ist, als die Probleme der EB selbst solche der Situationsinterpretation sind.

Nachdem der Beitrag, den das i.P. für die Etablierung der lebensweltorientierten Erwachsenenbildungsforschung gespielt hat, anerkannt worden ist, scheinen – in Übereinstimmungen mit Tendenzen in der Soziologie und der allgemeinen Erziehungswissenschaft (Fuhs 2007) – die kämpferische Gegenüberstellung von sinnverstehenden und messenden Verfahren und die jeweilige pauschale Unterordnung unter ein Paradigma zunehmend zugunsten einer pragmatischen Verbindung der Vorteile beider Ansätze zurückzutreten.

Literatur

Arnold, R. u.a.: Lehren und Lernen im Modus der Auslegung. Erwachsenenbildung zwischen Wissensvermittlung, Deutungslernen und Aneignung. Baltmannsweiler 1998 – Fuhs, B.: Qualitative Methoden in der Erziehungswissenschaft. Darmstadt 2007 – Schüssler, I.: Deutungslernen. Eine explorative Studie zum Deutungslernen in der Erwachsenenbildung. Baltmannsweiler 2000 – Tietgens, H.: Die Erwachsenenbildung. München 1981 – Wilson, T.P.: Theorien der Interaktion und Modelle soziologischer Erklärung. In: Arbeitsgruppe Bielefelder Soziologen (Hrsg.): Alltagswissen, Interaktion und gesellschaftliche Wirklichkeit, Bd. 1. Reinbek 1973

Sigrid Nolda

Jüdische Erwachsenenbildung

Themen und Adressaten lassen sich als Differenzbegriffe für die Unterscheidung jüdischer von nichtjüdischer EB bestimmen: J. Themen ergeben sich aus den Wissenskomplexen, die sich mit j. Religion, j. Kultur und Geschichte überschreiben lassen. Adressaten j.EB sind j. Lerner, darüber hinaus aber immer mehr auch nicht-j. Erwachsene. Differenzstiftend für j.EB wirkt darüber hinaus, dass sie auch dann eine spezifische Botschaft, nämlich die Herausbildung bzw. Wahrung einer kollektiven Identität, für ihre j. Adressaten enthält, wenn sie sich nicht ausschließlich an j. Lerner wendet. J.EB lässt sich von daher definieren als organisiertes Lehren und Lernen von j. Erwachsenen zu j. Themen für j. und nicht-j. Erwachsene.
J.EB fand über Jahrhunderte hinweg in den sog. „Schil" bzw. Lehrhäusern statt, die oft ein Teil der Synagoge waren. Als sich das assimilierte deutsche Judentum dem Wissen der Vorfahren mehr und mehr zu entfremden drohte, gründete 1920 in Frankfurt am Main Franz Rosenzweig das Freie Jüdische Lehrhaus, das erheblichen Einfluss auf vergleichbare Einrichtungen im In- und Ausland hatte (und bis in die Gegenwart hinein hat). Rosenzweig machte aus der Not eine Tugend, indem er die mittlerweile weit verbreitete Distanz gegenüber j. Wissen nutzte, interessiertes Fragen zu provozieren. Lerner wurden zu Lehrern, die beim Unterrichten ihren eigenen Prozess der Aneignung von Wissen vor den Zuhörern rekonstruierten.
Martin Buber, neben Rosenzweig Gründungsmitglied des Frankfurter Freien Jüdischen Lehrhauses, initiierte 1933 die „Mittelstelle für jüdische Erwachsenenbildung", deren zentrale Aufgaben darin bestanden, j. Menschen angesichts der Bedrohungen durch den nationalsozialistischen Repressionsapparat zu stabilisieren und sie auf die sprachlichen und beruflichen Herausforderungen der Emigrationsländer vorzubereiten. Mit der Emigration Bubers nach Palästina wurde die „Mittelstelle" aufgelöst.
Im Deutschland nach der Schoa sind (rudimentäre) Formen j.EB erst wieder in den 1960er Jahren erkennbar, als in (West-)Berlin eine j. Volkshochschule gegründet wurde. Jahrelang von Überalterung und Substanzverlust bedroht, hat sich seit Beginn der 1990er Jahre durch den Zuzug Zehntausender Kontingentflüchtlinge vor allem aus den Ländern der ehemaligen Sowjetunion neues Leben in den Gemeinden entwickelt. Da es sich bei den neuen Gemeindemitgliedern oft bis zu 90 % um Menschen handelt, die in ihren Heimatländern Judentum zwar als zentralen Teil ihrer Identät verstanden, als Religion aber nicht leben durften, besteht ihnen gegenüber j.EB heute vornehmlich in der Vermittlung religiösen Wissens.
Für das Judentum ist → Lernen ein lebenslanger Prozess, durch keine Prüfung und kein Zertifikat beendbar, insofern auch die Unterscheidung zwischen Jugend- und Erwachsenenbildung eher eine akademische Konstruktion. Der j. Mensch lernt nie aus, deshalb ist für ihn Lernen endlos. Die Notwendigkeit aber, Lehren in einer adressatenbezogenen, d.h auch altersangemessenen Weise zu betreiben, macht die Trennung sinnvoll.
Die zentralen Themen j.EB sind identisch mit den großen Themen j. Denkens: Assimilation und Identität, Laizismus und Frömmigkeit, Diaspora und Zionismus. Traditionell j. Lernen stellt immer auch die Frage nach der Haltung des Lerners gegenüber dem jeweiligen Lernstoff, das gilt für religiöse wie für säkulare Wissensfelder. Damit wird der Prozess der Aneignung von Wissen jeweils begleitet von dem Versuch, sich selbst zu verstehen und raum-zeitlich zu verorten. Als Lernform von besonderer Bedeutung ist dabei die sog. Chawruta, ein Lernen in Paaren, das dadurch gekennzeichnet ist, dass die beiden einander gleichberechtigten Lerner wechselweise zum Lehrer des jeweils anderen werden, dann aber in die Rolle des Lerners zurückkehren.
J.EB weiß über ihre Gegenwart bislang nur wenig Systematisches. Hier liegen erst vereinzelte Forschungsergebnisse vor. Für den deutschsprachigen Raum ist die Erforschung folgender Fragen bedeutsam: Welche Gruppen nehmen mit welchen Motiven an j.EB teil? Welche Gruppen sind unterrepräsentiert und warum? Aus welchen Berufen kommen die Lehrenden in der j.EB? Welche Lehr-Lernformen werden von ihnen bevorzugt? Wie sehen Lehrende, wie Lernende die Perspektiven j.EB?

Literatur
Müller-Commichau, W.: Jüdische Erwachsenenbildung im heutigen Deutschland. Köln 1998 – Schuster, D.T.: Jewish Lives, Jewish Learning. Adult jewish learning in theory and practice. New York 2003 – Simon, E.: Aufbau im Untergang. Jüdische Erwachsenenbildung im nationalsozialistischen Deutschland. Tübingen 1959

Wolfgang Müller-Commichau

Jugendbildung

Außerschulische J. gehört nach dem KJHG zu den Leistungen der Jugendhilfe und wird im §11(3) als Teil der Jugendarbeit in öffentlicher und freier Trägerschaft ausgewiesen. Dort heißt es u.a.: „Zu den Schwerpunkten der Jugendarbeit gehören: außerschulische Jugendbildung mit allgemeiner, politischer, sozialer, gesundheitlicher, kultureller, naturkundlicher und technischer Bildung". Die J. ist ein organisierter non-formaler Lernort mit einem eigenständigen Profil und Lernkontext, an ihr nehmen Jugendliche und junge Erwachsene freiwillig teil (Rauschenbach/Düx/Sass 2006). Während der Bund mit dem Kinder- und Jugendplan (KJP) eine gezielte und eingegrenzte Träger- und Projektförderung der J. vorsieht, sind die Zuständigkeiten der Länder in Gesetzen, Richtlinien und Erlassen und die der Kommunen in Jugendplänen und Förderungsrichtlinien geregelt. Hier sind die Ziele und Aufgaben, die Lernformen und Zeitbudgets der J. „im engeren Sinne" fixiert und geregelt.

→ Lernorte und -kontexte der J. sind vor allem Seminare, Workshops, Tagungen, Lehrgänge, Arbeitsgruppen und Kongresse, aber auch Reisen, Begegnungen und Projekte oder Besuche von Gedenkstätten, Museen und Ausstellungen. Inhaltlich wird von den Trägern eine breite, jeweils zeitbezogene Themenstruktur angeboten, die sich an den Problemen, Fragen und Interessen der jungen Generation orientiert. Dabei hat sich ein lernförderndes Setting herausgebildet, das mit produktiv-aneignenden, kulturellen, ästhetischen, medialen, erlebnisbezogenen Formaten, Lernformen und Methoden verbunden ist. Mit den drei trägerunabhängigen Fachzeitschriften „kursiv", „Praxis politische Bildung" und „deutsche jugend" sowie mehreren Zeitschriften von Trägern bzw. Trägerzusammenschlüssen wird eine rege Debatte über die Berichterstattung und aus der J. ermöglicht.

Die Entwicklung der J. hat seit Mitte der 1970er Jahre vielfältige Differenzierungen erfahren, dazu zählen insb. konzeptionelle Begründungen und Angebote in der Mädchen- und Jungenbildung, in der politischen, (inter-)kulturellen, medien- und körperbezogenen, ästhetischen, erlebnis-/abenteuerorientierten, historischen, sozialen, sportlichen und religiösen Bildung. Neben dem kurzzeitpädagogischen Setting (Seminarpädagogik) in Bildungsstätten und Tagungshäusern ist die J. im weiteren Sinne eingebunden in die halb-formellen und informellen Lernangebote und -formen der Jugendarbeit, in Projekte und Programme der Jugendsozialarbeit; sie versteht sich dabei als integrierter Bestandteil von kontinuierlichen, längerfristigen Aktivitäten und Bildungs- bzw. Lernprozessen.

Die J. kann auf eine lange Tradition blicken, ihre derzeitige Kontur hat sie mit wiederholten Wandlungen und Erneuerungen in der Geschichte der Bundesrepublik ausgeprägt (Hafeneger 1997). Eine wichtige Rolle spielen hierbei die Interessen der westlichen Alliierten (insb. der US-amerikanischen Besatzungsmacht), die J. in den Nachkriegsjahren als Lernfeld für Demokratie etabliert haben; die Verabschiedung von Jugendbildungsgesetzen und die Entwicklung der Professionalisierung seit den 1970er Jahren in mehreren Bundesländern; die Etablierung auf relativ hohem Niveau in den 1980er und schließlich die Stagnation und auch der partielle Abbau von Jugendbildungsmaßnahmen in den 1990er Jahren. Mit Beginn des 21. Jh. gibt es vor dem Hintergrund von gesellschaftlichen Modernisierungsprozessen, Krisenentwicklungen und Befunden aus der Jugendforschung (Politikdistanz, Wahlverhalten, fremdenfeindliche und rechtsextreme Orientierungen) eine zunehmende Projekt- und Maßnahmenförderung der J. und einen neuen Bedeutungsgewinn des Feldes im Kontext von Demokratiebildung und Stärkung der Zivilgesellschaft.

J. hat seit den 1970er Jahren eine Theorie- und Konzepttradition entwickelt, die in Leitmotiven wie Erfahrungs-, Subjekt-, Bedürfnis- und Lebensweltorientierung, in den handlungsorientierten Zielen wie Emanzipation und Solidarität, Partizipation und Selbstbestimmung ihren bildungspolitischen und jugendpädagogischen Traditionsbestand hat. In der neueren Theorie- und Konzeptdiskussion haben sich vor allem drei Begründungen für das Lernfeld herauskristallisiert:

- J. als eigener Ort und eigene Zeit des kritischen Vor-, Quer- und Nachdenkens über den Zustand der Gesellschaft, deren Problemhaushalt und Möglichkeiten von demokratischer Einwirkung bzw. partizipatorischer Mitgestaltung (Sander 2005),
- J. in der Tradition der Aufklärung, der Vernunft, kritischer Reflexion und rationaler Auseinandersetzung mit und in der Gesellschaft,
- J. als experimentelle und partizipatorische Orte und Zeiten, in denen die junge Generation – in der Perspektive der Subjekt-/Persönlichkeitsbildung, ihrem Verhältnis zur Welt – produktive bio-

graphische Erfahrungen von Aneignung, Selbstinszenierung und der Erweiterung von Handlungsmöglichkeiten machen (Schröder/Balzter/Schroeder 2004).

Mit allen drei Leitmotiven wird der J. als non-formaler Lern- und Erfahrungsort – als „erschließende Kraft" (Klafki) – mit seinen Gleichaltrigen-Lernprozessen und Lernverhältnissen der Generationen, in den komplexen und hochgradig ambivalenten Prozessen des Erwachsenwerdens, der Identitätsbildung (→ Identität), der Entwicklung von Mentalitäten und Bewusstsein ein biographisch bedeutsamer und prägender Stellenwert zugewiesen.

Vor dem Hintergrund des folgenreichen gesellschaftlichen Strukturwandels (Individualisierung, Pluralisierung, Differenzierung), den Veränderungen der Jugendphase und der Entgrenzung der Jugend, den Umstrukturierungsprozessen in der Bildungs-, Sozial- und Jugendpolitik im Sog neuer Spannungen (zwischen öffentlicher Verantwortung und Markt) ist auch die J., als eigener, origineller Lernort, seit einigen Jahren im Umbruch und Lernprozess. Träger entwickeln für ihre Angebote neue Passungen mit kreativen Lernarrangements, legitimieren den non-formalen und kooperativen Bildungsauftrag und den Sinn von Lernbemühungen neu; sie beziehen ihre Angebote auf Lernanlässe und -motive von Jugendlichen und jungen Erwachsenen. Sie entwickeln Lernformen und Methoden, ohne dabei ihre inhaltlich-politischen Zentren, jugendpädagogische Orientierung und kritisch-aufklärerische Didaktik aufzugeben. Politik und Gesellschaft sind gleichzeitig herausgefordert, sich über den Stellenwert von J. für die biographischen Übergänge und Herausforderungen der jungen Generation unabhängig von Zeitgeist und Moden neu zu verständigen bzw. zu vergewissern (Böhnisch/Schroer 2002). Dabei bleiben Perspektive und politisch wie pädagogisch normative Anstrengung bestehen, die junge Generation in ihrer Persönlichkeitsentwicklung in diesem Lernfeld professionell zu begleiten, ihnen orientierende Halte- und Markierungspunkte anzubieten, um autonome Subjektwerdung zu fördern und ihnen ein Lern- und Erfahrungsfeld (Gelegenheitsstruktur) für Partizipation in der Demokratie und Zivilgesellschaft bereitzustellen.

Literatur

Böhnisch, L./Schroer, W.: Die soziale Bürgergesellschaft. Weinheim/München 2002 – Hafeneger, B. (Hrsg.): Handbuch politische Jugendbildung. Schwalbach/Ts. 1997 – Rauschenbach, T./Düx, W./Sass, E. (Hrsg.): Informelles Lernen im Jugendalter. Weinheim/München 2006 – Sander, W.: Handbuch Politische Bildung. Schwalbach/Ts. 2005 – Schröder, A./ Balzter, N./Schroeder, T.: Politische Jugendbildung auf dem Prüfstand. Weinheim/München 2004

Benno Hafeneger

Katholische Erwachsenenbildung

K.EB bezeichnet das von der katholischen Kirche legitimierte und getragene sowie öffentlich verantwortete „Lernen von Erwachsenen an eigens dafür bereitgestellten Orten mit entsprechend fachlicher und pädagogischer Begleitung“ (Blasberg-Kuhnke 1992) und versteht sich als Bestandteil der „vierten Säule“ des Bildungswesens in Deutschland. Wichtigste → Träger sind die (Erz-)Bistümer (über Bischöfliche Beauftragte für EB und in diözesanen, regionalen und gemeindlichen Bildungswerken), Verbände sowie Institutionen (etwa katholische Akademien, Familienbildungsstätten u.a.), zusammengeschlossen in der Katholischen Bundesarbeitsgemeinschaft für Erwachsenenbildung (KBE). Die berufliche Fort- und Weiterbildung findet ihren Ort insb. in den Caritas-Akademien.

Die k.EB versteht sich als bedeutsamer Teil des Dienstes der Kirche an Kultur und → Gesellschaft („kulturelle Diakonie“). Sie lässt sich von einem Bildungsverständnis leiten, das Menschen in der Subjekt-Werdung durch Selbstreflexion und Selbstbestimmung unterstützt und zugleich die Bedeutung der Persönlichkeitsentwicklung in Bezogenheit und Solidarität betont. Insofern leistet k.EB eine offene, wertgebundene und optionengeleitete Bildungsarbeit, die

- im Bereich der → Allgemeinbildung das Ziel verfolgt, Menschen zur kritischen Stellungnahme, zur reflektierten Entscheidung und Lebensgestaltung angesichts eines kulturellen → Pluralismus anzuregen bzw. zu befähigen,
- als Träger von → Fortbildung und WB neben der Vermittlung von Fähigkeiten und Fertigkeiten eine kritische Einordnung des Erlernten in den biographischen und den soziokulturellen Kontext betont,
- im Bereich der theologischen EB Menschen instand setzt, ihren Glauben vor sich und anderen zu verantworten und so die kirchliche Gesprächsfähigkeit (intern und bezogen auf Kultur und Gesellschaft) institutionell absichert.

Die genannten Zielsetzungen implizieren zusammen mit der theologisch-anthropologischen Grundüberzeugung von der Geistbegabung jedes Menschen eine Bevorzugung intersubjektiver und dialogischer Arbeitsformen.

Aktuell haben die Bildungsinstitutionen vieler Bistümer Leitbildprozesse abgeschlossen und teilweise auch evaluiert (Blasberg-Kuhnke/Ostermann 2004). Neben einer Betonung der Bildungsansprüche marginalisierter gesellschaftlicher Gruppen, für die k.EB stets eintritt, betonen alle diese Leitbilder, dass k.EB angesichts der zunehmenden Individualisierung und Brüchigkeit von Lebensläufen und Lebensformen ihre klassischen Vermittlungsformen durch beratende und begleitende Ansätze ergänzen sollte sowie (räumlich) festgelegte Institutionen verlässt, um über die Mitwirkung in neuen sozialen Bewegungen Kontakte zu gewandelten Formen der Persönlichkeitsentwicklung durch gesellschaftliches Engagement zu gewinnen. Unter dem Aspekt der „Kirchlichkeit“ der k.EB ist zu verhandeln, ob sich über verbindliche Lehr-/Lerngemeinschaften neue Formen christlicher Gemeinden jenseits der herkömmlichen Pfarrei bilden können. Die genannten Intentionen und Diskussionslinien schlagen sich beispielhaft in Projekten nieder, mit denen k.EB künftigen Herausforderungen begegnen will.

Das diakonische und gemeindebildende Interesse nebst der Integration neuer Lehr- und Lernformen prägt insb. die Bildungskonzepte zu „Bildung lebenslang“ (KBE 2003), die neuartige teilnehmerorientierte Ansätze für Bildung im dritten und vierten Lebensalter dokumentieren, konzipieren und begründen. Gleiches gilt von einer Initiative zur Förderung selbstorganisierten Lernens (→ Selbstorganisation) in bildungsungewohnten Gruppen. Dem Auftrag zur gesellschaftlichen Diakonie stellt sich die k.EB in besonderer Weise durch das große Projekt der Einrichtung der Lernplattform „Treffpunkt Ethik“, die die dringend zu führenden gesellschaftlichen Diskurse um Gerechtigkeit und Machbarkeit mit dem neuen Medium einer Lernplattform (→ E-Learning) verknüpft.

Literatur

Bergold, R.: Unterbrechende Ethik: ein neues religionspädagogisches Konzept für ethische Bildungsarbeit mit Erwachsenen. Frankfurt a.M. 2005 – Blasberg-Kuhnke, M.: Erwachsene glauben. Voraussetzungen und Bedingungen des Glaubens und Glaubenlernens Erwachsener im Horizont globaler Krisen. St. Ottilien 1992 – Englert, R.: Religiöse Erwachsenenbildung. Situation, Probleme, Handlungsorientierung. Stuttgart 1992 – Blasberg-Kuhnke, M./Ostermann, G.: Zwischen Anspruch und Alltag. Katholische Erwachsenenbildung in Niedersachsen im Spiegel ihres Leitbildes. Münster 2004 – Erwachsenenbildung: Erwachsenenbildung als kulturelle und gesellschaftliche Diakonie. H. 4, 1997 – KBE (Hrsg): Bildung lebenslang. Leitlinien einer Bildung im dritten und vierten Alter. Bonn 2003 – Uphoff, B.: Kirchliche Erwachsenenbildung. Befreiung und Mündigkeit im Spannungsfeld von Kirche und Welt. Stuttgart 1991

Andreas Wittrahm

Kognition

K. meint psychische Prozesse, die mit dem Aufbau und der Anwendung von Wissen zu tun haben. In der Psychologie zählt K. – neben Emotion (Fühlen) und Volition (Wollen) – zur klassischen Trias der bewussten Prozesse. Man hat erkannt, wie eng K. mit Gefühlen und Motivation bzw. Interesse zusammenhängt. Heute ist die Kognitionsforschung auf alle Ebenen menschlichen Bewusstseins ausgeweitet. Sie hat durch die Computertechnologie einen starken Aufschwung erlebt, vor allem durch die Versuche, intelligente Maschinen zu erfinden oder intelligente menschliche Aktivitäten am Computer zu simulieren. Eine weitere Disziplin, von der die Kognitionspsychologie zunehmend profitiert, ist die Neurowissenschaft, in der in den letzten Jahren leistungsfähige Methoden (z.B. Kernspintomographie) entwickelt wurden, um Gehirnprozesse abzubilden und zu beobachten.

Die neuere Kognitions- bzw. Wissenspsychologie hat traditionelle Vorstellungen von K. korrigiert. So wurde z.B. erkannt, dass man das → Gedächtnis nicht mit einem Archiv vergleichen darf, in dem statische Dokumente abgelegt und bei Bedarf herausgeholt werden. Stattdessen erweist sich Gedächtnis als ein höchst dynamischer Prozess, bei dem Inhalte unterschiedlich codiert, aktiv elaboriert, mit bestehenden Wissenselementen netzwerkartig in Relation gebracht und je nach Anwendungssituation eher rekonstruiert bzw. neu konstruiert als abgerufen werden. Von zentraler Bedeutung für die K. ist das sog. Arbeitsgedächtnis, eine flüchtige Speicherform wie der Arbeitsspeicher im Computer. Seine Schwäche besteht darin, dass es nur eine sehr geringe Zahl von Einheiten gleichzeitig im Bewusstsein halten kann, was die Leistungsfähigkeit der bewussten Parallelverarbeitung erheblich einschränkt und die K. anfällig für Überlastung macht. Eine weitere Erkenntnis der Kognitionsforschung betrifft die Vielfalt von Wissensstrukturen. Objektwissen wird z.B. in Form von Schemata codiert, soziales Situationswissen in Form von Skripts (Drehbüchern), Wissen über die Funktion von Geräten in Form von mentalen Modellen. All diese Wissensstrukturen sind einerseits stabil (z.B. das Schema „Tisch"), gleichzeitig aber elastisch (z.B. kann ein Tisch drei oder vier Beine, eine runde oder eine eckige Fläche haben usw.). Die Kognitionsforschung hat besonders in der letzten Dekade entdeckt, wie wichtig das „Weltwissen" ist, das jeder Mensch durch tägliche Erfahrungen aufbaut. Die Versuche, „künstliche Intelligenz" (KI) herzustellen, scheitern bislang vor allem daran, dass sich dieses Weltwissen kaum programmieren lässt.

In der pädagogischen Psychologie gibt es eine Forschungstradition für die Untersuchung von „kognitiven Stilen", d.h. personspezifischen Unterschieden in der Art und Weise, wie jemand denkt, wahrnimmt, Probleme löst und lernt. Weiterhin hat sich diese Wissenschaft mit „Metakognitionen" beschäftigt, d.h. mit der Fähigkeit, z.B. das eigene Lernen quasi wie von einer Kontrollinstanz aus zu überwachen, zu bewerten und bewusst zu steuern.

Für die EB ist von Interesse, dass die moderne Kognitionsforschung Denken und → Wissen als Akt der aktiven, dynamischen Konstruktion von Bedeutung konzipiert. Wie sich zunehmend zeigt, ist dieser Akt im Einzelfall wenig vorhersagbar und gestaltet sich individuell sowie situativ unterschiedlich. Die neueren Erkenntnisse der Kognitionsforschung gaben Impulse für die konstruktivistische Didaktik. Diese legt Wert darauf, dass Lernende nicht extern präsentierte Wissensinhalte rezipieren, sondern in einer reichhaltigen Lernumgebung herausfordernde Probleme selbstgesteuert bearbeiten, Wissen also situiert erwerben. Eine weitere Anregung der Kognitionsforschung für das Lernen besteht darin, Inhalte vielfältig zu verarbeiten (Multicodierung) und Wissen in unterschiedlichen Situationen häufig anzuwenden (Multiperspektivität). Immer wichtiger in einer Informationsgesellschaft wird die Vermittlung von Wissensmanagement, eine Kompetenz, die ebenfalls Gegenstand der Kognitionsforschung ist.

Literatur

Engelkamp, J./Zimmer, H.: Lehrbuch der Kognitiven Psychologie. Göttingen 2006 – Funke, J./Frensch, P.: Handbuch der Allgemeinen Psychologie – Kognition. Göttingen 2006 – Roth, G.: Das Gehirn und seine Wirklichkeit. 8. Aufl. Frankfurt a.M. 2000

Bernd Weidenmann

Kompetenz

K. bezeichnet das Handlungsvermögen der Person. Während der Begriff → „Qualifikation" Fähigkeiten zur Bewältigung konkreter (in der Regel beruflicher) Anforderungssituationen bezeichnet, d.h. deutlich verwendungsorientiert ist, ist der Begriff K. subjektorientiert. Er ist zudem ganzheitlicher ausgerichtet: K. umfasst nicht nur inhaltliches bzw. fachliches

→ Wissen und Können, sondern auch außerfachliche bzw. überfachliche Fähigkeiten, die häufig mit Begriffen wie Methodenk. („know how to know"), Sozialk., Personalk. oder auch → Schlüsselquaifikationen umschrieben werden.
Feststellbar ist seit den 1980er Jahren eine Differenzierung des Begriffs, die es mit sich bringt, dass nahezu alle Facetten eines neuzeitlichen Bildungsideals zu eigenständiger K. hochstilisiert werden, wenn z.B. von Medienk., ökologischer K., Demokratiek. usw. die Rede ist. Bei dieser inflationären Differenzierung von K. droht allerdings das verbindende Muster verloren zu gehen, durch welches sich der K.begriff von anderen Begriffen wie Qualifikation, → Bildung, Können usw. abgrenzen lässt.
Das allen Begriffen Gemeinsame ist die Entwicklung eines subjektiven Potenzials zum selbstständigen Handeln in unterschiedlichen Gesellschaftsbereichen. Dieses subjektive Handlungsvermögen ist nicht allein an Wissenserwerb gebunden, es umfasst vielmehr auch die Aneignung (→ Aneignung – Vermittlung) von Orientierungsmaßstäben und die Weiterentwicklung der Persönlichkeit.
Immer deutlicher wird in den letzten Jahren erkannt, dass K. nicht nur in institutionalisierten Lernprozessen „vermittelt" werden kann, sie entwickelt und erweitert sich vielmehr im Lebensvollzug, d.h. im Rahmen des lebenslangen Erfahrungslernens. K.entwicklung erfolgt demnach zu überwiegenden Teilen durch selbstgesteuertes Lernen (→ Selbstorganisation) am Arbeitsplatz. Die Frage, wie dieses oft noch zufällige En-passant-Lernen didaktisch-methodisch unterstützt, gefördert und nachhaltiger gestaltet werden kann, entwickelt sich deshalb gegenwärtig zu einer der zentralen weiterbildungspolitischen Thematiken. Die Funktionen, Angebotsformen und Aufgabenstellungen der etablierten Weiterbildungsinstitutionen werden sich dabei in dem Maße verändern, in dem diese sich auch zu Zentren der Unterstützung von K.entwicklung wandeln, eine Tendenz, die durch die Entwicklung multimedialer und netzbasierter Lernangebote noch verstärkt wird. Und die in diesen Zentren tätigen erwachsenenpädagogischen Professionals werden zukünftig stärker als Lernbedarfsermittler, Lernberatende, Gestalter von Lernarrangements sowie Begleiter/innen von selbstgesteuerten Lernprozessen tätig sein.

Literatur

Bergmann, B. u.a.: Kompetenz für die Wissensgesellschaft. Münster u.a. 2006 – Clement, U./Arnold, R. (Hrsg.): Kompetenzentwicklung in der beruflichen Bildung. Opladen 2002 – Erpenbeck, J. u.a.: Kompetenzen bilanzieren. Auf dem Weg zu einer europaweiten Kompetenzerfassung. Münster u.a. 2006 – Gnahs, D.: Kompetenzen. Erwerb, Erfassung, Instrumente. Bielefeld 2007

Rolf Arnold

Konstruktivismus

Der Begriff K. dient als zusammenfassende Bezeichnung für erkenntnis- und systemtheoretische sowie kognitionspsychologische und wissenssoziologische Ansätze, die davon ausgehen, dass der Mensch über keinen unmittelbaren Zugang zu der ihn umgebenden Wirklichkeit verfügt. Was wir von dieser „erkennen", ist – so die Leitthese des K. – Produkt bzw. „Konstruktion" unseres eigenen kognitiven Systems. Dieses funktioniert nicht wie ein Fotoapparat, der die Wirklichkeit „so, wie sie ist", sondern wie ein in sich geschlossenes System abbildet. Die Abläufe dieses Systems funktionieren „selbstorganisiert" (autopoietisch). Eine von außen an das System „Kognition" herantretende Störung (Perturbation) kann zwar Veränderungen im System auslösen, doch weder den Ablauf noch das Ergebnis dieser Veränderungen determinieren. Diese tragen eine Kontingenz (Zufälligkeit, Offenheit) in sich, weil sie in ihrer tatsächlichen Qualität nicht nur von dem an das System herangetragenen Input abhängen, sondern vielmehr auch von den im System bereits vorhandenen und autopoietisch zusammenwirkenden Elementen, Strukturen und Kräften. Ob das, was dabei herauskommt (z.B. Wahrnehmung) „adäquat" ist, bemisst sich dabei nach zweierlei Gesichtspunkten: zum einen nach der Integrierbarkeit des „Neuen" in das „Vorhandene", und zum anderen nach der „Viabilität" (Gangbarkeit) der Sicht- und Handlungsweisen, die dabei entstehen. Das kognitive System wird Nicht-Viabilität solange als Störung erleben, bis es ihm gelingt, ein vorläufiges Gleichgewicht zwischen dem Innen (vorhandene Deutungen, Erfahrungen, Sichtweisen) und dem Außen (Irritationen, neue Anforderungen) zu entwickeln. Diese erkenntnispsychologischen Prozesse wurden bereits von J. Piaget beschrieben, sie wurden jedoch in den letzten Jahren von systemtheoretischen und kommunikationstheoretischen Autoren weiterentwickelt, ergänzt und vertieft.
Überträgt man diese konstruktivistischen Grundannahmen auf die EB, so ergibt sich eine veränderte, nicht-triviale Sicht des Lernens. Lernprozesse kön-

nen nicht länger als Aufnahme, Einprägung und Übernahme von inhaltlichen Inputs angesehen werden. Inhalte und Ergebnisse werden vielmehr von den Lernern vor dem Hintergrund ihres bereits vorhandenen Wissens selbst konstruiert bzw. rekonstruiert. Dies bedeutet für den Lehrenden in der EB, dass er nicht länger „instruieren" kann, er kann lediglich reichhaltige Lernarrangements schaffen, die den Erwachsenen Erschließung und Aneignung (→ Aneignung – Vermittlung) von Neuem nach Maßgabe ihrer kognitiven Strukturen und ihrer jeweils besonderen Lebenssituation „ermöglichen". Lernen ist in konstruktivistischer Sicht somit nicht lehrdeterminiert, sondern „strukturdeterminiert", d.h. in Verlauf und Ergebnissen von der jeweiligen situativen und kognitiven Struktur der Lernenden abhängig. Eine konstruktivistische Erwachsenendidaktik lenkt somit die Aufmerksamkeit erneut auf die bereits von Eduard Spranger beschriebenen „Unsicherheitsrelationen" zwischen Lehrzielen und Lernerhandlungen und verhilft so zu einer realistischeren, nicht-trivialen Sicht des Erwachsenenlernens. Für die Praxis des Erwachsenenlernens ergibt sich hieraus die Konsequenz, dass dieses immer Aktivität sowie eigene Selbststeuerung und Kontrolle durch die Lernenden zulassen muss. Ebenso kann Erwachsenenlernen ohne die Einbeziehung des individuellen Erfahrungs- und Wissenshintergrundes sowie der eigenen Interpretationen nicht gelingen. Erwachsenenlernen ist gleichzeitig ein situativer Prozess, der in spezifischen Kontexten stattfindet und auf spezifische Kontexte ausgerichtet ist. Und schließlich ist Erwachsenenlernen immer auch als eine soziale Interaktion über die Viabilität von Begründungen, Wirklichkeitsinterpretationen und Handlungsstrategien zu gestalten.

An die Stelle der „Vermittlung", die nicht im Sinne einer Übertragung möglich ist, muss die Konstruktion durch die Lernenden treten, welche durch nichts – und schon gar nicht durch das „Behandeln" durch die Lehrenden – wirklich ersetzt werden kann. Kersten Reich plädiert in diesem Sinne dafür, dass „jeder zum Erfinder seiner Wirklichkeit werden (muss)" (Reich 1996). Denn Lernen ist ein aktiv-konstruktiver Prozess. Dieser erfolgt stets in einem bestimmten Kontext und ist somit situativ sowie multidimensional und systemisch eingebunden (Reinmann-Rothmeier/Mandl 1997), wodurch einer lehrorientierten und vorrangig von stofflichen Vorabfestlegungen ausgehenden Lernprozessplanung und -gestaltung viel von ihrer Begründung entzogen wird, so populär, vertraut und eingefahren entsprechende alltagsdidaktische Vorstellungen auch sein mögen. Letztlich vermögen diese mechanistisch-didaktischen Konzepte nicht zu erklären, wieso – wie in der K.debatte oft zitiert – etwas gelernt wird, ohne dass gelehrt wurde, dass zudem häufig etwas anderes gelernt wird, als gelehrt wurde und wieso etwas nicht gelernt wird, obgleich es gelehrt wurde (Arnold/Siebert 2003, 2006).

Solche Phänomene legen einen anderen Zugang zu den Fragen des Erwachsenenlernens nahe, wie er sich in der systemischen Pädagogik andeutet. Dabei werden auch die Ergebnisse der neurophysiologischen Kognitionsforschung sowie der Emotionsforschung aufgegriffen, welche uns zu der Einsicht drängen, dass das Hirn „keinen Abdruck des Außen" (Breidbach 1996) konserviert, und dass Kompetenzentwicklung ohne eine Stärkung der inneren Kräfte und Potenziale des Subjekts nicht wirklich gelingen kann. Diese Überlegungen werden vom emotionalen K. (Arnold 2005, 2007) aufgegriffen. Kompetenzentwicklung – so seine These – ist von dem bisherigen Selbstwirksamkeitserleben und soziale Kompetenzen von den früh eingespurten Formen des Umgangs grundlegend (vor-)geprägt. Im besonderen Maße gilt dies für die emotionale Kompetenz, die zudem wieder mehr und mehr als das Erleben und das Lernen des Subjekts durchwirkende Größe in den Blick gerät. Dabei wird deutlich, dass EB sich an dem systemischen Eingebundensein in Gefühlswelten der Lernenden bewusst orientieren muss, wenn wirklich nachhaltige Kompetenzentwicklung gelingen soll.

In einer systemisch-konstruktivistischen Perspektive tritt auch das Moment der „selbsteinschließenden Reflexion" (Francisco Varela) sowohl als professionelle Leitlinie für Erwachsenenbildner/innen, als auch als Merkmal transformativen Lernens in den Blick. Im Hinblick auf die Professionalität kommt es auch für die Erwachsenenbildner/innen selbst darauf an, nicht wider bessere Einsicht so weiter zu machen, wie bisher – indem sie als Lehrende die Lage so deuten, wie sie sie deuten und deshalb auch nur erkennen (und tun!), was sie dabei zu erkennen und zu tun gewohnt sind und so in ihrer gewohnten Interventionshaltung zu „erstarren" drohen. Diese Feststellung wirft vielmehr die Frage auf, wie man – systemisch-konstruktivistisch informiert – überhaupt noch pädagogisch handeln kann, wenn man handeln muss. Grundlegend ist dafür die paradoxe Maßgabe, dass man dem „Rezept zur Vermeidung von Rezepten" verpflichtet bleibt, da dieses uns eine Beobachterebene zu eröffnen vermag („Ich weiß, wie ich beobachte, und verändern kann, was ich mache") von welcher aus sich professionellere Zugänge zur Gestaltung und Weiterentwicklung von Lernprozessen zu ergeben vermögen. Wer Rezepte vermeiden kann, löst sich von eingefahrenen Bahnen, die ihm Sicherheit vermitteln und öffnet sich dem didaktischen Risiko. Ihm kann misslingen, was ihm derzeit oft auch bloß augenscheinlich gelingt. Insgesamt ist er darum bemüht, die Standpunkte, Sichtweisen und Möglichkeiten derer, für deren Entwicklung er „zuständig" und „verantwortlich" ist, systematisch zu erforschen und dem, was ihm dabei sichtbar wird, zu folgen. Er erkennt die Systemik des pädagogischen Feldes nur im Feld selbst und häufig auch bloß in der rückblickenden Reflexion, durch die es möglich wird, das Geschehen anders und neu sehen zu lernen und so das Geschehen auch neu zu konstruieren.

Literatur
Arnold, R.: Die emotionale Konstruktion der Wirklichkeit. Baltmannsweiler 2005 – Arnold, R.: Ich lerne, also bin ich. Eine systemisch-konstruktivistische Didaktik. Heidelberg 2007 – Arnold, R./Siebert, H.: Konstruktivistische Erwachsenenbildung. 4. Aufl. Baltmannsweiler 2003 – Arnold, R./ Siebert, H.: Die Verschränkung der Blicke. Konstruktivistische Erwachsenenbildung im Dialog. Baltmannsweiler 2006 – Breidbach, O.: Vorwort. Was geht in unserem Kopf vor? In: Rusch, G./Schmidt, S.J./ders. (Hrsg.): Interne Repräsentationen. Neue Konzepte der Hirnforschung. Frankfurt 1996 – Reich, K.: Systemisch-konstruktivistische Pädagogik. Einführung in Grundlagen einer interaktionistisch-konstruktivistischen Pädagogik. Neuwied 1996 – Reinmann-Rothmeier, G./ Mandl, H.: Lernen neu denken: Kompetenzen für die Wissensgesellschaft und deren Förderung. In: Schulverwaltung, H. 3, 1997

Rolf Arnold

Kreativität

K. ist die Fähigkeit, Denkergebnisse und Produkte hervorzubringen, die im Wesentlichen neu sind und/ oder demjenigen, der sie hervorgebracht hat, vorher unbekannt waren. Dieses schöpferische Vermögen lässt sich sowohl in herausragenden Leistungen der Kunst und Wissenschaft als auch in Problemlösungen des Alltags der Menschen finden.
Zwischen den zu unterscheidenden vier verschiedenen Modellen für K. bestehen sowohl signifikante Unterschiede wie Querverbindungen. Es handelt sich um ein polyvalentes Bedeutungsfeld, das u.a. in der Psychologie, Philosophie und Pädagogik erforscht wird.
Erstens: Der kreative Prozess wird, je nach Theoriekonzept, in vier bis sieben Phasen eingeteilt. Weitgehend durchgesetzt hat sich die Gliederung in Vorbereitungs- oder Präparationsphase, gekennzeichnet durch eigenständige Wahrnehmung; Inkubations- oder Reifungsphase, in der ein Problem mit unterschiedlichen Lösungsvarinaten eingegrenzt wird; Illumination, Einsicht oder Aha-Erlebnis, innerhalb dessen eine Lösung meist spontan gefunden wird; Auswertungsphase oder Evaluation, in welcher die Lösung einer kritischen Überprüfung standhalten muss; Ausarbeitungs- oder Verifikationsphase, gekennzeichnet durch die Frage, wie das Erfundene von der Umwelt aufgenommen und als kreative Neuerung verarbeitet wird.
Zweitens: Die kreative Person muss, um überhaupt auf eine Herausforderung eine neue Lösung finden zu können, zuvor die bisher geltende Ordnung teilweise aufheben. Hierfür bedarf es bestimmter Fähigkeiten. Die psychologische Kreativitätsforschung geht dementsprechend davon aus, dass im Prinzip alle Menschen vor dem Hintergrund ihrer Biographie kreative Potenziale aufweisen, wenn auch in unterschiedlich starker Ausprägung. Personbezogen lassen sich u.a. folgende unterscheiden: Problemsensitivität; Einfalls- und Denkflüssigkeit, auch Fluktualität genannt; das Vermögen zum Transfer von Ideen und deren Neu-Kombination, als Flexibilität bezeichnet; Originalität und Neugierde durch intrinsische → Motivation; intensive Durchdringung komplexer Sachverhalte; Fähigkeit zur Umstrukturierung, oft bedingt durch Nonkonformismus und → Autonomie; Geduld zur Ausarbeitung, Elaboration. Das an die Person gebundene Modell ist wohl das älteste Kreativitätskonzept, es wurde mit Genialität in Verbindung gebracht.
Drittens: Das kreative Produkt ist das Ergebnis eines kreativen Prozesses. Es zeichnet sich aus durch Neuartigkeit sowie Sinnhaftigkeit, und es muss zugleich vom Umfeld bzw. von der Gesellschaft als relevant akzeptiert werden. Aufgrund der Schwierigkeiten, Person- oder Prozesseigenschaften valide zu erfassen bzw. zu prognostizieren, fordern Forscher/innen eine Konzentration auf kreative Produkte.
Viertens: Das kreative Umfeld wird insb. in der Pädagogik in Bezug auf die Interaktion und Kommunikation innerhalb einer Gruppe verstärkt beachtet. Kennzeichnend sind hier: eine Atmosphäre, die Frei-

heit und Sicherheit miteinander verbindet; Toleranz und Offenheit für divergente Problemlösungen; Ermöglichen selbstständigen und selbstinitiierten Forschens und Lernens in hierarchiearmer Umgebung; eine spannungsreiche Umwelt, in der die Befähigung zur Selbstförderung ausgebildet wird; Anregungen zur Reflexion auf das eigene Verhalten. Kursleitende sind bestrebt, mittels geeigneter Methoden ein solches Lernklima zu schaffen.

In der EB ist K. ein zentrales Leitziel der → kulturellen Bildung, hier werden Angebote allerdings oft unreflektiert als „Kreativkurs" bezeichnet. Beruflich orientierte Veranstaltungen akzentuieren K. als eine der zu trainierenden Schlüsselqualifikationen. Ferner ist K. für die → politische Bildung in ihrer gesellschaftlich-sozialen Dimension der Problemlösungen von Bedeutung.

Literatur
Csikszentmihalyi, M.: Kreativität. Stuttgart 1997 – Preiser, S./Buchholz, N.: Kreativität. Heidelberg 2004 – Urban, K.K.: Kreativität. Münster 2004

Georg Peez

Kulturelle Bildung

K.B. ist integratives Element von → Allgemeinbildung und hat unter anderem die Aufgabe, Menschen in ihrer Persönlichkeitsbildung zu unterstützen sowie deren soziale, kommunikative und kreative Fähigkeiten zu stärken. Die Grundlage von k.B. bildet die allgemeine Kulturpädagogik, zu deren Wurzeln u.a. Schillers ästhetisch-politisch-pädagogische Reflexionen in seinen „Briefen zur ästhetischen Erziehung" gehören (Fuchs 1994). Neben der Pädagogik sind vor allem Kunst und Ästhetik die Bezugsdisziplinen. Die Förderung kultureller und ästhetischer Bildungsprozesse steht im Mittelpunkt der k.B., wobei dem kommunikativen Aspekt eine wichtige Rolle zukommt. Zentrale Aufgaben sind:

- die Förderung gestalterischer, kreativer Fähigkeiten,
- die Sensibilisierung für die verschiedenen Formen künstlerischen Ausdrucks,
- die Erweiterung von kulturellen und kommunikativen Kompetenzen, u.a. der Medienkompetenz,
- die Sensibilisierung für soziokulturelle und interkulturelle Lebenszusammenhänge (→ interkulturelle Bildung).

Vielfalt ist eines der prägendsten Kennzeichen der k.B. Sie hat unterschiedliche Methoden und Zugänge: zum einen spezifische künstlerisch-ästhetische Arbeitsformen in unterschiedlichen kulturellen Bereichen wie Bildende Kunst, Musik, Theater, Literatur, Medien usw., zum anderen die reflektierende Auseinandersetzung mit Arbeiten von Künstler/inne/n und kulturellen Angeboten. Diese werden sowohl im Rahmen von Kursen als auch von Projekten, Werkstätten, offenen Ateliers usw. realisiert.

In diesen Kontexten ermöglicht k.B. offene Lernprozesse, d.h. dass diese nicht immer auf ein genau definiertes Ziel hin verlaufen, sondern auf Selbstbildungsprozesse in der Auseinandersetzung mit Kunst und Kultur oder dem eigenen kreativen Gestalten bauen. Experiment, Improvisation und Assoziation sind hier wichtige Dimensionen. Den Kursleitenden, bzw. Dozent/inn/en kommt eine besondere Rolle bei der Initiierung und Begleitung solcher Prozesse zu. Eine wichtige Grundlage ist dabei, die Vielfalt von individuellen Wahrnehmungs- und Ausdrucksformen der Teilnehmenden zu akzeptieren und diese als kreatives Potenzial zu fördern.

K.B. wird von einer Vielzahl von Institutionen angeboten (u.a. Weiterbildungseinrichtungen, Kunst- und Musikschulen, Museen, konfessionelle Anbieter). Die Vielfalt der Angebote der k.B. zeigen u.a. die „Konzeption Kulturelle Bildung III" (Deutscher Kulturrat 2005), sowie Untersuchungen zur Struktur der k.B. (Gieseke u.a. 2005).

In der Praxis der k.B. gab es bei vielen Weiterbildungseinrichtungen lange eine Trennung bei den Angeboten zwischen der theoretisch-reflektierenden Auseinandersetzung mit Kunst und dem künstlerisch-kreativen Gestalten. Inzwischen sind die Angebote z.B. bei den Volkshochschulen, einem der größten Anbieter in der k.B., wieder unter dem Begriffspaar „Kultur – Gestalten" zusammengefasst.

In einer integrativ verstandenen, ganzheitlichen, ästhetisch-kulturellen Bildung ist die Dimension der → Kreativität zentral. Als wichtige Schlüsselkompetenz wird sie vor allem in den Angeboten der k.B. gefördert. Doch auch in die berufliche Bildung und politische Bildung haben Methoden der k.B. Einzug gehalten. Deutlich wird das wechselseitige Verhältnis zur politischen Bildung auch in der soziokulturellen Bildungsarbeit (z.B. als stadtteilorientierte Kulturarbeit), die sich auch als → politische Bildung versteht.

Vor dem Hintergrund der sich verschlechternden finanziellen Rahmenbedingungen für die WB gerät die k.B. immer wieder unter Legitimationsdruck. Es erweist sich in diesem Zusammenhang als Problem, dass ihre Ergebnisse nicht eindeutig messbar sind und ihre Angebote oft als reine Freizeitangebote (Freizeitpädagogik) abqualifiziert werden. Doch ästhetische und kulturelle Qualitäten lassen sich eben nicht messen. Es lassen sich höchstens für die Rahmenbedingungen von k.B. Qualitätskriterien festhalten (Einrichtungs-, Programm- u. Durchführungsqualität). Wie in kaum einem anderen Bildungsbereich, bestimmen die Teilnehmenden letztendlich selbst den Gebrauchswert und damit die Qualität von k.B.

In Anbetracht der gesellschaftlichen Veränderungsprozesse und der zunehmenden Komplexität der Lebenswelten ist die Förderung kreativer Selbstbildungsprozesse, wie sie die k.B. initiiert, eine der zentralen Aufgaben von EB insgesamt. In diesem Sinne stellen die Methoden und Zugänge der k.B. ein Modell für die anderen Bildungsbereiche dar.

Literatur

Deutscher Kulturrat (Hrsg.): Kulturelle Bildung in der Bildungsreform. Konzeption Kulturelle Bildung III. Berlin 2005 – Fuchs, M.: Kultur Lernen. Eine Einführung in die Allgemeine Kulturpädagogik. Remscheid 1994 – Gieseke, W. u.a.: Kulturelle Erwachsenenbildung in Deutschland. Münster 2005 – Stang, R. u.a.: Kulturelle Bildung. Bielefeld 2003

Richard Stang

Kultusministerkonferenz (KMK)

Die KMK wurde am 19./20.02.1948 in Stuttgart-Hohenheim durch die Kultusminister aller Besatzungszonen während einer „Konferenz der deutschen Erziehungsminister" gegründet, um in gemeinsamer Verantwortung einer Auseinanderentwicklung des Bildungswesens und der Kultur im Nachkriegsdeutschland entgegenzuwirken.

Sitz der KMK ist Bonn. Das Sekretariat der KMK hat ca. 200 Beschäftigte in den Koordinierungsbereichen für Schule, Hochschule, berufliche Bildung, WB und internationale und europäische Angelegenheiten. Neben dem Koordinierungsbereich gibt es unter dem Dach des Sekretariats den Pädagogischen Austauschdienst (PAD), der den Austausch von Schüler/inne/n, Lehrer/inne/n und Klassen auf der Grundlage einer Vielzahl von nationalen, europäischen und bilateralen Programmen organisiert. Eine weitere Abteilung des Sekretariats, die Zentralstelle für ausländisches Bildungswesen (ZAB), ist eine gemeinsame Gutachterstelle der Länder für die Bewertung ausländischer Bildungsnachweise, insb. für die Zulassung zu Hochschulen sowie für Berufe mit staatlich festgelegten Mindestqualifikationen. Politische Entscheidungen werden im Plenum der Kultusminister/innen getroffen. Fachlich bestehen neben den Hauptausschüssen noch die Kommission für europäische und internationale Angelegenheiten die Sportkommission, die Kommission für Statistik, Kommissionen für Qualität in Schule, in Hochschule und Lehrerbildung und eine Vielzahl von Unterausschüssen und Arbeitskreisen. Eng mit der KMK zusammen arbeitet das 2003 von den Kultusministerien gegründete Institut zur Qualitätsentwicklung im Hochschulwesen an der Humboldt-Universität Berlin.

Über die KMK werden verfassungsrechtlich gebotene Koordinierungsaufgaben, die Vergleichbarkeit der Bildungssysteme und ihrer Abschlüsse geregelt (z.B. Abkommen zur gymnasialen Oberstufe) sowie Empfehlungen zu besonderen Schwerpunkten der Bildungspolitik abgegeben, z.B. zur Qualität des Bildungssystems, zur Öffnung, Durchlässigkeit und Gleichwertigkeit der Bildungssysteme, zur Weiterentwicklung der dualen beruflichen Ausbildung, zur Lehrerausbildung sowie zur gemeinsamen Aufgabenstellung von Schule, Kultur, Hochschule und WB. Bis 1990 wurden Fragen der EB im Ausschuss für Kultur und EB mit einem Unterausschuss für EB gemeinsam behandelt. Seit 1990 wurde der eigenständige Ausschuss für Fort- und Weiterbildung konstituiert in der Erkenntnis, dass der WB im Bildungssystem im Zusammenhang des → Lebenslangen Lernens eine immer höhere Bedeutung zukommt. Hintergrund dieser Entscheidung waren die zunehmende Bedeutung der EB/WB und die daraus resultierende Notwendigkeit einer eigenständigen Behandlung wichtiger länderübergreifender Themenstellungen der WB. Darüber hinaus wurde die Notwendigkeit eines Koordinierungsgremiums und einer Kontaktstelle im Bereich WB zur BLK (seit 2008 ist die Gemeinsame Wissenschaftskonferenz (GWK) die Nachfolgeorganisation der BLK) zur Konzertierten Aktion Weiterbildung (KAW), zu kommunalen Spitzenverbänden und Spitzenverbänden der WB, zu Bundesinstituten für WB (BIBB, DIE), zur BA, zum BMBF und zur EU gesehen.

Der Ausschuss für Fort- und Weiterbildung (AFW) war bis 2004 neben dem Schulausschuss, dem Hoch-

schulausschuss und dem Kulturausschuss einer der vier Hauptausschüsse der KMK. Damit entsprach die Ausschussgliederung der KMK dem Modell der vier miteinander verbundenen „gleichwertigen“ Bildungsbereiche.
2004 wurde der AWF im Rahmen einer gremienreduzierenden Umstrukturierung der KMK aufgelöst und zunächst in den Hochschulausschuss integriert. Diese Lösung erwies sich als suboptimal und deshalb wurde die Aufgabenstellung der WB 2006 in den Unterausschuss für Berufliche Bildung und Weiterbildung integriert. Auch diese organisatorische Veränderung erwies sich insb. nach der ersten Stufe der Förderalismusreform, der Abschaffung der BLK und den wachsenden Zuständigkeiten des BMBF für die WB als nicht zweckmäßig. So wurde die Wahrnehmung der Belange der politischen und allgemeinen WB im Jahr 2008 an zwei Staatssekretäre (derzeit aus den Ländern Berlin und Niedersachsen) übertragen, denen ein Arbeitskreis aus den für WB zuständigen Ansprechpartner/inne/n der Länder zur Seite steht.
Die KMK befasst sich im Bereich der WB vorrangig mit folgenden Aufgabenstellungen:

- länderkompatible Weiterbildungsdatenbanken, Statistiken und Informations- und Beratungssysteme,
- Mitwirkung an den EU-Bildungsprogrammen und Koordinierung der Programme im Bereich der WB (Nationale Agentur für Sokrates/EB),
- Mitwirkung an Beschlüssen zu Teilbereichen der WB (→ zweiter Bildungsweg/erwachsenengemäße Prüfungen, politische WB, Bildungsfreistellung),
- länderübergreifende Mitarbeit an Konzeption und Vertretung in internationale Konferenzen (UNESCO-Weltkonferenz EB, Weiterbildungskonferenzen der europäischen Präsidentschaften, Konferenzen in der EU),
- länderübergreifende Koordinierung und Vertretung in Weiterbildungsinstituten (→ Deutsches Institut für Erwachsenenbildung),
- länderübergreifende Vertretung und Kontakte zu anderen Bildungsinstitutionen und Strukturen (Konzertierte Aktion Weiterbildung, BA, BIBB, Bundeszentrale für politische Bildung, EU),
- länderübergreifende Vertretung und Kontakte zu den großen Weiterbildungsverbänden (DIHT, DVV, DGB, KEB, EEB, Arbeit und Leben, ländliche EB),
- länderübergreifender Erfahrungsaustausch über Gesetzgebung, Weiterbildungspolitik, Verwaltungshandeln und Haushaltsfragen in den Ländern,
- länderübergreifende Vertretung bei Konferenzen und in der Fachöffentlichkeit,
- länderübergreifende Konzeption zur Qualitätssicherung und zum Qualitätsmanagement (Bund-Länder-Verbände-Modellprojekt),
- länderübergreifende Konzeptionen zum selbstgesteuerten Lernen, WB für Benachteiligte, Stärkung der Professionalität in der WB, Bedeutung der WB als Standortfaktor,
- länderübergreifende Position zur Anerkennung von Vorleistungen in Bildungsgängen (erwachsenengerechten Prüfungen),
- Mitwirkung bei der Konzeption der Gleichwertigkeit von allgemeiner und beruflicher Bildung.

Peter Krug & Gernot Herrmann

Kursleitende – Dozenten – Teamer

K., D. und T. sind geläufige Bezeichnungen für das erwachsenenpädagogisch und didaktisch tätige → Personal in der organisierten EB/WB, das hauptsächlich in direkter Interaktion mit Lernenden deren Lernprozesse anregt und unterstützt, sie beim Lernen berät und begleitet, Wissen und Können lehrend, anleitend und unterweisend vermittelt, auf Lernen gerichtete Kommunikation, Erfahrungsaustausch- und Suchprozesse moderiert, Lernergebnisse beurteilt sowie Rückmeldungen zu Lernverhalten und individuell geeigneten Lernstrategien gibt.
Während die Bezeichnung K. vor allem in Volkshochschulen und kirchlichen Erwachsenenbildungseinrichtungen verwendet wird, ist der Begriff D. eher in Akademien und schulförmigen Einrichtungen gebräuchlich; die Bezeichnung T. dominiert in gewerkschaftlichen und in Jugendbildungseinrichtungen.
Nach einer repräsentativen Studie von 2005 (WSF), woraus alle im Folgenden verwendeten Daten stammen, sofern nicht andere Quellen angegeben werden, betrug zu diesem Zeitpunkt die Zahl der in der EB/WB – je nach enger oder weiter Definition – lehrenden Personen, zu denen neben K., D. und T. je nach Beschäftigungs-Institution oder beruflichem Selbstverständnis auch Referent/inn/en, Trainer/innen, Lernberater/innen, Lernbegleiter/innen, Tutor/inn/en, Weiterbildungslehrende und didaktisch tätiges Personal mit zahlreichen anderen Bezeichnungen gehören, zwischen 505.000 und 650.000; etwas

mehr als die Hälfte davon sind Frauen. Der Anteil ehrenamtlich Lehrender lag bei knapp 10 %.
Die didaktische Kernaufgabe der organisierten EB/WB, das im unmittelbaren Kontakt mit Lernenden innerhalb didaktisch gestalteter Arrangements und lernförderlich ausgestatteter Lernumgebungen unterstützte Lernen, ist Gegenstand von 77,5 % bzw. 84,6 % aller Beschäftigungs- und Tätigkeitsverhältnisse in der WB.
Knapp zwei Drittel des auf diese Weise tätigen Personals nehmen ihre Aufgaben nebenberuflich wahr; bis auf Rentner/innen, Hausfrauen/männer oder Studierende übt es also einen anderen Hauptberuf aus. Damit besteht auch heute noch überwiegend die seit den Anfängen der organisierten Bildung Erwachsener entwickelte strukturelle Arbeitsteilung zwischen hauptberuflich ausgeübter Bildungs- und -Angebotsplanung, -Bedarfsermittlung, Bildungsberatung und Evaluation einerseits und nebenberuflicher Lehrtätigkeit und direkter Lernunterstützung andererseits.
Fast drei Viertel (73,2 %) aller Lehrenden der organisierten EB/WB im weiteren Sinne arbeitet auf Honorarbasis, nur 13,5 % sind sozialversicherungspflichtig beschäftigt. Ein knappes Viertel der Honorarkräfte unterhält Beschäftigungsverhältnisse bei mehreren Trägern, vor allem dann, wenn diese die einzige Einkommensquelle darstellen. Die Einkommenssituation dieser Beschäftigten, überwiegend Frauen, ist häufig prekär, weil kaum existenzsichernd. Die traditionell vergleichsweise niedrigen Honorare Lehrender in diesem Arbeitsmarktsegment und die mit der Neuausrichtung der Arbeitsmarktpolitik (Hartz-Reformen) verbundenen Entlassungen und Honorarkürzungen in der beruflichen WB bewirken eine insgesamt überwiegend ungünstige wirtschaftliche und arbeitsrechtliche Lage von K., D. und T.
Dennoch sind die weitaus meisten Lehrenden mit ihren Arbeitsbedingungen offenbar zufrieden und für ihre erwachsenenpädagogischen und didaktischen Tätigkeiten hoch motiviert (95 %).
Die meisten Beschäftigungs- und Tätigkeitsverhältnisse des lehrenden und lernunterstützenden Personals in der EB/WB im weiteren Sinne gab es 2005 in Privatunternehmen, gefolgt von den Volkshochschulen, Vereinen, kirchlichen Trägern und Kammern/arbeitgebernahen Trägern.
Dieser Beschäftigungsstruktur entsprechen die Anteile der größten Themenfelder, in denen Lehrende tätig sind: Arbeit und Beruf (23 %), Gesundheit und Ernährung (21 %), Organisation, Management (19 %), Wirtschaft, Recht (18 %), Familie, Gender, Erziehung, Lebensgestaltung (17 %). Hauptberufliche K., D. und T. sind häufiger mit den Themen der beruflichen WB befasst, während in den „privaten“ Themenfeldern nebenberuflich Lehrende dominieren.
Obwohl die lehrend und lernunterstützend Tätigen eine Schlüsselfunktion für die Weiterbildungsqualität haben, sind sie aufgrund ihres arbeitsrechtlichen Status und der daher geringen Integration in ihre Beschäftigungsorganisationen offenbar bisher nur wenig in deren Qualitätsmanagement- und sicherungsprozesse eingebunden. Dies würdigt allerdings nicht die Bedeutung und Verantwortung ihrer didaktischen Arbeit für die Lernerfolge der Klientel, die wiederum einen image-relevanten Faktor darstellen, dessen Schlüsselfunktion bereits bei der Einstellungs- und Personalentwicklungspraxis der Arbeit- und Auftraggeber unterschätzt zu werden scheint (Heuer/Gieseke 2006); denn wenn die erwachsenenpädagogische und didaktische Qualität organisierter Bildung Erwachsener sich insb. in Lehr-Lernsituationen erweist, gelingendes und nachhaltiges Lernen durch K., D. und T. ermöglicht und entscheidend mitbestimmt wird, dann wäre nicht nur ihre kontinuierliche Einbeziehung in die Qualitätsentwicklung und -sicherung notwendig, sondern auch deren erwachsenenpädagogische und didaktische Qualifikation, Kompetenz und Fortbildung eine unverzichtbare Voraussetzung von Beschäftigung und erwachsenenbildnerischer Professionalität (Peters 2004).
Zwar hatten im Jahr 2005 knapp drei Viertel der Lehrenden in der EB/WB (73 %) eine akademische Ausbildung, doch immerhin waren 34 % aller Lehrenden pädagogisch nicht qualifiziert, obwohl sie pädagogisch tätig waren. 19 % der befragten Lehrenden hatten ein Lehramtsstudium absolviert, weitere 19 % besaßen einen anderen pädagogischen Hochschulabschluss. An trägerspezifischen Fortbildungen hatten 21 % teilgenommen, und 28 % verfügten über eine „andere didaktische Ausbildung“, z.B. im Rahmen der Vorbereitungskurse für die Meisterschule im Handwerk.
Über das berufliche Aufgaben- und Rollenverständnis von lehrend und unmittelbar lernunterstützend tätigem Personal in der EB/WB sind keine repräsentativen empirischen Forschungsergebnisse bekannt. Nach einer 2001 veröffentlichten, nicht repräsentativen Befragung von K. sahen diese sich entweder als

Fachexperten, die es als ihre Hauptaufgabe verstanden, Fachwissen weiter zu geben, oder als Methodenexperten, die sich als Lernprozess-Gestalter und -begleiter begriffen, bzw. als Gesprächspartner, die einen sozialen Ort für Gespräche zu schaffen für das Wesentliche ihrer Tätigkeit hielten (Hof 2001). Auch K., die einige Jahre zuvor befragt worden waren, verstanden sich als fach-, prozess- oder persönlichkeitsorientiert (Bastian 1997).

Das zumeist unmittelbar personenbezogene, erwachsenenpädagogische und didaktische Handeln von K., D. und T. ist im Hinblick auf die Professionalisierung des EB/WB-Personals trotz vielfältiger Fortbildungsangebote sowohl von Arbeit- und Auftraggebern als auch von Hochschulen, Verbänden und anderen Institutionen bisher wissenschaftlich und berufspraktisch eher wenig beachtet und auch wenig erforscht worden; das Hauptinteresse galt vielmehr dem quantitativ weitaus geringeren Teil des überwiegend mit makrodidaktischen Tätigkeiten und Bildungsmanagement beschäftigten, hauptberuflich tätigen pädagogischen Personals. Darin liegt eine gewisse Folgerichtigkeit, denn die überwiegend nebenberuflich und in der Regel nur durchschnittlich acht Jahre ausgeübte Tätigkeit von K., D. und T. vermag offenbar nicht hinreichend zu aufwendigen und längerfristig angelegten Professionalisierungs- und Forschungsanstrengungen zu motivieren.

Inwieweit K., D. und T. über erwachsenenpädagogische Professionalität verfügen, ist weitgehend unbekannt, die Vorstellungen davon sind sehr heterogen. „Während es für andere Bildungsbereiche (Vorschule/Schule) mittlerweile definierte Qualifikationsstandards und detaillierte Kompetenzbeschreibungen gibt, fehlen diese für den Weiterbildungsbereich in Deutschland noch weitgehend, so dass in der WB im Prinzip jede/r tätig werden kann" (Kraft u.a. 2009).

Auf die Frage nach den für sie wichtigsten Aspekten ihrer Tätigkeiten nannten im Jahr 2005 befragte K., D. und T. u.a.: Selbstständigkeit und Eigenverantwortlichkeit des Lehrens, angenehme Atmosphäre in den Lehrveranstaltungen, angenehmes Betriebsklima in der Einrichtung, eigene inhaltliche Gestaltung von Lehrveranstaltungen, interessante und vielseitige Tätigkeit, Offenheit von Trägern bzw. deren Leitungen für neue Konzepte.

Die geringe Transparenz von Beschäftigungskriterien für K. D. und T., die Heterogenität ihrer Qualifikationen, Kompetenzen und beruflichen Aufgabenverständnisse, die für sie nicht verbindliche Fortbildung, die nur schwache Integration in Institutionen und deren Qualitätssicherung/-management, die vergleichsweise geringe Honorierung und sehr unzureichende soziale Absicherung begründen einen bis heute andauernden „fragilen Status" (Schrader 2001) dieser weitaus größten Beschäftigten-Gruppe in der EB/WB.

Es gibt jedoch Anzeichen dafür, dass die Schlüsselfunktion von K., D. und T. für die Qualität der Prozesse und Ergebnisse lebenslangen Lernens immer stärker in das Blickfeld von EB/WB-Institutionen sowie der nationalen und europäischen Bildungspolitik gerät (Kraft u.a. 2009, Pielorz 2009).

Literatur

Bastian, H.: Kursleiterprofile und Angebotsqualität. Bad Heilbrunn/Obb. 1997 – Heuer, U./Gieseke, W. (Hrsg.): Pädagogisches Wissen für die Weiterbildung. Fortbildungsbedarf und Personalentwicklung. Oldenburg 2006 – Hof, C.: Konzepte des Wissens – Eine empirische Studie zu den wissenstheoretischen Grundlagen des Unterrichtens. Bielefeld 2001 – Kraft, S./Seitter, W./Kollewe, L.: Professionalitätsentwicklung des Weiterbildungspersonals. Bielefeld 2009 – Peters, R.: Erwachsenenbildungs-Professionalität. Ansprüche und Realitäten. Bielefeld 2004 – Pielorz, M.: Personalentwicklung und Mitarbeiterführung. Bielefeld 2009 – Schrader, J.: Wechselnde Verantwortung, fragiler Status: Zur Situation der Lehrkräfte in der Erwachsenenbildung. In: Heuer, U./Botzat, T./Meisel, K. (Hrsg.): Neue Lehr- und Lernkulturen in der Weiterbildung. Bielefeld 2001 – WSF: Erhebung zur beruflichen und sozialen Lage von Lehrenden in Weiterbildungseinrichtungen. Schlussbericht. Kerpen 2005. URL: www.bmbf.de/pub/berufliche_und_soziale_lage_von_lehrenden_in_weiterbildungseinrichtungen.pdf (Stand: 11.11.2009)

Roswitha Peters

Länderstudien zur Weiterbildung in den Bundesländern

In den 1980er Jahren hat die gewachsene Diskrepanz zwischen Postulat und Realität in der WB eine Legitimationslücke für die politischen Akteure erzeugt. In diesem Zusammenhang entstand zunächst auf der Ebene der Bundesländer der Wunsch nach wissenschaftlicher Beratung. Entsprechende L. zur WB wurden erstellt für Baden-Württemberg (1984), Hessen (1991, 2005), Schleswig-Holstein (1995), Bremen (1995) und Nordrhein-Westfalen (1997). Zusätzlich wurden von den Landesbehörden in Rheinland-Pfalz (1995) und Hamburg (1995) Bestandsaufnahmen vorgelegt und für Niedersachsen die Diskussion um die Novellierung des Erwachsenenbildungsgesetzes dokumentiert (1995).
Der Hintergrund der verschiedenen Gutachten spiegelt einen Wechsel des Politikmodells. Während in den 1960er und 1970er Jahren die Vorstellung herrschte, dass der Staat den Weiterbildungsbereich durch indirekte Gestaltung zum einen mittels Einrichtung von Kooperationsgremien und zum anderen mittels Festlegung einer „kommunalen Pflichtaufgabe“ zur Sicherstellung einer „Grundversorgung“ an Weiterbildungsangeboten strukturiert, findet sich eine deutlich andere Umgangsform mit Weiterbildungsentwicklung und mit Wissenschaft im Bericht der Kommission Weiterbildung, erstellt im Auftrag der Landesregierung von Baden-Württemberg 1984. Akzente des Berichts sind die Funktionalität und das Innovationspotenzial von WB, bezogen auf gesellschaftliche und wirtschaftliche Perspektiven.
In weiteren Gutachten für Hessen, Schleswig-Holstein und Bremen (Faulstich/Gnahs 2005, Faulstich/Teichler 1996; Strukturkommission 1995) wurde versucht, die Expertenrolle in eine Moderatorenfunktion umzuwandeln. Durch die Einrichtung von Strukturkommissionen, die sich auch aus Vertretern von → Trägern der EB zusammensetzten, war eine Abstimmung von Berichterstellung und Stellungnahmen beabsichtigt. Es wurde ein Prozess der Konsensfindung durch die Einrichtung von Beiratsgremien angestrengt. Damit wurde weit über die offiziellen Positionsbestimmungen hinaus eine breite Diskussion über die Perspektiven der WB angeregt. Allerdings wurde auch ein „Revierverhalten“ in der Weiterbildungslandschaft deutlich, das zu Abwehrbewegungen gegenüber Reformvorschlägen führt. Dies ist der Kontext für das Gutachten zur „Evaluation der Weiterbildung“ in Nordrhein-Westfalen, für das eine Gruppe von fünf Sachverständigen (Professoren) aus externer Sicht eine Evaluation der Weiterbildungslandschaft auf dem Wege eines Peer-Review-Verfahrens durchführte (Gieseke u.a. 1997).
In den verschiedenen Gutachten und Studien werden ähnliche Zugänge zu den Problemen in der EB beschritten:

- Untersucht wird, wie das zerklüftete Institutionenspektrum durch Koordination und Kooperation einen höheren Grad an Systematik, Stabilität und Transparenz erhalten kann.
- Überlegt wird, wie bestehende Angebotslücken in Bezug auf Adressaten und Inhalte geschlossen werden können.
- Gefragt wird, wie eine Integration der durch überholte juristische, finanzielle und curriculare Spaltung gekennzeichneten Bereiche der „allgemeinen“ und „beruflichen“ WB erfolgen kann.
- Entwickelt werden Ansätze, um durch Zertifikate die Anerkennung und Verwertung von WB zu verbessern.
- Problematisiert wird, welche Finanzierungsinstrumente angesichts der Ressourcendefizite angezogen werden können.
- Gesucht wird nach institutionellen Strukturen, um die weitgehend akzeptierten Funktionen von Information, → Beratung und Qualitätssicherung (Supportstrukturen) zu realisieren.

Lösungsvorschläge sind gekennzeichnet durch eine „mittlere Reichweite“. Sie beziehen sich auf wenige zentrale Instrumente, welche defizitäre Konsequenzen der gemischtwirtschaftlichen Regulation, also Marktversagen und Staatsversagen, kompensieren sollen.

Literatur
Faulstich, P./Gnahs, D.: Weiterbildungsbericht Hessen. Frankfurt a.M. 2005 – Faulstich, P./Teichler, U./Döring, O.: Bestand und Entwicklungsrichtungen der Weiterbildung in Schleswig-Holstein. Weinheim 1996 – Gieseke, W. u.a.: Evaluation der Weiterbildung. Soest 1997 – Kommission Weiterbildung (im Auftrag der Landesregierung Baden-Württemberg): Weiterbildung – Herausforderung und Chance. Stuttgart 1984 – Nuissl, E./Schlutz, E. (Hrsg.): Systemevaluation und Politikberatung. Gutachten und Analysen zum Weiterbildungssystem. Bielefeld 2001 – Strukturkommission Weiterbildung des Senats der Freien und Hansestadt Bremen: Bremer Bericht zur Weiterbildung. Bremen 1995

Peter Faulstich

Lebendiges Lernen

L.L., ursprünglich „Themenzentrierte Interaktion" (TZI) genannt, versteht sich als ganzheitliches Lernen und ist aus gruppentherapeutischen Verfahren hervorgegangen. Bekannt geworden ist das Konzept vor allem durch die Arbeiten der Psychotherapeutin Ruth Cohn und das u.a. von ihr gegründete WILL-Institut (Workshop Institutes for Living Learning). Das Konzept ist aufgrund seiner axiomatischen Grundaussagen, Postulate, Hilfsregeln und methodischen Hinweise sehr praxisorientiert. Während die Axiome eine humanistische Grundhaltung des Pädagogen beschreiben, geben die beiden Postulate („Sei deine eigene Chairperson" und „Störungen haben Vorrang") bereits konkrete Hinweise für die Lernprozessgestaltung, in der die Selbstbestimmung und die Bedürfnisse des Lernenden geachtet werden. Das Modell der TZI versucht, Lernprozesse in ihrer ganzen Komplexität zu betrachten und weist auf vier Faktoren hin, die in einer Gruppeninteraktion (→ Gruppe) zum Tragen kommen: das „Ich" (die Person und ihre Anliegen), das „Wir" (die Gruppe und ihre Interessen), das „Es" (das Thema oder die gemeinsame Aufgabe) und der „Globe" (dieser repräsentiert das Umfeld der Gruppe, d.h. deren situative, soziale, natürliche Gegenwartsumgebung inklusive der Bedingtheiten durch Vergangenheits- und Zukunftsaspekte). Diese Faktoren sollten in einem Lehr-Lernprozess in einer „dynamischen Balance" gehalten werden. TZI möchte durch die Gleichgewichtigkeit von Sach- und Beziehungsebene eine Situation des lebendigen Miteinander-Lernens ermöglichen, in der die Lernenden sowohl in ihren kognitiv-rationalen als auch in ihren emotional-sozialen Fähigkeiten ernst genommen werden. Dieser Ansatz „rüttelt" somit an der Dominanz des Fachlichen und zeigt auf, dass ein nachhaltiges und l.L. nur dann zustande kommen kann, wenn die Lernenden mit ihrer Person und ihren Bedürfnissen am Lernprozess beteiligt werden und eine im Sinne eines expansiven Lernens persönliche Beziehung zum Lerngegenstand herstellen können. L.L korrespondiert daher mit einem dialogischen und ermöglichungsdidaktischen Lehrstil (→ Ermöglichungsdidaktik).

Die historischen Wurzeln des Bemühens um ein lebendige(re)s Lernen reichen weit in die pädagogische Tradition zurück. So war z.B. auch bereits die Reformpädagogik zu Beginn des 20. Jh. darum bemüht, die Einseitigkeiten einer verkopften „Buchschule" zu überwinden und durch Formen einer lebendigen → Lernkultur zu ersetzen. Die Lernenden sollten nicht länger mit totem Wissen konfrontiert werden, das ihnen in einer verfestigten Lerner-Rolle „vermittelt" wird, sondern sich ihre Umwelt vielmehr selbsttätig und aktiv aneignen dürfen (Gaudig 1969). Dafür wurde die traditionelle Perspektive gewissermaßen auf den Kopf gestellt: Es waren nicht länger (nur) die Anforderungen der überlieferten Kultur und der aktuellen → Gesellschaft, die für eine Begründung des „Was" und des „Wie" des Lernens zu Rate gezogen wurden; ausgegangen wurde vielmehr vom Lernenden selbst. Seine Aneignung (→ Aneignung – Vermittlung) von Umwelt war der Fokus. Gefragt wurde nicht mehr nach dem Gelingen der „Weitergabe von Kultur", sondern nach dem Gelingen von Selbsttätigkeit und Persönlichkeitsentwicklung. Mit dem immer rascheren gesellschaftlichen und technologischen Wandel der modernen Gesellschaften gewinnen solche Ansätze und Vorläufer eines l.L eine neue und veränderte Aktualität. Kennzeichnend ist für die gesellschaftliche Realität unserer modernen bzw. postmodernen Gesellschaften das, was der Soziologe Ulrich Beck die „Wiederkehr der Ungewissheit" nennt (Beck 1993). Gesellschaftliche Entwicklung und individuelle Biographien werden wieder, wie in der vorindustriellen Vergangenheit, „riskant". Dies gilt auch für das zukunftsorientierte Lernen. Die Lerninhalte und die Lernformen müssen im Prozess einer „reflexiven Modernisierung" selbst reflexiv werden. Dies bedeutet, dass es immer weniger nur auf die Inhalte des Lernens ankommt. „Wichtiger als das Beherrschen des jeweiligen Fachinhaltes" – so heißt es in einem Gutachten für die Enquete-Kommission „Zukünftige Bildungspolitik – Bildung 2000" des Deutschen Bundestages – „wird das, was man daran und in der Auseinandersetzung damit persönlich an fachübergreifenden Grundqualifikationen und innerer Haltung lernt und erfährt" (Bojanowski u.a. 1991). Solche umfassenden, außerfachlichen und übergreifenden Fähigkeiten (→ Schlüsselqualifikationen) können nur in lebendigen Lernprozessen entwickelt werden. L.L. ist dadurch gekennzeichnet, dass neben den Inhalten des Lernens auch der Prozess des Lernens eine zentrale Bedeutung erhält. Damit eine solche Prozessorientierung gelingen kann, erfordert dies aufseiten der Lehrenden systemische Kompetenzen und eine entwicklungsförderliche Lernkultur (Arnold/Schüßler 1998; Arnold 2007).

Literatur
Arnold, R.: Ich lerne also bin ich. Eine systemisch-konstruktivistische Didaktik. Heidelberg 2007 – Arnold, R./Schüßler, I.: Wandel der Lernkulturen. Darmstadt 1998 – Beck, U.: Die Erfindung des Politischen. Zu einer Theorie reflexiver Modernisierung. Frankfurt a.M. 1993 – Bojanowski, A. u.a.: Qualifizierung als Persönlichkeitsentwicklung. Frankfurt a.M. 1991 – Cohn, R.: Von der Psychoanalyse zur Themenzentrierten Interaktion. 9. Aufl. Stuttgart 1990 – Gaudig, H.: Die Schule der Selbsttätigkeit. Bad Heilbrunn/Obb. 1969

Rolf Arnold & Ingeborg Schüßler

Lebenslanges Lernen

L.L. bezeichnet in seiner allgemeinen Bedeutung die Tatsache, dass der Vorgang des Lernens während der gesamten Lebensspanne stattfindet und in dieser Zeit stets Gegenstand wissenschaftlicher pädagogischer Reflexion sein kann. In der pädagogischen Bearbeitung des Themas drückt sich aus, dass es in der Moderne als unangemessen angesehen wird, Zeitpunkte zu benennen, ab denen Lernbemühungen von Menschen nicht mehr wesentlich wären (Kraus 2001). Damit wird l.L. in zweierlei Weise thematisiert: Zum einen wird es als eine quasi-natürliche Gegebenheit, als „eine zentrale Grundfunktion des menschlichen Lebens" beschrieben (Dohmen 1996). In dieser Fassung ist l.L. ein Ausdruck dafür, dass Pädagogik, Bildungspolitik und andere Akteure dieser Tatsache Aufmerksamkeit widmen. Zum anderen werden mit dem l.L. konkrete Ziele verbunden. So stellt es für die EU-Kommission ein Mittel zur „Förderung der aktiven Staatsbürgerschaft und Förderung der Beschäftigungsfähigkeit" (EU-Kommission 2000) dar. Zugespitzt wird diese Argumentation oft in ökonomischer Richtung, indem l.L. als notwendige Form der Entwicklung von Humankapital thematisiert wird (Otala 1992).
Die biographiebezogene Bedeutung von l.L. erweist sich für die Erwachsenenpädagogik als besonders anschlussfähig. In dem Maße, in dem sich jene (bzw. die Pädagogik insgesamt) als „Lebenslaufwissenschaft" (Lenzen 1997) verstehen, kann sie auch das → Lernen (neben der dekontextualisierten Betrachtung des Vorgangs etwa als Wissenserwerb) in seiner biographischen Bedeutung und Wirkung thematisieren. Der Lernende ist dann nicht jemand, der sich abstrakt Kenntnisse oder Fähigkeiten aneignet, sondern er lernt, um in seiner spezifischen biographischen Situation seine Beziehung zur subjektiv wahrgenommenen Lebenswelt zu gestalten.
Die bildungspolitische Dimension des Begriffs l.L. kommt in zahlreichen internationalen Veröffentlichungen zum Ausdruck (→ Lifelong Learning). Von besonderer Bedeutung ist dabei das „Memorandum über lebenslanges Lernen" (EU-Kommission 2000), das eine lange Vorgeschichte hat (→ Europäische Erwachsenenbildung).
In beiden Bedeutungen hat die Diskussion um l.L. auch Anlass zur Kritik gegeben. In dem Moment, in dem aus der bloßen Feststellung, dass Lernen lebenslang stattfindet, die Forderung folgt, dieses Lernen professionell zu begleiten, ist zu hinterfragen, ob damit nicht einer „Kolonisierung der Lebenswelt" (Habermas) Vorschub geleistet wird, indem das Lernen als integraler Bestandteil des Lebensvollzugs herausgebrochen und möglicherweise auch partikularen Zielsetzungen unterworfen wird. Diese Kritik spitzt sich mit Blick auf die bildungspolitische Verwendung des Konzepts zu. Hier tritt offen zutage, dass mit l.L. eine Erziehungsvorstellung verbunden ist. Ob es dabei um eine Erziehung im Sinne eines ökonomischen Nutzenkalküls oder um die Ausrichtung von Individuen auf politisch begründete, gesellschaftliche Zielvorstellungen geht, bleibt dabei sekundär. Entscheidend ist, dass l.L. in dieser Form, und insb. in Verbindung mit der Idee des → selbstgesteuerten und des → informellen Lernens, etwas anderes bedeutet als die Verfügbarmachung von Bildungsangeboten. Verschiedentlich ist in diesem Zusammenhang vom Zwang zum l.L. gesprochen worden und vor dem Hintergrund einer an Foucaults Gouvernementalitätstheorie orientierten Betrachtung wird l.L. „als ehrgeiziges Metabildungsprogramm" betrachtet, in dem es darum gehe, „die Bevölkerung moderner industrialisierter Gesellschaften auf eine Bildungseinstellung zu verpflichten, in der sie sich das bisher von Bildungsinstitutionen Vermitteltete jenseits dieser Institutionen selbst aneignen" (Forneck 2004).

Literatur
Dohmen, G.: Das lebenslange Lernen. Leitlinien einer modernen Bildungspolitik. Bonn 1996 – EU-Kommission: Memorandum über lebenslanges Lernen. Brüssel 2000 – Expertenkommission Finanzierung Lebenslangen Lernens: Der Weg in die Zukunft: Schlussbericht der unabhängigen Expertenkommission Finanzierung Lebenslangen Lernens. Bonn 2004 (BMBF) – Forneck, H.J.: Reformpädagogische Vexierbilder und erwachsenenpädagogische Professionalität. In: Bender, W./Groß, M./Heglmeier, H. (Hrsg.): Lernen und Handeln. Eine Grundfrage der Erwachsenenbildung. Schwalbach 2004 – Kraus, K.: Lebenslanges Lernen. Karriere einer Leitidee. Bie-

lefeld 2001 – Lenzen, D.: Professionelle Lebensbegleitung – Erziehungswissenschaft auf dem Weg zur Wissenschaft des Lebenslaufs und der Humanontogenese. In: Erziehungswissenschaft, H. 8, 1997 – Otala, L.: European Approaches to Lifelong Learning. Trends in industry practices and industry-university cooperation in adult education and training. Genf 1992

Henning Pätzold

Lebenslauf

Der L. beinhaltet alle sinnhaft strukturierten Ereignisse zwischen Geburt und Tod einer Person, die das individuelle Schicksal als nicht kontingent erscheinen lassen, und schließt dabei die vergangenheitsabhängige Gegenwart und die offene Zukunft mit ein. Im letzten Jahrzehnt konnte die fast schon klassisch zu nennende soziologische Einsicht, dass der L. eine gesellschaftliche Institution par excellence darstellt, durch erziehungswissenschaftliche Befunde über die „Pädagogisierung der biographischen Lebensführung" abgestützt und erhärtet werden. Neben den Einrichtungen und Regelungen des Wohlfahrtsstaates (Renteneintritt) sind immer mehr pädagogische Institutionen, Ämter und Professionen an der „gesellschaftlichen Produktion" individueller L. beteiligt: Während das durchschnittliche Gesellschaftsmitglied in der ersten Lebenshälfte von der Eltern- und → Familienbildung, vorschulischen Erziehungsstätten, der Schule, Einrichtungen der → Berufsbildung und der Hochschulausbildung betreut wird, frequentiert es in der zweiten Lebenshälfte als potenzielle Klientel → Angebote der betrieblichen und der außerbetrieblichen WB, der allgemeinen EB (→ allgemeine Billdung, → politische Bildung) und der → Altenbildung – bis hin zur Sterbebegleitung. Die faktische Partizipation ist hierbei keineswegs der entscheidende Punkt: Denn unter dem Diktum des → Lebenslangen Lernens ist nicht die Frequentierung von Bildungsangeboten, sondern die Nicht-Teilnahme begründungspflichtig; jede Person avanciert so zum „potenziellen Teilnehmer". Im fachwissenschaftlichen Diskurs ist noch kein Konsens darüber erzielt worden, ob alle pädagogisch begleiteten, institutionalisierten Ablauf- und Erwartungsmuster des L. (Schulkarriere), Statuspassagen (Examen), Übergangsrituale und Laufbahnen (berufliche Zusatzausbildung) dem Erziehungssystem (Kade 1997) zurechenbar sind. Unstrittig ist demgegenüber, dass die jeweiligen Prozesse in der Zeit einen unschätzbaren Beitrag zur gesellschaftlichen → Integration leisten. Die intendierten und unbeabsichtigten Folgen des pädagogischen Handelns in all den diversen pädagogischen Einrichtungen geben den L. in modernen → Gesellschaften nicht nur eine standardisierende und normierende Gestalt, sondern verleihen ihnen auch das Signum des Unverwechselbaren und der Individualität. Luhmann vertritt die These, dass der L. Medium und Form dieses gesellschaftlichen Funktionssystems zugleich ist und somit zur operativen Schließung des Erziehungssystems beiträgt: „Der aus Wendepunkten bestehende Lebenslauf ist einerseits ein Medium im Sinne eines Kombinationsraums von Möglichkeiten und andererseits eine von Moment zu Moment fortschreitende Festlegung von Formen, die den jeweiligen Lebenslauf vom jeweiligen Stand aus reproduzieren, indem sie ihm weitere Möglichkeiten eröffnen und verschließen" (Luhmann 1997).

Der L., der im Unterschied zur → Biographie auch die „noch nicht geschriebene Seite", die ungelebten Utopien des Lebens enthält, bildet aus mehreren Gründen den elementarsten Horizont des makrodidaktischen Planungshandelns (→ Didaktik) in der EB. Der Blick auf das in der EB offerierte Gesamtspektrum an Bildungsangeboten zeigt, dass sich der Adressatenkreis sowohl auf junge als auch auf Personen im mittleren Erwachsenenalter, auf solche im Rentenalter und auf Hochbetagte erstreckt. Keine andere Institution im Bildungswesen absorbiert und deckt durch ihre Angebotspalette so viel Lebenszeit ab wie die EB. Auch der Motivzusammenhang des Besuchs und der Verwendungskontext des in den Kursen angeeigneten → Wissens weist retrospektive oder zukünftige Referenzen auf, die einer reflexiven Positionierung im L. bedürfen (Bildungsberatung, → Beratung). Unter bildungspolitischen Experten wird nach wie vor das schon in den 1970er Jahren formulierte Ziel angestrebt, die Konzentration des organisierten Lernens im ersten Lebensdrittel aufzulösen und angesichts des immer dynamischeren sozialen Wandelns die Lernzeiten gleichmäßiger auf den L. zu verteilen. Aus der Sicht der → Institutionen ist dieses Ziel, solange die WB nicht zur „vierten Säule" des Bildungssystems ausgebaut ist, immer noch eine gesellschaftliche Bringschuld. Vom Standpunkt der Akteure bzw. der Aneignungsperspektive (→ Aneignung – Vermittlung) gibt es Hinweise, dass das → lebenslange Lernen im Modus des autodidaktischen Lernens und unter Nutzung der modernen Massenmedien schon längst Realität ist. Die im L. verstreichende Zeit avanciert – so oder so – immer mehr zur Lernzeit, ohne dass die damit verbundenen Vermittlungs- und Aneignungsaktivitäten in jedem Fall dem Erziehungssystem zugerechnet werden würden.

Literatur

Kade, J.: Vermittelbar/nicht-vermittelbar. Vermitteln: Aneignen. Im Prozess der Systembildung des Pädagogischen. In: Lenzen, D./Luhmann, N. (Hrsg.): Bildung und Weiterbildung im Erziehungssystem. Lebenslauf und Humanontogenese als Medium und Form. Frankfurt a.M. 1997 – Luhmann, N.: Erziehung als Formung des Lebenslaufs. In: Lenzen, D./Luhmann, N. (Hrsg.): Bildung und Weiterbildung im Erziehungssystem. Lebenslauf und Humanontogenese als Medium und Form. Frankfurt a.M. 1997

Dieter Nittel

Lebenswelt

Als L. wird im Anschluss an Konzepte der Phänomenologie (E. Husserl) der individuelle Kosmos der Selbstverständlichkeiten, in dem wir leben, bezeichnet. Dieser Kosmos stiftet für den Einzelnen Gewissheit, → Identität und Zugehörigkeit, und er bestimmt auch die Themen sowie die Lernanlässe und Lernbereitschaften des Erwachsenenlernens. Menschen suchen – so die Ausgangsthese der lebensweltbezogenen EB – Lerngelegenheiten dann auf, wenn Gewissheiten erodieren (z.B. überlieferte Orientierungen und → Kompetenzen), Identität neu definiert werden muss und Zugehörigkeiten erschüttert worden sind (z.B. Verlust des Arbeitsplatzes, des Partners). EB darf sich deshalb nicht auf inhaltliche Angebote zurückziehen, sie muss ihre Teilnehmenden vielmehr in ihren L.bezügen wahrnehmen, da diese L.bezüge Lernmotivationen (→ Motivation) konstituieren, ihre Einbeziehung aber auch eine wichtige Voraussetzung für die → Nachhaltigkeit des Erwachsenenlernens darstellt. Erwachsene lernen nur dann wirksam, wenn die ihnen angetragenen Orientierungen, Erklärungen und → Deutungsmuster etwas mit ihrem Leben und ihrer Wirklichkeit zu tun haben.

L.bezüge können sich jedoch nicht nur durch Einflüsse aus dem Gesellschaftssystem ändern, auch eine Veränderung der „eingelebten" Deutungsmuster und Sichtweisen kann dazu führen, dass Menschen ihre L. umgestalten, Vertrautheiten aufgeben und Neues „neu" zu sehen versuchen. EB kann somit sowohl eine lebensbegleitende als auch eine L. transformierende Funktion erfüllen. In diesem Sinne beschrieb E. Schmitz (1984) die EB als einen „lebensweltbezogenen Erkenntnisprozess" und wies dieser die wichtige Aufgabe der Transformation und Differenzierung lebensweltgebundener Deutungen zu. Dieser Bedarf an lebensweltlichem Orientierungs- und Vergewisserungslernen nimmt in einer Gesellschaft deutlich zu, in der vertraute Lebensmuster erodieren, wobei das „System" die lebensweltlichen Interaktions- und Kooperationsformen zunehmend zu überwölben bzw. zu „erdrücken" scheint. So hat J. Habermas darauf hingewiesen, dass das Spannungsverhältnis zwischen System und L. sich zunehmend zu Lasten des letzteren verschiebt. Das heißt, die L. der Menschen folgt in immer stärkerem Maße den Imperativen des Systems, markt- und konkurrenzbezogene Interaktionsformen sowie Vereinsamung und Verunsicherung sickern immer stärker in den → Alltag und das Zusammenleben der Menschen ein. L. als Gewissheits- und Orientierungskosmos geht dabei allmählich verloren, weshalb auch die EB in zunehmendem Maße L.funktionen übernehmen und L.versagen kompensieren muss. Es ist aber auch das Ende der Normalbiographie (→ Biographie), das die L.plausibilität erschüttert und zu etwas Transitorischem verkommen lässt. „Nichts ist gewisser als das Ungewisse" – diese Phrase aus einem Gedicht von François Villon ließe sich als Leitmotiv postmoderner L. aufgreifen. Eine lebensweltbezogene EB kann sich nur darum bemühen, verlorengegangene subjektive Plausibilität der L. wieder herzustellen und lebenspraktische Handlungsfähigkeit zu sichern, sie kann ihre Aufgabe aber auch als Vorbereitung auf den Umgang mit Ungewissheit verstehen und so nicht die Plausibilität, sondern deren Verlust zum Anknüpfungspunkt ihrer Angebote und Strategien nehmen. In beiden Fällen übernimmt der Erwachsenenpädagoge dabei die Funktion einer „stellvertretenden Deutung" (U. Oevermann), d.h., er erarbeitet gemeinsam mit Erwachsenen neue und tragfähige Deutungsmuster, mit denen sie sich in Krisen und Veränderungsprozessen zurechtfinden können.

Literatur

Arnold, R.: Lebensweltbezogene Erwachsenenbildung. Zu den Implikationen eines didaktischen Ansatzes. In: Zeitschrift für erziehungs- und sozialwissenschaftliche Forschung, H. 1, 1989 – Hoerning, E.M./Tietgens, H. (Hrsg.): Erwachsenenbildung: Interaktion mit der Wirklichkeit. Bad Heilbrunn/Obb. 1989 – Schmitz, E.: Erwachsenenbildung als lebensweltbezogener Erkenntnisprozess. In: Schmitz, E./Tietgens, H. (Hrsg.): Erwachsenenbildung. Enzyklopädie Erziehungswissenschaft, Bd. 11. Stuttgart 1984

Rolf Arnold

Lehren

L. wird häufig als Vermittlung von Expertenwissen an Laien nach dem Sender-Empfänger-Modell definiert. Es ist unbestritten, dass Lehrende über eine fachliche → Kompetenz verfügen müssen, um in Seminaren neues Wissen anbieten zu können. Eine reine Vermittlungsdidaktik (→ Didaktik) aber vernachlässigt die Selbsttätigkeit des Lernenden und die Emergenz der → Kognition. Konzepte einer → Ermöglichungsdidaktik betonen die Gestaltung anregender Lernumgebungen, ohne dass die Aneignung (→ Aneignung – Vermittlung) von relevantem → Wissen und die Konstruktion von Wissen zu kurz kommen. Lehre hat Passung zwischen der Psychologik, der Sach- bzw. Inhaltslogik und der Verwendungslogik herzustellen. Je nach Thema, → Zielgruppe, → Motivation, Veranstaltungsart überwiegt jeweils eine der Logiken. Dementsprechend lassen sich drei Lehrstile unterscheiden: Der inhaltsorientierte Stil betont die didaktische Reduktion und Rekonstruktion des Themas und die sachlich korrekte Darstellung (z.B. durch Referate, Lehrgespräche, Thesenpapiere). Der psychologische Stil legt Wert auf die Reflexion und Erweiterung des Erfahrungswissens der Lerngruppe (z.B. durch → Moderation, Visualisierung, Streitgespräch, Schreibwerkstatt). Der handlungsorientierte Stil akzentuiert die Anforderungen und Kriterien der Praxisfelder (z.B. durch Übungen, Simulation, Planspiel, → Projektlernen, Qualitätszirkel).
L. unterscheidet sich von therapeutischen Tätigkeiten vor allem durch die Unterstützung des Wissenserwerbs, wobei der Wissensbegriff nicht nur Faktenwissen, sondern auch Begründungs-, Handlungs-, Methodenwissen beinhaltet. Eine Variante des L. ist z.B. das → Coaching. Coaching ist die Begleitung, Motivierung, Unterstützung von Lern- und Arbeitsprozessen. Wesentliche Elemente des L. sind „reading and flexing" (Hunt 1985). „Reading" meint, eine Seminargruppe lesen können, aufgrund verbaler und non-verbaler Signale Interessen, Überforderungen, Langeweile zu spüren. „Flexing" meint eine entsprechende Modifizierung des didaktischen Konzepts, der Aufgaben und Methoden. Als drittes Element kann „reflecting" genannt werden, d.h. die metakommunikative → Evaluation des Lehr-Lernprozesses.
Bei allen Lehrangeboten sind die Autopoiese (→ Selbstorganisation, → Konstruktivismus) und Selbstreferenz der lernenden Erwachsenen zu beachten; Belehrungs- und Erziehungsversuche sind meist wirkungslos oder sogar kontraproduktiv. Ältere Lehrstiltypologien (autokratisch, laissez-faire, partnerschaftlich) haben an Bedeutung verloren. Neuere Unterscheidungen sind – insb. in der betrieblichen Bildungsarbeit – Coach, Moderator, Facilitator, Supervisor, Mediator usw.
Zu den wünschenswerten Lehrkompetenzen gehören fachdidaktische Kenntnisse, Beherrschung von Lehr-/Lernmethoden, Überblick über Unterrichtsmaterialien und → Medien in Lehr-Lernprozessen, Kenntnis der Milieus, der Zielgruppen und der Verwendungssituationen. Ebenso wichtig sind aber „extrafunktionale" Fähigkeiten und Motivationen, z.B. Interesse an den Teilnehmenden, Engagement für gesellschaftlichen Fortschritt, Neugier und Begeisterungsfähigkeit für die Thematik, auch eine aufmerksame „Gelassenheit". Ein Thema wird nicht nur unterrichtet, sondern „verkörpert", Lehrende motivieren andere durch ihre Identifikation mit der Thematik.
Die Gehirnforschung bestätigt, dass die Qualität des L. maßgeblich von der „Motiviertheit und Glaubhaftigkeit des Lehrenden" geprägt wird (Roth 2003). Systemisch betrachtet ist L. ein „wirkungsunsicheres Handeln" (Arnold 2007).
L. ist nicht nur eine Funktion des „Lehrpersonals". In manchen Seminaren verfügen Teilnehmende über interessante Kenntnisse und Erfahrungen, so dass sich die Seminarleitung auf eine Moderation beschränken kann. Die Qualität eines Seminars kann auch daran gemessen werden, wie viel das pädagogische Personal von den Teilnehmenden lernt.

Literatur
Arnold, R.: Ich lerne, also bin ich. Eine systemisch-konstruktivistische Didaktik. Heidelberg 2007 – Hunt, D.: Lehreranpassung „Reading und Flexing". In: Claude, A. u.a. (Hrsg.): Sensibilisierung für Lehrverhalten. Bonn 1985 – Kade, J.: Kursleiter und die Bildung Erwachsener. Bad Heilbrunn/Obb. 1989 – Nuissl, E. (Hrsg.): Vom Lernen zum Lehren. Bielefeld 2006 – Roth, G.: Warum sind Lehren und Lernen so schwierig? In: Report. Zeitschrift für Weiterbildungsforschung, H. 3, 2003 – Siebert, H.: Methoden für die Bildungsarbeit. Bielefeld 2008

Horst Siebert

Lehr-/Lernforschung

L. überschneidet sich mit bildungssoziologischer Forschung, Struktur- und Institutionenforschung,

Statistiken der WB, Motivationsforschung, Curriculumforschung, Qualifikationsforschung, Evaluationsforschung, Kognitionsforschung usw. L. wird deshalb hier eingegrenzt auf empirische Untersuchungen des Zusammenhangs von → Lehren und → Lernen in → Veranstaltungen der EB. Dazu gehören auch eine Erforschung des selbstgesteuerten bzw. → selbstorganisierten Lernens und der → Lernberatung sowie die Untersuchung lebensweltlicher und betrieblicher → Lernkulturen.

Aufgabe der L. ist es nicht, „richtige" Lehrmethoden zu entdecken, sondern Bildungsarbeit zu rekonstruieren, um dadurch auf die Faktorenkomplexion und Mehrdimensionalität aufmerksam zu machen. Die L. bemüht sich um Beobachtungen, die für das pädagogische Personal anregend sind, weil und wenn sie sich von den alltäglichen Beobachtungen unterscheiden, auch wenn „Fremdbeobachtungen" den Selbstbeobachtungen der Praxis nicht ohne weiteres überlegen sind. Forschung erschließt das vielfältige „Feld" des Lehrens und Lernens und erweitert dadurch das Spektrum der Handlungsmöglichkeiten. Vieles deutet darauf hin, dass Lernen nicht als Widerspiegelung der Lehre zu begreifen ist, sondern dass Lehre und Lernen als zwei selbstreferentielle Systeme zu betrachten sind, die nur lose miteinander verkoppelt sind. Eine solche Sichtweise wird durch systemisch-konstruktivistische Theorien nahe gelegt.

Die Beobachtungsergebnisse sind abhängig von den Untersuchungsmethoden, die sich zunächst einmal in fünf Verfahren untergliedern lassen, quantifizierende Verfahren, interpretative Verfahren, Begleitforschungen zu Modellversuchen (z.B. Aktionsforschung), kognitionswissenschaftliche Forschungen und neurowissenschaftliche Forschungen.

Zu den quantifizierenden Verfahren wiederum gehören folgende Ansätze:

- soziometrische Beschreibungen (z.B. prozentualer Anteil und Dauer von Lehrer-/Schülerbeiträgen),
- kombinierte Verfahren (z.B. Vergleich von Daten der teilnehmenden Beobachtung mit Befragungen von Lehrenden und → Teilnehmenden),
- Sprachanalysen (z.B. Untersuchungen von „Unterschicht-" und „Mittelschicht-Codes", von geschlechtsspezifischer Sprache).
- Zu den interpretativen Verfahren gehören folgende Modelle:
- Inhaltsanalysen (z.B. Interpretationen wörtlicher Protokolle und Tonbandaufzeichnungen aus Seminaren) (Kejcz u.a. 1979; Nolda 1996),
- Lesartenvergleich (Seminarprotokolle werden aus unterschiedlicher Perspektive interpretiert) (Arnold u.a. 1998),
- Interviews (Lehrende und Lernende werden nach ihren Bildungsbiographien und Bildungserfahrungen befragt),
- Differenzerfahrungen (Teilnehmende eines Seminars werden befragt, um die Vielfalt der Wahrnehmungen zu rekonstruieren) (Siebert 2008),
- Milieuforschungen (Lernstile und Interessen und sozialästhetische Präferenzen unterschiedlicher → Zielgruppen,
- Programmforschung (Botschaft und Semantik der Ankündigungstexte),
- Kursforschung (Beobachtung und Evaluation des Unterrichts in Kursen und Lehrgängen).

Literatur

Arnold, R. u.a.: Lehren und Lernen im Modus der Auslegung. Baltmannsweiler 1998 – Herrmann, U.: Neurodidaktik. Weinheim 2007 – Kejcz, Y. u.a.: Lernen an Erfahrungen? Frankfurt a.M. 1979 – Nolda, S.: Interaktion und Wissen. Frankfurt a.M. 1996 – Nuissl, E. (Hrsg.): Vom Lernen zum Lehren. Bielefeld 2006 – Siebert, H.: Konstruktivistisch lehren und lernen. Augsburg 2008 – Weinert, F.E./Mandl, H. (Hrsg.): Psychologie der Erwachsenenbildung. Göttingen u.a. 1997

Horst Siebert

Lehr-/Lernziele

L. beinhalten eine möglichst präzise und eindeutige Beschreibung der Ergebnisse, welche innerhalb eines Lehr- bzw. Lernprozesses angestrebt werden sollen. In einer Vereinfachung lassen sich Lehrziele von Lernzielen dadurch unterscheiden, dass mit *Lehr*zielen die von den Lehrenden formulierten Zielsetzungen im Sinne einer Antizipation des zu erreichenden Endverhaltens bezeichnet werden und es sich bei *Lern*zielen um die von den Lernenden selbst gesetzten, subjektiven und intendierten Handlungsziele innerhalb eines Lehr-/Lernarrangements handelt. Die umfassende Bezeichnung Lehr- bzw. „Unterrichtsziele" beinhaltet beide Aspekte (Jank/Meyer 2005), wobei die Ziele der Lernenden mit denen der Lehrenden mehr oder weniger übereinstimmen können.

Wesentliche Impulse zur Planung und Spezifizierung von L. sind aus der lernzielorientierten bzw. curricularen Didaktik hervorgegangen, welche im Anschluss an die Curriculumstheorie nach Saul B.

Robinsohn Ende der 1960er und in den 1970er Jahren entwickelt wurde. Zentrale Protagonisten dieser curricularen Wendung der Didaktik sind u.a. Christine Möller (1976) und Robert Mager (1969). Im Gegensatz zu anderen didaktischen Modellen nehmen L. in der lernzielorientierten bzw. curricularen Didaktik eine zentrale Stellung ein bzw. haben eine Priorität vor anderen Entscheidungen. Ein weiterer zentraler Aspekt ist die Lernziel-Kontrolle, d.h. die Verbindung von Unterricht mit abschließender Lernerfolgskontrolle anhand der vorgegebenen Zielsetzung. Dieser zweite Aspekt wurde aufgrund der Möglichkeiten für eine praktikable Erfolgskontrolle in andere didaktische Modelle integriert (Peterßen 2001).

Zur besseren Planung und Festlegung von L. lassen sich diese in hierarchische Klassifikationen mit unterschiedlichen Reichweiten einordnen. Möller unterscheidet in einer geläufigen Differenzierung anhand des Grades an Abstraktheit zwischen Richtzielen, Grobzielen und Feinzielen. Bei den Richtzielen handelt es sich um allgemeine Leitideen bzw. Bildungsziele (allgemeine Fachlernziele), welche vielfältig und unspezifisch formuliert sind. Grobziele (Teilziele) weisen einen mittlerer Grad an Eindeutigkeit und Präzision auf und sind auf der Ebene einer Planung von Unterrichtseinheiten angesiedelt. Während Richtziele vielfältige Interpretationen zulassen, sind Feinziele so eindeutig formuliert, dass nur eine Interpretation möglich ist.

Sowohl Grob- als auch Feinziele müssen nach R. Mager operationalisiert werden, um eine intersubjektive Überprüfbarkeit zu erreichen. Operationalisierungen zielen auf eine präzise Beschreibung einer beobachtbaren Endverhaltensweise, so dass Missverständnisse weitgehend ausgeschlossen werden (Reischmann 2002). Ein derart formuliertes Lernziel beinhaltet neben einer möglichst präzisen und transparenten Beschreibung der zu erreichenden Verhaltensweise in Form eines Produktes (Lernergebnis) die Angabe von genauen Bedingungen, unter denen das Verhalten auftritt, sowie die Nennung eines qualitativen und quantitativen Kriteriums, ab wann das Ziel erreicht worden ist (Bewertungsmaßstab).

Desweiteren lassen sich L. anhand verschiedener Schwierigkeitsgrade hierarchisch ordnen. Gemäß der gebräuchlichsten Taxonomie nach Benjamin S. Bloom (in der Weiterentwicklung gemeinsam mit David R. Krathwohl und Bertram B. Masia) lassen sich Lernziele anhand psychologischer Kategorien in drei Fähigkeitsbereiche einordnen: den kognitiven, den affektiven und den psychomotorischen Bereich. Die einzelnen Bereiche weisen jeweils unterschiedliche Lernzielstufen mit ansteigender Differenziertheit auf, welche an unterschiedlichen Hierarchiekriterien festgemacht werden (kognitive Komplexität, Internalisierung, Koordinierung bzw. Komplexität).

Die in den 1950er und 1960er Jahren in den USA von der Arbeitsgruppe um Bloom entwickelte Klassifikation von L. orientiert sich deutlich an behavioristisch geprägten Vorstellungen von Lehren und Lernen und beinhaltet den Versuch einer möglichst präzisen und kleinschrittigen Festschreibung bzw. Operationalisierung von Verhaltensweisen im Sinne eines antizipierbaren Endverhaltens. Insbesondere die damit verbundenen Machbarkeitsvorstellungen von Lehr- und Lernvorgängen und deren beabsichtigten Lernergebnissen werden durch neuere lerntheoretische Strömungen zunehmend infrage gestellt. Entsprechend wird die Frage nach L. inzwischen im Hinblick auf eine Anwendbarkeit in der Weiterbildungspraxis kontrovers diskutiert.

So wird mit einer Abkehr von behavioristischen Vorstellungen und einer Hinwendung zu konstruktivistischen (→ Konstruktivismus) oder ermöglichungsdidaktischen Überlegungen (→ Ermöglichungsdidaktik) die Möglichkeit allgemein verbindlicher Lernziele angesichts der Wirkungen individueller Deutungs- und Verhaltensmuster bezweifelt. Im Gegensatz zu schulischen Zusammenhängen, in welchen die L. durch den Lehrplan mehr oder weniger vorgegeben werden, ist dies in Weiterbildungsveranstaltungen – insb. im Bereich der allgemeinen EB – häufig nicht der Fall. Vor dem Hintergrund des Prinzips der Freiwilligkeit in der EB und einer vermehrten Teilnehmerorientierung wird bei der Formulierung von L. dem Prozess eines dialogischen Aushandelns und der Verständigung eine größere Bedeutung zugemessen. Hierbei bieten sich Anknüpfungspunkte an die Debatte um selbstregulierte Lernformen und informell erworbene Kompetenzen. Der Mitbestimmung der Zielsetzung von Bildungsmaßnahmen durch die Lernenden in der EB ist allerdings in solchen Bereichen Grenzen gesetzt, welche auf die Erlangung formeller Abschlüsse (z.B. Qualifikationsmaßnahmen) ausgerichtet sind. Jedoch sind die Formulierung und Begründung von relevanten L. für eine didaktische Planung auf mikro- und makrodidaktischer Ebene sowie für Maßnahmen der Qualitätssicherung (→ Qualitätsmanagement) zentrale Voraussetzungen.

Literatur
Jank, W./Meyer, H.: Didaktische Modelle. 7. Aufl. Berlin 2005 – Mager, R.M.: Lernziele und Programmierter Unterricht. Weinheim 1969 – Möller, C.: Technik der Lernplanung: Methoden und Probleme der Lernzielerstellung. 5. Aufl. Weinheim u.a. 1976 – Peterßen, W.H.: Lehrbuch allgemeine Didaktik. 6., völlig veränd., akt. und stark erw. Aufl. München 2001 – Reischmann, J.: Weiterbildungs-Evaluation. Lernerfolge sichtbar machen. Neuwied/Kriftel 2002

Markus Lermen

Leitstudien

Als L. der EB kann man solche Forschungsarbeiten bezeichnen, die für eine Disziplin einen unübersehbaren Anregungs- und Vorbildcharakter haben. Dieser ist nicht nur von der Relevanz der Fragestellung, der Differenziertheit der Methoden und dem Gehalt der Ergebnisse abhängig, sondern auch von der (zeitbedingten) Empfänglichkeit und Interaktionsdichte der wissenschaftlichen Gemeinschaft. L. tragen zur Diskurskontinuität und Identität einer Wissenschaftsdisziplin bei. Im Hinblick auf die EB sind es vor allem drei im Folgenden kurz beschriebene Forschungsarbeiten, denen man den Charakter von L. zusprechen kann.

Die Göttinger Untersuchung über „Bildung und gesellschaftliches Bewußtsein" (Strzelewicz/Raapke/Schulenberg 1966) fragt nach den Bildungsvorstellungen und der Bildungsbereitschaft der Bevölkerung der Bundesrepublik in der zweiten Hälfte der 1950er Jahre. Sie besteht aus drei Stufen: einer repräsentativen Befragung, 34 Gruppendiskussionen und 38 Einzelinterviews, wobei die später Befragten auch bei den früheren Schritten beteiligt waren, wodurch eine Intensivierung der Befragung möglich wurde. Ein Drittel der Interviewten hält die Gleichheit der Bildungschancen für nicht gegeben, „Bildung" wird als sozial differenzierender Begriff empfunden. Die Bereitschaft, als Erwachsener noch weiterzulernen, ist hochgradig von sozialen Faktoren abhängig: Je jünger die Befragten sind, desto höher ihre schulische Vorbildung, je höher ihr beruflicher und sozialer Status ist, desto wahrscheinlicher ist eine Teilnahme. Alle Befragten erwarten von der EB systematische Lernangebote und berufsorientierte Hilfen. Obwohl als Grundlagenstudie gedacht und zentral auf das Verhältnis zur Schule bezogen, hat die Göttinger Untersuchung besondere Wirkungen auf Praxis und Wissenschaft der EB gehabt. Dass Weiterbildungsbereitschaft weniger durch Appelle als durch Verbesserung der sozialen Faktoren zu verstärken ist, ist seitdem ebenso Gemeingut wie die Vorstellung, dass WB nicht nur Hobby, sondern ernsthafte lebensbegleitende Arbeit ist. Insofern hat die Untersuchung auch mit zur „realistischen Wende" der EB beigetragen.

Siebert und Gerl (1975) führten die erste große Studie zum „Lehr- und Lernverhalten bei Erwachsenen" in der BRD durch. Die Untersuchung ging ebenfalls in drei Wellen vor: Beobachtung von 22 Kursen (standardisiertes Verlaufsprotokoll), Anfangs- und Schlussbefragung (Fragebögen) von 700 bzw. 400 Teilnehmenden, sog. Experimentalseminare zur Erhöhung der Kurssteuerung durch die Teilnehmenden. Eine Stärke der Untersuchung ist der mögliche Vergleich zwischen Beobachtung und Befragung, also die Spannung zwischen Außen- und Binnenwahrnehmung, womit zugleich mögliche blinde Flecken der Lehrenden benannt werden (z.B. spricht der Kursleiter mehr als alle anderen, aber die Teilnehmenden empfinden sich als sehr aktiv).

In ähnlicher Weise an den Partizipationsmöglichkeiten der Lernenden interessiert ist das BUVEP-Projekt (Kejcz u.a. 1979), es geht jedoch qualitativ vor, indem es 47 zweiwöchige Bildungsurlaubsseminare vollständig protokolliert. Diese Texte wurden unter zwei Aspekten inhaltsanalytisch untersucht: nach Schlüsselsituationen der Teilnehmerorientierung und nach Typen von Lehr-Strategien. Das zugespitzte Ergebnis lautete: Lehrende neigen dazu, alles auszublenden, was ihrer Lehrstrategie zuwiderläuft; Teilnehmende und Lehrende reden aneinander vorbei, behandeln dasselbe Thema auf unterschiedlichen Ebenen. So kann die Untersuchung sowohl als Nachweis der Schwierigkeiten pädagogischen Bemühens als auch als Kritik an strategischen Formen → politischer Bildung gelesen werden.

Ähnlich aufwendige Untersuchungen sind seitdem kaum noch durchgeführt worden, oder es ist ihnen nicht die Relevanz oder der Neuigkeitswert zugesprochen worden, der sie zu Leitstudien machte. Das liegt aber wohl auch daran, dass sich die Forschungsfragen und -richtungen ausdifferenziert haben, so dass die großen Themen entschwunden scheinen, auf die die Wissenschaft fokussiert. Dies könnte aber auch Ansporn für eine erneute Zentrierung von Forschungsfragen innerhalb der wissenschaftlichen Gemeinschaft sein.

Literatur
Kejcz, Y. u.a.: Bildungsurlaubs-Versuchs- und -Entwicklungsprogramm der Bundesregierung. Endbericht Bd. I–VIII. Heidelberg 1979–1980 – Siebert, H./Gerl, H.: Lehr- und Lernverhalten bei Erwachsenen. Braunschweig 1975 – Strzelewicz, W./Raapke, H.-D./Schulenberg, W.: Bildung und gesellschaftliches Bewußtsein. Eine mehrstufige soziologische Untersuchung in Westdeutschland. Stuttgart 1966

Erhard Schlutz

Lernberatung

Der Begriff L. wird in der Erwachsenenpädagogik unterschiedlich verwendet. Idealtypisch lassen sich zwei Verwendungen unterscheiden: In der einen Fassung bezeichnet L. eine bestimmte, gewissermaßen lernkulturelle Grundorientierung (→ Lernkultur), bei der L. als spezifische „erwachsenenpädagogische Konzeption der Weiterbildung" (Klein/Reutter 2005) bzw. als „Lernprozessbegleitung" (ebd.) aufgefasst wird. Die andere Fassung betrachtet L. als eine spezifische Art didaktischen Handelns, bei der Beratung mit Bezug auf einen Lernprozess stattfindet (Pätzold 2004). In beiden Sichtweisen geht es jedoch darum, Merkmale, die typisch für Beratungsprozesse (→ Beratung) sind, für das organisierte Lehren und Lernen zu erschließen. Hierzu gehören insb. Freiwilligkeit, eine spezifische Verteilung von Verantwortung, die Orientierung an den Ressourcen der Klient/inn/en und das Ziel der Entscheidung oder der Lösung einer problemhaltigen Situation. Da bei L. häufig die beratende Person gleichzeitig lehrt und mitunter auch sanktioniert, sind die Möglichkeiten der Freiwilligkeit hier beeinträchtigt. Anzustreben ist dennoch eine Form von „Binnenfreiwilligkeit" (Pätzold 2005), bei der den Klient/inn/en auch in einem verpflichtenden äußeren Kontext die Wahl überlassen bleibt, das eigentliche Beratungsangebot anzunehmen oder nicht. Die Verteilung von Verantwortung in Beratungssituationen (und daran angelehnten Lernsituationen) ist dadurch gekennzeichnet, dass der oder die Berater/in die Verantwortung für den Prozess (und die eigenen Beiträge hierzu) übernehmen, während die Klient/inn/en verantworten, wie sie mit den Ergebnissen dieses Prozesses verfahren. Einen Rat nicht anzunehmen, stellt also keinen Grund für eine Sanktion dar, wenngleich es Anlass sein kann, die Beratungsbeziehung auf ihrer Nützlichkeit hin zu überprüfen und gegebenenfalls zu verändern oder zu beenden. Diese Form der Interaktion setzt geradezu voraus, die Ressourcen der Klient/inn/en in den Mittelpunkt des Prozesses zu stellen, denn die Verantwortung für den Umgang mit den Beratungsresultaten kann nur dort verortet werden, wo auch die Potenziale liegen, Ergebnisse produktiv umzusetzen. Gleichzeitig wahrt die Ressourcenorientierung die Autonomie der Klient/inn/en. Ein weiteres Merkmal von L. ist, dass sie stets auf einen Lernprozess bezogen ist. Zwar können sich im Rahmen der Beratung Problemkontexte ergeben, die nur noch wenig mit dem Vorgang des Lernens im engeren Sinne zu tun haben; es ist dann jedoch zu prüfen, inwieweit sie innerhalb der situativ gegebenen Möglichkeiten noch im Rahmen von L. bearbeitet werden können. Schließlich ist L. – im letzteren der o.g. Begriffsverständnisse – dadurch charakterisiert, dass sie die äußere Form von Beratung, d.h. in der Regel einer zeitlich befristeten Folge von Gesprächen zwischen zwei Personen mit der Rollenverteilung Berater/in – Klient/in aufweist.
Unabhängig vom jeweiligen Begriffsverständnis greift L. im Rahmen der Erwachsenenpädagogik eine Reihe von Merkmalen moderner erwachsenenpädagogischer Konzepte auf. Sie stellt die Lernenden als Akteure in den Mittelpunkt des Prozesses und verlagert das Handeln der Lehrenden in die Richtung einer subsidiären Begleitung. Weiterhin fasst sie Lernprozesse als subjektgebundene Vorgänge auf, die sich einer linearen Übertragung entziehen und ermöglicht, aber nicht erzeugt werden können. Schließlich etabliert sie den Vorgang der Beratung – neben anderen pädagogischen Beratungsformen wie der Weiterbildungsberatung – unmittelbar als Bestandteil des Lernprozesses.

Literatur
Klein, R./Reutter, G.: Die handlungsleitenden Prinzipien von Lernberatung – Weiterungen und Konkretisierung. In: Dies. (Hrsg.): Die Lernberatungskonzeption. Baltmannsweiler 2005 – Knoll, J.: Lern- und Bildungsberatung. Professionell beraten in der Weiterbildung. Bielefeld 2009 – Pätzold, H.: Lernberatung und Erwachsenenbildung. Baltmannsweiler 2004 – Pätzold, H.: Lernberatung zwischen Pflicht und Freiwilligkeit. In: Klein, R./Reutter, G. (Hrsg.): Die Lernberatungskonzeption. Baltmannsweiler 2005

Henning Pätzold

Lernen

L. ist ein Schlüsselbegriff der Pädagogik und der Psychologie, aber auch der Soziologie (→ Wissensgesellschaft, → Gesellschaft), der Ökonomie („lernende

Organisation") und der Neurowissenschaften (z.B. Gedächtniskapazität). L. ist eine dauerhafte Verhaltensänderung aufgrund von Erfahrungen – so die allgemeinste Definition. Eine neuere Definition versteht L. als Erweiterung des → Wissens, der Fähigkeiten und Fertigkeiten zur Bewältigung von Lebenssituationen. L. gilt als Voraussetzung für Überlebensfähigkeit, denn der Mensch ist aufgrund seiner defizitären Instinktausstattung zur permanenten Anpassung an Umweltveränderungen genötigt, aber auch in der Lage, seine Umwelt zu gestalten. So lässt sich L. als Konstruktion viabler, d.h. passender Lebenswelten verstehen. Diese Definition betont die Selbststeuerung des L. und distanziert sich von einer Abbild- und Widerspiegelungstheorie des L.

L. als Leistung der Sinnesrezeptoren und des Gehirns ist nicht unmittelbar beobachtbar, sondern kann allenfalls aus Verhalten erschlossen werden. Auch neurowissenschaftlich lässt sich L., im Unterschied z.B. zum Sehen, nicht eindeutig im Nervensystem lokalisieren, L. ist vielmehr eine Funktion des Wahrnehmens, der → Kognition, aber auch der → Handlungen. Der Kybernetiker H. von Foerster bezeichnet L. deshalb als allgemeines „Erklärungsprinzip" (1993). So überrascht es nicht, dass ständig neue Lernbegriffe erfunden werden (holistisches, innovatives, ganzheitliches, antizipatorisches, kritisches, affektives L.).

Mit R. Gagné lassen sich fünf Klassen von Lernergebnissen unterscheiden: intellektuelle Fertigkeiten, kognitive Strategien, sprachgebundenes Wissen, motorische Fertigkeiten und Einstellungen.

Gagné differenziert ferner acht Lernarten: Signal-L., Reiz-Reaktions-L., L. motorischer Ketten, L. sprachlicher Ketten, L. von Unterscheidungen, Begriffsbildung, Regel-L. und Problemlösen (Gagné 1969, → Problemlösung). Diese Lernarten werden mithilfe verschiedener Theorien erklärt, z.B. behavioristischer Theorie, kognitivistischer Theorie, Informationstheorien, neurowissenschaftlicher Theorien. Die Bildungspraxis hat hohe Erwartungen an eine Lernstilforschung (→ Lernstile) gerichtet, die aber kaum erfüllt wurden (Schrader 1994). Vorhandene Lernstilklassifikationen (additiv vs. strukturierend, assimilierend vs. akkommodierend, divergent vs. konvergent, theoretisch vs. praktisch, rezeptiv vs. kreativ, erfolgsorientiert vs. misserfolgsvermeidend) mögen zwar anregend sein, sind aber meist theoretisch und empirisch unzureichend begründet. Lernstile verweisen eher auf die kognitive Aneignung von Wirklichkeit; mehrere Lernstile können sich ergänzen und neue Stile können im Erwachsenenalter gelernt werden. Lerntypen sind Persönlichkeitsstrukturen, die nicht nur kognitive, sondern auch emotionale und motivationale Muster und Kompetenzen beinhalten.

Seit einigen Jahren wird die lerntheoretische Diskussion durch die Erkenntnistheorie des → Konstruktivismus belebt. Der Konstruktivismus betont die Autopoiese, die operationale Geschlossenheit, die Rekursivität und Selbstreferenz des L. Es kann nicht von außen gesteuert oder determiniert, sondern allenfalls angeregt und perturbiert (d.h. gestört) werden. Von besonderem Interesse sind Konzepte, die den Lerntransfer, d.h. die Anwendung des Gelernten auf berufliche und außerberufliche Situationen, unterstützen. Neben den traditionellen Methoden (→ Projektlernen, Planspiel, Computer-Simulation, → Lernstatt, → Coaching) werden konstruktivistisch orientierte Formen des „situierten L." erprobt. Die Lerninhalte werden in konkreten Verwendungssituationen angeeignet und geübt. Diese Situationen sollen authentisch, d.h. an den Erfahrungen der Lernenden orientiert sein, sie sollten unterschiedliche Perspektiven zulassen und die Eigenaktivität fördern. Durch die Variation der Situation können dann auch → Schlüsselqualifikationen erworben werden (Weinert/Mandl 1997).

Die Vielfalt der Lernsituationen und Lernaktivitäten lässt sich wie folgt ordnen: L. I: Alltagsl.; L. II: Uml.; L. III: Deutungsl.; L. IV: Reflexives L.

L. I ist der Normalfall eines L. als Ergänzung und Differenzierung des Wissens, Steigerung kognitiver Komplexität, Übung von „Skills" (z.B. Erlernen einer Fremdsprache, Autofahren usw.). L. II ist ein Umlernen angesichts neuer Herausforderungen oder neuer Situationen, in denen das vorhandene Wissen nicht mehr „brauchbar" ist. Ein solches Umlernen schließt ein Verlernen ein und ist komplizierter als ein Ergänzungslernen. L. III beinhaltet die Überprüfung und Korrektur von Orientierungsmustern, d.h. von normativen Orientierungen, emotional verankerten Weltbildern und Konstrukten. J. Mezirow bezeichnet dieses L. als „transformativ". Als Beispiele sind zu nennen: intergenerationelles L.: Eltern lernen die Lebensstile der Jugend zu akzeptieren, interkulturelles L. (z.B. von Emigrantinnen und Emigranten). L. IV ist ein „L. des Lernens", eine Verbesserung der Lernfähigkeit durch Metakognition. Hierzu gehört die Vergewisserung der Lernstärken, Lernschwächen, Lerntechniken, Lernstrategien, aber auch der Ziele sinnvollen L., der prinzipiellen Gren-

zen menschlichen Erkennens. Beispiele hierfür sind metakognitive Selbsterfahrungen in „Denkwerkstätten“, „sokratischen Gesprächen“, Planspielen.
Die Stufen III und IV sind mit ethischen und identitätsrelevanten Entscheidungen verknüpft, es geht nicht nur um das „Was“, sondern auch um das „Wie“ und „Warum“ des L. Deshalb lassen sich diese Stufen auch als „bildungsintensives L.“ bezeichnen.
Unterscheiden lässt sich ferner ein „intensives“, „nachhaltiges“ L. und ein „oberflächliches“ L. Der Lernprozess wirkt um so nachhaltiger, je mehr er intrinsisch motiviert ist, je mehr die Inhalte anschlussfähig an Vorkenntnisse sind, je mehr die Inhalte in Verwendungskontexte situiert sind, je mehr das Wissen strukturiert ist, je mehr das L. metakognitiv reflektiert wird. P. Faulstich und J. Ludwig unterscheiden – in Anlehnung an die Subjekttheorie K. Holzkamps – „expansives“ und „defensives“ L. Expansives L. unterstützt die individuelle Entfaltung und gesellschaftliche Teilhabe. Defensives L. ist von außen veranlasstes, erzwungenes L., das der Anpassung an gesellschaftliche Erfordernisse dient (Faulstich/Ludwig 2004). Expansives L. lässt sich als die Grundlage von → Bildung interpretieren.
Lernen Erwachsene anders als Kinder? Neurophysiologisch lassen sich keine strukturellen Unterschiede der → Kognition in verschiedenen Altersstufen feststellen. Allerdings wächst die Bedeutung der Erfahrungen, der „psychosozialen Vorstrukturen“ (T. Brocher), der kognitiven Schemata im Lauf des Lebens. Die mentalen Netzwerke verfestigen sich und bilden stabile → Deutungsmuster. Diese Netze erleichtern ein → Anschlussl., da Neues mit Bekanntem verknüpft wird. Sie erschweren ein L., wenn sie als zu enger Filter wirken. Generell nimmt die Individualisierung des L. mit dem Alter zu. Dabei ist die Speicherkapazität des → Gedächtnisses weniger wichtig als die biographisch geprägte Entscheidung, was relevant und bedeutungsvoll ist und wofür sich Lernanstrengungen lohnen.
Für die Bildungsarbeit ist eine Klärung des Lernbegriffs u.a. aus folgenden Gründen sinnvoll:

- Erwachsene nehmen Bildungsveranstaltungen (→ Veranstaltungen) aufgrund von Lerninteressen in Anspruch (allerdings ist L. keinesfalls das einzige Teilnahmemotiv). Deshalb ist zu klären, mit welchen Lernerwartungen, Lernillusionen, Lernbarrieren Seminare besucht werden, und inwieweit die Intentionen der Veranstalter diesen Lernbedürfnissen entsprechen.
- Bei den gesellschaftlichen Anforderungen an EB, aber auch bei Seminarankündigungen sind die Möglichkeiten und Grenzen des L. realistisch einzuschätzen.
- Lehrverhalten und Lehrmethoden basieren auf (z.T. impliziten) lerntheoretischen Annahmen, die thematisiert und reflektiert werden sollten.
- Es ist immer wieder neu zu klären, welche Ziele EB vorrangig anstrebt (z.B. Förderung von Lernfähigkeit?). Dazu ist eine Verständigung über Schlüsselbegriffe nötig (→ Qualifikation, → Kompetenz, → Bildung).

Seit einigen Jahren wird der Lernbegriff nicht nur auf Lebewesen, sondern auch auf andere „Systeme“ angewendet, z.B. „lernende Organisation“ und „lernende Region“. Dabei wird zwischen personalem L. und organisationalem L. unterschieden. Eine „lernende Gesellschaft“ ist eine offene, tolerante, zukunftsfähige Gesellschaft.

Literatur

Arnold, R.: Ich lerne, also bin ich. Eine systemisch-konstruktivistische Didaktik. Heidelberg 2007 – Brocher, T.: Gruppendynamik und Erwachsenenbildung. Braunschweig 1967 – Faulstich, P./Ludwig, J. (Hrsg.): Expansives Lernen. Baltmannsweiler 2004 – Gagné, R.: Die Bedingungen des menschlichen Lernens. Hannover 1969 – Meueler, E.: Die Türen des Käfigs. Stuttgart 1993 – Nuissl, E. (Hrsg.): Vom Lernen zum Lehren. Bielefeld 2006 – Schrader, J.: Lerntypen bei Erwachsenen. Weinheim 1994 – Siebert, H.: Lernmotivation und Bildungsbeteiligung. Bielefeld 2006 – Spitzer, M.: Lernen. Heidelberg 2003 – Tietgens, H./Weinberg, J.: Erwachsene im Feld des Lehrens und Lernens. Braunschweig 1971 – Weinert, F./Mandl, H. (Hrsg.): Psychologie der Erwachsenenbildung. Göttingen 1997

Horst Siebert

Lernen am Arbeitsplatz

L.a.A. ist die älteste und verbreitetste Form der beruflichen Qualifizierung. Es ist ein Lernen, das sich auf den jeweiligen Gegenstand der Arbeit bezieht und das in der Arbeit und über Arbeit erfolgt. L.a.A. ist mit einer Vielfalt von Verständnissen verbunden, die in Begriffen wie „arbeitsprozessbezogenes Lernen“, „arbeitsintegriertes Lernen“, „arbeitsplatznahes Lernen“ bzw. „arbeitplatznahe WB“ und „Lernen im Prozess der Arbeit“ zum Ausdruck kommen. L.a.A. ist ein arbeitsplatzgebundenes Lernen, bei dem Lernort und Arbeitsort identisch sind. Es beschreibt mithin den örtlich und aufgabenspezifisch festgelegten Bereich des Lernens, didaktisch-methodisch steht er für die Verbindung von Lernen und Arbeit.

L.a.A. wird historisch durch das Imitatio-Prinzip verkörpert, das zu Zeiten zünftlerischer Berufsbildung am stärksten zur Geltung kam. Gelernt wurde durch Zusehen, Nachmachen, Mitmachen, Helfen, Probieren und Simulieren. Unter erwachsenenpädagogischen und berufsqualifizierenden Gesichtspunkten wird L.a.A. erstmals mit der Entwicklung des Bildungswesens im 18. Jh. und dann systematisch im Verlauf der Industrialisierung betrachtet. Seit dem Aufkommen neuer Arbeits- und Organisationskonzepte in den 1980er Jahren befindet sich das L.a.A. einem grundlegenden Wandel, der Ziele, Inhalte, Formen und Methoden des Lernens gleichermaßen erfasst. L.a.A. wird als ein selbstgesteuertes, prozessorientiertes und → lebenslanges Lernen verstanden, das wesentlich zur Entwicklung der Persönlichkeit und Beruflichkeit beiträgt und Employability sowie Innovationen fördert. Es ist mit einer Aufwertung des Erfahrungslernens verbunden und zielt zunehmend auf die Synthese von formellem und → informellem Lernen.

Entgrenzung und Pluralität von Lerninhalten und Organisationsformen in betrieblichen Arbeitsumgebungen lassen die Bedeutung des L.a.A. wachsen, bei dem es nicht mehr allein um den Erhalt oder die Erweiterung von Fertigkeiten, Kenntnissen und Qualifikationen geht, sondern darüber hinaus um den Erwerb einer umfassenden beruflichen Handlungskompetenz. L.a.A. erweist sich methodisch und konzeptionell zunehmend als Teil einer Kompetenzentwicklung, die gleichermaßen die Fach-, Sozial- und Personalkompetenz stärkt und neue Möglichkeiten für die berufliche WB bietet.

Es bestehen keine theoretisch abgesicherten und anerkannten Lernkonzepte für das L.a.A., auch wenn dazu wichtige Ansätze wie das situative Lernen und das gestaltungsorientierte Lernen vorliegen. In der Praxis der betrieblichen WB ist das L.a.A. wesentlich durch neue Lernformen in der Arbeit, wie → Lernstatt, → Coaching und Arbeits- und Lernaufgaben, weiter entwickelt worden. Im Arbeitsprozess wird ein bewusster Rahmen geschaffen, der das → Lernen fordert und fördert. Kennzeichnend für diese Arbeiten und Lernen verbindenden Lernformen ist eine doppelte Infrastruktur, die als Arbeitsinfrastruktur im Hinblick auf Arbeitsaufgaben, Technik, Arbeitsorganisation und Qualifikationsanforderungen der jeweiligen Arbeitsumgebung entspricht und als Lerninfrastruktur zusätzliche räumliche, zeitliche, sachliche und personelle Ressourcen bereitstellt.

Eine wichtige Aufgabe der Weiterbildungsforschung besteht darin, das Lernen in der Arbeit zu analysieren und in Beziehung zur Kompetenzentwicklung zu setzen. Die Analyse, Bewertung, Anerkennung und Zertifizierung von in Arbeitsprozessen erworbenen Kompetenzen ist eine grundlegende Forschungs- und Entwicklungsaufgabe. Hier geht es sowohl um die Anerkennung und Anrechnung der Kompetenzentwicklung auf berufliche Entwicklungs- und Aufstiegwege als auch um die Anbindung an das Bildungssystem insgesamt. Diese Aufgabe stellt sich umso dringlicher, als eine umfassende berufliche Handlungskompetenz kaum aus betriebswirtschaftlichen Kalkülen oder anderen arbeitsimmanenten Gründen angestrebt wird, sondern allenfalls dann erreichbar ist, wenn das Lernen in der Arbeit gezielt mit der EB und Weiterbildungsabschlüssen verbunden wird. Nach wie vor ist das L.a.A. – selbst bei ganzheitlichen Arbeitsaufgaben – in starkem Maße von einzelbetrieblichen Möglichkeiten, von Zufälligkeit und Beliebigkeit geprägt.

Literatur
Dehnbostel, P.: Lernen im Prozess der Arbeit. Münster u.a. 2007 – Frieling, E./Schäfer, E./Fölsch, T.: Konzepte zur Kompetenzentwicklung und zum Lernen im Prozess der Arbeit. Münster u.a. 2007 – Sonntag, K./Stegmaier, R. (2007): Arbeitsorientiertes Lernen. Zur Psychologie der Integration von Lernen und Arbeit. Stuttgart 2007

Peter Dehnbostel

Lernende – Lerner

Ein Wechsel von der Anbieter- zur Aneignungsperspektive im Zuge der „Kompetenzwende“ gelangt darin zum Ausdruck, dass als konstitutive Bestimmung pädagogischer Handlungskontexte der L. im Mittelpunkt steht. Die Kategorie des → Teilnehmenden erscheint nicht mehr adäquat, weil sie der institutionellen Semantik der → Veranstaltung entstammt. Komplementär hierzu verschiebt sich die Benennungspraxis von den „Lehrenden“ hin zur Rolle der Lernbegleiter/innen und Lernberater/innen. Pädagogisch professionelles Handeln definiert sich unter der Programmatik von Kompetenzentwicklung (→ Kompetenz) als subsidiäres Bereitstellen von „Ermöglichungsräumen“ für Lernen auf der Grundlage subjektiv bedeutsamer Anlässe. In einer subjektwissenschaftlichen Rekonstruktion der proklamierten neuen → „Lernkultur“ wird ein Verständnis von Erwachsenenlernen im Sinne eines universellen „Lernhandelns" (Ludwig 2000) möglich, das sich gleichermaßen auf didaktisch durchstrukturierte Lehr-Lernkontexte wie auch auf Arbeits- und Lebenszusammenhänge bezieht, die dem Wissenstyp und der Handlungslogik des → Alltags verpflichtet sind. Im Mittelpunkt des theoretischen und praktischen Interesses steht nun der L. mit seinen subjektiven Lernbegründungen und gesellschaftlichen Lernvoraussetzungen. Kennzeichnend für diesen Diskurs, der aus Fragestellungen der Erwachsenenpädagogik u.a. auf die kritische Psychologie von K. Holzkamp Bezug nimmt, ist eine tätigkeitstheoretische Ausrichtung, die sich von individualpsychologischen und kognitionstheoretischen Ansätzen abgrenzt. Das Konzept des „Lernhandelns" nimmt die gesellschaftlich-historischen und die biographisch-situativen Bedingungen subjektiver Lernanlässe zum Ausgangspunkt. Für den Aufbau und die Gewährleistung pädagogischer Unterstützungsstrukturen kommen aus einer situierten Deutungsperspektive von L. als gesellschaftliche Subjekte daher objektivierbare Lernbedingungen in den Blick, auf die reflexiv über rekursive Lernschleifen wieder Einfluss genommen werden kann:

- Die „Lernhaltigkeit" und „Lernförderlichkeit" alltäglicher Lebenslagen und Berufssituationen, die es in Bezug auf Verbesserung von Kompetenzentwicklung auch pädagogisch zu beeinflussen und auszugestalten gilt. Besondere Relevanz hat dies für arbeitsintegrierte Formen betrieblicher Bildung (→ Lernen am Arbeitsplatz) und für ein Verständnis von → informellem Lernen, das seine soziale Einbettung als Feld zivilgesellschaftlicher Gestaltung begreift.
- Die soziale Einbettung in soziale Milieus, aus der heraus differente Begründungen von Lernen und Bildung thematisierbar werden mit entsprechenden Folgen für Lernmotivation und Bildungsaspiration bzw. spezifischem Bedarf an pädagogischen Supportstrukturen (→ Milieuforschung).
- Das je erworbene „bewahrende oder entwicklungsorientierte biographische Lernhabitusmuster" (Herzberg 2004), aus dem heraus Lernanlässe konstituiert und in persönlich bedeutsamen Entwicklungsverläufen im Sinne von „learning projects of adults" weiterverfolgt werden.
- Die unterschiedlichen „alltagsdidaktisch" institutionalisierten (Schäffter 1999) sozialen Praktiken des Lernens und ihre kognitiven Stile, auf die im Lebensverlauf in unterschiedlichen Zusammenhängen aktivierend zurückgegriffen werden kann. Tietgens unterscheidet hier zwischen einem additiv-kasuistischen und einem synthetisierend-sinnvorwegnehmenden Typus habitualisierter Lernpraktiken, die im Laufe einer spezifischen Lerngeschichte eingeübt wurden.
- Die sozialen Bezugsgruppen und das verfügbare soziale Netzwerk, die wichtige Support- und Beratungsfunktionen für Entwicklungsprozesse lebensbegleitenden Lernens übernehmen und pädagogisch aktiviert werden können.

Der erwachsenenpädagogische Diskurs in Anschluss an die Kompetenzwende deutet somit pädagogisches Handeln als lernförderliche Kontextsteuerung in sowohl alltäglichen Sinnzusammenhängen als auch in didaktisierten Settings. Im Sinne von → Ermöglichungsdidaktik wird auf reflexiv bestimmbare „Bedingungen der Möglichkeit" subjektiv bedeutsamer Welterschließung strukturierend Einfluss genommen. „Expansives Lernen" (→ Lernen) bleibt dabei in der Hand der lernenden Subjekte und pädagogisches Handeln konzentriert sich in professioneller Selbstbeschränkung auf deren Unterstützung im Sinne einer pädagogischen „Dienstleistung" zur Kompetenzentwicklung.

Literatur
Herzberg, H.: Biographie und Lernhabitus. Frankfurt a.M. 2004 – Ludwig, J.: Lernende verstehen. Bielefeld 2000 – Schäffter, O.: Implizite Alltagsdidaktik. In: Arnold, R. u.a. (Hrsg.): Erwachsenenpädagogik – Zur Konstitution eines Fachs. Baltmannsweiler 1999

Ortfried Schäffter

Lernen lernen

Die Tradition des Konzepts L.l. reicht weit zurück, und dies sowohl in der deutschen Diskussion wie insgesamt in Europa oder auch in den USA. Dass sich hierbei auf unterschiedliche Quellen berufen wird (in Deutschland stehen Humboldt und Schleiermacher an vorderster Stelle, in den USA wird auf Benjamin Franklin verwiesen) demonstriert die Allgemeinheit des Gegenstands.

Betrachtet man den Umgang mit dem Konzept L.l., so lassen sich fünf Diskussionsstränge identifizieren, die sich ihm jeweils mit unterschiedlichen Argumenten und zumindest z.T. unterschiedlichen Ergebnissen nähern: Der bildungstheoretische Zugriff schließt unmittelbar an Humboldt an und versteht das L.l. als eine notwendige Durchgangsstufe eines vollständigen Bildungsgangs: „Der Schüler ist reif, wenn er so viel bei anderen gelernt hat, dass er nun für sich selbst zu lernen im Stande ist" (v. Humboldt 1809). Humboldt konkretisiert dies am Beispiel der Aufgabe der Schule im Bereich des Sprachunterrichts. Dieser sei abgeschlossen, wenn der Schüler „dahin gekommen ist, (...) jeden Schriftsteller, insoweit er wirklich verständlich ist, mit Sicherheit zu verstehen" (ebd.). So thematisiert Humboldt Lesekompetenz als ein Kriterium dafür, Lernen gelernt zu haben. In dieser Argumentation ist das L.l. also eine Durchgangsstufe auf dem Weg der „Selbstvervollkommnung des lernenden Subjekts" (Künzli 2004), welche mit der Schulbildung im Wesentlichen abgeschlossen sein soll.

In der Reformpädagogik spielt das L.l. ebenfalls für verschiedene Richtungen eine zentrale Rolle, stellt es doch eine Grundlage der Selbsttätigkeit dar (Oelkers 2004). Dieser Ansatz zeigt sich besonders deutlich in der englischsprachigen Diskussion, in der das L.l. eng mit pragmatischen Konzepten der Reformpädagogik wie dem problem- und projektbasierten Lernen verbunden ist (Smith 1982). Eine Brücke zur Erwachsenenpädagogik bilden dabei auch die didaktisch-methodischen Vorstellungen der „Neuen Richtung", die die Bedeutung projektorientierten Selbstlernens betonten und damit das L.l. zumindest implizit voraussetzten.

Eine weitere Begründung des L.l. ergibt sich aus curriculumtheoretischer Perspektive. Die Curriculumforschung wählt nach rationalen Prinzipien solche Bildungsgegenstände aus, die zur Bewältigung von Lebenssituationen befähigen (Robinsohn 1975). Ein Kriterium wäre etwa die „Leistung eines Gegenstandes für Weltverstehen, d.h. für die Orientierung innerhalb einer Kultur" (ebd.). Angesichts der fortschreitenden Erosion der Wissensinhalte ergibt sich folgende Argumentationsfigur: Da wir Lernende nicht umfassend auf das von ihnen in Zukunft zu Wissende vorbereiten können (weil wir es selbst nicht kennen), müssen wir sie darauf vorbereiten, sich das notwendige Wissen in der jeweiligen Bedarfssituation selbst anzueignen. Materiales Wissen wird auch in einem solchen Konzept nicht überflüssig, aber seine Bedeutung verlagert sich. Es geht nicht mehr um Kenntnisse, die unmittelbar zum Handeln befähigen sollen, sondern um Orientierungswissen, das eine Struktur bildet, in der sich der oder die Lernende bewegen kann, um situativ Wissens- und Kompetenzlücken zu schließen. Diese Argumentation finden sich auch in dem bildungspolitisch bedeutenden Bericht der Faure-Kommission: „One implication of the scientific and technological era is that knowledge is being continually modified and innovations renewed. It is therefore widely agreed that education should devote less effort to distributing and storing knowledge (although we should be careful not to exaggerate this) and more to mastering methods of acquiring it (learning to learn)" (Faure u.a. 1972).

In der neueren erwachsenenpädagogischen Diskussion wird das L.l. ferner unter einer kritischen Perspektive diskutiert, die an den subjektwissenschaftlichen Lernbegriff Holzkamps (1993) anschließt. Während die vorangehenden Konzepte nämlich im Wesentlichen darauf abstellen, den Lernenden pragmatisch in der Wahrnehmung seiner Lernaufgaben zu unterstützen, ohne deren Berechtigung zu hinterfragen, geht es dieser Perspektive insb. darum, defensive Lernbegründungen zu erkennen und Lernende zu befähigen, ihr Lernen expansiv zu orientieren. L.l. bedeutet dann nicht nur (und nicht einmal in erster Linie), Lerntechniken anzueignen, die beim Verfolgen von Lernprojekten hilfreich sind, sondern Lernbegründungen kritisch zu hinterfragen und das eigene Lernen der Verfügung durch andere zu entziehen.

Schließlich ist die epistemologische Begründung zu nennen, die sich aus der konstruktivistischen Erwachsenenpädagogik ergibt. Ihr zufolge ist Lernen prinzipiell ein autopoietischer Vorgang in einem geschlossenen System, gleichzeitig erfolgt es aber sozial eingebettet, ist also auf andere bezogen (Siebert 2004). Die „Fähigkeit zur ‚Beobachtung zweiter Ordnung', d.h. die Wahrnehmung, wie Pädagogen und Lernende ihre Welt konstruieren, wie sie beobachten und unterscheiden" (ebd.), wird zur bedeutungsvollen Qualifikation. Gregory Bateson führt das L.l. in gleichem Sinne in seine Systematik des Lernens ein und stellt es auf eine Stufe mit „Transferlernen", „Deutero-Lernen" (Bateson 1985) und ähnlichen Konzepten, bei denen der Lernvorgang sich auf die Struktur des Lernens selbst auswirkt. L.l. bedeutet in diesem Sinne – ähnlich wie beim Konzept der Metakognition (→ Kognition) –, den eigenen Lernvorgang dadurch verfügbar zu machen, dass man ihn beobachtet.

Während die Bedeutung des L.l. unumstritten ist, sind die Aussagen zu einer entsprechenden Methodik eher vage. So begründet bereits Humboldts Bildungstheorie die Vorstellung, dass Gegenstände formaler Bildung (etwa alte Sprachen) eine allgemeine Lernfähigkeit anbahnen würden, die sich dann in konkreten Lernsituationen fruchtbar entfalten könne. Diese Vorstellungen eines ungerichteten Transfers von Lernfähigkeit von einer Domäne in eine andere ist inzwischen weitestgehend widerlegt, „die funktionalen Wirkungen der unterstellten Transfermechanismen sind in der Regel marginal" (Weinert 2002). L.l. ist also an Inhalte und Inhaltsbereiche gebunden: „Die systematische Verbesserung des Lernens durch vorausgehendes L.l. erfolgt also dann am wirkungsvollsten, wenn der Aufbau persönlicher Lernkompetenzen im Zusammenhang mit dem Erwerb domänenspezifischen Wissens und Könnens erfolgt" (ebd.). Überfachliche Kompetenzen im Bereich des L.l. werden folgerichtigerweise vor allem im Bereich der Metakognition gesehen bzw. als „Selbstlernkompetenzen" (Arnold/Gómez Tutor 2006) zusammengefasst. Ob die Diskussion dann wieder auf bestimmte „Lernfähigkeiten", etwa den Umgang mit elektronischen Lernmedien oder ein elaboriertes Zeitmanagement angesichts komplexer Bedingungen beim → Lernen am Arbeitsplatz reduziert wird, oder ob ein umfassender, Inhaltsfragen und Lernbegründungen ebenso wie Lerntechniken einschließender Zugriff gewählt wird, entscheidet sich letztlich darin, welche Diskurse des L.l. zugrunde gelegt werden.

Literatur
Arnold, R./Gómez Tutor, C.: Selbstgesteuertes Lernen in der beruflichen Bildung. In: Zeitschrift für Berufs- und Wirtschaftspädagogik, H. 20, 2006 – Bateson, G.: Ökologie des Geistes. Frankfurt a.M. 1985 – Fauré, E. u.a.: Learning to Be. Paris 1972 – Holzkamp, K.: Lernen. Subjektwissenschaftliche Grundlegung. Frankfurt a.M. 1993 – Humboldt, W. v.: Der Königsberger und der Litauische Schulplan. In: Flitner, A./ Giel, K. (Hrsg.): Werke, Bd. 4. Darmstadt 1964 (erstmals ersch. 1809) – Künzli, R.: Lernen. In: Brenner, D./Oelkers, J. (Hrsg.): Historisches Wörterbuch der Pädagogik. Weinheim/ Basel 2004 – Oelkers, J.: Reformpädagogik. In: Benner, D./ Oelkers, J. (Hrsg.): Historisches Wörterbuch der Pädagogik. Weinheim/Basel 2004 – Robinsohn, S.B.: Bildungsreform als Revision des Curriculums. 5. Aufl. Neuwied 1975 – Siebert, H.: Vom Lernen des Lernens. Zur Rezeption des Konstruktivismus in der Erwachsenenbildung. In: Brödel, R. (Hrsg.): Weiterbildung als Netzwerk des Lernens. Bielefeld 2004 – Smith, R.M.: Learning how to Learn. Englewood Cliffs, NJ 1982 – Weinert, F.E.: Lernen des Lernens. In: Arbeitsstab Forum Bildung (Hrsg.): Expertenberichte des Forum Bildung. Bonn 2002

Henning Pätzold

Lernkultur

Das dem Begriff L. innewohnende Kulturverständnis ist nicht das der „schönen Künste", sondern das der Alltagskultur (→ Alltag), wie es durch die Ethnomethodologie, die phänomenologische Wissenssoziologie und den → symbolischen Interaktionismus der 1970er Jahre auch in die EB Eingang gefunden hat. Bezieht man diesen Blick auf den Bereich → Bildung und → Lernen, so lassen sich auch hier überlieferte Plausibilitäten, Gewissheiten und Aktionsmuster identifizieren, die uns in der Regel überhaupt nicht oder erst bei reflexiver Analyse fragwürdig werden. Diese unausgesprochenen Vertrautheiten bzw. Selbstverständlichkeiten konstituieren die L., wobei insb. die folgenden von grundlegender Bedeutung sind.

Die Trennung von Lehren und Lernen: Damit gehen zwei folgenreiche Konnotationen einher, nämlich einerseits die, dass, wer lernt, nicht lehrt; und andererseits die, dass Lehren eine zwangsläufige Bedingung von Lernen sei. Es sind diese Differenzierungen bezüglich der Zusammenwirkung von Lehren und Lernen, auf die es zurückzuführen ist, dass wir in den Bildungssystemen der modernen → Gesellschaften eigentlich eher Belehrungs- als L. antreffen.

Das Lernen im Gleichschritt (bzw. die Synchronizität des Lernens): d.h. die Annahme, dass institutionalisiertes Erwachsenenlernen in der Form einer parallelen Gleichschaltung der individuellen Lernprozesse geschehen kann bzw. muss. Deshalb hat sich auch auf allen Stufen das sog. Unterrichtsgespräch als ein vermeintlicher Dialog mit dem Lernenden entwickeln können. Aus der Unterrichts- und der → Lehr-/Lernforschung wissen wir, dass bei diesem Dialog die Lernerseite sich oft nur sehr „einsilbig" einzubringen vermag, weshalb es sich in Wahrheit eigentlich doch eher um einen Frontalunterricht als um einen Dialog handelt.

Der einseitige Methodenbesitz im Lehr-Lernprozess: Damit ist gemeint, dass es in der Regel die Dozenten, Lehrenden und → Kursleitenden sind, die über den Einsatz der Lernmethode (→ Methoden) entscheiden. Diese Einseitigkeit wird allerdings mehr und mehr zum Problem in einer gesellschaftlichen Situation, die darauf angewiesen ist, dass ihre Bürger über die Fähigkeiten zum selbstgesteuerten und → lebenslangen Lernen verfügen, d.h. Selbstlernkompetenzen aufweisen.

Die Fixierung auf Lerngegenstände bzw. -inhalte: Immer noch ist unser Bildungssystem auf allen seinen Ebenen mehr oder weniger stark von der Vorstellung geprägt, dass es einen Bestand an inhaltlichen „Errungenschaften“ (z.B. Kulturinhalten) gäbe, die es wert sind, an die nachwachsende Generation vermittelt zu werden. So betrachtet sind unsere L. „Überlieferungskulturen“. Erst allmählich wird die Krise der Fachbildung erkannt, und man begreift, dass Bildung in einer Gesellschaft mit einer exaltierenden Veralterungsrate des → Wissens anders und neuartig begründet werden muss.

Literatur
Arnold, R./Schüßler, I.: Wandel der Lernkulturen. Darmstadt 1998 – Schüßler, I./Thurnes, C.M.: Lernkulturen in der Weiterbildung. Bonn 2005

Rolf Arnold

Lernorte

Der Mensch lernt, gewollt oder ungewollt, überall, und deshalb hat es schon immer L. im weiteren Sinne gegeben. Als Begriff wurde der L. von der Bildungskommission des Deutschen Bildungsrates (1965–1975) in die pädagogische Fachsprache eingeführt. Danach handelt es sich nicht allein um räumlich verschiedene, sondern in ihrer pädagogischen Funktion unterscheidbare Orte. Heute sprechen wir mit größter Selbstverständlichkeit von den L. Schule, Arbeitsplatz, Seminarraum usw., aber auch von den L. Museum und Theater. Eine systematische und umfängliche L.forschung gibt es erst seit Ende der 1970er Jahre. Dabei geht es vor allem um den Nachweis spezifischer Eignungen von L. (vor allem in der Berufsbildung) für bestimmte Zielgruppen und Lernziele, aber auch gleichzeitig darum, welche Lernortkombinationen wohl den besten Ertrag für intendierte Bildungs- oder Qualifikationsziele erbringen. Im Sinne einer „Ermöglichungsdidaktik“ nach R. Arnold stellen L. jeweils (vorgegebene oder auch intentional „konstruierte“) Lernsituationen und Lernmöglichkeiten dar. Dadurch verändert sich auch die Rolle der Lehrenden. Sie sind immer weniger Vermittler/innen von Lerninhalten und immer mehr Lernhelfer/innen und Moderatoren (→ Moderation) von Lernprozessen.
Das Zusammenwirken verschiedener L., wie dies insb. im Rahmen des dualen Systems der Berufsausbildung der Fall ist, wird mit der „Pluralität der L.“ auf den Begriff gebracht. Diese meint jedoch nicht lediglich ein Nebeneinander und Miteinander von L. Vielmehr geht es um die Kombination verschiedener L. mit dem Zweck, das Lernen auf diese Weise nach Art und Zielerreichungsgrad zu optimieren. L.vielfalt allein stellt also noch kein Optimierungsparadigma dar, sondern erfüllt im schlechtesten Falle lediglich den Tatbestand der „L.zersplitterung“.
In Literatur und Praxis haben sich verschiedene Modelle der L.pluralität herausgebildet, und zwar vorrangig in der Berufsausbildung, aber prinzipiell übertragbar auch auf den Bereich der WB, der beruflichen wie der allgemeinen. Es sind dies

- die L.kombination (L. eines L.trägers, z.B. Arbeitsplatz und Lehrwerkstatt eines Betriebs kooperieren miteinander),
- die L.kooperation (L. unterschiedlicher L.träger, z.B. Berufsschule und Betrieb),
- der L.verbund (verschiedene Betriebe kooperieren bei der Ausbildung im Rahmen des dualen Systems miteinander).

Begriff und Konzept des L. und der L.pluralität erweisen sich als fruchtbarer Ansatz zur Erhellung und Problematisierung einer wichtigen pädagogischen Fragestellung, nämlich: Wo können unter welchen Bedingungen welche Zielgruppen mit welchen Zielen *am besten* lernen?
Die Formel von der „Pluralität der L.“ signalisiert die Forderung, unser Bildungswesen als ein Verbundsystem verschiedener L. mit jeweils spezifischem Potenzial und besonderen Vorzügen zu verstehen und zu gestalten. Die Schule, als Inbegriff eines L., der durch lernprozessuale Intentionalität und lernorganisatorische Rationalität bestimmt ist, verliert dadurch nicht an Bedeutung. Sie wird aber einem heilsamen Zwang zur Neuvermessung ihrer didaktischen Orientierung ausgesetzt. Überdies ist die Schule als einziger L. auch für die Bildungsgänge fragwürdig geworden, die bisher rein schulisch durchgeführt worden sind. Durch das Konzept der L.pluralität muss die schulische Lernsituation gewissermassen zu anderen Lernsituationen in Konkurrenz treten. Dies könnte zu einem positiven Wandel des gesamten schulischen wie außerschulischen Bildungssystems führen. Entsprechende Tendenzen lassen sich auf der Mikroebene im lernenden Unternehmen registrieren. So nimmt das lernende Unternehmen gegenüber den L. in der formalisierten Ausbildung und WB (z.B. Lehrwerkstätten und Seminare) die Rolle eines Meta-L. ein. Es ist nicht nur Lernortträger, sondern beeinflusst mit seinem Lern-

klima und mit seinen lernförderlichen arbeitsorganisatorischen Bedingungen das Lernen insgesamt. Im lernenden Unternehmen rücken Arbeiten und Lernen insgesamt viel näher aneinander, aber gesonderte L. mit jeweils besonderen Möglichkeiten zur Optimierung von Lernprozessen, und zwar in Kombination mit anderen L. verlieren deshalb nicht an Bedeutung.
Mediotheken mit der Funktion von Informations- und Selbstlernzentren entwickeln sich zunehmend zu „offenen" bzw. „freien" L. Sie definieren sich durch selbstständiges und individuelles Lernen mit alten und neuen Medien, die jederzeit für Lernende und Lehrende offen sind. Es sind Orte des Austauschs, der Erholung, der Begegnung und gemeinsamen Arbeit. Freie L. finden sich in Schulen und Hochschulen, sind aber auch in Betrieben denkbar, sofern in ihnen das Prinzip des lernenden Unternehmens einen hohen Stellenwert hat.

Literatur

Döring, O.: Innovation durch Lernortkooperation. Bielefeld 1998 – Euler, D. (Hrsg.): Berufliches Lernen im Wandel. Konsequenzen für die Lernorte? Eine Dokumentation des dritten Forums Bildungsforschung 1997 an der Universität Erlangen-Nürnberg. Nürnberg 1998 – Münch, J. (Hrsg.): Lernen – aber wo? Der Lernort als pädagogisches und lernorganisatorisches Problem. Trier 1977 – Münch, J.: Die Pluralität der Lernorte als Optimierungsparadigma. In: Pätzold, G./ Walden, G. (Hrsg.): Lernorte im dualen System der Berufsausbildung. Bielefeld 1995 – Münch, J. u.a.: Interdependenz von Lernort-Kombinationen und Output-Qualitäten betrieblicher Berufsausbildung in ausgewählten Berufen. Berlin 1981 – Zwick, T.: Weiterbildung am Arbeitsplatz ist nicht immer effektiv. In: ZEW news, H. 5, 2002

Joachim Münch

Lernstatt und Wissensgemeinschaften

Die L. ist ein aus „Lernen" und „Werkstatt" gebildetes Kunstwort, sie steht im Zusammenhang von Gruppenarbeit in der aktuellen industriesoziologischen, arbeits-wissenschaftlichen und betriebspädagogischen Diskussion, der Umgestaltung und Verbesserung der Arbeitsorganisation sowie der Gestaltung eines „lernenden Unternehmens". Formen der L. sind im Allgemeinen Gruppenarbeitskonzepten zuzuordnen und beschäftigen sich prinzipiell mit der Gestaltung von Lernprozessen in dezentralen betrieblichen Organisationseinheiten im Kontext von Mitarbeiter- und Unternehmens-entwicklungen. L.konzepte setzen die betrieblichen Erfahrungen ihrer Teilnehmenden als Ausgangs- und Zielpunkt von Qualifizierungsinhalten fest. Die L. lässt sich als Plattform für den innerbetrieblichen informellen Erfahrungs- und Wissensaustausch auffassen.
Da traditionelle Formen von Gruppenarbeitskonzepten an ihre Grenzen zu stoßen scheinen, werden Räume und Plattformen für den Wissensaustausch entwickelt und erprobt, bei denen Hierarchiegrenzen und formale Organisationsstrukturen überwunden werden sollen. Die Idee des L.konzepts stellt somit den Beginn einer Entwicklung dar, welche soziale bzw. situative Lernprozesse und den Partizipationsgedanken zur Wissensteilung von Gruppen, Organisationseinheiten und innerhalb von Projekten in den Vordergrund rückt, jedoch gegenwärtig eher unter dem Begriff der W. bzw. sog. „communities of practice" diskutiert wird.
Soziale Lernformen basieren auf dem Gedanken, dass Lernen als ein selbstorganisierter und selbststeuernder Prozess von → Gruppen aufgefasst werden kann, welcher zwar nicht von außen direkt gesteuert, jedoch durch Schaffung geeigneter Rahmenbedingungen gefördert werden kann.
Der Einfluss von W. als Inspirations-, Austausch- und Lernort greift innerhalb der praktischen Realität von Organisationen immer mehr. So stellt der informative Austausch hinsichtlich fachspezifischer Themen eine Alternative zu traditionellen Lernformen oder etablierten Weiterbildungsangeboten dar. W. sind als freiwillige und selbstorganisierte Personengruppen aufzufassen, die über einen längeren Zeitraum bestehen und das Interesse haben, zu einem spezifischen Themenbereich gemeinsam Wissen zu kommunizieren und aufzubauen. Somit entstehen durch eine gegenseitige Partizipation Erfahrungs-, Kommunikations- und → Lernorte, die handlungs- und anwendungsorientiert Informationen aufnehmen und in Wissen transformieren.
W. zeichnen sich durch drei Dimensionen aus: Es besteht eine gemeinsam geteilte Zielsetzung, die von allen erkannt und kontinuierlich weiterentwickelt wird. Dadurch entsteht ein gegenseitiges Engagement, durch das die Mitglieder einer Gemeinschaft zu einem sozialen Gefüge zusammenwachsen. Gleichzeitig werden gemeinsam geteilte Ressourcen, etwa Vorgehensweise, Sprache, Stil, etc. in der Gemeinschaft entwickelt.
W. unterscheiden sich hinsichtlich der Art der Teilnahme. Diese reicht von der Kerngruppe, die Gemeinschaft durch persönliches Engagement voran-

treibt, bis hin zu einer passiven Teilnahme von Personen, die nur Ergebnisse und Resultate einer W. nutzen. Während L.konzept und die später entwickelten Qualitätszirkel primär auf qualitäts- und motivationsfördernde Gruppenstrukturen abzielen, stellen W. eine organisationale Vernetzung der Mitarbeiter/innen untereinander dar, um die Wissensverteilung und Interaktion der Unternehmensakteure zu vergrößern.

Die L.ziele in den 1970er Jahren gingen ursprünglich von einem Bottom-up-Ansatz aus und dienten der Fortbildung zur Bewältigung betrieblicher Anforderungen und des (außer-)betrieblichen Alltags und der Vermittlung von Fach- und Umgangssprache für ausländische Arbeitnehmer/innen. Die Akteure, die in informellen W. anzutreffen sind, entstammen dagegen zunehmend hoch qualifizierten Arbeitstätigkeiten. W. ermöglichen die Entstehung von individuellen und organisationalen Nutzenpotenzialen. Auf individueller Seite können u.a. fachliche Fragen und Probleme in kurzer Zeit kompetent kommuniziert werden. Der Aktualität sich schnell wandelnden Wissens kann Rechnung getragen werden, dadurch wird das Wachstum von Kompetenzen und Expertenwissen, die professionelle Reputation und ein Gemeinschaftsgefühl gefördert.

Innerhalb der W. kann die Parallelität von Kommunikations- und Lernprozessen demzufolge als Schlüsselfunktion zur Zielereichung individueller Lern- und Entwicklungsprozesse und damit organisationaler Wertschöpfungsprozesse angesehen werden. So stellt beispielsweise die Methode des kommunizierenden Lernens eine Möglichkeit dar, durch Verbalisierung und Interaktion Wissen zwischen Mitarbeiter/inne/n mit unterschiedlichen Erfahrungskontexten zu transformieren. Durch Worst-Practice-Beispiele kann aus Fehlern, die vorgestellt und diskutiert werden, gelernt und es anderen ermöglicht werden, diese Fehler zu vermeiden und neue Lösungen durch Verarbeitung und Präsentation zu entwickeln. Die Lernergebnisse der W. tragen dazu bei, das Wissen praxisnah und dezentral in konkrete Handlungen und Entscheidungen umzusetzen und damit in konkrete Produkte und Dienstleistungen einfließen zu lassen.

Literatur

Baitsch, C.: Lernen im Prozess der Arbeit – Zum Stand der internationalen Forschung. In: Arbeitsgemeinschaft QUEM: Kompetenzentwicklung '98. Münster 1998 – Lembke, G.: Wissenskooperation in Wissensgemeinschaften. Wiesbaden 2005 – North, K./Romhardt, K./Probst, G.: Wissensgemeinschaften: In: ioManagement, H. 7/8, 2000 – Peters, S. (Hrsg.): Lernen im Arbeitsprozess durch neue Qualifizierungs- und Beteiligungsstrategien. Opladen 1994 – Peters, S./ Dengler, S.: Wissenspromotion in der Hypertext-Organisation. In: Schnauffer, H.-G./Stieler-Lorenz, B./Peters, S. (Hrsg.): Wissen vernetzen. Berlin/Heidelberg/New York 2004 – Wehner, T./Endres, E.: Zwischenbetriebliche Kooperation. Weinheim 1996 – Wenger, E.: Communities of Practise. Cambridge 1998

Sibylle Peters

Lernstile

L. Erwachsener werden seit etwa 40 Jahren in der internationalen Forschung untersucht, und zwar sowohl in experimentellen Labor- als auch in korrelationsstatistischen oder explorativen Feldstudien. In das Umfeld dieser Forschung gehören auch Arbeiten zu kognitiven Stilen, Denkstilen, Lerntypen, Lernorientierungen oder Lernstrategien. Die jeweils bevorzugten Begriffe verweisen auf unterschiedliche Auffassungen zum untersuchten Phänomen. Die Forschungen zu kognitiven Stilen gehen von relativ stabilen, kognitiv nur begrenzt zugänglichen Persönlichkeitsmerkmalen aus, die sich auf eingegrenzte kognitive Aspekte des Lernens (Wahrnehmung, Informationsverarbeitung usw.) beziehen.

Demgegenüber wird der Begriff „Lernstrategie“ (als mental repräsentiertes Schema oder als kognitive Handlungssequenz) in der Regel für die bewusste Steuerung des Handelns in spezifischen Lernsituationen verwendet (z.B. kognitive und metakognitive Strategien bei der Textverarbeitung, Ressourcenmanagement usw.; Mandl/Friedrich 2006). Die Begriffe L. und Lerntypen sind eher in der Mitte eines so definierten Kontinuums angeordnet und bringen zumeist situationsübergreifende und breit gefasste Präferenzen für Handlungs- und Verhaltensweisen in Lernsituationen zum Ausdruck, die gleichwohl situationsspezifisch modifiziert werden können. Je nachdem, welche Aspekte des Lernverhaltens in den Blick genommen werden (die Lern- und Leistungsmotivation, die bevorzugten Medien und Arbeitsformen, die Art und Weise der Verarbeitung von Informationen usw.), resultieren unterschiedliche Stil- oder Typenbeschreibungen. Die wissenschaftliche Beschäftigung mit individuellen L. nimmt ihren Ausgang oft von unnötig schwerfallenden, unzureichenden oder gar misslingenden Lehr-Lernprozessen in der Praxis.

Lernstilforschungen orientieren sich in der Regel an Modellen der kognitiven Psychologie, wonach → Lernen als ein (aktiver) Prozess der Verarbeitung von Informationen beschrieben und analysiert wird. Frühe Anregungen stammen u.a. von Bruner und Piaget, die qualitative Stufentheorien kognitiver Entwicklung entwickelt haben. Als in den 1970er und 1980er Jahren viele „nicht-traditionelle" Studierende an die Hochschulen kamen, zielten vor allem anglo-amerikanische Forschungen darauf, die Strategien „erfolgreicher" Studierender zu identifizieren und sie den weniger erfolgreichen in Trainingskursen zum → Lernen des Lernens zu vermitteln. Andere hingegen plädierten stärker für differenzierte Lehrstrategien, um individuell stabile L., die in eigens entwickelten Tests zu diagnostizieren seien, angemessen unterstützen zu können.

In der Bundesrepublik ist das Phänomen individueller Unterschiede beim Lernen durch die neurobiologisch inspirierten Arbeiten Vesters popularisiert worden, der biographisch früh fixierte sensomotorische Verarbeitungsweisen als Grundlage einer Lerntypologie betrachtete (auditiver Lerntyp, visueller Lerntyp, haptischer Lerntyp etc.). Im Zusammenhang mit der Diskussion um → Teilnehmerorientierung in der EB unterschied Tietgens im Anschluss an Sprachstilforschungen in der Tradition Bernsteins einen imitativen, additiv-kasuistischen, auf die mechanische Aneignung einzelner Informationen gerichteten Lerntyp von einem sinnvorwegnehmend-generalisierenden Typ, der Verallgemeinerungen und Differenzierungen erlaubt und damit Transfer erleichtert (Tietgens/Weinberg 1975). In einer korrelationsstatistischen Befragungsstudie fand J. Schrader (2008) in der beruflichen WB fünf Lerntypen (Idealtypen im Sinne M. Webers) und beschrieb sie als Theoretiker (erfolgszuversichtlich, zielgerichtet, intrinsisch motiviert, lernen gern und gut aus Texten, zielen auf Verstehen von Zusammenhängen), Anwendungsorientierte (lernen für und durch Anwendung, probieren gern selbstständig aus, brauchen Anschauung), Musterschüler (sind ehrgeizig, fleißig, lernen für gute Noten und Zertifikate, wünschen Anleitung, konzentrieren sich auf die Reproduktion von Faktenwissen), Gleichgültige (lernen nicht mehr, als sie unbedingt brauchen, sind ohne besondere Vorlieben oder Abneigungen, konzentrieren sich auf das, was ihnen abverlangt wird) und Unsichere (misserfolgsängstlich, wünschen Unterstützung und Anleitung, konzentrieren sich auf das Einprägen der wichtigsten Fakten).

Gegenüber jüngeren, vom → Konstruktivismus inspirierten und postulatartig vorgetragenen Annahmen, wonach Erwachsene als „autopoietische Systeme" zwar „lernfähig, aber unbelehrbar" seien (Siebert 2006), verweisen die Arbeiten zu L. Erwachsener vornehmlich auf die Schnittstelle zwischen Vermittlungs- und Aneignungsprozessen. Eine „Passung" im Sinne Tietgens' scheint am ehesten dann möglich, wenn Lehrende und Lernende über ein reflektiertes und differenziertes, situations- und typangemessenes Repertoire an Lehr- und Lernstrategien verfügen. Wer annimmt oder zu befördern sucht, dass Erwachsene in Zukunft stärker in „offeneren", mehr und mehr selbstgesteuerten, dem (Arbeits-) Alltag örtlich und zeitlich näheren, auch computerunterstützten Lernumgebungen lernen, wird berücksichtigen müssen, dass nach den vorliegenden Befunden viele Erwachsene auf kompetentes → Lehren weder verzichten können noch wollen.

Literatur

Mandl, H./Friedrich, H.F. (Hrsg.): Handbuch Lernstrategien. Göttingen 2006 – Schrader, J.: Lerntypen bei Erwachsenen. Empirische Analysen zum Lernen und Lehren in der beruflichen Weiterbildung. 2. Aufl. Bad Heilbrunn 2008 – Siebert, H.: Didaktisches Handeln in der Erwachsenenbildung. Didaktik aus konstruktivistischer Sicht. 5., überarb. Aufl. Augsburg 2006 – Tietgens, H./Weinberg, J.: Erwachsene im Feld des Lehrens und Lernens. Theorie und Praxis der Erwachsenenbildung. Braunschweig 1975

Josef Schrader

Lernstörungen – Lernwiderstände

Lerngelegenheiten werden keineswegs immer als Privileg erlebt, sondern oft genug als ärgerliche Zumutung. „Widerstand gegen Bildung" folgt dann nicht allein aus ungewohnten Themen oder Arrangements, sondern aus dem Gestus des „pädagogischen Zeigefingers". Lehren gerät durch Geringschätzung der Subjektseite zur Lernbehinderung (Holzkamp 1991). Dies macht aufmerksam auf zwei gegensätzliche Perspektiven, die man zum → Lernen einnehmen kann: die Sicht von der Seite der Lernenden (→ Aneignung – Vermittlung) und die aus der Anbieterseite von → Bildung. Gemeinsam ist den Perspektiven, dass eine alltägliche Irritation, ein kritisches Ereignis oder ein Entwicklungsziel als Lernanlass genutzt und daran Prozesse des Ver-, Um- oder Neulernens angeschlossen werden. Unterschiedlich sind sie jedoch in ihrem spezifischen Zugang.

Lernen aus der Sicht der Aneignungsseite wird nur in dramatischen Ausnahmefällen aus einer externen Position heraus systematisch intendiert, explizit entschieden, thematisch formuliert und situativ arrangiert. In der Regel verlaufen Prozesse subjektiver Aneignung en passant mit anderen Vorhaben verknüpft. Lernen genießt hierbei „Latenzschutz". Dies gilt für viele „implizite" Aneignungsprozesse innerhalb institutionalisierter Bildung wie Modelllernen oder Nachahmung. Lst. werden aufgrund dieser Latenz unterlaufen oder werden erst ex post als solche gedeutet. Andererseits besteht nur wenig Gelegenheit zu explizitem Widerstand: Man kann hier nicht „nicht lernen". Beiläufig implizite Lernprozesse werden daher in ihrer existenziellen Unhinterfragbarkeit häufig als schicksalhafte Herausforderung erlebt.

Aus der Anbieterperspektive von Bildung bekommt man es hingegen mit institutionalisierten Prozessen der Zuschreibung von Lernbedarf zu tun, ohne dass davon abweichende subjektive Bedürfnisse ein schwerwiegendes Hindernis wären. Ganz im Gegenteil begründen sich viele Bildungsinstitutionen (→ Institutionen) gerade aus ihrer strukturellen Zuwendung an „bildungsferne" und „lernungewohnte" Adressatengruppen. Fehlende Lernbereitschaft und Widerstand gegen Bildung werden in diesem Aufgabenverständnis geradezu als paradoxer Beleg für impliziten Lernbedarf genommen. Pointiert ließe sich daher formulieren, dass Lst. und Lw. überhaupt erst unter der Perspektive institutionalisierter WB pädagogisch thematisierbar werden und geradezu ihr charakteristisches „Nebenprodukt" sind. Schließlich ist nur hier eine explizite Entscheidung gegen Lernzumutungen überhaupt möglich.

Institutionalisiertes Lernen verfügt darüber hinaus über die strukturelle Möglichkeit, auf Störungen oder Widerständigkeit wiederum mit geeigneten Lernarrangements zu antworten. Hierbei wird u.a. auf folgende normative Reaktionsmuster zurückgegriffen (Schäffter 2001):

- Deutung als *Hilflosigkeit*: EB wird als „Bildungshilfe" für Problemgruppen konzipiert mit dem Ziel, ihre Autonomie zu stärken.
- Deutung als *Funktionsstörung*: EB bietet den Rahmen zur Kompensation oder therapeutischen Bearbeitung psychosozialer Störungen wie Schultraumata, Verhaltensstörungen, Leistungsängste oder besondere Lernschwächen.
- Deutung als *Kontrollverlust und Sicherheitsbedarf*: EB bietet einen entwicklungsfördernden, schützenden Rahmen zur Stabilisierung und zum Persönlichkeitswachstum.
- Deutung als *Inkompetenz*: EB fördert den Erwerb von basaler Lernfähigkeit und bietet Qualifizierungen in geeigneten → Lerntechniken.

Nicht in den Blick kommen unter normativen Reaktionsmustern alle Formen einer „intelligenten Lernverweigerung". Hier geht es um begründeten Widerstand gegenüber Lernzumutungen aus einem wohlverstandenen Eigeninteresse der Bildungsadressaten. In diesem Zusammenhang erweisen sich konstruktivistische Deutungen und Ansätze (→ Konstruktivismus) der EB (Siebert 1999) als fruchtbar. Irritierende Widerständigkeit wird an konkreten „Störfällen" beschreibbar, an denen alle Beteiligten ihren Anteil haben. Offen bleibt zunächst die Zuschreibung, wer in „gestörten Lernprozessen" für andere eine Störung darstellt, wer eine Störung „hat" oder wer sich von wem in seiner Normalität gestört fühlt (Kade 1985). Störungen und Widerständigkeit erscheinen damit als irritierendes Differenzerleben zwischen divergenten Deutungsstrukturen (→ Kognition). In Anschluss an eine biographische Bildungstheorie stellt sich hier die Frage nach (wechselseitiger) Anerkennung von Unterschiedlichkeit und Fremdheit (Stojanov 2006).

Literatur
Holzkamp, K.: Lehren als Lernbehinderung? In: Forum kritische Psychologie, H. 27, 1991 – Kade, J.: Gestörte Bildungsprozesse. Bad Heilbrunn/Obb. 1985 – Schäffter, O.: Weiterbildung in der Transformationsgesellschaft. Baltmannsweiler 2001 – Siebert, H.: Pädagogischer Konstruktivismus. Neuwied 1999 – Stojanov, K.: Bildung und Anerkennung. Wiesbaden 2006

Ortfried Schäffter

Lern- und Arbeitstechniken

L.u.A. sind wie Sprechen und Lesen Bestandteil der Kulturtechniken, die wir uns aneignen und im Lebensverlauf weiterentwickeln. Im Speziellen bezeichnen sie die vielfältigen, von Lernenden bewusst eingesetzten Verfahren, um das → Lernen zu erleichtern, es ökonomisch, bewusst und effektiv zu gestalten. Mithilfe von L.u.A. eignen sich Menschen → Wissen an, behalten es, ordnen es ein und reaktivieren es bei Bedarf. L.u.A. zielen darauf, die inneren Prozesse anzustoßen, die Lernen ermöglichen (→ Lernen lernen). Lerntechniken umfassen darüber hinaus das Nutzen von Lernmedien zur Unterstützung des Lernens (→ Medien in Lehr-Lernprozessen). L.u.A. lassen sich in Bezug auf allgemeine Techniken (Aufnahme/Verbreitung von Informationen, systematisches Textlernen, Lesetechniken usw.) zur Bewältigung alltäglicher Anforderungen in Ausbildung, Beruf, Arbeit, Freizeit und neue Techniken zum Lernen von und mit Medien (→ E-Learning) differenzieren.

In der einschlägigen Literatur wird kein einheitliches Begriffsverständnis deutlich. L.u.A. werden mit Begriffen wie „Lern- und Arbeitsstrategien", „Lernformen", „Lernmethoden", „Arbeitsverfahren" etc. synonym gebraucht. Zur Begriffspräzisierung hilft eine Unterscheidung von „Lernstrategien" und „Lerntechniken". Erstere verweisen auf einen mentalen, vielfältig verwendbaren Plan für die Bearbeitung komplexerer Lernprozesse. Es geht um eine systematische Bündelung von Einzelmaßnahmen, die bei umfassenden Lernabsichten individuell und situationsbezogen zur Anwendung kommen. In diesem mental angelegten Prozess legt das lernende Individuum eine oder mehrere L.u.A. fest, mit deren Hilfe die einzelnen Lernschritte des gesamten Lernprozesses initiiert, gesteuert und kontrolliert werden. L.u.A. sind in diesem Verständnis ein wichtiges Element in einem umfassenden Prozess. „Lerntechniken" gilt als der A. übergeordnete Begriff; „Arbeitstechniken" verweisen darauf, dass Lernen auch in Arbeits- und Arbeit simulierenden Kontexten erfolgt, von Projektarbeiten in der Schule (→ Projektlernen) bis hin zum Lernen zur Optimierung von Arbeitsprozessen und -organisationen (→ Lernen am Arbeitsplatz).

Waren L.u.A. in den 1950er Jahren noch vorrangig auf die „Kunst der geistigen Arbeit" (Kröber) bezogen, erfuhren sie in der Wissenschaft in den 1970er Jahren mit der Debatte um die Notwendigkeit des „Lernen lernens" eine Verbreiterung. U.a. wurden Lehrplankonzeptionen in Schulen, der Wissenschaftsorientiertheit von Lerngegenstand und Lernmethode entsprechend, um den Grundsatz der Förderung der Fähigkeit des Lernens erweitert. Mit der Aufwertung von Lernen als unabdingbarer Voraussetzung für den beruflichen und privaten Erfolg hielten L.u.A. auch in der EB Einzug als „Allheilmittel" für jegliche Lernschwierigkeiten. Dass dieser Boom in den Folgejahren zunächst abnahm, hing nicht zuletzt mit der empirisch begründeten Rücknahme der positiven Beurteilung von Veränderungsmöglichkeiten des → Lernverhaltens Erwachsener durch den Erwerb von Techniken zusammen; mentale und emotionale Komponenten des Lernens und des Zugangs zum Lernverhalten waren unzureichend berücksichtigt. Bis heute liegt vielen Didaktisierungen von L.u.A. ein eher formaler Lernbegriff zugrunde, der „Lernen lernen" als → Qualifikation für beliebige Ziele und jedweden Inhalt versteht. So wie Lernen jedoch zugleich seine eigene Negation beinhaltet (Lernverweigerung), können auch L.u.A. von ambivalenter Wirksamkeit sein: als effektives Anpassungsinstrumentarium einerseits und als Voraussetzung und Unterstützungsinstrumente zur selbstständigen, kritischen Auseinandersetzung mit → Identität und Umwelt andererseits. Das Erlernen von L.u.A. sagt noch nichts über ihre Anwendung aus, die Anwendung von L. noch nichts über die Wirksamkeit in der Zielsetzung selbstbestimmten Lernens.

L.u.A. basieren wissenschaftstheoretisch auf der Bedeutung der kognitiven Eigenaktivität der Lernenden für das Lernergebnis und der Abkehr von behavioristischen Lernkonzepten (→ Kognition), die Lernen vorwiegend in Abhängigkeit von Lehraktivitäten sahen. Den geistigen Aktivitäten während des Lernens als Determinanten von Lernergebnissen wurde erst im Zuge neuerer Erkenntnisse der Lernpsychologie, der Hirnforschung und nicht zuletzt der Konstruktivismusdebatte größere Beachtung geschenkt. Nach wie vor kommt in allen Ansätzen die „elementare Lernhoffnung" (Nahrstedt u.a. 1995) zum Ausdruck, man könne die bisherigen Grenzen geistiger Leistungsfähigkeit überwinden, effektiver lernen, mehr Lernstoff speichern und – mit mehr Freude lernen. Nahrstedt u.a. zeigen in einer Analyse von Lerntechniken auf einer theoretischen Ebene vier zentrale Dimensionen auf: die suggestive (z.B. Suggestopädie), die sinnlich-kreative (z.B. Mindmap), die spielerische (z.B. Zukunfswerkstatt) und die technisch-mediale (z.B. Datenbanken).

Erneute Konjunktur erfahren L.u.A. seit Ende der 1980er Jahre. Mit der Entwicklung zur Wissensgesellschaft (→ Gesellschaft) wird → „Lernen lernen" zur → Schlüsselqualifikation für die Bewältigung wechselnder Anforderungen und Vorbereitung auf eine ungewisse Zukunft schlechthin. Mit dem Bedeutungszuwachs des lebensbegleitenden und selbstorganisierten Lernens in den 1990er Jahren und der Pluralisierung von Lernorten und Lernanlässen geht eine Individualisierung des Lernens einher. Individuen müssen über mehr und spezifischere L.u.A. verfügen, um die verschiedenen Lern(um)welten mit ihren spezifischen Zuschnitten nutzen zu können. Ob dabei grundlegend zwischen L.u.A. für das Lernen in sozialen Kontexten und außerhalb sozialer Kontexte zu unterscheiden ist, bedarf noch der empirischen Überprüfung. Es ist zu bedenken, dass L.u.A. kein ausreichendes Instrumentarium darstellen, um die im Zuge des weltweit verfügbaren Wissens notwendige → Kompetenz der Erschließung und Relevierung von Informationen ersetzen zu können. L.u.A. haben auch dort ihre Grenzen, wo es um komplexe Lernprozesse wie etwa den Umgang mit Paradoxien, mit Identitätskrisen, mit Ungewissheit und Unplanbarkeit geht, wo reflexives Lernen erforderlich ist. Die Fähigkeit zur Reflexion ist nicht mittels Techniken in einem formal-technokratischen Verständnis herstellbar, sondern eher mittels biographieorientierender Verfahren wie dem Lerntagebuch, dem Lernkontrakt, der individuellen Kompetenzbilanz (→ Lernberatung).

Die Fachdiskussion muss sich stärker darauf konzentrieren, zu präzisieren, wozu L.u.A. dienen können, welches Lernen wofür besser, schneller, rationeller und freudiger mithilfe von L.u.A. gestaltet werden kann. Es braucht mehr empirisch gesicherte Erkenntnisse darum, welche lernförderliche Wirkung und welchen Nutzen verschiedene Verfahren zur Erleichterung des Lernens haben.

Literatur
Kröber, W.: Kunst und Technik der geistigen Arbeit. Heidelberg 1971 – Lohmann. M.: Besser, schneller, rationeller lernen? Literaturbericht zum Thema „Lerntechnik". In: Buch und Bibliothek, H. 2, 1982 – Metzig, W./Schuster, M.: Lernen zu lernen. Lernstategien wirkungsvoll einsetzen. Berlin/ Heidelberg 2003 – Nahrstedt, W. u.a.: Moderne Lernformen und Lerntechniken in der Erwachsenenbildung. IFKA-Dokumentation. Bielefeld 1995 – Rost, F.: Lern- und Arbeitstechniken für das Studium. Wiesbaden 2004

Rosemarie Klein

Lernverhalten

Das L. bezeichnet das individuelle Herangehen an Lernaufgaben. Der Begriff kann sich auf einen habituellen → Lernstil oder auf das Verhalten in einer bestimmten Lernsituation beziehen. Das L. einer Person ist durch ihren Umgang mit dem Lernstoff und durch ihre Art der Selbstregulation gekennzeichnet.

Der Umgang mit dem Lernstoff kann oberflächen- oder tiefenorientiert erfolgen, sich also z.B. auf spezielle Formulierungen oder auf die Struktur und die Bedeutung von Lerninhalten konzentrieren. Die Tiefe der Verarbeitung ist u.a. abhängig von den gewählten Informationsverarbeitungsstrategien. In der pädagogischen Psychologie werden zumeist Wiederholungs-, Organisations- und Elaborationsstrategien unterschieden (Wild 2006). Wiederholung kann in reinem Auswendiglernen oder in verständnisorientiertem Üben bestehen. Organisationsstrategien dienen der Strukturierung des Lerninhalts anhand von Oberbegriffen, Graphiken o.ä. Elaboration ist eine bedeutungsbezogene Anreicherung des Lernstoffs, insb. die Verbindung mit Elementen des Vorwissens (z.B. durch die Suche nach Analogien oder Beispielen). Verstehen und Behalten werden v.a. durch ein L. gefördert, das eine tiefenorientierte Verarbeitung mit Wiederholung verbindet.

Auch hinsichtlich der Selbstregulation können verschiedene Strategien zum Einsatz kommen: Ressourcenstrategien, metakognitive, motivationale und emotionale Strategien. Ressourcenstrategien umfassen die Nutzung interner Ressourcen (Wissen, Anstrengung etc.) und externer Quellen (andere Personen, Bücher etc.) sowie das Zeitmanagement. Metakognitive Strategien beziehen sich auf die Planung, Überwachung und Regulation des eigenen Lernens: Im Idealfall planen Lernende ihr Vorgehen, überwachen ihr L. und modifizieren es wenn nötig. Motivationale und emotionale Strategien dienen der Regulation der eigenen Handlungsbereitschaft und des Gefühlshaushalts. Einfache Motivationsstrategien bestehen z.B. darin, Belohnungen in Aussicht zu stellen oder die Lernumgebung angenehm zu gestalten. Mithilfe emotionaler Strategien können (bis zu einem gewissen Grade) die eigenen Gefühle reguliert werden. Diesbezüglich wurde insb. untersucht, inwieweit Prüfungsangst reduziert werden kann. Hilfreich sind oftmals Entspannungstechniken, mentales Training oder kognitive Umstrukturierung (Neuinterpretation der Situation, eine Technik aus der kognitiven Verhaltenstherapie). Strategien der Selbstregulation sind besonders relevant für selbstgesteuertes Lernen. Hier liegt die Gestaltung des Lernens in der Verantwortung der Lernenden; häufig ist auch die Zielsetzung selbst gewählt. Hinsichtlich des L. ergeben sich beim selbstgesteuerten Lernen besondere Möglichkeiten und Probleme, u.a. die Möglichkeit der eigenständigen Zeiteinteilung und das gelegentlich damit einhergehende Problem des Aufschiebens (Prokrastination). Ein effektives L., bei dem solche Probleme vermieden werden, lässt sich trainieren, z.B. durch das Führen eines Lerntagebuchs (systematische Selbstbeobachtung und

-kontrolle) und das Lernen in Gruppen (Austausch, Modelllernen, soziale Kontrolle). Entscheidend ist hierbei ein längerfristiges Üben; einmaliges Training hat im Allgemeinen wenig Erfolg (Mandl/Friedrich 2006). Die Forschung zum L. konzentrierte sich lange Zeit auf die Informationsverarbeitung beim Lesen von Texten. Zukünftige Studien sollten sich verstärkt mit emotionalen Strategien befassen, da diese in der Lehr-Lernforschung bisher eher zu kurz kamen. Verstärkte Aufmerksamkeit sollte angesichts der beruflichen Relevanz eigenständigen Denkens außerdem kreativen Aspekten des L. zuteil werden, z.B. der Entwicklung neuer Problemlösungen.

Literatur

Mandl, H./Friedrich, H.F. (Hrsg.): Handbuch Lernstrategien. Göttingen 2006 – Wild, K.-P.: Lernstrategien und Lernstile. In: Rost, D.H. (Hrsg.): Handwörterbuch Pädagogische Psychologie. Weinheim 2006

Ulrike-Marie Krause & Robin Stark

Lesegesellschaften

Der Begriff L. ist eine Sammelbezeichnung für unterschiedliche Vereinigungen von Lesern (weniger auch Leserinnen), die dem Zweck dienten, durch Bereitstellung von Büchern und Zeitschriften das gesteigerte Bedürfnis nach und die Kommunikation über Literatur bei erschwinglichem Kostenaufwand zu befriedigen und dabei zugleich eine geistig anregende und gesellige Gemeinschaft herzustellen. Seit dem frühen 18. Jh. sind L. in vielen Ländern Europas nachgewiesen. In Deutschland entstanden sie seit der Mitte des 18. Jh., wobei sie sich vom protestantischen Norden aus im Land verbreiteten. Allerdings hatten sich bis 1800, nicht selten unter dem Druck staatlicher Zensur, viele L. (in Deutschland mehr als 430) wieder aufgelöst, z.T. konnten sie sich aber bis ins 19. Jh. oder sogar bis heute unter Neuausrichtung ihres Profils erhalten.
Der typische Charakter von L. ist der von exklusiven Mitgliedergesellschaften, die auf private Initiative hin entstanden sind und selbstorganisiert waren. Am häufigsten setzte sich die Mitgliedschaft von L. aus Männern des mittleren und gehobenen Bürgertums zusammen, wozu insb. Beamte, Ärzte, Pfarrer, Offiziere, Professoren, Buchhändler, Kaufleute und Schulmeister, vereinzelt auch Handwerker, zu zählen sind. Der Ausschluss von Frauen aus den L. war weithin üblich, wenngleich nicht ausnahmslos der Fall; vereinzelt gab es sogar eigene „Frauenzimmer-L.". Seit dem Ende des 18. Jh. sind in Deutschland auch Handwerker-L. nachweisbar.
Zum Literaturangebot in L. gehörten Monographien, Nachschlagewerke und vor allem Periodika, und zwar allgemeinbildend-belehrende, unterhaltsame und fachwissenschaftliche Schriften.
Folgende Haupttypen von L. können unterschieden werden:

- der aus Gemeinschaftsabonnements entstandene Lesezirkel, der den geregelten Umlauf von Büchern, Zeitungen und Zeitschriften unter seinen Mitgliedern organisierte,
- die Lesebibliothek als feststehendes Zentrum, deren Mitglieder ihre Lektüre aus dem vorhandenen Angebot selbst aussuchten und mitnahmen,
- das Lesekabinett, das vornehmlich in Großstädten entstand und solche L. bezeichnet, die über eigene Lese- und Diskussionszimmer, zuweilen auch Räume für Sammlungen („Museum") verfügten,

Die am weitesten entwickelte Form von L. stellen solche Gesellschaften dar, die neben der Bereitstellung von Literatur und Clubräumen ihren Mitgliedern ein zusätzliches kulturelles Veranstaltungsprogramm boten.
Die explosionsartige Entstehung von L. in allen großen, aber auch in vielen kleineren Städten weist neben einer verbreiteteren Lesefähigkeit, einem gesteigerten Lesewillen (in konservativen Kreisen kritisch als „Lesesucht" oder „Lesewut" apostrophiert) und einem verstärkten Heraustreten aus den Grenzen der Familie und Stände auf veränderte Lesegewohnheiten und Lesebedürfnisse hin: Die intensive Lektüre weniger „beständiger" Bücher nahm zugunsten einer mehr extensiven, auch aktuellen Lektüre ab. Diesen Veränderungen entspricht aufseiten des Verlagswesens eine gesteigerte und schnellere Produktion und effektivere Verbreitung von Lesestoff. Eine Sonderform der L. stellen die in ländlichen Gegenden anzutreffenden sog. „Aufklärungs-L." dar, wobei Akademiker (v.a. Geistliche, Ärzte und Lehrer) die Lektüre für das Volk auswählten, durch zusätzliche belehrende Gespräche zu vertiefen suchten und z.T. auch den Bauern vorlasen.
Die L. sind Ausdruck der Aufklärung und eines mit dieser verbundenen rationalen Dranges nach Information, Wissen und Bildung, z.T. auch beruflicher Fortbildung. Dienten die L. vor allem der Selbstbildung ihrer Mitglieder, so sind darüber hinaus auch Bestrebungen einiger L. überliefert, die auf die Bildung des „Volkes" gerichtet waren. Bildungsgedanke

und Organisationsform der L. können auch als eine Wurzel für die Entstehung von Arbeiterbildungsvereinen gesehen werden. Zwischen der Herausbildung von L. und der Entstehung moderner, bürgerlich geprägter Gesellschaften in Europa besteht ein zentraler Zusammenhang; er zeigt sich sowohl in der sozialen Organisation (L. sind Vorläufer des modernen Vereinswesens) als auch in der kulturellen Prägung bürgerlicher Mentalitäten. L. stellen geradezu einen frühen sozialen Kristallisationskern des bürgerlichen „Strukturwandels der Öffentlichkeit“ (J. Habermas) dar und finden nicht zuletzt unter diesem Aspekt über das Interesse der Bildungsgeschichte hinaus Aufmerksamkeit in der Forschung.

Literatur

Dann, O. (Hrsg.): Lesegesellschaften und bürgerliche Emanzipation. Ein europäischer Vergleich. München 1981 – Kaiser, A. (Hrsg.): Gesellige Bildung. Studien und Dokumente zur Bildung Erwachsener im 18. Jahrhundert. Bad Heilbrunn/Obb. 1989 – Prüsener, M.: Lesegesellschaften im achtzehnten Jahrhundert. Ein Beitrag zur Lesergeschichte. In: Archiv für Geschichte des Buchwesens, Bd. XIII, Lfg. 1–2. Frankfurt a.M. 1972 – Reinhardt, U.: Bildung und Unterhaltung. Kritische Analyse von Konzepten und Projekten aus erziehungswissenschaftlicher Sicht. Dissertation, Hamburg 2003 – Wülfing, W./Bruns, K./Parr, R. (Hrsg.): Handbuch literarisch-kultureller Vereine, Gruppen und Bünde 1825–1933. Stuttgart/Weimar 1998

Elisabeth Meilhammer

Lifelong Learning

Das L.L. hat sich in der angelsächsischen Erwachsenenbildung in den 1980er Jahren entwickelt. In Deutschland taucht der Begriff erstmals explizit im Jahr 1994 auf. In direkter Übersetzung aus dem Englischen verwendet man auf Deutsch die Bezeichnung → lebenslanges Lernen.

Seit 1995 wird in Deutschland verstärkt über L.L. gesprochen. Im Jahr 1996, als die Europäische Union das „European Year of Lifelong Learning“ ausrief, benutzte man zeitweilig auch den Terminus „lebensbegleitendes Lernen“ (wohl um die juristische Konnotation von „lebenslänglich“ zu vermeiden). Gelegentlich wird in Deutschland auch von „lebensbreitem Lernen“ gesprochen; dies entspricht einer Eindeutschung des englischen „life-wide learning“, mit dem nicht nur die Dauer des Lernens, sondern auch die alltägliche Reichweite des Lernens bezeichnet werden soll.

Im europäischen Ausland hat L.L. eine noch weit längere und differenziertere Geschichte:

- als „recurrent education“ ist es eine angelsächsische Konzeption, liberal und pragmatisch, die Gleichheit und Effizienz miteinander verbinden will, stark ökonomischen Zielen verpflichtet ist und auf die OECD (1973) zurückgeht,
- als „lifelong education“, vorgetragen von der UNESCO (Dave 1976), zielte es auf die Notwendigkeit, vor allem in entwicklungsorientierten Ländern eine kulturelle und nationale Identität wieder zu gewinnen und materielle Not zu bewältigen,
- als „éducation permanente“ ist das Konzept dem frankophonen Aufklärungsbestreben, Wissenschaft und Kunst für die Lebenspraxis der Bevölkerung zu erschließen, verpflichtet; in dieser Richtung hat sich auch der Europarat (1970) artikuliert.

L.L. spielt in der jüngsten europäischen Bildungspolitik eine große Rolle, indem es bildungspolitischer Ausdruck dafür ist, dass die Qualifikationen der arbeitenden Menschen an neue Techniken und Anforderungen angepasst werden müssen und die Europäische Gemeinschaft allein von einer allseitigen Entwicklung der Personen und ihrer staatsbürgerlichen Aktivitäten abhängt. In den europäischen Programmen, die Erwachsenenbildung thematisieren, wird seit 1996 immer häufiger der Begriff des L.L. statt der „Erwachsenenbildung“ bzw. „adult education“ u.a. verwendet. Mittlerweile haben sich aber auch hier die Begriffe geklärt; Erwachsenenbildung ist neben Schule und Hochschule eine der drei Säulen des L.L. im europäischen Bildungsraum.

Literatur

Dave, R.H.: Foundations of Lifelong Education. Hamburg 1976 – Dohmen, G.: Das Lebenslange Lernen. Leitlinien moderner Bildungspolitik. Bonn 1996 – Nuissl, E.: Das „Memorandum über Lebenslanges Lernen“ (2000) der Europäischen Kommission. In: Koerrenz, R./Meilhammer, E./Schneider, K. (Hrsg.): Wegweisende Werke zur Erwachsenenbildung. Jena 2007 – OECD: A Strategy for Lifelong Learning. Paris 1973

Ekkehard Nuissl

Managementbildung

M. als eine durch einen Paradigmenwechsel im Management ermöglichte Konzeption versucht, etwas zu verbinden, was traditionell zunächst als nicht-integrierbar interpretiert wurde: nämlich „Management“ und „Bildung“ (Lehnhoff 1997). Seit dem Neuhumanismus einerseits sowie den tayloristisch geprägten klassischen Organisationstheorien andererseits scheinen diese beiden Begriffe in einer äußerst problematischen Beziehung zueinander zu stehen.

Diese unversöhnlich erscheinende Trennung gerät jedoch vor den neuen Anforderungen an das Management zunehmend unter Kritik. Denn zunächst erfordert die Komplexität und Dynamik sozialer Systeme und ihrer Umwelten neue Vorgehensweisen für den Aufbau und die Erschließung strategischer Erfolgspotenziale sowie für deren operative Nutzung. Außerdem gewinnt vor dem Hintergrund eines deutlichen Zweifels an der Sinnhaftigkeit und Glaubwürdigkeit bestehender Ordnungsmechanismen und den Rahmenbedingungen einer Risikogesellschaft das normative Management eine größere Bedeutung.

M. geht davon aus, dass modernes Management nicht mehr überwiegend sozialtechnologisch bewerkstelligt werden kann, sondern zunehmend auf den Aufbau intersubjektiver Verständigungspotenziale angewiesen ist. Ein so interpretiertes dialogisches Management entfaltet die traditionelle ökonomische Rationalität weiter und stellt bisherige Orientierungsgrundlagen für das Denken, Fühlen und Handeln in Unternehmen infrage. Vor diesem Hintergrund kann M. zunächst interpretiert werden als die Disposition zur reflexiven Auseinandersetzung mit sich und dem Managementhandeln, aus der Erkenntnisse erwachsen, die zur Handlungsorientierung dienen (Wagner/Nolte 1993). Die Reflexion von Managementprozessen ist dabei eine wichtige Voraussetzung für eine umfassende Transformationsfähigkeit von Organisationen und ihren Mitgliedern unter Berücksichtigung der potenziell Betroffenen des organisationalen Entscheidens und Handelns. Hier klingt schon das dialogische Prinzip der M. an (Lehnhoff 1997), die deren Anschlussfähigkeit an die Transzendentalpragmatik bzw. Diskursethik (Apel 1988) verdeutlicht. M. muss dabei im Wesentlichen als Selbstbildung verstanden werden, da nur die selbstreflexive, sprich kritisch-mündige Auseinandersetzung von Individuen und sozialen Systemen mit sich und ihren Umwelten den genannten Anforderungen gerecht werden kann. Diese Auseinandersetzung kann dabei aufgrund fehlender materialer Normen, die universelle Gültigkeit beanspruchen könnten, nicht solipsistisch erfolgen, sondern eben nur im Dialog mit anderen.

Konsequent weiter gedacht führt dies zu der Annahme, dass M. eine über den Dialog realisierte, reflexive Auseinandersetzung des Managers und des Managements mit sich, den organisationalen und globalgesellschaftlichen Bedingungen und ihren jeweils kontrafaktischen Entwicklungsmöglichkeiten ist (Petersen 2003). Sie bezieht sich dabei sowohl auf die operative und unternehmensstrategische Effizienz als auch auf die ethische Begründetheit von Entscheidungen. Dieser Anspruch wird in dem von Petersen (2003) vorgeschlagenen Ansatz zum „Dialogischen Management“ unterstrichen. Im „Dialogischen Management“ – ermöglicht durch M. – wird zunächst einmal von der Grundannahme ausgegangen, dass sich der Dialog als gemeinsame Wahrheitssuche im Austausch zwischen Führungskräften und Mitarbeiterenden auszeichnet, da es nicht „die“ von vornherein (monologisch) festgelegte und allgemeingültige Wahrheit im Sinne eines „one best way“ (mehr) geben kann. Bezogen auf das Management bedeutet dies konkret, das Wagnis einzugehen, zunächst einmal im organisationalen Kontext Dialoge als animierender (Lern-)Partner und Katalysator zu führen. Auf diese Weise können auf Mitarbeiter- und Teamebene Selbstbewusstsein, Urteilsfähigkeit, Leistungs- und Innovationsbereitschaft ermöglicht und dementsprechend Raum dafür gegeben werden, sich im gesamten Kontext stärker Tugenden wie Kreativität, Querdenken, Spontaneität und Risikofreudigkeit zuzuwenden.

M. hat dabei nicht (nur) die Aufgabe, die Subjekte gegen die Ansprüche und Anforderungen der Systeme zu schützen und zu immunisieren, sondern über die Ermöglichung von Mitgestaltung die sozialen Systeme selbst zu humanisieren, also zu „bilden“. Die Bildung der Subjekte erfolgt somit nicht unabhängig von den sozialen Systemen, sondern vielmehr auf sie bezogen, und zwar mit dem Ziel, sie durch Mitgestaltung zu verändern. Eine so verstandene M. kann dabei klassische Dualitäten überwinden, wie → Bildung und → Qualifikation, allgemeine und Berufsbildung, materiale und formale Bildung sowie Subjekt und System, die bisher überwiegend als sich ausschließende duale Alternativen verstanden wurden.

Um diese Ansprüche umzusetzen, bedarf es einer weitgehenden Vorbereitung und Begleitung der Führungs- und Führungsnachwuchskräfte. In der Praxis kann dies beispielsweise dahingehend gestaltet sein, dass sowohl diagnostische als auch Entwicklungsmaßnahmen des Management Developments sich sehr viel stärker an einem dialogischen Paradigma auszurichten haben. Dies konvergiert übrigens mit den Forderungen von Unternehmen nach Mitarbeitenden als Mitunternehmern, nach Selbstverantwortung und Selbstorganisation der Organisationsmitglieder sowie nach Eigenverantwortung und ethischem Handeln der Führungskräfte.

Literatur
Apel, K.-O.: Die transzendentalpragmatische Begründung der Kommunikationsethik und das Problem der höchsten Stufe einer Entwicklungslogik des moralischen Bewusstseins. In: Ders.: Diskurs und Verantwortung. Frankfurt a.M. 1988 – Lehnhoff, A.: Vom Management-Development zur Managementbildung. Frankfurt a.M. u.a. 1997 – Petersen, J.: Dialogisches Management. Frankfurt a.M. 2003 – Wagner, D./ Nolte, H.: Managementbildung. In: Managementrevue, H. 1, 1993

Andre Lehnhoff & Jendrik Petersen

Marketing

M. ist ein Begriff aus den Wirtschaftswissenschaften und hat seinen etymologischen Ursprung im angelsächsischen Gerundium des ins Deutsche übersetzten Verbs „absetzen, vermarkten". Ende der 1960er Jahre ersetzte er im deutschsprachigen Raum die betriebswirtschaftliche Kategorie „Absatzpolitik". Nach dem Zweiten Weltkrieg herrschte in den westlichen Industrienationen die typische Situation eines Verkäufermarktes. Die Nachfrage war größer als das Angebot. In den 1960er Jahren begann sich der Markt zu wandeln, so dass in den 1970er Jahren ein Überangebot an Waren zu verzeichnen war (Käufermarkt) und verkaufsfördernde Maßnahmen (M.) entwickelt wurden. Mit dem Generationenwechsel an den Hochschulen und der Kritik aus der Studentenbewegung in den USA kam die kommerzielle M.-Lehre Anfang der 1970er Jahre unter Legitimationszwang. Dies hatte eine Erweiterung und Vertiefung des M.-Konzepts zur Folge (z.B. Marketing für Nonprofit-Organisationen, Social M., Bildungsm.). Die ersten theoretischen Auseinandersetzungen mit der M.-Lehre im Weiterbildungsbereich reichen bis in die 1970er Jahre zurück. Mit ihrem ablauflogischen Entscheidungsmodell entwickeln Sarges/Haeberlin (1980) das erste M.-Konzept für Einrichtungen der EB. Aufgrund ihrer fast ausschließlich öffentlichen Finanzierung besaßen die Volkshochschulen bis Ende der 1980er Jahre quasi ein Monopol. Dieses bricht mit dem Wachstum privater Anbieter auf, so dass (auch aufgrund der Reduktion öffentlicher Zuschüsse) eine Orientierung auf den Markt erfolgt. Aufgrund dieser neuen Marktsituation erlebt die Rezeption des M. Anfang der 1990er Jahre einen Boom. Ein wichtiger Meilenstein ist der Band „Marketing für Erwachsenenbildung?" (Meisel u.a. 1994). Die Rezeption der M.-Lehre verläuft innerhalb der Erwachsenenbildungspraxis nicht nur phasenweise, sondern auch mit verschiedenen Schwerpunkten. So werden die implizite und explizite, die disparate, die partielle und die bestrittene Rezeption unterschieden (Möller 2002). Insbesondere die partielle Rezeption überwog, da Öffentlichkeitsarbeit und Werbung – als Elemente einer M.-Strategie – mit M. gleichgesetzt wurden. Anfang des 21. Jh. mehren sich empirische Untersuchungen zum M. in der WB, insb. an Volkshochschulen (Möller 2002; Schöll 2005).

Wenngleich weder eine einheitliche Begrifflichkeit noch Strategie für M. existiert, so besteht zumindest darüber Einigkeit, welche Aktivitäten zu einer M.-Konzeption gehören – und dass diese geplant und strategisch vonstatten gehen sollen. Elemente einer M.-Planung sind das M.-Zielsystem, die Markt-Segmentierung, der M.-Mix mit den M.-Instrumenten (Angebots-, Produkt- oder Programm-, Preis- oder Gegenleistungs-, Kommunikations- sowie Distributionspolitik), M.-Organisation und M.-Kontrolle.

Ausgangspunkt jeder M.-Planung ist die Definition des Produkts. Im Weiterbildungsbereich tauchen hierbei die neuralgischen Probleme auf, da das „Produkt" Bildung im Vergleich zu anderen (Konsum-) Produkten oder Dienstleistungen spezifische Besonderheiten aufweist: Erstens sind an seiner Produktion die „Käufer" (Lernende) beteiligt, zweitens ist es nicht konsumierbar, sondern seine Herstellung kann mit Lernanstrengungen für die „Käufer" verbunden sein. Dies macht drittens seine Vermarktung und Werbeversprechen schwierig. Viertens ist Bildung ein (unabgeschlossener) Prozess, dessen Ergebnis aufgrund der gemeinschaftlichen Erstellung nicht vorhersehbar ist.

Wenngleich die Verwendung des Begriffs sowie die Adaption der M.-Lehre in der WB diskussionswürdig sind, so ist die Thematik inzwischen lehr- und prüfungsrelevant bei der Aus- und Weiterbildung von Erwachsenenbildner/inne/n geworden. Denn auch wenn Fragen zur Gewinnung neuer Teilnehmerkreise, zum Ausbau des Weiterbildungsangebots etc. immer schon zum Repertoire von in der EB Tätigen gehört haben, so ist die Realisation einer M.-Strategie aufgrund ihrer ökonomischen Zielrichtung kein genuiner Bestandteil der EB, sondern eine Ergänzung.

Literatur

Meisel, K. u.a.: Marketing für Erwachsenenbildung? Bad Heilbrunn/Obb. 1994 – Möller, S.: Marketing in der Weiterbildung. Bielefeld 2002 – Sarges, W./Haeberlin, F.: Marketing für die Erwachsenenbildung. In: Dies. (Hrsg.): Marketing für die Erwachsenenbildung. Hannover u.a. 1980 – Schöll, I.: Marketing in der öffentlichen Weiterbildung. Bielefeld 2005

Svenja Möller

Mediation

Der in den 1970er Jahren in den USA geprägte Begriff M. bedeutet „Vermittlung" und beschreibt ein Verfahren zur freiwilligen, kooperations- und konsensorientierten Konfliktregelung, zu der eine unparteiische dritte Person, die über keine Entscheidungsmacht verfügt, unterstützend herangezogen wird.

In Deutschland gibt es verbreitete Anwendungen bei Familienzwistigkeiten, in Schulen (Gewaltfragen), bei Täter-Opfer-Ausgleichen, in der Wirtschaft und bei Umweltkonflikten. Für größere Konfliktfälle (z.B. im Umweltbereich) ist M. in den USA recht verbreitet, weil sie zu einvernehmlichen Lösungen bei Vermeidung hoher Gerichtskosten und Verkürzung der Konfliktzeiten führen kann. Aufgrund der anderen Rechtslage und anderer Streitkulturen gibt es in Deutschland bislang nur wenige und insb. auch wenig erfolgreiche Mediationsbeispiele für konfliktbelastete Umweltprobleme. Allerdings wird in der jüngsten Vergangenheit im Kontext lokaler Agenda-21-Aktivitäten, die auf die Konferenz für Umwelt und Entwicklung in Rio 1992 zurückgehen, häufig von M. gesprochen, wenn unterschiedliche Interessenträger an „runden Tischen" ihre Visionen über eine zukünftige Entwicklung austauschen. Diese populär als M. bezeichneten Verfahren sind letztlich Moderationen mit konfliktbeladenen Inhalten, sie unterliegen nicht den für die eigentliche M. typischen Verfahrensregeln.

Ein Mediationsverfahren besteht in der Regel aus vier Phasen:

- Ausarbeitung der Konflikte und eine Verständigung darüber,
- Erhebung und Wahrnehmung der zugrunde liegenden Interessen,
- Ausloten von Handlungsspielräumen und Entscheidungsmöglichkeiten, Herbeiführen von Win-win-Situationen,
- Absichern der Verhandlungsergebnisse.

Vom Mediator wird verlangt, dass er

- unvoreingenommen bzw. neutral gegenüber allen Verfahrensbeteiligten und gegenüber der Sache ist,
- über soziale Kompetenz verfügt, die erlaubt, Gesprächsführung mit Einzelnen und mit Gruppen zielorientiert und konfliktvermeidend durchzuführen,
- hinreichend fachkompetent ist, um der Diskussion um Konfliktgegenstände sachlich folgen zu können. Dabei muss eine Fähigkeit zu interdisziplinärem Denken gegeben sein, weil meist ökologische, technische, rechtliche und soziale Belange zugleich zu erörtern sind,
- persönlich unabhängig ist und einen angemessenen Sozialstatus hat, um in der Verhandlungsführung unbeeinflussbar und allgemein anerkannt zu sein.

In allen Anwendungsfeldern gibt es inzwischen professionelle Ausbildungsmöglichkeiten; und berufsständische Vereinigungen die versuchen Qualitätsstandards zu etablieren. In der WB bieten sich mediative Elemente in kommunikationsorientierter Bildungsarbeit an. Wenn es um gruppendynamische Prozesse geht, d.h. wenn soziale Prozesse zu steuern sind, oder wenn konfliktbeladene Themen aus dem interkulturellen Bereich oder dem Bereich der → politischen Bildung anstehen, kann der Einsatz von Mediationsverfahren hilfreich sein. Anwendungen wurden insb. im sozialpädagogischen Bereich erprobt. Der Einbezug mediativer Elemente in der Bildungsarbeit berührt das Schnittfeld zwischen Moderation und M. Ob M. zum methodischen Standardrepertoire eines Weiterbildners zählen sollte, ist zurzeit noch nicht ausgemacht.

Literatur

Apel, H./Günther, B.: Mediation und Zukunftswerkstatt. Frankfurt a.M. 1999 – Falk, G. u.a. (Hrsg.): Handbuch Mediation und Konfliktmanagement. Opladen 2004 – Fietkau, H. J.: Entwicklung ökologischer Verantwortung in Me-

diationsverfahren. In: Berger, K. u.a.: Ökologische Verantwortung. Bad Heilbrunn 1991 – Rabsch, S.: Mediation. In: Grundlagen der Weiterbildung – Praxishilfen. Loseblattwerk. Frankfurt a.M. 1993 (Grundwerk)

Heino Apel

Medien in Lehr-Lernprozessen

Lehr-Lernprozesse sind eng mit der Nutzung von M. verwoben und werden von ihnen unterstützt, aufrechterhalten, vertieft, aber auch verändert. Ein Blick in die Geschichte der M.nutzung verdeutlicht, dass bereits mit dem Aufkommen der ersten M. diese für L. genutzt wurden. In der heutigen Zeit sind es insb. der technologische Fortschritt sowie die zunehmende Mediatisierung, Informatisierung und Digitalisierung der Gesellschaft bzw. der Lebenswelt jedes Einzelnen, welche die Bedeutung des M.einsatzes auch für die EB/WB herausstellen.
M. erweitern den potenziellen Erfahrungsraum von Menschen. Real nicht verfügbare Erfahrungen können medial abgebildet werden, indem etwa Symbole, Modelle oder Bilder an die Stelle realer Gegenstände oder Vorgänge treten. Gleichzeitig können M. aber auch zur Verarmung von Erfahrungsräumen beitragen, indem sie durch ihre spezifische Attraktivität an die Stelle unvermittelter Erfahrung (Primärerfahrung), etwa sozialer Begegnung, treten. Auch in L. treten M. entsprechend vielgestaltig auf. Sie können als didaktische M. eingesetzt werden, beispielsweise indem durch ein Modell ein technischer Zusammenhang erlebbar gemacht wird (u.a. mithilfe von Simulationen oder Planspielen). Insb. Massenm. sind demgegenüber regelmäßig Gegenstand von L., beispielsweise wenn der Zusammenhang zwischen der M.berichterstattung über ein Unternehmen und den Kurswerten entsprechender Aktien thematisiert wird. Schließlich können insb. mobile M. in Konkurrenz zum Lehr-Lerngeschehen stehen, beispielsweise beim Versand und Empfang von SMS in einer Kurssituation. Auch wenn jede dieser Erscheinungsformen vorrangig mit bestimmten M.typen assoziiert ist, besteht hier kein starrer Zusammenhang. Ebenso wie etwa Mobiltelefone und SMS als didaktische M. eingesetzt werden können, kann das Internet, eingesetzt als didaktisches Medium, Quelle von Störungen sein. Die Kritik an der derzeitigen medialen Durchdringung der Gesellschaft bezieht sich häufig auf den Verlust bzw. die Verwischung von Primärerfahrungen und Sekundärerfahrungen (also medialen Erlebnissen), wobei oft übersehen wird, dass auch M. Anlässe zu Primärerfahrungen bieten. Aus medienpädagogischer Perspektive ist daher zu fragen, wie sowohl „alte“ als auch „neue“ M. sinnvoll in die Bildungs-, Sozialisations- und Enkulturationsprozesse einbezogen werden können.
In einer engen Begriffsauffassung kann von M. als Hilfsmittel in organisierten L. gesprochen werden. Dies schließt das Verständnis von M. in einer Doppelfunktion sowohl als *Lehr-* als auch als *Lern*mittel mit ein. Mit dem Einbezug des → Konstruktivismus in die lehr- und lerntheoretische Debatte auch in der M.pädagogik geht ein Perspektivenwechsel einher, bei welchem nicht mehr die Vermittlungsfunktion der M., d.h. die möglichst fehlerfreie Übermittlung von Lehrinhalten im Sinne eines Kopiermodells im Vordergrund steht, sondern vielmehr die Ermöglichung und Initiierung von aktiv-konstruktiven Lernaktivitäten durch Lernangebote (Kerres 2001).
Mit dem Einsatz von M. in Theorie und Praxis beschäftigen sich verschiedene Teildisziplinen, wie beispielsweise M.didaktik, M.soziologie oder M.wissenschaft. Aus pädagogischer Sicht wird als Oberbegriff die M.pädagogik herangezogen, welche sich mit allen Bereichen auseinandersetzt, in denen M. als Gegenstand oder Mittel eine Rolle in Lernprozessen spielen. Übergreifende Zielsetzung der medienpädagogischen Auseinandersetzung ist die Gewährleistung der Teilhabe des Menschen an einer medial geprägten Gesellschaft im Hinblick auf einen sachgerechten, selbstbestimmten, kreativen und sozial verantwortlichen Umgang mit Medien. Dies schließt deren Einsatz in L. mit ein. Aus medienpädagogischer Perspektive ergibt sich dementsprechend als Aufgabe für die EB/WB die Unterstützung des Aufbaus einer angemessenen M.kompetenz, um den sich schnell wandelnden Anforderungen einer medial geprägten Gesellschaft gerecht werden zu können. Vor diesem Hintergrund wird das Konzept der M.kompetenz derzeit als wichtiger Leitbegriff der M.pädagogik betrachtet (Vollbrecht 2001). Im Sinne von Dieter Baacke umfasst dieses Konzept die vier Teilbereiche der M.kritik, M.kunde, M.nutzung und M.gestaltung.
In der M.pädagogik wird regelmäßig vor allem den Neuen M. besondere Aufmerksamkeit geschenkt, was nicht selten verbunden ist mit Verheißungen über immense Potenziale für L. Insbesondere mit der Nutzung der Möglichkeiten digitaler bzw. interaktiver M. werden Hoffnungen auf ein neues Erwachsenenlernen und eine deutliche Steigerung der Lern-

effizienz verbunden. Dies ist allerdings kein Phänomen der Neuen M., sondern war auch bei älteren M., wie etwa der Schallplatte zu Beginn des 20. Jh. oder dem (unvernetzten) Computer in den 1970er Jahren, der Fall. Ein wesentliches neues Merkmal der medialen Entwicklung der letzten drei Jahrzehnte ist jedoch das Verschwimmen der Grenze zwischen M. der Massenkommunikation (Buch, Fernsehen) und solchen der individuellen Kommunikation (Brief, Telefon). Neue M. zeichnen sich dadurch aus, dass sie potenziell sehr verschiedene Individuen oder Gruppen von Benutzer/inne/n miteinander in Kontakt treten lassen, etwa durch Webseiten, Blogs, Einzel- oder Massen-SMS und anderes mehr. Damit verändern sie auch die Kommunikationssituation in L. So verschwindet bei manchem E-Learning-Angebot der Lehrende als Vermittler zwischen den Lernenden (Nutzern) und Autoren eines Lehrwerks. Die schwindenden Grenzen zwischen der individuellen Kommunikation mit Personen aus dem sozialen Nahraum und der (Massen-)Kommunikation mit Autor/inn/en (bzw. die Fragmentierung und Neu-Konstituierung dieses Nahraums) ist auch von zunehmender Bedeutung für den Umgang mit M. als Gegenstand von L.

Im Hinblick auf die z.T. euphorischen Erwartungen bezüglich des Einsatzes digitaler M. ist inzwischen eine Ernüchterung eingetreten. Der Einsatz digitaler M. ist nicht per se mit einer Steigerung der Lerneffizienz und einer Verbesserung des Lernerfolgs verbunden (Russell 2001), sondern vielmehr kann von einem Primat der Didaktik ausgegangen werden: Entscheidender als die Wahl des Mediums ist die jeweilige Einbettung in ein didaktisches Setting.

In der Erwachsenenpädagogik lässt sich die Zunahme der Bedeutung von M. vor allem in drei Bereichen beobachten. Erstens spielen Neue M. als Arbeitsmittel eine zunehmende Rolle, während immer noch wesentliche Anteile der Arbeitsbevölkerung nicht gut mit ihnen umgehen können. Entsprechend machen Computerschulungen einen nicht geringen Teil beruflicher Weiterbildungsmaßnahmen aus. Und da der Umgang mit Neuen M. in immer höherem Maße auch über gesellschaftliche Teilhabechancen entscheidet, kommt ihnen als Gegenstand der allgemeinen EB ebenfalls eine große Bedeutung zu. Zweitens beeinflussen die Neuen M. die Möglichkeiten der Gestaltung von L.; insb. im Bereich des Fernstudiums ergeben sich hier vielfältige Möglichkeiten. Drittens ist die Erwachsenenpädagogik zunehmend von einer Heterogenität der M.erfahrung gekennzeichnet. Nicht nur hat die erste Generation der „digital natives", also derjenigen, die seit ihrer Kindheit mit digitalen M. vertraut sind, inzwischen das Erwachsenenalter erreicht, auch die M.nutzungsmuster Erwachsener, etwa entlang der Grenzen von Lebensstil bzw. Milieu, werden mit der Differenzierung des M.angebots vielfältiger. Auch in L. muss diese Vielfalt beim Einsatz didaktischer M. ebenso wie bei der der Bezugnahme auf mediale Erfahrung berücksichtigt werden. Daneben gibt es Lernbedarfe, die sich aus der M.nutzung selbst ergeben. Hier wird nicht ein bestimmtes Gesamtmedium, beispielsweise der Computer, zum Lerngegenstand, sondern das Hauptaugenmerk ist auf die wirtschaftlichen oder sozialen Konsequenzen gerichtet, die sich aus der M.nutzung ergeben. So analysiert Turkle (2006) die sozialen Bedingungen, die sich aus der ständigen Erreichbarkeit per Mobiltelefon ergeben und die als ein Problem wahrgenommen werden, welches Relevanz für das Lernen besitzt.

Bei der Betrachtung einer Bedeutungszunahme Neuer M. darf allerdings nicht übersehen werden, dass auch die etablierten M. vielfältige Herausforderungen für die Erwachsenenpädagogik mit sich bringen. So ist die öffentliche Diskussion um Fernsehsendungen wie „Big Brother" zwar abgeebbt, dabei können die medienethischen Fragen, die hinter derartigen Formaten stehen, aber keineswegs als geklärt betrachtet werden. Ebenso gebührt Printmedien in der medienpädagogischen Diskussion auch in Bezug auf Erwachsene eine Rolle, etwa mit Blick auf Grundbildung und Literalität, aber auch hinsichtlich eines Zusammenhangs zwischen Lesefähigkeit und anderen allgemein und beruflich notwendigen Kompetenzen.

Literatur

Baacke, D.: Medienpädagogik. Tübingen 1997 – Hüther, J./Schorb, B. (Hrsg.): Grundbegriffe Medienpädagogik. 4., vollst. neu konzipierte Aufl. München 2005 – Kerres, M.: Multimediale und telemediale Lernumgebungen – Konzeption und Entwicklung. München/Wien 2001 – Kron, F.W./Sofos, A.: Mediendidaktik. Neue Medien in Lehr- und Lernprozessen. München/Basel 2003 – Russell, T.L.: The no Significant Difference Phenomenon: A comparative research annotated bibliography on technology for distance education. Raleigh, N.C. 2001 – Tulodziecki, G./Herzig, B.: Mediendidaktik. Stuttgart 2004 – Turkle, S.: Always-on/Always-on-you: The tethered self. URL: http://web.mit.edu/sturkle/www/pdfsforstwebpage/ST_Always%20On.pdf (11.11.2009) – Vollbrecht, R.: Einführung in die Medienpädagogik. Weinheim 2001

Henning Pätzold & Markus Lermen

Methoden

M. ist abgeleitet aus dem altgriechischen Wort *methodos* für „Weg“ und meint ein Verfahren, um planmäßig ein Ziel zu erreichen. Im pädagogischen Kontext sind M. somit der Weg zum Lernziel. Sie sind helfende und stützende Verfahrensweisen, welche bei den Teilnehmenden Interesse wecken oder verstärken können, die Motivation fördern im Hinblick auf die Auseinandersetzung mit einem Thema und Möglichkeiten schaffen für aktive Erfahrungen im Hinblick auf die Lerninhalte, die eigene Person und die anderen Personen in der Gruppe (Knoll 2007).
Pädagog/innen der EB sind sich zumeist des helfenden, stützenden Charakters methodischer Arrangements bewusst. Wirklich gelingen kann ein produktiver Einsatz von M. aber nur dann, wenn der Dozent konkret klärt, wann er was, zu welchem Zweck, wo und mit wem „veranstaltet“. Je nach dem Ergebnis dieser didaktischen Analyse kann die M. ausgewählt oder selber entwickelt werden. Die Didaktik umschließt die M. und bindet sie dadurch in einen umfassenden Kontext ein. So ist die M. als „Weg“ insgesamt bestimmt durch folgende Aspekte:

- das Lernziel (Was soll als neuer „Zustand“ des Wissens und der Handlungsmöglichkeit entstanden sein?),
- die Zielgruppe (Wer sind die Lernenden?),
- den Inhalt (Was soll erarbeitet werden und worin besteht dessen spezifische Charakteristik, also seine Sachstruktur?),
- die Rahmenbedingungen (Unter welchen Bedingungen findet das Lernen statt?) einschließlich Lernort (Wo findet das Lernen statt?),
- die Situation (Was geschieht hier und jetzt?),
- die Lehrenden (Wer gestaltet die Lehr-Lernsituation?).

Eine M. wird für den Lernprozess erst dann effektiv oder hilfreich, wenn sie auf diese Einflussfaktoren abgestimmt ist, wenn sie Bewegung und Balance in und zwischen ihnen zulässt.
Wesensmerkmale von M. in der EB sind demzufolge: Erstens ihre Struktur hinsichtlich der Lerninhalte in Hier-und-Jetzt-Situationen, ausgerichtet auf das zu erreichende Lernziel; zweitens ihre Folgerichtigkeit, die sich aus dem Lernziel ergibt; drittens ihre spezifische Handlungsstruktur, die wiederum abhängig ist vom Handlungsziel, vom Sachzwang der zu bewältigenden Aufgaben sowie von den situativen Bedingungen. Um M. anwenden, gestalten und auch erfinden zu können, brauchen die erwachsenenbildnerisch Handelnden eine Vorstellung und Wahrnehmungsfähigkeit für den Wechselwirkungszusammenhang, in dem M. immer stehen. M. werden damit zu einer plastischen Struktur, dies im Unterschied zu einem eher technischen statt ermöglichenden Umgang mit M.
In der Literatur findet sich eine Vielzahl von M.beschreibungen (Brühwiler 1992; Knoll 2007; Geißler 1995; Griesbeck 1994 u.a.), allerdings nicht selten dem Begriff und der Sache nach mit unklaren Abgrenzungen zur Veranstaltungsformen wie z.B. „Tagung“ oder komplexen pädagogisch-didaktischen Handlungsformen. Die Beschreibungen sind meist nach folgendem Schema aufgebaut: Name der M., Ziel, welches mit ihr erreicht werden soll, Durchführung (Ablauf und Rahmenbedingungen), Hinweise für den Leiter, Weiterarbeit (Variationen etc.). Praktisch bedeutsamer als solche Gliederungs- und Auswahlschemata ist die sorgfältige Auseinandersetzung mit den Wesensmerkmalen von M., da sonst ihr bloßer „Einsatz“ das Seminargeschehen kontraproduktiv beeinflusst. Bemerkbar wird das vor allem dann, wenn die M. aufgesetzt erscheint, einem Trend folgt oder als Ausnahme bzw. zur Abwechslung eingesetzt wird (z.B. mit der Aufforderung: „So, jetzt machen wir mal zur Abwechslung ein Spiel“). Methodisches Arbeiten heißt hingegen, dass die Teilnehmenden den Sinn der Vorgehensweise und ihre Struktur erfassen und die M. als Hilfe auf dem (gemeinsamen) Weg zum Lernziel erfahren. Um auf diese Weise M. lebendig werden zu lassen, braucht der Erwachsenenpädagoge ein Verständnis von den Teilnehmenden, das die individuellen Erfahrungen, Erlebnisse, Fähigkeiten, Gefühle, Denk- und Urteilsmuster, Wahrnehmungsstrategien, Kommunikationsfähigkeiten, Biographien usw. erwachsener Menschen respektiert. Das gilt auch für die eigene Person, deren Möglichkeiten, aber auch Grenzen im Blick auf Vorlieben und Abneigungen gegenüber bestimmten methodischen Arrangements.
Gegen eine eher instrumentelle Sicht von M. wurde schon vor längerer Zeit der Einwand erhoben, dass diese „nicht zielneutral“ seien (Pöhlmann 1975), sondern gleichsam aus sich heraus die Globalziele von EB (nämlich „die Selbstverwirklichung des Menschen, näherhin die Freiheit und Solidarität oder die Selbstbestimmung und Mitmenschlichkeit“) fördern oder eben behindern (ebd.). Eine Reflexion solcher (berufs-)ethischer Implikationen fehlt aber in einschlägigen M.darstellungen bzw. beschränkt sich auf knappe Anmerkungen. Sie wird in

der konzeptionellen oder professionsbezogenen Diskussion und in der Auflistung von Forschungsaufgaben zur EB/WB allenfalls gestreift (Arnold u.a. 2000) oder wissenssoziologisch bzw. erkenntnistheoretisch erwogen (Faulstich 1999). Erst wenn man weit zurück geht, findet sich in der „Leipziger Richtung“ jener emphatisch formulierte und zugleich praktizierte Entwurf, der die erwachsenenbildnerische Methodik in eine sozialethisch begründete Verknüpfung von Bildung, Demokratieentwicklung, Kultur, Kunst, Fachwissen und individuelle Lebensgestaltung einbindet (Heller 1924).

In dieser Tradition ist die M. nicht einfach eine Technik, die ihre Legitimation in sich hat und insofern offen ist für je aktuelle Begründungsfiguren. Sie schafft vielmehr Raum für die Entfaltung des Menschen, ist also einer Leitidee von Bildung zugeordnet. Dies fordert dazu heraus, den M. in der EB ganz ausdrücklich Aufmerksamkeit zu widmen, denn sie sind ja nicht nur „für etwas“ da, also Instrument, um z.B. Einfälle zu fördern, Gespräch anzuregen usw., sondern darüber hinaus sind sie Sozialgestalt von Leben und insofern Vergegenwärtigung dessen, um welche Weise von Leben es geht – oder gehen soll. Dieser Bedeutungsüberschuss der M. über die schlichte Verfahrenstechnik hinaus drückt sich beispielsweise dann aus, wenn ein Teilnehmender sagt, ein Referent oder eine Dozentin „lebe“, was er bzw. sie sage (oder eben nicht); oder wenn sich Vortragende entschuldigen, dass sie in einer bestimmten Situation „eigentlich“ methodisch anders handeln müssten, aber keine Zeit hatten für die Vorbereitung oder die Gegebenheit in Kauf nehmen, wie sie ist. Solch indirekter Verweis auf die andere Möglichkeit enthält die implizite Annahme von etwas Besserem. Diese wiederum wurzelt in einer gefüllten Vorstellung von Gespräch, Gemeinschaft, Lernen und letzten Endes von Leben.

Daher empfiehlt sich nicht nur aus didaktischen, sondern auch aus professionsethischen Gründen die Überprüfung dessen, was eine methodische Struktur aus sich heraus zu leisten im Stande ist. Hierfür sei – als Pendant zum didaktischen Begriff „Sachstruktur“ als inhaltsbezogener Ankerpunkt von M. – die Bezeichnung „Prozessstruktur“ eingeführt. Sie beschreibt das Ausmaß an Möglichkeit, den „Möglichkeitsraum“ für persönliche Entfaltung, mitmenschliche Kommunikation und gemeinsame Wissenskonstituierung, den sie den Beteiligten anbietet. Das ist das ethische Potenzial der M. Dieser „Möglichkeitsraum“ ist bei der Erschließung eines Themas durch „Bild gestalten“ größer als durch Kurzfilm oder Vortrag; bei der Eigenentwicklung eines Lerntests durch Kleingruppen und dessen Austausch zwischen den Nachbargruppen größer als bei der Lernkontrolle für alle durch die Lehrgangsleitung.

Somit erscheint als Leitidee des M.einsatzes die Orientierung an einer Vorstellung von Leben sinnvoll, die den Respekt vor der Individualität jeder Person mit der Betonung gemeinsamer Verantwortung für Zusammenleben, Mitwelt und Zukunft verbindet und die das gegenwärtige Handeln an seinen Folgen misst. Daraus erwachsen Wahrnehmung, Achtung und sorgsamer Umgang im Blick auf all das, was die Beteiligten im Lehr-Lerngeschehen als Erfahrung und Stärken, aber auch als Prägung, Festlegung und Grenzen einbringen. Sich dies ins Bewusstsein zu bringen und der individuellen und gemeinsamen Gestaltung zugänglich zu machen, insofern also Freiheit zu ermöglichen, ist die Rechtfertigung und zugleich Relativierung des Elements von „Struktur“, das jeder M. unabdingbar innewohnt (Knoll 2007).

Literatur

Arnold, R. u.a.: Forschungsmemorandum für die Erwachsenen- und Weiterbildung. Frankfurt a.M. 2000 – Brühwiler, H.: Methoden der ganzheitlichen Jugend- und Erwachsenenbildung. 2. Aufl. Opladen 1994 – Faulstich, P.: Qualität und Professionalität des Personals in der Erwachsenenbildung. In: Arnold, A./Gieseke, W. (Hrsg.): Die Weiterbildungsgesellschaft. Neuwied-Kriftel 1999 – Geißler, K.A.: Lernprozesse steuern – Übergänge zwischen Willkommen und Abschied. Weinheim/Basel 1995 – Griesbeck, J.: Anfang gut – alles gut: Einstiegsimpulse für die Gruppenarbeit. München 1994 – Heller, H.: Freie Volksbildungsarbeit – Grundsätzliches und Praktisches vom Volksbildungsamte der Stadt Leipzig. Leipzig 1924 – Knoll, J.: Kurs- und Seminarmethoden – Ein Trainingsbuch zur Gestaltung von Kursen und Seminaren, Arbeits- und Gesprächskreisen. 11. Aufl. Weinheim/Basel 2007 – Pöhlmann, H.G.: Methodenprobleme der heutigen Erwachsenenbildung. Informationspapier der Studienstelle der DEAE Nr. 1. Manuskript, Karlsruhe 1975

Jörg Knoll

Milieuforschung

Soziale Milieus sind typische, durch Klassifikation und Konstruktion geordnete Muster der Lebensführung in einer → Gesellschaft. Sie fassen also Menschen zusammen, die sich in Lebensstil und Lebensführung zumindest ähneln, in gewisser Weise Einheiten innerhalb der Gesellschaft darstellen. Im Gegensatz zu sozialen Schichten lassen sich soziale Mi-

lieus nicht nur nach Berufsstatus, Bildungsabschluss und Einkommen hierarchisch ordnen. Sie stehen auch horizontal nebeneinander, wenn man die Aufmerksamkeit auf Lebensstile, Wertewandel und Erlebnisziele der verschiedenen Milieus richtet; ebenso können Milieugrenzen „quer" zu den sozialhierarchischen Strukturen verlaufen.
Die Beschreibung soziokultureller Muster der Lebensführung im Milieuansatz sprengt die Vorstellung von einer weitgehend individualisierten Gesellschaft und arbeitet stattdessen die pluralen, aber noch immer differenten Bedingungen der Sozialstruktur in modernen Gesellschaften heraus. Die M. sucht Anschluss an die traditionelle Theorie sozialer Klassen von Max Weber, die von vier Klassen ausgeht: der Arbeiterschaft, dem Kleinbürgertum, der besitzlosen Intelligenz und Fachgeschultheit sowie der Klasse des Besitz- und Bildungsbürgertums. Nach dem Sinus-Milieuansatz werden allerdings heute zehn soziale Milieus unterschieden, die sich grob nach dem jeweiligen Grad der Modernisierung kategorisieren lassen: Traditionelle Milieus (Konservative, DDR-Nostalgische, Traditionsverwurzelte), gesellschaftliche Leitmilieus (Etablierte, Postmaterielle, Moderne Performer), Mainstream-Milieus (Konsum-Materialisten, Bürgerliche Mitte) sowie die so genannten hedonistischen Milieus (Experimentalisten, Hedonisten). Obwohl sich grundlegende Wertorientierungen und Einstellungen als relativ zeitstabil erweisen, spiegelt sich der Prozess der gesellschaftlichen Modernisierung mit den sich wandelnden ökonomischen, sozialen und politischen Veränderungen auch in Veränderungen der Milieustruktur wider. So veränderten sich seit Forschungsbeginn in den frühen 1980er Jahren nicht nur Anzahl und Größe, sondern teilweise auch die Eigenschaften sozialer Milieus.
In der Tradition von Strzelewicz/Raapke/Schulenberg (1966) (→ Leitstudien) lassen sich soziale Milieus und Lebensstile in unserer Gesellschaft so thematisieren, dass sie mit Ergebnissen zu Bildungsbiographien, Weiterbildungsinteressen und Weiterbildungswünschen verbunden werden. Der Anspruch der sozialen M. ist es primär, Ungleichheit und Differenz in modernen Gesellschaften sichtbar zu machen und das postmoderne Individualisierungstheorem milieuspezifisch zu interpretieren. Soziale M. verfolgt also ein Aufklärungsinteresse, lässt sich aber auch praktisch durch die differenzierte Teilnehmer- und Adressatenforschung auf die Marketinginteressen von Institutionen beziehen. Der Milieuansatz wurde mittlerweile auch fruchtbar zur Adressaten- und Teilnehmeranalyse im Rahmen der → politischen Bildung sowie deutschlandweit zum Weiterbildungsverhalten und zum Weiterbildungsinteresse der gesamten Bevölkerung eingesetzt (Flaig/Meyer/Ueltzhöffer 1993; Barz/Tippelt 2004). Auf Basis der M. können detaillierte Milieuprofile herausgearbeitet werden, die Hinweise auf die milieuspezifische Gestaltung zentraler → didaktischer Handlungsebenen geben (Reich/Tippelt 2004).

Literatur

Barz, H./Tippelt, R. (Hrsg.): Weiterbildung und soziale Milieus in Deutschland, 2 Bde. Bielefeld 2004 – Barz, H./Tippelt, R.: Lebenswelt, Lebenslage, Lebensstil und Erwachsenenbildung. In: Tippelt, R./Hippel, A. v. (Hrsg.): Handbuch Erwachsenenbildung/Weiterbildung. 3., überarb. und erw. Aufl. Opladen 2009 – Flaig, B./Meyer, T./Uelzhöffer, J.: Alltagsästhetik und politische Kultur. Zur ästhetischen Dimension politischer Bildung und politischer Kommunikation. Bonn 1993 – Reich, J./Tippelt, R.: Didaktische Handlungsfelder im Kontext der Milieuforschung. In: Hessische Blätter für Volksbildung, H. 1, 2004 – Strzelewicz, W./Raapke, H.-D./Schulenberg, W.: Bildung und gesellschaftliches Bewußtsein. Eine mehrstufige soziologische Untersuchung in Westdeutschland. Stuttgart 1966 – Tippelt, R./Eckert, T./Barz, H.: Markt und integrative Weiterbildung: Zur Differenzierung von Weiterbildungsanbietern und Weiterbildungsinteressen. Bad Heilbrunn 1996

Rudolf Tippelt

Modellversuche

M. sind wichtige Instrumente der Bildungspolitik. Dies gilt auch dann, wenn sie im privaten und gesellschaftlichen Bereich verortet sind. Mit M. werden oft unterschiedliche Ziele verfolgt, mit unterschiedlichen Mitteln und in unterschiedlichen Kontexten.
Zentrales Merkmal von M. ist der Zugang zu etwas, was noch nicht geläufige und erprobte Praxis ist. Impliziert wird dabei immer ein neuartiger konzeptioneller Zugriff, der zielgerichtet erprobt und (in der Regel) evaluiert wird. Generelles Charakteristikum von M. ist das innovative Element, das in der Regel in der Verknüpfung von bereits Bekanntem mit neuen oder anderen Elementen besteht. Solche → Innovationen betreffen etwa Personengruppen, Methoden und Medien, Kooperationsformen, inhaltliche Felder und Arbeitsbedingungen. Häufig beschränken sich M. auf Innovation in nur einem dieser Felder.

M. entstehen meist, um partielle Probleme zu lösen, und als Reagieren auf situative Anlässe. Auch systematisch organisierte Transferversuche führen häufiger zu M. Seltener sind M., die aus einer „Gestaltungsdeduktion" entstehen, oder solche, denen ein Transformationsansatz zugrunde liegt, mit dem das Aktionsfeld der EB in andere Bereiche hinein verlängert wird.
Zum Gelingen von M. bedarf es erfahrungsgemäß dreier Elemente: engagierter Personen, geeigneter Institutionen und ausreichender finanzieller Mittel. Vielfach scheitern probate M. am Fehlen eines der drei Elemente.
Ein weiteres konstitutives Moment von M. ist die befristete Zeit. Dies impliziert Aspekte der Arbeitsorganisation, der Rekrutierung und Qualifikation des Personals, der Zielorientierung und der Sicherung der Ergebnisse.
In der Evaluation von M. geht es insb. darum, den innovativen Charakter und die Ergebnisse des Projekts zu bewerten, die mögliche Kontinuität der erzielten Ergebnisse zu überprüfen, Transfermöglichkeiten (auf andere Regionen, Inhaltsfelder, → Institutionen etc.) zu beleuchten sowie in einem weiteren Sinne die Auswirkungen zu beobachten, die oft vielfältiger und nachhaltiger als das eigentlich angezielte Projektergebnis sind. Ein bildungspolitisch interessantes Element ist die Tatsache, dass M. immer zur Entgrenzung tendieren, über die bestehende Definition etwa dessen, was WB ist und ausmacht, hinausgehen und so neue Horizonte für den Aufbau und die Gestaltung des Bildungsbereichs ermöglichen.
In Deutschland werden M. als bildungspolitische Instrumente vor allem auf Bundesebene genutzt, da der Bund aufgrund der föderalen Struktur nur in dieser Form von M. gestaltenden Einfluss im Bildungs- und Kulturbereich ausüben kann. Mögliche Kritikpunkte beim Einsatz von bildungspolitisch angestoßenen M. liegen häufig nicht in unbefriedigenden Ergebnissen der M. selbst. Vielmehr beziehen sie sich – mit Blick auf die Nachhaltigkeit der geförderten Programme und Konzepte – oft auf eine mangelnde strukturelle Konzipierung oder Einbindung in bestehende Systeme sowie eine nicht ausreichende (nachhaltige) Sicherung durch notwendige Ressourcen (BLK 2005).

Literatur
BLK: Innovationsförderung in der Berufsbildung. Bericht über Innovationsförderung in der Berufsbildung durch BLK-Modellversuche. Bonn 2005 – Kejcz, Y. u.a.: Modellversuche in der Weiterbildung. Heidelberg 1982 – Nuissl, E.: Modellversuchspolitik. In: Grundlagen der Weiterbildung/Praxishilfen. Neuwied 1997 – Wilhelmi, H.-H. (Hrsg.): Modelle und Projekte. In: Grundlagen der Weiterbildung/Praxishilfen. Neuwied 1996

Ekkehard Nuissl

Moderation

M. bezeichet eine Methode der Leitung von Kommunikationsprozessen in → Gruppen durch einen Moderator. Als Kombination aus Visualisierungs- und Planungstechniken sowie Gruppendynamik zielt sie auf die Aktivierung und Nutzung des Leistungspotenzials von Gruppen. In Planungs-, Entscheidungs-, → Problemlösungs- und Lernprozessen erfüllt M. die Funktion, die Teilnehmerbeiträge (Themen, Fragen, Wissen, Erfahrungen, Stimmungen, Urteile usw.) zielgerichtet zu verarbeiten, d.h. themenbezogen zu sammeln, visualisiert zu dokumentieren, behutsam und transparent zu strukturieren und präsentationswirksam aufzubereiten. Dies geschieht auf einer konzeptionellen Ebene mit einem steuernden Instrumentarium aus Prinzipien und Regeln sowie auf einer operativen Ebene durch ein funktionelles Instrumentarium aus Materialien und Techniken.
Auf der konzeptionellen Ebene belässt die M. die zu bearbeitenden Probleme in der Zuständigkeit der → Teilnehmenden und bietet ihnen zur Problembearbeitung ein Selbststeuerungsinstrumentarium (→ Selbstorganisation) an. Statt passive Objekte zu sein, übernehmen sie selbst die Verantwortung für die Themenwahl und die Lösungsfindung und werden sich in direkter und offener Kommunikation über ihre vordringlichsten Probleme und bevorzugten Lösungsansätze klar. Vier Prinzipien konkretisieren diese Teilnehmerautonomie:

- Transparenz: Den Teilnehmenden wird ein Überblick über den Verlauf und die wichtigsten Ergebnisse der Themenbearbeitung geboten. Dazu dienen Strategien der Visualisierung (schrittweiser Aufbau einer chronologischen Dokumentation), Strategien des Zugänglich-Machens der emotionalen Seite des Themas (z.B. Beziehungsebene einbeziehen) sowie Strategien der Strukturierung (z.B. ordnende Funktion des „Rads der M.").
- Aktivierung zur Beteiligung: Die Teilnehmenden können ihre eigenen Ideen, Erfahrungen und Erlebnisse einbringen. Sie übernehmen den überwie-

genden Anteil der Aktivität sowie der inhaltlichen Verantwortung und bleiben dadurch die eigentlichen Experten ihres Lern- oder Problemlösungsprozesses. Sie werden von Betroffenen zu Beteiligten.

- Wertschätzung: Teilnehmerautonomie erfordert eine Kultur des Miteinander-Umgehens in sozialer Gleichwertigkeit und gegenseitiger Wertschätzung. So werden innere Zensuren, Unsicherheiten und Versagensängste abgebaut und die Teilnehmenden ermutigt, die angebotenen Beteiligungsmöglichkeiten und Aktivierungsanlässe zu nutzen.
- Formale Fragehaltung: Diese soll vor allem die Übernahme der Selbstverantwortung beim gemeinsamen Lernen und Arbeiten ermöglichen. Durch die Formulierung formaler Fragen bleibt der Moderator inhaltlich neutral, d.h. er initiiert und steuert die Prozesse eher subtil.

Entstanden ist die Moderationsmethode Anfang der 1970er Jahre beim Quickborner Beratungsteam aus dem Interesse der Wirtschaft an einer universellen und funktionsfähigen Problembearbeitungsstrategie, die allen Prozessbeteiligten fruchtbare und gleichberechtigte Formen der Zusammenarbeit und des Mitentscheidens bietet. Grundlagen waren u.a. wissenschaftliche Studien, die durch Feld- und Laborexperimente die oft verdeckt wirksamen Mechanismen menschlicher Kommunikation schrittweise entschlüsselten und damit Erkenntnisse darüber zur Verfügung stellten, unter welchen Bedingungen sich Menschen in Gruppen wohlfühlen, motiviert sind und ihre individuelle Leistungsfähigkeit zeigen können. Grundlegend in diesem Zusammenhang waren die Hawthorne-Studie (Mayo 1933) sowie die von Homans (1950), einem Mitarbeiter Mayos, daraus abgeleiteten Thesen zur Erklärung von Gruppenprozessen. Weiterhin Levins Feldstudien (1948), Hoffstätters Laborexperimente (1957) sowie das von Watzlawick und seinen Mitarbeitern Beavin und Jackson (1967) in Palo Alto entwickelte Kommunikationsmodell mit seinen Kernsätzen zur Erklärung komplexer dialogischer Kommunikationssituationen. Brocher (1967) leitete dann den Transfer in erwachsenenpädagogische Arrangements ein.

Auf operativer Ebene bedient sich die Moderationsmethode bestimmter Visualisierungsmittel, Regeln und Techniken, die es ermöglichen, themen- bzw. problembezogenes Wissen und die Einschätzungen der Teilnehmenden zu sammeln und zu einem transparenten und aussagefähigen Gesamtbild zusammenzufügen. Wichtige Visualisierungsmittel sind Pinwände, Plakate, Flip-Charts, Filzstifte, Selbstklebepunkte sowie Karten verschiedener Größe, Farben und Formen. Wichtige Regeln sind z.B. folgende Leitsätze: „Alle Aussagen visualisieren!“, „Emotionale und sachliche Aspekte getrennt erfassen!“ oder „Visualisierungen sichtbar machen!“ Zu diesem Zweck werden beispielsweise Visualisierungs-, Präsentations-, Cluster- und Abfragetechniken eingesetzt.

Die immer häufiger beobachtbare Anwendung der Moderationsmethode in der EB bietet das Instrumentarium, um einen Wandel der Lernkultur von der Erzeugungsdidaktik zur → Ermöglichungsdidaktik zu vollziehen und damit die erwachsenenpädagogische → Didaktik zunehmend an den Konzepten der Selbstorganisation und des → Konstruktivismus auszurichten. M. fördert so die → Subjektorientierung in diesem immer bedeutsameren Sektor unseres Bildungswesens.

Literatur

Dauscher, U.: Moderationsmethode und Zukunftswerkstatt. Neuwied 1996 – Metaplan (Hrsg.): Fibel zur Metaplantechnik. Quickborn 1994 – Seifert, G.: Visualisieren, Präsentieren, Moderieren. Offenbach 2001

Hans-Joachim Müller

Motivation

M. ist die Bereitschaft zu handeln, also zielgerichtetes Verhalten zu zeigen. Sie ist abhängig von Zielen, Werten, Motiven und Bedürfnissen der Person und von Handlungsanreizen und -möglichkeiten der Situation. Bereits die frühe Motivationsforschung ging davon aus, dass M. dann entsteht, wenn Motive angeregt werden. Motive sind überdauernde Handlungsantriebe; am meisten erforscht wurden das Anschlussmotiv, das Machtmotiv und das Leistungsmotiv. Die M. einer Person, sich für ein bestimmtes Ziel anzustrengen, hängt von kognitiven und emotionalen Faktoren ab. Hinsichtlich der kognitiven Komponente sind folgende Fragen relevant: Sieht sich die Person in der Lage, das Ziel mithilfe ihrer eigenen Ressourcen und angesichts gegebener Bedingungen zu erreichen (Erwartungsaspekt)? Wie wichtig ist ihr das Ziel (Wertaspekt)?

Für die Einschätzung der eigenen Ressourcen sind insb. Selbstkonzepte und Selbstwirksamkeitsüberzeugungen zentral. Selbstkonzepte beziehen sich auf das Selbstbild in verschiedenen Bereichen (intellek-

tuelle Fähigkeiten, soziale Kompetenzen etc.), Selbstwirksamkeitsüberzeugungen bezeichnen die Erwartung, durch eigene Handlungen etwas bewirken bzw. erfolgreich sein zu können.
Bezüglich des Wertaspekts der M. betrachtet man in der Lehr-Lernforschung seit den frühen 1970er Jahren besonders die Unterscheidung von intrinsischer und extrinsischer (Lern-)M. Intrinsisch motiviertes Lernen erfolgt aus Interesse am zu lernenden Inhalt oder um der Lernhandlung selbst willen. Hier liegt das Ziel bzw. die Belohnung also im Lernen selbst. Extrinsisch motiviert sind Lernende, wenn sie eine von der Lernhandlung getrennte Konsequenz anstreben. Das Ziel bzw. die Belohnung (die auch eine Vermeidung von Strafe sein kann) liegt hier also außerhalb des Lernvorgangs. Intrinsische Lernmotivation geht oftmals mit tiefenorientiertem, extrinsische mit oberflächenorientiertem → Lernverhalten einher. Besonders günstig für einen nachhaltigen Lernerfolg ist eine intrinsische M., z.B. Neugier oder Interesse.
Neuere Ansätze bezeichnen Interesse als Person-Gegenstands-Beziehung; Interessengegenstände werden wertgeschätzt, und die Beschäftigung mit ihnen ist von positiven Gefühlen begleitet. Ebenfalls dem Wertaspekt der M. zuzuordnen sind (habituelle) Zielorientierungen; unterschieden werden zumeist Lernzielorientierung, Leistungszielorientierung und Anstrengungsvermeidung. Übersichten über verschiedene Motivationskonzepte finden sich z.B. bei Heckhausen und Heckhausen (2006) und bei Rheinberg (2006).
Hinsichtlich der emotionalen Komponente der M. wurde in der pädagogischen Psychologie vor allem die Prüfungsangst betrachtet, die sowohl zu extrinsisch motivierter Anstrengung („Angriff") als auch zu Vermeidung („Flucht") motivieren kann und die die intrinsische M. eher untergräbt. Erst in den letzten Jahren wurde auch die motivationale Bedeutung von Langeweile, Stolz, Scham, Wut etc. vermehrt untersucht; hier sind noch viele Fragen offen. Für die Förderung eines motivational günstigen Lernklimas ist die Selbstbestimmungstheorie der M. von Deci und Ryan (1993) hilfreich. Selbstbestimmtes Lernen ist hier vor allem intrinsisch motiviertes Lernen, aber auch ein extrinsisch motiviertes Lernen, das auf selbstgesetzte Ziele ausgerichtet ist. Motivationsförderlich sind nach der Selbstbestimmungstheorie wahrgenommene Autonomie, wahrgenommene Kompetenz und wahrgenommene soziale Eingebundenheit. Lehrende sollten also darauf achten, dass Lernende Wahlmöglichkeiten und Erfolgserlebnisse haben und dass sie sozial integriert sind.

Literatur
Deci, E.L./Ryan, R.M.: Die Selbstbestimmungstheorie der Motivation und ihre Bedeutung für die Pädagogik. In: Zeitschrift für Pädagogik, H. 2, 1993 – Heckhausen, J./Heckhausen, H.: Motivation und Handeln. Heidelberg 2006 – Rheinberg, F.: Motivation. Stuttgart 2006

Ulrike-Marie Krause & Robin Stark

Museumspädagogik

Historisch gesehen waren Museen zur Zeit ihres Entstehens keine reinen Bewahranstalten oder fürstlichen Repräsentationsbauten, sie waren gedacht als allen Menschen offen stehendes Bildungsinstitut. Noch in den ersten Jahrzehnten des 20. Jh. wurde dieser Gedanke von Kerschensteiner, Bode, Lichtwark, Wiechert und Reichwein vertreten. Doch allmählich entwickelten sich die Museen zu Elfenbeintürmen spezieller Kennerschaft. Erst die in den 1970er Jahren geführte Diskussion „Lernort contra Musentempel" hatte diese Elfenbeintürme wieder mit ihrem Bildungsauftrag konfrontiert und neue Präsentationsformen hervorgebracht. Am Beispiel des Historischen Museums Frankfurt am Main, abfällig bezeichnet als „begehbares Buch", entflammte die Diskussion um den Bildungsauftrag der Museen und wurde bis in die 1990er Jahre vehement geführt (Nuissl/Paatsch/Schulze 1988; Noschka 1989). Während des Kulturbooms der 1980er Jahre wurden neue Museen gegründet, alte umgebaut, erweitert und modernisiert. Das Ausstellungswesen blühte wie niemals zuvor, und die Besucher kamen in großer Zahl. Die Museen befanden sich als repräsentative Manifestationen eines neuen Lebens- und Kulturstils im Aufwind. Heute verzeichnen sie nicht mehr ganz so viele Besuche wie in den 1980er Jahren, als man sagen konnte, mehr Bundesbürger/innen besuchen Museen als Fußballstadien. In den 1990er Jahren gingen die Besuchszahlen zurück, und nur allmählich konnten neue Besucher aus den neuen Bundesländern den Rückgang der Zahlen teilweise ausgleichen. Dennoch besuchen etwa vier Fünftel der Bevölkerung die Museen nicht oder nur gelegentlich (z.B. in Schulklassen). Museen verzeichnen zwar viele Besuche, aber wenig Besucher/innen; sie sind „bildungsbürgerliche" Einrichtungen.

Museen besitzen Originale mit Aura und Authentizität. Und diese Originale beinhalten verschiedene Bedeutungsebenen und teilweise sogar Ambivalenzen. Hier wird deutlich, dass Museen, im Gegensatz zu anderen Bildungsinstitutionen, Mehrdeutigkeiten akzeptieren müssen, zugleich aber die Chance haben, fruchtbar damit zu arbeiten. Sie können dazu beitragen, den Besucher/inne/n verschiedene → Deutungsmuster und größere Spannbreiten von Wahrnehmungen zu ermöglichen und einen Beitrag zur Hebung der Toleranz zu leisten, indem sie unabhängig von der aktuellen Tagespolitik zu gesellschaftlichen Schlüsselthemen Position beziehen. Sie haben die Chance, die aktuellen gesellschaftlichen Veränderungen zu verlangsamen, in Momentaufnahmen festzuhalten und zur Diskussion zu stellen. Im Gegensatz zu Film und Computeranimation sind die musealen Objekte statische Exponate. Die Betrachter/innen haben Zeit zur Auseinandersetzung, zum Sich-Einlassen. Eine aktive und bewusste Auseinandersetzung in Ruhe und Muße, ohne Hektik und Stress könnte ihren Platz im Museum finden. Bislang ist noch ungeklärt, wie die Besucher mit den musealen Objekten umgehen, welche Botschaften bei ihnen ankommen. Die Frage, was im Zusammentreffen von Besucher/inne/n und Exponaten geschieht oder geschehen kann, ist noch nicht geklärt. Es ist denkbar, dass ästhetische Präsentationen oder bestimmte Exponate selbst bei einer Verweildauer von nur Sekunden oder eines Augenblicks (sofort oder später) erstaunliche Wirkung zeigen können. Denken findet nicht nur in Begriffen statt, Bilder und Symbole können eine immense Wirkung und Kraft entfalten.

Literatur

Jung, S. (Hrsg.): Neue Wege der Museumspädagogik. Bonn 2003 – Klein, H.-J.: Der gläserne Besucher. Publikumsstrukturen einer Museumslandschaft. Bonn 1990 – Noschka, A.: Museologie, Museumspädagogik und Museumsdidaktik mit referierender Bibliographie. Berlin 1989 – Nuissl, E./Paatsch, U./Schulze, C.: Bildung im Museum. Heidelberg 1988

Christa Schulze

Nachhaltigkeit

In der jüngeren ökologischen Debatte wird der Begriff N. als Eindeutschung des englischen Begriffs „sustainable development" benutzt. Gleichbedeutend werden auch die Begriffe „Zukunftsfähigkeit" oder „dauerhaft nachhaltige Entwicklung" verwendet. Der Begriff „sustainable development" wurde zuerst im „Brundtland-Report" (World Commission on Environment and Development 1987) international präsentiert. Dort wird eine nachhaltige Entwicklung definiert als eine, die die Bedürfnisse der Gegenwart befriedigt, ohne zu riskieren, dass künftige Generationen ihre eigenen Bedürfnisse nicht befriedigen können. Dahinter verbirgt sich eine Kompromissformel zwischen den (legitimen) Ansprüchen von Ländern der „Dritten Welt" nach mehr technisch-infrastruktureller Entwicklung und Wohlstand gegenüber den Ansprüchen von zumeist in den industrialisierten Ländern der nördlichen Halbkugel beheimateten Naturschutzgruppen nach mehr Einhalt, nach Umkehr, nach Artenschutz und langfristiger Ressourcenschonung. Als Ausgleich wurde empfohlen, dass die industrialisierte Welt ihren Ressourcenkonsum rapide senken solle und der gering bzw. später industrialisierte Teil seinen Ressourcenanspruch noch steigern dürfe, so dass sich insgesamt eine Mäßigung bzw. ein Rückgang des Ressourcenverbrauchs ergibt. Auf der UN-Konferenz „Umwelt und Entwicklung" in Rio 1992 wurde dieses Konzept aufgegriffen und hat Eingang in die „Agenda 21" (Bundesumweltministerium 1992) gefunden, einen Aktionsplan für das 21. Jh., der von 174 Staaten unterzeichnet wurde. Nach der „Agenda 21" verpflichten sich die Unterzeichnerstaaten, auf kommunaler, regionaler und gesamtstaatlicher Ebene in Konsultationsprozessen Entwicklungspläne aufzustellen und erste Handlungsschritte für eine ressourcenschonende, sozial gerechte und wirtschaftlich vertretbare Zukunft einzuleiten. Über die parlamentarisch gewählten Organe und die staatlichen Einrichtungen hinaus soll dafür eine breite Koalition gesellschaftlicher Akteure gewonnen werden. Die „Agenda 21" (insb. Kapitel 36) hat Konsequenzen für die → Umweltbildung zugunsten einer inhaltlichen Öffnung gegenüber ökonomischen und sozialen Fragen.
Eine breitere Debatte über die in Rio beschlossenen Richtlinien wird erst mit der 1995 vom Bund und Misereor in Auftrag gegebenen Studie „Zukunftsfähiges Deutschland" ausgelöst. Die ersten Implementationen von Konsultationsprozessen (meist Runde Tische oder Agenda-Foren genannt) erfolgten auf lokaler Ebene und wurden von Bürgerinitiativen oder Bildungseinrichtungen (→ Einrichtungen) initiiert. Etwa ab 1998 werden die staatlichen Vertreter aktiver. Es entstehen in den Ländern „Agenda-Büros", es werden bescheidene finanzielle Mittel zur Verfügung gestellt, und es sind die Kommunen selbst, die nun mit lokalen Agenda-Aktivitäten beginnen.
Mit dem Bund-Länder-Programm „Bildung für eine nachhaltige Entwicklung (BNE)" werden Bildungskonzepte entwickelt und die Einführung in den Schulen vorangetrieben. Grundlegend ist der BLK-Orientierungsrahmen zur BNE von 1998.
Die Bundesregierung richtete 2001 einen Rat für Nachhaltige Entwicklung ein, der die Nachhaltigkeitspolitik der Regierung berät und Stellungnahmen zu entsprechenden Vorhaben verfasst und regelmäßig einen Nachhaltigkeitsbericht vorlegt.
Einen engen Bezug zur Nachhaltigkeit hat das Konzept „Corporate Social Responsibility (CSR)", das insb. für börsennotierte Großunternehmen alle Aktivitäten zusammenfasst, die darauf zielen, dass Unternehmen über Selbstverpflichtungen eine nachhaltige Entwicklung anstreben. Es werden jährliche Nachhaltigkeitsberichte für die Öffentlichkeit verfasst, die die soziale, ökologische und wirtschaftliche Verantwortlichkeit des Konzerns im lokalen und globalen Kontext herausstellen.

Literatur
BLK: Bildung für eine nachhaltige Entwicklung – Orientierungsrahmen. Bonn 1998 – BMU: Konferenz der Vereinten Nationen für Umwelt und Entwicklung im Juni 1992 in Rio de Janeiro. Agenda 21. Bonn 1992 – Habisch, A./Schmidpeter, R./Neureiter, M. (Hrsg.): Handbuch Corporate Citizenship. CSR für Manager. Heidelberg 2007

Heino Apel

Netzwerke

N. stehen für eine bestimmte Art der Organisation von Vorgängen vielfältigster Art. In einem N. sind Institutionen, Organisationen, Einrichtungen und Akteure thematisch und aufgabenbezogen miteinander verknüpft. Kommunikation und Interaktion haben in Netzwerken einen erhöhten Stellenwert, sie bilden die Voraussetzungen für Prozesse gemeinsamer Entscheidungsfindung und Planung. Es gibt vertikal und horizontal strukturierte, machtvolle und machtarme Netze. Entsprechend unterschiedlich können ihre Entstehungsmotive, Zwecke, Ziele und Wirkungsgrade sein (Faßler 2001). Ein verbindendes Merkmal der verschiedenen Formen und Dichte-Grade von Vernetzung sind die Erwartungen, die an sie gerichtet werden. Denn N. werden besondere Eigenschaften zugeschrieben, die tradierte Modelle der institutionellen Zusammenarbeit offenbar nicht aufweisen. Im Unterschied zu diesen können N. ad hoc zusätzliche Ressourcen mobilisieren und sich schnell neuen Anforderungen anpassen. Zudem können aufgrund informeller Strukturen Entscheidungen schneller getroffen werden als beispielsweise in Behörden oder Ämtern. Dazu trägt wesentlich die Tatsache bei, dass die Mitglieder von N. nicht hierarchisch straff, sondern eher locker miteinander verbunden sind.

Systematisch betrachtet, gibt es folgende Typen und Formen von Netzwerken:

- N. nachholender Modernisierung, wie z.B. „Regionale Bildungsnetze" (Nuissl u.a. 2006), die neben bereits vorhandene Institutionen treten, um sie zu ergänzen oder funktionsfähiger zu machen,
- N., die gebildet werden, um bestehende Strukturen zu überwinden und politische Machtverhältnisse zu verändern, wie es z.B. das globalisierungskritische, weltweit agierende Netzwerk „Attac" oder verschiedene lokale Agenda-Gruppen zu praktizieren suchen,
- N. im weiten Feld sozialer Interessen, wie etwa Selbsthilfegruppen im Zusammenhang mit dem demographischen Wandel, mit Gesundheit u.a.

Der Zusammenschluss zu N. geschieht nicht zuletzt auch deswegen, um in einer medialisierten Gesellschaft Gehör und Beachtung zu finden. Alle drei Typen können nicht trennscharf auseinandergehalten werden. Es gibt Berührungspunkte und Überschneidungen, sicherlich auch kongruente Motive. Immer wird versucht, eine jeweils spezifische Form der Lösung von mehr oder weniger komplexen Problemen zu finden. N. haben eine eigene Kulturgeschichte und gelten als Ausdruck und Gebot von Modernität schlechthin (Böhme/Barkhoff/Riou 2007).

Nicht verschwiegen werden soll, dass sich auch „Seilschaften" in Politik und Wirtschaft zur Beförderung der eigenen Karriere gern N. nennen. Auch die Mafia und andere z.T. auch kriminelle Gruppierungen werden gelegentlich N. genannt, ohne es in unserem Sinne wirklich zu sein. Allerdings weist ihre Arbeitsweise netzwerkartige Züge auf, denn sie handeln nämlich durchaus selbstständig, eigenverantwortlich und dezentral.

Im Bildungs- und Kulturbereich, in dem N. besonders häufig anzutreffen sind, wird kaum in Betracht gezogen, dass Netze auch eine technische Seite haben. Die Gesellschaft verfügt über Strom- oder Funknetze und Kabelsysteme; auch Verkehrsnetze, wie Schienen, Straßen und Kanäle, werden ganz selbstverständlich benutzt, Wasserversorgung und Abwasserentsorgung erfolgen mittels (Rohr-)Netzen. Diese wirksamen Funktionszusammenhänge, auch Infrastrukturen genannt, überwinden Räume, Orte und Grenzen und verbinden Landschaften, Einrichtungen und Personen miteinander.

Sie haben die moderne Zivilisation überhaupt erst ermöglicht und sind Voraussetzung dafür, sie überhaupt verändern und weiter entwickeln zu können (Heidenreich 2004; Loske/Schaeffer 2005). In diesen Zusammenhang muss das Internet (insb. Web 2.0) mit seinen Möglichkeiten, neue Formen der Kommunikation und Interaktion anzuwenden, gestellt werden.

Allerdings sind auch hierbei Nebenwirkungen zu beachten, die im Zusammenhang mit gesellschaftlicher Dynamik, der Entwicklung der Produktivkräfte insgesamt und ihren immanenten Problemlagen von Fall zu Fall neu bewertet und abgeschätzt werden müssen. Auch hier treten Netzwerke auf den Plan.

N., so scheint es, haben inzwischen einiges von ihrem Mythos eingebüßt. Sie sind in die Alltagspraxis eingegangen – die Mediengesellschaft hat sie eingemeindet. Damit ist auch der Reiz der Neuartigkeit verloren gegangen. Das bedeutet aber nicht, dass sie bedeutungslos geworden sind. Allerdings sind sie einem Funktionswandel unterworfen, in dessen Verlauf einige ihrer Stärken, z.B. Partizipation, demokratische Struktur, organisationsübergreifende Ansätze, Transparenz und neue Sichtweisen, hier und da auf der Strecke geblieben sind. Denn viele N. verhalten sich inzwischen wie die Organisationen, denen sie zur Seite stehen sollten und entwickeln ein vergleichbares Beharrungsvermögen. Sie erinnern manchmal an die Funktionsweise selbstreferenzieller Systeme. Man gewinnt leicht den Eindruck, als gäbe es nur noch N. und anderes Arbeiten sei gar nicht mehr möglich.

Ein Grund, sich in N. zusammenzuschließen ist in den letzten Jahren aus dem Fokus der öffentlichen Wahrnehmung herausgefallen: erlebte Ohnmacht bzw. das Gefühl, von politischen und kulturellen Prozessen und Entscheidungen ausgeschlossen zu sein. N. dieser Prägung sind oft auch moralisch inspiriert, sie entstehen als Folge von Empörung über

Vorgänge, die als ungerecht empfunden werden; subversive und anarchische Elemente sind deshalb mehr oder weniger integrale Bestandteile, sicherlich auch Treibstoff dieser Netze. Dadurch besitzen sie ein anderes demokratisches Potenzial, als es bei den N. der nachholenden Modernisierung und den sozial motivierten Netzwerken der Fall zu sein scheint. Denn diese tragen in erster Linie zur Optimierung der vorhandenen Strukturen bei, bzw. minimieren Defizite, die nicht selten in eben diesen Strukturen begründet sind. Politisch agierende N. sind demnach mehr als eine Reaktion *auf* etwas, sie sind eine Initiative *für* etwas. Sie stehen für die Utopie einer „atmenden" Gesellschaft, die flexibel ist und mit einem Minimum an Verwaltung auskommt, auf Problemlagen schnell und nachhaltig reagiert, dabei demokratische Freiheiten sichern hilft und zukünftige Herausforderungen frühzeitig erkennt. Sie leisten also mit ihrem Einsatz einen wichtigen Beitrag für die Gesellschaft.

N. konstituieren aber auch einen Lernzusammenhang, sie sind fast immer selbst Ergebnis von Lernprozessen und entwickeln sich durch ihr Engagement weiter. Ihre Mitglieder erwerben neue fachliche Kenntnisse und soziale Kompetenzen, nicht selten durch Nutzung von Bildungsangeboten der Weiterbildungseinrichtungen. Im Grunde handelt es sich bei dieser Art des Lernens um eine spezifische Form der gesellschaftlichen Teilhabe (Meyer 2001), um → politische Bildung, ohne dass sie explizit so bezeichnet wird. Es kann davon ausgegangen werden, dass gesellschaftliches Engagement und Empowerment eng mit Weiterbildungsbereitschaft korrelieren. Denn die Akteure, insb. von N. der zuletzt beschriebenen Art, folgen in der Regel einem inneren Antrieb. Ihnen geht es in erster Linie um die Herausforderung, deren Mitgestaltung und um Freude an einer ungewöhnlichen und gemeinsam erbrachten Leistung. Modernisierungsnetzwerke und ihre Mitglieder (als Beispiele sind fachsystemisch organisierte Wissenschaftsnetzwerke, die " Lernfeste" und das im Anschluss daran aufgelegte BMBF-Programm „Lernende Regionen" zu nennen) agieren weniger intrinsisch. Sie sind in der Regel an Belohnungen für ihr Handeln interessiert.

Dafür nehmen sie Zielvorgaben und auch staatliche Kontrollen in Kauf. Problematisch ist dabei, dass diese externen Stimuli dazu führen können, dass die Netzwerkbeteiligten sich möglicherweise kaum um Verständnis von weitergehenden Sachverhalten und grundlegenden Zusammenhängen bemühen und Fähigkeiten und Kenntnisse zurückhalten (Dahm/Scherhorn 2008).

Diese eher „mechanischen" N. bilden in idealtypischer Hinsicht den Gegenpol zu den „atmenden" politischen oder sozialorientierten N. Unabhängig von Motiv, Thema und Ziel können N. jedoch auf einen utopischen Kern nicht verzichten. Tun sie es doch, laufen sie Gefahr, auf den Status eines gewöhnlichen Kooperationsverbundes mit seinen typischen Machtverhältnissen zurückzufallen. Doch muss gleichzeitig davor gewarnt werden, das Leistungsvermögen von Netzwerken, insb. im Bildungs- und Kulturbereich, zu überfordern (Jütte 2006). Denn auch bei N. gilt die Regel: Weniger ist häufig mehr. Und eine sinnvolle Arbeitsteilung mit etablierten Einrichtungen ist nach wie vor besser als in N. einen Selbstzweck zu sehen. Sonst laufen Netzwerke Gefahr, nur noch das zu sein, was sie auch sind, nämlich „zusammengeschnürte Löcher" wie es Julian Barnes in seinem Buch „Flauberts Papagei" anschaulich beschrieben hat.

Literatur

Böhme, H./Barkhoff, J./Riou, J.: Netzwerke. Eine Kulturtechnik der Moderne. Köln 2007 – Faßler, M.: Netzwerke. München 2001 – Heidenreich, E.: Fliessräume. Die Vernetzung von Natur, Raum und Gesellschaft seit dem 19. Jahrhundert. Frankfurt a.M./New York 2004 – Jütte, W.: Soziales Netzwerk Weiterbildung. Analyse lokaler Institutionenlandschaften. Bielefeld 2002 – Loske, R./Schaeffer, R. (Hrsg.): Die Zukunft der Infrastrukturen. Intelligente Netzwerke für eine nachhaltige Entwicklung. Marburg 2005 – Meyer, H.H. (Hrsg.): Weiterbildung: Teilhabe am Wissen der Gesellschaft. Kontextsteuerung und Engagement. Marl 2001 – Nuissl, E. u.a. (Hrsg.): Regionale Bildungsnetze. Ergebnisse zur Halbzeit des Programms „Lernende Regionen – Förderung von Netzwerken". Bielefeld 2006 – Dahm, D./Scherhorn, G.: Urbane Subsistenz. Die zweite Quelle des Wohlstands. München 2008

Heinz H. Meyer

Nonprofit-Sektor

Der Begriff NPS, auch „Dritter Sektor" oder „gemeinnütziger Sektor" genannt, ist erst in den 1990er Jahren in die deutschsprachige wissenschaftliche und politische Diskussion eingeführt worden (Badelt/Meyer/Simsa 2007). Unter diesem Begriff wird eine Vielfalt unterschiedlicher → Organisationen und Aktivitäten jenseits von „Markt" (erwerbswirtschaftlicher Sektor), „Staat" (öffentlicher Sektor) und „Privatsphäre" (privater Sektor) zusammengefasst. Die Bandbreite reicht von Kirchen, Verbänden und Gewerkschaften samt deren gemeinnützigen Einrichtungen über wissenschaftliche und kulturelle Vereinigungen, Stiftungen und Vereine bis hin zu Bürgerinitiativen und Selbsthilfegruppen, Nichtregierungsorganisationen und sozialen Bewegungen. Dazu gehören auch nicht-staatliche und nichtkommerzielle Erwachsenenbildungs-/Weiterbildungseinrichtungen und ihre → Träger. Als allgemein anerkannte Definitionskriterien für Nonprofitorganisationen (NPO), die dem NPS zugerechnet werden, gelten:

- Organisations- und → Rechtsform: NPO sind formell organisiert und rechtlich selbstständig; sie sind auf Dauer angelegt und verfügen über eigene unabhängige Leitungsstrukturen.
- Wirtschaftsform und Finanzierung: Sie verfolgen keine gewinnorientierten Ziele und unterliegen dem „nonprofit constraint", d.h. sie dürfen finanzielle Überschüsse nicht unter ihre Mitglieder verteilen, sondern müssen sie reinvestieren oder gemeinnützig verwenden.
- Individualitätsprinzip und Gemeinschaftsorientierung: Mitgliedschaft in NPO beruht auf dem Prinzip der individuellen Freiwilligkeit, zugleich aber auf der Gemeinsamkeit kollektiver Interessen, Normen und Werte, auf Solidarität und Zugehörigkeitsgefühlen („Wertegemeinschaften").

Die aktuelle wissenschaftliche und politische Debatte zum NPS begann in den USA und Großbritannien; Auslöser waren die strukturelle Arbeitslosigkeit, die fiskalische Krise und der Rückbau des Wohlfahrtsstaates während der 1980er Jahre. Das Konzept des NPS wendet sich gegen die reduktionistische Alternative „Markt oder Staat", die hinter der neoliberalen Forderung steht, der Staat solle sich aus Produktion und Verteilung von sozialen Dienstleistungen zurückziehen und diese den Selbststeuerungskräften des Marktes überlassen. Mit dem NPS wird dem öffentlichen Sektor und dem profitorientierten, erwerbswirtschaftlichen Sektor ein dritter, institutionell eigenständiger Sektor auf der gesellschaftlichen Makroebene gegenüber gestellt. Dessen Leistungen ergänzen die der anderen Sektoren, weil weder Markt noch Staat noch beide zusammen in der Lage sind, den ausdifferenzierten Bedarf an gesellschaftlich notwendigen Dienstleistungen, insb. den Bedarf an anspruchvollen personenbezogenen Dienstleistungen in den Bereichen Bildung, Wissenschaft und Kultur, Wohlfahrt und Gesundheit, Politik und Umwelt hinreichend zu decken (These vom Markt- und Staatsversagen). Dementsprechend konzentriert sich die Leitstudie der NPS-Forschung, das international vergleichende Projekt der amerikanischen Johns Hopkins University (Salamon/Anheier 1999), vorrangig auf die sozialökonomischen Funktionen. Dieser Studie ist es erstmals gelungen, empirisch nachzuweisen, welche Beiträge der NPS zur gesamtwirtschaftlichen Dienstleistungsproduktion, Wertschöpfung und Beschäftigungsentwicklung in vielen Ländern der Welt leistet. In der öffentlichen Debatte wird das Konzept auf der einen Seite kritisiert: NPO und für den NPS typische Praktiken, wie Stiftungsfinanzierung, Fundraising und Sponsoring oder freiwillige, unentgeltliche (ehrenamtliche) Arbeit erfüllten angesichts des fortschreitenden Rückzugs des Staates aus der Finanzierung und Regulierung öffentlicher Aufgaben lediglich Lückenbüßerfunktionen. Auf der anderen Seite stehen dem sehr optimistische Einschätzungen zur Entwicklung des NPS gegenüber: Nur dort hätten Arbeit und Beschäftigung noch Zukunft (Rifkin 2004).

Eher gesellschafts- und demokratietheoretisch, oft normativ, argumentieren Sozialwissenschaftler/innen, die auf die Beiträge des NPS zur sozialen Integration, zur politischen Kultur sowie zur Sozialisation und Identitätsbildung der Individuen abheben. Sie zählen NPO bzw. „freiwillige Assoziationen" (de Tocqueville 1835) zum integrativen Kern der institutionellen Ordnung moderner funktional differenzierter Gesellschaften. Denn sie wirken

- gemeinschaftsstiftend, indem sie gemeinsame sozialmoralische Werte und Normen, Zugehörigkeiten und kollektive Identität re-produzieren,
- politisch, indem sie individuelle Bedürfnisse und Vorstellungen in kollektive Interessen, politische Überzeugungen und gemeinsames politisches Handeln übersetzen,
- sozialintegrativ, indem sie Individuen als Mitglieder in organisierte Kommunikations- und Handlungszusammenhänge einbinden und über die Organisation vermittelt zu Staat und Gesamtgesellschaft in Beziehung setzen.

Dieses Verständnis des NPS deckt sich weitgehend mit dem Konzept der Zivil- oder Bürgergesellschaft. Bildungsrelevant ist dieses Konzept, weil NPO und soziale → Netzwerke als die sozialen Orte gelten, an denen „Sozialkapital" (Putnam 1993) generiert wird, d.h. gemeinwohlorientierte Wertvorstellungen und Kompetenzen sowie solidarische Emotionen und Sozialbeziehungen als grundlegende subjektive Voraussetzungen für Demokratie und gesellschaftliche Integration. Für bürgerschaftliches Engagement und politische Partizipation sind kollektive Verständigungs- und Lernprozesse konstitutiv.

In der → Erwachsenenbildungswissenschaft spielen das NPS-Konzept ebenso wie das Konzept der Zivilgesellschaft bislang nur eine marginale Rolle. Mit den Besonderheiten von NPO im Unterschied zu markt- und profitorientierten Unternehmen setzt sich seit längerem lediglich Schäffter (1993) in seinen Arbeiten zur erwachsenenpädagogischen Organisationsforschung auseinander. Das ist insofern erstaunlich, als gerade gemeinnützige, sog. „freie" Träger und Einrichtungen, die zum NPS zählen, zu den tragenden Säulen des deutschen → Weiterbildungssystems gehören, das auch heute noch maßgeblich durch deren → Pluralismus und → Subsidiarität bestimmt wird. Es reagiert zudem sensibler und rascher als andere Bildungsbereiche auf soziale, politische und kulturelle Veränderungen, weil es offener ist für Akteure des sozialen Wandels, insb. für soziale und kulturelle Bewegungen, aus denen immer wieder neue, gemeinnützige Träger und Einrichtungen der EB hervorgehen. Das NPS/NPO-Konzept scheint geeignet, die NPS-spezifischen Kontextbedingungen für aktuelle Prozesse der Modernisierung und Organisationsentwicklung bei ebensolchen Trägern und Einrichtungen zu analysieren, die sich von staatlichen oder kommerziellen und betrieblichen Weiterbildungsorganisationen sowohl durch eigenartige Organisations- und Rechtsformen als auch durch sektorspezifische Bedingungen für Finanzierung, Personalentwicklung und Programmplanung, insb. aber durch anspruchsvolle Formen der Kooperation und Koproduktion bei der Auswahl von Zielgruppen und Teilnehmenden sowie bei der Gestaltung konkreter Lehr-Lernprozesse unterscheiden. Daraus erwachsen besondere Anforderungen an die Leistungsstrukturen wie das Management, die nur in Grenzen marktkompatibel sind.

Die gegenwärtigen Zwänge zur Ökonomisierung und Marktorientierung werden im NPS unterschiedlich verarbeitet. Während eine Reihe von Organisationen sich zu markt- und gewinnorientierten Dienstleistungsunternehmen entwickeln, die schließlich den Status von NPO aufgeben; gelingt es anderen, die Anforderungen von Märkten, „Mission" und modernem Management (Badelt/Meyer/Simsa 2007) so auszutarieren, dass die grundlegende Nonprofit-Orientierung ebenso wie die je spezifischen Wertorientierungen, Klienten- und Mitgliederbindungen erhalten bleiben und in neuen Konstruktionen kollektiver Identität aufgehoben werden. Eine Verarbeitungsform der aktuellen Ökonomisierungstendenzen, die zunehmend an Bedeutung gewinnt, ist die Entwicklung hybrider Organisationen und Praktiken. In hybriden Systemen werden Ressourcen, Organisationsmuster und Handlungslogiken sowie Ziel- und Wertvorstellungen aus verschiedenen Sektoren miteinander kombiniert. Derartige Kooperations- und Austauschprozesse zwischen den Sektoren und die neuartigen, gemischtwirtschaftlichen wie gemischten institutionellen und organisatorischen Strukturen, die daraus resultieren, sind zuerst unter den Stichworten „Welfare Mix" und „Intermediarität" (Evers/Olk 1996) untersucht worden. Der Intermediaritätsansatz wird inzwischen kaum noch weiter verfolgt. In jüngst veröffentlichten Überlegungen zu einer neuen Forschungsagenda für den NPS wird stattdessen vorgeschlagen, hybride Organisationen und Politiken im Kontext von Zivilgesellschaft zu erforschen. Die Schwerpunkte der Forschung lagen und liegen in den Feldern Wohlfahrt, soziale Arbeit und bürgerschaftliches Engagement, nicht im Feld EB/WB. Gleichwohl haben sich in der Realität auch immer mehr Erwachsenenbildungs-/Weiterbildungseinrichtungen zu hybriden Organisationen entwickelt, die mit einem Mix von Ressourcen, Organisationselementen und Managementkonzepten aus staatlichen, marktwirtschaftlich-unternehmerischen und NPS-Kontexten operieren. In der → Weiterbildungspolitik werden ebenso seit längerem schon in einem Politik-Mix staatliche, marktwirtschaftliche und zivilgesellschaftliche Ziele, Akteure und Instrumente miteinander kombiniert.

In den fachdidaktischen Diskurs zur → politischen Bildung haben das NPS-Konzept, vor allem aber das Konzept der Zivilgesellschaft hingegen längst Eingang gefunden. Das gilt ebenso für die Praxis der politischen EB. Hier gewinnen Angebote und Konzepte für eine gemeinwesenorientierte zivilgesellschaftliche oder → bürgerschaftliche Bildung in den letzten Jahren empirisch rasch an Bedeutung. Das reicht von der Qualifizierung für bürgerschaftliches Engagement und Sozialmanagement über Trainings zur gewaltfreien Konfliktbewältigung bis hin zur pädagogischen Unterstützung informellen Lernens in sozialen und politischen Handlungszusammenhängen, die von NPO und sozialen Bewegungen organisiert werden (Körber 2006). Angesichts ständiger Verunsicherungen durch den permanenten Strukturwandel in der modernen „Transformationsgesellschaft" suchen immer mehr Menschen zunächst selbstorganisiert, so vermutet Schäffter (Schäffter 2007), in alltagsnahen Lernprozessen im Rahmen zivilgesellschaftlicher Aktivitäten nach Orientierung, psychosozialer Stabilisierung und Lösungen für bedrängende Probleme. Diese Such- und „Lernbewegungen" pädagogisch zu unterstützen und reflexiv zu begleiten, werde zu einer Hauptaufgabe der EB in der Zukunft.

Literatur
Badelt, C./Meyer, M./Simsa, R. (Hrsg.): Handbuch der Nonprofit Organisationen. Strukturen und Management. 4., überarb. Aufl. Stuttgart 2007 – Evers, A./Olk, T. (Hrsg.): Wohlfahrtspluralismus – Vom Wohlfahrtsstaat zur Wohlfahrtsgesellschaft. Opladen 1996 – Körber, K.: Zwischen Politikverdrossenen, reflektierten Zuschauern und aktiven Bürgern. Lehren in der politischen Weiterbildung. In: Nuissl, E. (Hrsg.): Vom Lernen zum Lehren. Lern- und Lehrforschung für die Weiterbildung. Bielefeld 2006 – Putnam, R.D.: Making Democracy Work: Civic Traditions in Modern Italy. Princeton 1993 – Rifkin, J.: Das Ende der Arbeit und ihre Zukunft. Neue Konzepte für das 21. Jahrhundert. Frankfurt a.M./New York 2004 – Salamon, L.M./Anheier, H.K.: Der Dritte Sektor. Aktuelle internationale Trends. The Johns Hopkins Comparative Nonprofit Project, Phase II. Gütersloh 1999 – Schäffter, O.: Erwachsenenbildung als Non-Profit-Organisation. Grundlagen der Weiterbildung – Praxishilfen. Loseblattwerk. Frankfurt a.M. 1993 (Grundwerk) – Schäffter, O.: Bürgerschaftliches Engagement als Kontext lebensbegleitenden Lernens in der Transformationsgesellschaft. In: The Japan Society for the Study of Adult and Community Education (Hrsg.): New Trends in Adult and Community Education and the Growth of NPOs. Tokio 2007

Klaus Körber

Öffentliche Verantwortung

Der Begriff der ö.V. für den Weiterbildungsbereich wird erstmals im Strukturplan des Deutschen Bildungsrates verwendet (1970). Der Begriff selbst bleibt undefiniert. Das gilt auch für die „öffentliche Aufgabe", welche die BLK 1973 für Bund, Länder und Gemeinden im Hinblick auf WB formuliert. Von öffentlichem Interesse, so meinte man damals, sei die Planung des Bildungswesens, die Festlegung von Qualitätsstandards und die Formulierung von Lernzielen. Begründet wurde die ö.V. für die WB mit einem allgemein gesellschaftlichen Interesse und der Annahme, dass die selbstregulierte WB die erkennbaren Bildungsbedarfe nicht befriedigen könne. Die ö.V. wurde in den 1970er Jahren in den meisten Ländern der Bundesrepublik Deutschland in Gesetzen festgelegt, die Rede war von Grundangeboten zur WB für die erwachsenen Einwohner des Einzugsgebiets, die Komplettierung der Infrastruktur im Kultur- und Bildungsbereich der Region sowie einer Zentralfunktion der Gemeinde. Mit der Definition der ö.V. Anfang der 1970er Jahre wurde WB eigentlich erst zur „vierten Säule" eines öffentlich und bildungspolitisch deklarierten, gesamten Bildungssystems. Von Anfang an jedoch war die Verwendung des Begriffs der ö.V. unbestimmt; nicht der Staat wurde damit in die Pflicht genommen, sondern eine nicht als bildungspolitisches Subjekt agierende „Öffentlichkeit". Im Zuge der Entwicklung des Verhältnisses von privat und öffentlich in den industrialisierten Gesellschaften, auch in Deutschland, verschoben sich die Eckdaten dessen, was in ö.V. ist. Viele öffentliche Einrichtungen (wie Post und Bahn) erhielten privatwirtschaftliche Grundlagen, viele öffentliche Aufgaben (wie z.B. Polizei) wurden in private Hände gegeben, viele privatwirtschaftlichen Ziele haben öffentliche Ziele substituiert, einige öffentliche Strukturen (wie Kirche, Partei und Verbände) haben an Kraft verloren, privatwirtschaftliche Strukturen wurden öffentlich oder zur Determinante staatlicher Politik (wie in Finanzkrisen) und ein gemeinsamer öffentlicher Zielkonsens wurde zunehmend schwächer (Meisel/Nuissl 1995). Mangels ausreichender Operationalisierung hatte die ö.V. für die WB bis Anfang des 21. Jh. immer mehr abgenommen; dies zeigt sich auch an der Abnahme der öffentlichen Finanzierung (DIE 2008).

In jüngster Zeit gibt es eine Renaissance des Begriffs der ö.V. Viele Brüche in der politischen Umsetzung von Bildungskonzepten wie des → Lebenslangen Lernens oder der Grundbildung, machten deutlich, dass eine ö.V. in der WB besteht, da wichtige Segmente der WB (wie → politische Bildung) ohne eine auch in Förderungssystemen realisierte ö.V. nicht bestehen können. Die bildungspolitische Diskussion zur ö.V. konzentriert sich heute auf die Frage, welche Segmente der WB in ö.V. sind und daher auch einer besonderen Aufmerksamkeit bedürfen. Dabei werden Kriterien herangezogen, die wiederum den unscharfen Begriff des „Öffentlichen" verwenden, jedoch mit Blick auf „Interesse". Ö.V. besteht für diejenigen Unternehmungen der Weiterbildung, an denen öffentliches Interesse besteht. Damit wird versucht, privat motivierte Weiterbildungsaktivitäten aus der öffentlichen Verantwortung herauszunehmen. Die Grenzziehung ist schwer. Kriterien für die Grenzziehung kommen aus gesellschaftlichen Bedarfsanalysen („Welche Qualifikation ist zur gesellschaftlichen Entwicklung erforderlich?"). Dabei werden etwa Aktivitäten zur erhöhten naturwissenschaftlichen Bildung und zur Grundbildung der Bevölkerung in den Blick genommen. Oder sie kommen aus normativen Gestaltungsprinzipien der Gesellschaft, wie etwa das Verständnis des Staates und der gesellschaftlichen Teilhabe. Dabei werden politische Bildung und etwa Ökologie in den Blick genommen. Der Staat befindet sich aktuell in einem Diskussionsprozess, in dem dieser „Kernbereich" der ö.V. im Bereich der Gesamtweiterbildung identifiziert und gezielt gefördert werden kann. Damit verbunden sind weitergehende Fragen und Probleme der politischen Ordnung des Weiterbildungsbereichs und der zielgerichteten Mittelallokation in der WB.

Literatur

Bubenzer, R.: Grundlagen der Staatspflichten auf dem Gebiet der Weiterbildung. Zur Herleitung von Staatsaufgaben und Individualrechten im Weiterbildungswesen. Frankfurt a.M. u.a. 1983 – Deutscher Bildungsrat: Strukturplan für das Bildungswesen. Stuttgart 1970 – DIE: Trends der Weiterbildung. DIE-Trendanalyse 2008. Bielefeld 2008 – Meisel, K./ Nuissl, E.: Das Öffentliche in der öffentlich verantworteten Erwachsenenbildung. In: Hessische Blätter für Volksbildung, H. 2, 1995 – Nuissl, E.: Öffentlich verantwortete Weiterbildung – wie lange noch? In: Ahlheim, K./Bender, W. (Hrsg.): Lernziel Konkurrenz? Erwachsenenbildung im Standort Deutschland. Opladen 1996

Ekkehard Nuissl

Öffentlichkeitsarbeit

Ö. ist Arbeit mit, für und in der Öffentlichkeit. Entsprechend dieser sinngemäßen Definition aus den 1960er Jahren lassen sich als Ziel der Kommunikation mit der Öffentlichkeit die Bereiche Information und Werbung unterscheiden. Der Begriff Ö. hat als deutsche Version den amerikanischen Begriff „public relation" abgelöst, der unter wirtschaftlichen Gesichtspunkten die Optimierung einer Kommunikation zwischen Unternehmen und ihrer Umwelt anstrebt, mit Zielen, wie z.B. Aufbau eines Vertrauensverhältnisses oder Steigerung des Bekanntheitsgrades.

Gegenüber dem häufig synonym gebrauchten Begriff der „Werbung" bezieht sich Ö. nicht nur gewinnsteigernd auf ein Produkt (Kursbewerbung), sondern meint langfristige Bemühungen um Kunden und einen umfassenden Prozess der Vertrauensbildung, der sich auf die Institution des Anbieters selbst bezieht. Künzel verweist auf die besondere pädagogische Dimension von Bildungswerbung, die, wenn sie zu Lernprozessen auffordern soll, in Gestaltung und Ansprache der Zielgruppen selbst bereits Zugang zu Bildung ermöglichen muss.

Ö. für WB bedeutet – über Programminformation und Bildungswerbung für Einzelkurse oder Schwerpunktthemen hinaus – eine umfassende Kommunikation über die Bildungsziele eines Weiterbildungsanbieters mit der Öffentlichkeit, z.B. auch über das bildungspolitische Selbstverständnis, ökonomische Zielsetzungen bei der Preispolitik (Kundenrabatt), Mitbestimmungsmöglichkeiten (Beschwerdemanagement), allgemeine Geschäftsbedingungen, Serviceleistungen (Bildungsberatung) etc.

Unter institutionellen Gesichtspunkten ist Ö. für die Entwicklung einer öffentlich wahrnehmbaren Unternehmenspersönlichkeit (Corporate Identity), verstanden als institutionell einheitliches, wiedererkennbares und in allen Dimensionen des Erscheinungsbildes stimmiges Auftreten in der Öffentlichkeit von Bedeutung. Dies bedeutet, dass die Selbstdarstellung der Institution, in ihren öffentlichkeitswirksamen Dimensionen, (z.B. in Publikationen, im räumlichen Erscheinungsbild oder in Verhalten und Auftreten der Mitarbeitenden), bezogen auf die verschiedenen Teilöffentlichkeiten, die für die Weiterbildungsinstitution wichtig sind (Beschäftigte, Teilnehmende und Nicht-Teilnehmende, Verwaltung, Geldgeber, Parteien, Presse), beständig harmonisiert werden muss.

Eine Unterscheidung in interne und externe Ö. schafft die analytische Voraussetzung für eine systematische und konzeptionelle Ö., die adressatengerecht und vielfältig unterschiedliche Öffentlichkeitsarbeitsmittel einsetzt (intern: Intranet, Schwarzes Brett; extern: Foyer, Anzeige, Tag der offenen Tür, Ausstellungseröffnung, Pressekonferenz etc.).

Ö. gehört als Führungsaufgabe zum Arbeitsbereich der Leitung von Weiterbildungseinrichtungen. Eine auch stellenmäßig ausgewiesene Spezialisierung und Professionalisierung ist zunehmend notwendig: Professionelle Ö. umfasst die Bereiche Analyse, Planung, Umsetzung und Evaluation von Ö. mit den entsprechenden Instrumentarien (z.B. Imageprofil als Abgleich von Selbst- und Fremdbild der Institution, Umfeldanalyse auf der Grundlage bildungsmarktrelevanter Daten, Kundenpotenzialanalyse auf der Grundlage der Sinusmilieus, Teilnehmendenbefragung zu Kundenzufriedenheit etc.).

Mit zunehmendem Wirtschaftlichkeits- und Legitimationsdruck beim Verbrauch öffentlicher Gelder erfährt Ö. für Bildungsanbieter eine wachsende Wichtigkeit: Gerade mit finanziell knappen Mitteln ist die Frage der zielgerichteten Darstellung in der Öffentlichkeit genau zu überlegen. Dabei werden unter Effizienzgesichtspunkten und in Konkurrenz zur Konsumwerbung und derer eigenständigen Professionalität in der werblichen Kommunikation, (z.B. Werbepsychologie, Milieuforschung) ästhetische und zielgruppenspezifische Gesichtspunkte bedeutsam.

Die Professionalität der Ö., die den bildungsspezifischen, zielgerichteten Umgang mit Analyse-, Planungs- und Evaluationsinstrumenten umfasst, kann über den personellen und materiellen Ausbau an den Institutionen der WB sowie eine entsprechende Berücksichtigung dieser Berufsbildanteile von Erwachsenenbildnern bei der Curriculaentwicklung gesteigert werden. Dem Umgang mit digitalen Medien bei z.B. Homepage-Gestaltung oder Desktop-Publishing kommt in der Praxis besondere Bedeutung zu.

Literatur

Künzel, K./Böse, G.: Werbung für Weiterbildung: Motivationsstrategien für lebenslanges Lernen. Neuwied/Kriftel/Berlin 1995 – Nuissl, E./Rein, A. v.: Öffentlichkeitsarbeit und Werbung. In: Meisel, K. u.a.: Marketing für Erwachsenenbildung? Bad Heilbrunn/Obb. 1994 – Nuissl, E./Rein, A. v.: Öffentlichkeitsarbeit von Weiterbildungseinrichtungen. Frankfurt a.M. 1995 – Rein, A. v.: Öffentlichkeitsarbeit in der Weiterbildung. Bielefeld 2000

Antje von Rein

Österreichische Erwachsenenbildung

Die Begriffe EB und WB werden in Österreich synonym verwendet. Daneben wird der Begriff der „Volksbildung“ eingesetzt, um sich ursprünglicher Aufgabenstellungen zu erinnern. In den letzten Jahren haben mit der Differenzierung und Internationalisierung der EB sowie durch den Beitritt Österreichs zur Europäischen Union (1995) Begriffe wie „Training“, → „lebenslanges Lernen“ und „lebensbegleitende Bildung“ Fuß gefasst. Im Bereich der Regionalentwicklung wird für Vorhaben mit erwachsenenbildnerischem Schwerpunkt oft der Begriff „Gemeinwesenarbeit“ gebraucht.
Gesetzlich geregelt ist lediglich die Förderung der EB durch ein Bundesgesetz über die Förderung der Erwachsenenbildung und des Volksbüchereiwesens (1973) sowie durch das Arbeitsmarktförderungsgesetz (1968), seit 1994 heißt es „Arbeitsmarktservicegesetz“. Es gibt kein Gesetz für einen Bildungsurlaub, sondern nur eine Regelung für Bildungskarenz. Den Zugang zur Hochschule ohne Abitur (→ zweiter Bildungsweg) legen die Gesetze zur Berufsreifeprüfung (1997/Novelle 2000) und das Studienberechtigungsgesetz (2001) fest. Seit Beginn des Jahres 1998 ermöglicht die „Teilrechtsfähigkeit“ im Rahmen des Schulorganisationsgesetzes den Schulen, als Träger für WB zu agieren.
1972 haben sich die großen, bundesweiten Verbände der EB zur „Konferenz der Erwachsenenbildung Österreichs“ (KEBÖ) zusammengeschlossen. Bemerkenswert ist dabei, dass sich die Trennung in berufsbildende und allgemeinbildende EB institutionell relativ strikt durchhält. Erst in letzter Zeit bieten berufsorientierte Institutionen vermehrt Kurse im allgemeinbildenden Bereich (z.B. Persönlichkeitsentwicklung oder Gesundheitsbildung) an und konkurrieren mit Institutionen, die sich bisher auf allgemeinbildendes Orientierungswissen spezialisiert hatten. Zu den allgemeinbildenden Institutionen zählen: Arbeitsgemeinschaft der Bildungshäuser Österreichs, Büchereiverband Österreichs, Forum Katholischer Erwachsenenbildung in Österreich, Volkswirtschaftschaftliche Gesellschaft Österreichs, Ring Österreichischer Volksbildungswerke, Verband Österreichischer Schulungs- und Bildungshäuser, Verband Österreichischer Volkhochschulen. Zu den berufsbildenden Institutionen gehören: Berufsförderungsinstitut Österreichs, Ländliches Fortbildungsinstitut, Wirtschaftsförderungsinstitut der Bundeswirtschaftskammer.
Die Universitäten haben als Träger von WB ihr Angebot in den letzten Jahren intensiviert und etabliert. Universitätskurse und Universitätslehrgänge sind die übliche Form. Aufgrund einer neuen gesetzlichen Regelung können unter bestimmten Voraussetzungen auch außeruniversitäre Angebote für Erwachsene als universitäre Lehrgänge gewertet werden.
Die Teilnahmequote an der EB liegt zwischen 20 und 30 %. In den letzten Jahren ist nach einer Phase stetiger Zunahme eine gewisse Stagnation bei den Teilnahmezahlen zu registrieren. Verberuflichung und Professionalisierung erweisen sich weiterhin als sehr bescheiden. Über 50.000 Personen sind nebenberuflich, etwa 30.000 ehrenamtlich und ungefähr 5.000 hauptberuflich in der EB beschäftigt. Insgesamt können nur 1.500 als hauptberufliche pädagogische Mitarbeiter/innen angesehen werden. Als Dozent/innen, in Österreich werden sie „Kursleiter/innen“ oder „Vortragende“ genannt, agieren rund 50.000 Personen.
Erste Qualifizierung zum Erwachsenenbildner vermittelt die Universität in vier Semestern im Rahmen des Studiums der Pädagogik. An den Pädagogischen Hochschulen, wo die Pflichtschullehrer/innen ausgebildet werden, gibt es Angebote zum Thema EB. Die einzelnen Träger veranstalten spezielle Kurse und Lehrgänge für ihre Mitarbeiter/innen, insb. für Anfänger aber auch zur didaktischen und fachlichen Fortbildung. In Kooperation mit dem Bundesministerium für Unterricht, Kunst und Kultur organisiert das einzige staatliche Bildungshaus, das Bundesinstitut für Erwachsenenbildung in Strobl am Wolfgangsee, Lehrgänge: Der Lehrgang „EB-Profi“ bietet institutionenübergreifend Basiswissen; der Lehrgang „Bildungsmanagement“ vermittelt in vier Semestern Qualifikationen, die sich insbesonders auf Kenntnisse und Fähigkeiten für Leitungs- und Managementaufgaben beziehen. Eine seit 2007 aktive „Weiterbildungsakademie“ zertifiziert und diplomiert Erwachsenenbildner/innen.
Nicht zuletzt seit der Zugehörigkeit zur EU (1995) wird WB als unverzichtbarer Sektor der Bildungslandschaft gesehen. Der Stellenwert der EB als Teil eines Systems lebensbegleitender Bildung gewinnt an Bedeutung. Teilnehmerzahlen weisen EB als Wachstumsbranche aus. Zunehmend treten neben den bundesweiten, gemeinnützigen Trägern privatwirtschaftlich organisierte Anbieter auf. Die Entwicklung einer kohärenten Strategie für die Implementierung des Lebenslangen Lernens gilt als wichtige Aufgabe der nächsten Jahre für Bildungspraxis und Bildungspolitik.

Literatur
Filla, W.: Wissenschaft für alle – ein Widerspruch? Bevölkerungsnaher Wissenstransfer in der Wiener Moderne. Ein historisches Volkshochschulmodell. Innsbruck 2001 – Lenz, W.: Porträt Weiterbildung Österreich. 2., aktual. Aufl. Bielefeld 2005 – Lenz, W. (Hrsg.): Weiterbildung als Beruf. „Wir schaffen unseren Arbeitsplatz selbst!" Wien 2005 – OECD: Thematic Review on Adult Learning – Austria, Country Note. Paris 2004 – URL: www.wba.or.at

Werner Lenz

Organisation

O. stellt eine soziale Strukturentwicklung dar, von der die → Gesellschaft der Spätmoderne bis in ihre kulturellen Einzelpraktiken bestimmt wird. Ihre Errungenschaft besteht in dem Aufbau langer und komplexer Handlungsketten und deren Ausrichtung auf spezifische, nur arbeitsteilig erreichbare Zwecke, Ergebnisse und Ziele. Die gesellschaftliche Institutionalisierung komplexer Handlungskonfigurationen hängt hierdurch nicht mehr allein von okkasionell vorhandenen Motiven und den individuellen Interessen der handelnden Subjekte ab, sondern von kontextübergreifenden Interessenlagen verschiedener Akteursgruppen am Erwerb oder Aufrechterhalten einer Organisationsmitgliedschaft. Diese bildet die Grundlage eines formellen wie informellen Regelsystems, mit dem das Verhalten der Akteure erwartbar und steuerbar wird. Gleichzeitig berührt die Mitgliedschaft die Gesamtpersönlichkeit der Beteiligten nur im Ausschnitt der jeweiligen Mitgliedsrolle. O. bilden somit ein Handlungssystem, das die sachlichen, sozialen wie auch zeitlichen Erfahrungsmöglichkeiten von Einzelpersonen und deren individuelle Lernkapazitäten in dramatischer Weise überschreitet. In der Historizität ihrer Struktur stellen sie so etwas wie ein „kollektives Gedächtnis" dar, in dem subjektive Erfahrungen und situative Lernergebnisse aufbewahrt und tradiert werden können. Daneben greifen O. aktuell produziertes gesellschaftliches Wissen selektiv auf und lassen es situativ handlungswirksam werden.

Mittlerweile gibt es sehr verschiedene Definitionen von O., die entweder das Instrumentelle, die Prozessstruktur des Organisierens oder die systemische Struktur als Kommunikationskontext bzw. als Organisationskultur betonen. Konsensfähig, aber wenig greifbar ist die folgende, weil sie alle Teilaspekte zu berücksichtigen versucht: „Organisation ist ein kollektives Ganzes mit relativ festgelegten und identifizierbaren Grenzen, einer normativen Ordnung, hierarchischem Autoritätssystem, Kommunikationssystem und einem koordinativen Mitgliedssystem; dieses kollektive Ganze besteht aus einer relativ kontinuierlichen Basis innerhalb einer sie umgebenden Umwelt und beschäftigt sich mit Handlungen und Aktivitäten, die sich gewöhnlich auf ein Endziel oder Objektiv hin beziehen oder eine Menge von Endzielen und Objektiven" (Weinert 1992).

In den gegenwärtigen organisationswissenschaftlichen Diskursen hat man von einer Pluralität konkurrierender Positionen auszugehen, die sich bisher unter keiner übergeordneten Theorie als Teilperspektiven subsumieren lassen (Scherer 2002). Aufgrund der polyzentrischen Struktur haben sich die epistemologischen Anforderungen an eine sozialwissenschaftliche Organisationstheorie auf die übergeordnete Frage verlagert, wie mit dem Widerstreit inkommensurabler Beschreibungen der jeweiligen Organisationswirklichkeit umzugehen ist, ohne sich dabei zum Exponenten von nur einer der konkurrierenden Positionen zu machen.

Die jeweilige Präferenz für einen Organisationsbegriff steht in engem Zusammenhang mit der aktuellen gesellschaftlichen Entwicklung und dem je adäquaten semantischen Vokabular. So lässt sich ein deutlicher Wandel von soziotechnischen Organisationskonzepten über symbolisch-interaktionistische hin zu kulturalistischen Deutungen nachweisen. Gegenwärtig wird der Aspekt der Ordnungsbildung im Sinne von kontextspezifischer Bedeutungsbildung („sense-making") hervorgehoben (Weick 1995). Im Zusammenhang mit Theorien des „Neo-Institutionalismus" erhält die O. einen wichtigen intermediären Stellenwert zwischen gesellschaftlichen Funktionssystemen und lebensweltlichen Strukturierungen (Ortmann/Sydow/Türk 1997; Schäffter 2001). In kulturtheoretischer Deutung lässt sich dabei sogar „pädagogische O." im Rahmen von funktional gefassten „Institutionalformen" → Lebenslangen Lernens strukturanalytisch bestimmen.

O. spiegeln nicht nur die Symptomatik gesellschaftlicher Transformationsprozesse, sondern sie sind selber auch ein wichtiges Strukturelement der modernen Gesellschaft insgesamt. Nach James S. Coleman haben sich in der westlichen „Organisationsgesellschaft" unterschiedliche Interaktionsstrukturen herausgebildet: neben dem Typ 1 der interpersonalen Interaktion von „Person zu Person" der Typ 2 von „Person zu O." sowie ein Typ 3 von „O. zu O.". Aufgrund einer „elementaren Asymmetrie" lässt sich dabei ein Machtgefälle zugunsten der O. beobachten. Dies hat zunächst Konsequenzen für alle Interaktionen, bei denen es weniger um formalisierbare Leistungsbeziehungen zwischen kollektiven Akteuren als vielmehr um ein qualitativ gedeutetes Interesse am anderen als „Person" geht. Allerdings lassen sich hierdurch O. im Typ 3 über das bisherige individualistische Vokabular hinaus im Sinne institutioneller Akteure als „kollektive Adressaten" von WB konzipieren.

Institutionalisiertes Lernen lässt sich zunehmend als ein intermediäres Verhältnis zwischen Person und O. deuten und weist hierbei ein komplexes Mischungsverhältnis zwischen den drei Interaktionstypen auf. Hier liegen die strukturellen Anlässe für eine Erweiterung des Lernbegriffs durch Konzepte des „Lernens in der O." (Interaktionstyp 2) und des „organisationalen Lernens" (Interaktionstyp 3): In einer O. kommt es im Zuge produktiver Umweltaneignung „zu einer Erhöhung der Wissensbasis, die vom Individuum unabhängig ist (...). Durch die Speicherung von Wissen in Organisationen in sog. Wissenssystemen werden Handlungsmuster festgehalten. Damit wird individuelles Verhalten und Handeln zu überdauerndem, replizierbarem Wissen der Organisationen. (...) Das Lernen eines sozialen Systems ist also nicht mit der Summe der individuellen Lernprozesse und Ergebnisse gleichzusetzen, auch wenn diese Voraussetzung und wichtige Basis für institutionelles Lernen sind" (Probst/Büchel 1994).

Für das Verständnis von WB im Allgemeinen und für didaktische Konzeptionen des Erwachsenenlernens im Besonderen hat die Differenz zwischen der individuellen und der kollektiv-systemischen Dimension des Lernens eine hohe Relevanz und wird weiterhin kontrovers diskutiert (Geißler/Lehnhoff/Petersen 1998). Grundsätzlich geht es um die Frage, welche Funktion institutionalisiertes Lernen im Kontext von Prozessen des organisationalen Strukturwandels erhält bzw. übernehmen kann. Weiterbildungskonzepte, die sich an „kollektive Adressaten", wie Familien, soziale Gruppen oder Wirtschaftsunternehmen, richten, werden mit dem Problem des Machtgefälles konfrontiert.

WB bekommt es von zwei Seiten her mit einer wachsenden Bedeutung des Organisatorischen zu tun:

- aus ihrem eigenen Strukturwandel heraus, wo zunehmender Veränderungsdruck in Verbindung mit Ressourcenknappheit eine intensive organisationale Anpassung und Optimierungsleistungen erzwingt,
- von den Lernkontexten ihrer Bildungsadressaten, in denen praxisbezogene Qualifizierung und bewusste Lebensführung immer stärker als Bestandteil von systemischem Strukturwandel und somit z.B. als Personalentwicklung und → Organisationsentwicklung verstanden werden.

In beiden Perspektiven erhalten „organisationspädagogische" Kategorien, wie „organisiertes Lernen", „Lernen in der O." und „organisationales Lernen", eine hohe theoretische wie bildungspraktische Relevanz, ohne dass sich die hier abzeichnende „organisationale Wende der EB" bereits in ihren Konsequenzen einschätzen ließe. Besonders gilt dies für den Fall, wo interne Veränderungsprozesse der WB von struktureller Transformation in Verwendungsbereichen der Bildungsadressaten angestoßen und konzeptionell beeinflusst werden. Es wächst der Bedarf an einer pädagogischen Organisationstheorie, weil hier ein differentieller Bezugsrahmen für segmentierte erwachsenenpädagogische Fachdiskurse zu erwarten ist. Disziplinär kommt dies u.a. zum Ausdruck, dass sich in der DGfE eine AG Organisationspädagogik konstituiert hat.

Das gegenwärtige Fachinteresse in der Weiterbildungspraxis konzentriert sich indes noch weitgehend auf die Bewältigung von struktureller Transformation innerhalb der WB und bemüht sich um eine Klärung der organisatorischen Dimension erwachsenenpädagogischen Handelns. Dieses Interesse motiviert sich u.a. aus folgenden Anlässen:

- Das Überschreiten der bisher gewohnten Betriebsgröße von Weiterbildungseinrichtungen erfordert neuartige Verfahrensabläufe und Umgangsformen in ausdifferenzierten und damit auch stärker formalisierten Großbetrieben.
- Veränderungen in der Rechtsform wie die Entscheidung für GmbH, Profitcenter, Stiftung oder kommunalen Eigenbetrieb sind Ausdruck eines neuen Verständnisses von WB, haben gleichzeitig aber auch Signalcharakter mit einer Vielzahl beabsichtigter wie unvorhersehbarer Folgewirkungen.
- Die Binnendifferenzierung in Aufgabenbereiche einschließlich einer wachsenden Komplexität von Mitarbeitergruppen und Beschäftigungsverhältnissen lässt auch ohne erhebliche quantitative oder formalrechtliche Veränderungen die Entwicklungsphase einer „elementaren Ordnung" (Senzky) zu Ende gehen, in der alle wesentlichen Entscheidungen noch gemeinsam getroffen werden konnten.
- Schließlich lässt sich nicht übersehen, dass die

Teilnehmenden nicht mehr dieselben sind in Bezug auf ihr Nachfrageverhalten, ihre Ansprüche an „Kundenfreundlichkeit" oder in ihrem Interesse an neuen, z.B. erlebnis- und erfahrungsbezogenen Lernformen (→ Erfahrung).

Oft genug kommen mehrere der beschriebenen Aspekte zusammen und werden in Verbindung mit dem Zwang zur Ressourcenkontrolle als wachsender Außendruck erlebt. Organisationsentwicklung erhält dabei eine dramatische Zuspitzung: Gegenwärtig kann keine gesellschaftliche Institution davon ausgehen, dass ihr Bestand von vornherein garantiert ist. Damit geraten auch die → Institutionen und Einrichtungen der WB in die Turbulenz komplexer Strukturveränderungen. Dies wiederum lässt ihre organisatorische Dimension in einem neuen Licht erscheinen. Gerade an der Organisationsfrage und d.h. an ihrer institutionellen Vernetzung – und nicht mehr betriebsförmig an einzelnen Zielen und Inhalten der jeweiligen Angebotspalette – werden zukünftig Bestandserhalt und Zukunftsfähigkeit entschieden.

Als Bestandteil von „Mikropolitik" erhält die gegenwärtige Suche nach einem erwachsenenpädagogischen Organisationsverständnis eine strategische Bedeutung für den institutionellen Bestandserhalt. O. wird gegenwärtig ein neues Politikfeld zwischen individualisierten Lebenslagen und anonymen Makrostrukturen erschlossen. Entscheidungen über geeignete Organisationsstrukturen, über pädagogisches Handeln in regionalen Netzwerken und über die Entwicklung lernförderlicher Organisationskulturen müssen daher als Ausdruck einer sich immer deutlicher akzentuierenden Organisationspolitik verstanden werden. In diesem Politikfeld erhalten Bemühungen um Organisationsentwicklung (v. Küchler/Schäffter 1997) die umfassende Bedeutung im Sinne einer „organisationsgebundenen Professionalitätsentwicklung". Eingebettet sind aktuelle, vordergründig fiskalisch motivierte Veränderungsbemühungen in einen weit grundsätzlicheren ordnungspolitisch beeinflussten Transformationsprozess, nämlich in den Strukturwandel von öffentlich verantworteter Infrastruktur und von politischen Steuerungsinstrumenten.

Literatur

Geißler, H./Lehnhoff, A./Petersen, J. (Hrsg.): Organisationslernen im interdisziplinären Dialog. Weinheim 1998 – Küchler, F. v./Schäffter, O.: Organisationsentwicklung in Weiterbildungseinrichtungen. Frankfurt a.M. 1997 – Ortmann, G./Sydow, J./Türk, K. (Hrsg.): Theorien der Organisation. Die Rückkehr der Gesellschaft. Opladen 1997 – Probst, G./Büchel, B.: Organisationales Lernen. Wiesbaden 1994 – Schäffter, O.: Weiterbildung in der Transformationsgesellschaft. Baltmannsweiler 2001 – Scherer, A.G.: Kritik der Organisation oder Organisation der Kritik? In: Kieser, A. (Hrsg.): Organisationstheorien. 5. Aufl. Stuttgart 2002 – Weick, K.E.: Sensemaking in Organizations. Thousand Oaks 1995 – Weinert, A.: Lehrbuch der Organisationspsychologie. Weinheim 1992

Ortfried Schäffter

Organisationsberatung

Unter O. verstehen die meisten Experten eine längerfristige, gezielte und geplante Veränderung ausgewählter Bereiche bzw. Dimensionen einer Organisation unter aktiver Beteiligung der Mitarbeiter/innen und durch Unterstützung eines zumeist externen professionellen Beraters als Prozessbegleiter. Demgegenüber enthält der Begriff → Organisationsentwicklung aus Sicht des Verfassers die Möglichkeit, den Wandel gezielt auch durch die Mitarbeiter/innen allein zu gestalten. Charakteristisch für eine professionell unterstützte Organisationsentwicklung ist die Dreigliedrigkeit der Aufbaustruktur: Eine für den komplexen Prozess zu konstituierende Koordinierungs-/Steuerungs-/Entwicklungsgruppe vermittelt zwischen der bestehenden Organisationsstruktur und -kultur mit ihrer Funktion des Systemerhalts und häufig eingerichteten Projektgruppen mit der Funktion der Systemveränderung.

Ein kurzer Blick in die Geschichte der Beratung von Organisationen zeigt die Themenvielfalt für eine O. im Bereich der WB. Ihre Wurzeln lassen sich bis auf die gruppendynamischen Trainings in den 1940er Jahren zurückverfolgen, die mit dem Namen Kurt Lewin verbunden sind. In den 1970er und 1980er Jahren konzentrierte sich die Beratung, sowohl in der Beratung einzelner Weiterbildungseinrichtungen als auch der von Verbänden der EB, im Wesentlichen auf Fragen von Hierarchie, Führungsstil, Rollenklarheit, aufgabenbezogener Zuständigkeit und die Beziehung zwischen zentralen und dezentralen Stellen (also auf das „soziale Subsystem" einer Organisation nach Glasl/Lievegoed 1996). In den 1990er Jahren standen, u.a. unter dem Einfluss eines organisationsumfassenden Qualitätsmanagements (ISO, EFQM, LQW u.a.), dann das Selbstverständnis bzw. die Identität sowie langfristige Strategien im Vordergrund (z.B. in Form der Leitbildentwicklung). Gegenwärtig lässt sich vor dem Hintergrund der Auswirkungen gesellschaftlicher Megatrends auf die Betriebs- und Arbeitsorganisation eine Fokussierung auf abteilungsübergreifende Lernprozesse und einrichtungsübergreifende Kooperationen bzw. Netzwerke konstatieren. Der zunehmende Konkurrenz- und Innovationsdruck bedingt einen immer rascheren Wandel. Angesichts dieser Dynamik gewinnt unter einer systemischen Perspektive – sowohl aufseiten der professionellen Berater wie auch der Organisationsmitglieder – das Bewusstsein von der komplexen Wechselwirkung zwischen unterschiedlichen Organisationsdimensionen und ihrer Umwelt an Bedeutung: Das soziale und kulturelle Subsystem sowie das technisch-instrumentelle Subsystem einer Organisation (z.B. Prozesse/Abläufe, Gebäudenutzung und finanzielle Mittel) werden beeinflusst vom Markt der Mitbewerber, von gesellschaftlichen Strömungen (z.B. ökologische Anforderungen), technologischen Entwicklungen (z.B. Kommunikationsmedien) und der Gesetzgebung (z.B. sinkende öffentliche Förderung).

Der typische Ablauf eines Beratungsprozesses (Schiersmann/Thiel 2009) lässt sich grob gliedern in die Phase der Auftragsklärung, eines Startszenariums (Workshops, Kick-off-meeting, Großgruppenverfahren), von Projekten als Kern organisationaler Veränderungen (z.B. Teamentwicklung, Prozess- und Wissensmanagement/Kompetenzentwicklung) und der Evaluation bzw. des Transfers. Insbesondere die Großgruppenverfahren (z.B. Zukunftskonferenz, Open Space Technology, Appreciative Inquiry, World Cafe; Weber 2005), die in den USA seit den 1980er Jahren von Organisationsberatern als Instrumente zur Förderung einer „lernenden Organisation" entwickelt und erprobt wurden, werden zunehmend als ein partizipationsförderlicher Energieschub für den Wandel eingesetzt (Thiel/Schiersmann 2008). Allerdings müssen die dabei erarbeiteten Maßnahmenkataloge danach professionell umgesetzt werden (z.B. durch Instrumente aus dem Projektmanagement).

Die O., die auf unterschiedlichen wissenschaftlichen Disziplinen basiert (insb. Psychologie, Pädagogik, Soziologie und Betriebswirtschaft), hat den Begriff der → Beratung selber theoretisch bisher eher vernachlässigt. Nach einer Zeit der Ausrichtung an einzelnen „Beratungsschulen" (z.B. an dem personzentrierten Konzept von Rogers oder neuerdings an der lösungsorientierten Beratung; Bamberger 2005) und der Kombination mehrerer Konzepte (König/Volmer 2000) besteht die berechtigte Hoffnung, dass – vor dem Hintergrund der Wirkungsforschung von Grawe (2000) und der Synergetik als Theorie der Selbstorganisation nach Haken/Schiepek (2006) – die situative Auswahl von Gesprächsstilen und weiteren Methoden in der O. nach ausgewiesenen Prinzipien geschieht, die nachweislich Selbstorganisationsprozesse beim gemeinsamen Problemlösen in Einrichtungen der WB unterstützen (Baumgartner u.a. 2004).

Die Rolle des Beraters stellt sich unter system- und chaostheoretischer Perspektive nicht als zentrale Figur, sondern eher als die eines „Mitspielers" unter anderen dar. Er ist nicht, wie zumeist in der Unternehmensberatung, der Experte für fachliche Lösungen, sondern begleitet mit seinem Know-how eine „lernende Organisation". Dazu braucht er neben Kompetenzen zur umsetzungsorientierten Gestaltung des zukunftsorientierten Prozesses kommunikativ-reflexionsorientierte Fähigkeiten. Das impliziert in der Praxis den Umgang mit Konflikten und Widerstand gegen Veränderungen durch Formen des Konfliktmanagements, der Konfliktmoderation oder der Mediation sowie das Austarieren von Dilemmata, Paradoxien und Widersprüchen (z.B. zwischen der Erwartung schneller Lösungen und Ergebnisse vonseiten der Organisationen und der Tatsache, dass Entwicklungsprozesse viel Zeit brauchen; Wimmer 1999). Gegenwärtig deutet sich eine stärkere Professionalisierung der Beraterausbildung in Deutschland an (Master-Studiengänge an den Hochschulen Augsburg, Heidelberg und Kassel).

Literatur
Bamberger, G.: Lösungsorientierte Beratung. Praxishandbuch. 3., vollst. überarb. Aufl. Weinheim/Basel 2005 – Baumgartner, I. u.a.: OE-Prozesse. Die Prinzipien systemischer Organisationsentwicklung. 5. Aufl. Bern u.a. 2004 – Glasl, F./Lievegoed, B.: Dynamische Unternehmensentwicklung. Wie Pionierbetriebe und Bürokratien zu Schlanken Unternehmen werden. Organisationsentwicklung in der Praxis, Bd. 6. 2. Aufl. Stuttgart 1996 – Grawe, K.: Psychologische Therapie. 2., korrig. Aufl. Göttingen 2000 – Haken, H./Schiepeck, G.: Synergetik in der Psychologie. Selbstorganisation verstehen und gestalten. Göttingen 2006 – König, E./Volmer, G.: Systemische Organisationsberatung. Grundlagen und Methoden. 7. Aufl. Weinheim 2000 – Schiersmann, C./Thiel, H.-U.: Organisationsentwicklung (OE) – Prinzipien und Strategien von Veränderungen. Wiesbaden 2009 – Thiel, H.-U./Schiersmann, C.: Einflussfaktoren auf die Kompetenzentwicklung – ein selbstorganisierter Prozess. In: Schiersmann, C./Thiel, H.-U. (Hrsg.): Kompetenzen für die Zukunft – Lernen im Betrieb. Baltmannsweiler 2008 – Weber, S.: Rituale

der Transformation. Großgruppenverfahren als pädagogisches Wissen am Markt. Wiesbaden 2005 – Wimmer, R.: Zu den Möglichkeiten und Grenzen einer radikalen Transformation von Organisationen. In: Soziale Systeme, H. 1, 1999

Heinz-Ulrich Thiel

Organisationsentwicklung

Ähnlich wie im Bildungsbegriff bleibt auch bei O. zunächst unbestimmt, ob mit ihr Entwicklungsverläufe deskriptiv fassbar werden oder ob sie sich auf intendierte Strukturveränderungen einer Organisation bezieht. In den organisationswissenschaftlichen Diskursen finden sich beide Verwendungsweisen vor, so dass neben einer analytischen Rekonstruktion von Prozessen der O. auch normative Strategien und Verfahren der Organisationsberatung als O. bezeichnet werden. Daneben finden sich auch Überschneidungen mit dem Konzept des „Organisationslernens" (Geißler 1994), mit dem eine Position zwischen einer deskriptiv-analytischen und einer normativen Begriffsverwendung bezogen wird. Als Sammelbegriff bürgert sich neuerdings der von Harald Geißler eingeführte Begriff der „Organisationspädagogik" (Geißler 2000) ein, unter dem alle erziehungswissenschaftlich relevanten, pädagogischen Aspekte von O. und Organisationsforschung auch außerhalb des Bildungssystems subsumiert werden. In der Sektion Erwachsenenpädagogik der DGfE wurde eine „AG Organisationspädagogik" gegründet, um O. als differentielles, erziehungswissenschaftliches Forschungsfeld zu etablieren.

Eine konsensfähige kategoriale Bestimmung von O. befindet sich allerdings noch in ihren ersten Anfängen: Sie hängt von dem je zugrunde gelegten Entwicklungskonzept und von dem gewählten Paradigma von → Organisation ab.

„Entwicklung" unterscheidet sich von „Veränderung" im Sinne eines zunächst kontingenten strukturellen Wandels dadurch, dass spätere Veränderungen aus den früheren mit einer inneren Notwendigkeit hervorgehen und dass ihre Abfolge eine durchgehende Richtung einhält. Bezogen auf eine Weiterbildungseinrichtung lässt sich retrospektiv immer eine Fülle von Einzelveränderungen konstatieren. Ihre Bedeutung erschließt sich jedoch erst, wenn sie narrativ in den temporalen Kontext einer sinngenerierenden Abfolge also in einen Entwicklungszusammenhang gestellt werden. „Entwicklung" beruht in ihrer → Temporalität auf Deutungen über Zusammenhänge zwischen vergangenen Zuständen, gegenwärtigen Veränderungen und zukünftigen Möglichkeiten. Als Akt eines organisationalen „sense-making" (Weick 1995) lassen sich unterschiedliche „Entwicklungslogiken" im performativen „emplotment" (Czarniawska 1998) unterscheiden: die Entfaltung, das Vergehen, die Transformation (v. Küchler/Schäffter 1997).

Welche narrative Entwicklungslogik nun der pluralen Vielfalt täglicher Einzelveränderungen in den performativen Prozessen des organisationalen „sense-making" unterlegt wird, ist einerseits eine kollektive Interpretationsleistung im „enactment" der beteiligten Akteure, andererseits aber auch Ausdruck praktischer Organisationspolitik und damit von Definitionsmacht. Aussagen über Entwicklungszusammenhänge lassen sich daher nur unzureichend allein aus pragmatischen Betriebsabläufen und ihrer Alltagslogik ableiten. Entwicklungsdeutungen erfordern stattdessen einen die Einzeleinrichtung übergreifenden institutionellen Sinnzusammenhang. O. ist daher nicht mit der Einrichtungsgeschichte zu verwechseln, sondern eine Dimension, die nur auf der Basis gesellschaftlicher „Institutionalisierung" zu haben ist (Schäffter 2001).

O. bietet in ihrer Begrifflichkeit bereits Anhaltspunkte, bei denen intentional zu steuernde Veränderungen als Kampf um Einflussnahme in den Blick geraten. Die Varianten an Einflussmöglichkeiten werden (v. Küchler/Schäffter 1997) an drei Formen unterscheidbar, nämlich an „basaler", „strategischer" und „reflexiver" O.:

- basale O. wird als ein beiläufig verlaufender, latenter Veränderungsprozess erst nachträglich erkennbar und durch intermittierende Reflexion als Entwicklung thematisierbar,
- strategische O. hat die Bedeutung von planvoller Reorganisation durch das Management und begründet sich als organisationspolitische Maßnahme der Kontextsteuerung,
- reflexive O. versteht sich als aktiver Mitvollzug einer partizipativ rekonstruierten institutionellen Entwicklungsdynamik, in der unerwünschte Veränderungen gehemmt und erwünschte Entwicklungen reflexiv verstärkt werden.

In den gegenwärtigen organisationstheoretischen Diskursen erscheint der Begriff der Organisation weitgehend kontingent und lässt sich daher unter differenten Paradigmen und ihrem jeweiligen wissenschaftlichen Vokabular fassen. Die epistemologische und ontologische Inkommensurabilität differenter organisationaler Selbstbeschreibungen führt zu einem breiten Spektrum dessen, was unter O. wahrgenommen, konzipiert und beraterisch beeinflusst werden kann. Orientiert man sich an der bisherigen Theoriegeschichte der Organisationswissenschaften, so lassen sich grob fünf paradigmatische Beschreibungsformen von Weiterbildungsorganisationen unterscheiden und daran lernförderliche „Dimensionen von O." bestimmen:

- In einer handlungstheoretischen Dimension organisierender Einzeltätigkeiten lässt sich die Konstitution gefestigter sozialer Praktiken (z.B. des Lehrens und Lernens) beobachten. Pädagogische O. erhält hier den Charakter von „institutionsbezogener Fortbildung" in Form einer Entwicklung professioneller Grundlagen für pädagogisches Handeln auf der Ebene sozialer Interaktion.
- In der soziotechnischen Dimension didaktischer Formalstrukturen geht es vertikal um die Ausdifferenzierung von pädagogischen Handlungsebenen, horizontal um die Ebene der Programmbereiche und der Administration sowie im Zusammenspiel zwischen Aufbau- und Ablauforganisation um institutionsspezifische Schnittstellenprobleme. Pädagogische O. bekommt es hier mit Fragen der Reorganisation und des Qualitätsmanagements zu tun.
- In der Dimension eines „organisierten sozialen Systems" kommt die Weiterbildungseinrichtung als funktionsal strukturiertes System locker verkoppelter Handlungskontexte in den Blick. Pädagogische O. hat hier für die professionelle Sozialisation der unterschiedlichen Mitarbeitergruppen unter pädagogischem Funktionsprimat zu sorgen. Dies erfolgt bereichsspezifisch durch Konzepte der Personalentwicklung zur Sicherung von „Kontextwissen", sowie im Rahmen von Systembildung durch organisationsgebundene Professionalität in Form von pädagogischem „Relationsbewusstsein".
- In der Dimension einer sich entwickelnden „Organisationskultur" richtet sich der Aufmerksamkeitsfokus auf die produktive Integration einer Diversität getrennter „communities of practice". Pädagogische O. sorgt hier mit Konzepten des „Wissensmanagements" für einen produktiven Umgang mit organisationsspezifischer Differenz. Intern bezieht sich dies auf Relationsbewusstsein bei der Bearbeitung von Schnittstellenproblemen in institutionellen Schlüsselsituationen; extern geht es um die Gewährleistung einer Corporate Identity und einer kohärenten Selbstpräsentation gegenüber der organisationsrelevanten Umwelt.
- In der einrichtungsübergreifenden, institutionellen Dimension wird die Orientierung an spezifischen Deutungen einer gesellschaftlichen Funktionsbestimmung von EB als Bestandteil → Lebenslangen Lernens virulent. Dies thematisiert sich im „ordnungspolitischen Operationkreis" des Weiterbildungssystems an dem Verhältnis zum Rechtsträger und seiner Verbandsstruktur, der jeweiligen Gesetzes- und Verordnungslage und darüber hinaus an einer ständig erfahrbaren Funktionsverschiebung des „Pädagogischen" in einer Transformationsgesellschaft. Pädagogische O. trägt hier durch zur reflexiven Funktionsklärung zum Mitvollzug eines institutionellen Funktionswandels von Erwachsenenlernen bei.

Insgesamt geht aus diesem dimensionalen Katalog von Deutungen, konzeptionellen Ansätzen und Verfahrensweisen pädagogischer O. hervor, dass man hier am eigenen Fall auf ein „organisationspädagogisches" Problem stößt, mit dem sich berufliche WB zukünftig in Theorie, empirischer Forschung und beratungsförmiger Praxis in den Organisationen ihrer Bildungsadressaten lernend auseinandersetzen muss. O. lässt sich daher neben Personalentwicklung als eine der großen Herausforderungen an alle Institutionalformen der WB betrachten.

Literatur

Czarniawska, B.: A Narrative Approach to Organization Studies. Thousand Oaks 1998 – Geißler, H.: Grundlagen des Organisationslernens. Weinheim 1994 – Geißler, H.: Organisationspädagogik. München 2000 – Küchler, F. v./Schäffter, O.: Organisationsentwicklung in Weiterbildungseinrichtungen. Frankfurt a.M. 1997 – Schäffter, O.: Weiterbildung in der Transformationsgesellschaft. Baltmannsweiler 2001 – Weick, K.E.: Sensemaking in Organizations. Thousand Oaks 1995

Ortfried Schäffter

Pädagogik

Mit P. bezeichnet man „die Lehre, Theorie und die Wissenschaft von der Erziehung und Bildung nicht nur der Kinder, sondern seit dem Vordringen der Pädagogik in viele Bereiche der Gesellschaft auch der Erwachsenen in unterschiedlichen pädagogischen Feldern wie Familie, Schule, Freizeit und Beruf" (Lenzen 1989). Die Begriffe P. und → Erziehungswissenschaft werden sowohl synonym gebraucht als auch heteronym. Im heteronymen Sinn wird P. eher als praxisbezogenes Aussagesystem verstanden und mit Handlungszusammenhängen der Erziehung in Zusammenhang gebracht, während Erziehungswissenschaft als empirisches Aussage- und Beobachtungssystem gesehen und eher mit einer Reflexion über Erziehungsfragen konnotiert wird.

Historisch bildeten pädagogische Probleme seit dem Altertum einen festen Bestandteil der abendländischen Philosophie, wobei sie bei Platon und Aristoteles der Politik, bei Quintilian den artes liberales und damit der Rhetorik und im christlichen Denken der Theologie zugeordnet waren. P. als eigenständige Wissenschaft ist im 18. Jh. entstanden. Im Rahmen des neuzeitlichen Verständnisses der Aufklärung, in dem den Menschen die Verfügung über ein eigenes Gewissen und eine eigene Würde zugeschrieben wurde und in der Folge des Kant'schen Diktums des „sapere aude!" („Wage zu wissen!") entwickelte sich eine P., die in Erziehung und Bildung die Mündigkeit des Menschen anstrebte. Zudem wurde P. im Zuge der gesellschaftlichen und wirtschaftlichen Aufhebung des „Ganzen Hauses" und der zunehmenden Arbeitsteilung mit der Entwicklung der bürgerlichen Gesellschaft zur staatlichen Aufgabe, in deren Folge die Schulpflicht und 1783 der erste Lehrstuhl für P. an der Universität Halle vom preußischen Staat eingerichtet wurden. Im Laufe des 19. Jh. expandierte ein staatliches Erziehungs- und Bildungswesen, das vor allem Funktionen bei der Ausbildung des Lehrpersonals einnahm.

Ausgehend von Schleiermachers Begründungen der P. in der Ethik entwickelte sich im deutschsprachigen Raum die geisteswissenschaftliche P., die über Dilthey sowie Spranger, Litt, Nohl, Weniger und Flitner bis in die 1950er Jahre die P. dominierte. Erkenntnistheoretisch gingen die Vertreter vom Verstehen statt vom Erklären aus und sahen in der Hermeneutik die adäquate Methode der Interpretation. Dilthey verband Denktraditionen der philosophischen Hermeneutik mit denen der Lebensphilosophie und votierte für eine enge Verbindung von P. und Biographie. Geisteswissenschaftliche P. beanspruchte, eine Reflexionstheorie für die Praxis zu sein.

In den 1960er Jahren trat mit der „realistischen Wendung" (Roth) an diese Stelle eine P., die unter Adaption des kritischen Rationalismus (Popper) zu einer empirisch-analytischen Erziehungswissenschaft wurde, dabei auf Werturteile verzichtete und vorrangig sozialwissenschaftliche Methoden zur Erforschung der Erziehungswirklichkeit anwendete. Als geeignete Herangehensweise galt nicht mehr das Verstehen, sondern ein empirisches Beobachten und Messen der faktischen Realität von Erziehung, Lernen und Lehren.

Als Folge der gesellschaftlich-kulturellen Erneuerung durch die Studentenbewegung erstarkte Ende der 1960er Jahre die kritische Erziehungswissenschaft (Mollenhauer, Klafki, Blankertz), die über die Rezeption der Kritischen Theorie der Frankfurter Schule (Horkheimer, Adorno) und in Auseinandersetzung mit der Rolle von Wissenschaft in der Gesellschaft sich kritisch auf die Grundlagen der geisteswissenschaftlichen Hermeneutik berief. Der methodologisch ausgerichtete Positivismus-Streit zwischen Horkheimer, Adorno und Popper betraf in dieser Zeit auch Forschungen zu pädagogischen Fragestellungen. Die kritische Erziehungswissenschaft setzte sich zum Ziel, zur individuellen und kollektiven Emanzipation beizutragen, indem die gesellschaftlichen Grundlagen von Erziehung qua Ideologiekritik einer Reflexion unterzogen wurden.

Ebenso als Gegenbewegung zu den quantitativen Forschungen im Zuge der „realistischen Wendung" lässt sich die Alltagswende Ende der 1970er Jahren begreifen, die in Zusammenhang mit einer Subjekt- und Lebensweltorientierung qualitative Methoden favorisierte, im interpretativen Paradigma ihre Forschungen vornahm und dabei eine Verbindung von Hermeneutik und empirischen Verfahren bevorzugte. Neuerdings lässt sich verstärkt eine Rezeption poststrukturalistischer Ideen in der P. festmachen, der es nach dem „linguistic turn" vorrangig um eine Analyse des erziehungswissenschaftlichen Diskurses geht.

Systematisch wird spätestens seit dem 18., dem „pädagogischen Jahrhundert" die pädagogische Anthropologie als Begründung von Erziehung und Bildung verstanden. Die menschliche „Natur" bedürfe des „kulturellen Überbaus", damit der Mensch zum Menschen werde. Dahinter stehen verschiedene

Menschenbilder, so der Mensch als Mängelwesen (Gehlen) oder als reflexives Wesen (Plessner). Exemplarisch sollen hier die pädagogischen Grundgedanken nach Dietrich Benner erläutert werden. Als Prinzipien pädagogischen Denkens und Handelns bestimmt er: „die Prinzipien der *Bildsamkeit*, der *Aufforderung zur Selbsttätigkeit*, der *Überführung gesellschaftlicher in pädagogische Determination* und der Ausrichtung der menschlichen Gesamtpraxis an der Idee einer *nicht-hierarchischen und nicht-teleologischen Verhältnisbestimmung* der Einzelpraxen ausdifferenzierter Humanität" (Benner 2001, Hervorh. im Original). Bildsamkeit bedeutet, davon auszugehen, dass der Zu-Erziehende in der Interaktion selbst an seiner Erziehung mitwirken kann, und die Aufforderung zur Selbsttätigkeit meint die Umsetzung dieser Voraussetzung. Damit ist die besondere Grundparadoxie pädagogischen Handelns ausgedrückt, weil es die Zu-Erziehenden zu etwas auffordert, das sie noch nicht können und sie als diejenigen achtet, die sie noch nicht sind. P. antizipiert also jeweils ihr eigenes Ende. Die pädagogische Interaktion geschieht im Rahmen gesellschaftlicher Anforderungen, die im Sinne der ersten Prinzipien pädagogisch geprüft und korrigiert werden sollen. Da die pädagogische Praxis eine unter vielen ist (z.B. der ökonomischen, der politischen, der sittlichen, der ästhetischen Praxis), geht es darüber hinaus um den Zusammenhang aller menschlichen Praxen im Sinne der Humanität. Pädagogisches Denken und Handeln nach Benner verbindet also individuelle und gesellschaftliche Strukturen auf den Ebenen Erziehung und Bildung, vollzieht sich nicht-affirmativ, selbstreflexiv und kontingent und integriert pädagogische Grundparadoxien, wie die Führung zur Freiheit und die Antizipation der Selbstaufhebung.

Benner entwickelt Grundgedanken einer allgemeinen P., die sowohl aus und für die pädagogische Praxis als auch im pädagogischen Nachdenken über die Praxis Bedeutung beanspruchen. Damit ist das Theorie-Praxis-Problem in der P. angesprochen. Im Alltagsverständnis mag man mit P. Hinweise auf ein „richtiges" Erziehen und pädagogisches Handeln verstehen, wie man es von Erziehungsratgebern erwartet oder in einem technizistischen Verständnis der Machbarkeit erfolgreichen Handelns voraussetzt. Geht man aber von einem pädagogischen Tun als Interaktion zwischen unterschiedlichen Menschen in jeweils zugrunde liegenden gesellschaftlichen Verhältnissen aus, ist dieses Handeln prinzipiell kontingent, entwickelt sich in der Interaktion selbst und vollzieht sich in stetiger Veränderung und Reflexion. Für die in pädagogischen Institutionen handelnd Tätigen sind dazu theoretische Grundlagen notwendig, die sie durch die P. als Wissenschaft erlangen. Diese anzustrebende pädagogische Professionalität zeichnet sich dadurch aus, dass die pädagogisch Handelnden wissenschaftliches Wissen in jeweils konkrete praktische Situationen umsetzen können, indem sie komplexe theoretische Zusammenhänge so durchdringen und anwenden, dass sie in praktischen Situationen Entscheidungen fällen können. Die grundsätzliche Differenz zwischen Theorie als analytischem, reflektierendem Denken und Entwerfen und Praxis als umsetzendem, vollziehendem Handeln bleibt dabei bestehen und bildet eine ständige Herausforderung. Professionell Tätige verfügen über Konzepte, Ressourcen und Methoden, um Lernen, Bildung und Entwicklung von Menschen zu unterstützen, nicht aber über Instrumente und Rezepte zur Herstellung von Fähigkeiten oder Erkenntnissen, da man von einem Ursache-Wirkungszusammenhang nicht ausgehen kann.

Auf einer konkreteren Ebene lassen sich als Grundformen pädagogischen Handelns Erziehen, Unterrichten, Beraten, Beurteilen und Planen (Faulstich-Wieland/Faulstich 2006) unterscheiden, wobei die Vielzahl von Fachrichtungen, in die sich die Struktur der Disziplin inzwischen diversifiziert hat, unterschiedliche Prioritäten setzt. Als etablierte Disziplinen der P. können gelten: allgemeine P., historische P., Schulp., Sozialp., Sonderp., Berufs-/Wirtschaftsp., Elementarp., EB/WB.

Erziehen als pädagogische Tätigkeit vollzieht sich vor allem in der Interaktion mit Kindern und Jugendlichen im Generationenverhältnis, sei es in der Familie, in Kindertagesstätten, Kindergärten oder in der Schule. Unterrichten ist gekennzeichnet durch die Orientierung an Wissen. Es wird ein systematischer Lehr-Lernprozess gestaltet, in dem die Lernenden sich Kenntnisse, Erkenntnisse, Fähigkeiten und Fertigkeiten aneignen, sei es in der Schule, in der außerschulischen Jugendbildung oder in der EB/WB. Beraten als Tätigkeit gelangt zunehmend in das Feld pädagogischer Handlungen, zum einen, weil stärker die Selbsttätigkeit der Lernenden betont wird, so dass es um Lern- oder Bildungsberatung in Schule und EB geht, zum anderen, weil gesellschaftliche Probleme zunehmend (sozial-)pädagogische Beratung nötig machen, wie z.B. Schuldnerberatung oder Erziehungsberatung. Beurteilen als pädagogische Tätigkeit ist über die Zensurengebung in der Schule bekannt, die sich als pädagogische Diagnostik im Spannungsfeld von Fördern und Auslesen bewegt. Planen umfasst disponierende Tätigkeiten, in denen Vorentscheidungen für Lernmöglichkeiten getroffen werden. Dabei ist die mikrodidaktische Ebene als Unterrichtsplanung in der Schule und Seminarplanung in der WB von der makrodidaktischen Ebene in den Institutionen zu unterscheiden, bei der es sowohl um Schulentwicklung oder Organisationsentwicklung als auch um Bedarfsermittlung, Programmplanung und Evaluation geht.

Aktuell lassen sich unterschiedliche Diskurse des Pädagogischen identifizieren, unter denen die folgenden exemplarisch herausgegriffen werden sollen: die These von der Universalisierung des Pädagogischen, der Diskurs der Verachtung der P. und die Übernahme pädagogischer Entscheidungen durch die Ökonomie. Vor allem Jochen Kade weist seit einiger Zeit auf die Universalisierung des Pädagogischen in der → Wissensgesellschaft hin und meint damit die zunehmende Bedeutung der P. in allen Lebensphasen und Lebensbereichen. „Sie zeigt sich insb. in der steigenden Verausgabung lernbezogener Lebenszeit, in der Steuerung gesellschaftlicher Probleme durch den Einsatz pädagogischer Denk- und Handlungsformen oder in der Durchsetzung der gesellschaftlich-biographischen Leitidee des lebenslangen Lernens" (Kade/Seitter 2007). Könnte mit dieser Universalisierung eine tatsächliche Bedeutungszunahme des Pädagogischen einhergehen, die allerdings aufgrund der Entgrenzung und damit Verflüssigung des Pädagogischen nicht unmittelbar wahrnehmbar ist, so greift Norbert Ricken (2007) den Diskurs der Verachtung der P. auf, um daran die Ambivalenz des Pädagogischen erneut darzustellen. Ausgehend von gesellschaftlich verbreiteten Abwertungen des pädagogischen Feldes wie der „Lehrerschelte", dem Vorwurf der Unwirksamkeit pädagogischer Handlungen oder der Unwissenschaftlichkeit der P. etc., spitzt Ricken seine Analyse zu in der These von einem gesellschaftlich problematischen Umgang mit Negativität, die pädagogisches Denken grundlegend prägt. Indem beispielsweise Lernen als Umlernen ein kritischer Prozess ist, der zu einer Dezentrierung des eigenen Selbst herausfordert, ist die Auseinandersetzung mit Nicht-Können, Unsicherheit und Kontingenz Bestandteil pädagogischen Handelns, was aber in gesellschaftlich-ökonomischen Standards der Konkurrenz, Selektion und der Elitebildung bedrohlich wirkt und abgewehrt werden muss. Sprach Benner noch von einem nicht-hierarchischen Zusammenhang aller menschlichen Praxen, so ist in jüngster Zeit die Gefahr der Dominanz des Ökonomischen bei bildungspolitischen Entscheidungen nicht von der Hand zu weisen und bedeutet ein grundsätzliches Infragestellen des Pädagogischen (Krautz 2007).

Literatur

Benner, D.: Allgemeine Pädagogik. 4., völlig neu bearb. Aufl. Weinheim/München 2001 – Faulstich-Wieland, H./Faulstich, P.: BA-Studium Erziehungswissenschaft. Reinbek 2006 – Gudjons, H.: Pädagogisches Grundwissen. 9., neu bearb. Aufl. Bad Heilbrunn/Obb. 2006 – Kade, J./Seitter, W. (Hrsg.): Umgang mit Wissen. Recherchen zur Empirie des Pädagogischen, Bd. 1: Pädagogische Kommunikation, Bd. 2: Pädagogisches Wissen. Opladen/Farmington Hills 2007 – Krautz, J.: Ware Bildung. Kreuzlingen/München 2007 – Lenzen, D. (Hrsg.): Pädagogische Grundbegriffe, Bd. 2. Reinbek 1989 – Ricken, N. (Hrsg.): Über die Verachtung der Pädagogik. Wiesbaden 2007

Heide von Felden

Pädagogik der Medien

Außerhalb der bekannten Bildungs- und Erziehungsinstitutionen (→ Institutionen) ist im Kontext der Universalisierung pädagogischer Weltbilder und pädagogischen → Wissens eine Pluralität von „Aneignungsverhältnissen" entstanden, über deren vielfältige Bildungs- und Lernangebote man immer noch sehr wenig weiß. Dies gilt insb. für den Bereich der Massenmedien, wie Film, Fernsehen, Rundfunk, Zeitung, Internet. Die Beschäftigung mit diesem Feld findet meist entweder unter medienpädagogischen Aspekten (→ Medien in Lehr-Lernprozessen) oder aus der Sicht der Massenkommunikationsforschung mit globalisierenden Urteilen statt, wie – immer noch symptomatisch für den Bereich insgesamt – für das Fernsehen. Es ist ein „Freizeitmedium, keine Volksbildungsanstalt". Dass etwa das Fernsehen über die typischen Bildungssendungen hinaus, die im Programm ohnehin nur eine Randexistenz führen und auf die „toten Zeiten" verbannt sind, „unreine" pädagogische Sendungen anbietet, erwartet man daher eher nicht. Aber gerade im Unterhaltungsbereich stößt man auf eine Vielfalt von pädagogischen Themen, Motiven und Strukturen, und dies nicht nur in den im Schulmilieu spielenden Serien. Was von → Teilnehmenden heute vielfach von der EB erwartet wird, dass in ihr Unterhaltung mit etwas geschichtlichem Hintergrund und zur Erwei-

terung des Allgemeinwissens geboten werden soll, dies lösen die Fernsehsender, wenn auch nicht insgesamt mit ihrem Programm, so doch in einzelnen Sendungen auf ihre je spezifische Weise mit den Mitteln und nach den Produktionsregeln eines Massenmediums ein. K. Holzamers Frage: „Hat das Fernsehen pädagogische Möglichkeiten?“ (1957) muss heute als beantwortet gelten (Paukens 1993). Interessant ist allerdings, in welcher Form pädagogische Ansprüche in das Fernsehen, und zwar nicht nur in die Programme des öffentlich-rechtlichen Fernsehens, sondern auch in die Programme der privaten Fernsehsender, und überhaupt die anderen Massenmedien eingegangen sind.
Für die Medienpädagogik aber sind die verschiedenen Massenmedien und insb. die Neuen (Massen-) Medien entweder Anlass zur Sorge oder aber ein für didaktische Neuentwicklungen, durchaus mit kritischen Untertönen, aussichtsreiches Betätigungsfeld. Dies gilt inzwischen insb. für die Neuen Medien unter dem Stichwort → „E-Learning“ (Grotlüschen 2003). Die Massen- und Neuen Medien kommen dabei entweder in didaktisch-gestaltender Absicht oder als pädagogisch zu verbessernde soziale Realitäten in den Blick. Pädagog/inn/en können sich als medienkritische Instanz profilieren und pädagogisches Handeln als „Retter“ aus den Gefahren, die das Kino, das Fernsehen und heute das Internet für den kognitiven und moralischen Zustand der Menschen mit sich bringt, offerieren. Je stärker die Kritik an den (Massen-)Medien, desto mehr erscheinen sie als aussichtsreiches Handlungsfeld für Pädagogen. Dieser normativ oder didaktisch akzentuierte professionszentrierte Blick ist indes einseitig und führt zum Teil sogar in die Irre. Die Massen- und Neuen Medien sind inzwischen hochgradig pädagogisiert, wenn auch anders, als Pädagog/inn/en dies gerne hätten, und ohne dass damit für sie neue Arbeitsfelder verbunden wären. Obwohl Zeitungsartikel etwa seit einigen Jahren immer wieder aktuelle Fernsehsendungen als pädagogische Veranstaltungen thematisieren, wird die P.d.M. und insb. die des Kinos, des Fernsehens, der Presse und des Internet als erziehungswissenschaftliches Forschungsfeld erst langsam entdeckt (z.B. Nolda 2002, Kade/Lüders 1996, Dinkelaker 2007). Während die Medienpädagogik von der normativen Differenz „Pädagogik“ vs. „Nicht-Pädagogik“ geleitet wird, wird aus der Perspektive des Konzepts einer P.d.M. analysiert, welche unterschiedlichen Formen das Pädagogische in den verschiedenen (Massen-)Medien angenommen hat.

Literatur
Dinkelaker, J.: Aktivierung, Aufklärung, Selbstverbesserung: Umgang mit Wissen in der Straßenzeitung. In: Kade, J./Seitter, W. (Hrsg.): Umgang mit Wissen. Recherchen zur Empirie des Pädagogischen, Bd. 1: Pädagogische Kommunikation. Opladen/Farmington Hills 2007 – Grotlüschen, A.: Widerständiges Lernen im Web – virtuell selbstbestimmt? Münster 2003 – Holzamer, K.: Hat das Fernsehen pädagogische Möglichkeiten? In: Donnepp, B. (Hrsg.): Rückblicke nach vorn. Bad Heilbrunn/Obb. 1988 (erstmals ersch. 1957) – Kade, J./Lüders, C.: Lokale Vermittlung. Pädagogische Professionalität unter den Bedingungen massenmedialer Wissensvermittlung. In: Combe, A./Helsper, W. (Hrsg.): Pädagogische Professionalität. Untersuchungen zum Typus pädagogischen Handelns. Frankfurt a.M. 1996 – Nolda, S.: Pädagogik und Medien. Stuttgart 2002 – Paukens, H.: An anderen Orten genauso gut. Hat Bildung im Fernsehen eine Zukunft? In: agenda, H. 7, 1993

Jochen Kade

Personal

Ein gemeinsames Berufsbild für das in der EB/WB beschäftigte Personal gibt es nicht. Zu den Tätigkeitsfeldern zählen → Lehre, Management (→ Bildungsmanagement), → Beratung, → Programmplanung, → Evaluation, Verwaltung/Support, Medienbetreuung und Trainerausbildung (→ Kursleitende – Dozenten – Teamer). Diese finden sich, ergänzt durch weitere Tätigkeitsfelder (z.B. Bibliothekswesen in Österreich), auch im europäischen Ausland. Zumeist werden mehrere Tätigkeitsfelder von einzelnen Personen in der WB wahrgenommen. Derzeit ist festzustellen, dass Beratungsaufgaben verstärkt mit Verwaltungsaufgaben kombiniert werden. Empirische Daten zum Personal in der EB/WB in Deutschland sind nur eingeschränkt verfügbar. Am weitesten reicht die WSF-Studie zu den Lehrenden aus dem Jahr 2005. Detailliertere Daten liefern die VHS-Statistik und die Verbundstatistik (→ Weiterbildungsstatistik). Insgesamt wird von ca. 1,6 Mio. Beschäftigungs- und Tätigkeitsverhältnissen in der EB/WB ausgegangen. Ungefähr 1,35 Mio. dieser beziehen sich auf Lehrende. Durch mehrfache Beschäftigungs- und Tätigkeitsverhältnisse errechnen sich ca. 650.000 Lehrende in der EB/WB im weiteren Sinne.
Etwa drei Viertel der Lehrenden in der WB verfügen über einen Hochschulabschluss, wobei ca. ein Fünftel ein Lehramtsstudium und ungefähr ein weiteres Fünftel einen anderen pädagogischen Studienab-

schluss aufweisen. Gut ein Fünftel der Lehrenden absolviert trägereigene Fortbildungen, während ein Viertel über eine andere pädagogische Ausbildung verfügt. Ein Drittel der Lehrenden ist pädagogisch nicht qualifiziert. Eine deutschlandweite Befragung von Diplom-Pädagog/inn/en im Jahr 2001 ergab, dass ca. ein Drittel der befragten Absolvent/inn/en mit Schwerpunkt EB/WB in diesem Bereich arbeiten. Vielfach ist der Zugang in die EB/WB der eines „Seiteneinstiegs".

Die Beschäftigungs- und Tätigkeitsverhältnisse sind heterogen. Es gibt hauptberuflich, nebenberuflich und ehrenamtlich Tätige. Unterscheiden lassen sich daneben befristete und unbefristete sozialversicherungspflichtige Tätigkeitsverhältnisse in Voll- und Teilzeit sowie Honorartätigkeiten. Drei Viertel der Lehrenden arbeiten auf Honorarbasis. Nur ca. jeder Siebte befindet sich in einem sozialversicherungspflichtigen Beschäftigungsverhältnis. Jeder Zehnte arbeitet ehrenamtlich. Ungefähr ein Viertel der fest angestellten Lehrenden sind in privaten Weiterbildungsunternehmen beschäftigt. Bei kirchlichen Trägern und Volkshochschulen sind jeweils nur ca. 5 % der festangestellten Lehrenden beschäftigt. Nach der Verbundstatistik verteilt sich die Zahl der festangestellten Mitarbeiter/innen zu jeweils ca. 40 % auf pädagogisches Personal und Verwaltungspersonal. Ca. 10 % der Anstellungen ist Leitungspersonal. Die größten Arbeitgeber für Lehrende sind private Weiterbildungsunternehmen mit rund 429.000 Beschäftigungs- und Tätigkeitsverhältnissen, darauf folgen die Volkshochschulen mit 229.000.

Die soziale Absicherung der hauptberuflichen Honorarkräfte ist prekär: Nur jeder Fünfte schätzt seine Lage als gut bis sehr gut ein, fast jeder Dritte als befriedigend, die Hälfte als ausreichend, schlecht oder sehr schlecht. Knapp 40 % der hauptberuflichen Honorarkräfte haben ein Haushaltseinkommen von unter 1.500 € im Monat.

In der professionstheoretischen und -bildungspolitischen Diskussion geht es heute weniger um die Verberuflichung und stärker um die Frage nach der → Professionalität: Über welche Kompetenzen müssen Erwachsenenbildner verfügen? Während es im europäischen Ausland (z.B. Schweiz) standardisierte und zertifizierte Qualifizierungsmodelle gibt, startete die Diskussion in Deutschland erst in den letzten Jahren mit Blick auf den EQR (→ Europäische Erwachsenenbildung). Im Zuge der Umstellung der Studiengänge auf Bachelor- und Master entstehen neue Studiengänge mit Spezialisierung, wie z.B. Beratung, Management oder internationale Fragestellungen (→ Weiterbildung der Weiterbildner).

Literatur

Ambos, I./Egetenmeyer, R. u.a.: WbMonitor 2008: Personalentwicklung und wirtschaftliches Klima bei Weiterbildungsanbietern. Bonn 2008. URL: https://www.wbMonitor.de/downloads/Ergebnisse_20081218.pdf – DIE: Trends der Weiterbildung. DIE-Trendanalyse 2008. Bielefeld 2008 – Krüger, H.-H./Rauschenbach, T. u.a.: Diplom-Pädagogen in Deutschland. Survey 2001. Weinheim 2003 – Research voor Beleid: ALPINE – Adult Learning Professions in Europe. A study of the current situation, trends and issues. Final Report. Zoetermeer 2008 – Wirtschafts- und Sozialforschung: Erhebung zur beruflichen und sozialen Lage von Lehrenden in Weiterbildungseinrichtungen. Schlussbericht. Kerpen 2005. URL: www.bmbf.de/pub/berufliche_und_soziale_lage_von_lehrenden_in_weiterbildungseinrichtungen.pdf (Stand: 11.11.2009)

Regina Egetenmeyer

Personalentwicklung

P. ist ein aus der neueren Betriebswirtschaft kommender Begriff, der alle Aktivitäten zusammenfasst, mit deren Hilfe die Kompetenzen des Personals bzw. des Mitarbeiterstamms einer Organisation systematisch gefördert und entwickelt werden können. Der Begriff P. löst die älteren Begriffe „Personalverwaltung" oder „Personalwirtschaft" ab. Neu ist am Ansatz der P. die aktive Perspektive, die → Human Resources für den Unternehmenserfolg systematisch zu analysieren, zu evaluieren und Angebote sowie Lösungen für ihre Weiterentwicklung zu „organisieren". Nimmt man die neueren Personalentwicklungskonzepte in den Blick, so zeigt sich dreierlei:

- P. wird als eine „systematische", d.h. „zielgerichtete" unternehmerische Aktivität definiert, wobei in den früheren Definitionen noch sehr stark die Ziele einer unmittelbaren Positions- und Laufbahnorientierung im Vordergrund zu stehen scheinen, während sich neuerdings – insb. im Konzept der „strategieumsetzenden P." – eine Dominanz der mittelbaren Ziele abzeichnet. Gleichzeitig geht aber das Bewusstsein von der strukturellen Spannung zwischen unternehmerischen Zielen und Mitarbeiterzielen verloren.
- P. ist in starkem Maße verhaltensbezogen. Dieser Verhaltensbezug wird mit unterschiedlicher Perspektive verfolgt: Qualifikationen sollen verbessert werden (allgemeine Förderperspektive), Mitarbei-

ter/inne/n soll geholfen werden, mit veränderten Anforderungen zurecht zu kommen (reflexive Selbsthilfeperspektive), man möchte gegenwarts- und zukunftsrelevante Qualifikationen vermitteln (traditionelle Schulungsperspektive), es sollen Verhaltenspotenziale aufgebaut, gefördert und genutzt werden (prospektive Potenzialorientierung), es sollen Voraussetzungen für selbstorganisiertes, strategieumsetzendes und organisationales Lernen geschaffen werden (Strukturorientierung).
- P. wird in engem Bezug zur Organisationsentwicklung (→ Organisation) bzw. – neuerdings – zum organisationalen Lernen des Unternehmens definiert. Neben die traditionellen laufbahn-, positions- und qualifikationsbezogenen Maßnahmen treten deshalb in immer stärkerem Maße organisations- und strukturbezogene Aktivitäten.

Indem die P. dabei auf kontinuierliche Kompetenzentwicklung (→ Kompetenz) setzt, wachsen ihr Aufgaben zu, für die ursprünglich die betriebliche WB zuständig war. Doch diese hat sich selbst grundlegend gewandelt und längst vom Seminarwesen gelöst. Heute entwickelt die betriebliche WB maßgeschneiderte Angebote für die individuelle und organisationale Entwicklung, und ihr Erfolg ist dann gegeben, wenn sie von den Abteilungen und Mitarbeiter/inne/n des Unternehmens als professionelle Unterstützung erlebt wird, die man – freiwillig – immer wieder gerne zu Rate zieht.

Die Idee der lebenslangen Kompetenzentwicklung wurde in den letzten Jahren durch das Konzept der notwendigen „Erweiterung" von Kompetenzen ergänzt, wodurch P. eine „weichere" Ausrichtung erhielt: Mitarbeiter/innen sollen sich zwar weiterhin um die kontinuierliche Weiterentwicklung ihrer Kompetenzen bemühen, doch ist dieses fachliche – und heute möglichst selbstgesteuerte – Lernen nur ein Teil der P. Notwendig wird darüber hinaus nämlich auch die Entwicklung von außerfachlichen und fachübergreifenden Kompetenzen, sog. → Schlüsselqualifikationen.

Eine weitere Neubestimmung von P. berührt die Frage der Zuständigkeit. Indem die Kompetenzentwicklung der Mitarbeiter/innen sich zunehmend am Arbeitsplatz vollzieht, das Konzept des Entsende-Lernens (Entsendung zu externen Seminaren) zunehmend durch organisationales Lernen ergänzt und abgelöst wird, verlagert sich auch die Zuständigkeit für P. zunehmend auf die operative Ebene (Vorgesetzte, Fachabteilung). Es sind dabei zunehmend die Führungskräfte selbst, die hier eine wichtige Rolle bei der Personalberatung, der Planung organisationaler Lernprozesse sowie der Gewährleistung von Transferchancen erhalten. P. als lebenslange Kompetenzentwicklung setzt somit ein Führungsverhalten voraus, welches in vielen Betrieben erst noch entwickelt und gefördert werden muss.

Literatur

Arnold, R./Bloh, E. (Hrsg.): Personalentwicklung im lernenden Unternehmen. 3., unveränd. Aufl. Baltmannsweiler 2006 – Münch, J.: Berufsbildung und Personalentwicklung. Rückblicke, Einblicke, Ausblicke. Baltmannsweiler 2007

Rolf Arnold

Perspektivverschränkung

Das mit dem Konzept der P. verbundene, pädagogische Forschungsinteresse richtet sich auf die Frage, ob die pädagogisch handelnden Akteure in der Programmplanung und die Adressaten bzw. Teilnehmenden im Kurs mit ähnlichem pädagogischen Anspruch einander begegnen oder wie weit Anspruch und Realisierung auseinandergehen. Dabei interessiert nicht, ob die Praxis der Theorie genügt, sondern welche pädagogischen Praktiken sich wie unter einem formulierten pädagogischen Anspruch realisieren. Deutungsdifferenzen und Praktiken in ihrer Differenz zu Deutungen sowie theoretischen Vorgaben und Auslegungen werden forschungsmethodisch in einen Diskurs gebracht. Die vernetzten Beziehungsstrukturen pädagogischen Handelns zwischen verschiedenen Akteur/inn/en und Kontexten werden methodisch erschlossen. Dahinter steht der Anspruch, Forschungsmethoden dem spezifischen Planungs-, Umsetzungs- und Deutungshandeln anzupassen. Dabei wird unterstellt, dass der Prozess der Planung und Durchführung von Inhalten sowie der Aneignungsprozess der Lernenden immer im Rahmen institutionell vorgegebener Grenzen kommunikativ ausgehandelt wird (Gieseke 1985). Dieses gilt auch und gerade, da impliziter wirkend, für selbstgesteuertes Lernen.

Kommunikativ aushandeln bedeutet nicht, dass es einen durchgehenden Konsens gäbe oder dass alle Personen aktiv gleichzeitig beteiligt wären, sondern nur, dass sie in bestimmten Phasen des Prozesses ihre Aktivität einbringen und über diesen in ihren spezifischen Beitrag weiterwirken. Der Prozess der Sinnstiftung, der Zwecksetzung und die Motivstruktur für ein didaktisches Konzept sowie seine spezifische

Umsetzung wirken weiter. Die Verschränkung verschiedener Perspektiven, die eine neue Ganzheit ergibt, ist also methodisch für die erwachsenenpädagogische Forschung von hohem Interesse. Diese Ansprüche sind heute noch aktueller, da die Vernetzungsprozesse aufgrund von finanzieller Knappheit und Deinstitutionalisierungsprozessen zunehmen. Es handelt sich um pädagogische Forschung, weil sie den Prozess des Planens und des Umsetzens, das Zusammenspiel und die Ausführung, also auch die Widersprüche zwischen Zielen und Wirkungen, in den Blick nimmt und das parallele Arrangement von Verschiedenheit akzeptiert. Das Methodenarrangement der P. arbeitet nicht mit Wenn-dann-Vorstellungen über Aneignungs- und Vermittlungsprozesse, sondern rechnet mit vernetzten Wirkungen von pädagogischen Ereignissen. Um diesen Wechselwirkungen im pädagogischen Arrangement nachzugehen, ist die Erschließung der am Prozess beteiligten Perspektiven von Bedeutung (Gieseke 2007). Die Notwendigkeit einer pädagogischen Intentionalität ist dabei nicht infrage gestellt.

Die Perspektivität ist in anderen Disziplinen eine eingeführte Kategorie. Mit P. betrachtet man eine Konstellation nach verschiedenen Gesichtspunkten und aus verschiedenen Standpunkten. Diese hat genau und abgeleitet zu sein und die dabei wirksamen Mechanismen, z.B. als Wechselwirkung, als lockere, unverbundene, (durch-)steuernde Wirkungen beschreibbar zu machen. Mit P. soll gerade ein Bild der Wirklichkeitsstrukturierung in ihrer Vielfalt oder Eindimensionalität nachgezeichnet werden können. Denn Perspektive meint, aus dem Lateinischen *perspicere* kommend, „genau, deutlich sehen". Unter „Malkunst" wird u.a. verstanden, etwas im dreidimensionalen Raum zu begreifen. Das „Bild" wird als „Durchschnitt durch die Sehpyramide" begriffen (Gieseke 2007). Für die kulturwissenschaftliche Betrachtung wird der „Raum" als „Systemraum" abgesteckt. In der Geschichtswissenschaft meint der Perspektivenbegriff den Standpunkt des Forschers.

In der pädagogischen Forschung konzentriert man sich auf den Verlauf und die Wirkung von pädagogischen Interventionen. Es interessiert das „Dazwischen", d.h. die Beziehung im Verlauf von pädagogischen Prozessen. Welchen Gewinn eine solche Forschung erbringt und wie sie sich weiterentwickelt lässt, ist nachvollziehbar bei Gieseke (2000), Robak (2004), Fichtmüller/Walter (2007), Schmidt-Lauff (2008). So arbeiten Fichtmüller/Walter (2007) u.a. die Lücken im Aneignungsprozess beruflichen Handelns bei fehlender Praxisbegleitung heraus. In der Programmforschung konnte die spezifische Struktur der Angebotsgewinnung als Angleichungshandeln identifiziert werden (Gieseke 2000). Robak (2004) arbeitet die Spezifika von Managementhandeln für pädagogische Organisationen heraus, Schmidt-Lauff (2008) dokumentiert die vielfältigen Einflussbereiche von Zeitentscheidungen für Bildung.

Literatur
Fichtmüller, F./Walter, A.: Pflegen lernen. Empirische Begriffs- und Theoriebildung zum Wirkgefüge von Lernen und Lehren beruflichen Pflegehandelns. Göttingen 2007 – Gieseke, W. (Hrsg.): Programmplanung als Bildungsmanagement? Qualitative Studie in Perspektivverschränkung. Begleituntersuchung des Modellversuchs „Entwicklung und Erprobung eines Berufseinführungskonzepts für hauptberufliche Erwachsenenbildner/innen". Recklinghausen 2000 – Gieseke, W.: Das Forschungsarrangement Perspektivverschränkung. Dies. (Hrsg.): Qualitative Forschungsverfahren in Perspektivverschränkung. Dokumentation des Kolloquiums anlässlich des 60. Geburtstages von Frau Prof. Dr. Wiltrud Gieseke am 29. Juni 2007. Erwachsenenpädagogischer Report, Bd. 11. Berlin 2007 (Humboldt-Universität) – Robak, S.: Management in Weiterbildungsinstitutionen. Eine empirische Studie zum Leitungshandeln in differenten Konstellationen. Hamburg 2004 – Schmidt-Lauff, S.: Zeit für Bildung im Erwachsenenalter. Interdisziplinäre und empirische Zugänge. Münster 2008

Wiltrud Gieseke

Pluralismus

Der Begriff P. wird in der EB zumeist verwandt, um die Vielfalt ihrer institutionellen Struktur, ihrer Einrichtungen, Träger und Verbände zu kennzeichnen, seltener für die Vielfalt bildungstheoretischer, didaktisch-methodischer oder weltanschaulicher Konzepte. Die Wortbedeutung schließt eng an den lateinischen Ursprung von *pluralis* für „aus mehreren bestehend" an, theoretische Grundlegungen sind selten. Der Begriff stammt aus der politik- und demokratietheoretischen Diskussion, die bis in das 18. Jh. zurückreicht und nach dem Zerfall des absolutistischen Staates, nach → Aufklärung und Säkularisierung die Neuordnung des Verhältnisses von Staat, Individuen und gesellschaftlichen Gruppen thematisierte. In Deutschland gelang es erst nach den Erfahrungen mit dem Nationalsozialismus, die traditionsreiche Ablehnung eines westlichen Liberalismus zu überwinden und einen zugleich analytisch und normativ verstandenen, politikwissenschaftlichen Begriff des P. zu etablieren. Ernst Fraenkel beschrieb in seiner grundlegenden Arbeit über Deutschland und die westlichen Demokratien den Idealtyp des „autonom legitimierten, heterogen strukturierten, pluralistisch organisierten Rechtsstaats" (Fraenkel 1964). Mit dem Laissez-faire-P., dem korporativen P. und dem sozialstaatlichen P. werden gewöhnlich drei Varianten unterschieden, die auch die bildungspolitischen Auseinandersetzungen um die → Institutionalisierung der EB begleiteten.

Der P.streit in der deutschen EB, ausgetragen insb. zwischen Vertretern der Kirchen und Protagonisten der → Volkshochschulen, drehte sich um die Verantwortung des Staates für die Förderung von „freier" und „gebundener" EB (wobei je nach Zeit- und Standpunkt mal die öffentliche, mal die gruppengebundene EB als „frei" galt); er wurde insofern entschieden, als die Ländergesetze die historisch gewachsenen Strukturen der (allgemeinen und politischen) WB unter dem Leitbegriff eines korporativen P. (neu) ordneten und legitimierten. Vor allem die Weiterbildungseinrichtungen der Kommunen und der großen gesellschaftlichen Gruppen (Kirchen, Gewerkschaften, Arbeitgeberverbände usw.) wurden durch öffentliche Zuschüsse zu Personal- und Programmkosten gefördert. Anhänger eines sozialstaatlichen P., die u.a. im „Strukturplan Weiterbildung" für Volkshochschulen als kommunale Weiterbildungszentren argumentierten, konnten sich nicht durchsetzen. In den 1980er und 1990er Jahren folgte die Weiterbildungspolitik im Wesentlichen dem Modell eines Laissez-faire-P., das sich an Markt und Wettbewerb als Leitprinzipien orientierte. Mit der Qualitätsdebatte einerseits, dem europäischen Einigungsprozess andererseits verloren spätestens seit den 1990er Jahren (national fixierte) systembezogene Fragestellungen und darauf gerichtete bildungspolitische Konzepte an Bedeutung.

Der P.begriff erscheint vor allem in bildungspolitischen Debatten. Die (durchaus zahlreichen) empirischen Forschungen zur institutionellen Struktur der WB nehmen nur selten auf ihn Bezug. Die theoretischen, empirischen und bildungspolitischen Grenzen des Modells eines korporativ-pluralistischen → Weiterbildungssystems sind heute deutlich sichtbar: Verwiesen sei u.a. auf den Rückzug des Staates aus der öffentlichen Verantwortung, auf den Bedeutungsverlust und die zunehmende Marktorientierung der öffentlich geförderten WB, auf die unerfüllten, am Egoismus der Träger wie an rechtlichen Segmentierungen scheiternden Hoffnungen auf einen durch Kooperation und Koordination zu sichernden Gesamtbereich WB („integrativer P.") und auf die nachlassende Bindung der Adressaten an gesellschaftliche Großorganisationen. Ob neuere bildungspolitische und theoretische Konzepte (mittlere Systematisierung, Intermediarität, Reproduktionskontexte, → Netzwerke) die erkennbaren Desiderate systembezogener Betrachtungsweisen schließen können, ist offen.

Literatur

BLK (Hrsg.): Bildungsgesamtplan. Bd. 1. Stuttgart 1973 – Fraenkel, E.: Deutschland und die westlichen Demokratien. 7. Aufl. Frankfurt a.M. 1991 (erstmals ersch. 1964) – Raapke, H.-D.: Erwachsenenbildung. In: Führ, C./Furck, C.-L.(Hrsg.): Handbuch der deutschen Bildungsgeschichte. Bd. 6: 1945 bis zur Gegenwart, Teilb. 1: Bundesrepublik Deutschland. München 1998

Josef Schrader

Politische Bildung

P.B. vermittelt in der Auseinandersetzung mit Politik in Lernsituationen Bürger/inne/n Kompetenzen für die selbstständige, vernunftgeleitete politische Urteilsbildung sowie für eigenes politisches Handeln. In der Analyse politischer Situationen, Fragen und Probleme bezieht p.B. sich fachlich auf Erkenntnisse und Methoden der Sozialwissenschaften, insb. der Politikwissenschaft und der Soziologie. Wissenschaftliche Bezugsdisziplin für die Entwicklung ihres didaktischen und pädagogischen Selbstverständnisses ist die Politikdidaktik, die in der „Gesellschaft für Politikdidaktik und politische Jugend- und Erwachsenenbildung" (GPJE) ihren wissenschaftlichen Diskurs organisiert (URL: www.gpje.de).

Als Angebot für alle Bürger/innen ist p.B. nur in demokratischen Gesellschaften möglich, denn nur der Demokratie sind politische Urteils- und Handlungskompetenzen nicht nur für Eliten, sondern für die gesamte Bevölkerung erwünscht. Da p.B. der einzige für alle Bürger/innen offene soziale Ort ist, an dem Fragen des gesamtgesellschaftlichen Zusammenlebens diskursiv erörtert werden können, ohne dass Handlungsdruck und Entscheidungszwänge entstehen und ohne dass die Teilnehmenden auf vorgegebene politische Positionen festgelegt werden, erbringt sie zugleich eine wichtige Dienstleistung für die demokratische Gesellschaft insgesamt.

In der EB in der Bundesrepublik Deutschland werden Veranstaltungen zur p.B. von unterschiedlichen öffentlichen und privaten Trägern angeboten. Ne-

ben gesellschaftlichen Großorganisationen, wie den Kirchen, den Arbeitgeberverbänden und den Gewerkschaften gibt es auch zahlreiche kleine Träger. Ein großer Teil der Träger ist im „Arbeitskreis deutscher Bildungsstätten" zusammengeschlossen. Bei einigen Trägern (etwa bei den parteinahen Stiftungen oder bei kirchlichen Akademien) spielt p.B. im Gesamtspektrum ihrer Angebote zur EB eine herausragende, bei anderen (etwa den Volkshochschulen oder den Sportverbänden) eine eher marginale Rolle. In Gestalt der Bundeszentrale und der Landeszentralen für politische Bildung existiert ein bedeutsames staatliches Unterstützungssystem, das unter anderem kostenfreie Lernmaterialien sowie Weiterbildungsangebote für das pädagogische Personal zur Verfügung stellt und Veranstaltungen durch Zuschüsse fördert. Von der Bundeszentrale für politische Bildung (URL: www.bpb.de) erhalten derzeit zwischen 300 und 400 Träger Förderung von Veranstaltungen.
Im Gesamtsystem der EB fallen explizite Veranstaltungen zur p.B. nur gering ins Gewicht, sie erreichen seit vielen Jahren rund 1 % der erwachsenen Bevölkerung in der Bundesrepublik. Hierbei ist jedoch zu bedenken, dass Aspekte p.B. auch in einer Vielzahl von Veranstaltungen der EB mit anderen fachlichen Schwerpunkten, die gleichwohl auch politische Bezüge aufweisen, zum Tragen kommt (z.B. in den Bereichen der kulturellen und der gesundheitsbezogenen Bildung). Über das genaue quantitative Ausmaß und die fachliche Qualität dieser Form p.B. liegen verlässliche Daten jedoch nicht vor.
Der Trägerpluralismus in der politischen EB führt einerseits zu einem breiteren und auf unterschiedliche Adressatengruppen bezogenen Angebot, erschwert andererseits aber die Entwicklung einer von den weltanschaulichen Hintergründen der Träger unabhängigen fachlichen Professionalität. Historisch spielt bei der Etablierung von politischen Lernangeboten für Erwachsene das Interesse der Träger, ihre weltanschaulichen und politischen Positionen in das eigene politisch-kulturelle Milieu wie in die Gesellschaft insgesamt zu kommunizieren, eine wichtige Rolle. Erst in der jüngeren Geschichte der politischen EB setzt sich die Erkenntnis durch, dass die fachliche Identität und Qualität politischer Bildung eine pädagogische Autonomie gegenüber allen durch Trägerinteressen determinierten politisch-weltanschaulichen Vorgaben erfordert. Diese fachliche Identität und Qualität ist aber eine zentrale Voraussetzung für die Zukunftschancen p.B. in einer stärker als in früheren Jahrzehnten nach Markt- und Wettbewerbsgesichtspunkten strukturierten Weiterbildungslandschaft.

Literatur
Hufer, K.-P./Pohl, K./Scheurich, I. (Hrsg.): Positionen der politischen Bildung, Bd. 2. Ein Interviewbuch zur außerschulischen Jugend- und Erwachsenenbildung. Schwalbach 2004 – Rudolf, K.: Bericht politische Bildung 2002. Was wollen die Bürger? Eine Marktanalyse zur außerschulischen politischen Bildung in Deutschland. Büdingen 2002 – Sander, W. (Hrsg.): Handbuch politische Bildung. 3. Aufl. Schwalbach 2005

Wolfgang Sander

Popularisierung

P. war in der EB als Relikt einer überwundenen, wissenschaftsgläubigen Zeit und einer hierarchischen Vorstellung von Lehre lange Zeit diskreditiert. In ihren Anfängen galt dagegen die popularisierende Vermittlung von nützlichem und geprüftem → Wissen als vornehme Aufgabe der Volksbildung. Die durch die Begeisterung für die Naturwissenschaften beim bürgerlichen Publikum (Daum 1998) gestützte Universitätsausdehnungsbewegung und die entsprechenden Aktivitäten der Arbeiterbildungsbewegung (→ Arbeiterbildung) führten zu einem Höhepunkt der P. in der EB im 19. Jh.
In der Weimarer Zeit kam es im Rahmen der intensiven, gestaltenden EB zu einer Abwendung von extensiven Popularisierungsbemühungen, wie sie vor allem von der „Gesellschaft für Verbreitung von Volksbildung" verfolgt wurden. Die Gleichschaltung der EB im Nationalsozialismus drängte wissen(schaft)svermittelnde Bestrebungen zurück. Nach dem Krieg sah die ostdeutsche EB in der P. von Wissenschaft eine wichtige Aufgabe, die institutionell in der „Gesellschaft zur Verbreitung wissenschaftlicher Kenntnisse" (später „Urania") ihren Ausdruck fand. Demgegenüber knüpfte die westdeutsche EB an den popularisierungskritischen Bildungsdiskurs der Weimarer „Neuen Richtung" an. Einzelne Stimmen, die P. als wesentliche Aufgabe beschrieben (Ruprecht/Sitzmann 1986) oder die Übernahme des amerikanischen Konzepts der „public science" forderten, haben an der allgemeinen Ablehnung einer pauschal als Verflachung empfundenen P. nichts ändern können. Die Kritik an der P. richtete sich – wenn sie nicht generell Wissenschaftsvermittlung als Aufgabe von EB ablehnte – gegen die

Haltung eines naiven Wissenschafts- und Fortschrittsoptimismus, gegen die Vorstellung eines festen Wissenskanons, gegen ein stoff- und dozentenorientiertes Vortragswesen und nicht zuletzt gegen trivialisierende, dekontextualisierende und lediglich an Sensationen orientierte Aufbereitungen von wissenschaftlichem Wissen.

Das Popularisierungsverdikt hat in Verbindung mit der Durchsetzung lebensweltlicher und → erfahrungsorientierter Ansätze dazu geführt, dass die traditionelle Sicht auf P. als eines einstufigen wissenschaftsexternen Vorgangs beibehalten und die Frage der Vermittlung wissenschaftlichen Wissens in der EB unzureichend behandelt wurde. Das ist insofern problematisch, als natur- und sozialwissenschaftliches Wissen einen immer größeren Einfluss auf immer mehr Lebensbereiche ausübt. Insofern ist die EB gehalten, sich mit Wissenschaft, mit Verwissenschaftlichung als gesellschaftlichem Phänomen, mit der Verwendung wissenschaftlichen Wissens in Praxis und → Alltag sowie mit der bildungspolitischen Forderung nach der Förderung von „public understanding of science and humanities" auseinander zu setzen. Dabei muss sie davon ausgehen, dass Wissenschaft allgegenwärtig und fragwürdig zugleich ist, dass Informationen weniger vorenthalten als vielmehr in einer Überfülle geboten werden und schließlich dass es nicht um eine reine Rezeption, sondern auch um die kritische Beurteilung von Präsentationen der Wissenschaft in der Öffentlichkeit geht. Eine solche reflexive P. ist als Programm formuliert (Taschwer 1996) und in Teilen (z.B. in der → Umwelt- und → Gesundheitsbildung) realisiert worden.

Die Übermittlung wissenschaftlichen Wissens an Erwachsene findet nicht nur an den Universitäten bzw. in der → wissenschaftlichen Weiterbildung, sondern auch in informellen Lernumgebungen (Conein/Schrader/Stadler 2004), in den Massenmedien und über das unredigierte Internet statt. Neben der Unterhaltungsfunktion geht es hier vor allem um die Bearbeitung von Akzeptanz- und Legitimationsdefiziten moderner Wissenschaft. In der EB wird es deshalb zunehmend darauf ankommen, die unterschiedlichen Formen, Bereiche und Funktionen informell vermittelten Wissens – darunter auch des sog. Bildungswissens (Nolda 2004) als Voraussetzung, Stimulus und Nachbereitung organisierter Wissensvermittlung einzubeziehen.

Literatur

Conein, S./Schrader, J./Stadler, M.: Erwachsenenbildung und die Popularisierung von Wissenschaft. Probleme und Perspektiven bei der Vermittlung von Mathematik, Naturwissenschaft und Technik. Bielefeld 2004 – Daum, A.: Wissenschaftspopularisierung im 19. Jahrhundert. Bürgerliche Kultur, naturwissenschaftliche Bildung und die deutsche Öffentlichkeit, 1848–1914. München 1998 – Nolda, S.: Zerstreute Bildung. Vermittlungen von Bildungswissen in modernen Medien. Bielefeld 2004 – Ruprecht, H./Sitzmann, G.H. (Hrsg.): Erwachsenenbildung als Wissenschaft, Bd. XIV: Das Prinzip der Popularisierung als grundlagentheoretisches Problem der Erwachsenenbildung. Weltenburg 1986 – Taschwer, K.: Wissen über Wissenschaft. Chancen und Grenzen der Popularisierung von Wissenschaft in der Erwachsenenbildung. In: Nolda, S. (Hrsg.): Erwachsenenbildung in der Wissensgesellschaft. Bad Heilbrunn 1996

Sigrid Nolda

Problemlösung

Von einem Problem wird gesprochen, wenn von einer gegebenen Situation aus ein angestrebtes Ziel wegen vorhandener Barrieren nicht ohne Weiteres erreichbar ist. P. bezeichnet dann den Versuch, die Ausgangssituation trotz dieser Hindernisse in die gewünschte Zielsituation hin zu überführen. Dieser Transformationsprozess ist in seinen einzelnen Schrittabfolgen präziser darstellbar.

Der erste Schritt, die Annerkennung des Problems, verweist eher auf ein emotional-psychisches als auf ein kognitives Moment. Die Anerkennung bzw. Leugnung hängt nämlich in starkem Maß von Ängsten, Erwartungen, Stereotypen und weniger vom Wissen der Beteiligten ab.

In Abhebung dazu sind die darauf folgenden Schritte rationaler geprägt: Identifikation und Definition des Problems erfordern in hohem Maß den Einsatz von Wissen, und zwar in mehrfacher Hinsicht. Es ist im Blick auf die Situation abzuklären, welche Informationen fehlen und wie sie zu beschaffen sind. Die letztlich zur Verfügung stehenden Informationen müssen in Beziehung zueinander gesetzt und in ihrem logisch-sachlichen Zusammenhang erkannt werden. Es ist zu identifizieren, was gegebenenfalls veränderbar und was kaum oder gar nicht beeinflussbar ist. Diese Leistungen zusammengenommen ergeben für den Analysierenden seine – subjektive – geistige Repräsentation des Problems, den von ihm konstituierten Problemraum.

Die Problemidentifikation und -definition sowie ihre Bündelung in einer geistigen Repräsentation werden fortgeführt zur Planung der Schritte, die eine Lösung des Problems einleiten könnten.
Im Planungsprozess erarbeitete Lösungsvermutungen dienen letztlich dem Ziel, die faktische Lösung des Problems zu erreichen. Die hierbei anzusetzende, zentrale kognitive Leistung ist die der Evaluation, d.h. der Prüfung, ob die Lösung richtig, angemessen, akzeptabel ist. Der Problemlösungsvorgang ist optimierbar durch den Einsatz insb. metakognitiver Strategien. Empirisch gewonnene Ergebnisse belegen den leistungsteigernden Effekt dezidiert angewandter metakognitiver Steuerungs- und Kontrollprozesse (Schmidt/Ford 2003). Sie überprüfen beim Problemlösungsvorgang eingesetzte kognitive Strategien auf ihre Eignung zur Bewältigung der Aufgabe und suchen nach Alternativstrategien, falls sich die bisherigen als nicht erfolgreich erweisen.
Auftretende Schwierigkeiten bei der P. müssen aber nicht allein durch die betreffende Aufgabe bedingt sein. Sie können auch in der Person des Problemlösenden begründet sein, etwa in seiner Einstellung gegenüber Erfolg: Misserfolgsängstliche neigen dazu, schwierige Aufgaben auszuwählen, dabei ihr Scheitern zu antipizieren, es aber zugleich auch mit dem hohen Schwierigkeitsgrad zu entschuldigen. Von Bedeutung sind auch Attribuierungs- und Kontrollmuster. Wer sich mit Blick auf Erfolg extern attribuiert („Mein Erfolg hängt vom Zufall oder Glück ab“) oder glaubt, seine Einflussmöglichkeiten seien gering (externer „locus of control“), wird sicherlich schneller vor Schwierigkeiten während der Problembearbeitung kapitulieren als jemand, der sich internal im Verweis auf seine eigene Anstrengung oder Begabung attribuiert und sich Kontrollmöglichkeiten über sich selbst wie auch über sein soziales Umfeld zuerkennt (Cervone u.a. 2006).
Aus diesen theoretischen Überlegungen wie auch aus den empirischen Ergebnissen lassen sich folgende relevante Gesichtspunkte für die WB ableiten:

- Weiterbildungsveranstaltungen sollten – etwa in Form von Leitfragen – Techniken zur geistigen Repräsentation eines Problems vermitteln. Dadurch wird der Problemraum, der den Rahmen für alle weiteren Aktivitäten abgibt, leichter und markanter konstruierbar.
- Den → Teilnehmenden sind die Arbeitsschritte (Phasen) des Problemlösungsprozesses transparent zu machen. Dies ermöglicht ihnen eine sukzessive und damit präzisere metakognitive Steuerung und Kontrolle.
- Von Bedeutung ist auch die Kenntnis des Problemtyps, also das Wissen darüber, ob es sich um ein gut oder schlecht strukturiertes Problem handelt. Gut strukturierte Probleme haben nach den Kriterien wahr/falsch bewertbare Aufgaben zum Gegenstand, etwa Sprachkurse oder EDV-Seminare. Als schlecht strukturiert kennzeichnet man Probleme, die nicht alle zur Lösung erforderlichen Informationen enthalten, deren Informationsbasis also unvollständig bzw. lückenhaft ist, die in unterschiedlicher Weise geistig repräsentiert werden können, deren Lösung nicht als wahr/falsch beurteilbar ist und bei denen für die Bewertung der Lösung erforderliche Kriterien erst aufgestellt werden müssen. Zu diesem Problemtyp gehören insb. lebensweltlich eingelagerte Fragestellungen.

Die Beachtung dieser Punkte kann nicht nur zur Verbesserung von Fähigkeiten der Teilnehmenden, Probleme zu lösen, sondern auch zur Optimierung ihrer Selbstlernkompetenz führen. Vorraussetzung sind allerdings die explizite Thematisierung metakognitiver Komponenten in Weiterbildungsseminaren und die Anwendung und Einübung entsprechender metakognitiver Strategien.

Literatur
Cervone, D./Artistico, D./Berry, J.M.: Self-Efficacy and Adult Development. In: Hoare, C. (Hrsg.): Adult Development and Learning. Oxford 2006 – Kaiser, R./Kaiser, A.: Denken trainieren – Lernen optimieren. Augsburg 2006 – Schmidt, A.M./ Ford, J.K.: Learning within a Learner Control Training Environment: The interactive effects of goal orientation and metacognitive instruction on learning outcomes. In: Personnel Psychology, H. 2, 2003

Arnim Kaiser & Ruth Kaiser

Professionalität und Professionalisierung

Professionalität und Professionalisierung stehen für unterschiedliche Phasen der Institutionalisierung und Verwissenschaftlichung der WB. Nittel (2000) hat den Prozess dieser Entwicklung nachgezeichnet und kommt zu folgendem Schluss: Professionalität ist kein Zustand, der erreicht werden kann, sondern eine Kompetenz, die sich situativ immer wieder neu als berufliche Leistung zu bewähren und weiterzuentwickeln hat. Professionalität stützt sich auf wissenschaftliches Grundlagenwissen, das durch Erfahrungen ausgewertet wird. Sie geht nicht von einem durchgeplanten Ablauf, sondern von Aufgabenlösungen, Deutungen, Diagnosen und Interpretationen aus, die in individueller Verantwortung unter ethischen Ansprüchen zu treffen sind. Professionalität meint also einen differenzierten Umgang mit Forschungsbefunden, die Nutzung von Handlungsinstrumenten und ihre eigenständige Interpretation, die Deutung von Handlungssituationen sowie ein flexibles, vernetztes Handeln. Dafür ist eine Voraussetzung, dass die institutionellen Bedingungen solche Handlungen ermöglichen. Für den Faktor Bildung spielt dabei eine Rolle, welche Eigenanteile an Finanzen, Zeit und Lernpotenzialen unterstellt werden, welche Auslegung von Daseinsvorsorge es aus der jeweiligen Sicht der Bildungspolitik gibt. Professionalität und besonders die Professionalisierung für → lebenslanges Lernen ist abhängig von der politischen und unternehmerischen Bedeutungszuweisung von WB und der je spezifischen Förderpolitik. Damit wird die Frage beantwortet, wie viel WB Erwachsenen zugemutet und/oder abgefordert wird. Qualitätssicherung kann zu einem institutionsbezogenen Instrument von Professionalität werden, muss sich aber dabei in Zukunft des Bürokratisierungsverdachts erwähren. Über pädagogisches Planen und für die Lernförderung gibt sie zurzeit noch keine Auskunft. Nur Lernerorientierte Qualitätstestierung in der Weiterbildung (LQW) eröffnet gegenwärtig diese Tür (Zech u.a. 2006).

Verschiebungen in der Professionstheorie verweisen aber auf eine stärkere Nutzenorientierung, weniger auf eine Betonung ethischer Kriterien. Rationalisierungsmaßnahmen zielen darauf ab, Professionalitätsansprüche abzuwehren (Pfadenhauer 2005).

Professionalisierung meint den Prozess einer Verwissenschaftlichung über Verberuflichung zur Professionisierung, der mit pädagogischen Berufen in den 1970er und 1980er Jahren verbunden war. Die Professionalisierung war auch ein Konzept in den 1960er Jahren, um mit hohen akademischen Abschlüssen, großer Verantwortung, aber geringer Bezahlung im Unterschied zu verantwortlichen Positionen in der Wirtschaft einen eigenen gesellschaftlichen Wert und Autonomie zu geben. Schulenberg hat diese Diskussion rezipiert und für seine Überlegungen in Deutschland genutzt (Schulenberg 1972).

Dieser Prozess der Professionalisierung ist zum Stoppen gebracht und nach 2000 trotz verbal steigender Ansprüche an WB sogar rückläufig. Über Arbeitsverdichtungen und Konfliktzunahmen wird berichtet (DIE 2008; Heuer/Gieseke 2006). Das Weiterbildungsinteresse der Professionellen ist groß, es fehlen allerdings die Zeitressourcen. Die verbandsbezogenen Fortbildungen und Selbststudienmaterialien sind zwar weiter entwickelt worden und komplexere und kompaktere Fortbildung zu aktuellen Anforderungen (Qualitätssicherung, Beratung) als Fortbildungsprojekte finanziert worden, aber ansonsten werden inzwischen universitäre Abschlüsse (BA/MA) nachgefragt. Felder professionellen Handelns in der WB sind: Leitung und Management, → Programmplanung, Projekt- und Konzeptentwicklung, Lehre, Teilnehmergewinnung, → Öffentlichkeitsarbeit und → Beratung. Für alle diese Felder hat sich inzwischen ein differenziertes Wissen mit ausdifferenzierten Schwerpunkten entwickelt. Man erwartet inzwischen auch weiterreichende wissenschaftliche Befunde mit der Erstellung von Instrumenten und Handreichungen für die Praxis. Professionalität im Dienstleistungsunternehmen WB hat neue Kundenbedürfnisse zu erfüllen und wird teurer werden. Ansonsten wird es schwieriger, engagierte Weiterbildner/innen mit professionellen Ansprüchen zu gewinnen. Wie die ethischen Ansprüche an Bildungsförderung für alle Milieus und die Ökonomisierung dieser letztlich gesellschaftlichen Aufgabe gemeistert werden sollen, bedarf noch einer Entwicklung, die mit Konzepten der Weiterbildungsfinanzierung erst angedacht ist.

Literatur

DIE: Trends der Weiterbildung. DIE-Trendanalyse 2008. Bielefeld 2008 – Heuer, U./Gieseke, W. (Hrsg.): Pädagogisches Wissen für die Weiterbildung, Fortbildungsbedarf und Personalentwicklung. Oldenburg 2006 – Nittel, D.: Von der Mission zur Profession. Bielefeld 2000 – Pfadenhauer, M. (Hrsg.): Professionelles Handeln. Wiesbaden 2005 – Zech, R. u.a.: Handbuch Lernerorientierte Qualitätstestierung in der Weiterbildung (LQW). Grundlegung – Anwendung – Wirkung. Bielefeld 2006

Wiltrud Gieseke

Professionstheorie

Wir haben gegenwärtig von Veränderungen im theoretischen Diskurs der Berufs- und Professionsforschung auszugehen. Schlug der Sammelband von Combe/Helsper (1996) noch vor, „Bildung“ als Leitbegriff zu setzen und die Nicht-Voraussehbarkeit und Nicht-Technologisierbarkeit von Vermittlungstätigkeit herauszuarbeiten, um daran den Anspruch an komplexes professionelles Handeln zu bündeln, so verweist die Ausrichtung der aktuellen Professionsforschung durch ihre Ausrichtung auf Berufsfelder im Ökonomischen auf eine veränderte Orientierung, die gegenwärtig auch vor dem Bildungsbereich nicht halt macht. Nach Mieg schaffen Professionen Standards der Leistungsbewertung und kontrollieren diese (Mieg 2006). Als Konstitutionsbedingung für Professionen nennt er: einen gesellschaftlich relevanten Problembereich und dazugehöriges Handlungs- und Erklärungswissen; einen Bezug zu einem gesellschaftlichen Zentralwert; eine akademisierte Ausbildung und letztlich einen Berufsverband. Dieses formuliert er für die berufliche Bildung. Der Professionsgrad hängt vom Verwissenschaftlichungsgrad ab, wobei die Professionalisierung als Prozess darauf zielt, eine gesellschaftliche Institutionalisierung von hochschulgestützter Wissensnutzung in komplexen Situationen zu erreichen. Die Veralltäglichung des Professionsbegriff im Sinne davon, dass alles schnell, glatt und optimiert abläuft, hat sich auch in soweit im theoretischen Diskurs durchgesetzt, als professionelles Handeln nicht nur in Berufen mit hohem interventionistischen Bezug auf den Menschen (wie im Falle des Rechts, der Gesundheit und der Bildung) gesehen wird, sondern gerade Berufe mit betriebswirtschaftlichen Bezug wissenschaftlich von Interesse geworden sind. Wir haben es mit einem erweiterten und erhöhten Anspruch an Professionalität zu tun. Nach diesen aktuellen, theoretischen und empirisch grundgelegten Studien zeigt sich eine veränderte theoretische Akzentuierung, die definiert ist durch ein hohes Wissen auf wissenschaftlichem Niveau, begründete Kenntnisse und Fertigkeiten, systematisch nach den Regeln der Profession zu handeln, durch ein besonderes Arbeits- und Leistungsideal mit ganzheitlicher Problembewältigung sowie ein umfassendes Verantwortungsbewusstsein. Pfadenhauer fasst diese Kategorienbildung so zusammen: „Professionelle Kompetenz ist also dadurch gekennzeichnet, dass sich Befähigung (nachgewiesen durch eine meist wissenschaftliche Ausbildung), Bereitschaft (angezeigt durch Leistungsangebote) und Befugnis (beglaubigt durch Zertifikate) in formaler Deckung befinden. Das Prinzip der Zertifizierung ‚regelt' im Rekurs auf besondere und exklusive Wissensbestände die Frage der Zuständigkeit (...) für Probleme und ihre Lösungen" (Pfadenhauer 2005). In dieser Definition, die die wissenschaftlichen Standards und ihre Zertifizierung noch betont, verzichtet man aber auf ein organisiertes professionelles Kollegialitätsprinzip mit verbandrechtlicher Strukturierung und der daran anknüpfenden professionellen Sozialisation, was Arbeitshaltungen, Stile sowie gesellschaftlich ausgerichtete Verpflichtung gegenüber den professionelles Handeln in Anspruch nehmenden Menschen anbelangt. In der theoretischen Perspektive ist nicht mehr die Orientierung der professionell Handelnden auf den Menschen, sondern sie selbst mit ihren spezifischen, professionellen Kompetenzen geraten in den Blick. Das Professionelle individualisiert sich. Die Veralltäglichung des Professionalitätsbegriffs bestätigt dies bereits.

Meuser (2005) beobachtet eine stärkere Ökonomisierung und forcierte betriebswirtschaftliche Betrachtung. Die Berufe oder Tätigkeitsfelder, die gegenwärtig aus professioneller Perspektive analysiert werden, gehen eine neue Verbindung zwischen wissenschaftlich fundiertem Wissensstand und der Orientierung am Prinzip der ökonomischen Rationalität ein. Der Maßstab wissenschaftlicher Befunde und ihre Wertigkeit misst sich in neuer Weise am Nutzen. Aber gerade im Maßstab des Nutzens geht es ums Gelingen. Und hier ist der Ort, wo Reflexivität und Erfahrung, das Nicht-Wissen als dominante Größe neben dem Wissen, die individuelle Kompetenz im Handeln herausbilden. Die reflexive professionelle Kompetenz benötigt einen Spielraum, der organisatorisch und ökonomisch vorzuhalten ist, wenn Wissen und der Fall oder die Situation intelligent verschränkt, gedeutet und diagnostiziert werden sollen. Die Theorie von Meuser baut bereits die Rationalisierung in der Weise ein, dass Abläufe schematisiert werden. Da professionelle Kompetenz auf dem Markt teuer ist, wird also permanent dafür gesorgt, inwieweit die interpretative, auswertende und beziehungsintensive Deutungskompetenz und die beratende, vermittelnde Begleitungskompetenz in Steuerungssysteme mit Selbstverantwortung (Selbststeuerung) überführt werden können. Das heißt, der autonome professionelle Prozess steht permanent unter Selbstbeschneidungsanspruch und unter dem Druck, Nicht-Wissen in Wissen oder vermeintliches Wissen zu überführen und auf Rationalisierung zu überprüfen. In der Berufsberatung wird dieser Prozess bereits aktuell vollzogen und mit den Professionsvertreter/inne/n ausgehandelt und verordnet.

Grundlagentheoretisch gilt aber bei aller Rationalisierung und Wissensoptimierung, dass die Verschränkung von Wissenschaft und Praxis im professionellen Handeln unhintergehbar ist. Die Angemessenheit muss immer neu über fallbezogene Reflexionen unter generellen, wissenschaftlichen Befunden zusammengeführt werden. Dabei benötigt auch dieses Vorgehen eine wissenschaftliche Analyse. Hinein wirken dann immer Paradoxien, denn menschlicher Eigensinn benötigt seine Freiheit, wenn sich Gesellschaft kreativ weiterentwickeln soll. D.h. sowohl die wissenschaftliche Grundlegung, der Umgang mit Nicht-Wissen, die Instrumentenentwicklung und Nutzung als auch die Deutungsanforderungen machen gleichwohl eine hohe Autonomie des professionell Handelnden nötig (Gieseke 2002; Nittel 2000). Im neuen Konzept geht es um ein neues Spannungsverhältnis von Professionalität als hoch bezahlte komplexe Tätigkeit und einem Interesse durch Rationalisierung, also durch mehr Instrumentennutzung, den professionellen Anteil zu minimieren. D.h. eine professionelle Tätigkeit ist permanent aufgefordert, sich selbst zu rationalisieren und die wissenschaftlichen Grundlagen zu erweitern. Für pädagogische Prozesse wird dieses aber so schnell nicht gelingen, da die pädagogischen Forschungsmethoden auch bedingt durch die Vagheit von pädagogischen Situationen nicht entsprechend entwickelt sind. Oevermann (1996) knüpft mit seinem strukturtheoretischen Ansatz an diese Vagheit der Situation und der im pädagogischen Prozess befindlichen Personen und die Prozesshaftigkeit von Lernen als individuelle Entwicklung an. Zentrale gesellschaftliche Werte verlangen hiernach eine professionelle Konstituierung des Handelns, um die Individuen vor Übergriffen und Autonomiegefährdung zu schützen. Für die EB/WB leuchtet dies heute mehr denn je ein. → Lebenslanges Lernen stellt erhöhte Anforderungen an ein flexibles Weiterbildungsverhalten. Komplexere Umorientierungen in der Biographie müssen bearbeitet werden. WB ist mit finanziellem Risiko und Verlust von Freizeit verbunden. Gleichzeitig haben sich die inhaltlichen Schwerpunkte ausdifferenziert, neue selbstständige Lernformen und auch virtuelle Lernorte konstituieren sich.

Literatur

Combe, A./Helsper, W.: Pädagogische Professionalität. Untersuchungen zum Typus pädagogischen Handelns. Frankfurt a.M. 1996 – Gieseke, W.: Was ist erwachsenenpädagogische Professionalität? In: Otto, H.-U./Rauschenbach, T./Vogel, P. (Hrsg.): Erziehungswissenschaft: Professionalität und Kompetenz. Opladen 2002 – Meuser, M.: Professionelles Handeln ohne Profession? In: Pfadenhauer, M. (Hrsg.): Professionelles Handeln. Wiesbaden 2005 – Mieg, H.A.: Professionalisierung. In: Rauner, F. (Hrsg.): Handbuch Berufsbildungsforschung. 2., aktual. Aufl. Bielefeld 2006 – Nittel, D.: Von der Mission zur Profession. Bielefeld 2000 – Oevermann, U.: Theoretische Skizze einer revidierten Theorie professionalisierten Handelns. In: Combe, A./Helsper, W.: Pädagogische Professionalität. Untersuchungen zum Typus pädagogischen Handelns. Frankfurt a.M. 1996 – Pfadenhauer, M.: Die Definition des Problems aus der Verwaltung der Lösung. In: Dies. (Hrsg.): Professionelles Handeln. Wiesbaden 2005

Wiltrud Gieseke

Programme

Bildungsp. sind mehr oder weniger umfangreiche Dokumente (die Spannbreite reicht von der buchähnlichen Broschüre bis zum Handzettel), die in Veranstaltungsankündigungen primär Auskunft über das jeweils geplante Bildungsangebot (→ Angebote) eines Anbieters und die Modalitäten einer Teilnahme geben. Eine immer größere Rolle spielen Varianten, die vollständig oder in verkürzter Form über das Internet verfügbar sind. Für die Adressaten von Bildungsangeboten bildet das P. einer → Einrichtung mit den Ankündigungen der geplanten Veranstaltungen als Leistungsversprechen eine wichtige Quelle der Information und der Entscheidungshilfe. Das P. ist nach wie vor das wichtigste Werbe- und Informationsmittel, das neue Teilnehmende gewinnen und die Institution repräsentieren soll (→ Marketing). Es hat deshalb immer wieder Versuche gegeben, dieses Mittel – vor allem im Bereich der → Volkshochschulen – zu vereinheitlichen und zu verbessern.

Bildungsp. stellen für Anbieter eine wichtige Planungs- und Realisierungsaufgabe dar, die zudem zur Legitimierung gegenüber Geldgebern und politisch Verantwortlichen eingesetzt werden kann. Um ein P. zu erstellen, bedarf es einer Balancierung zwischen dem festgestellten und vermuteten Bedarf, dem Bildungsanspruch der Institution und den personellen, räumlichen und finanziellen Ressourcen einer Einrichtung (→ Programmplanung). P. stellen somit auch einen Tätigkeitsnachweis dar, der unter verschiedenen Aspekten bewertet werden kann (Breite und/oder Tiefe des P., → Zielgruppen, Kooperationen, Kontinuität vs. Innovation u.ä.). Der Prozess der Programmplanung wird als eher indirekte Wechselwirkung zwischen Angebot und Nachfrage, als Antizipation von Teilnehmerbedürfnissen, als Marketingstrategie oder in Abgrenzung dazu als pädagogisches Programmplanungshandeln (Gieseke 2003) verstanden.

Neben dem unmittelbaren Nutzen für Adressaten und der Bedeutung als Marketing-Instrument geben

P., auch wenn ihnen lediglich das geplante, nicht das tatsächlich durchgeführte Angebot zu entnehmen ist, Aufschlüsse über Entwicklungen und können als Analysegegenstand verwendet werden. Das gilt insb. dann, wenn P. bzw. Programmteile mehrerer vergleichbarer Institutionen über einen größeren Zeitabschnitt vergleichend untersucht werden. Solche Untersuchungen werden von unterschiedlicher Seite mit unterschiedlichen Verfahren durchgeführt. Sie reichen von der Zusammenstellung kopierter Ankündigungstexte zu Kursen eines bestimmten Themenbereichs innerhalb einer Region über repräsentative Auswertungen im gesamten Bundesgebiet bis zur differenzierten qualitativen Analyse einzelner Ankündigungstexte oder Vorworte. Im Vordergrund steht das Interesse am Status quo und damit an den künftigen Aufgaben oder Entwicklungsmöglichkeiten des Angebots. Eher selten ist die Nutzung solcher Texte als Quellen, die Auskünfte über die Geschichte der EB enthalten bzw. zur Interpretation Anlass geben.

Von 1962 bis 2004 sammelte das → Deutsche Institut für Erwachsenenbildung bundesweit die P. von Volkshochschulen – ein Fundus, der zu zahlreichen kleineren und größeren Untersuchungen genutzt wurde und wird. Die Auswertungsmöglichkeiten reichen von der statistischen über die inhaltsanalytische bis zur hermeneutischen Text- und Bild-Analyse (Nolda/Pehl/Tietgens 1998). Programmanalysen als Beispiele von Dokumentenforschung können Aufschlüsse geben über den Stand und die Entwicklung von Bildungsangeboten und damit über Veränderungen des Weiterbildungssystems (Schlutz/Schrader 1997), über Möglichkeiten der Früherkennung und Steuerung, über die Selbstdarstellung von Anbietern und die Ansprache von Adressaten sowie über die jeweils zeittypische Konstruktion von Bildungsinhalten.

Während der Bereich der Volkshochschulen – auch über Einrichtungs- und Stadtarchive – gut zugänglich ist, stellt die Beschaffung von P. anderer Träger, vor allem auch der → betrieblichen Bildung, ein Problem dar. Hinzu kommt, dass die Entwicklung im Bereich der beruflich-betrieblichen Bildung weg vom festen P. und hin zu einem auf kurzfristige Bedarfe abzielenden Angebot geht. Auch die steigende Zahl von kleineren, lokal agierenden Bildungseinrichtungen sowie die Tendenz, Bildungsveranstaltungen für Erwachsene in Organisationen anzubieten, die Bildung nicht als Hauptzweck, sondern zusätzlich betreiben, erschwert die Materialsuche. Generell erfassen P. lediglich den Bereich der non-formalen und formalen EB, nicht aber den Bereich der informellen und die nach dem Agenturmodell arbeitende EB.

Angesichts der Verbreitung des Internet und der Europäisierung stellen die Archivierung von digitalisierten P. sowie die vergleichende Analyse von den deutschen Raum überschreitenden P. aktuelle Herausforderungen dar.

Literatur

Gieseke, W.: Programmplanungshandeln als Angleichungshandeln. In: Dies. (Hrsg.): Institutionelle Innensichten der Weiterbildung. Bielefeld 2003 – Käpplinger, B.: Programmanalysen und ihre Bedeutung für pädagogische Forschung. In: Forum Qualitative Sozialforschung, H. 1, 2008. URL: www.qualitative-research.net/index.php/fqs/article/view/333/727 (Stand: 15.11.2009) – Nolda, S.: Paradoxa von Programmanalysen. In: Gieseke, W. (Hrsg.): Institutionelle Innensichten der Weiterbildung. Bielefeld 2003 – Nolda, S./Pehl, K./Tietgens, H.: Programmanalysen. Programme der Erwachsenenbildung als Forschungsobjekte. Frankfurt a.M. 1998 – Schlutz, E./Schrader, J.: Systembeobachtung in der Weiterbildung. In: Zeitschrift für Pädagogik, H. 6, 1997

Sigrid Nolda

Programmplanung

Als P. wird die Vorbereitung und Auswertung des Veranstaltungs- und Leistungsangebots einer Bildungseinrichtung (→ Einrichtungen), aber auch das Herstellen des entsprechenden Publikationsorgans, des → Programms, bezeichnet. P. ist besonders angewiesen auf vorhandene oder aktivierbare Ressourcen, insb. des Fachwissens und der Vermittlungskompetenz, und muss eingebettet werden in Programmatik und Angebotspolitik. P. umfasst in weiten Teilen Kerntätigkeiten, die wissenschaftlich fundierbar sind (etwa durch Hintergrundwissen zu Bildungsbedarfen, Wissensverwendung, Lernen oder durch didaktische Modellannahmen, methodische Vorgehensweisen usw.); P. ist aber als ganze und zyklisch sich wiederholende Tätigkeit mindestens ebenso abhängig von individuellem Erfahrungswissen und institutionellem Gedächtnis. Nach einer bemerkenswerten wissenschaftlichen Aktivität in den 1970er und 1980er Jahren sind die empirischen und makro-didaktischen Publikationen zur P. allerdings seltener geworden.

Wiltrud Gieseke (2000) hat in empirischen Studien darauf aufmerksam gemacht, dass das tatsächliche

Programmplanungshandeln nicht schematisch und linear erfolgt, sondern im Wesentlichen kommunikativ und kooperativ bzw. vernetzt. Trotzdem sei P. nicht nur auf entsprechende Offenheit gegenüber der Umwelt angewiesen, sondern auch auf Instrumente und Entscheidungsstrategien. Als grundsätzliche Planungsstrategien der Programmentwicklung lassen sich Angebots- und Nachfrageorientierung unterscheiden. Idealiter wird bei der angebotsorientierten Planung ein vollständiges Programm mit konkreten Einzelangeboten vorgelegt, das nun den entsprechenden Bedarf wecken muss. Bei der nachfrageorientierten Planung liegt der → Bildungsbedarf schon vor und davon ausgehend wird erst das konkrete Angebot entwickelt. Das lässt diese Planungsstrategie im heutigen Praxisdiskurs effizienter erscheinen. Eine solche Wirksamkeit setzt aber eine relativ aufwändige Bedarfserschließung und wenig standardisierte Angebotsgestaltung voraus und ist wohl nur in Kooperation mit institutionellen oder kollektiven Auftraggebern und Nutzenden zu erreichen. Im Hinblick auf eine breite Ansprache individueller (anonymer) Nutzer können Angebotsvorgaben oder Probeangebote, wenn sie auf erfahrungsgesättigten Bedarfshypothesen beruhen, effizienter sein. Die Wahl einer solchen Strategie muss folglich von der Art der Nutzenden und ihrer „vorherigen" Erreichbarkeit abhängig gemacht werden.
Von der P. kann man die Angebotsentwicklung unterscheiden, mit den Schritten fachlich-didaktische Konzeptionierung, Realisierung, Evaluierung und Verbesserung einer einzelnen Maßnahme oder Leistung, die sich in das Programm einfügt. Dem Bildungsangebot liegt in der Regel eine schriftlich fixierte Konzeption („service design") zugrunde, die Strukturentscheidungen und wünschenswerten Realisierungsverlauf enthält. Die Entscheidungen über die Struktur des Angebots können – in Kenntnis der fachlichen Notwendigkeiten – mithilfe eines didaktischen Modells der Angebotsentwicklung getroffen werden (etwa mit den Strukturaspekten: Lebens- und Verwendungssituation; Zielgruppe/Bedarf; Lernziele/-anforderungen; Inhalte; Organisationsform/Methoden; Lernort/Medien). Die Konzeption muss dann auf ihre Tragfähigkeit hin geprüft werden, d.h. auf ihre Qualität (Begründung, innere Stimmigkeit), ihre Realisierbarkeit (Ressourcen- und Gestaltungs-Erfordernisse), den geprüften oder vermuteten Bedarf sowie ihren Beitrag zu Programmpolitik und -profil.
Spätestens hier muss die einzelne Angebotsentwicklung wieder in die übergreifende P. und die damit verbundene Angebotspolitik einmünden. Diese legt fest, ob die Basisstrategie eher auf Expansion oder Konsolidierung angelegt ist, und welche Angebotspalette den Adressaten zur Verfügung gestellt werden soll: um ihnen einen größeren Nutzen zu verschaffen, das eigene Profil zu schärfen oder einen Wettbewerbsvorteil zu erzielen (z.B. durch Kostensenkung, Nischenpflege oder Angebotsdifferenzierung). Vor dem Hintergrund einer solchen Angebotspolitik beginnt die P. relativ früh mit der quantitativen (Realisierungsquote, Ertrag) und qualitativen Überprüfung bisheriger Programme. Dabei wird auch über die Fortführung der Angebote entschieden mit den Möglichkeiten: Beibehaltung, Eliminierung, Modifikation und Programmerweiterung/-innovation.
Je nach Größe der Einrichtung und je nach der Personenzahl, die an den Entscheidungen beteiligt werden sollen, stellt P. besondere Anforderungen an das Zeit- und Kommunikationsmanagement. Dazu kann die Verabredung bestimmter Phasen bzw. Kommunikationsstationen sinnvoll sein, etwa:

- Rahmenplanung in größeren Abständen (Voraussetzungen, Bildungs- und Programmziele, mittelfristige Angebotspolitik),
- Grobplanung des nächsten Programms (Auswertungsergebnisse bisheriger Programme, zukünftiger quantitativer Rahmen, inhaltliche Schwerpunkte)
- Feinplanung (jedes einzelnen Angebots, gemeinsame Verabschiedung des Gesamtangebots).

Literatur
Arnold, R./Wiegerling, H.-J.: Programmplanung in der Weiterbildung. Frankfurt a.M. 1983 – Gieseke, W. (Hrsg.): Programmplanung als Bildungsmanagement? Qualitative Studie in Perspektivverschränkung. Recklinghausen 2000 – Schlutz, E.: Bildungsdienstleistungen und Angebotsentwicklung. Münster 2006

Erhard Schlutz

Projektlernen

Unter P. wird eine Organisationsform des institutionalisierten → Lernens verstanden, die dem Lernenden Mit- und Selbstbestimmung ermöglicht; dies tut er bei der Wahl der Inhalte und Seminarthemen, bei der Festlegung der Kursziele, bei der Bestimmung der → Methoden, bei der Durchführung, Erarbeitung und → Problemlösung (Problemlösungslernen) der Projektaufgabe sowie bei der Beurteilung der geleisteten Arbeit. Die sog. „Projektmethode" geht in ihrer pädagogischen Grundlegung auf den amerikanischen Philosophen J. Dewey (1859–1952) zurück. Sein auf den Pragmatismus begründeter Projektbegriff stellt die Bedeutung zielgerichteten, gemeinschaftlichen Handelns an lebenswirklichen Situationen heraus. Durch das gemeinschaftliche Tun sollte nicht nur Demokratie geübt, sondern auch weiterentwickelt werden. Im Mittelpunkt seiner Projektidee steht die → Erfahrung in Form des Ausprobierens oder des Versuchs („learning by doing"). Solche Erfahrungen seien nach Dewey kein passives Erleben, sondern bedingten eine konflikthafte, in sich unabgeschlossene Situation, die auf Veränderung angelegt sei und damit die Lernenden zum selbstständigen Lernen und zu verändertem Handeln herausforderten.

In Deutschland fand der Projektgedanke vor allem zur Zeit der Reformpädagogik seine Verbreitung. Namen, die damit in Verbindung stehen sind z.B. Hugo Gaudig, Adolf Reichwein, Peter Petersen, Georg Kerschensteiner oder Maria Montessori. Eine Innovation erfuhr er in den 1960er und 1970er Jahren im schulischen Bereich im Zuge der Forderung nach offenem → Unterricht. Aufgrund der Diskussion um → Schlüsselqualifikationen in den vergangenen Jahren wird dem P. als Möglichkeit der erweiterten Kompetenzentwicklung im Rahmen handlungsorientierter Lehr-Lernkonzepte eine herausragende Bedeutung zuerkannt. Neben betrieblicher Aus- und Weiterbildung (z.B. Übungsfirmen) finden sich Formen des P. auch in der allgemeinen EB (z.B. Projekte zum → biographischen Lernen im Rahmen von stadtteilbezogenen oder historischen Erkundungen). Menschen lernen in Projekten, aber auch außerhalb institutionalisierter Lernkontexte (→ informelles Lernen), z.B. innerhalb der neuen sozialen Bewegungen, deren Mitglieder sich u.a. Umweltschutzprojekten widmen und sich dadurch neues → Wissen selbstorganisiert aneignen. Durch das Wachstum der Informations- und Kommunikationstechnologien seit Ende der 1990er Jahre und einem damit verbundenen zunehmenden Einsatz Neuer → Medien in Lehr-Lernprozessen und deren Gestaltung (→ E-Learning) erfährt das P. eine stärkere Verbreitung und Innovierung. So erlauben webbasierte Lernplattformen mit Elementen, wie Foren, Wikis oder Videokonferenzen, den Teilnehmenden, zeitlich und/oder örtlich unabhängig voneinander an Projekten zu arbeiten (Thurnes 2005). Allerdings wird in diesem Kontext vieles als P. tituliert, ohne tatsächlich ein „echtes" Projekt zum Gegenstand des Lernens zu machen. Folgende Aspekte kennzeichnen zusammenfassend das P.:

- Bedürfnisbezogenheit/→Teilnehmerorientierung: Die Interessen und Bedürfnisse der Lernenden bestimmen die Auswahl des Projektthemas.
- Situationsbezogenheit: Das Projekt bezieht sich auf eine tatsächliche, für die Lernenden erfahrbare und aktuelle Situation.
- Interdisziplinarität: Die komplexe Struktur der Projektthemen erfordert die überfachliche bzw. von verschiedenen fachlichen Aspekten ausgehende Bearbeitung (Prinzip der Ganzheitlichkeit).
- → Selbstorganisation des Lehr-Lernprozesses durch die Lernenden einschließlich der Beurteilung des Verlaufs und des Ergebnisses unter Begleitung eines Lernenden.
- Produkt- und → Handlungsorientierung: Das Projekt zielt auf die Herstellung eines „Werks" ab, z.B. eine Aufführung oder Ausstellung, wobei über den Herstellungsprozess eine Verbindung von Denken und Handeln sowie Theorie und Praxis vollzogen werden soll.
- Kollektive Realisierung: Alle Mitglieder einer Lerngruppe tragen verantwortlich durch Bearbeitung bestimmter zugeteilter bzw. übernommener Aufgaben zum Gelingen des Projekts bei.
- Gesellschaftliche Relevanz: Damit soll die Bedeutsamkeit des Projekts durch Orientierung an aktuellen Ereignissen unterstrichen werden.

Zu berücksichtigen ist allerdings, dass das P. sowohl an Lehrende, die Lernenden als auch die Lernumgebung spezifische Voraussetzungen stellt. Die Lehrenden treten im Lernprozess zurück, verhalten sich eher informierend, beratend, anregend, kooperierend und koordinierend, während entsprechend bei der Lerngruppe Selbstständigkeit und Selbsttätigkeit (→ Selbstorganisation – Selbststeuerung) zunehmen. Voraussetzung dafür ist, dass die Lernenden mit und ohne Hilfe anderer aktiv werden und sich selbst motivieren, sich ihrer eigenen Lernbedürfnisse bewusst werden, ihre eigenen Lernziele festlegen, die benötigten Ressourcen und Materialien bestimmen, eine angemessene Lernstrategie auswählen, durchführen und nach Bedarf regulieren sowie das Lernergebnis evaluieren, was insgesamt ein hohes Maß an Problemlösungswissen (Metakognition) erfordert. Die institutionellen Rahmenbedingungen müssen Kooperationsmöglichkeiten innerhalb und außerhalb der → Institution gewährleisten sowie einen passenden Zeitrahmen zur Erarbeitung der Projekte zur Verfügung stellen. P. im Sinne teilnehmerorientierten und handlungsorientierten Lernens trägt damit als didaktisches Prinzip derzeitigen Anforderungen an selbstständiges, flexibles Arbeiten mit dispositiven Aufgaben und der eigenständigen Bewältigung unsicherer Lebenssituationen in besonderem Maße Rechnung.

Literatur

Frey, K.: Die Projektmethode. 8. Aufl. Weinheim 1998 – Jäger, O.: Projektwoche. Möglichkeiten für eine humane Schule und Gesellschaft. Neuwied u.a. 1998 – Kaiser, F.-J.: Projekt. In: Gunter, O./Schulz, W.: Methoden und Medien der Erziehung und des Unterrichts. Enzyklopädie Erziehungswissenschaften, Bd. 4. Stuttgart 1985 – Hongler, H./Willener, A.: Die Projektmethode in der soziokulturellen Animation. Luzern 1998 – Thurnes, C.M.: Online-Rollenspiele in der technischen Ausbildung. Konstruktion und Potenziale der Integration von multimedial gestützten Plan- und Rollenspielen. In: Lehmann, B./Bloh, E. (Hrsg.): Online-Pädagogik, Bd. 3: Referenzmodelle und Praxisbeispiele. Baltmannsweiler 2005

Ingeborg Schüßler

Qualifikation

Der Begriff Q. ist ein Produkt der „realistischen Wende“ der Erwachsenenpädagogik der 1960er und 1970er Jahre. Er löste den eher auf das Subjekt und seine Potenzialentwicklung gerichteten Begriff → „Bildung“ ab und drückt demgegenüber eine „verstärkte Orientierung auf ökonomischen und gesellschaftlichen Bedarf“ aus. So formulierte Martin Baethge in einem der wegweisenden Artikel aus dieser Zeit: „War für das klassische Konzept von Bildung, wie es für die deutsche Gesellschaft und ihre Bildungsinstitutionen im Neuhumanismus entwickelt und politisch durchgesetzt worden ist, ein Persönlichkeitsideal konstitutiv, so kennzeichnet den Begriff der Qualifikation seine Bezogenheit auf gesellschaftliche Arbeit“ (Baethge 1974).
Mit diesem gewandelten Bildungsdenken veränderte sich auch die EB. Sie wandelte sich zur WB, zu einem Begriff also, mit dem der Deutsche Bildungsrat in seinem „Strukturplan für das Bildungswesen“ nicht nur die Notwendigkeit einer lebenslangen WB markierte, sondern auch eine deutlichere Ausrichtung des Erwachsenenlernens an den tatsächlichen beruflichen Handlungsanforderungen in der modernen Gesellschaft in den Blick nahm: „Immer mehr Menschen müssen durch organisiertes Weiterlernen neue Kenntnisse, Fertigkeiten und Fähigkeiten erwerben können, um den wachsenden und wechselnden beruflichen und gesellschaftlichen Anforderungen gerecht zu werden“ (Deutscher Bildungsrat 1970). Bei einer genaueren Begriffsanalyse stellt man fest, dass der Qualifikationsbegriff einerseits enger ausgerichtet ist als der traditionelle Bildungsbegriff, da er nicht universell kulturorientiert, sondern arbeitsorientiert ist. Andererseits ist er aber auch weiter gefasst als die überlieferten berufspädagogischen Begriffe wie „Fähigkeiten“ oder „Fertigkeiten“. Q. stellt sich dabei als eine zukunfts- und anforderungsbezogene Kategorie dar, die insofern auch als Ausdruck einer realistischen Wende in der EB angesehen werden kann, als mit dieser die curriculumstrategische Perspektive verbunden war, Q. „zur Bewältigung späterer Lebenssituationen“ (Robinsohn 1972) zu vermitteln.
Neben dieser curriculumtheoretischen Relevanz des Qualifikationsbegriffs kommt ihm auch noch eine berufstheoretische Bedeutung zu: „Der Beruf liefert eine überbetriebliche, universelle Codierung von Qualifikation, erlaubt also eine Verständigung über Kompetenzen und sozialen Status – unabhängig von den jeweiligen betriebsspezifischen Anforderungen“ (Georg/Sattel 2006). Q. konstituiert somit Berufe bzw. berufliche Handlungskompetenzen. Deshalb ist die Frage nach der Qualifikationsorientierung des Erwachsenenlernens auch eng mit der Frage nach der Zukunft der Beruflichkeit in den modernen Gesellschaften verknüpft. Strittig ist, ob sich die Arbeitswelt „entberuflicht“, d.h. zukünftig nur noch Arbeitskräfte mit rasch veraltenden und ständig zu erneuernden Wegwerf-Q. benötigt, oder ob sich gar eine „neue Beruflichkeit“ im Sinne einer zunehmenden Nachfrage nach hoch qualifizierten Arbeitskräften entwickelt. Neuere industrie- und arbeitsmarktsoziologische Studien nähren den Eindruck, dass zwar das Qualifikationsniveau im Beschäftigungssystem deutlich steigt, während sich gleichzeitig der Anteil derer, die dauerhaft vom Arbeitsmarkt ausgegrenzt oder auf labile Beschäftigungsmöglichkeiten abgedrängt werden, erhöht.
Unübersehbar findet diese Qualifikationsstrukturentwicklung auch ihren Ausdruck in einer deutlich gestiegenen Weiterbildungsbereitschaft (→ Weiterbildungsbeteiligung) der Bevölkerung. Diese hat seit Mitte der 1980er Jahre, dem Auftakt der von der Bundesregierung proklamierten „Qualifizierungsoffensive“, eine kontinuierliche Steigerung erfahren. Dabei liegt die Steigerungsrate der beruflichen WB dabei deutlich über der der allgemeinen und politischen WB. Eine starke Expansion erfuhr dabei die betriebliche WB; Betriebe haben ihre diesbezüglichen Angebote deutlich ausgeweitet, wobei arbeitsplatzbezogene bzw. arbeitsplatznahe Qualifizierungsansätze immer stärker bevorzugt werden. Im Zusammenhang mit technologischen und arbeitsorganisatorischen Wandlungen haben sich die Qualifikationsanforderungen seit Mitte der 1980er Jahre auch inhaltlich grundlegend gewandelt. Dabei wurde auch der eng arbeits- und unmittelbar verwendungsorientierte Qualifikationsbegriff der 1970er Jahre gesprengt. Es wurde deutlich, dass modernisierte Facharbeit in zunehmenden Bereichen mehr voraussetzt als den „Besitz“ spezialisierter Fachq. Neben das „Know-how“ müssen immer stärker das „know how to know“ sowie die Fähigkeit zur selbstständigen Problemlösung und zur Kooperation treten. Zwar wurde bereits in den 1970er Jahren verschiedentlich auf die Bedeutung „extrafunktionaler“ (Dahrendorf 1956) oder „prozessübergreifender“ Q. (Kern/Schumann 1984) hingewiesen, doch erst die 1980er und 1990er Jahre brachten die Erweiterung der qualifikationsorientierten Berufsbildung in Richtung auf → Schlüsselqualifikationen und Kompetenzentwicklung.

Dabei wurde auch deutlich, dass diese Entwicklung („von der Arbeits- zur Kompetenzorientierung") auch mit einer gewandelten Didaktik der beruflichen Ausbildung und WB einhergehen muss. Da Ansprüche, wie „Schlüsselqualifizierung" oder die Befähigung zum „selbstständigen Planen, Durchführen und Kontrollieren", nicht „machbar" sind, müssen Lernarrangements geschaffen und Lernmethoden eingesetzt werden, die die Entstehung solcher → Kompetenzen ermöglichen. Plädiert wird neuerdings für eine Ablösung des Qualifikationsbegriffs durch den Kompetenzbegriff, wobei in der Debatte immer wieder folgende Argumente genannt werden:

- Kompetenz ist subjektbezogen, während Q. sich auf die Erfüllung konkreter Nachfragen bzw. Anforderungen beschränkt.
- Während Q. auf unmittelbare tätigkeitsbezogene Kenntnisse, Fähigkeiten und Fertigkeiten verengt ist, bezieht sich Kompetenz auf die ganze Person, verfolgt also einen „ganzheitlichen" Anspruch.
- Kompetenz beinhaltet Selbstorganisationsfähigkeit, während Q. immer auf die Erfüllung vorgegebener Zwecke gerichtet – also fremdorganisiert – ist.
- Kompetenzlernen öffnet das sachverhaltszentrierte Lernen gegenüber den Notwendigkeiten einer Wertevermittlung. Während Q. auf die Elemente individueller Fähigkeiten bezogen ist, die rechtsförmig zertifiziert werden können, umfasst der Kompetenzbegriff die Vielfalt der prinzipiell unbegrenzten individuellen Handlungsdispositionen.

Diese Entwicklung vom Qualifikationslernen (Vermittlung verwertbarer Fähigkeiten und Fertigkeiten) zum Kompetenzlernen (Förderung umfassender Handlungskompetenzen) rückt die berufliche Ausbildung und WB in eine große Nähe zur Bildung. Indem das berufsorientierte Lernen die umfassende Förderung von Persönlichkeit in das Zentrum ihrer Zielsetzung rückt, intendiert sie strukturell Ähnliches (z.B. Humboldts „proportionierliche Ausbildung aller Kräfte").

Die Parallelität von genuin pädagogischer und ökonomischer Intentionalität sprengt auch die überlieferten Denk- und Diskussionsmuster der Pädagogik. Diese war es gewohnt, den Bereich des Ökonomischen als einen allein auf die Verzweckung des Menschen gerichteten Sektor wahrzunehmen, und eines ihrer kritischen Hauptanliegen war es deshalb, vorgetragene Bildungsansprüche der Wirtschaft zu enttarnen und ihren eigentlich funktionalistischen Kern sichtbar werden zu lassen. Dieser Gestus der Debatte gerät heute an seine Grenzen, weil deutlich wird, dass die funktionalistischen Intentionen der Betriebe (Selbstständigkeit, Problemlösungsfähigkeit usw.) häufig nur realisiert werden können, wenn die Subjekte dabei gleichzeitig Kompetenzen entwickeln können, von denen sie auch als Subjekte „profitieren" (Sozial- und Methodenkompetenz, Reflexionsfähigkeit usw.). Die Weiterung des Qualifikations- zum Kompetenzlernen geht somit mit einer Funktionssymbiose einher, für deren theoretisch angemessene Würdigung die Erwachsenenpädagogik überlieferte Denkformen und Diskussionsschemata erst noch überwinden muss.

Literatur

Baethge, M.: Qualifikation – Qualifikationsstruktur. In: Wulf, C. (Hrsg.): Wörterbuch der Erziehung. München/Zürich 1974 – Dahrendorf. R.: Industrielle Fertigkeiten und soziale Schichtung. In: Kölner Zeitschrift für Soziologie und Sozialpsychologie, H. 8, 1956 – Deutscher Bildungsrat (Hrsg.): Empfehlungen der Bildungskommission. Strukturplan für das Bildungswesen. Bonn 1970 – Georg, W./Sattel, U.: Arbeitsmarkt, Beschäftigungssystem und Berufsbildung. In: Arnold, R./Lipsmeier, A. (Hrsg.): Handbuch der Berufsbildung. 2., überarb. Aufl. Opladen 2006 – Kern, H./Schumann, M.: Das Ende der Arbeitsteilung. Rationalisierung in der industriellen Produktion. München 1984 – Raumer, F. (Hrsg.): Handbuch Berufsbildungsforschung. Bielefeld 2005 – Robinsohn, S.B.: Bildungsreform als Revision des Curriculum. Neuwied 1972

Rolf Arnold

Qualitätsentwicklung

QE ist aus der industriell geprägten Qualitätssicherung entstanden. Qualitätssicherung stand hier zunächst für die Durchsetzung von Organisationsstandards und Einhaltung einmal formulierter Qualitätsziele in Form von Normungen. Im Laufe der Qualitätsmanagementdebatte wurde der Sicherungsaspekt jedoch zunehmend durch ein entwicklungsorientiertes Verständnis von Qualität abgelöst. In der Bildungsbranche hat sich der Begriff der QE und im Anschluss daran der Begriff des → Qualitätsmanagement (QM) durchgesetzt. QE und QM werden auch synonym verwendet. Beide Begriffe verweisen auf den gestaltbaren und veränderbaren Aspekt von Qualität. Eine Unterscheidung könnte darin gesehen werden, dass sich QE auf jede Art von geplanten Maßnahmen bezieht, die Veränderungen und Ent-

wicklungen in einer → Organisation bewirken und dafür ein bestimmtes Vorgehen wählen. QM hingegen zielt als Begriff auf ein Vorgehen, das sich an dafür vorgesehene Managementmodelle bindet.
QE wird in der EB/WB als Leitdiskurs verstanden. Qualität steht in diesem Diskurs für semantisch „gut", ohne dass damit feststehende Anforderungen verbunden sind. Ganz allgemein steht QE im Bildungskontext für das Anliegen, die vielfältigen Arbeiten im Alltag „gut" zu machen. Das bedeutet, die einzelnen Aspekte der Arbeit aufeinander zu beziehen, sie miteinander zu verknüpfen und auch ihre Wirksamkeit zu überprüfen. Die Zielperspektiven von QE haben daher in der WB eine große konzeptionelle und theoretische Verknüpfung mit der Intention und den Herangehensweisen von Evaluation.
QE ist im Bildungsalltag ein kontinuierlicher, den Arbeitsalltag begleitender Prozess. Denn QE zielt nicht nur auf die Festlegung, sondern eben auch auf die Entwicklungsfähigkeit von Zielen und Anforderungen. QE versteht sich damit auch als Instrument der → Organisationsentwicklung. QE fordert eine Organisation dazu auf, sich intern und extern darüber zu verständigen, welche konkreten und zukünftigen Ziele angestrebt und welche Standards erreicht werden sollen. Es geht darum, die vereinbarten Ziele zu operationalisieren und sie in konkrete Handlungsschritte umzusetzen und perspektivisch überprüfen zu können.
Auf einer übergeordneten und sehr verallgemeinernden Ebene kann Qualität vor diesem Hintergrund als die Erfüllung von Anforderungen und Erwartungen verstanden werden. QE ist demnach die (Weiter-)Entwicklung dieser Anforderungen und Erwartungen mit dem Anspruch, diese Entwicklungen regelgeleitet und systematisch umzusetzen. Im Bildungskontext verbindet sich damit der Gedanke, dass die damit einhergehenden Entwicklungsprozesse von möglichst vielen Mitarbeiter/innen einer Organisation getragen werden. Wichtig ist daher der Hinweis, dass eine gelungene QE von Kooperation und Kommunikation der Mitarbeitender/innen und der Einhaltung von Vereinbarungen lebt.
Aus einer professionstheoretischen Perspektive betrachtet geht es bei der QE von Bildungsdienstleistungen um die Entwicklung der Lern- und Bildungschancen von Teilnehmenden und Adressaten, also um die Organisation der Organisation von Bildungs- und Lernerfahrungen. Diese Perspektive verweist einmal mehr darauf, dass der Qualitätsbegriff und die damit verbundenen Inhalte, subjekt-, situations- und kontextbezogen sind. Ziele und Maßnahmen der QE sind beispielsweise an Theoriediskussionen und Befunde über das Lehren und Lernen einerseits sowie andererseits an die Rahmenbedingungen von Bildung gebunden. Qualitätsfragen in der EB/WB berühren deshalb immer drei Ebenen zugleich: die mikrodidaktische Ebene des Lernens und Lehrens, die Organisationsebene sowie die Systemebene (ordnungspolitische Steuerungen und Rahmungen).
Für Pädagog/inn/en sind Fragen nach der Qualität pädagogischer Arbeit nicht neu. Vielmehr gehört es zur pädagogischen Tradition, sich mit professionsbezogenem Wissen und Handeln, mit Blick auf deren Qualitätsgehalt, auseinanderzusetzen und eine Verbesserung im Sinne einer Weiterentwicklung anzustreben. Der Qualitätsdiskurs in der WB steht daher in engem Zusammenhang mit der Professionalisierungsdebatte. Neu für pädagogische Arbeitsfelder war im Zuge der Qualitätsentwicklungsdebatte jedoch die Intensivierung der Frage nach der Operationalisier- und Überprüfbarkeit erwachsenpädagogischen Wissens und Handelns.
Abschließend ist festzuhalten, dass sich im Alltag der Bildungseinrichtungen die Maßnahmen zur QE oft untrennbar mit den Verfahren des QM verbinden. QE wird daher, analog zu den Diskussionen im Bereich des QM, als möglicher Teil von Organisationsentwicklungsprozessen diskutiert. Ziel beider Ansätze ist es, Entwicklungsprozesse als Lernprozesse von Organisationen (Organisationslernen) anzustoßen und umzusetzen.

Literatur
Arnold, R.: Qualitätsentwicklung in der Erwachsenenbildung. Opladen 1997 – Behrmann, D./Schwarz, B. (Hrsg.): Integratives Qualitätsmanagement. Perspektiven der Praxis der Organisations- und Qualitätsentwicklung in der Weiterbildung. Bielefeld 2006 – Nötzold, W.: Werkbuch Qualitätsentwicklung. Bielefeld 2002

Barbara Veltjens

Qualitätsmanagement

QM ist hervorgegangen aus der → Qualitätsentwicklung (QE), die wiederum eine Weiterentwicklung des Gedankens der Qualitätssicherung ist. Die Philosophie des QM kommt aus der Industrie und ist eine Bezeichnung für alle organisationsbezogenen Maßnahmen, die der Entwicklung und Verbesserung von Produkten und Dienstleistungen jeder Art dienen. In den Produktionsbetrieben der Wirtschaft bemühte man sich etwa ab 1900 um die Standardisierung von Verfahren zur Verbesserung der organisationalen Prozess- und Produktqualität, zunächst vor allem im asiatischen und angelsächsischen Raum. Prozesse bilden Arbeitsabläufe und deren Verfahrensweisen ab. Ein Verfahren wiederum ist die Bezeichnung für die Beschreibung und Festlegung der Art und Weise, einen Arbeitsprozess bzw. eine Tätigkeit auszuführen.

Qualitätsmanagementverfahren sehen vor, dass die Festlegung eines Verfahrens lückenlos und regelmäßig mit einem dazugehörigen Nachweisdokument belegt werden muss. Die Managementverfahren sind in ihrer Intention daher als ein genormter Rahmen zu verstehen, der Organisationen anleitet, ihre Prozesse, Verfahren und Ergebnisse systematisch darzustellen und nachzuweisen.

Als Begründer des industriellen Qualitätsmanagementgedankens gelten W. Edward Demning und Walter E. Shewhart. Auf den von Demning entwickelten „Plan-Do-Check-Act-Zyklus" bauen letztendlich bis heute alle Managementverfahren auf. Dabei geht es immer um das gleiche Prinzip: Die Schrittfolgen des Planens („plan"), Lenkens („do"), Sicherns und Überprüfens („check") und Verbesserns („act") gehen in einem sich abwechselnden, zirkulären Qualitätskreislauf ineinander über. In der Industrie wird damit das Ziel der Null-Fehler-Produktion oder auch des „Total Quality Management" (TQM) verbunden.

Der Durchbruch für die Qualitätsphilosophie und die Managementverfahren gelang den industriellen Verfahren mit dem ISO-Qualitätsmanagementmodell (International Organization for Standards), das 1947 in der Schweiz begründet wurde. Das ISO-Verfahren richtete sich zu Beginn aber im Wesentlichen auf den Gedanken der Qualitätssicherung. Erst im Laufe der wachsenden Bedeutung von QM, auch über die industriellen Produktionsbetriebe hinaus, etablierte sich der Gedanke der QE. Damit rückte die Gestaltbarkeit von Qualität in den Vordergrund. Ab den 1970er Jahren formierte sich dann ein als rasant zu bezeichnender Bedeutungszuwachs von QM auch für die WB. Standen im Kontext der Bildungsorganisationen hinsichtlich der Entwicklung „guter Qualität" bis zu diesem Zeitpunkt die Evaluationsverfahren und -herangehensweisen im Zentrum der Aufmerksamkeit, rückten jetzt die Managementmodelle in den Blickpunkt. Damit einher ging eine Verschiebung der Aufmerksamkeit hinsichtlich der Steuerung von Weiterbildungsorganisationen. Standen zuvor pädagogische Perspektiven im Mittelpunkt des Interesses, wurden organisationsbezogene Fragestellungen, auch verstärkt durch die Managementdiskussion, zum Ausgangspunkt des Handelns in Weiterbildungsorganisationen.

Die zeitgleich vollzogene „realistische Wende" in der WB bewirkte eine zusätzliche Ausrichtung der Bildungsorganisationen auf Fragen der Wirtschaftlichkeit und organisationalen Steuerbarkeit. Trotzdem wurde das auf Standardisierung und die Optimierung der Prozesse und Verfahren ausgerichtete ISO-Modell in der WB zunächst kontrovers und eher ablehnend diskutiert. Vor allem wurde angezweifelt, dass ein auf die Prozesse einer Produktion ausgelegtes Verfahren relevant sein könnte für die QE von Bildungsdienstleistungen. Besonders hervorgehoben wird in dieser Diskussion, dass die Erstellung von Bildungsdienstleistungen eine Besonderheit hat: Lernen ist letztendlich nicht lehrbar. Lernen und Bildung sind ein Aneignungsprozess. Das hat zur Folge, dass die Lernenden selbst für ihr Bildungsprodukt verantwortlich sind. In diesem Zusammenhang wird von der Paradoxie der organisationalen QE gesprochen, da die Endprodukte von Bildungsdienstleistungen, die Lern- und Bildungsereignisse, nur bedingt in die Reichweite der Organisationen fallen. Die Lernenden steuern die Lern- und Bildungsprozesse vielmehr maßgeblich selbst. QM im Bildungsbereich kann sich daher im Kern nur auf die Organisation der Ermöglichungsbedingungen beziehen, auf die den Lernprozess umschließenden Faktoren. QM im Bildungsbereich richtet sich damit auf die Organisation der Organisation selbst, und nicht auf die je individuellen Lernprozesse, hier im Sinne eines Produkts.

In den 1980er und 1990er Jahren stand in der Bildungsbranche als Alternative zum ISO- zunächst das EFQM-Modell (European Foundation for Quality Management) im Vordergrund. Dieses Modell zeichnet sich dadurch aus, dass es verstärkt auf Selbstevaluation setzt und größere Spielräume hinsichtlich der zu erfüllenden und konkret formulierten Anforderungen lässt. Seit Mitte der 1990er Jahre sind zunehmend Modelle zu verzeichnen, die aus der WB für die WB entwickelt wurden und die für sich in Anspruch nehmen, den Bedarfen des Bildungssektors in besonderer Weise zu entsprechen. Diese Anforderungen beziehen sich beispielsweise auf Fragen der Teilnehmerorientierung, der Lehr-Lernprozesse, der spezifischen Fragen des Marketings, oder auch der Bildung von pädagogisch orientierten Kennzahlen. Bedingt durch eine föderale ordnungspolitische Steuerung konnte sich seit dem Jahr 2000 eine Vielzahl von Qualitätsmanagementmodellen auf dem Markt präsentieren. Der Entwicklungsstand der Modelle ist unterschiedlich. Modellübergreifend greifen die Verfahren aber auf den oben bereits beschriebenen Qualitätszyklus zurück und verbinden damit die Kernsteuerungsprozesse von Organisationen. Auf einer übergeordneten Ebene sind dies die organisationsrelevanten Bereiche der „Finanzen", „Kunden", „internen Prozesse" und „Entwicklung" (vgl. hierzu das Balanced-Scorecard-Modell). Den Organisationsbereichen werden Anforderungen zugeordnet, die dann je nach Managementmodell mit mehr oder weniger detaillierten Indikatoren unterlegt sind. Für die Umsetzung der Qualitätsmanagementverfahren wird die gängige Kombination von Selbstevaluation und Fremdevaluation gewählt. Damit wird den Einrichtungen ein individueller Spielraum zur einrichtungsspezifischen Justierung geboten. Gleichzeitig sind bestimmte Anforderungen zu erfüllen, deren Einhaltung auch von außen kontrolliert wird. Diese Herangehensweise schafft Raum und Rahmen für individuelle Ziele und Handlungsabläufe, die sich institutionell entwickeln und sich in den Strukturen der Organisationen manifestieren sollen. Zertifikate und Testierungen sollen kontrollierende Prüfanteile mit einer prozessorientierten Entwicklungsmöglichkeit für die Einrichtungen verbinden.

Im Bildungssektor wird QM zunehmend als Instrument der Organisationsentwicklung und aus der Perspektive der WB als Instrument lernender Organisationen diskutiert und interpretiert. Die Ansätze von QE, QM und Organisationslernen weisen eine konzeptionelle Verbindung auf. Alle drei Systeme sind wissensbasierte Steuerungsinstrumente, die formal strukturiert und institutionalisiert sind und regel- und methodengestützte Handlungsprozesse anleiten. QM heute steht daher für die Idee, kontinuierliche Lernprozesse in und von Organisationen zu initiieren und damit das Organisationslernen zu fördern.

Der generelle und produktive Nutzen von QM kann darin gesehen werden, dass verbindliche Regeln und Anforderungen definiert, umgesetzt und deren Einhaltung kontrolliert werden. Die Anwendung von QM leitet Einrichtungen neben der Erfüllung vorgegebener Anforderungen dazu an, ihre Vorstellung von Qualität zu definieren. Das allein macht jedoch keine „gute" Qualität aus. Eine erfolgreiche und für Organisationen gewinnbringende Umsetzung von QM braucht ein in der Organisation verankertes Qualitätsbewusstsein. Dieses Qualitätsbewusstsein muss vonseiten des Organisationsmanagements bzw. der Leitung getragen, aber in der Folge von allen Mitarbeitenden gelebt werden. Gerade für den Bildungssektor muss davon ausgegangen werden, dass nur eine umfassende und alle Organisationsmitglieder betreffende Qualitätskultur zu einer nachhaltigen Weiterentwicklung von Bildungsorganisationen führt.

Literatur

Behrmann, D./Schwarz, B. (Hrsg.): Integratives Qualitätsmanagement. Perspektiven der Praxis der Organisations- und Qualitätsentwicklung in der Weiterbildung. Bielefeld 2006 – Dollhausen, K./Nuissl, E. (Hrsg.): Bildungseinrichtungen als „lernende Organisationen". Wiesbaden 2007 – Hartz, S./Meisel, K.: Qualitätsmanagement. Bielefeld 2004

Barbara Veltjens

Rechtsformen

Um einen gesellschaftlich anerkannten Bildungsauftrag erfüllen zu können, bedürfen Weiterbildungseinrichtungen einer R. Die R. ist selbst gesetzlich geregelt (z.B. nach BGB, HGB). Sie bestimmt die gesetzlichen Rahmenbedingungen einer Einrichtung. Im juristischen Sinn gelten Einrichtungen jeglicher R. als Unternehmen. Der Unternehmensbegriff bezeichnet eine Rechtseinheit und wird in der zivilrechtlichen Gesellschaftslehre und in der Verwaltungsrechtswissenschaft seit den 1990er Jahren sowohl auf privatrechtliche als auch auf öffentlich-rechtliche Organisationen (auch: Verwaltungsträger) angewendet. Ein Unternehmen ist ein Betrieb oder eine Organisation mit mehreren Betrieben. Der Betrieb bezeichnet eine nach arbeitsteiligen Regeln planvoll organisierte Wirtschaftseinheit. In der WB ist in diesem Sinn auch von Einrichtungen die Rede. Während privatrechtliche Unternehmen mit der primären Absicht der Gewinnerzielung betrieben werden, steht beim Betrieb öffentlich-rechtlicher Unternehmen die Gemeinnützigkeit im Vordergrund.

Mit der R. werden die Rechte und Pflichten eines Unternehmens geregelt sowie gesetzliche Vorgaben und Anforderungen an die Errichtung, den Betrieb und die Liquidation des Unternehmens geltend gemacht. Zudem werden mit der R. Fragen hinsichtlich des Grundkapitals, der Geschäftsführung und der Rechenschaftslegung geregelt. Außerdem legt die R. fest, ob im Haftungsfall die jeweilige Organisation eine Rechtspersönlichkeit besitzt (z.B. privatrechtlich als AG, KGaA, GmbH, eG, e.V., Stiftung oder öffentlich-rechtlich als Körperschaft, Stiftung, rechtsfähige Anstalt) oder ob natürliche Personen im Sinne von Gesellschaftern für die Organisation einstehen. Schließlich bestimmt die R., ob Organisationen rechtsfähig sind oder nicht. Nicht rechtsfähige Organisationen sind im privatrechtlichen Bereich, z.B. OHG, KG, Verein und GbR, im öffentlich-rechtlichen Bereich die nicht rechtsfähige Anstalt, die Behörde bzw. der Regiebetrieb oder der Eigenbetrieb.

Die WB zeichnet sich sowohl durch eine Vielfalt als auch durch die Verschränkung von Rechts- und Unternehmensformen aus. So werden für Bildungsaufgaben, die sich aus weiterbildungsrechtlichen Regelungen des Bundes (BBiG, HRG, FernUSG, AFBG, SGB III) und den Weiterbildungsgesetzen der Länder ableiten, öffentlich-rechtliche Körperschaften als Rechts- und Unterhaltsträger eingesetzt. Dazu gehören Gebietskörperschaften (Bund, Länder, Kommunen, Landkreise), Personalkörperschaften (z.B. Hochschulen, Kammern, Kirchen im Sinne des Art. 140 GG i.V.m. Art. 137 Abs. 5 WRV) und Verbandskörperschaften (z.B. kommunale Zweckverbände). Die Rechts- und Unterhaltsträger können wiederum nicht rechtsfähige Einrichtungen betreiben, wie z.B. die Kommune die Volkshochschule als Eigenbetrieb, oder aber als institutioneller Steuerungskontext für rechtsfähige, öffentlich-rechtliche und privatrechtliche Träger und Einrichtungen fungieren, wie z.B. die Stadt für den eingetragenen Verein (e.V.) der Volkshochschule; die Gewerkschaft für ihr Bildungswerk e.V., die Kirche für ihr Bildungszentrum als Stiftung usw. Die jeweilige Konstellation von R. bei Trägern und Einrichtungen bestimmt zugleich deren wechselseitiges organisatorisches und haushaltsrechtliches Abhängigkeits- und Autonomieverhältnis.

Literatur

Faulstich, P./Haberzeth, E.: Recht und Politik. Bielefeld 2007 – Prümm, P.: Rechtsformen und Unternehmensformen für die Erfüllung öffentlicher Aufgaben, Studienbrief 2–020–0502. Hochschulverbund Distance Learning mit Sitz an der FH Brandenburg. 2. Aufl. 2006

Karin Dollhausen

Reeducation

R. ist in erster Linie ein historischer und erst in zweiter Linie ein pädagogisch-systematischer Begriff. Historisch bezeichnet R. Bestrebungen der westlichen Siegermächte des Zweiten Weltkriegs, die politische Ideologie der ehemaligen Kriegsgegner und Aggressoren auch geistig zu überwinden, den Aufbau einer demokratischen politischen Kultur von den relevanten Kompetenzen her zu fördern, den Prozess einer politischen Neuorientierung bei den Besiegten (insb. Deutschland und Japan, aber auch Österreich und Italien) zu unterstützen sowie langfristig deren Verhältnis zu Siegermächten und internationaler Völkergemeinschaft im Sinne der Sicherheit und des Friedens zu beeinflussen. Ansatzpunkte der R. waren einerseits das Bildungs-, Kultur- und Informationswesen, andererseits der Aufbau demokratischer Strukturen in öffentlichem Leben und Verwaltung und schließlich die Eröffnung von Kulturkontakt in internationalen Begegnungen.

Pädagogisch-systematisch bezeichnet R. den Vorgang einer grundlegenden Neubildung sowie auch die darauf zielenden Maßnahmen. R. bedeutet in diesem Sinne intellektuell-mentale Reorientierung und Revision, auch im Zusammenhang mit dem Wechsel eines für das Weltbild relevanten Systems (politischer Systemwechsel) oder der Lebensverhältnisse (sozialer Auf- oder Abstieg, Berufswechsel, Rollenwechsel oder -verlust, Migration). Begrenzte Analogien bestehen zu „Umschulung", „rehabilitativem Lernen" und „Resozialisierung". R. berührt die Sphäre des Wissens, der Werte und Einstellungen und des Verhaltens. Auch wenn der Prozess von R. der Beeinflussung durch externe Größen (darunter auch solchen der EB) unterliegt, bedarf er zu seinem Gelingen weitgehender Selbststeuerung durch die Lerner.

Historisch und pädagogisch-systematisch erfasst der Begriff ein breites Spektrum von Phänomenen und Bedeutungen unterschiedlicher Wertungen. An einem Ende der Bewertungsskala erscheint R. geradezu als ethisch bedenkliche oder verwerfliche Fortsetzung der psychologischen Kriegsführung gegenüber Machtunterworfenen – beinahe in der Nähe zur sog. Gehirnwäsche –, am anderen Ende als Weg des individuellen oder gruppenförmigen, selbstgesteuerten und verantworteten Lernens in Richtung auf Neuorientierung, Selbstbefreiung von dogmatischen Zwängen und Erneuerung der Lebensführung. Historisch bot allein schon das Wort R. u.a. aufgrund eines hartnäckigen Übersetzungsfehlers Anstoß. So wurde R. in Deutschland zumeist als „Umerziehung" im Sinne autoritärer Überformung und kultureller Überwältigung von Machtunterworfenen übersetzt, während das englische Wort „education" durchaus nicht nur „Erziehung", sondern auch „Bildung" bedeutet und einen positiven Wertbegriff darstellt. Wegen der auf deutscher Seite (und nicht etwa nur bei Nationalsozialisten) tief verwurzelten Widerstände gegen das Wort und seinen vermeintlichen Geist (insb. Kollektivschuldzuweisung und totale Revisionszumutung) kamen jedoch sehr bald andere Bezeichnungen in Gebrauch: „Educational Reconstruction", „Neubildung" und „Neuorientierung".

Die drei westlichen Besatzungsmächte unterschieden sich untereinander erheblich hinsichtlich der Konzeptionen von R. und deren praktischer Förderung und Durchführung. Zu differenzieren ist auch nach der Bildungs- und Kulturarbeit für Kriegsgefangene in den Lagern der alliierten Gewahrsamsmächte einerseits und der für die Zivilbevölkerung in den Besatzungszonen andererseits. Hinsichtlich beider Bereiche gilt die britische R. als besonders überlegt, engagiert und dabei zurückhaltend und wirkungsvoll.

Auch die sowjetische Besatzungsmacht war bestrebt, auf das Bildungs- und Kultursystem in ihrer Besatzungszone mit antifaschistischer Zielsetzung einzuwirken und kannte – auch wenn ihr die Bildungsidee freiheitlich-bürgerschaftlicher, demokratischer Kompetenzen in ihrer Substanz mehr oder weniger fremd war – doch in manchem der R. analoge Kontroll- und Förderungsmaßnahmen. Manches spricht für die Annahme, dass die sowjetischen Bildungs- und Kulturoffiziere als Individuen in Bildungsgrad und reformerisch-förderndem Selbstverständnis ihren entsprechenden Amtskollegen aufseiten der westlichen Besatzungsmächte nicht prinzipiell nachstanden.

Historisch bietet R. ein breites Feld erwachsenenbildungsrelevanter Entwicklungen. R. betraf die gesamte Bevölkerung jenseits des Kindesalters. Spezielle Adressaten waren zudem Kriegsgefangene, Jugendliche und Frauen. Abgesehen von ersten Maßnahmen zwangsweiser Konfrontation mit NS-Verbrechen (Besichtigung von Konzentrationslagern oder Filmvorführungen), arbeitete R. mit dem Prinzip der Freiwilligkeit und einem reichhaltigen methodisch-didaktischen Repertoire. Involviert waren u.a. Elemente des Interkulturellen und der Verwestlichung. Zur R. im weiteren Sinne gehörte auch die Förderung des Aufbaus eines freiheitlichen Erwachsenenbildungswesens (Institutionen und Professionalisierung). Im Sinne von Reorientierung und Umlernen stellt R. einen grundlegenden Aspekt des transformatorischen Lernens im Lebenslauf dar. Diese zentrale Bedeutung der R. für die Theorie der EB hat allerdings noch nicht die gebührende Würdigung gefunden. Auch spiegelt der Stand der deutschen und internationalen zeithistorischen und spezieller bildungshistorischen Forschung über R. und die Wirkung von R. eine ganze Reihe von methodischen Problemen und Wertungsproblemen wider, die sich zwar im Verlauf von sechs Dekaden gewandelt haben, aber bis jetzt noch nicht befriedigend gelöst sind.

Literatur

Friedenthal-Haase, M.: Britische Re-education: Struktur und Aktualität eines Beispiels interkultureller Erwachsenenbildung. In: Neue Sammlung, H. 2, 1988 – Steinbach, P.: Konfrontation mit der Demokratie: Deutsche Kriegsgefangene in England und den USA. In: Universitas, H. 623, 1998 – Wilson, R.: Erwachsenenbildung als Re-education? In: Von

Hohenrodt zur Gegenwart. Frankfurt a.M. 1987 – Ziegler, C.: Lernziel Demokratie: Politische Frauenbildung in der britischen und amerikanischen Besatzungszone 1945–1949. Studien zur internationalen Erwachsenenbildung, Bd. 11. Köln/Weimar/Wien 1997

Martha Friedenthal-Haase

Regionale Erwachsenenbildung

Das Prinzip der Regionen gewinnt im globalen Kontext immer stärker an Bedeutung. Regionen werden immer intensiver als diejenigen Gebilde entdeckt, in denen – nahe an den Menschen – Bildungs-, Arbeits- und Entwicklungsprozesse stattfinden und zielgerichtet beeinflusst und gesteuert werden können. Dies gilt auch für die WB.
Regionen wurden im Kontext von WB in Deutschland seit Anfang der 1990er Jahre zunächst aus zwei Perspektiven diskutiert: mit Blick auf die Schwierigkeiten der Realisierung von Weiterbildung als ländliche WB und mit Blick auf die Qualifizierung im Arbeitsmarkt als berufliche WB. Seit Mitte der 1990er Jahre wird die Regionalorientierung im weiteren Sinne als spezifischer Bezug zur Region und zum Wohnort definiert, aber auch als komplexere und vernetzte Struktur beruflicher Qualifizierung im Kontext von Bildung und Betrieb. Insb. im ersteren Bereich entwickelte sich immer stärker eine bildungsstrategische Orientierung, welche auf Gemeinwesenarbeit und partizipatorische, dezentrale und vernetzte Bildungsaktivitäten fokussierte. In der beruflichen Bildung wird immer stärker WB als Standortfaktor und Bestandteil regionaler Struktur- und Entwicklungspolitik gesehen (Nuissl 1995).
Ende der 1990er Jahre gewinnt die Kategorie der Region für die WB eine noch weitergehende Relevanz. Regionen werden als „Lernende Regionen" definiert, in denen die einzelnen Akteure (Bildungseinrichtungen, Betriebe, Kultureinrichtungen, Verwaltungen, Verbände) in der Form lernender Systeme und arbeitender Netzwerke eine Regionalentwicklung betreiben. Diese Regionalentwicklung zielt insb. auf eine stärkere Identität der Region, eine stärkere Einbindung der Menschen in die Region, eine höhere Produktivität und ein höheres kulturelles und produktives Niveau der Region. Mit dem Programm „Lernende Regionen", das, durch die Bundesregierung mit europäischer Unterstützung und in Zusammenarbeit mit den Ländern im Jahr 2001 initiiert, eine Laufzeit bis 2008 hatte, konturierten sich immer stärker die Elemente einer r.EB. Es waren hauptsächlich Weiterbildungseinrichtungen, die in diesen modellhaften, regionalen Netzwerken die treibende Kraft übernahmen. Ziele der regionalen Netzwerke waren eine verbesserte Information und Transparenz zu Bildungsangeboten, der Aufbau von Bildungs- und Lernberatung, die intensive Kooperation von Betrieben, Schulen und Weiterbildung zur Verbesserung der Übergänge und des Erstellens gemeinsamer Angebote. Das Konzept der Lernenden Regionen basierte im Wesentlichen auf dem Instrument des Netzwerks, in dem die unterschiedlichsten Akteure der Region mit gemeinsamen Zielen zusammenarbeiten. Regionen wurden dabei offen anhand verschiedener Kriterien definiert, etwa historisch, sozial, ökonomisch oder geographisch. Im Ergebnis zeigte sich der Nutzen solch zielgerichteter Netzwerke, aber auch das Problem, die Arbeit der Netzwerke effektiv zu organisieren und zu steuern (Nuissl u.a. 2006).
Im übergeordneten europäischen Rahmen wird der Aspekt der r.EB noch weiter diskutiert als internationale Zusammenarbeit lernender Regionen, die auch voneinander lernen. In diesen Programmen und Projekten geht es um den Transfer von „best practice" (etwa der Regelung von Übergängen von Schule zu Beruf) zwischen europäischen Bildungsregionen. Es ist zu beobachten, dass entgegen der zunehmenden Globalisierung immer neuer Lebensbereiche die Regionen wieder an Bedeutung gewinnen.

Literatur
Federighi, P. u.a.: Learning among Regional Governments. Bielefeld 2007 – Klemm, U.: Ländliche Erwachsenenbildung im Umbruch. Ulm 1997 – Nuissl, E.: Standortfaktor Weiterbildung. Bad Heilbrunn 1995 – Nuissl, E. u.a. (Hrsg.): Regionale Bildungsnetze. Bielefeld 2006

Ekkehard Nuissl

Rezeptologien

Mit dem Konzept R. werden in der didaktisch-methodischen Diskussion Rezeptesammlungen bezeichnet, die sowohl systematisierte Hinweise (Rezepte) für erfolgreiches Handeln in Unterrichts- und Erziehungsprozessen liefern als auch Anleitungen für einen reflektierten Umgang mit Rezepten im Rahmen der Planung und Evaluation. R. sind zentraler Bestandteil einer prosperierenden Ratgeberliteratur

für Praktiker, insb. für Berufsanfänger/innen, die in die Wahrnehmungs- und Denkgewohnheiten einer Berufskultur eingeführt werden sollen.
Historisch können R. als Kern der Vermittlung pädagogischen Wissens auf eine lange Tradition zurückblicken, die pädagogisches Denken und pädagogisches Handeln literarisch zu verbinden suchte mithilfe von Unterrichts- und Erziehungslehren, pädagogischen Handbüchern und Praxisanleitungen, wie sie vor allem von erfolgreichen Praktikern für den beruflichen Nachwuchs verfasst worden sind. Die Idee der Meisterlehre lieferte für diese Gattung pädagogischer Literatur ein wichtiges Vorbild: Erfahrene Praktiker vermitteln das berufliche Wissen an Berufsanfänger, die Unterrichts- und Erziehungslehren leisten dies in mediatisierter Form. Auf diese Weise entwickelte sich ein relativ eigenständiges, auf Praxisnähe und Praxisrelevanz hin orientiertes äußerst erfolgreiches Literaturgenre vor und neben der später aufkommenden akademischen Literatur der sich seit dem 18. Jh. allmählich formierenden (wissenschaftlichen) Pädagogik.
Vor diesem Hintergrund ist das Verhältnis von R. und wissenschaftlicher Pädagogik ständiger Gegenstand von Auseinandersetzungen. In ihnen werden R. vonseiten akademischer Pädagogik kritisiert, da sie mit dem Leitziel einer „Technik der Menschenbearbeitung" die Besonderheiten pädagogischer Verhältnisse zwischen moralischen Subjekten verkennen (geisteswissenschaftliche Pädagogik), pädagogisches Handeln als instrumentelles, technisches Handeln im Dienste vorpädagogischer Normen konzipieren (kritische Erziehungswissenschaft) und empirisch ungesicherte Sozialtechnologien propagieren (empirische Erziehungswissenschaft). Praktiker und Ausbilder in pädagogischen Handlungsfeldern haben ihrerseits dem akademischen Wissen der Pädagogik bzw. Erziehungswissenschaft immer wieder Praxisferne und -irrelevanz vorgeworfen.
Zur Versachlichung dieser fortlaufenden Debatte haben neue Forschungs- und Diskussionsentwicklungen beigetragen, die zudem die Grundlagen der wechselseitigen Kritik als revisionsbedürftig ausgewiesen haben. Das betrifft die Annahmen, mit denen die traditionelle Technikdistanz und -ablehnung vonseiten der Erziehungsphilosophie in der Debatte über das vermeintliche Technologiedefizit und Technologieverdikt der Pädagogik (Luhmann/Schorr 1979) begründet werden und die „Technik pädagogischer Arbeit" als Problemtopos ausgeklammert wird (Tenorth 1999). Das betrifft aber auch Versuche, Erziehungswissenschaft und pädagogische Ausbildung/Praxis nach dem Modell der direkten Anwendung wissenschaftlichen Wissens aneinanderzukoppeln. Pädagogische Wissenschafts- und Professionsforschung haben in Abkehr von den Modellen „naiver" Verwissenschaftlichung praktischen Handelns für die vielfältigen Wissens- und Wissensnutzungsformen in Praxisfeldern Rekonstruktionsvorschläge entwickelt, welche einfache Austauschprogramme („objektive" wissenschaftliche Themen vs. „subjektive" Praktikertheorien) mitsamt der Annahme der Höherwertigkeit wissenschaftlichen Wissens in Praxisfeldern ebenso aufgegeben haben wie die Vorstellung, dass unsicheres Wissen, nicht-wissenschaftliches Wissen und Nicht-Wissen nur als defizitäre, überwindungsbedürftige Phänomene zu sehen sind (Bonss 2003). Diese revidierte Sichtweise kann sich auf kognitionspsychologische Forschungen zum Problemlösungsverhalten erfolgreicher Praktiker stützen und liefert so Grundlagen für eine konstruktive Ausbildungsforschung, die sich am Konzept des „reflective practitioner" (Schön 1983) orientiert, der seine beruflichen Entwicklungsaufgaben durch den Aufbau professionellen Praxis- und Handlungswissens zu lösen weiß, als dessen Vorform R. anzusehen sind (Meyer 2005).

Literatur
Bonss, W.: Jenseits von Verwendung und Transformation. In: Franz, H.W. u.a. (Hrsg.): Forschen – lernen – beraten. Berlin 2003 – Drerup, H.: Erziehungswissenschaft im Kontext. Studie zu Vermittlungsproblemen einer Disziplin. Dresden 2005 – Kansanen, P. u.a.: Teachers' Pedagogical Thinking. Theoretical landscapes, practical challenges. New York u.a. 2002 – Luhmann, N./Schorr, K.E.: Das Technologiedefizit der Erziehung und die Pädagogik. In: Zeitschrift für Pädagogik, H. 3, 1979 – Meyer, H.: Was ist guter Unterricht? 3. Aufl. Berlin 2005 – Schön, D.A.: The Reflective Practitioner. New York 1983 – Tenorth, H.E.: Technologiedefizit in der Pädagogik? Zur Kritik eines Missverständnisses. In: Fuhr, T./Schultheis, K. (Hrsg.): Zur Sache der Pädagogik. Bad Heilbrunn/Obb. 1999

Heiner Drerup

Schlüsselqualifikation

Das Konzept der S. wird im Bereich der WB verstärkt seit den 1970er Jahren thematisiert. Zu diesem Zeitpunkt rückte angesichts zunehmender Verwertungsprobleme für individuelle → Qualifikationen auf dem Arbeitsmarkt die Frage in den Vordergrund, wie → Wissen und Fähigkeiten der Einzelnen vor Veralterung zu schützen und im Blick auf ihre größere Flexibilität, ihre vielseitigere Verwendbarkeit zu optimieren seien. Man glaubte, mit dem Erwerb von S. auf diese Probleme eine Antwort gefunden zu haben. Generell versteht man unter S. grundlegende Wissenselemente, Fähigkeiten oder Fertigkeiten, von denen angenommen wird, sie seien zur Bewältigung unterschiedlicher Situationen geeignet und garantierten damit breite Verwendungsmöglichkeiten.

Die Leistung von S. ist somit an ihre Transferfähigkeit gebunden. Transfer gründet auf zwei Voraussetzungen: Die Situationen, in denen die S. zur Anwendung kommen sollen, müssen trotz ihrer Unterschiede im Konkreten strukturell ähnliche („identische") Elemente enthalten. Neben diesem materialen Moment setzt Transfer weiterhin die Verfügung über formale Fähigkeiten voraus, etwa über praktische Fertigkeiten (wie Umgang mit Computern), soziale Techniken (wie die des aktiven Zuhörens) oder kognitive Strategien (z.B zur vertieften Analyse von Texten).

Die Kognitionsforschung (→ Kognition) hat überzeugend hervorgehoben, erst das Zusammenspiel von Wissen und Fähigkeiten sichere kompetentes und erfolgreiches Handeln. S. stehen damit unter der Einschränkung, dass die Verfügbarkeit allein über flexibel verwendbare formale Fähigkeiten nicht ausreicht, um mit diesem Konzept verbundene Erwartungen auf Bewältigung unterschiedlicher Situationen durch Anwendung derselben Fähigkeit eingelöst zu sehen. Sach- bzw. situationsspezifisches Wissen ist ebenfalls unabdingbar zu postulieren, was allerdings die Transfermöglichkeiten begrenzt. Bisher war von S. allgemein die Rede. Hier liegt die Frage nahe, um welche Qualifikationen es sich ganz konkret handelt. Ein denkbarer Weg, hierauf eine Antwort zu finden, besteht in der Analyse entsprechender Handlungsfelder auf ihre konstitutiven Momente hin. Mit Blick etwa auf betriebliche Arbeitsprozesse gelangt man auf diesem Weg zur Unterscheidung zwischen Fach-, Methoden- und Sozialkompetenz. Diese Trias ist aber mit guten Gründen um andere wichtige S. wie Organisations- oder Reflexionskompetenz erweiterbar, was letztlich auch diesen Identifikationszugriff eher als plausibel denn als systematisch stringent ausweist.

Ein anderer Weg zur Identifizierung von S. besteht darin, sie als Bedingung zur Aneignung (→ Aneignung – Vermittlung) und Anwendung grundlegender → Kompetenzen zu begreifen. Als S. wäre danach etwa anzusehen, eigene Denkprozesse reflektieren zu können, um sie zu optimieren, eigenes Lernen analysieren zu können, um es effektiver zu gestalten, die Fähigkeit zur Beobachtung eigener → Interaktionen mit dem Ziel, sie von daher besser kontrollieren zu können. Wegen ihrer fundamentalen Bedeutung sollte man sie als Protokompetenzen bezeichnen und dazu etwa Metakognition (Kaiser/Kaiser 2006), → Lernen lernen (Baethge 2003) und Rollendistanz zählen.

Mit Einführung des Kompetenzbegriffs ergibt sich die Notwendigkeit seiner Abgrenzung zu dem der Qualifikation. Letzterer gründet auf „objektiv" gegebenen Situationselementen und bezeichnet das zu ihrer Bewältigung insgesamt erforderliche Wissen und Können. Der Qualifikationsbegriff verweist also auf die Situation, während dem in der Situation handelnden Subjekt der Kompetenzbegriff zuzuordnen ist. Die Handlungsfähigkeit (→ Handlung) des Einzelnen basiert nämlich auf seinen Fähigkeiten, die den mit der Situation gegebenen Qualifikationen affin sind. In aller Regel verfügt der Handelnde jedoch nicht über alle erforderlichen Fähigkeiten und Wissenselemente. Empirisch besteht vielmehr meist eine Differenz zwischen Art und Umfang individueller Kompetenzen und objektiv geforderter Qualifikationen. Sie existiert aber auch zwischen Kompetenz und faktischem Tun. In Anlehnung an N. Chomsky spricht man von „Performanz", wenn er auch den Begriff mit Blick auf Sprachverwendung einführte. Performanz hängt wesentlich von situativen Bedingungen ab, die darüber entscheiden, was an prinzipiell verfügbarer Kompetenz tatsächlich im Handeln zum Tragen kommt (Rogers 2006).

Literatur

Baethge, M.: Lebenslanges Lernen und Arbeit: Weiterbildungskompetenz und Weiterbildungsverhalten der deutschen Bevölkerung. In: SOFI-Mitteilungen, H. 31, 2003 – Kaiser, A.: Schlüsselqualifikationen in der Arbeitnehmer-Weiterbildung. Neuwied 1992 – Kaiser, R./Kaiser, A.: Denken trainieren – Lernen optimieren. Augsburg 2006 – Rogers, G./Mentkowski, M./Hart, J.R.: Adult Holistic Development and

Multidimensional Performance. In: Hoare, C. (Hrsg.): Adult Development and Learning. Oxford 2006

Arnim Kaiser & Ruth Kaiser

Schweizerische Erwachsenenbildung

In der Schweiz hat sich in den letzten Jahren ein integraler Weiterbildungsbegriff etabliert. Bis vor wenigen Jahren dominierte die Unterscheidung zwischen berufsorientierter und → allgemeiner WB. Das Bestreben, die Spaltung zwischen den zwei Bereichen zu überwinden, führte allmählich zu einer Annäherung auch auf begrifflicher Ebene. Heute werden die Begriffe EB und WB synonym verwendet. Inhaltlich entspricht der Begriff dem inzwischen international üblichen breiten Lernbegriff, welcher die drei Facetten formales, non-formales und informelles Lernen umfasst. Seit 2007 hat auch das Schweizerische Bundesamt für Statistik diese Begrifflichkeit übernommen und präsentiert seither die Daten der periodischen Teilnehmerstatistiken in diesen Begriffskategorien.

Ebenso wie im internationalen Kontext hat sich auch in der Schweiz das Paradigma des → Lebenslangen Lernens als wichtigster Orientierungsrahmen durchgesetzt. Auf politischer Ebene hinkt die Entwicklung noch etwas hinterher. Seit 2006 ist aber die Regelungskompetenz des Bundes für den gesamten Weiterbildungsbereich in der Bundesverfassung verankert. Ein entsprechendes Gesetz ist frühestens für 2011 zu erwarten. Bis es soweit ist, bleibt das Berufsbildungsgesetz die wichtigste Rechtsgrundlage für diesen Bildungsbereich. Das Gesetz regelt unter dem Stichwort „berufsorientierte Weiterbildung" die WB der meisten Berufe; davon ausgenommen sind die universitäre WB und Bildungsangebote im Rahmen arbeitsmarktlicher Maßnahmen, welche separat geregelt sind.

Die Teilnahmequote der Schweizer Wohnbevölkerung beträgt bei der non-formalen WB knapp 40 %, werden nur die Kursbesuche einbezogen, sinkt die Quote auf 34 %. Wenn man formales, non-formales und informelles Lernen berücksichtigt, so sind insgesamt jedoch fast 80 % der Bevölkerung weiterbildungsaktiv. Dabei bestehen relativ große Unterschiede zwischen hoch Qualifizierten und Personen ohne nachobligatorische Ausbildung.

Angeboten wird die non-formale WB in der Schweiz zu rund 80 % von privaten Trägerschaften. An öffentlichen Schulen finden nur rund 20 % der Kursstunden statt. Die übrigen vier Fünftel werden von privaten Schulen (20 %), Arbeitgebern (20 %), Vereinen, Verbänden, Gewerkschaften, gemeinnützigen Institutionen (30 %) oder freien Trainer/inne/n (10 %) durchgeführt. Der Markt ist etwas unübersichtlich, aber vielfältig und deckt insgesamt die Bedürfnisse gut ab. Lücken bestehen in Bereichen, die sich an benachteiligte Zielgruppen richten, so beispielsweise bei Angeboten für Personen mit Defiziten in den Grundkompetenzen. Bestrebungen, dies zu ändern, sind in Gang, haben aber politisch einen schweren Stand.

Größere Entwicklungen fanden in den letzten Jahren u.a. im Bereich Qualitätssicherung statt. Inzwischen hat sich das speziell auf Weiterbildungsanbieter zugeschnittene Qualitätslabel „eduQua" mit ca. 1000 qualifizierten Anbietern etabliert. Ebenfalls stark entwickelt hat sich die Professionalisierung des Weiterbildungspersonals. Dessen Ausbildung geschieht in der Schweiz vorwiegend auf nicht-akademischem Weg. Im vom Schweizerischen Verband für Weiterbildung entwickelten System haben bereits 20.000 Ausbilder/innen die erste Stufe, das SVEB-Zertifikat, und ca. 5.000 den nationalen Fachausweis (2. Stufe) absolviert. Mit einer Ausnahme (Universität Genf) kann EB an den Hochschulen nicht als eigenständige Fachrichtung studiert werden.

Aktuell macht sich die allgemeine Tendenz zur Internationalisierung der Bildung auch in der Schweiz bemerkbar. Die → Bologna-Reform ist bereits umgesetzt, beim Kopenhagen-Prozess sind die Vorbereitungen ebenfalls in Gang, und es zeigen sich verstärkte Tendenzen zu bilateralen Kooperationen von Bildungsanbietern mit Organisationen der Nachbarländer. Aufgrund der bilateralen Verträge der Schweiz mit der EU sind Schweizer Organisationen auch in Forschungs- und Bildungsprojekte der EU involviert.

Das Thema WB ist in der öffentlichen Diskussion zurzeit relativ präsent, was vor allem auf die anstehende Entwicklung des ersten nationalen Weiterbildungsgesetzes zurückzuführen ist. Dabei steht auch der Weiterbildungsbegriff selbst zur Diskussion, wobei prinzipiell Konsens herrscht, dass der Begriff breit und in Übereinstimmung mit dem Paradigma des Lebenslangen Lernens zu verwenden sei. Zu Diskussionen Anlass gibt aber immer wieder die politische Tendenz, Bereiche der WB, die nicht explizit berufsorientiert sind, von der öffentlichen Förderung auszuklammern. Diese Bereiche entsprechen im Großen und Ganzen dem, was früher als allgemeine EB bezeichnet wurde. Man muss daher von einer Tendenz sprechen, WB auf der Begriffsebene weit zu fassen, auf politischer Ebene aber implizit wieder zu verengen. Einfacher liegen die Verhältnisse bei den Trägern von WB: Diese haben längst auf die veränderte Realität der Wissensgesellschaft reagiert und ihre Angebote inhaltlich wie strukturell am → Lifelong Learning ausgerichtet.

Literatur

Bundesamt für Statistik: Indikatoren zur Weiterbildung 2007. Neuchâtel 2007 – Schläfli, A./Sgier, I.: Porträt Weiterbildung Schweiz. Bielefeld 2007

André Schläfli

Selbsterfahrung

S. meint eine Wahrnehmung der eigenen Person, die über alltägliche Wahrnehmungsimpulse hinausgeht, indem sie intentional geleitet ist und indem die unterschiedlichen Eindrücke und Erkenntnisse aus inneren und äußeren Prozessen in eine umfassendere Reflexion eingebunden werden. Insofern sind S. und Selbstreflexion aufgrund ihrer Bewusstheit miteinander verbunden.

Ziel von S. ist es, sich selbst besser zu verstehen. Dies bezieht sich auf die Motive des eigenen Handelns, auf Reaktionsformen und insb. auf Muster des Umgangs mit sich selbst und anderen. Durch S. soll das, was implizit bzw. vorbewusst ist, bewusst werden und dadurch auch ein besseres Verstehen anderer Personen ermöglichen. Für die Arbeit mit Menschen, für die Gestaltung von Bildungsprozessen allgemein und für die EB speziell ist S. eine notwendige Voraussetzung, um der Vermischung eigener Einstellungen, Erwartungen, Stimmungen usw. mit der Situation des Gegenübers vorzubeugen. Diese intentionale Seite von S. macht verständlich, weshalb eine methodische Anregung und Unterstützung hilfreich ist (z.B. durch Praxisberatung in der Gruppe, Balintarbeit oder Supervision).

Für EB ist S. in dreierlei Hinsicht von Interesse: als spezifisches Angebot, als Begleitdimension des Lehr-Lerngeschehens und als Anforderung an die Mitarbeiter/innen zur Stärkung ihrer Professionalität.

Selbsterfahrungsangebote haben seit den 1960er Jahren Eingang in die Programme von Erwachsenenbildungseinrichtungen gefunden. Dies geschah auch im Zuge einer sich ausweitenden Beschäftigung mit Gruppendynamik und den zugehörigen Arbeitsformen (Brocher 1967). In dieser Entwicklung gibt es verschiedene Beweggründe: Bedarf nach Unterstützung im privaten oder beruflichen Alltag (z.B. „Paarbeziehung" oder „Betriebsklima"); Interesse an vertieftem Verstehen eigenen und fremden Verhaltens („Wahrnehmung", „Streiten"); die Suche nach Möglichkeiten förderlicher Entwicklung von Institutionen und Organisationen („Lernkultur" oder „Personalentwicklung"); z.T. auch der Wunsch nach körperorientierten Zugängen (autogenes Training, Yoga).

Das Streben nach Orientierung und Sinn schlägt sich in der Verknüpfung von S. mit personüberschreitenden Konzepten des Selbst- und Weltverstehens nieder (z.B. Meditation); sie kann bis in einen Bereich führen, der die Esoterik berührt. Wer zu entscheiden hat, ob Selbsterfahrungsangebote in ein Programm aufgenommen werden, braucht Kenntnisse und Kriterien, um den Charakter des jeweiligen Angebots und die dahinter stehende Kompetenz einschätzen zu können. Hilfreich ist hierbei – wie bei jeglicher Bildungsarbeit – die genaue Klärung von Zielen, Arbeitsweisen und persönlich-biographischen Zugängen der Anbieter.

Ganz unabhängig davon, ob S. eigens angeboten wird oder nicht, ist sie im Lehr-Lerngeschehen der EB stets mehr oder weniger deutlich gegenwärtig. Das rührt daher, dass die Aneignung von Bildungsangeboten immer auch die Person selbst berührt (Kade 1989). Zusätzliche Anregungen, aber auch Herausforderungen zum Blick auf sich selbst bringt das Zusammensein mit anderen im Seminar, im Kurs, Lehrgang usw. mit sich (Münch 1995). Individuelle Lernhemmnissen oder Schwierigkeiten in einer Lerngruppe lassen sich von solch „mitlaufender" S. her verstehen. Es ist für die Leitungspersonen wichtig, sie auch dann wahrzunehmen, wenn diese „implizite" S. nicht in eine „explizite" überführt wird. Das gilt erst recht, wenn die Arbeit im Seminar, im Kurs usw. erfahrungsorientiert ausgerichtet ist oder sich auf eine Zusammenschau von lernender Person, Lerngruppe und Lerngegenstand nach dem Beispiel der Themenzentrierten Interaktion (TZI) gründet. Die Herausforderung für die Leitungspersonen besteht also darin, die fließenden Übergänge zwischen impliziter und expliziter S. wahrzunehmen und ggf. zu gestalten, wobei die Orientierung am Inhalt einerseits und an der Wahrnehmung inneren Geschehens andererseits (Empfindungen, Einfälle, Fantasien usw.) sich als Mittel der Balance empfehlen.

Das Bildungshandeln des Mitarbeiters bzw. der Mitarbeiterin steht immer in einer Wechselwirkung mit der eigenen Biographie, mit aktuellen Bedingungen (z.B. in der Institution) und mit der Situation der Gruppe in der Veranstaltung, im Leitungsteam, im Kollegium usw. Den Anteil der eigenen Person an diesem Geschehen besser wahrzunehmen (Reflexivität), wird durch S. erleichtert. Sie hilft, zwischen eigener Person und Lebenslagen bzw. Erfahrungswelten anderer zu unterscheiden und sich in das Gegenüber zu versetzen (Perspektivwechsel). Dies kommt der Planung zugute (Zielgruppenorientierung), aber auch der Durchführung (Teilnehmerorientierung) bei der Wahrnehmung und Begleitung von Gruppenprozessen und bei der Gestaltung der Leitungsrolle (Ardelt-Gattinger 1998). Insofern ist S. ein wesentlicher Beitrag zu dem, was H. Tietgens (1983) mit pädagogischer Verantwortung umschreibt, dass nämlich „diejenigen, die (...) Veranstaltungen durchführen, sich der Folgen ihres Tuns vergewissern" sollten, und das heißt letztlich: zur Pflege von Professionalität der Mitarbeiter/innen in der EB.

S. zugunsten eigener Professionalität kann bereits durch Selbstreflexion geschehen (individuell oder kollegial). Weiterführend sind Praxisberatung, Supervision oder Intervision (Schulz von Thun 1999). Elemente hiervon werden in sog. „Interpretationswerkstätten" lebendig, d.h. in der Arbeit einer Mitarbeitergruppe an Texten (z.B. Mitschrift einer Kurseinheit oder Nachschrift eines Interviews) unter Einbeziehung eigener Erfahrungen. Für die Förderung solch tätigkeitsbezogener S. zugunsten von Professionalität sind stärker als bisher Anstöße und Zugänge in der Aus- und Fortbildung zu verankern (Knoll 1998).

Im Blick auf mögliche Konsequenzen soll es hier weniger um die institutionelle Frage nach spezifischen Angeboten oder organisierten Aktivitäten zur Selbsterfahrung und -reflexion gehen. Es soll vielmehr auf die grundsätzliche Tatsache aufmerksam gemacht werden, dass S. im eigenen beruflichen und privaten Leben allgegenwärtig ist. Hier sind die Bewusstheit der Begegnung, das bewusste Aufnehmen nützlich – wenn nicht gar notwendig –, wenn Veränderungen angestrebt werden; und um Veränderung geht es schließlich beim Lernen. In diesem Verständnis ist also S. etwas Natürliches und Alltägliches, woran niemand vorbeikommt. Pädagog/inn/en sind genötigt, sich diese Erfahrungen bewusst zu machen, weil sie helfen, das eigene Handeln zu verstehen und in der Konsequenz auch zu verändern. Der Schlüssel hierfür ist die Bewusstheit als wesentliches Element von Professionalität.

Literatur

Ardelt-Gattinger, E. u.a.: Gruppendynamik – Anspruch und Wirklichkeit der Arbeit in Gruppen. Göttingen u.a. 1998 – Brocher, T.: Gruppendynamik und Erwachsenenbildung. Braunschweig 1967 – Kade, J.: Erwachsenenbildung und Identität – Eine empirische Studie zur Aneignung von Bildungsangeboten. Weinheim 1989 – Knoll, J.: Hochschuldidaktik der Erwachsenenbildung. Bad Heilbrunn/Obb. 1998 – König, O. (Hrsg.): Gruppendynamik. Geschichte, Theorien, Methoden, Anwendungen, Ausbildung. 5. Aufl. München/Wien 2001 – Münch, W.: Individuum und Gruppe in der Weiterbildung – Psychologische Grundlagen für die Praxis in Seminaren, Kursen und Trainings. Weinheim/Basel 1995 – Rechtien, W.: Angewandte Gruppendynamik. 4. Aufl. Weinheim 2007 – Schulz von Thun, F.: Praxisberatung in Gruppen – Erlebnisaktivierende Methoden mit 20 Fallbeispielen zum Selbsttraining für Trainerinnen und Trainer, Supervisoren und Coachs. 3. Aufl. Weinheim/Basel 1999 – Tietgens, H.: Vorwort. In: Gerl, H./Pehl, K. (Hrsg.): Evaluation in der Erwachsenenbildung. Bad Heilbrunn/Obb. 1983

Jörg Knoll & Sandra Kube

Selbstorganisation – Selbststeuerung

Der Begriff der S.o. hat seine Ursprünge in der Chaosforschung und ihren Erkenntnissen, dass das Chaos aus sich selbst heraus zu Formen der Ordnungsbildung führe (Küppers 1988). Diese emergieren, d.h. sie entstehen spontan, und bleiben einer erwartenden Beobachtung oft verschlossen. Die Naturprozesse erweisen sich somit nicht als unübersichtlich, sondern als unübersehbar und unberechenbar – eine Eigenschaft, die deutlich auf die Beschränkungen unserer Beobachtungsgewohnheiten verweist. Diese vermitteln uns das Bild eines regellosen Durcheinanders, da sie die Komplexität der miteinander agierenden und rückkoppelnd aufeinander verwiesenen Teile des Ganzen häufig nicht zu erfassen vermögen. In diesem Sinne sind bereits für Humberto Maturana und Francisco Varela die S.o. und die Selbsterzeugung der Lebewesen ihre spezifische Weise, sich gegenüber ihrer Umwelt zu definieren und an deren Bedingungen anzupassen (Maturana/Varela 1987), und es ist der Beobachter, dessen Perspektive darüber entscheidet, ob und inwieweit die emergierenden Ordnungsstrukturen von ihm als solche erkannt und „gewürdigt" werden können. In diesem Sinne führte das Konzept der S.o.

insb. in den Managementtheorien zu Versuchen, verstärkt auf die im Inneren von komplexen Organisationen wirkenden Energien und Dynamiken zu achten und diese in einer evolutionären Weise zu nutzen (Probst 1987).
In der Pädagogik führten das Selbstorganisationskonzept, sowie die Versuche, die S.o. pädagogischer Systeme zu verstehen (Dürr 1995) zunächst ein Randdasein – belächelt und gemieden vom Mainstream der vielfach eher empiristisch oder curricular eingestellten didaktischen Forschungen. Vor diesem Hintergrund mutet der Versuch von Dieter Lenzen, die bildungstheoretische Tragfähigkeit der Konzepte „Selbstorganisation", „Autopoiesis" und „Emergenz" (SAE) zu analysieren, mutig und entschlossen an, zumal ihn seine Analyse zu der Einschätzung führt, „dass beide Begrifflichkeiten zwar hinsichtlich ihrer paradoxalen Struktur äquivalent, dass aber die SAE-Konzeption u.a. eine höhere Anschlussfähigkeit für eine Reflexionstheorie der Humanontogenese aufweist" (Lenzen 1997). Lenzens Annäherung an die neueren Systemtheorien nimmt ihren Ausgangspunkt von einer Kritik des Bildungsbegriffs, den er für ein „deutsches Containerwort" hält, welches sich zudem in seiner Geschichte bis zum heutigen Tag vielfältiger Kritik, Überfrachtungen sowie Ungenauigkeiten erfreut: „Bildung, so glauben die Protagonisten des Bildungsbegriffs, sei eben immer mehr und nicht ein Beliebiges". Dieter Lenzen folgt in seiner Analyse nunmehr nicht einfach einer beliebigen Lesart des Bildungsbegriffs, sondern rekonstruiert dessen semantische Elemente, um diese sodann durch die SAE-Brille einer kritschen Kommentierung zu unterziehen. Dies hilft ihm, die implizite pädagogische Illusion, der zufolge Bildung eine Art „Besitzübertragung" sei, zu zerstören: „Das Individuum selegiert. Indoktrination besteht weniger dadurch, was gesagt oder gelehrt, als vielmehr in dem, was das Individuum nicht angeboten bekommt".
Dies ist eine Spitze gegen jegliche Machbarkeits- und Gestaltungsanmaßungen, denen sich das Individuum mit dem Eigensinn seiner lernenden Suchbewegung entgegenstellt. Dabei kommt seiner S.st. eine grundlegende Bedeutung zu. Denn es breitet sich zunehmend der lerntheoretische Konsens aus, dass kognitive Systeme nicht eine objektive Umwelt erkennen können, sondern diese – auch in Lernprozessen – vielmehr aufgrund der physiologisch-neurologischen Beschaffenheit ihrer Wahrnehmungsorgane sowie aufgrund ihrer biographisch erprobten und bewährten Deutungsmuster selbstgesteuert erzeugen. Für die Erwachsenenpädagogik grundlegend ist die didaktisch folgenreiche Einsicht, dass Lernen nicht länger vornehmlich als Ergebnis von Lehren verstanden werden kann, Lehr-Lernprozesse müssen vielmehr vom Gesichtspunkt der subjektiven Aneignungsleistungen her analytisch rekonstruiert und didaktisch „ermöglicht" werden. Die lernenden Erwachsenen können letztlich nur alleine die Einwurzelung neuer Sichtweisen und neuer Wissensbestandteile in ihre kognitiven Strukturen realisieren. Erforderlich ist deshalb eine weitgehende Entreglementierung der Lernprozesse in der Erwachsenenbildung. In der erwachsenenpädagogischen Diskussion sind deshalb Konzepte eines selbstgesteuerten Lernens auf dem Vormarsch, die nicht die optimale didaktische Planung und Reduktion fachlicher Vermittlung zum alleinigen Fokus einer Unterrichts- und Ausbildungstheorie erheben. Exemplarisch ist die klassische Definition von Knowles, der das selbstgesteuerte Lernen mit den Worten definiert: „In seiner allgemeinen Bedeutung bezeichnet ‚selbstgesteuertes Lernen' einen Prozess, in dem Individuen – mit oder ohne Hilfe anderer – beginnen, ihre Lernbedürfnisse zu formulieren, Lernziele zu bestimmen, menschliche und materialie Ressourcen zu identifizieren, geeignete Lernstrategien auszuwählen und einzusetzen, und die Lernergebnisse zu bewerten" (1975).
Lehren verliert dabei den Charakter des „Erzeugens" von Bildung und des „Durchsetzens" von Wissen sowie Lerngegenständen und fragt nach den individuellen Lerngründen und Lernprojekten, um Lernprozesse zu beraten und begleiten sowie entsprechende Suchbewegungen und Perspektivverschränkungen „ermöglichen" zu können. Der Lehrende ist dabei paradoxerweise dafür zuständig, dass den Lernenden das selbstgesteuerte Lernen gelingt, d.h. dass sie lernen, ohne dass gelehrt wird.

Literatur
Arnold, R.: Ich lerne, also bin ich! Eine systemisch-konstruktivistische Didaktik. Heidelberg 2007 – Dürr, W. (Hrsg.): Selbstorganisation verstehen lernen. Komplexität im Umfeld von Wirtschaft und Pädagogik. Frankfurt a.M. 1995 – Knowles, M.S.: Self-directed Learning. A guide for learners and teachers. Englewood Cliffs, N.J. 1975 – Kraft, S.: Selbstgesteuertes Lernen. Problembereiche in Theorie und Praxis. In: Zeitschrift für Pädagogik, H. 6, 1999 – Küppers, F.-O. (Hrsg.): Ordnung aus dem Chaos. Prinzipien der Selbstorganisation und Evolution des Lebens. 2. Aufl. München 1988 – Lenzen, D.: Lösen die Begriffe Selbstorgaisation, Autopoiesis und Emergenz den Bildungsbegriff ab? Niklas Luhmann zum

70. Geburtstag. In: Zeitschrift für Pädagogik, H. 6, 1997 – Maturana, H./Varela, F.: Der Baum der Erkenntnis. 3. Aufl. Bern 1987 – Probst, G.: Selbst-Organisation. Ordnungsprozesse in sozialen Systemen aus ganzheitl. Sicht. Berlin u.a. 1987

Rolf Arnold

Sokratische Methode

Die s.M. ist Bestandteil der gleichnamigen Form einer fragenden Gesprächsführung, die ursprünglich im Kontext der philosophischen Gruppenarbeit entwickelt wurde. In den 1920er Jahren hat L. Nelson (1922) die Grundstrukturen und Prinzipien des sokratischen Gesprächs für die moderne praktische Philosophie begründet. In der neu aufkeimenden philosophischen und hochschuldidaktischen Diskussion in der Bundesrepublik Deutschland wurde von G. Heckmann (1981) die Form der sokratischen Gesprächsführung und ihre → Methode sowohl in Beziehung zur Diskursethik (Apel; Habermas) wie auch im Verhältnis zu den empirischen Einzelwissenschaften weiterentwickelt. In den 1960er Jahren befreite sich die Diskussion um die s.M. aus dem engen Kontext des praktischen Philosophierens in und mit der → Gruppe und gewann zunehmend an Bedeutung, vor allen Dingen im Bereich der pädagogischen Beratungs- und Bildungspraxis (→ Beratung) mit Jugendlichen und Erwachsenen (Stavemann 2002). In der jüngeren Vergangenheit fallen besonders Rekonstruktions- und Anwendungsversuche der s.M. im Feld der bildungstheoretisch inspirierten allgemeinen und → politischen EB auf.

Will man die s.M. treffend kennzeichnen, so lässt sich behaupten, dass es sich von der Intention her zunächst bei der gleichnamigen Form der Gesprächsführung um einen auf Erkenntnis von Wahrheit ausgerichteten → Diskurs handelt, der den Menschen als potenziell eigenständig denkendes Subjekt begreift. Das konkrete Bildungsziel im Gespräch, welches auf die s.M. zurückgreift, besteht darin, das Wesen einer Sache oder eines Sachverhalts im gemeinsamen Nachdenken zu erfassen. Gruppenkonsens im Sinne thematischer und intersubjektiver Legitimität ist die jeweils praktische Voraussetzung. Methodisch geht es explizit darum, persönlich verbürgerte → Erfahrung auf die Sache (das Thema) zu beziehen. Das Gruppengespräch z.B. in der EB verläuft nach leitmotivisch pädagogischen Regeln, wobei unterstellt wird, dass jeder → Teilnehmende über Erfahrungen und Vorwissen verfügt, die in einem kontrollierten Prozess vorsichtigen Nachfragens versprachlicht werden können. Aufseiten der Teilnehmenden ist die aktive Bereitschaft zur Mitarbeit und Vertrauen in die eigene Verstandeskraft bei regelmäßiger Teilnahme eine unverzichtbare Bedingung. Die Gruppenleitung erfordert persönliche Engagiertheit und Authentizität. Dies setzt eine philosophische Haltung und die politische Bereitschaft zur gesellschaftlichen Einmischung voraus. Der Bezug zur neukantianischen Philosophie der → Aufklärung ist hier deutlich erkennbar, wobei davon ausgegangen wird, dass durch wiederkehrendes Einüben eine kompetente Beherrschung der s.M. jedem möglich ist. Eine zentrale Rolle spielt bei der s.M. das Nachfragen und Deuten von Erfahrungen und Sachverhalten im Bildungsgespräch. Die Deutung hat immer eine ganzheitliche Tendenz; sie erschließt Zusammenhänge über einzelne Gegebenheiten und bloß Vorfindliches hinweg (Birnbacher/Krohn 2002). Deutung ist stets das „Verständnis des Doppelsinns" (Ricoeur 2004), das „Begreifen" der objektiven (wissenschaftlich konstatierbaren) Faktizität wie auch der stets subjektiv (mit-)konstituierten „Geschichte" und Entwicklungsdynamik eines sozialen Sachverhalts. Mit der deutenden Entschlüsselung des latenten Sinngehalts von lebenspraktischem → Wissen folgt die sokratische Gesprächsführung einem mäeutischen Modell pädagogischen Handelns (Oevermann 1996), welches in Analogie zur therapeutischen Dyade der psychoanalytischen Situation eine unverzerrte Kommunikation insoweit ermöglichen würde, als dass manifester und latenter Sinn und Bedeutungsgehalt zunehmend zur Deckung gebracht würden (Dewe 1999). Nach dieser Methode besteht die Aufgabe des Erwachsenenpädagogen darin, den latenten Sinngehalt in sprachlichen Handlungen (Sprache) im Medium nachfragender Gespräche zu entschlüsseln und diesen den Adressaten per Explikation gewissermaßen zur Diskussion zu stellen, um so die im Handeln der Adressaten intuitiv realisierten Operationen und Prinzipien zu bewahren und sie zugleich auf eine höhere Stufe der Symbolorganisation und somit der Einsicht und des (Selbst-)Verständnisses zu bringen.

Erwachsenenpädagogisches Handeln bemüht sich folglich um die („verbesserte", also aufgeklärte) Explikation dessen, was der lernende Erwachsene in seiner Alltagspraxis (→ Alltag) mehr oder weniger fehlerhaft immer schon weiß (Nörenberg 2007). Ein auf solchen Einsichten basierendes pädagogisches Handeln, welches eine Introspektion in die innere Logik der jeweiligen kulturellen Varianten des Erfahrungswissens der Teilnehmenden erfordert, ist an eine Neuformulierung des Bildungsbegriffs gebunden, der sich weder umstandslos in die Tradition des neuhumanistischen Bildungsbegriffs (→ Bildung) stellt, noch die Neuauflage seiner curriculumtheoretischen Reduktion (→ Curriculum) darstellt.

Literatur
Birnbacher, D./Krohn, D. (Hrsg.): Das sokratische Gespräch. Stuttgart 2002 – Dewe, B.: Die Bedeutung von Hermeneutik und Rhetorik in der Praxis philosophischer Beratung. In: Ethik und Sozialwissenschaften, H. 1, 1999b – Heckmann, G.: Das sokratische Gespräch. Erfahrungen in philosophischen Hochschulseminaren. Hannover 1981 – Nelson, L.: Die sokratische Methode. In: Henry-Hermann, G. (Hrsg.): Vom Selbstvertrauen der Vernunft. Schriften zur kritischen Philosophie und ihrer Ethik. Hamburg 1975 (erstmals ersch. 1922) – Nörenberg, M.: Das professionelle Nicht-Wissen. Sokratische Einredungen zur Reflexionskompetenz in der sozialen Arbeit. Heidelberg 2007 – Oevermann, U.: Theoretische Skizze einer revidierten Theorie professionellen Handelns. In: Combe, A./ Helsper, W. (Hrsg.): Pädagogische Professionalität. Frankfurt a.M. 1996 – Ricoeur, P.: Wege der Anerkennung: Erkennen, Wiedererkennen, Anerkanntsein. Frankfurt a.M. 2004 – Stavemann, H.H.: Sokratische Gesprächsführung in Therapie und Beratung. Eine Anleitung für Psychotherapeuten, Berater und Seelsorger. Weinheim 2002

Bernd Dewe

Sozialer Wandel

In sozial- und bildungswissenschaftlicher Sicht umfasst s.W. die Summe quantitativer und qualitativer Veränderungen der Sozial- und Wirtschaftsstruktur von gesellschaftlichen Teilbereichen. Im Gegensatz zu den Begriffen Zivilisierung, Europäisierung, Modernisierung oder Fortschritt, aber auch Industrialisierung oder Demokratisierung ist der Begriff s.W. deskriptiv und analytisch und beinhaltet keine wertenden und insb. keine teleologischen Grundannahmen.

Blickt man historisch zurück, wurde s.W. zunächst implizit z.B. im Sinne H. Spencers als evolutionärer Prozess thematisiert, in dem durch eine fortschreitende Arbeitsteilung und die Etablierung neuer Institutionen Gesellschaften an Komplexität gewinnen. E. Durkheim schließt an diese These an und analysiert wie die sich stetig wandelnden *sozialen Tatsachen*, insb. überindividuelle Strukturen und Ideen wie Religion, Moral und Normen, die Erziehung und Sozialisation des Einzelnen prägen. S.W. begünstigt die Entwicklung von *organischer* Solidarität zwischen ihren Mitgliedern, weil in modernen Gesellschaften die Lebensweisen und -verhältnisse der Menschen auf hoher Heterogenität beruhen. S.W. erzwingt geradezu Sozialisation und intendierte Erziehung zur Aufrechterhaltung gesellschaftlicher Solidarität. Auch für M. Weber ergibt sich durch s.W. ein entwicklungshistorischer Verlauf von Gesellschaften, aus dem auch veränderte Anforderungen an Bildung von Menschen resultieren: Erweckung von Charisma, Kultivierung von Persönlichkeit, spezialisierte Fachschulung.

Der Begriff s.W. wurde explizit von W. F. Ogburn 1922 geprägt; seither befassen sich vor allem systemtheoretische und struktur-funktionalistische Theorien (T. Parsons), konflikttheoretische (R. Dahrendorf), evolutionistische und interaktionistische Theorien (G. H. Mead, J. Habermas) mit verschiedenen Dimensionen und Theoremen des s.W. Konkrete Dimensionen sind soziale Strukturen (wie demographischer Wandel, die Schichtungs- und Milieustruktur), räumliche Strukturen (wie Siedlungsformen und Mobilität), soziale Mentalitäten (wie Werte-, Norm- und Rollenveränderungen) oder auch soziales Verhalten (wie Familienformen, Erziehungsstile, Bildungsverhalten). Aktuelle Theorien des s.W. stellen nicht eine einzige erklärende Variable (z.B. Wirtschaftswachstum, technologischer Wandel) in den Mittelpunkt ihrer Erklärungen, sondern streben eine mehrdimensionale Theorie an, wobei sich empirisch das Problem stellt, welche messbaren Indikatoren zur Bestimmung des s.W. ausgewählt werden. Zwar haben die meisten Theorien des s.W. ein Vorverständnis der wesentlichen Richtung der künftigen Entwicklung, aber es geht nicht um die Suche nach evolutionären Universalien, die in allen Entwicklungsprozessen in bestimmter zeitlicher Abfolge und struktureller Ordnung aufzufinden sind und letztlich für unvermeidbar oder gar für normativ wünschenswert erklärt werden. Typisch dagegen ist, dass in komplexen Gesellschaften in den verschiedenen Teilbereichen ein unterschiedliches Veränderungstempo festzustellen ist (z.B. im Beschäftigungs- und im Bildungssystem), so dass beim s.W. Ungleichzeitigkeit und Spannungen auftreten. Die theoretische und empirische Forschung zum s.W. lässt in den letzten Jahrzehnten bestimmte thematische Schwerpunkte und Konjunkturen erkennen: In den 1950er und 1960er Jahren hat T. Parsons den s.W. in Verbindung mit seinem rollentheoretischen

Ansatz bearbeitet. In Parsons strukturfunktionalistischem Ansatz agiert das Individuum in einer turbulenten Umwelt auf Basis gesellschaftlich normierter und individuell internalisierter Rollenanforderungen und trägt so zur Aufrechterhaltung sozialer Systeme bei. In den 1970er Jahren wurde von Vertretern der Kritischen Theorie kritisiert, dass dieser Ansatz lediglich die Reproduktion bestehender sozialer Ordnungen im Blick habe. In der pädagogischen Rezeption entwickelte sich die Funktionsbeschreibung pädagogischer Institutionen (Qualifikation, Allokation, Legitimation und Enkulturation) weiter (H. Fend). In den 1980er Jahren wurde die Verlagerung von Arbeitsplätzen in den tertiären Dienstleistungssektor analysiert und die Bedeutung von ökonomischen, sozialen und kulturellen Kapital hervorgehoben (P. Bourdieu). Gleichzeitig wurde insb. im deutschsprachigen Raum die Auflösung traditioneller sozialer Strukturen, Institutionen und Orientierungsmuster, wie Klassen, Familie, Ehe oder Geschlechterrollen, im Zuge einer umfassenden Individualisierung, herausgearbeitet (U. Beck). Bourdieus lebensstilbezogener Ansatz und verwandte, in der EB genutzte Milieukonzepte können auch als Gegenentwurf zur Individualisierungsthese verstanden werden, da nicht von einer Erosion sozialer Zusammenhänge, sondern von neuen Ebenen sozialer Gruppenbildung ausgegangen wird. In den 1980er und in den 1990er Jahren wurde die beim s.W. immer bedeutsame Thematik der Beschreibung und Erklärung sozialer Ungleichheit, also der ungleichen Verteilung von als wertvoll erachteter Güter aus geschlechtsspezifischer und migrationsspezifischer Perspektive empirisch analysiert. Soziale Ungleichheit wird hierbei als illegitime Benachteiligung durch eine ungleiche Chancenverteilung kritisiert. Seit den internationalen empirischen Schulleistungsstudien im Jahr 2000 wird soziale Ungleichheit und Bildungsbenachteiligung nicht nur in der erziehungswissenschaftlichen, sondern auch in der bildungspolitischen Debatte wieder verstärkt in den Blick genommen. Bildung spielt bei den Theoremen des s.W. heute erneut eine starke und dominante Rolle, weil Bildung und → Lebenslanges Lernen Lebenschancen determinieren und als wichtige Indikatoren zur Positionierung im sozialen Raum wahrgenommen werden.

Literatur

Baumert, J. u.a. (Hrsg.): PISA 2000. Basiskompetenzen von Schülerinnen und Schülern im internationalen Vergleich. Opladen 2001 – Bourdieu, P.: Die feinen Unterschiede. Kritik der gesellschaftlichen Urteilskraft. Frankfurt a.M. 1982 – Durkheim, E.: Erziehung und Soziologie. Düsseldorf 1972 – Fend, H.: Neue Theorie des Schule. Wiesbaden 2007 – Habermas, J.: Theorie des kommunikativen Handelns. Frankfurt a.M. 1981 – Luhmann, N.: Soziale Systeme. Frankfurt a.M. 1984 – Parsons, T.: Social Structure and Personality. New York 1964 – Tenorth, H-E./Tippelt, R. (Hrsg.): Beltz-Lexikon Pädagogik. Weinheim 2007 – Tippelt, R.: Bildung und sozialer Wandel. Weinheim 1990 – Weber, M.: Wirtschaft und Gesellschaft. Tübingen 1972

Rudolf Tippelt

Sozialformen

S. beschreiben die Art und Weise des Zusammenwirkens in einer Bildungsveranstaltung im Blick darauf, wie die Ziele des Lernens erreicht, Inhalte erarbeitet und die pädagogischen Interaktionen zwischen allen am Lehr-Lernprozess Beteiligten gestaltet werden. Sie stellen gewissermaßen einen Rahmen dar. Innerhalb dieses Rahmens und von ihm wesentlich mitbestimmt, werden Methoden eingesetzt, d.h. helfende Verfahrensweisen mit einem bestimmten Ablauf und einer konkreten Struktur. So kann die S. „Gruppenarbeit" durch verschieden strukturierte Gruppenbildung realisiert werden, z.B. durch Nachbarschaft oder Kriterien wie Geschlecht oder nach Jahren gestaffelter Dauer beruflicher Tätigkeit; diese Nachbarschafts- oder Kriteriengruppengruppen haben dann ihre je eigene Konstitutionsbedingung und damit auch Dynamik, die wiederum für die Zielerreichung bedeutsam ist. Insofern können S. auch zu Sequenzen verbunden werden, z.B. zur „Wachsenden Gruppe": Einzelarbeit – Partnerarbeit – Gruppe (je zwei Paare) – Plenum. Dieses Vorgehen, ein Plenum „aufzubauen", stellt ein bestimmtes Muster dar, so dass „Wachsende Gruppe" insgesamt als → Methode bezeichnet werden kann. Das Beispiel verweist darauf, wie komplex das Verhältnis zwischen S. und Methode dem Begriff und der Sache nach ist und dass es daher immer wieder neu der Klärung bedarf. Traditionellerweise werden S. ausführlich in der Schulpädagogik reflektiert und differenziert z.B. nach Frontalunterricht, Einzelarbeit, Partnerarbeit, Gruppenunterricht (Köck/Ott 1994), allerdings auch da mit Methoden verbunden (ebd.). Im Hintergrund steht ein Verständnis der Bedeutung sozialer Organisation für den Unterricht (Kösel 1973), das sich für die EB unschwer fruchtbar machen lässt. Demnach kann die Erreichung des Lernziels durch

bewusste Gestaltung der pädagogisch-didaktisch relevanten Interaktionen zwischen Lehrenden und Lernenden sowie zwischen den Lernenden selber, also mithilfe sozialer Organisation realisiert werden. Beim Planen dieser Interaktionsgestaltung obliegt den Lehrenden eine hohe Verantwortung, weil ein bestimmtes Lehrverhalten auch ein bestimmtes Verhalten der Lernenden anregt und weil die gewählten Sozialformen wesentlich Kommunikation und Kooperation sowie Lernerfolg und Lernatmosphäre beeinflussen. So ist, wenn es um die Erarbeitung von Wissen geht, das auch noch nach der Veranstaltung gegenwärtig ist, ein Wechsel aus Gruppe – frontale Information – Gruppe – Plenum ertragreicher als die übliche Verbindung aus Frontalvortrag und Plenum mit sog. Diskussion. Bei der didaktischen Analyse sollte ein Bewusstsein hierfür vorhanden sein, um Entscheidungen im Zusammenhang mit der sozialen Organisation so zu treffen, dass sie dem Erreichen des Lernziels dienlich sind.
An dieses Verständnis von S. erinnert die begrifflich-inhaltliche Ausdifferenzierung von „Veranstaltungsformen" der EB (Müller 1982); Seminar, Gesprächskreis, Arbeitskreis, Kurs und Vortrag sind demnach jeweils ein struktureller Rahmen, der für das Lehr-Lerngeschehen Grundgegebenheiten festgelegt, die sich dann durch weitere Entscheidungen und Gestaltungen im Blick auf Methoden konkretisieren. Allerdings tritt auch hier die begrifflich-inhaltliche Unschärfe in Abgrenzung zu Methoden auf.
Im Übrigen ist in der EB die direkte Benennung von S. als eigenständige Thematik eher selten anzutreffen. Das hängt sicherlich auch damit zusammen, dass – wie schon erwähnt – die Verhältnisbestimmung komplex ist und es ein gewisses Maß an Deckungsgleichheit gibt (vgl. z.B. Partnerinterview als Methode und Paararbeit als S.). Häufig werden Sozialformen als Element der pädagogisch-didaktischen Methodik gesehen und auf diese Weise in die Darstellungen von Lehr-Lernarrangements einbezogen (Knoll 1997, 2007; Brühwiler 1992; Döring/Ritter-Mamczek 1997).
Die pragmatische Sicht und Vorgehensweise, den Hauptakzent auf die Reflexion und Gestaltung von Methoden zu legen und die S. eher als mitlaufende Dimension zu behandeln, ist verständlich. Dennoch ist eine deutlichere Verhältnisbestimmung zwischen S. und Methoden aus Gründen einer reflektierten Praxis sinnvoll. Nur so wird die wechselseitige Abhängigkeit zwischen Grundentscheidungen und -strukturen im Blick auf Rollen und Interaktionen im Lehr-Lernarrangement einerseits und der gewählten einzelnen Methode andererseits deutlich und bewusst gestaltbar. Nur so wird überprüfbar, ob die gewählte Methode ihrem Kern und ihrer Prozessstruktur nach dem entspricht, was als Zustand des (gemeinsamen) Lernens und als dessen Ergebnis gewünscht ist.

Literatur
Brühwiler, H.: Methoden der ganzheitlichen Jugend- und Erwachsenenbildung. Opladen 1992 – Döring, K./Ritter-Mamczek, B.: Lehren und Trainieren in der Weiterbildung – Ein praxisorientierter Leitfaden. Weinheim 1997 – Knoll, J.: Kleingruppenmethoden – Effektive Gruppenarbeit in Kursen, Seminaren, Trainings und Tagungen. Weinheim/Basel 1997 – Knoll, J.: Kurs- und Seminarmethoden – Ein Trainingsbuch zur Gestaltung von Kursen und Seminaren, Arbeits- und Gesprächskreisen. Weinheim/Basel 2007 – Köck, P./Ott, H.: Wörterbuch für Erziehung und Unterricht. Donauwörth 1994 – Kösel, E.: Sozialformen des Unterrichts. Ravensburg 1973 – Müller, P.: Methoden in der kirchlichen Erwachsenenbildung. München 1982

Jörg Knoll

Sprache

S. und EB sind auf philosophischer Ebene bei der Frage nach dem Wesen der → Erwachsenenbildung, auf didaktischer Ebene bei dem Problem des Zugangs zur S. der Lerngegenstände (→ Didaktik), auf empirischer Ebene bei der Erforschung der S. der → Teilnehmenden miteinander verbunden. Daneben geht es aber auch um S. als Lerngegenstand und nicht zuletzt um die von der EB selbst verwendeten S.
Unter Rückgriff auf die romantische Sprachphilosophie W. von Humboldts kann S. als Individualität und Sozialität zugleich verkörperndes Medium gesehen und die gegenseitige Abhängigkeit von Sprechen und Denken begründet werden. Daneben ist die von J. Habermas vertretene Kommunikations- und Diskurstheorie (Kommunikation, → Diskurs) von großem Einfluss auf die um Verständigung zwischen unterschiedlichen → Gruppen und Positionen bemühte EB gewesen. Angestrebt wird dabei nicht der – letztlich utopische – „herrschaftsfreie Diskurs", „sondern → Perspektivverschränkung, die in öffentlicher Auseinandersetzung gesucht wird" (Schlutz 1984). Die moderne pragmatische und auf Texteinheiten ausgerichtete S.wissenschaft ist zur Fundierung der von den → Bezugswissenschaften

Soziologie und Psychologie bestimmten Theorie der EB kaum herangezogen worden (Nolda 1989).
Das Problem der Lernschwierigkeiten verursachenden S. der Lerngegenstände wird meist noch als Gegensatz zwischen Wissenschafts- und Alltagss. gefasst. Dabei geht es weniger um vertikale → Popularisierung als um die Gegenüberstellung wissenschaftlicher Sprach- und Denkformen mit solchen des → Alltags, um die Vermittlung des Umgangs mit ungewohnten Abstraktionen, Explizierungen und um Präzision bemühten Terminologien. Die Durchdringung des Alltags mit wissenschaftlichem → Wissen einerseits und die Relativierung dieses Wissens andererseits haben das Problem der Transformation insofern verändert, als eine starre Gegenüberstellung und eine Hierarchisierung hinfällig geworden sind. Wie EB darauf reagiert und reagieren sollte, kann auf der Basis empirischer Untersuchungen geklärt werden, die die verbale → Interaktion in entsprechenden → Veranstaltungen erfassen. Das Interesse lag zunächst im Anschluss an das Sprachbarrierenmodell von B. Bernstein auf der Schichtspezifik sprachlicher Äußerungen und hat sich dann unter dem Einfluss der feministischen Linguistik (Nolda 1995) auf die Geschlechtsspezifik verschoben. In beiden Fällen hat es Versuche gegeben, die S. von Benachteiligten, d.h. den restringierten Code von Angehörigen der Unterschicht, bzw. das weibliche, den Beziehungsaspekt betonende Sprechen entweder zu idealisieren oder zu verändern. Primär dient die Beschäftigung mit der S. der Teilnehmenden, die auf Überlegungen der Weimarer EB zurückgeht, als Grundlage für eine didaktische Bearbeitung von damit zusammenhängenden möglichen Lern- und Verständnisproblemen.
Als Lernobjekt wird S. in der EB mittlerweile vor allem in Form von → Alphabetisierungskursen, sog. Integrationskursen für Migrant/inn/en und Rhetorikkursen für Muttersprachler/innen (Schlutz 1995) angeboten. Hier ist der Versuch erkennbar, über sprachliche Bildung gesellschaftliche → Inklusion zu fördern.
S. ist aber nicht nur als Medium und Objekt von EB zu sehen, ihre Analyse kann auch auf diese selbst bezogen werden. Hier ist zu unterscheiden zwischen der kritischen Betrachtung jeweils aktueller Begriffe (Nolda 1996) und diskursanalytischen Untersuchungen, die in Anlehnung an die Diskurstheorie von Foucault den → Diskurs der Wissenschaft, der Bildungspolitik und der Praxis der EB analysieren (Wrana 2003).

Literatur
Nolda, S. (Hrsg.): Sprachwissenschaft als Bezugswissenschaft der Erwachsenenbildung. Bad Heilbrunn/Obb. 1989 – Nolda, S.: Frauensprache – Männersprache als Problem der Erwachsenenbildung. Anmerkungen zur Rezeption wissenschaftlichen Wissens. In: Hessische Blätter für Volksbildung, H. 3, 1995 – Nolda, S.: Begriffskarrieren und Rezeptionsbarrieren in der Erwachsenenbildung. In: Zeitschrift für Pädagogik, H. 4, 1996 – Schlutz, E.: Sprache, Bildung und Verständigung. Bad Heilbrunn/Obb. 1984 – Schlutz, E.: Sprachbarrieren und Sprachbildung – angesichts der Alltagsorientierung der Erwachsenenbildung kein Thema mehr? In: Hessische Blätter für Volksbildung, H. 3, 1995 – Wrana, D. (2003): Lernen lebenslänglich. Die Karriere lebenslangen Lernens. Eine gouvernementalitätstheoretische Studie zum Weiterbildungssystem. URL: www.copyriot.com/gouvernementalitaet/pdf/wrana.pdf (Stand: 15.11.2009)

Sigrid Nolda

Sprachenzertifikate

S. sind Bescheinigungen für erbrachte sprachliche Leistungen. Sie unterscheiden sich von Noten oder Zeugnissen dadurch, dass sie nicht an einen schulischen Kontext gebunden sind. Sie beziehen sich nicht auf die Leistungen der Gruppe/Klasse, dienen nicht der Selektion, sind unabhängig von subjektivem Lehrerurteil und haben ihre Grundlage in objektivierter Leistungsmessung. In Deutschland wurde dieser innovative Ansatz für Fremdsprachen insb. in den Volkshochschulen entwickelt; nacheinander wurden diese Arbeiten seit 1966/67 im Bayerischen Volkshochschulverband, in der Pädagogischen Arbeitsstelle des Deutschen Volkshochschulverbandes (PAS), in der Prüfungszentrale der PAS, in der International Certificate Conference (ICC), in der Weiterbildungs-Testsysteme GmbH und jetzt in TELC (The European Language Certificates) durchgeführt.
Goethe-Institut, Cambridge University, Alliance Française, Instituto Cervantes usw. haben ihrerseits Sprachprüfungen entwickelt und vergeben Sprachenzertifikate. Die Einführung der S., und damit der Zertifikatsprüfungen, prägt den Sprachunterricht in der EB in mehrfacher Hinsicht:

- Die der Zertifizierung von Sprachleistungen zugrunde liegende Leistungsmessung ist unabhängig von (subjektiven) Lehrerbeurteilungen, unabhängig auch von nationalen Notentraditionen und daher besonders erwachsenengemäß und auch „europaorientiert".

- Das durchgängige Zertifizierungsangebot fördert die Gliederung des Lehr-Lernprozesses und damit dessen Transparenz, unterstützt also die Lernberatung.
- Leistungskontrollen und die darauf aufbauende Erstellung von Leistungsprofilen fördern das selbstständige Lernen.
- Die S. bescheinigen Leistungen in international „lesbarer“ (d.h. definierter) Form und eignen sich daher besonders zur Förderung der beruflichen Mobilität.
- Die Einführung des Zertifikatssystems hat entscheidend beigetragen zu Lerner- und Lernzielorientierung der Sprachkursangebote, zur Modularisierung der Sprachkursangebote, zu einer Verknüpfung mit der europäischen Entwicklung (Gemeinsamer Europäischer Referenzrahmen, Europäisches Sprachenportfolio) sowie zur Internationalisierung der Sprachenzertifikate.

Für die Volkshochschulen waren Zertifikate von Anfang an (seit 1967) ein Instrument der Qualitätssicherung. Anpassungen an sich ändernde Qualitätsbegriffe waren vor allem in drei Richtungen notwendig. Erstens: Die Beschreibung von Sprache führte von einer Schwerpunktsetzung im Bereich der sprachlichen Formen (in den 1960er Jahren) über die Berücksichtigung der situativen Einbettung sprachlicher Äußerungen (in den 1970er und 1980er Jahren) hin zu der Auffassung von Sprache als partnerschaftlich zu schaffendem Produkt (Diskurs) und verantwortungsvollem Handeln. Zweitens: Konzeptionen von Prüfungsverfahren ändern sich: Prüfungen haben sich befreit von der früheren Nähe zu Übungen; sie haben sich in den 1960er und 1970er Jahren stark identifiziert mit den Ansprüchen an Objektivität der Leistungsmessung, während sie heute versuchen, die Kreativität und die soziale Komponente des Sprachgebrauchs möglichst nicht einzuengen. Mit den Änderungen der Gütekriterien zeigt sich eine deutliche Entwicklung von der Erhebung isolierter und oft kontextloser zur Umsetzung ganzheitlicher Auffassungen von Sprache auch im Test (und nicht nur im Unterricht). Drittens: Erwartungen und Bedürfnisse der Teilnehmenden haben sich geändert: VHS-Sprachkurse, die bis ca. 1970 größtenteils entweder sozialen Bedürfnissen (Kontakt mit anderen Menschen) oder Bildungsinteressen entsprochen hatten, öffneten sich der beruflichen Verwendung von Sprachkenntnissen sowie der gezielten Förderung instrumenteller Kenntnisse z.B. für touristische Zwecke. Diese vier Orientierungen der Lernbedürfnisse bestimmen in unterschiedlicher Gewichtung derzeitig auch das VHS-Sprachenangebot.

Gegenwärtig wird intensiv die bislang noch offene Frage diskutiert, ob, wie und wieweit interkulturelle Kompetenzen beschreibbar, prüfbar und zertifizierbar sind. Die S. waren und sind für die Volkshochschulen ferner ein Weg in eine vielfältige internationale Kooperation.

Die Entwicklung und Fortschreibung der Zertifikate hat über die Innovationen im engeren Bereich der Sprachprüfungen hinaus erhebliche Auswirkungen auf die Definition von Lernzielen, die Methodik der Sprachvermittlung, die Bestimmung der Qualifikationsprofile für Lehrende, die Sensibilisierung für zielgruppenorientiertes Lernen u.a. gehabt. Qualitätskontrollen werden auch in Zukunft die angemessene Fortschreibung der Zertifikatsqualität zu prüfen haben.

Literatur

Bolton, S.: Leistungsmessung. Theoretische Grundlagen und Gütekriterien. In: Burwitz-Melzer, E./Solmecke, G. (Hrsg.): Niemals zu früh und selten zu spät: Fremdsprachenunterricht in Schule und Erwachsenenbildung. Festschrift für Jürgen Quetz. Berlin 2005 – Grotjahn, R.: Prüfen – Testen – Bewerten. In: Jung, U.O.H. (Hrsg.): Praktische Handreichung für Fremdsprachenlehrer. Frankfurt a.M. u.a. 2006 – Lazar, I. u.a.: Developing and Assessing Intercultural Communicative Competence – A guide for language teachers and teacher educators. Straßburg 2008 – Raasch, A.: Sprachenzertifikate. In: Hallet, W./Königs, F.: Handbuch Fremdsprachendidaktik. Hannover 2009

Albert Raasch

Staatliche Weiterbildungsförderung

Im Grundsatz ist die s.W. unbestritten. Unterschiedliche Auffassungen bestehen jedoch über das Ausmaß und den Modus seiner Praktizierung, wobei die entsprechenden Programmatiken einem zeitlichen Wandel unterliegen. Als Einflussfaktoren gelten unterschiedliche fiskalische Spielräume, Veränderungen in der staatlichen Problemwahrnehmung und die Konjunkturbedingtheit übergreifender Gesellschaftspolitiken. Generell legitimiert sich s.W. als Korrektiv gegenüber den Defiziten einer rein marktförmig strukturierten oder allein auf Privatinitiative beruhenden WB.

Mit der Weimarer Reichsverfassung wurde in Art. 148, Abs. 4 die s.W. erstmals als Aufgabe von

Verfassungsrang anerkannt. Heute verweist der Begriff s.W. auf die Weiterbildungsausgaben von Bund, Ländern und EU. Die Kommunen fungieren zwar als ein bedeutsamer Finanzier, vor allem der Volkshochschulen (Kuhlenkamp 2006), werden aber nicht der staatlichen Sphäre zugerechnet. Ähnlich verhält es sich mit der Bundesagentur für Arbeit, deren stark rückläufige Weiterbildungsförderung sich vorwiegend aus Beiträgen der Sozialpartner speist.
Zwischen einem engen und weiten Verständnis s.W. ist zu unterscheiden. Im ersten Fall unterstützen vor allem die Länder die finanzielle Realisierung von Weiterbildungsangeboten und/oder es werden öffentlich anerkannte Weiterbildungseinrichtungen als Infrastruktur → lebenslangen Lernens gefördert. Dies geschieht im Rahmen der Kulturhoheit in den meisten Ländern mittels spezieller Erwachsenenbildungs- oder → Weiterbildungsgesetze, die einen strukturprägenden Einfluss auf das Bildungsgeschehen nehmen (wollen). Die übrigen Länder fördern die allgemeine, politische und kulturelle EB rechtlich per Verordnung und jährlichem Haushaltsgesetz. Darüber hinaus existiert eine zweite – gewichtiger gewordene – Form der s.W., wo der am Bildungsbegriff orientierte Fördergedanke hinsichtlich des organisierten Erwachsenenlernens nicht mehr explizit gegeben ist und der Staat in diversen Politikfeldern mit dem Instrumentarium der WB tätig wird. Hier ließe sich aufgrund der Nachrangigkeit von Bildung als personalem und gesellschaftlichem Eigenwert von einer „sekundären" s.W. sprechen (Brödel 1997).
Infolge eines seit den 1990er Jahren stark rückgängigen Förderungsvolumens der primären s.W. und eines damit verbundenen Gestaltungsverlusts der Erwachsenenbildungsgesetze gewinnt das Subsidiaritätsprinzip in Form der Beteiligung der → Träger bei der Finanzierung der Bildungsarbeit wieder an Bedeutung. Allerdings ist auch hier dem allgemeinen Kürzungstrend folgend das Engagement der gesellschaftlichen Großorganisationen rückläufig. Zu beobachten ist daneben eine Zunahme der Mischfinanzierung im öffentlichen Weiterbildungsbereich, indem verstärkt EU-Mittel zur Ko-Finanzierung von Weiterbildungsaufgaben eingeworben werden. Eine weitere Entwicklung, die aus der rückläufigen s.W. resultiert, äußert sich in stark angestiegenen individuellen Weiterbildungsaufwendungen für die → Teilnehmenden.
Entgegen der ursprünglichen Programmatik von öffentlicher WB, die nach dem Reformverständnis der 1970er Jahre auf die Bündelung weiterbildungsrelevanter Zuständigkeit und Ressourcen in einem Ressort abzielt, hat sich schrittweise eine Diversifizierung der Weiterbildungsförderung durchgesetzt. Diese betrifft heute sowohl die s.W. selbst als auch die akut gewordene Frage der angemessenen Lastenverteilung bei den Weiterbildungskosten zwischen Staat, Betrieben und Individuen.
Als eine neuartige Aufgabe s.W. zeichnet sich seit dem Jahr 2008 die Einführung eines gesetzlich geförderten Weiterbildungssparens ab. Laut gutachtlicher Empfehlung soll dieses durch Erweiterung des bereits bestehenden und – vom „Prämiensparen" – bekannten Vermögensbildungsgesetzes institutionalisiert werden können (Rürup/Kohlmeier 2007). In Anbetracht abnehmender staatlicher wie betrieblicher Weiterbildungsausgaben ist das Hauptziel die Stärkung der Beschäftigungsfähigkeit des Einzelnen mittels individuellen monetären Weiterbildungsengagements. Dabei geht es nicht allein um eine erhöhte Elastizität des Ressourcenmanagements bei einer erforderlich werdenden Eigenfinanzierung von Bildungsvorhaben. Darüber hinaus symbolisiert die Innovation regelmäßigen Bildungssparens einen ordnungspolitischen Richtungswechsel zur weiterbildungsspezifischen „Finanzierungsverantwortung" (ebd.) des Erwerbsarbeitssubjekts.
Auf der gesetzestechnischen Ebene bezieht sich Bildungssparen auf die finanzielle Vorsorge hinsichtlich der Teilnahme am institutionalisierten Erwachsenenlernen. Nach bisheriger Regelung besteht eine Zweck- oder Verwendungsbindung des angesparten Bildungskapitals für die Begleichung der direkten Weiterbildungskosten (hauptsächlich Teilnahmegebühren), wobei der Schwerpunkt beim Besuch von Bildungsmaßnahmen ausschließlich allgemeinen beruflichen Inhalts sein muss. Individuelle s.W. erfolgt hier vor allem in Form der Gewährung einer einkommensabhängigen Weiterbildungsprämie in Höhe von 154 Euro. Davon erhofft sich die Bildungspolitik gerade für finanzschwache und bildungsferne Gruppen einen Mobilisierungseffekt zur Erhöhung der Bildungsbeteiligung. Auch die Möglichkeit der Inanspruchnahme von Weiterbildungsdarlehen ist vorgesehen.

Literatur
Brödel, R.: Strukturwandel staatlicher Weiterbildungsfinanzierung: In: Ders. (Hrsg.): Erwachsenenbildung in der Moderne. Opladen 1997 – Brödel, R./Yendell, A.: Weiterbildungsverhalten und Eigenressourcen. Bielefeld 2008 – Kuhlenkamp, D.: Finanzielle Ressourcen zur Teilhabe an Weiterbildung. In:

Forneck, H./Wiesner, G./Zeuner, C. (Hrsg.): Teilhabe an der Erwachsenenbildung und gesellschaftliche Modernisierung. Baltmannsweiler 2006 – Rürup, B./Kohlmeier, A.: Wirtschaftliche und sozialpolitische Bedeutung des Weiterbildungssparens. Gutachten im Auftrag des BMBF. Berlin/Bonn 2007

Rainer Brödel

Studium

Die Einrichtung eines Hauptfachstudiums Erziehungswissenschaft mit dem Studienschwerpunkt EB/WB war – allen hochschul- und arbeitsmarktpolitischen Irritationen zum Trotz – eine Erfolgsgeschichte. Diese bezieht sich sowohl auf die Konturierung als erziehungswissenschaftliche Disziplin als auch die Verzahnung mit den Tätigkeitsfeldern, in denen sich ihren Absolvent/inn/en die Chance bietet, auf dem Arbeitsmarkt Fuß zu fassen und berufliche Karrieren zu erschließen. Indem der bisherige Diplom-Abschluss abgelöst wird durch eine Graduierung als Bachelor und Master (→ Bologna-Prozess), befindet sich die Studienlandschaft jedoch in einem tiefgreifenden Umbruch.

Eine Übersicht über die im Internet publizierten Studiengänge ergibt für das Jahr 2008, dass noch ca. 30 Studiengänge mit dem Diplomabschluss angeboten werden, die bis zum Ende des Jahrzehnts auslaufen werden (ebenso wie die wenigen Magisterstudiengänge, innerhalb derer ein Schwerpunktstudium EB/WB möglich ist).

Die Bezeichnung der Studiengänge, in denen EB/WB ausgewiesen ist, spiegelt den Zustand der Disziplin. An fünf Hochschulorten ist EB/WB eingebettet in die Pädagogik, an 23 weiteren Hochschulen in die Erziehungswissenschaft, an fünf Hochschulen wird sie teilweise in Kombination mit Bildungswissenschaft gelehrt. An neun Hochschulen finden sich Studiengänge mit der Bezeichnung EB/WB, an 12 Hochschulen ist EB/WB (insb. im Masterbereich) in spezielle Studiengangsbezeichnungen (z.B. Management und Beratung für europäische Bildung, Bildungsmanagement, Leadership, Lifelong Learning, Knowledge Management and Institutional Change, Human Development, Lifelong Learning and Institutional Change, Weiterbildung und Bildungstechnologie, Betriebliche Berufsbildung und Berufsbildungsmanagement, Wirtschaftspädagogik, Erziehungswissenschaft: Organisation von Wissen oder Further Education and Training, Adult Education) inkludiert.

Ein Anstoß für die Studienangebote mit dem Schwerpunktprofil EB/WB nach 1969 war die Expansion des Tätigkeitsfeldes. Dies lag zum einen am Umfangswachstum des Teilarbeitsmarktes für personenbezogene Dienstleistungen. Gleichzeitig wies besonders das Beschäftigungssegment der Erziehungs-, Bildungs- und Sozialberufe schon seit längerem eine stetige Steigerung auf. Zum anderen hatte sich das Bildungswesen in Richtung auf eine Aufwertung der WB restrukturiert. Fast unbemerkt ist seitdem die EB, gemessen an Teilnahmezahlen und Finanzen, zum größten Bildungsbereich geworden – dies weisen kontinuierlich die Statistiken des Berichtssystems Weiterbildung aus. Entsprechend ist auch die Zahl der Personen, die ihr Haupteinkommen in der EB verdienen, erheblich gestiegen (Faulstich 1996). In der Folge der Expansion des Teilarbeitsmarktes gibt es seit 40 Jahren die Möglichkeit, an den Hochschulen EB zu studieren. Die Grundlage dafür bietet die „Rahmenordnung für die Diplomprüfung in Erziehungswissenschaft", die von der KMK am 20.03.1969 beschlossen worden war. Ein Grundmerkmal des Diplomstudiengangs war es, die vielfältigen Tätigkeitsfelder auf ein gemeinsames bildungswissenschaftliches Fundament zu stellen. Dies ist der Versuch, eine Handlungskompetenz zu vermitteln, die eine breite Basiskompetenz mit der berufsspezifischen Kompetenz in der EB kombiniert. Zunächst war die Studienrichtung EB auf erhebliche Vorbehalte gestoßen und als „akademisch", „praxisfern" und „realitätsfremd" kritisiert worden. Es wurde vor allem skeptisch eingewandt, dass der Praxisbezug im Hinblick auf die anfallenden Funktionen fraglich sei, dass aber auch die Fachkompetenz für lehrende Tätigkeiten fehle.

Nichtsdestoweniger hat dieses Studienangebot eine erstaunliche Entwicklungsdynamik entfaltet (Krüger u.a. 2003). Nach der ersten Expansion in den 1980er Jahren auf etwa 25.000 stieg die Zahl der Immatrikulierten stetig an und betrug Ende der 1990er Jahre rund 40.000 Studierende in Deutschland.

Demgegenüber werden zunehmend Bachelorstudiengänge angeboten, innerhalb derer EB/WB ausgewiesen wird, ohne dass eine Fortsetzung im konsekutiven Masters. an derselben Hochschule möglich ist. Zusätzlich werden Studiengänge konsekutiv offeriert, d.h. mit dem Bachelorabschluss ist es möglich, ein Masters. mit dem Schwerpunkt EB/WB anzuschließen (oder nach Berufstätigkeit erneut aufzunehmen). Schließlich ist es möglich, ein Masters. zu beginnen (an einigen Hochschulorten stehen dafür mehrere Masterangebote zur Verfügung), ohne dass dort ein vorgängiges Bachelors. mit einem ausgewiesenen Schwerpunkt der EB/WB vorgesehen ist. An wenigen Hochschulen werden derzeit nicht-konsekutive, weiterbildende Masterstudiengänge angeboten. Dabei hat sich die Anzahl der Hochschulen, welche ein Studium der EB/WB anbieten, nicht verändert. An ca. 40 Hochschulen ist ein solches S. möglich, eine Zahl, die seit den 1990er Jahren weitgehend unverändert ist.

Mit der Diskussion um Bachelor- und Masterstudiengänge bricht nun das ganze Feld der Studiengangsstrukturen in nahezu allen Disziplinen auf. Kern der neuen Strukturen ist die Modularisierung des S. Dies ermöglicht einerseits eine stärkere Flexibilisierung und Individualisierung der Lernmöglichkeiten, erzwingt aber andererseits durch die Notwendigkeit der Vergleichbarkeit und Anrechenbarkeit der Zertifizierungen im Kredit-Punkt-System eine Bürokratisierung der Angebote und Prüfungen.

Unter den neu entstandenen Studiengängen gestaltet sich der Anteil der EB/WB sehr differenziert, die erwachsenenbildnerischen Themen sind als einzelne Aspekte, Module, Profil oder kompletter Studiengang repräsentiert.

Ein deutlicher Zusammenhang besteht zwischen der Form des Angebots und dem akademischen Abschlussniveau. So dominieren auf Bachelorstufe Aspekte und Module, die in generellen erziehungswissenschaftlichen Studiengängen eingebunden sind und sich anteilsmäßig kaum über mehr als zwei Module erstrecken. Auf der Masterebene erhält das Professionsfeld EB/WB deutlich mehr quantitative Substanz. Dadurch wird deutlich, dass die Qualifikation professionellen Nachwuchses vorrangig in der Masterphase angesiedelt ist. Es fällt auf, dass sehr unterschiedliche Signale gesetzt werden. Funktionale Bezeichnungen (Basismodul, Vertiefungsrichtungen, Akzentuierungsbereich, Profilbereich, Handlungsfeld) lassen darauf schließen, dass nach mehr oder weniger weit gefassten Hülsen gesucht wurde, denen nachfolgend spezifizierende Veranstaltungsinhalte untergeordnet werden können. Andererseits finden sich relativ klar bestimmte Schwerpunktsetzungen, die auf ein thematisches Profil, wie z.B. Beratung, Evaluation, Organisationsentwicklung, Gestaltung lernortübergreifenden und lebenslangen Lernens, Bildungsinstitutionen und Bildungsorganisation oder Management, hinweisen. Während funktionale Bezeichnungen eher eine Orientierung an der Wissenschaftssystematik ausdrücken, deuten inhaltliche Schwerpunkte in den Modulbezeichnungen eher auf eine Orientierung an Strukturen der Praxis der EB/WB hin.

Was hinter den Modulbezeichnungen steht, weist sich in den thematischen Schwerpunkten aus, welche diesen zugeordnet sind. Als Systematik bietet sich eine Zuweisung dieser thematischen Schwerpunkte zu den weitgehend üblichen Kategorien Geschichte der EB/WB, Theorie, Institutionen/Bildungspolitik, Lehren/Lernen, Bereiche der EB, Forschung und Zielgruppen an:

- Theorie: Theorie der EB, lebenslanges und lebensbegleitendes Lernen, Wissenschaftsdidaktik, gesellschaftliche und anthropologische Voraussetzungen für das Lernen Erwachsener, Umgang mit Wissen, selbstgesteuertes Lernen, Selbstreflexion, Ethik, Essentials of Adult and Continuing Education in Europe,
- Forschung: Forschungsfelder lebenslangen bzw. lebensbegleitenden Lernens, Evaluation, Institutionen- und Programmforschung, forschungspraktische Studien im Bereich der EB,
- Lehren/Lernen: Lehren und Lernen in der EB, didaktische/methodische Konzepte der EB, Gestaltung von Lernumgebungen, Projektarbeit, Methoden der Weiterbildungsberatung, Lernmanagement,
- Geschichte: Geschichte der EB/WB, historische Grundlagen,
- Institutionen/Bildungspolitik: Institutionen, Management, Institutionalformen der EB/WB, Weiterbildungsrecht in Deutschland, European Strategies for Lifelong Learning,
- Bereiche der EB: betriebliche Bildungsarbeit, betriebliche WB, berufliche WB, kulturelle WB,
- spezifische Themen: Professionalisierung in der EB, Neue Medien,
- Zielgruppen: Zielgruppenkonzepte.

Die Bachelor-/Masterkonstruktion sucht den Anschluss an die bisherige Struktur des Diplomstudiums. Ein zentrales Ergebnis der bisherigen Reform liegt darin, dass die spezifische professionsfeldbezogene Ausbildung in der Masterphase eine prinzipielle Qualifikationsstruktur erkennen lässt. Eine professionsbezogene Profilbildung auf der Basis eines disziplinären Fundaments, welches in einem erziehungswissenschaftlichen Bachelorstudiengang oder im Rahmen einer fachlichen Basis in der Masterphase entwickelt wird, wird tendenziell präferiert. Die Gefahr der nachträglichen Entwertung des Berufsprofils von etwa 50.000 Absolvent/inn/en des

bisherigen Diplomstudiengangs ist damit allerdings nicht abgewendet.
Eine aussichtsreiche Perspektive bietet ein bildungswissenschaftliches Hauptfach mit dem Schwerpunkt EB. Gleichzeitig muss aber, wenn man sich auf ein Modulsystem einlässt, eine fundierte Basis für das Zusammenfügen der einzelnen Bausteine gelegt werden. Dazu können die Kultur- und Bildungswissenschaften eine theoretische Grundlage liefern. Angesichts der erzwungenen rigiden Transformation der Studienstrukturen an deutschen Hochschulen könnte eine „profilorientierte Modularisierung" eine adäquate Strategie abgeben, um den Professionalisierungsanforderungen für „Lernvermittler" in der EB gerecht zu werden. Angesichts der hochschulpolitischen Ausgangssituation bleibt abzuwarten, ob die Entwicklung eines konsekutiven Bachelor-/Mastermodells koordiniert zwischen den Hochschulen vorangetrieben wird, um die Bedeutung eines Hauptfachstudiums, das auf unterrichtende, planende und beratende Tätigkeiten im Bildungssystem vorbereitet, zu sichern und zu unterstreichen. Ein modularisiertes System von grundständigen und weiterführenden Studien für Tätigkeiten in der EB bietet die Chance, die Dynamik dieses Arbeitsfeldes aufzunehmen.

Literatur
Faulstich, P.: Höchstens ansatzweise Professionalisierung. In: GEW (Hrsg.): Die Bildungsarbeiter. Weinheim 1996 – Faulstich, P./Graeßner, G.: Grundständige Studiengänge Weiterbildung in Deutschland. Sonderbeilage zum Report. Bielefeld 2003 – Faulstich, P./Graeßner, G.: Riskante Flexibilität. In: Kraul, M./Merkens, H./Tippelt, R.: Datenreport Erziehungswissenschaft 2006. Wiesbaden 2006 – Krüger, H.-H.u.a.: Diplom-Pädagogen in Deutschland. Weinheim 2003

Peter Faulstich & Gernot Graeßner

Subjektorientierung

Der Subjektbegriff steht als Chiffre für freiheitliches Fühlen, Denken, Wollen und Handeln, selbstständige Entscheidungen. Er steht für Widerständigkeit, Selbstbewusstsein und weitgehend selbstbestimmte Verfügung über Lebensaktivitäten. Für die philosophische Grundlegung subjektorientierter EB als Radikalisierung der teilnehmerorientierten EB ist ein dialektisches Verständnis des Subjektbegriffs (der Mensch als Zweiheit in der Einheit – Objekt und Subjekt zugleich) konstitutiv: Das lateinische Adjektiv *subiectus* bedeutet „unterworfen, preisgegeben". Von dieser Tradition her ist das Subjekt „das Unterliegende" bzw. „das Preisgegebene". Das Unterworfensein gegenüber der äußeren Natur (genetische Vorgaben; Sterblichkeit), der inneren Natur (Triebängste und Triebwünsche) und der sozialen Welt (Anpassungsdruck) ist und bleibt nicht total. Der Mensch widersetzt sich der bedrückenden Welt des Vorgegebenen. Er ist erkenntnis- und handlungsfähig. Die Freiheit, die er sich handelnd nimmt, ist Ergebnis seiner Selbstreflexivität und der sie bestimmenden Bildung. Dem traditionellen Verständnis von Bildung als Formen, Gestalten, Erziehen (Erzieher als Subjekt, Zögling als Objekt) wird hier die aufklärerische Tradition entgegengesetzt, Bildung als Selbstdenken und Selbstschöpfung zu verstehen. Beide Traditionen des Bildungsbegriffs stehen in Wechselwirkung. Kindern und Jugendlichen ist Erziehung geschuldet, um sie zur eigenständigen Entwicklung auszurüsten. Bildung als Subjektentwicklung kommt vor allem im nicht nachlassenden Versuch zustande, lebenslang lernend die Fähigkeit zur Selbststeuerung (→ Selbstorganisation – Selbststeuerung) auf- und auszubauen. In allem gelingenden Lernen und Verstehen ereignet sich eine Vermittlung zwischen Subjekt und Objekt in der Form intensiver subjektiver Aneignung (→ Aneignung – Vermittlung) von bislang nicht gewusstem, nicht gekonntem Fremdem. Dieser Strom gelingender Vermittlung zwischen dem Einzelnen als Subjekt der Wahrnehmung, des Erkennens und den Objekten dieser Tätigkeiten, der vonseiten der Lehrenden nicht erzwingbar ist, fließt immer dann besonders gut, wenn das Subjekt den Gegenständen der Aneignung eine Bedeutung für die Bewältigung der eigenen Lebenswelt, mithin einen Sinn zuschreiben kann. In einer Didaktik der subjektorientierten EB muss es daher darum gehen, selbstständige Aneignung inklusive Verantwortung für den eigenen Lernprozess zu ermöglichen, sie herauszufordern und in vielfältigen Rollen (als Animateur, Lotse, Lehrender) zu begleiten, um Bildung zum Subjekt zu ermöglichen. Die Sozialform ist der verbindliche Dialog zwischen den Beteiligten. In der gemeinsamen Planung der Arbeit bringen die Teilnehmenden ihre Lernwünsche und -erwartungen ins Spiel und einigen sich mit der Seminarleitung, die die institutionellen Interessen der Bildungseinrichtung vertritt, darüber, welchen Inhalten die gemeinsame Arbeit gelten soll und wie dies methodisch (Selbsttätigkeit, kreative Methoden der Einzel- und Gruppenarbeit) vonstatten gehen soll (Lehr-/Lernvertrag; Meueler 2009).

Die Übereinkunft besteht idealerweise darin, dass die Lehrenden die diagnostische Macht, als einzige sagen zu dürfen, was und wie zu lernen ist, abgeben und die Seminarteilnehmenden weitaus stärker als üblich mit ihren Alltagserfahrungen und Alltagstheorien in die inhaltliche Gestaltung des Seminars einsteigen. Dies geschieht in einer Form des Erwachsenenlernens, in der Alltagserfahrungen mit vorhandenem wissenschaftlichem Wissen zu den verhandelten Themen und Problemen zusammengeführt werden. Das Hauptinteresse gilt stets der Frage, wie lernende Erwachsene mit ganz unterschiedlichen Lebensgeschichten, → Deutungsmustern, Lernvoraussetzungen und aktuellen Lebensbedingungen, die als aktive Subjekte ihre Lebenswelt handelnd bestehen wollen, darin pädagogisch unterstützt werden können.

Literatur
Meueler, E.: Die Türen des Käfigs. Subjektorientierte Erwachsenenbildung. Baltmannsweiler 2009

Erhard Meueler

Supervision

S. ist eine Beratungsform im beruflichen Kontext. Entstanden ist sie Ende des 19. Jh. in den USA als Praxisanleitung für freiwillige Sozialhelfer/innen durch Professionelle und hatte im Wesentlichen berufsqualifizierende und adminstrative Funktionen. Im angelsächsischen Raum wird S. bis heute mit Anleitung und Aufsicht verbunden, wohingegen im deutschen Sprachraum S. für Beratung und Reflexion steht. Seit den 1950er Jahren hat S. sukzessive im Sozial- und Gesundheitsbereich, dann auch im Bildungsbereich und in den letzten zehn Jahren auch zunehmend in Verwaltung, Politik und Betrieben Eingang gefunden.

Im der S. gibt es unterschiedliche Richtungen und „Schulen", von psychoanalytisch über systemisch bis hin zu psychodramatisch, und folglich keine einheitliche Definition. Je nach historischer Wurzel und „Schule" wird eher tiefenpsychologisch, systemisch, klientenzentriert, verhaltens- oder „social-groupwork"-orientiert gedacht und gearbeitet.

S. ist ein Beratungsprozess (→ Beratung), in dem es um eine systematische Reflexion beruflichen Handelns geht. Dabei stehen im Wesentlichen drei Zielsetzungen im Zentrum:

- das berufliche Handeln zu verbessern (je nach Tätigkeit bezogen auf den Umgang mit Klient/inn/en, Lernenden und Kund/inn/en bzw. auf den Umgang mit Kolleg/inn/en, Mitarbeiter/inne/n und Vorgesetzten),
- die Arbeitszufriedenheit zu erhöhen und Psychohygiene zu bewirken (je nach psychischer Belastung, die mit der Tätigkeit verbunden ist),
- die Wirksamkeit des eigenen beruflichen Handelns einzuschätzen.

S. funktioniert derart, dass ganz konkrete Situationen aus dem Berufsalltag in den Blick genommen werden. Dabei wird die Verschränkung der Ebenen Sache, Person und → Organisation beleuchtet, wobei der Handlungs- und Gestaltungsanteil des Supervisanden im Vordergrund steht. S. wird in verschiedenen Formen (als Einzel-, Gruppen- und Team-S.) angeboten.

Bei einer Einzel-S. arbeitet eine einzelne Person mit einem Supervisor an ihren Fragestellungen. In der Einzelarbeit wird häufig intensiver an der Person und an den biographischen Einflüssen auf das berufliche Handeln gearbeitet als in Gruppen- und Teamsituationen. Als eine Sonderform der Einzel-S. hat sich in den letzten Jahren die Leitungsberatung entwickelt, die besonders das Zusammenspiel zwischen Leitungspersönlichkeit und Organisationskultur fokussiert (Fuchs-Brüninghoff 1997; Herwig-Stenzel 2004).

In einer Gruppen-S. kommen Personen aus verschiedenen → Einrichtungen /Organisationen zu einer Supervisionsgruppe zusammen, d.h., sie haben keine konkreten Arbeitsbeziehungen miteinander. In der Gruppen-S. werden schwierige Arbeitssituationen oft als Szene rekonstruiert und bearbeitet. Dabei sind Perspektivenwechsel (→ Perspektivverschränkung) ein wichtiges Arbeitsprinzip.

Bei einer Team-S., die auch Bestandteil einer Organisationsentwicklung sein kann, kommen alle Personen aus einer → Institution und haben feste Arbeitsbezüge miteinander.

Themen der S. können sowohl die Außenbeziehungen (zu Klient/inn/en, Lernenden, Kund/inn/en) als auch Innenbeziehungen (zwischen den Teammitgliedern, aber auch zu anderen Personen oder Gruppierungen in der eigenen Institution/Organisation) sein. S. ist eine Form von → Fortbildung und ein Instrument der → Personalentwicklung. Sie ist ein Beratungsprozess – d.h. sie liefert keine schnellen Lösungen –, sie ist keine fachliche Fortbildung, und sie kann bei bestimmten Arbeitskonflikten personalrechtliche Entscheidungen nicht ersetzen. In Verbin-

dung mit der Ausbildung zum Supervisor oder Psychotherapeuten findet man die Spezialformen der Lehr- bzw. Ausbildungss.
Zwischen S. und anderen Beratungsformen, wie → Coaching, kollegialer Beratung und Intervision, die auch berufliches Handeln fokussieren, gibt es teilweise Überschneidungen.
S. wird durchgeführt von ausgebildeten Supervisoren oder Beratern mit Supervisionskompetenz. Das Kompetenzprofil von Supervisoren sollte subjektive und intersubjektive Kompetenz, Methoden-/Feldkompetenz sowie Institutions- und Organisationskompetenz umfassen. Die Bedeutung der subjektiven und intersubjektiven Kompetenz wird häufig unterschätzt. Da S. als zwischenmenschlicher Interaktionsprozess (→ Interaktion) zu verstehen ist, haben personale Anteile der Supervisoren große Bedeutung. Daher sollte eine Supervisionsausbildung ausreichend Anteile an → Selbsterfahrung und Persönlichkeitsanalyse enthalten. Selbstverstehen ist der Schlüssel zum Fremdverstehen (→ Verstehen). Ist es nicht ausreichend vorhanden, können letztlich alle anderen Kompetenzen nicht voll eingesetzt werden. Supervisor/inn/en sollten ihr Beratungshandeln und ihr Menschenbild vor dem Hintergrund der theoretischen Schule, die ihrer Ausbildung zu Grunde liegt, nachvollziehbar machen können. Im Zusammenhang mit Qualitätssicherung sind Evaluation und Wirkungsforschung in den letzten Jahren immer mehr ein Thema geworden. Bestandsaufnahmen kommen zu dem Ergebnis, dass Supervisionsforschung noch in den Kinderschuhen steckt. „Es ist ein deutliche Lücke zwischen Forschung und Praxis zu konstatieren“ (Bergknapp 2007).

Literatur

Bergknapp, A.: Supervisionsforschung – zum Stand der Forschung und Perspektiven für die Zukunft. In: Supervision, H. 1, 2007 – Fuchs-Brüninghoff, E.: Beratung von Menschen in Systemen. In: Zeitschrift für Individualpsychologie, H. 3, 1997 – Herwig-Stenzel, E.: Führungsunterstützende Beratung. In: Supervision, H. 4, 2004

Elisabeth Fuchs-Brüninghoff

Supportstrukturen

Angesichts der durch Umfangswachstum und Aufgabenvielfalt gestiegenen Intransparenz der → Programme und → Institutionen hat sich eine vorgelagerte Ebene von Dienstleistungen für die EB herausgebildet. Information, Qualitätssicherung (→ Qualitätsmanagement), Personalqualifizierung (→ Professionalität), Statistik und Forschung werden als unterstützende Funktionen wichtiger und als S. institutionalisiert. Seit Ende der 1980er Jahre sind so in der Bundesrepublik Deutschland vermehrt infrastrukturelle Leistungen im Vorfeld der Bildungsmaßnahmen entstanden.
Dahinter steht ein verändertes Konzept bezogen auf die Regulationsmechanismen des Systems von WB. Die Einschätzung, dass den Bedeutungen von WB in einer vielfältigen Institutionen- und Programmlandschaft dadurch Rechnung getragen wird, indem sich Bemühungen verstärkt auf den Ausbau und die Stabilisierung unterstützender Aufgaben richten, wurde – bezogen auf das Spannungsverhältnis von WB und → öffentlicher Verantwortung – mit dem Vorschlag, solche Vorleistungen unter dem Begriff S. zusammenzufassen (Faulstich u.a. 1991), aufgenommen. Damit wurde eine Dimension in die weiterbildungspolitische Diskussion eingebracht, welche verschiedene Aspekte kombiniert: die Notwendigkeit solcher den unmittelbaren Aktivitäten vorgelagerten Leistungen; die funktionelle Trennung und Verzahnung unterstützender Leistungen; deren institutionelle Organisation; die Finanzierung solcher unterstützenden Leistungen.
Ab einem gewissen Grad der Häufigkeit und der Komplexität von S. setzen Arbeitsteilung und möglicherweise institutionelle Differenzierungen ein. Das → Weiterbildungssystem wird reflexiv und erzeugt Leistungen für seine eigene Stabilität. Dabei werden vor allem folgende Funktionen als sinnvoll angesehen:

- Information über Weiterbildungsangebote (z.B. Erstellung und Verwaltung von Datenbanken, Verbreitung von Broschüren, Auskunft über Veranstaltungen u.a.),
- Beratung der Adressaten und Teilnehmenden, der Abnehmer/innen und der Weiterbildungsträger,
- Qualitätssicherung und Evaluationsansätze von Weiterbildungsangeboten,
- weitere Aufgaben der Curriculum- und Materialentwicklung, der Personalqualifizierung, der Statistik, der empirischen Analyse, Management von Institutionen und Infrastrukturen.

Die Diskussion um S. hat vor allem dadurch Aktualität erhalten, dass sich veränderte Sichtweisen des Verhältnisses von politischem System und WB durchsetzen. Dabei wird auch die Rolle des Staates in einer neuen Perspektive gesehen. Im Konzept „mittlerer Systematisierung“ (Faulstich u.a. 1991) ist die Besonderheit des Weiterbildungsbereichs unterstrichen worden, die gegenüber anderen Teilen des Bildungswesens auch darin besteht, dass staatliche Trägerschaft nur partiell greift. Von daher werden trägerübergreifende Aufgaben nicht mehr selbstverständlich staatlichen Funktionen zugeordnet. Gleichzeitig ist aber deutlich geworden, dass eine marktmäßige Organisation der Weiterbildungslandschaft zu spezifischen Problemen führt. Gemessen an den Interessen der Adressaten sind deshalb Vorleistungen notwendig, um WB zugänglich und erreichbar zu machen.

Diese Diskussion ist bundesweit aufgegriffen worden und hat zu verschiedenen Aktivitäten geführt. Dabei sind die konkreten Institutionalisierungsformen sehr unterschiedlich erfolgt. Es gibt zum einen Aktivitäten in einzelnen Bundesländern, wie z.B. in Nordrhein-Westfalen, Brandenburg und verschiedene Ansätze in Bremen, Baden-Württemberg, Hessen. Zum anderen gibt es Ansätze bei einzelnen Weiterbildungsträgern selbst, welche bezogen auf ihre Angebote gleichzeitig auch Vorleistungen einbringen. Darüber hinaus sind verschiedene Initiativen entstanden, entsprechende Funktionen zu bündeln, entweder regional, wie z.B. in Sachsen, Sachsen-Anhalt oder in Hamburg. Branchenmäßig werden in gemeinsamer Trägerschaft verschiedener Institutionen die notwendigen Aufgaben erfüllt, wie z.B. im Zusammenhang der MBA-Aktivitäten (Master of Business Administration) oder des Konzepts OTA (Open Training Association). Diese Ansätze haben unterschiedliche Reichweiten. Hoher Konsens besteht hinsichtlich → Beratung und Information sowie bezogen auf Qualitätssicherung.

Die wichtigsten Supportbereiche sind Beratung, Informationssysteme und Qualitätssicherung.

Beratung: Die Diskussion um Weiterbildungsberatung wurde bereits seit den 1970er Jahren intensiviert. Sie betont die Notwendigkeit, Adressaten gezielt anzusprechen, zu informieren und zu motivieren. Es ist unter Experten unbestritten, dass auch in Verbindung mit Datenbanken Beratungstätigkeit notwendig ist, um die „Endabnehmer“ tatsächlich mit Informationen zu versorgen. Die Information über WB kann nicht auf einen unmittelbaren Kontakt mit ihren Klient/inn/en verzichten, da es sich bei Weiterbildungsangeboten um ein erklärungsintensives „Produkt“ handelt. Weiterbildungsberatung kann darüber hinaus dazu beitragen, Schwellenängste gegenüber den Angeboten zu verringern. Neben der Information ist deshalb auch die Heranführung und Motivation zur Teilnahme an WB eine wichtige Aufgabe.

Informationssysteme: Der Infratest-Umfrage zum Berichtssystem Weiterbildung ist zu entnehmen, dass im Jahr 2003 ca. 53 % der Bürger/innen in den neuen und 34 % in den alten Bundesländern mehr Informationen zu Weiterbildungsfragen wünschen (Kuwan u.a. 2006). Große Bedeutung gewinnen deshalb Informationssysteme, d.h. vor allem Weiterbildungsdatenbanken; mit ihnen soll eine höhere Transparenz des bestehenden Angebots erreicht werden. Mittlerweile gibt es nach einer Auswertung der Stiftung Warentest ca. 100 Datenbanken zu Weiterbildungsangeboten. Sie sind unterteilt in bundesweite Datenbanken (ca. 40), regionale Datenbanken (ca. 60). Diese Datenbanken sind von Umfang, Konzeption und Zugriff her sehr unterschiedlich. Dabei sind Informationssysteme dominant, die sich schwerpunktmäßig auf die berufliche Bildung beziehen. Bundesweit sind die bedeutendsten Informationssysteme die „WIS-Datenbanken“ des Deutschen Industrie- und Handelstages und der Organisation des Handwerks (mit – nach eigenen Angaben – 19.000 Seminaren und Lehrgängen) und die KURSNET-Datenbank der Bundesanstalt für Arbeit (mit über 300.000 Angeboten der beruflichen Aus- und Weiterbildung). Datenbanken wie etwa die des DVV (170.000 Veranstaltungen; URL: www.meine-vhs.de) zeigen die Angebote bestimmter Träger oder Inhalte wie eine spezielle Datenbank zur IT-Fortbildung (120.000 Veranstaltungen; URL: www.it-fortbildung.com). Nachdem das „WISY“ in der Trägerschaft des Vereins Weiterbildung Hamburg e.V. mit jährlich über 12.000 Kursen von mehr als 600 Bildungseinrichtungen lange Jahre die größte regionale Weiterbildungsdatenbank war, sind mittlerweile im Rahmen des BMBF-Projekts „Lernende Regionen – Förderung von Netzwerken“ eine Vielzahl regionaler Datenbanken entwickelt worden. Die größte mit mehr als 80.000 Einträgen und über 800 Anbietern ist die Datenbank des Landes Nordrhein-Westfalen.

Qualitätssicherung: Wenn es darum geht, Informationsfunktionen zu erfüllen und Beratungsleistungen zu erbringen, müssen auch Mindestanforderungen an Qualitätskriterien und -standards erfüllt sein. Dabei geht es sowohl um eine prognostische Hilfestellung für Weiterbildungssuchende bei Teilnahmeentscheidungen als auch um die nachträgliche evaluative Einschätzung von Veranstaltungen. Die

Diskussion über Qualitätskontrolle wird in unterschiedlichen Zusammenhängen geführt:

- im Zusammenhang der in den Unternehmen um sich greifenden Strategie des „Total Quality Managements" (TQM),
- bei der Zertifizierung nach DIN/ISO 9000–9004,
- bei den Grundsätzen und Erlassen zur Sicherung der Qualität und der Wirtschaftlichkeit der → Fortbildung und → Umschulung durch die Bundesanstalt für Arbeit,
- bei staatlichen Anerkennungs- und Zulassungsverfahren,
- bei den Qualitätstests der Stiftung Warentest,
- bei den regionalen oder sektoralen Ansätzen und Formen der Selbstkontrolle, wie z.B. durch das „Gütesiegel" in Hamburg.

Das mittlerweile vor allen Dingen bei den Volkshochschulen am weitesten verbreitete Qualitätssicherungssystem ist die „Lernerorientierte Qualitätssicherung in der Weiterbildung" (LQW). Das Hauptkriterium dieses Systems ist die Frage, auf welche Weise Einrichtungen „gelungenes Lernen" für die Teilnehmenden sicherstellen.

Der Stellenwert von S. wird besonders auch im Zusammenhang regionaler Strukturpolitik und Weiterbildungsverbünde deutlich. Dabei kommt es zu verschiedenen Aufgabenkombinationen, so dass eine Profilierung des Leistungsspektrums sowie eine Stabilisierung zur Kontinuitätssicherung anstehen.

Literatur

Faulstich, P./Gnahs, D.: Weiterbildungsbericht Hessen. Frankfurt a.M. 2005 – Faulstich, P./Teichler, U./Döring, O.: Bestand und Entwicklungsrichtungen der Weiterbildung in Schleswig-Holstein. Weinheim 1996 – Faulstich, P. u.a.: Bestand und Perspektiven der Weiterbildung. Das Beispiel Hessen. Weinheim 1991 – Hartz, S./Meisel, K.: Qualitätsmanagement. Bielefeld 2004 – Kuwan, H. u.a.: Berichtssystem Weiterbildung IX. Integrierter Gesamtbericht zur Weiterbildungssituation in Deutschland. Durchgeführt im Auftrag des BMBF. Berlin/Bonn 2006 – Nuissl, E. u.a. (Hrsg.). Regionale Bildungsnetze. Ergebnisse zur Halbzeit des Programms „Lernende Regionen – Förderung von Netzwerken". Bielefeld 2006 – Schiersmann, C./Remmele, H.: Beratungsfelder in der Weiterbildung: eine empirische Bestandsaufnahme. Baltmannsweiler 2004

Peter Faulstich

Symbolischer Interaktionismus

Der s.I. kann als derjenige wissenschaftstheoretische Ansatz im Bereich Sozialwissenschaften begriffen werden, der auf den Kategorien der Bedeutung und des → Verstehens basiert und in dezidierter Opposition zu der zweiten großen Theoriegruppe, dem strukturfunktionalen Ansatz im Sinne von Parsons, steht. Der Strukturfunktionalismus, in der zweiten Hälfte des 20. Jh. zunächst weitgehend bestimmend für das sozialwissenschaftliche Forschungsfeld, setzt zur Erklärung gesellschaftlichen Handelns (→ Handlung) folgende Grundannahmen an:

- Im Handeln werden auf Werten basierende Ziele (→ Motivation) befriedigt.
- Die Aktanten haben die gesellschaftlich definierten Rollen unmodifiziert internalisiert.
- Das Handeln aller gründet auf der Annerkennung und Befolgung geltender Normen.

Ab Mitte der 1960er Jahre brachte sich in Deutschland zunehmend der s.I. zur Geltung. Er legte eine Sichtweise auf soziales Handeln mit dem Hinweis darauf nahe, dass nicht systemgegebene Rollendefinition und Normen dieses prägten, sondern soziales Handeln sich auf der Grundlage von Bedeutungen vollziehe, die die jeweiligen Aktanten „konstruieren" (→ Konstruktivismus). Sie führen danach nicht einfach vorgegebene Rollenmuster aus. Vielmehr interpretieren sie Situationen und soziale Rollen und definieren sie auf der Grundlage dieses Verständnisses. Die theoretische Annahme des s.I. ermöglicht, unterschiedliche Auslegungen derselben Rolle als „normal" anzusehen und sie nicht – gemessen an einer normativ gesetzten Rollendefinition – als deviant zu bezeichnen.

→ Gesellschaft diffundiert allerdings nicht in zahllose, unzusammenhängende individuelle Bedeutungen, was die Basis für erwartbares und wechselseitiges Handeln auflösen würde. Vielmehr gründet auch subjektives Verstehen auf gesellschaftlich feststehenden, signifikanten Bedeutungszusammenhängen, insb. auf sprachlichen Symbolsystemen (→ Sprache). Sie geben die gemeinsame Grundlage ab, auf der der Einzelne seine je subjektive Interpretation im Sinne einer Modifikation allgemeiner Bedeutungen vornimmt, die ihm dennoch eine Antizipation des Verhaltens anderer ermöglicht.

Individuell erworben und grundgelegt wird der gesellschaftlich vorhandene Symbolvorrat zunächst im Rahmen kindlicher Sozialisation in den Schritten: „Spiel" (play), „Wettkampf" (game), „generalisierter

Anderer". „Play" versteht „Spiel" als vom Kind individuell, frei und zufällig entworfen, „game" verweist auf ein „Spiel", das bereits an Regeln gebunden ist und an dem folglich nur partizipiert, wer im Rückgriff auf das Regelsystem die Handlungen des anderen antizipieren und sich selbst dabei ins Handlungskalkül einbeziehen kann. Der „generalisierte Andere" schließlich stellt die Verallgemeinerung der Fähigkeit dar, Handeln unter Einbezug der eigenen Person wie auch des Anderen vor dem Hintergrund allgemein geltender Normen und Regeln zu entwerfen. Dieses Vermögen sowie die Reflexion auf die Erwartungen Anderer macht das „ICH" („me") aus, während das in der Situation spontan und frei ablaufende Handeln mit Ich („I") gleichgesetzt wird (Mead 1978).
Der s.I. hatte im Bereich der EB enorme Auswirkungen auf Methodolgie und Weiterbildungspraxis. Unter methodologischen Vorzeichen brachte sich auf seiner Grundlage zunehmend das qualitative Paradigma (→ interpretatives Paradigma) zur Geltung. Forschung tritt nun unter dem Anspruch an, diejenigen Bedeutungen zu erfassen, die Individuen einer bestimmten Situation oder ihrem Leben insgesamt zuschreiben. Forschungsmethodisch umgesetzt ist diese Prämisse im Konzept der Narration (des Erzählens) mit den Verfahren des fokussierten und des biographischen Interviews oder des autobiographischen Berichts.
Mit Blick auf die Bildungspraxis erhielt das Konzept der → Teilnehmerorientierung eine präzisere Fassung. Didaktisch gesehen verweist es jetzt auf die Notwendigkeit, Bildungsangebote (→ Angebote) in enger Anbindung an Fragen und Probleme zu formulieren, die sich für die jeweiligen Adressaten in ihren → Lebenswelten stellen. Auf diese Weise wird deren Deutung von Welt zum Kernpunkt der Bildungsarbeit erklärt. Unter methodischem Aspekt bedeutet Teilnehmerorientierung aus Sicht des s.I. die Einplanung von Möglichkeiten für Lehrende, in der Auseinandersetzung mit dem Veranstaltungsthema ihre jeweiligen Deutungen zur Sprache bringen und sich mit divergierenden Bedeutungszuschreibungen anderer Teilnehmender auseinandersetzen zu können. Von daher erhalten → Methoden, die Selbstlernen und Eigentätigkeit begünstigen, Vorrang vor solchen der bloßen Informationsvermittlung.

Literatur
Blumer, H.: Der methodologische Standort des symbolischen Interaktionismus. In: Arbeitsgruppe Bielefelder Soziologen (Hrsg.): Alltagswissen, Interaktion und gesellschaftliche Wirklichkeit. Reinbek 1978 – Mead, G.H.: Geist, Identität und Gesellschaft. Frankfurt a.M. 1978

Arnim Kaiser

System

Der Begriff S. steht ursprünglich für das Bemühen, die Struktur wissenschaftlicher Gegenstände – ob biologischer oder z.B. soziologischer Art – aus ihrer Funktionalität für die S.umwelt heraus zu verstehen. Dadurch weitete sich der Blick wie in einem Zoom: Es war nicht mehr allein das Auge, welches seziert, beschrieben und durch Modelle in seiner Struktur und seinen Wirkungsmechanismen erklärt werden sollte, sondern vielmehr das Auge in seinem Wechselverhältnis mit dem Gehirn sowie den Stoffwechselprozessen des gesamten Körpers und seiner Inanspruchnahme durch die Lebens- und Arbeitssituation des Sehenden. In ähnlicher Weise eröffnete die S.theorie auch Möglichkeiten, Gesellschaft und Individualität neu zu denken, wobei es im deutschsprachigen Raum insb. der Soziologe N. Luhmann gewesen ist, der den Versuch unternahm, soziologische Gegenstände, wie z.B. Gesellschaft, Wissenschaft oder auch Bildung und Erziehung, aus ihren Funktionen heraus zu beschreiben, die diese Gegenstände für andere S. zu erfüllen hätten, wenn sie in ihrem Überleben selbst nicht infrage gestellt werden wollten. Für die S.theorie werden S. durch die Unterscheidung eines Beobachters konstruiert, welcher zwischen S. und Nicht-S. bzw. S.umwelt unterscheidet. Dies bedeutet, dass jedes S. durch eine Leitdifferenz geschaffen wird und seine funktionale Berechtigung erfährt. Diese Leitdifferenz artikuliert sich in gesellschaftlichen S. in einem Medium, welches sich aus einem gesellschaftlichen Zentralanliegen ergibt. So ist dieses Medium beispielsweise im Falle des Rechtssystems die Gerechtigkeit (mit der Leitdifferenz „gerecht" vs. „ungerecht") und im Falle der Medizin die Gesundheit (mit der Leitdifferenz „gesund" vs. „krank").
Wiederholt wurde in der Pädagogik und in der Erwachsenenpädagogik darüber nachgedacht, welcher spezifischen Leitdifferenz sie im Medium der Bildung oder des Lebenslaufs ihre Stiftung als S. verdanke. Während Luhmann und Schorr die Selektionsfunktion des Bildungswesens mit ihrer impliziten Unterscheidung „bestanden" vs. „nicht bestanden" in den Blick nahmen, plädieren in der Erwachsenen-

bildung Kade u.a. für die Leitdifferenz „vermittelbar" vs. „nicht vermittelbar", um die Erwachsenenbildung als S. zu konstituieren. Dies war ein Vorschlag, der allerdings nicht unwidersprochen blieb. Gerade aus systemisch-konstruktivistischer Perspektive ergeben sich gegenüber einer solchen Differenz grundlegende, sowohl erkenntnistheoretische als auch sprachphilosophische Hinterfragungen. Zwar lassen sich durch differenztheoretische Präzisierungen Klärungen erreichen, aber eben auch Charakteristika verwischen, wie u.a. Luhmanns Festhalten an der Differenz Kind vs. Erwachsener deutlich macht. Wie taucht in solchen „Begriffsschärfungen" die fortwirkende Kindlichkeit als prägendes und gestaltendes Moment des Individualisierungsprozesses auf? Es spricht einiges dafür, dass wir neben der Differenz- auch eine Integrationstheorie bzw. eine Begriffstheorie benötigen, die nicht von Zeit und Kontext abstrahiert (Simon 1999) und die nach den diesen Unterscheidungen zu grundeliegenden Motiven sowie den jeweiligen Kontexten fragt, um wirklich weiterführende Begriffe für das erwachsenenpädagogische Denken und Handeln zu etablieren. In diesem Sinne stehen die systemischen Konzepte für eine autopoietische Wende der S.theorie, die stärker nach dem Beobachter selbst als nach seiner Unterscheidung fragt. Dadurch gerät ihr in den Blick, dass Menschen stets im Kontext ihrer biographisch erworbenen Deutungs- und Emotionsmuster sich selbst und die Wirklichkeit beobachten, und dabei nicht ohne weiteres zu einer anderen, ihnen unplausiblen Sicht der Dinge gelangen. Es ist dieses Eingebettetsein in biographische sowie energetische Dynamiken, die auch die Aneignungsperspektive – quasi die Kehrseits der Beobachterperspektive – verstärkt in den Blick der Erwachsenenpädagogik rückt und ihr Lernen als eine Konstruktion von Wirklichkeit zu analysieren erlaubt. Gleichzeitig wird der Selbstorganisation sowie der Selbststeuerung der Lernenden eine neue Aufmerksamkeit geschenkt, davon ausgehend, dass Erwachsene „lernfähig, aber unbelehrbar" (Siebert 2001) sind. Erwachsenendidaktisch angezeigt ist deshalb das Arrangieren – nicht das Vermitteln von Wissen, Perspektiven oder Handlungsmöglichkeiten im Erwachsenenlernen, wissend, dass Erwachsene die Welt nicht nur so sehen, wie sie sie sehen, sondern auch so, wie sie sie auszuhalten vermögen.

Literatur

Arnold, R./Arnold-Haecky, B.: Der Eid des Systemagos. Eine Einführung in die Systemische Pädagogik. Baltmannsweiler 2009 – Capra, F.: Das Neue Denken. Die Entstehung eines ganzheitlichen Weltbildes im Spannungsfeld zwischen Naturwissenschaft und Mystik. 3. Aufl. Bern 1988 – Luhmann, N.: Systeme verstehen Systeme. In: Ders.: Schriften zur Pädagogik. Frankfurt a.M. 2004 – Malik, F.: Systemisches Management, Evolution, Selbstorganisation. Grundprobleme, Funktionsmechanismen und Lösungsansätze für komplexe Systeme. Bern u.a. 1993 – Siebert, H.: Erwachsene – lernfähig, aber unbelehrbar? In: Angress, A. (Mitarb.) u.a.: Kompetenzentwicklung 2001. Tätigsein – Lernen – Innovation. Münster u.a. 2001 – Senge, P. u.a.: Presence. Exploring profound Change in People, Organizations and Society. London/Boston 2005 – Simon, F.B.: Die Kunst, nicht zu lernen und andere Paradoxien in Psychotherapie, Management, Politik. 2. Aufl. Heidelberg 1999

Rolf Arnold

Systembeobachtung

S. (auch „System Monitoring") ist die systematische und wiederkehrende Beschreibung und Dokumentation des gesamten Weiterbildungswesens und seiner Entwicklungen (→ Evaluation). Obwohl sie von großem praktischem, politischem und wissenschaftlichem Interesse wäre, gibt es S. in einem umfassenderen Sinne in der Bundesrepublik nicht. Schon die Länderstatistiken erfassen nur einen Teilbereich, nämlich das nach den → Weiterbildungsgesetzen geförderte Angebot; und das höchst uneinheitlich und meist sehr summarisch. Verbände führen Statistiken für ihren Geltungsbereich, das → Deutsche Institut für Erwachsenenbildung (DIE) wertet die besonders differenzierte Jahreserhebung des DVV aus und erprobt auch eine Verbundstatistik, die neben dem DVV vier weitere Verbände (→ Weiterbildungsstatistik) einbezieht. Das Berichtssystem Weiterbildung (Kuwan u.a. 2006) erfragt im Auftrag der Bundesregierung alle drei Jahre die Weiterbildungsbeteiligung der Bevölkerung repräsentativ; und zwar auch die in Eigenarbeit wahrgenommene informelle WB, kann aber die inhaltliche und institutionelle Angebot der WB naturgemäß nicht sehr differenziert erfassen. Sah es eine Zeit lang so aus, als interessiere sich die genuine Weiterbildungsforschung weniger für Fragen von Systembildung, Institutionen und Massendaten (vielleicht auch infolge des nachlassenden Interesses der Bildungspolitik), so scheint sich dies allmählich zu ändern.

Zunächst gab es in den 1990er Jahren ein wachsendes Interesse der Politik an einer Neubewertung der WB – auch vor dem Hintergrund von Haushaltsschwierigkeiten. In mehreren Bundesländern sind Bestandsaufnahmen vorgenommen worden (Nuissl/Schlutz 2001), u.a. mit dem Ziel der Evaluation der Weiterbildungsgesetze und ihrer Wirkungen (z.B. in Hessen, Schleswig-Holstein, Bremen, Nordrhein-Westfalen). Methodisch wurde meist mit Expertenanhörungen bzw. -gutachten gearbeitet, z.B. in Nordrhein-Westfalen wurden in systematischen Gruppengesprächen 100 Experten befragt und 15 typische Weiterbildungseinrichtungen beschrieben. In Bremen wurde u.a. eine Analyse aller etwa 14.000 jährlichen Angebote der gesamten WB vorgenommen (Schlutz/Schrader 1997). Diese Evaluationsberichte haben sicherlich die Kenntnis des → Weiterbildungssystems bereichert und vielfältige Illustrationen dazu geliefert. Im Hinblick auf die Aufgabe umfassender S. muss ihr Wert durch die Art des Auftrags und der damit verbundenen Interessen begrenzt bleiben.

Die Hauptschwierigkeit der Aufgabe S. liegt im Umfang des Untersuchungsgegenstands und seiner zunehmenden Ausdifferenzierung. Schon die erwähnten Untersuchungen unterscheiden sich erheblich danach, wie umfassend sie den Begriff des Weiterbildungssystems auslegen: ob sie darunter nur die öffentlich geförderten bzw. anerkannten → Einrichtungen verstehen (aus förderungspolitischem Interesse), alle genuinen Weiterbildungsanbieter (mit WB als Kernleistung), auch betriebs- und verbandsinterne WB oder sogar „Grenzfälle" (z.B. Museen, Verlage, Edutainment) und informelles Lernen einbeziehen. Dies variiert mit dem Untersuchungsinteresse, mit den Erhebungsmöglichkeiten, vor allem aber mit dem Verständnis vom Gegenstand und vom „System" (Lenzen/Luhmann 1998). Zugleich scheint der Gegenstand WB in den letzten Jahren noch stärker in Bewegung zu sein als schon zuvor. Das Seminarangebot in Präsenzform ist längst nicht mehr die einzige Leistungsform, Weiterbildungsangebote werden mit andersartigen Leistungen – auch in Kooperation – kombiniert, „klassische" Bildungsangebote werden auch im Rahmen anderer gesellschaftlicher Praxen (z.B. medizinische Prävention) durchgeführt. Das macht Beobachtung und Beschreibung eines möglichen Systems nicht einfacher. Forschung deshalb durch Metaphern wie „Entgrenzung" zu ersetzen, ist dafür keine wissenschaftlich angemessene Lösung, sondern die genauere Beschreibung von „Grenzüberschreitungen", auch im Rahmen oder zugunsten von S.

Umfassendere S. müsste letztlich von der Politik gewollt und gefördert werden. Sie sollte Rahmungen für Forschungen und für politische und praktische Aufgabenstellungen liefern. Dazu müsste sie nicht in Form jährlicher Totalerfassung stattfinden, sondern könnte in weiteren Abständen und im Wechsel mit gezielten Untersuchungen zu Veränderungen im Konkreten und Typischen erfolgen.

Literatur

DIE (Hrsg.): Weiterbildungsstatistik im Verbund. Frankfurt a.M./Bonn 1965–2008 (erscheint jährlich, seit 1997 als Online-Veröffentlichung). URL: www.die-bonn.de/service/statistik (Stand: 12.12.2009) – Kuwan, H. u.a.: Berichtssystem Weiterbildung IX. Integrierter Gesamtbericht zur Weiterbildungssituation in Deutschland. Durchgeführt im Auftrag des BMBF. Berlin/Bonn 2006 – Lenzen, D./Luhmann, N.: Bildung und Weiterbildung im Erziehungssystem. Frankfurt a.M. 1998 – Nuissl, E./Schlutz, E.: Systemevaluation und Politikberatung. Bielefeld 2001 – Schlutz, E./Schrader, J.: Systembeobachtung in der Weiterbildung. In: Zeitschrift für Pädagogik, H. 6, 1997

Erhard Schlutz

Teilnahme an Erwachsenenbildung/ Weiterbildung

Die T. an WB kann im Wesentlichen unter zwei Blickwinkeln betrachtet werden: Zum einen unter dem der → Weiterbildungsstatistik, indem nach den Teilnahmestrukturen oder der → Weiterbildungsbeteiligung gefragt wird („Wer nimmt an WB teil?"), zum anderen unter dem der → Motivation zur WB („Warum nimmt jemand an WB teil?").

Unter Teilnahmestrukturen bzw. Teilnehmerstrukturen wird die soziodemographische Zusammensetzung der an WB Teilnehmenden verstanden. Ausgegangen wird im Regelfall von Anteilswerten/Prozentwerten, den definierte Gruppen (z.B. Frauen, Personen mit Hochschulabschluss, Behinderte) an der definierten Gesamtheit von Teilnehmenden (z.B. alle Teilnehmenden einer Einrichtung, in einer Region, an Veranstaltungen eines Themenbereichs) haben.

Ins Blickfeld sind Teilnehmerstrukturen verstärkt geraten, als es Mitte der 1960er Jahre darum ging, für alle Teile des Bildungswesens Expansionsakzente zu setzen. Das Schlagwort von der „Bildungskatastrophe" (Picht 1964) in Verbindung mit ökonomischen Anforderungen setzte bildungspolitische Reformkräfte frei, die vor allem darauf zielten, jene Gruppen der Bevölkerung stärker in Bildungsprozesse einzubeziehen, die sich bis dato als eher „bildungsabstinent" erwiesen hatten. Zu nennen sind in diesem Zusammenhang z.B. Arbeiter/innen, Landbevölkerung, Frauen.

Kernpunkt des Interesses sind in diesem Zusammenhang Fragen nach der Unter- oder Überrepräsentanz von Zielgruppen in Weiterbildungsprozessen. Teilnehmerbefragungen und Untersuchungen zum Teilnahmeverhalten gewannen an Bedeutung. Bahnbrechend und Impuls gebend war dabei die erste große bildungssoziologische Studie „Bildung und gesellschaftliches Bewusstsein" (Strzelewicz/Raapke/Schulenberg 1966), die Anfang der 1970er Jahre im Kern neu aufgelegt wurde. Als dritte große Untersuchung ist in diesem Zusammenhang die sog. Hannover-Studie zum Lehr- und Lernverhalten bei Erwachsenen zu nennen (Siebert/Gerl 1975).

Informationen über das Teilnahmeverhalten liefert das Berichtssystem Weiterbildung, das im dreijährigen Zyklus seit 1979 eine repräsentative Bevölkerungsbefragung durchführt (v. Rosenbladt/Bilger 2008). Dieses Datenmaterial ist auch die Grundlage für entsprechende Auswertungen im Rahmen der → Bildungsberichterstattung (Autorengruppe Bildungsberichterstattung 2008).

Die Befunde zum Teilnahmeverhalten in der WB reproduzieren das aus anderen weiterführenden Bildungseinrichtungen bekannte Bild: Zwischen einzelnen Bevölkerungsgruppen besteht ein deutliches Bildungsgefälle, es bilden sich vor allem jene weiter, die schon ein relativ hohes Bildungsniveau haben (Bildungskumulationsthese). Im Gefolge einer insgesamt gestiegenen → Weiterbildungsbeteiligung haben sich auch die Teilnehmerstrukturen ein wenig verschoben (z.B. höhere Anteilswerte für Ältere und Frauen), eine Kompensation des Bildungsgefälles konnte indes bisher nicht erreicht werden.

Vor diesem Hintergrund bleibt die Relevanz von Teilnahmedaten erhalten und gewinnt im Zeichen der Konzentration von knappen öffentlichen Mitteln sogar noch an Relevanz: Um den Mittelfluss lenken zu können, sind Informationen über den Zielgruppenerreichungsgrad notwendig. Zudem geht es auch für viele Einrichtungen darum, die in ihrem Leitbild ausgewiesene Präferenz für Bildungsbenachteiligte faktisch auch nachweisen zu können.

Zunehmend wichtiger wird auch der internationale Vergleich von Teilnahmestrukturen. Besonders auf der europäischen Ebene werden Anstrengungen unternommen, um die Datenbasis zu verbessern. So wurde 2007 erstmals europaweit eine Erhebung durchgeführt (Adult Education Survey), die nach einheitlichen Vorgaben arbeitet. Anders als in Deutschland üblich werden dabei alle Bildungsaktivitäten von Personen, die älter als 25 Jahre sind, als „adult learning" eingestuft. Die so errechneten Beteiligungsquoten dürften nur eingeschränkt mit den oben genannten vergleichbar sein.

Literatur

DIE: Trends der Weiterbildung. DIE-Trendanalyse 2008. Bielefeld 2008 – Autorengruppe Bildungsberichterstattung: Bildung in Deutschland. Bielefeld 2008 – Picht, G. Die deutsche Bildungskatastrophe. Olten 1964 – Rosenbladt, B. v./ Bilger, F.: Weiterbildungsverhalten in Deutschland, Bd. 1: Berichtssystem Weiterbildung und Adult Education Survey 2007. Bielefeld 2008 – Siebert, Horst; Gerl, Herbert: Lehr- und Lernverhalten bei Erwachsenen. Braunschweig 1975 – Strzelewicz, W./Raapke, H. D./Schulenberg, W.: Bildung und gesellschaftliches Bewusstsein. Stuttgart 1966

Dieter Gnahs

Teilnehmende

Das Auftreten spezifischer Rollenbezeichnungen in einem Handlungsfeld lässt sich als Ausdruck funktionaler Institutionalisierung beobachten. Für die gesellschaftliche Ausdifferenzierung von WB ist es als Hinweis zu verstehen, dass man es in Abgrenzung zu lebensweltlichen Organisationsweisen hier nicht mehr mit der „ganzen Person" zu tun bekommt, sondern nur mit einer spezifischen Positionsstelle, gegenüber der sich normalisierte Erwartungen verfestigt haben. Die sich dabei herausbildende Benennungspraxis hat für das institutionelle Selbstverständnis von Erwachsenenlernen eine mehrfache Bedeutung:

- In Abgrenzung zu anderen Handlungsfeldern wird Wert auf bedeutsame Unterschiede gelegt: statt Schüler/in, Student/in, aber auch Klient/in oder Patient/in werden Bezeichnungen wie Hörer/in, T., Gruppenmitglied eingeführt.
- Die Benennungspraxis unterliegt im Zuge der Institutionalentwicklung einem Wandel. Übergänge von „Hörer/in" zu „T." zu „Klientel" und schließlich zu „Kunde" können daher als jeweiliger Ausdruck einer Corporate Identity und ihrer spezifischen Lernkultur gedeutet werden. Andererseits ist eine fließend uneinheitliche Benennungspraxis auch symptomatisch für strukturelle Unsicherheit oder für flexible Offenheit, was auch mit der indifferent vagen Kennzeichnung T. signalisiert wird.
- Jeder der gewählten Bezeichnungen entspricht eine Komplementärrolle auf der Seite der Lehrenden und bildet daher Pole aus wie: Dozent/Hörer; → Kursleitende /T.; Gruppenmoderator/Gruppenmitglied; Lehrer/Schüler; Helfer/Klient; Dienstleister/Kunde. Hierdurch signalisiert die gängige Benennungspraxis den jeweils gültigen Sinnkontext von Lehren und Lernen. Durch die Hinwendung auf die „Aneignungsperspektive" gerät. der T. primär als → „Lerner" in Selbstlernkontexten in den Blick. Der „Lehrende" wechselt entsprechend in die Rolle eines „Lernbegleiters". Somit signalisiert die historische Benennungspraxis den jeweils gültigen Sinnkontext von Lehren und Lernen und ist damit auch impliziter „Selbstausdruck" einer Institutionalform.
- In Rollenbezeichnungen werden spezifische Aneignungskompetenzen mitgedacht. In Handlungsfeldern der EB wird jedoch im Gegensatz zu anderen Funktionsbereichen keine systematische Sozialisation in präformierte Erwartungsmuster (wie z.B. die der Schülerrolle) geboten. Stattdessen gehört es hier zur T.rolle, sich selbstständig zwischen unterschiedlichen Lernkontexten an ihren symbolischen Markierungen zu orientieren und den jeweiligen Verhaltensanforderungen adäquat entsprechen zu können. Die Fähigkeit, zwischen differenten Lernkulturen und ihren Lernarrangements wechseln zu können, ist daher eine metakognitive Schlüsselqualifikation lebensbegleitenden Lernens, deren Erwerb ebenfalls pädagogische Förderung verlangt.

Neben der Bedeutung von Benennungspraxis als institutioneller Selbstausdruck und Kontextmarkierung stellt der Begriff T. eine zentrale Kategorie erwachsenenpädagogischer Planungspraxis dar. In diesem Zusammenhang bezieht sich der Begriff keineswegs nur auf die vorfindlichen Einzelpersonen, deren Sichtweisen und Interessen möglichst unmittelbar zu berücksichtigen wären. Der T. stellt vielmehr ein institutionelles Konstrukt im Rahmen von Planungshandeln dar. Kade (1997) spricht von einer „Figur des Teilnehmers" im Sinne eines konzeptionellen Rahmens, durch den der strukturelle Bruch zu den lebensweltlichen Verwendungsbereichen über die Partizipation bei der mikrodidaktischen Gestaltung fallbezogen bearbeitbar werden kann. Aus der Planungsperspektive des pädagogischen Funktionssystems ist der „subjektive Rückraum der Teilnehmer keine Frage seiner maximal möglichen Einbeziehung, sondern seiner bestmöglichen Reduktion" (Arnold 1995).

Durch den makrodidaktischen Begriff „Bildungsadressat" erfährt die mikrodidaktische Handlungskategorie T. eine Ergänzung. Makrodidaktische Planung hat Antwort zu geben auf die Frage: „Wie werden Bildungsadressaten zu T.?" Jede Lehrveranstaltung hat bereits in der Phase der Angebotsentwicklung ihr eigenes Zustandekommen zu ermöglichen. Adressat als makrodidaktische Planungskategorie konkretisiert daher die pädagogische Zielrichtung und das Leistungsprofil im Kontext angebotsförmiger Bildungsarbeit und zwar in Bezug auf Bedarfslagen, sozialräumliche Zugänglichkeit und Nachfrageaktivierung. T. als mikrodidaktische Handlungskategorie hingegen dient der analytischen Ausdeutung vorfindlicher Lerngruppen, und zwar in Bezug auf Einzelentscheidungen der Sitzungsvorbereitung innerhalb einer bereits „zustande gekommenen" Veranstaltung. Beide Aspekte verknüpfen sich im Begriff → Zielgruppe, der einerseits als Planungskategorie einen Adressatenbereich und andererseits als Handlungskategorie ein spezifisches Teilnehmerkonstrukt bezeichnen kann.

Literatur
Arnold, R.: Der Teilnehmer als Konstrukt. In: Report. Literatur- und Forschungsreport Weiterbildung, H. 35, 1995 – Kade, J.: Vermittelbar/nicht-vermittelbar. In: Lenzen, D./ Luhmann, N. (Hrsg.): Bildung und Weiterbildung im Erziehungssystem. Frankfurt a.M. 1997 – Tietgens, H.: Adressatenorientierung in der Erwachsenenbildung. In: Hessische Blätter für Volksbildung, H. 4, 1977

Ortfried Schäffter

Teilnehmerorientierung

T. zählt seit nunmehr 30 Jahren zu den Leitprinzipien, die von Disziplin und Profession (→ Professionalität und Professionalisierung) der EB einmütig reklamiert werden. Auch die internationale Diskussion kennt das Prinzip, etwa als „learner-centred approach". In der Phase der Bildungsreform erfüllte dieses Leitprinzip neben anderen die Funktion, die Besonderheit der als Praxis und Wissenschaft neu etablierten EB gegenüber Schule und Hochschule zu legitimieren. Wenn es um die Planung von Weiterbildungsangeboten geht, ist Zielgruppenorientierung ein verwandter Begriff, wenn die Durchführung betont wird, sind es Situations-, → Lebenswelt-, → Erfahrungs- und → Biographieorientierung. Präskriptiv gewandt, bringt der Begriff T. den pädagogischen Appell zum Ausdruck, Lehr-Lernprozesse vom Teilnehmenden her, auf den Teilnehmenden hin und mit ihm zusammen zu planen und zu gestalten. Insofern die Orientierung an den Teilnehmenden für alle organisierten Bildungsprozesse konstitutiv ist, hebt das Prinzip für die WB hervor, dass sie die Voraussetzungen, Erwartungen, → Lernstile und kognitiven Strukturen der Lernenden mehr berücksichtigen müsse als eine Systematik der Sachthemen, die in Schule und Hochschule im Mittelpunkt stehen.

Der Begriff T. hat eine weite Auslegung erfahren. Er wurde im Sinne einer didaktischen Antizipation (Tietgens in Breloer u.a. 1980), im Sinne von Teilnehmerpartizipation (Breloer in Breloer u.a. 1980), aber auch im Sinne von Selbststeuerung (Dauber in Breloer u.a. 1980) gedeutet. In die Begründung des Prinzips mischen sich didaktische, ethische, anthropologische und kognitionspsychologische Argumente (nicht aber ökonomische wie bei der Kundenorientierung). Neuere Studien zeigen, dass pädagogische Mitarbeiter/innen, die sich auf das Prinzip der T. berufen, dieses vor allem für die Begründung konkreter Handlungsstrategien im Unterricht nutzen (Luchte 2001). Der Begriff taucht vor allem in der allgemeindidaktischen Diskussion auf (in einer bildungstheoretischen Variante bei Schulz 1996, ermöglichungsdidaktisch bzw. konstruktivistisch gewendet bei Arnold/Gómez Tutor 2007), dazu in der Ratgeberliteratur sowie in den Legitimationsdebatten um korporativ-plurale Weiterbildungsanbieter. Es überwiegen präskriptive Aussagen, oft apodiktisch vorgetragen und nur selten kasuistisch im Blick auf Kontexte, Ziele, Inhalte, Wissensformen und Adressaten der EB konkretisiert (Siebert 2006).

Ähnlich wie die allgemeine → Didaktik hat der Prinzipiendiskurs der EB den Kontakt zur empirischen Lehr-Lernforschung kaum herstellen können. Allenfalls in der Gründungsphase hat die engagiert geführte Diskussion um das Prinzip der T. einige deskriptive Studien angeregt. Die Befunde lassen sich im Anschluss an F. Oser (2000) danach ordnen, ob sie die Sicht- oder die Tiefenstruktur von Lehr-Lernprozessen betreffen. Auf der Ebene der Sichtstruktur verortet Oser die Arbeits- und Sozialformen und den Medieneinsatz, auf der Ebene der Tiefenstruktur die kognitiven Lernwege, die für gewünschte Lernziele unverzichtbar sind. H. Siebert und H. Gerl (1975) haben in der Mitte der 1970er Jahre in einer Studie zur soziokulturellen EB gezeigt, dass selbst in diesen Kursen ein stoff- und dozentenorientierter Unterricht überwiegt. Für die Tiefenstruktur des Unterrichts machten die im Bildungsurlaubs-, Versuchs- und Entwicklungsprogramm durchgeführten Untersuchungen darauf aufmerksam, dass es häufig zu einer „Verdopplung der Inhalte" kam, dass also → Deutungsmuster von Lehrenden und Lernenden nicht aufeinander bezogen wurden. Diese durch spätere Studien gestützten Befunde lassen sich so interpretieren, dass Lehrkräfte der EB sich bei der Planung, Gestaltung und Evaluation von Lehr-Lernprozessen nicht ausschließlich, vermutlich nicht einmal primär am (immer im Plural anwesenden) Teilnehmer orientieren, sondern eher am „Stoff" und an dem, was sie als ihr professionelles Mandat und ihre professionelle Lizenz betrachten.

Die neuere schulbezogene Forschung beschäftigt sich mit der Frage, auf welcher der beiden Ebenen des Unterrichts vor allem über den Lernerfolg entschieden wird. Jüngere Befunde sprechen dafür, dass die Sichtstruktur des Unterrichts im Sinne einer

„educational seduction" für Lernende hinreichend attraktiv sein muss, um eine kognitive Aktivierung auf der Tiefenstruktur zu ermöglichen. Tietgens hat auf das damit angesprochene Problem früh mit dem Begriff der Passung aufmerksam gemacht. Ob und wie das Prinzip der Teilnehmerorientierung in der EB im Sinne einer solchen Passung von Lehr- und Lernverhalten, Anforderungen „der Sache" und professionellem Rollenverständnis praktiziert wird und werden kann, bleibt eine lohnende Forschungsfrage, die möglichst in Kooperation mit Fachdidaktikern bearbeitet werden sollte.

Literatur

Arnold, R./Gómez Tutor, C.: Grundlinien einer Ermöglichungsdidaktik. Augsburg 2007 – Breloer, G./Dauber, H./Tietgens, H.: Teilnehmerorientierung und Selbststeuerung in der Erwachsenenbildung. Braunschweig 1980 – Luchte, K.: Teilnehmerorientierung in der Praxis der Erwachsenenbildung. Weinheim 2001 – Oser, F.K./Baeriswyl, F.: Choreographies of Teaching: Bridging instruction to learning. In: Richardson, V. (Hrsg.): Handbook of Research on Teaching. 4. Aufl. New York 2000 – Schulz, M.: Integrative Weiterbildung. Chancen und Grenzen. Konzeptionelle Überlegungen zur Integration von allgemeiner, politischer und beruflicher Bildung. Neuwied 1996 – Siebert, H.: Didaktisches Handeln in der Erwachsenenbildung. Didaktik aus konstruktivistischer Sicht. 5., überarb. Aufl. Augsburg 2006 – Siebert, H./Gerl, H.: Lehr- und Lernverhalten bei Erwachsenen. Braunschweig 1975

Josef Schrader

Temporalität

Die Kategorie der T. bietet einer zeittheoretischen Rekonstruktion des → Weiterbildungssystems den möglichen Ausgangspunkt für eine neuartige Funktionsbestimmung von Verständigung über „EB in der Transformationsgesellschaft". Es sind die Diskrepanzen zwischen differenten Zeitregimen, Eigenzeiten, Entwicklungszeiten und soziokulturellen Zeittendenzen der Moderne, die in dieser Deutung zum konstitutiven Merkmal von Lernen im Erwachsenenalter erklärt werden. Institutionalisiertes Erwachsenenlernen erweist sich so als Organisation offener Ereignisverknüpfung. Die Dominanz des Temporalen kommt in klassischen Begriffen und Begründungsformeln der Organisation bzw. Planung, strukturell aber im Okkasionellen oder Projektförmigen einer sich permanent wandelnden Angebots- und Bedürfnisstruktur (→ Angebot) sowie in der fluiden Struktur der Institutionalisierungsverhältnisse zum Ausdruck. Auch die mikrodidaktische Organisation (→ Didaktik) lässt sich charakterisieren als ein Netzwerk multipler, lose verkoppelter Ereignisse und Ereignisketten. Von grundsätzlicher Bedeutung ist, dass WB nicht über eine spezifische Systemzeit und feste Zeitinstitutionen und somit auch nicht über eine Kontrolle ihrer internen Lernzeiten verfügt, wie z.B. Schule und Berufsausbildung in Zeitregimen wie Jahrgangsklassen, Versetzungen, Abschlüssen und daran anschließenden „Bildungskarrieren". Nahezu alle Institutionalformen der WB haben sich stattdessen auf Ereignisverknüpfung spezialisiert und finden ihre kennzeichnende Stärke in einer themenoffenen Anschlussfähigkeit in der Berücksichtigung und Organisation temporaler Muster (Schäffter 1993).

Eine noch zu entwickelnde zeit-theoretische Rekonstruktion lebensbegleitenden Lernens hat sich u.a. mit folgenden Themenkomplexen auseinanderzusetzen:

- Erwachsenenlernen als Ausdruck und Motor von Modernisierungsprozessen, dessen Initiierung in der Balancierung der drei Zeitdimensionen: Vergangenheit (→ Erfahrungsorientierung/-bezug), Gegenwart (→ Lebensweltbezug/→ Deutungsmuster) und Zukunft (Entwicklung) stattfindet und durch zeitpolitische Rahmungen gestützt wird.
- Erhebliche Bedeutung erhält die Kategorie der Entwicklung, die im Kontext einer Theorie biographischer Selbststeuerung ihren bisherigen lernpsychologischen Horizont überschreitet und zu einem Orientierungsbegriff rationaler Lebensführung wird. „Entwicklung" bezeichnet nun die Synchronisation bisher getrennter Ereignisse (Sozialzeiten) und Eigenzeiten durch eine pädagogische Verknüpfungsleistung. Dies schlägt sich in der Formel „pädagogische Entwicklungsbegleitung" als Aufgabe von EB nieder.
- Konfligierende Momente erklären sich dabei aus instrumentell-pragmatischen und subjektiv-interpretativen Zugängen eines strukturierenden und emotionalen Spannungsfeldes zu „Zeit", in dem wir uns im und durch Lernen zu ihr (konstitutiv gestaltend) verhalten. Disziplinübergreifende Zugänge erschließen sich für die empirische Forschung (Schmidt-Lauff 2008).

Neben dem konstitutiven Charakter bekommt es WB auch mit zeitpolitischen Forderungen (Tarif-/Betriebsverträge, Lebens-Arbeitszeitkonten, Work-

Life-Balance) zu tun, die Lernchancen durch temporale Formalisierungen in der Auslotung kollektiver und individueller Ressourcen fordern. Hintergrund bilden empirische Relevanzen (z.B. → Bildungsberichterstattung), in denen Zeit zur Fluchtkategorie einer Nicht-Teilnahme schlechthin wird. Darüber hinaus wird T. thematischer Gegenstandsbereich (Geißler 1985), in dem es um die lernende Aneignung (→ Aneignung – Vermittlung) von neuen Formen des Zeitbewusstseins, um kritische Auseinandersetzung mit konkurrierenden Zeitregimes in der Lebensführung sowie um gesellschaftliche Probleme der Beschleunigung, Stagnation oder „Entschleunigung" von Transformationsprozessen geht. Populär sind gegenwärtig Fragen eines sinnvollen „Zeitmanagements", mit dem Antworten auf „Zeitnot" und „Zeitdruck" gesucht werden. Als Folge entstehen auch neue temporale Didaktisierungsformen mit teilweise widersprüchlicher Wirkung (→ Lernen am Arbeitsplatz, → E-Learning). Schließlich stellt sich im Zusammenhang mit pädagogischer → Professionalität die Frage, wie die Autonomie von Lernzeiten vor Übergriffen aus nichtpädagogischen Zeitregimen geschützt werden kann. Zeittheoretische Aspekte pädagogischer Professionalität beziehen sich auch auf Zeitorganisation in Bildungsangeboten (→ Programmplanung), auf die Auslotung zielgruppenspezifischer Zeitmuster (Schichtarbeiter, Seniorenbildung) oder das Erproben neuer „Zeitfenster" (Nahrstedt 1998).

Literatur
Geißler, K.H.: Zeit leben. Weinheim/Basel 1985 – Nahrstedt, W. u.a.: Abschlussbericht des Forschungsprojektes Neue Zeitfenster für Weiterbildung. Temporale Muster der Angebotsgestaltung und Zeitpräferenzen der Teilnehmer im Wandel. IFKA-Dokumentation, Bd. 20. Bielefeld 1998 – Schäffter, O.: Die Temporalität von Erwachsenenbildung. In: Zeitschrift für Pädagogik, H. 3, 1993 – Schmidt-Lauff, S.: Zeit für Bildung im Erwachsenenalter. Interdisziplinäre und empirische Zugänge. Münster 2008

Ortfried Schäffter & Sabine Schmidt-Lauff

Theorie und Praxis

Erziehungswissenschaft ist eine relativ junge Disziplin, die sich aus dem Praxisfeld Schule heraus entwickelt hat. Teilbereiche dieser Disziplin, die sich mit noch jüngeren Tätigkeitsfeldern beschäftigen, wie etwa Sozialpädagogik oder EB, haben demgegenüber eigenständige T.u.P.-Fragen und -Probleme. So spielen in der EB andere Disziplinen wie die Soziologie, die Psychologie und (neuerdings) die Betriebswirtschaft als Bezugswissenschaften eine vergleichsweise starke Rolle. Soziologische, psychologische und institutionelle Aspekte sind in der EB konstitutiv für die Praxis, deren wissenschaftliche Bearbeitung ist damit also auch konstitutiv für die T.bildung. Hinzu kommt, dass die Übergänge der EB zu anderen gesellschaftlichen Bereichen fließend sind und ein „professioneller" Kern schwer abzugrenzen ist. T.bildung muss daher mit der Unschärfe des P.feldes umgehen. Dies ist – zum dritten – deshalb besonders schwierig, weil sich die erziehungswissenschaftliche Teildisziplin EB mit der Entwicklung ihres P.feldes konstituiert. Nur die Dynamik des Gegenstands ermöglicht in der EB den Umgang und die Adaptation von Methoden und Erkenntnissen aus Bezugsdisziplinen. Die Vermittlung zwischen T. und P. ist daher in der EB und ihrer Wissenschaft von besonderer Bedeutung. Diese Vermittlung lässt sich nach vier Anlässen definieren:

- Forschung und T.bildung aus P.anlässen, die dazu führen, Handlungsprobleme zu lösen; dieser Typ ist meist eng an die → Träger und → Einrichtungen der EB gebunden,
- Forschung und T.bildung, die durch übergeordnete Systemvorstellungen initiiert ist, also etwa Bereichsdefizite, Innovationsbedarf und Strukturprobleme (meist staatlich veranlasst),
- Forschung und T.bildung zur Entwicklung von Lehrplänen, → Methoden, neuen Konzepten, meist zusammen mit Erprobungsphasen (in Weiterbildungseinrichtungen, oft auch in Unternehmen),
- Forschung zur Entwicklung von T.- und Denkmodellen, die im Forschungsprozess den P.bezug vernachlässigt, aber praktische Wirksamkeit intendiert.

Zunehmend lösen auch europäische und internationale P.fragen T.bildung aus, bzw. Erkenntnisse (trans)nationaler Forschungen werden für andere Länder nutzbar gemacht. Die Vermittlung zwischen T. und P. leistet einen Beitrag dazu, Wissensproduktion und P.entwicklung der EB transparent zu machen, zu steuern, zu innovieren und zu legitimieren. Strukturelemente der Vermittlung (in der Form von Publikationen, Zertifikaten, → Fortbildungen, Kongressen etc.) sind vor allem folgende:

- die Zweiseitigkeit der Kommunikation, nicht nur wissenschaftliche Erkenntnisse in P., sondern praktische Erkenntnisse und Fragen in Wissenschaft zu vermitteln,

- die Verständlichkeit, die nicht nur → Sprache und Begriffe umfasst, sondern auch Relevanz der Fragen und des behandelten Inhalts,
- die Ungleichzeitigkeit von T. und P., in der wissenschaftliche Erkenntnisse meist auf ein bereits weiterentwickeltes P.feld stoßen,
- die Akzeptanz der Vermittlung, die sowohl von den Interessen und der Legitimation als auch von der Passung zueinander hergestellt werden muss,
- die Arbeit der Vermittlung, die ähnlich aufwendig und professionell zu leisten ist wie jede pädagogische oder wissenschaftliche Arbeit,
- die Reflexivität, der Bezug auf das jeweilige Gegenüber und auf sich selbst, ohne den ein interaktiver Vermittlungsprozess nicht gelingen kann.

Das Wichtigste in Vermittlungsprozessen von T. und P. aber ist die Identität der Beteiligten. Wissenschaftliche Arbeit und T.bildung folgen anderen Zielen und Interessen mit anderen Methoden als praktisch-pädagogische Arbeit. Ersterer geht es, grob gesagt, um Erkenntnis, letzterer um Gestaltung. Beide können nur dann miteinander kommunizieren, wenn sie ihre unterschiedlichen Identitäten und Ziele kennen und akzeptieren.

Literatur
Nuissl, E: Einführung in die Weiterbildung. Augsburg 2009 – Siebert, H.: Theorien für die Praxis. Bielefeld 2006

Ekkehard Nuissl

Thüringer Richtung der Erwachsenenbildung

Die T.R. ist eine regionalspezifische Ausprägung der freien Volksbildung im Rahmen der „Neuen Richtung“ der EB der Weimarer Republik. Mit dem Begriff wird zum einen die Gegebenheit einer charakteristischen kulturräumlich-regionalen Entwicklung dieser Epoche bezeichnet und zum anderen das explizite didaktische Selbstverständnis prominenter Thüringer Erwachsenenbildner/innen, besonders in Abgrenzung gegenüber der sog. Berliner Richtung. Organisatorische Grundlage der T.R. war der 1919 gegründete Personal- und Institutionenverband „Volkshochschschule Thüringen“, in dessen Satzungsentwicklung sich Grundpositionen der T.R. spiegeln. Das publizistische Forum der T.R. als solcher war das Verbandsorgan „Blätter der Volkshochschule Thüringen“ (1919–1933, Nachdruck 1999). Signifikant für die T.R. sind die didaktischen Schriften von Thüringer Erwachsenenbildner/inne/n der 1920er Jahre, in erster Linie von Reinhard Buchwald (1884–1983), Wilhelm Flitner (1889–1990), Adolf Reichwein (1898–1944), Eduard Weitsch (1883–1955) und Franz Angermann (1886–1939) sowie zeitweise auch Herman Nohl (1879–1960) und Gertrud Hermes (1872–1942). Zu den für die Entwicklung der T.R. maßgeblichen Förderern gehörten der Verleger Eugen Diederichs (1867–1930), die Universität Jena, insb. durch die Hochschullehrer Wilhelm Rein (1847–1929) und Heinrich Weinel (1874–1936) sowie die Carl-Zeiss-Stiftung Jena. Besondere Voraussetzungen für den Aufschwung der EB hatte das Land Thüringen mit frühzeitiger (ab 1920) regelmäßiger Teilfinanzierung der Netzwerkarbeit geschaffen.

Die T.R., die kein einheitliches System der EB darstellt und im Verlauf der 1920er Jahre auch Wandlungen unterliegt, lässt sich gleichwohl durch einige Merkmale charakterisieren. Gemeinsam war allen ihren Vertretern die Idee der Neutralität einer freien, unabhängigen und bürgerschaftlichen EB, organisiert nach dem Prinzip der Selbstverwaltung und innerverbandlichen Demokratie unter Beteiligung von Fachleuten der EB und Laien, didaktisch verwirklicht mit entschiedener und konsequenzenreicher Ablehnung jeder Indoktrination, ideologischen Lenkung und weltanschaulichen Formung. Gegenüber der Berliner Richtung, wie sie fachpublizistisch vor allem von Werner Picht (1887–1965) und Robert v. Erdberg (1866–1929) vertreten wurde, setzte die T.R. u.a. folgende regionalspezifische Akzentuierung: Vereinsform statt kommunaler Volkshochschule, Netzwerkbildung und Anspruch flächendeckender Versorgung, Integration aller Erwachsenenbildungsaktivitäten in die Volkshochschule, Lebensbildung als Lehrplanprinzip, Vielseitigkeit der Bildung unter Betonung des Künstlerischen, Kultivierung eines eigenen reformerischen Lebensstils, inspiriert durch die Jugendbewegung, besondere Hochschätzung des Typus der dänischen Heimvolkshochschule, Pflege eigener Bildungsformen, insb. der sog. Bildungswochen und später der großen Auslandsreisen.

Die T.R. war in der EB der 1920er Jahre (so im Hohenrodter Bund) in einigen ihrer Erscheinungsformen und Ideen durchaus kontrovers (insb. als neuromantisch) und war zeitweise heftiger Kritik seitens der weltanschaulich und parteipolitisch gebundenen EB ausgesetzt. In den 1990er Jahren bahnte sich ein neues Verständnis für die Leistung dieses

Ansatzes an, dessen Hauptverdienst im Aufbau eines flächendeckenden Netzwerks, in der beispielhaften Realisierung der Idee der „lernenden Region" auf weitgehend hohem Qualitätsniveau und in der inhaltlich anspruchsvollen Vermittlung eines fachlichen Images, gewissermaßen einer Coporate Identity eines regionalen Erwachsenenbildungsverbandes, zu sehen sein dürfte.

Literatur

Flitner, W.: Laienbildung. Jena 1921 – Friedenthal-Haase, M./Meilhammer, E.: Volkshochschule – Bewegung, Organisation, Kommunikation. Einleitung zum Nachdruck der „Blätter der Volkshochschule Thüringen", 1919–1933. Hildesheim 1999 – Nohl, H.: Berliner oder Thüringer System? In: Blätter der Volkshochschule Thüringen, H. 13, 1920 (Nachdruck 1999, Bd. 1, S. 137–138) – Reimers, B.I.: Die neue Richtung der Erwachsenenbildung in Thüringen 1919–1933. Essen 2003

Martha Friedenthal-Haase

Träger der Erwachsenenbildung

Die Organisationsebenen der WB werden durch die Begriffstrias „Träger", „Einrichtung" und „Veranstaltung" treffend beschrieben. Die T. schaffen die formalrechtlichen, organisatorischen und finanziellen Voraussetzungen in Form von Einrichtungen, die dann Veranstaltungen durchführen. Ergänzt wird dieses Gefüge durch Zusammenschlüsse von Einrichtungen in Form von Verbänden, Arbeitsgemeinschaften oder Arbeitskreisen.

Als T. lässt sich mithin die Institution oder Gruppe von Institutionen definieren, die die rechtliche und tatsächliche Verantwortung für die Weiterbildungseinrichtung trägt und somit die Voraussetzung für die Weiterbildungsarbeit (Konzipieren und Durchführen von Veranstaltungen, Teilnehmerberatung, Gewinnen und Betreuen von Kursleitenden etc.) legt. Mit dieser Definition wird die rechtliche und wirtschaftliche Funktion des T. in den Vordergrund gerückt. Der T. einer Weiterbildungseinrichtung hat im Regelfall aber auch inhaltliche Interessen, er will, dass Bildungsarbeit organisiert und durchgeführt wird, die seinen Zielsetzungen entspricht bzw. seine eigentliche Arbeit unterstützt.

Im Vergleich zu den anderen Bereichen des Bildungswesens (z.B. Schule oder Hochschule) dominiert im Weiterbildungsbereich nicht die staatliche Trägerschaft. Konstituierend ist vielmehr eine T.vielfalt (plurale Struktur). Neben öffentlichen T. (Bund, Länder und Kommunen) haben sich vor allem die gesellschaftlichen Großgruppen (Kirchen, Parteien, Gewerkschaften, Arbeitgeberverbände, Berufsverbände und die Organisationen der Wohlfahrtspflege) im Weiterbildungsbereich engagiert. Hinzugekommen sind in den letzten Jahrzehnten, vor allem nach der Verabschiedung des Arbeitsförderungsgesetzes im Jahre 1969, verstärkt auch private T. (z.B. Betriebe und Einzelpersonen), die Weiterbildungseinrichtungen auch aus kommerziellen Motiven betreiben. Dieser Überblick zeigt, dass sich die einzelnen T. der Weiterbildungseinrichtungen sinnvoll zu T.gruppen bündeln lassen.

Erschwert wird die Zuordnung von Einrichtungen zu T.gruppen häufig dadurch, dass Mischträgerschaften vorliegen. Dann betreiben mehrere T. aus unterschiedlichen T.gruppen (z.B. eine Gewerkschaft und ein Land) eine Einrichtung. Relativ häufig ist die Trägerschaft einer Einrichtung durch mehrere T. der gleichen T.gruppe (z.B. mehrere Kommunen betreiben eine Volkshochschule).

Insb. die gesellschaftlichen Großverbände tragen jeweils mehrere Weiterbildungseinrichtungen. Dabei spielen andragogische Überlegungen eine Rolle (z.B. Zielgruppenarbeit), finanzielle (z.B. Ausschöpfen verschiedener Fördermöglichkeiten) und regionale (z.B. Schaffen eines wohnortnahen Angebots).

Die pluralistische T.struktur der WB ist historisch gewachsen. In der Vergangenheit war Lernen von Erwachsenen weitgehend Privatsache, so dass staatliche Angebote entbehrlich erschienen. Die staatliche bzw. öffentliche Weiterbildungsabstinenz stand erst infrage, als sozioökonomische Veränderungen und ein anderes Bildungsverständnis („Recht auf Bildung", „Bildung für alle") die gesellschaftliche Notwendigkeit von WB nahelegten. So entwickelte sich spätestens in den 1960er Jahren eine öffentliche Verantwortung für die WB, die sich in der Schaffung von gesetzlichen Rahmenbedingungen und in einem Ausbau des Weiterbildungssystems niederschlug.

Die damals bestehenden Weiterbildungseinrichtungen und ihre T. bestanden aber dezidiert auf der „Staatsfreiheit" der EB und der Pluralität der T. Unterschieden werden freie und gebundene EB. Unter die „freie" EB fielen die Volkshochschulen, die ihr Bildungsangebot weltanschaulich neutral gestalten. Die gebundene EB wurde von jenen Einrichtungen betrieben, die interessengeleitet oder weltanschaulich-religiös ausgerichtet sind (z.B. die konfessionelle EB).

Diese Begriffsverwendung kehrte sich in den 1960/70er Jahren um: Die Volkshochschulen werden als in die Kommunen „eingebunden" wahrgenommen, während die übrigen Einrichtungen in freier Trägerschaft gesehen werden. Beide Gruppen von Einrichtungen sind im Regelfall in die staatliche Förderung über Ländergesetze einbezogen und unterliegen damit staatlicher Weichenstellung und finanzieller Förderung. Die finanzielle Förderung des Staates wird darüber begründet, dass die Einrichtungen im öffentlichen Interesse handeln, also z.B. Angebote für bildungsbenachteiligte Zielgruppen machen oder für eine flächendeckende Versorgung mit Weiterbildungsangeboten beitragen (Faulstich 1995).
Im Gegensatz zu dieser öffentlich verantworteten WB wird die WB in privater Trägerschaft gesehen, die der Gewinnerzielung dient oder Sonderinteressen verfolgt. Die privat getragenen Weiterbildungseinrichtungen erfahren dabei durchaus direkt oder indirekt öffentliche Förderung (z.B. aus Mitteln der BA oder des Europäischen Sozialfonds), sie nehmen dabei aber im Regelfall keine öffentlichen Daueraufgaben wahr.
Statistisch genaue Angaben zur T.struktur lassen sich nicht machen. Die vorhandenen Quellen verdeutlichen indes, dass neben den Betrieben vor allem privat und kommunal getragene Einrichtungen das Weiterbildungsgeschehen dominieren (v. Rosenbladt/Bilger 2008; Dietrich/Schade 2008).

Literatur
Dietrich, S./Schade, J.: Institutionelle Strukturen der Anbieter in der Weiterbildung. In: Gnahs, D./Kuwan, H./Seidel, S. (Hrsg.): Weiterbildungsverhalten in Deutschland, Bd. 2: Berichtskonzepte auf dem Prüfstand. Bielefeld 2008 – Faulstich, P.: Öffentliche Verantwortung für die Weiterbildung. In: Dobischat, R./Husemann, R. (Hrsg.): Berufliche Weiterbildung als freier Markt? Berlin 1995 – Nagel, B.: Das Rechtssystem in der Weiterbildung. In: Krug, P./Nuissl E. (Hrsg.): Praxishandbuch Weiterbildungsrecht. Loseblattwerk. Neuwied 2004 (Grundwerk)

Dieter Gnahs

Training on the Job – Training off the Job

Die beiden Begriffe T.onJ. und T.offJ. haben in der internationalen Managementliteratur ihren Platz, werden aber auch in der Personalentwicklung deutscher Unternehmen benutzt. Gemeint ist damit zum einen das → Lernen am Arbeitsplatz (im Funktionsfeld), zum anderen das Lernen außerhalb des Arbeitsplatzes (im Lernfeld, wie z.B. in Seminaren). Gelegentlich wird auch vom T. near the J. gesprochen, also vom Lernen in der Arbeitsumgebung. Als klassisches Beispiel für das Lernen am Arbeitsplatz, für eine mögliche Doppelfunktion des Arbeitsplatzes als Arbeitsort und Lernort, gilt die Werkstatt des mittelalterlichen Handwerks. In kleinen und mittleren Betrieben, also nicht nur in den Handwerksbetrieben, ist noch heute das T.onJ., die Verbindung von Arbeiten und Lernen, vorrangiges Lern- und Qualifizierungsprinzip. In der Industrie mit ihren stark spezialisierten Arbeitsformen (Arbeitsteilung, Arbeitszerlegung) musste für die Vermittlung eher komplexer Qualifikationen dem T.onJ. das T.offJ. (in Lehrwerkstätten, Seminaren etc.) hinzugefügt werden.
WB, auch die beruflich-betriebliche WB, geschieht immer noch überwiegend off the Job Im Zuge moderner Organisationsentwicklungstendenzen (Total Quality Management), flache Hierarchien, ganzheitliche Arbeitsstrukturen, wie z.B. Gruppenarbeit) wird in den Betrieben für die Anpassungs- und Innovationsweiterbildung mehr und mehr das T.onJ. oder auch das T. near the J. favorisiert. Dies hat lernmotivationale (→ Motivation) (Erfolgserlebnisse stellen sich unmittelbar ein) und finanzielle Gründe (das Lernen im Funktionsfeld ist in aller Regel billiger als im Lernfeld).
Ein weiterer Vorteil des Lernens am Arbeitsplatz besteht aber vor allem darin, dass es jeweils ein unmittelbares Feedback gibt und die Transferproblematik (Übertragung des Gelernten in das gewünschte Verhalten bzw. Handeln) stark minimiert wird. Insb. in der betrieblichen WB kommt es in erster Linie nicht auf die Lernergebnisse (z.B. nach einem Seminar) an, sondern auf die Umsetzung des Gelernten in der konkreten Arbeitssituation. Bei der Bewertung des T.onJ. ist zu bedenken, dass das Lernen am Arbeitsplatz kein Selbstläufer ist. Ganzheitliche und anforderungsreiche Arbeitsstrukturen fordern und fördern das Lernen im Prozess der Arbeit und sind wesentliche Voraussetzungen für die Entwicklung von Handlungskompetenz im Arbeitsprozess, die nicht nur durch Fachkompetenz bestimmt ist, sondern Methoden- und Sozialkompetenz einschließt. Während in Japan die Job-Rotation ganzer Arbeitsgruppen ein selbstverständliches Mittel ist, die Ergiebigkeit des Lernens am Arbeitsplatz zu fördern, führt dieses Konzept in deutschen Betrieben noch ein Schattendasein. In der berufspädagogischen Theo-

rie, aber auch in der praktischen Berufspädagogik geht man heute davon aus, dass mit den neuen Produktions- und Organisationskonzepten in den Betrieben erweiterte Lernmöglichkeiten am Arbeitsplatz und im Arbeitsprozess entstehen. Durch die Entwicklung dezentraler Arbeitsstrukturen und Organisationsformen (Gruppenarbeit, Arbeit in Projekten, Inselmodelle usw.) haben sich die Lernpotenziale und -chancen am Arbeitsplatz erhöht.

Eine Rolle spielen dabei auch die neuen Informations- und Kommunikationstechnologien. Zwar sind mit dem Einsatz neuer Technologien auch Konzepte neotayloristischer Arbeitsformen aufgekommen, dennoch scheint es so zu sein, dass bei aller Offenheit der weiteren Entwicklung die neuen Technologien und Tendenzen in Richtung einer Humanisierung der Arbeit (→ Human-Resource-Ansatz) sowohl eine erhöhte Notwendigkeit als auch bessere Ermöglichungsbedingungen für das Lernen am Arbeitsplatz bewirken. Zur zweifelsfreien Verifizierung dieser Aussage mangelt es aber immer noch an systematischen und empirischen Untersuchungen, welche die lernfördernden und lernhemmenden Arbeitsbedingungen und Arbeitsstrukturen identifizieren und damit genauere und begründetere Hinweise für das Lernen am Arbeitsplatz zu geben vermögen.

Literatur
Donnenberg, O. (Hrsg.): Action Learning. Ein Handbuch. Stuttgart 1999 – Münch, J.: Lernen am Arbeitsplatz – Bedeutung innerhalb der betrieblichen Weiterbildung. In: Schlaffke, W./Weiß, R. (Hrsg.): Tendenzen betrieblicher Weiterbildung. Köln 1990 – Münch, J./Kath, F.M.: Zur Phänomenologie und Theorie des Arbeitsplatzes als Lernort. In: Münch, J. (Hrsg.): Lernen – aber wo? Der Lernort als pädagogisches und lernorganisatorisches Problem. Trier 1997 – Pfingsten, U.: Training sozialer Kompetenz. In: Margraf, J. (Hrsg.): Lehrbuch der Verhaltenstherapie. Berlin 2000 – Severing, E.: Arbeitsplatznahe Weiterbildung. Betriebspädagogische Konzepte und betriebliche Umsetzungsstrategien. Neuwied u.a. 1994

Joachim Münch

Umschulung

Die U. ist als Fortsetzung, Wieder- und Erstaufnahme organisierten arbeits- und berufsbezogenen Lernens für Erwachsene über 25 Jahre, die eine nicht mehr nachgefragte oder eine bisher nicht abgeschlossene Berufsausbildung haben, als ein bildungs-, sozial- und arbeitsmarktpolitisches Instrument aufzufassen. Sie ermöglicht den (erneuten) Zugang zum ersten Arbeitsmarkt. Das Berufsbildungsgesetz (BBiG 1971), Fortbildungsordnungen in Ergänzung des Arbeitsförderungsgesetzes (AFG 1969), aktualisiert im SGB III (1998), regeln die U.; d.h., die BA fördert über die Arbeitsämter die U. in öffentlicher/privater Trägerschaft und finanziert (teilweise) die Teilnahme daran. Sie dient vorwiegend der strukturellen Anpassung an Arbeitsmarktentwicklungen. Ebenso dient die U. Umstrukturierungen in Betrieben/Branchen, um Personalkonversionen zu begleiten. Dieses unterstützt in beiden Fällen unter individueller Perspektive die Aufrechterhaltung von Erwerbsfähigkeit.
Im Bereich der beruflichen WB wird somit die Erstausbildung zu einem Beruf gefördert. Die Idee der U. greift arbeitsmarktpolitisch Phänomene struktureller Engpässe bei der Zuführung von Berufsqualifikationen und Arbeitsmarktentwicklungen auf, um die berufliche Beweglichkeit der Erwerbstätigen infolge von Strukturveränderungen (z.B. durch Informations- und Kommunikationstechnologien) zu sichern bzw. zu verbessern; im weiteren Sinne unterstützt sie zunehmend Bemühungen einzelner Personen, um einer U. als Berufsveränderung vorzugreifen.
Die „Qualifizierungsoffensive" bot z.B. in den 1980er Jahren über die U. als (Erst-)Qualifizierung eine Chance der Reintegration in den Arbeitsmarkt, die sich insb. an Arbeitslose richtete. Seitdem schränkt das AFG (und seit 1998 stärker das SGB III) die Leistungsbemessungen sowie Teilnahmevoraussetzungen für spezifische Zielgruppen des Arbeitsmarktes ein. Dies betrifft Arbeitslose oder unmittelbar von Arbeitslosigkeit bedrohte Erwerbstätige und zunehmend Jugendliche mit Migrationshintergrund. Damit wird die Förderung des Erhalts von Erwerbsfähigkeit im öffentlichen Weiterbildungsbereich gemindert und Zusammenhänge von WB und (Berufs-)Karrieren, wie sie im privaten Sektor hergestellt werden, bleiben offen. Die fortschreitende Dezentralisierung und Flexibilisierung von beruflicher Aus- und Weiterbildung sowie der Umstand, dass die Zahl derjenigen, die bis zum 25. Lebensjahr keinen Berufsausbildungsplatz bekommen haben, relativ konstant ist, weitet das Instrument U. im Kontext von arbeitsmarktpolitischen Sonderfinanzierungsprogrammen des Bundes und der EU aus und wird zur Erhaltung der Erwerbsfähigkeit bis hin zu Personalkonversionen nachgefragt. Dieser betriebsinterne wie -externe Bedarf entsteht häufig durch Outsourcing-Prozesse in Kooperation mit anderen Betrieben. Unternehmen nutzen U. in modularen, branchenspezifischen Verbundsystemen regional und mit Europa vernetzt als arbeitsmarkt- und personalpolitisches Instrument, wobei das Berufswahlrecht der Erstausbildung dem angelsächsischen Verständnis des Erwerbs einer lebenslangen Erwerbsorientierung weicht.
Der Zugang zum Weiterbildungssegment U. eröffnet keine Laufbahn, er ist Bestandteil schon gegebener Lebenslagen, an die die U. anschließt und eine Korrektur der Lebenslagen über WB optional für eine begrenzte Zeit (18 bis 24 Monate) anbietet. Sie umfasst desweiteren den Wiedereintritt bzw. Wechsel für solche Personen in das Erwerbsleben, die ihre Berufstätigkeit für längere Zeit unterbrechen (mussten): Frauen nach der Familienphase, Arbeitslose, Migrant/inn/en, Behinderte oder Personen, die ihre Berufstätigkeit wegen struktureller Umwandlungen (Bergbau, Stahl, Schiffbau etc.) verlieren bzw. verloren haben. War die U. bisher eine Domäne von Weiterbildungsträgern, wird sie zunehmend in der Personalpolitik genutzt, um Beschäftigung, Qualifizierung und Vermittlung in strukturellen Reorganisationsstrategien miteinander zu verbinden, d.h. Personalkonversionen für die Entwicklung neuer Berufsfelder und Berufsbilder vorzunehmen, die als Kombi-Maßnahmen (Misch- und Mehrfachfinanzierung) in derzeit folgenden, strukturell gegebenen Typen von U. mit wechselnder Präsenz auf dem Markt anzutreffen sind:

- Qualifizierung und Beschäftigung im zweiten Arbeitsmarkt, in Non-Profit-Organisationen,
- Qualifizierung und Beschäftigung im Verbundsystem branchenspezifischer Betriebe,
- Qualifizierung und Beschäftigung als Vorbereitung auf neue Arbeitsplätze des betriebsinternen/externen Arbeitsmarktes.

Literatur
Kraus, K.: Vom Beruf zur Employability – Zur Theorie einer Pädagogik des Erwerbs. Wiesbaden 2006 – Malvacje, J.-L./Schuler, M.: Strukturwandel im Ruhrgebiet: Sozialverträgli-

che Beschäftigungssicherung und -förderung durch konzerninterne und -externe Vernetzungen im Montansektor. In: Forschungsinstitut für Arbeiterbildung (Hrsg.): Jahrbuch Arbeit, Bildung, Kultur, Bd. 15/16. Recklinghausen 1998 – Markert, W. u.a.: Berufliche Weiterbildung von Arbeitslosen im Betrieb. Weinheim 1992 – Peters, S.: Arbeitslose und ihr Selbstbild in einer betrieblichen Umschulung. Weinheim 1991

Sibylle Peters

Umweltbildung

Die U. ist eine junge Disziplin innerhalb der Pädagogik, die im Gefolge eines allgemeinen Umweltkrisenbewusstseins Ende der 1960er, Anfang der 1970er Jahre entstanden ist. Im schulischen Bereich wurde auf internationalen Konferenzen (Tiflis, Stockholm) die Einrichtung eines Fachs Umwelterziehung gefordert, für das auch eine Lehrerfortbildung notwendig wurde. Von Anfang an wurde als Lernziel nicht nur abstrakter Erkenntniszuwachs oder reine Orientierungshilfe gefordert, sondern neben dem Verständnis von Umweltzusammenhängen und dem → Wissen zu Umweltphänomenen sollte auch ein umweltgerechteres Verhalten bzw. ein umwelteinsichtiges Handeln der Schüler erreicht werden.

Unabhängig von diesem institutionell induzierten, eher curricular orientierten Ansatz (→ Curriculum) entwickelte sich in der EB im Kontext der Aktivitäten von Bürgerinitiativen in den 1970er Jahren in Deutschland eine stärker politisch orientierte U. Umweltpolitisch engagierte Pädagoginnen und Pädagogen unterstützten mit Bildungsangeboten den umweltpolitischen Kampf der Initiativen.

Ein weiteres Standbein stellen die aus dem Naturschutz stammenden Ansätze der außerschulischen U. dar, die insb. Jugendlichen Kenntnisse über die Natur und einen naturschonenden Umgang beizubringen versuchten. Zu den Geburtswehen gehörte ein Richtungsstreit zwischen Schulrichtungen, wie z.B. die Auseinandersetzung der sich sehr politisch und antiinstitutionell verstehenden Fraktion der „Ökopädagogik“, die mit der als technokratisch empfundenen Richtung der „Umwelterziehung“ und den als unpolitisch kritisierten Naturerfahrungsansätzen kollidierte.

Mitte der 1980er Jahre entstanden ersten Lehrbücher zur „Umwelterziehung“ und zum „ökologischen Lernen“. Es folgte eine Phase der Konsolidierung und Befriedung dieser Ansätze, die sich unter den allgemein akzeptierten Begriff U. vereinten. Man kann danach zwischen umwelttechnisch-ökologischen, umweltpolitischen und naturerfahrungsorientierten (→ Erfahrungsorientierung) Ansätzen unterscheiden, wobei Ökologie, Technik und Politik eher Felder der Schul- und EB sind, während Naturerfahrungsansätze insb. in Umweltzentren mit der → Zielgruppe Jugendliche praktiziert werden. Berufliche U. spielt bei den meisten → Trägern eine sehr untergeordnete Rolle. Daran konnte auch der Beschluss der BLK gegen Ende der 1980er Jahre, U. als integratives Konzept in die berufliche Ausbildung einzuführen, nur wenig ändern. Das Gemeinsame dieser Ansätze liegt in der Forderung nach Handlungsorientierung, im umwelt-ethischen Impetus sowie im Bezug auf reformpädagogische Elemente.

De facto wurde aber insb. in der Anfangszeit meist in lehrerzentrierten Techniken kognitives Wissen vermittelt, weil die Bürgerinitiativbewegung darauf angewiesen war, sich „Gegenwissen“ gegen den herrschenden Sachverstand zu beschaffen, und weil die praktizierenden → Kursleitenden und Vortragenden in der Regel naturwissenschaftlich und nicht pädagogisch ausgebildet waren. Die theoretischen Lehrbuchforderungen nach vernetztem Denken, interdisziplinärer Projektarbeit (→ Projektlernen), ganzheitlicher Vorgehensweise etc. wurden in der Schule und in der EB nur selten eingelöst.

Während der Bürgerinitiativbewegungen der 1970er und 1980er Jahre wuchs das Interesse an Umweltthemen und damit die Nachfrage nach U. stetig an. In den 1990er Jahren zeichnet sich in der EB ein Rückgang der Nachfrage nach Unterrichtsstunden ab. Mit den Anfang der 1990er Jahre sich verschärfenden Wirtschaftsproblemen fällt in Umfragen die Bedeutung der Umwelt bei Bewusstseinsbefragungen etwas zurück, wodurch „klassische“ Umweltbildungsangebote weniger Nachfrager finden. In der außerschulischen U. erfreuen sich die Angebote der Umweltzentren weiterhin stetiger Beliebtheit. Zu Beginn der 1990er Jahre erscheinen mehr bilanzierende Lehrbücher bzw. Bildungstexte. Provozierend wirkt die Untersuchung von J. Kahlert (1990), die der U. „Gesinnungspädagogik“ vorwarf. Mitte der 1990er Jahre beginnt in Deutschland mit Bezug auf die Entwicklungskonferenz in Rio (1992) die Debatte um eine „Bildung für nachhaltige Entwicklung“ (BNE). Mit ihr soll die U. und die entwicklungsorientierte Bildung zusammengeführt werden, um ökonomische, gesellschaftliche und ökologische Gesichtspunkte gleichrangig zu behandeln, damit diese Bildung den Entwicklungsprozess zu einer nachhaltigen Gesellschaft unterstützen kann. Das BNE-Konzept wird im BLK-Programm „21" (1999–2004) entwickelt, wobei als oberstes Lernziel die Erreichung einer mehrdimensionalen „Gestaltungskomptenz" gilt. Mit dem BLK-Programm „Transfer 21" wird für weitere fünf Jahre eine Verbreitung des Konzepts in den Schulen angestrebt. Parallel dazu setzen insb. die entwicklungsorientierten Einrichtungen auf das Konzept des „globalen Lernens", das stärker auf den Nord-Süd-Konflikt ausgerichtet ist und vornehmlich gesellschaftspolitische Akzente aufweist. In der Bildungspraxis sind viele Angebote der BNE umweltlastig, und Angebote des globalen Lernens sind an den Interessen der „Dritten Welt" orientiert.

Um den Prozess des Übergangs zur BNE zu beschleunigen, wurde weltweit eine UN-Dekade zur BNE (2005–2014) etabliert, in der über Nationalkommitees Programme verabschiedet, nationale Berichte verfasst und Fördermaßnahmen angestrebt sind. Bereits seit Ende des 20. Jh. fördern Bund, Länder und die finanzstarke Bundesumweltstiftung in der Regel nur BNE-orientierte Vorhaben. Seit 1979 werden im Zweijahresabstand Umweltbildungsberichte der Bundesregierung erstellt, die seit 2001 als „Bericht Bildung für eine nachhaltige Entwicklung" benannt werden. Diese Dokumente beschreiben den BNE-Status in allen Bildungsbereichen der Republik. Gegen Ende der ersten Dekade des 21. Jh. zeigt ein Blick in die Programmhefte, dass der Begriff BNE in den Leitbildern der Einrichtungen angekommen ist, dass aber die meisten Angebote durchaus noch als Umweltbildungsangebote im klassischen Sinn kategorisiert werden können. Eine theoretische Würdigung und eine klare Zuordnung von U. zu BNE stehen bislang noch aus.

Literatur

Apel, H. u.a.: Orientierungen zur Umweltbildung. Bad Heilbrunn 1993 – Beyersdorf, M./Michelsen, G./Siebert, H. (Hrsg.): Umweltbildung. Neuwied 1998 – BLK: Materialien zur Bildungsplanung und zur Forschungsförderung: Bildung für eine nachhaltige Entwicklung – Orientierungsrahmen, H. 69, 1998 – Kahlert, J.: Alltagstheorien in der Umweltpädagogik. Eine sozialwissenschaftliche Analyse. Weinheim 1990 – Schüßler, I.: Nachhaltigkeit in der Weiterbildung. In: Empirische Forschung und Theoriebildung in der Erwachsenenbildung. Hohengehren 2006 – URL: www.bne-portal.de

Heino Apel

Unterricht

Der Begriff U. stammt aus der Schulpädagogik und beinhaltet die Gestaltung von institutionalisierten Lehr-/Lernsituationen. U. ist in der Literatur der EB ein relativ unbeliebter Begriff. Andererseits ist der Begriff bei Lehrenden und Teilnehmenden in qualifizierenden Kursen (→ zweiter Bildungsweg, → Fremdsprachen, → Umschulung etc.) weit verbreitet. Im Unterschied zu Gesprächskreisen, Arbeitsgemeinschaften u.ä. überwiegt im U. die sachlogische, fachliche, lernzielorientierte Didaktik. Deshalb sind Fremdsteuerungen durch Lehrpläne, Prüfungsordnungen und curriculare Vorstrukturierungen hier ausgeprägter als in erfahrungsorientierten Seminaren. U. ist somit stärker an einem Begriff des Lernens durch Wissensvermittlung und Übung orientiert.

U. ist eine Form des didaktischen Handelns (→ Didaktik – Methodik, → didaktische Handlungsebenen) und schließt Planung und Auswertung (→ Evaluation) ein. In der EB findet U. vor allem in Kursen, Lehrgängen und Seminaren statt. U. lässt sich abgrenzen z.B. von Training, → Coaching, → Beratung, Therapie, Vortrag. U. erfordert didaktisch-methodische Entscheidungen, z.B. über Lernziele (Auswahl, Begründung, Stufung, Anspruchsniveau, Überprüfung), Lerninhalte (wissenschaftliches → Wissen oder Erfahrungswissen, berufliche und allgemeine Bildung), → Methoden (Sozial- und Aktionsformen), → Medien in Lehr-Lernprozessen (audiovisuelle Hilfsmittel, Metaplan, Sprache), Veranstaltungsformen (inkl. → Lernorte, Lernzeiten).

Besondere Bedeutung kommt der didaktischen Reduktion und Rekonstruktion zu. Ein weiteres Prinzip ist die Artikulation des U. Damit sind der Aufbau, die Gliederung, die Dramaturgie einer Unterrichtseinheit gemeint. Zur Artikulation gehört auch ein Wechsel von rezeptiven und aktivierenden, intensiven und „entspannenden" Phasen.

Diese Entscheidungen müssen in Relation zu Bedingungen getroffen werden, z.B. Teilnehmervoraussetzungen (→ Zielgruppen, → Motivation, Schlüsselprobleme), sozialer Wandel, Risikogesellschaft, (→ Gesellschaft), institutionelle Faktoren (inkl. Finanzhilfen).

Diese Faktoren sind so vielfältig, dass jede Unterrichtssituation einmalig ist. Außerdem ist U. „emergent" und „kontingent" und entwickelt eine Eigendynamik (→ Konstruktivismus). Die quantitative Unterrichtsforschung hat deshalb kaum verallgemeinerbare Ergebnisse über die Wirkungen von Unterrichtsmethoden erbracht. Es gibt jedoch in der EB bestimmte Schlüsselsituationen, die sorgfältig zu planen sind, z.B. Anfangs- und Schlusssituationen, metakommunikative Phasen oder Wirkungskontrollen. Es empfiehlt sich, U. nicht nur nach dem Sender-Empfänger-Modell zu beobachten. U. ist ein vielschichtiger Prozess, der aus Erwartungshaltungen, anschlussfähigen Kommunikationen, aus kognitiven Lerninhalten, aber auch aus (lernfördernden oder lernhemmenden) Emotionen und aus körperlichen Empfindungen besteht. U. sollte zwar didaktisch geplant werden, er ist aber dennoch „unberechenbar" und wirkungsoffen. Der traditionelle U. findet überwiegend in „Klassenräumen" statt. Der U. der Zukunft wird zunehmend multimedial konzipiert sein und z.B. computergestützte Lernsequenzen „zu Hause" einschließen.

Lehrende sollten darauf achten, ob sich ein „heimlicher Lehrplan" in einem Kurs entwickelt, d.h. Themen, die nicht unbedingt zu dem → Curriculum gehören, die aber den Teilnehmenden wichtig sind und die oft in den Pausen diskutiert werden. Es kann sinnvoll sein, diese „verborgenen" Inhalte aufzugreifen und auch im U. zu behandeln.

Literatur

Arnold, R./Krämer-Stürzl, A./Siebert, H.: Dozentenleitfaden. Planung und Unterrichtsvorbereitung in Fortbildung und Erwachsenenbildung. Berlin 1999 – Geißler, K.A.: Lernprozesse steuern. Weinheim 1996 – Knoll, J.: Kurs- und Seminarmethoden. Weinheim 1995 – Müller, K.G. (Hrsg.): Kurs- und Seminargestaltung. Weinheim 1992 – Siebert, H.: Didaktisches Handeln in der Erwachsenenbildung. Augsburg 2009 – Weidenmann, B.: Erfolgreiche Kurse und Seminare. Weinheim 1995

Horst Siebert

Veranstaltungen

Wenn man nach einer strukturellen Bestimmung von institutionalisiertem → Lernen im Erwachsenenalter sucht, bietet es theoretische Vorteile, auf eine Unterscheidung von Tietgens (1983) zurückzukommen. Es fragt sich dann, ob für Lernen eigens eine V. konzipiert und „durchgeführt" wird oder man darauf verzichten und Lernen beiläufigen alltagsgebundenen Prozessen überlassen kann. In diesem Verständnis erweist sich der Begriff V. als konstitutive Kategorie. Sie ist durch ein speziell didaktisiertes Arrangement gekennzeichnet, mit dem eine Organisationsstruktur für unterschiedliche, lernförderliche Situationen als pädagogischer Planungs- und Gestaltungsrahmen bereitgestellt werden kann. Obwohl gegenwärtig das Marktmodell und damit V. im Sinne von Weiterbildungsangeboten als Normalform gelten, beschränkt sich der Begriff nicht auf „angebotsförmige" → Bildung. Er umfasst darüber hinaus auch andere Muster des Zustandekommens, wie z.B. → Fortbildungsv. ohne Angebotscharakter im Rahmen von Organisationen bzw. selbstorganisierte V. in sozialen Milieus oder sozialen Bewegungen. Als Bestimmungsmerkmal jeder Bildungsv. kann gelten, dass sie als Lernarrangements sachlich, sozial und zeitlich ausdifferenziert ist und hierdurch funktionale Kontextgrenzen zu ihrer sozialen Umwelt aufbaut. Diese Differenz zu nicht-pädagogischen Umwelten hat sich als lernförderlich zu legitimieren, bezieht hieraus ihre Motivierungen für Bildungsadressaten sowie die Finanzierungsvoraussetzungen bei Auftraggebern.

Als Planungskategorie der EB lassen sich V. in der Staffelung → didaktischer Handlungs- und Entscheidungsebenen nach „oben" von der Aufgabenbereichs- und → Programmplanung und nach „unten" von der Vorbereitung für Lerneinheiten, wie Sitzung, Kursstunde, Lehrgangsblock usw. abgrenzen. Eine solche Abgrenzung verdeutlicht differente pädagogische Handlungskontexte und die jeweils beteiligten Akteursgruppen. Während in der → Programmplanung im Rahmen von „Bildungsmanagement" die → Kursleitenden noch zur Disposition stehen, wird die Veranstaltungsplanung von ihnen bzw. unter ihrer Beteiligung durchgeführt und kann ihre Voraussetzungen bereits als Planungsvorgaben berücksichtigen. Im Gegensatz zur Stundenvorbereitung hat sich Planung von Weiterbildungsv. dem konstitutiven Strukturproblem der EB zu stellen, dass sich Erfolg und Misserfolg zunächst und vor allem daran zeigen, ob V. überhaupt „zustande kommen". Es geht um ein deutliches und werbewirksames Ansprechen von Adressatengruppen, um sie zur Weiterbildungsteilnahme zu bewegen. Insofern ist Veranstaltungsplanung immer auch Bestandteil der → Öffentlichkeitsarbeit einer Weiterbildungseinrichtung und bildet eine institutionelle Schlüsselsituation in der Zusammenarbeit zwischen haupt- und nebenberuflichen Mitarbeitenden.

Im Rahmen der Institutionalisierung haben sich Veranstaltungsformen herausgebildet, die sich wie folgt akzentuieren:

- Sozial geht es um spezifische Angebotsmuster, in denen bereits → Sozialformen des → Lehrens und → Lernens signalisiert werden, wie z.B. Gesprächskreis, Seminar, Studienzirkel, Vortrag, Studienreise, Lehrgang, (Fort-)Bildungsmaßnahme.
- Sachlich erfährt der intendierte Lerngegenstand in einer konzeptionellen Bestimmung von V. eine besondere Betonung, wie → Arbeitsgemeinschaft, Workshop, Training, Projekt (→ Projektlernen), Praxisberatung/Praxiserkundung (→ Beratung), Rollenspielseminar, Planspiel, Zukunftswerkstatt.
- Mit dem Merkmal der Zeitorganisation reagiert Veranstaltungsplanung auf temporale Verknüpfungsprobleme lebensbegleitenden Lernens, z.B. Kurs (meist Gliederung von 90-Min.-Einheiten im Wochenrhythmus), Wochenseminar, Wochenendseminar, Blockv., Tagung, Konferenz, zielgruppenbezogene „Zeitfenster" (für Schichtarbeiter/innen, Senior/inn/en, Mütter).

Bei der Veranstaltungsvorbereitung unterscheidet Dikau (1974) zwischen Ankündigungs-, Eröffnungs-, Strukturierungs- und Gestaltungsphase. Zur mikro-didaktischen Gestaltung orientiert man sich an curricularen Elementen und Planungsgesichtspunkten, wie Lernzielen, Lerninhalten, Teilnehmervoraussetzungen, Verwendungsbereich und Verwendungssituationen, Voraussetzungen der Kursleitenden, geeigneten Interaktionsmustern, Konzeptionen, → Methoden und Medien (→ Medien in Lehr-Lernprozessen) sowie institutionellen Rahmenbedingungen der V.

Über eine didaktische Gestaltung der einzelnen Lehr-/Lerneinheiten hinaus ist die „Gesamtartikulation", also die V. in ihrem beabsichtigten Prozessverlauf zu beachten, so stellen sich Fragen, wie etwa: „Wo fangen wir an? Wo liegen die Schwerpunkte? Wo hören wir auf?" Geißler (1983) gibt viele Anregungen in Bezug auf die Bedeutung der Anfangssituation, aber auch für die „Suche nach dem guten Ende". Veranstaltungsplanung meint das Gegenteil einer perfektionierten Programmierung. Sie ist vielmehr ein Rahmen, in dem Vorentscheidungen transparent und Gestaltungsfreiräume sowie Partizipationserwartungen der Teilnehmenden verdeutlicht werden.

Literatur
Dikau, J.: Arbeitsbogen für die Planungsvorbereitung. In: Tietgens, H.: Zur Beobachtung von Weiterbildungsprozessen. Braunschweig 1974 – Geißler, K.A.: Anfangssituationen. München 1983 – Tietgens, H.: Veranstaltetes und selbstinitiiertes Lernen. In: Heger, R.-J. u.a. (Hrsg.): Wiedergewinnung von Wirklichkeit. Freiburg 1983 – Schäffter, O.: Veranstaltungsvorbereitung in der Erwachsenenbildung. Bad Heilbrunn 1984

Ortfried Schäffter

Verstehen – Verständigung

V. bedeutet sowohl „etwas akustisch wahrzunehmen" als auch „den Sinn von etwas zu erfassen". Mit Problemen des Sinnerfassens hat man es in der WB vor allem beim → Lernen aus Texten und beim angemessenen Aufnehmen der mündlichen Äußerungen eines anderen, insb. in Lehr-/Lernsituationen (Arnold 1998), zu tun. Die Frage des V. geistiger Zusammenhänge, insb. beim Textlesen, hat in den Geisteswissenschaften und in der Pädagogik eine lange Tradition, die um die Auslegung (Hermeneutik) von Texten kreist. V. stellt danach kein lineares Fortschreiten dar, sondern durchläuft einen „hermeneutischen Zirkel" (Dilthey 1964). Diese und andere Erkenntnisse werden erst allmählich von einer empirischen Psychologie bestätigt und eingeholt. Während hier früher Textv. als sukzessive Addition von Bedeutungseinheiten aufgefasst wurde, hat sich inzwischen die Einsicht durchgesetzt, dass zwischen Leser und Text eine intensive → Interaktion stattfindet und ganzheitlichere mentale Modelle dabei eingesetzt werden. Seit J. Piaget wird der Aktivierung von Vorwissen in Gestalt von kognitiven Schemata (→ Deutungsmustern) eine große Bedeutung beigemessen. Schemata regen die Suche nach solchen Informationen im Text an, die die noch vorhandenen Leerstellen ausfüllen. Praktisch ergibt sich daraus die Empfehlung, bei der Lektüre schwieriger Texte nicht in Einzelheiten stecken zu bleiben, sondern Hypothesen im Hinblick auf Sinn und Absicht des vorliegenden Textes zu bilden und durch laufende Schlussfolgerungen aus dem Text zu korrigieren. Solche Schemata zu Hilfe zu nehmen, hat durchaus etwas Ambivalentes: Zum einen ermöglichen sie einen Zugang zum Fremden, zum anderen aber unterstützen sie die Tendenz zur Selbstbestätigung: Man versteht u.U. nur das, was man ohnehin schon kennt.
Auch der geisteswissenschaftlichen Hermeneutik ist von den modernen Sozialwissenschaften vorgeworfen worden, sie bliebe an die Selbstauslegung der eigenen Kultur gebunden. Für die Erforschung fremder Kulturen brauche man Methoden des kontrollierten Fremdverstehens (Kade 1983). Zur Frage, wie man (Lehr-)Texte verständlicher macht, hat sich eine eigene psychologische Forschungsrichtung etabliert. Auch für das V. der Äußerungen von Lernenden gilt, dass – vor allem angesichts der Flüchtigkeit der Situation – der Verstehende weder eine Art vollständiger Übersetzung noch eine tiefe seelische „Einfühlung" vornimmt, sondern vor allem die Absicht des Sprechers zu erfassen und das Gemeinte in die eigenen Verstehensschemata zu integrieren sucht. Im Zweifelsfall sollte man deshalb eher von möglichem Missverstehen ausgehen.
V. ist Voraussetzung und Teilaktivität von Vg. Unter Vg. wird zum einen der Prozess verstanden, in dem Mitteilungen ausgetauscht werden und offensichtlich den anderen erreichen. Unter Vg. kann man aber auch das Erzielen eines Einverständnisses im Hinblick auf eine Sache oder im Sinne einer bestimmten Lösung verstehen. Eine solche Vg. ist in Prozessen organisierten Lernens für den Erfolg unabdingbar, aber keineswegs garantiert. Schulungsmodelle gehen meist implizit davon aus, dass Vg. dadurch erreicht wird, dass der Lehrende die anderen über die von ihm zu vertretende Sache verständigt. Dieses Modell ist ebenso defizitär wie die oft in Gesprächskreisen vorhandene Überzeugung, die Übereinstimmung ergebe sich schon aufgrund der gemeinsamen Betroffenheit. In Lehr-/Lernsituationen Erwachsener geht es vielmehr um den Austausch unterschiedlicher Wissensinhalte und vor allem Wissensformen (z.B. von Laien und Experten, → Wissen) als prinzipiell gleichberechtigten Perspektiven. Ein an Habermas anschließendes Verständigungsmodell (Schlutz 1984) verlangt deshalb, dass diese Wissens- und Erfahrungsgehalte in möglichst offene Konkurrenz treten, argumentativ begründet oder eingeschränkt und so nach und nach einem überprüfbaren Einverständnis näher gebracht werden müssen. Das gilt nicht nur für Diskursformen

(→ Diskurs) des Diskutierens, sondern durchaus auch für solche des Erzählens und der sachlichen Vermittlung. Werden Beispiele, Feststellungen und Rückfragen auch als latente Argumentationen verstanden, mit denen um die Geltung des jeweiligen Wissens, einer Vorgeschichte und Vorerfahrung gerungen wird, so wird ernst gemacht mit der Grundannahme, dass V. und Vg. nicht einfach gegeben sind, sondern erarbeitet werden müssen, zumal wenn dabei etwas gelernt werden soll, also Schemata zu differenzieren oder zu revidieren sind.

Literatur
Arnold, R. u.a. (Hrsg.): Lehren und Lernen im Modus der Auslegung. Baltmannsweiler 1998 – Dilthey, W.: Die Entstehung der Hermeneutik. In: Gesammelte Schriften, Bd. V. Göttingen 1964 – Kade, S.: Methoden des Fremdverstehens. Bad Heilbrunn 1983 – Nolda, S.: Interaktion und Wissen. Eine qualitative Studie zum Lehr-Lernverhalten in Veranstaltungen der allgemeinen Erwachsenenbildung. Frankfurt a.M. 1996 – Schlutz, E.: Sprache, Bildung und Verständigung. Bad Heilbrunn 1984

Erhard Schlutz

Volkshochschulen

VHS sind Einrichtungen der öffentlichen EB, die sich in Deutschland Ende des 19. Jh. unter dem Einfluss der dänischen Heimvolkshochschulbewegung (Grundtvig), aus den Veranstaltungen der Arbeiter- und Handwerkerbildungsvereine und den volkstümlichen Hochschulkursen der Universitäten entwickelt haben. Die große Anzahl von Neugründungen mit Entstehung der Weimarer Republik war verbunden mit dem Ziel der Aufklärung und Kenntnisvermittlung als Beitrag für die neue demokratische Gesellschaftsordnung.

War die dominierende Veranstaltungsform zuvor der klassische Vortrag, wurde nun die → Arbeitsgemeinschaft als neue aktivierende Lernform praktiziert, die der Idee der sozialen und politischen Integration angemessen erschien. Die vorherrschende Organisationsform war die Abend-VHS mit Veranstaltungen im Wochenrhythmus, hinzu kamen Heim-VHS, die auch heute noch (teils in privater Trägerschaft) Langzeitkurse für bestimmte Adressatenkreise anbieten.

2006 gab es in Deutschland 974 VHS und 2.880 regionale Außenstellen in Stadtteilen oder ländlichen Gebieten. Etwa 600 VHS sind in kommunaler Trägerschaft organisiert (Städte, Gemeinden, Landkreise oder Zweckverbände), 325 sind eingetragene Vereine, die übrigen VHS haben spezielle → Rechtsformen, sie arbeiten in privater Trägerschaft oder als GmbH. Unabhängig von der Rechtsform arbeiten die VHS als kommunale Weiterbildungszentren und tragen zur lokalen Daseinsvorsorge bei.

Galt noch vor zehn Jahren, dass knapp die Hälfte der Finanzierung durch öffentliche Zuschüsse von Kommunen und Ländern gesichert wurde, ist dieser Anteil inzwischen auf rund 40 % gesunken. Im Gegenzug sind Drittmittel (SGB III-Mittel, Bundes- und EU-Mittel) auf einen Finanzierungsanteil von etwa 20 % angestiegen. Der bundesdurchschnittliche Einnahmeanteil aus Teilnahmegebühren ist mit knapp 40 % relativ stabil.

Das → Personal der VHS setzt sich zusammen aus 631 Leitenden, ca. 3.200 hauptberuflich pädagogisch Beschäftigten und ca. 3.700 Verwaltungsmitarbeitenden. Der überwiegende Teil der → Veranstaltungen (648.000 in 2006) wird von annähernd 200.000 Honorarkräften durchgeführt. Mit 15,2 Mio. Unterrichtsstunden und 8,9 Mio. Belegungen ist das Leistungspotenzial der VHS trotz sinkender Personalkapazität im pädagogischen Bereich in den vergangenen Jahren deutlich angestiegen.

Kennzeichen der VHS-Arbeit ist ihre prinzipielle Offenheit für alle, die durch weltanschauliche und parteipolitische Unabhängigkeit, wohnortnahe Angebote und eine kostengünstige Preisgestaltung gesichert wird. Die große Bandbreite der → Angebote in den Programmbereichen: Politik – Gesellschaft – Umwelt, Kultur – Gestalten, Gesundheit, Sprachen, Arbeit – Beruf, Grundbildung – Schulabschlüsse ist ausgerichtet an den Orientierungs-, Bildungs- und Qualifizierungsinteressen der → Teilnehmenden. Sie dienen der Entfaltung individueller Potenziale, beruflicher WB und Qualifikationsanpassungen und tragen zur gesellschaftlichen Integration bei. Mit Kursangeboten im Bereich Alphabetisierung/Grundbildung und Nachholen von Schulabschlüssen bieten VHS auch bildungsbenachteiligten Zielgruppen eine zweite Chance. Seit Inkrafttreten des „Zuwanderungsgesetzes“ arbeiten sie flächendeckend als Träger für Integrationskurse. Zertifikate spielen vor allem in den Fremdsprachen (z.B. die „telc Sprachenzertifikate“) und in der beruflichen Bildung (z.B. „Xpert-Zertifikate“) eine Rolle und tragen dem Interesse an anerkannten Leistungsnachweisen Rechnung.

Auch die VHS selbst haben sich in den letzten Jahren mehrheitlich Zertifizierungsprozessen für ihre Qualitätsentwicklung und -sicherung (sowohl im pädagogischen wie im Servicebereich) unterzogen und damit auch auf die veränderte Marktsituation in der WB reagiert. Um in diesem sich differenzierenden Weiterbildungsmarkt wettbewerbsfähig agieren zu können, müssen VHS als leistungsfähiges kommunales Bildungszentrum auftreten, erfolgreich Projekte und Aufträge akquirieren und die Notwendigkeit wirtschaftlichen Erfolgs mit ihrem bildungspolitischen Auftrag ausbalancieren.

Programmbereichsübergreifende Angebote (z.B. „Junge VHS", Seniorenbildung, interkulturelles Lernen), zielgruppen- und milieuspezifische sowie maßgeschneiderte (Firmen-)Angebote ergänzen das traditionelle Kursangebot ebenso wie E-Learning- und Blended-Learning-Angebote, die teilweise in die Arbeit neu konzeptionierter „Lernzentren" integriert werden. VHS nehmen neue Dienstleistungsfunktionen wahr, etwa in der Lernberatung oder als Initiatoren und Moderatoren lokaler Netzwerke und Kooperationen (z.B. im Programm „Lernende Regionen"). Innerhalb der „kommunalen Bildungslandschaften" wollen VHS ihren Beitrag zu einem kohärenten Bildungs- und Übergangsmanagement leisten.

Literatur

DIE: Volkshochschul-Statistik. Frankfurt a.M. 1965–2008 (erscheint jährlich, seit 1997 als Online-Veröffentlichung) – DIE: Trends der Weiterbildung. DIE-Trendanalyse 2008. Bielefeld – Meisel, K. u.a. (Hrsg.): Organisatorischer Wandel an Volkshochschulen. Frankfurt a.M. 1997 – Oppermann, D./Röhrig, P. (Hrsg.): 75 Jahre Volkshochschule. Bad Heilbrunn 1994

Hannelore Bastian & Gundula Frieling

Weiterbildung der Weiterbildner

Die öffentliche WB ist ein weit gefächertes Arbeitsfeld. Entsprechend den vielfältigen Inhaltsbereichen finden sich in ihr unterschiedliche Berufsgruppen. Neben Diplompädagog/inn/en sind nahezu alle Berufsgruppen in der WB vertreten – vom Schiffsbauingenieur über die Romanistin bis hin zu den unterschiedlichsten Lehramtsabschlüssen. Will man Genaueres über die WB d.W. aussagen, so macht es Sinn, nach den beiden wesentlichen Beschäftigungsgruppen zu differenzieren: planend und organisierend Tätige (hauptberufliches → Personal) und lehrend Tätige (freiberufliches Personal).

WB wird definiert „als Fortsetzung oder Wiederaufnahme organisierten Lernens nach Abschluss einer unterschiedlich ausgedehnten ersten Bildungsphase" (Deutscher Bildungsrat 1970), WB setzt also eine (berufliche) Erstausbildung voraus. Im Wirtschaftsbereich ist WB ein fester Bestand von → Personalentwicklung und hat im Wesentlichen drei Funktionen: Kompetenzerhaltung, Kompetenzerweiterung bei veränderten Anforderungen oder als Vorbereitung auf eine höherwertige Tätigkeit, Erwerb neuer → Kompetenzen, z.B. durch → Umschulung bei Berufswechsel. Aufgrund der unterschiedlichen Erstausbildung der Erwachsenenbildner/innen gibt es kein einheitliches Selbstverständnis und „Berufsbewusstsein als Erwachsenenbildner" (Fuchs-Brüninghoff 1997). Aufgrund des Fehlens einer systematischen Berufseinführung erfolgt der Berufseinstieg durch „learning by doing". Fortbildungsinteressen resultieren aus dem täglichen Handlungsdruck oder gehen auf größere Veränderungen in der Bildungseinrichtung zurück (z.B. Einführung von Qualitätsmanagement oder leistungsbezogene Bezahlung) und haben daher einen hohen Verwertungsbezug. In der öffentlichen EB ist die WB der hauptberuflichen Weiterbildner/innen kein selbstverständlicher Bestandteil ihres Berufsalltags (mehr). Identitätsstiftende und personenbezogene Angebote sind sehr in den Hintergrund getreten. Folglich gibt es keine Systematik mehr, um Erfahrungswissen weiterzugeben, und es mangelt an einem Klima für Innovationen. Im Vordergrund steht das Funktionieren. Es gibt kaum mehr trägerübergreifende Fortbildungskonzepte. Das Fortbildungsangebot hat sich zu einem bunten Markt entwickelt, auf dem sich die unterschiedlichsten Anbieter präsentieren, wie die Weiterbildungsdatenbank QUALIDAT belegt (URL: www.die-bonn.de/qualidat).

Beim freiberuflich tätigen Personal ist die Situation etwas anders. Zum einen bleibt diese Beschäftigungsgruppe mit ihrer Tätigkeit in der Regel näher an ihrer Erstausbildung, zum anderen ist die Teilnahme an Fortbildung für sie viel selbstverständlicher, da mit ihr in der Regel eine Erhöhung bzw. Erhaltung ihres „Marktwertes" verbunden ist. Die Tätigkeit der Lehrenden hat sich in den letzten Jahren stark verändert. Aus der Rolle des Dozenten ist die des Lernbegleiters geworden, der Konzepte des selbstgesteuerten Lernens berücksichtigt, multimedial arbeitet und immer häufiger persönliche Vermittlung mit computergestützem Lernen kombiniert (Blended Learning).

Für Lehrende gibt es eine Vielzahl von Weiterbildungsangeboten, die zum einen der fachlichen Vertiefung dienen und zum anderen für den Umgang mit den Informationstechnologien qualifizieren.

Bringt man die Perspektiven auf die WB des haupt- und freiberuflichen Personals wieder zusammen, so wird deutlich, dass in der WB d.W. Seminare an Stellenwert verloren haben und WB immer mehr zu einer „Kombination aus selbstorganisierten Lernen am Arbeitsplatz, Seminaren, Praxisbegleitung und medialer Unterstützung" geworden ist (Müller 2002).

WB fungiert somit immer weniger als systematisches Entwicklungsinstrument der EB, sie ist eher ein Instrument der persönlichen Qualifizierung geworden. Diese bedeutet für die EB, wenn sie ihre Zukunftsfähigkeit erhalten will, dass sie neue Wege zur Entwicklung des Personals und zur → Professionalisierung des Erwachsenenbildungsbereichs entwickeln muss.

Literatur

Deutscher Bildungsrat (Hrsg.): Empfehlungen der Bildungskommission. Strukturplan für das Bildungswesen. Bonn 1970 – Fuchs-Brüninghoff, E.: Professionalität und Bewusstheit. In: Meisel, K. (Hrsg.): Veränderungen in der Profession Erwachsenenbildung. Frankfurt a.M. 1997 – Müller, U.: Professionelles Handeln lernen durch Selbstbildung? Eine integrative Rahmenkonzeption zur Weiterbildung der Weiterbildner. Schernfeld 2002

Elisabeth Fuchs-Brüninghoff

Weiterbildungsbeteiligung

Das heute weitgehend akzeptierte Konzept des → Lebenslangen Lernens beinhaltet auch ein erweitertes Verständnis von WB, wobei neben der herkömmlichen, formal-organisierten WB zunehmend die Bedeutung vielfältiger „informeller" Lernprozesse am Arbeitsplatz oder in der Freizeit erkannt wird. Um aussagekräftige Ergebnisse über die Weiterbildungsbeteiligung Erwachsener zu erhalten, ist es deshalb erforderlich, einen möglichst großen Ausschnitt des gesamten Spektrums der verschiedenen Lernformen in den Blick zu nehmen.

In einer quantitativen Betrachtung lassen sich dabei drei Indikatoren unterscheiden: die Reichweite von WB (gemessen in Teilnahmequoten oder Teilnehmerzahlen), die Teilnahmefälle (Belegungen) und der Zeitaufwand für WB (Weiterbildungsvolumen). Der am häufigsten verwendete Indikator „Teilnahmequote" gibt den Prozentanteil der Teilnehmenden an allen Personen einer Gruppe wieder und lässt damit auf einen Blick erkennen, welche Gruppen bei der Weiterbildungsbeteiligung über- bzw. unterrepräsentiert sind.

Da sich angebotsbezogene Datenquellen derzeit und auf absehbare Zeit nicht zu einem Gesamtbild des Weiterbildungsgeschehens aggregieren lassen, stützen sich Aussagen zur Weiterbildungsbeteiligung in Deutschland auf Bevölkerungsbefragungen. Diese wurden von 1979 bis 2006 im Auftrag des BMBF von Infratest Sozialforschung im Dreijahresturnus im Rahmen des „Berichtssystems Weiterbildung" (BSW) durchgeführt. Danach wurde die nationale BSW-Erhebung in das Konzept des europäischen „Adult Education Survey" (AES) überführt. Um eine Fortführung der Zeitreihen seit 1979 zu ermöglichen, erfolgten zwei Erhebungen parallel: eine nach dem BSW-Konzept und eine nach dem AES-Konzept. Die Darstellung des Weiterbildungsbereichs im „Nationalen Bildungsbericht" basiert zu einem erheblichen Teil auf Ergebnissen dieser beiden Erhebungen (vgl. Autorengruppe Bd. 2008).

Trotz der unterschiedlichen Messkonzepte stimmen die Teilnahmequoten an WB insgesamt wie auch die gruppenspezifischen Unterschiede der Weiterbildungsbeteiligung im BSW und im AES weitgehend überein. Die Gesamtteilnahmequote an WB lag 2007 im BSW bei 43 % und im AES bei 44 % (v. Rosenbladt/Bilger 2008). Allerdings lassen sich auch Unterschiede erkennen. So weist z.B. der AES einen höheren Anteil des betrieblichen Segments (→ betriebliche Weiterbildung) am gesamten Weiterbildungsgeschehen aus als das BSW, während die Beteiligungsquote an informellem beruflichem Lernen im BSW höher liegt als im AES. Die Frage, inwieweit sich begriffliche und methodische Abgrenzungen auf die empirisch ermittelte Weiterbildungsbeteiligung auswirken, ist deshalb von entscheidender Bedeutung (Gnahs/Kuwan/Seidel 2008).

Die BSW-Daten ermöglichen Trendanalysen zur Weiterbildungsbeteiligung seit 1979. Dabei zeigt sich, dass die Weiterbildungsteilnahme nicht durchgängig zugenommen hat. Nach einer Phase des nahezu kontinuierlichen Anstiegs zwischen 1979 und 1997, in der die Teilnahmequote an WB von 23 % auf 48 % anstieg, erfolgte in den Jahren 2000 und 2003 ein Rückgang bis auf 41 %. Der Wert von 2007 verbleibt trotz des leichten Anstiegs auf 43 % noch um fünf Prozentpunkte unter dem des Bezugsjahrs 1997.

Die Ergebnisse der BSW- und der AES-Erhebung belegen, dass das informelle berufliche Lernen und das informelle Lernen außerhalb der Arbeitszeit quantitativ bedeutsame Bereiche sind. Den Ergebnissen des BSW 2007 zufolge haben sich 39 % der 19- bis 64-Jährigen außerhalb der Arbeitszeit selbst etwas beigebracht. Dieser Anteilswert liegt etwas höher als in der vorigen Erhebung. Fasst man alle im BSW erhobenen informellen beruflichen Lernformen zusammen, so ergibt sich für Erwerbstätige eine Beteiligungsquote von 68 %. Im Vergleich zu 2003 entspricht dies einem Anstieg um sieben Prozentpunkte. Diese Zahlen verdeutlichen die große quantitative Bedeutung des informellen Lernens. Die Teilnahmequote an informellem beruflichen Lernen liegt wesentlich höher als die an formalisierter beruflicher WB.

Die bereits früher beobachteten großen Unterschiede der Weiterbildungsbeteiligung mit Blick auf soziodemographische und beschäftigungsbezogene Merkmale bestehen fort. Wichtige Einflussfaktoren sind z.B. Erwerbstätigkeit, Schul- und Berufsbildung, Alter, Migrationshintergrund, berufliche Stellung, Wirtschaftsbereich, Branche und Betriebsgröße. Auch den betrieblichen und arbeitsplatzbezogenen Rahmenbedingungen kommt große Bedeutung zu. Die Beteiligung an formalem und informellem beruflichen Lernen wird von soziodemographischen und bildungsbezogenen Einflussfaktoren sowie von Gelegenheitsstrukturen, also einem fördernden oder hemmenden privaten oder betrieblichen Lernumfeld, beeinflusst.

Literatur

Autorengruppe Bildungsberichterstattung (Hrsg.): Bildung in Deutschland 2008. Ein indikatorengestützter Bericht mit einer Analyse zu Übergängen im Anschluss an den Sekundar-

bereich I. Im Auftrag der Ständigen Konferenz der Kultusminister der Länder in der Bundesrepublik Deutschland und des BMBF. Bielefeld 2008 – Gnahs, D./Kuwan, H./Seidel, S. (Hrsg.): Weiterbildungsverhalten in Deutschland, Bd. 2: Berichtskonzepte auf dem Prüfstand. Bielefeld 2008 – Rosenbladt, B. v./Bilger, F.: Weiterbildungsverhalten in Deutschland, Bd. 1: Berichtssystem Weiterbildung und Adult Education Survey 2007. Bielefeld 2008

Helmut Kuwan

Weiterbildungsgesetze

Da das Grundgesetz (GG) der Bundesrepublik dem Bund für Bildung und Kultur kaum Gesetzgebungskompetenzen zuweist, gilt für die gesetzliche Zuständigkeit für EB/WB Art. 30 GG: „Die Ausübung der staatlichen Befugnisse und die Erfüllung der staatlichen Aufgaben ist Sache der Länder, soweit dieses Grundgesetz keine andere Regelung trifft oder zulässt." Dies gilt verstärkt nach den Beschlüssen der Föderalismuskommission I aus dem Jahre 2006, welche die bildungspolitischen Interventionsmöglichkeiten des Bundes durch die darauffolgenden Änderungen des GG Ende 2006 weiter verringert haben. Bedeutsame gesetzliche Regelungen des Bundes zur EB/WB bestehen aufgrund der „konkurrierenden" Gesetzgebung, die dem Bund die Gesetzgebungskompetenz für das Recht der Arbeit und der Wirtschaft zuweist (Art. 74 GG), im Sozialgesetzbuch (SGB) III (Arbeitsförderung) sowie im SGB II (Grundsicherung für Arbeitssuchende) und im „Aufstiegsfortbildungsförderungsgesetz" (AFBG), zumeist salopp als „Meister-BAföG" bezeichnet. Die Länder haben ihre Gesetzgebungskompetenzen für Angelegenheiten des Bildungswesens mit der Verabschiedung von EB/WB-Gesetzen genutzt. Im Jahre 2008 sind nur die Länder Berlin und Hamburg ohne ein derartiges Gesetz. Die meisten Länder haben daneben mit Bildungsurlaubs- oder Freistellungsgesetzen in die Arbeitsbeziehungen und die Angebotstruktur der WB interveniert. Dies war möglich, weil der Bund im Rahmen seiner Zuständigkeit für das Arbeits- und Wirtschaftsrecht kein derartiges Gesetz verabschiedet hat.

Weiterbildungsgesetze als politische Strukturierungsinstrumente
Die W. der Länder stellen die spezifische staatliche Interventionsform gegenüber der WB dar. Sie greifen strukturierend in die WB durch rechtliche Normensetzungen und durch finanzielle Bezuschussungen ein. Ihrer Verabschiedung ging eine lange weiterbildungspolitische Diskussion voraus, die überregional 1960 mit dem Gutachten „Zur Situation und Aufgabe der deutschen Erwachsenenbildung" des Deutschen Ausschusses für das Erziehungs- und Bildungswesen begonnen worden war und die zur Verabschiedung des niedersächsischen „Gesetz(es) zur Förderung der Erwachsenenbildung" am 18.12.1969 als erstem W. führte, das heute – wenn auch in novellierter Form – noch in Kraft ist. Ihm folgten weitere Landesgesetze zur WB in den Bundesländern Saarland, Hessen, Bremen, Bayern, Nordrhein-Westfalen, Rheinland-Pfalz und Baden-Württemberg, die in der Zeit bis 1975 verabschiedet wurden. 1990 folgte mit Schleswig-Holstein ein weiteres Bundesland – im gleichen Jahr erhielt das Saarland ein neues Gesetz – und in den Jahren 1992 bis 1994 wurden auch in den neuen Bundesländern Brandenburg, Mecklenburg-Vorpommern, Sachsen-Anhalt und Thüringen sowie 1998 in Sachsen W. verabschiedet. Die W. der Länder enthalten strukturpolitische Aussagen zur WB. Sie treffen programmatische Aussagen über Aufgaben und Ziele der WB und definieren die Bedingungen für die staatliche Anerkennung ihrer Institutionen. Die staatliche Anerkennung ist Voraussetzung für die regelmäßige Zuschussgewährung aus Landesmitteln und ist in allen Gesetzen an ähnliche Voraussetzungen gebunden, wie allgemeine Zugänglichkeit der Lernangebote, ausschließliche Tätigkeit für die WB, deren hauptberufliche Leitung, Planmäßigkeit, Kontinuität und Veröffentlichung des Angebots, Offenlegung der Finanzierung gegenüber dem Zuschussgeber sowie Ausschluss von Gewinnerzielung. Darüber hinaus finden sich in den Gesetzen Regelungen der Kooperation oder Koordination von Einrichtungen und Trägern der WB in Landesbeiräten oder -ausschüssen zur politischen Gestaltung des Weiterbildungsbereichs und über Mitarbeitende der WB. Die meisten Gesetze sichern den anerkannten Einrichtungen der WB oder deren Trägern finanzielle Zuschüsse, die zusätzliche eigene Aufwendungen von Trägern und Teilnehmenden dieser Einrichtungen erfordern, da nur bestimmte Aufwendungen der anerkannten Einrichtungen zuschussfähig sind und dies zumeist nur mit Teilbeträgen der tatsächlichen Kosten. Die finanzielle Förderung nach den Landesgesetzen besitzt den Charakter einer Komplementärfinanzierung.

Entwicklungslinien

Bereits in den 1990er Jahren war eine Abschwächung der finanziellen Strukturierungen durch die W. der Länder zu beobachten. Seit 1994 war die Gesamtheit der Weiterbildungszuschüsse nach den Ländergesetzen in den alten Bundesländern rückläufig, seit 1998 auch in den neuen Bundesländern. Die Summe der Haushaltsansätze zur Durchführung der W. lag ohne Berücksichtigung der Preissteigerungsraten im Jahre 2008 in den westlichen Bundesländern um 21 % und in den östlichen Bundesländern knapp 20 % unter den Haushaltssummen des Jahres 1998 (eigene Berechnungen nach den Angaben der für WB zuständigen Landesministerien). Zwar strukturieren die W. nicht nur durch die Zuschussgewährung, sondern auch durch rechtliche Normensetzungen. Jedoch lässt sich nicht übersehen, dass die Verminderung der finanziellen Ressourcen die Realisierung der politischen Ziele der Ländergesetze zur WB geschwächt hat. Je stärker sich die materielle Grundlage der W. vermindert, desto mehr werden deren weiterbildungspolitischen Ziele zur zahnlosen Programmatik ohne Durchsetzungskraft.

Zu beobachten ist weiterhin eine partielle „Auswanderung" der Weiterbildungsförderung in andere Politikfelder. Denn die im Jahr 2008 bei 200 Mio. € liegenden staatlichen Zuschüsse für die Weiterbildung sind nur die Haushaltsmittel, die in den Ländern zur Umsetzung der mit den W. verbundenen Zielsetzungen zur Verfügung stehen. Daneben erhält die WB nicht unerhebliche Finanzmittel aus anderen Ressorts, die jedoch den Intentionen anderer Politikfelder folgen. So ist es in den Bundesländern übliche Praxis, dass Wirtschaftsministerien die berufliche Qualifizierung als Teil von Wirtschaftsprogrammen sowie Arbeits- und Sozialministerien die WB sozial- und bildungsbenachteiligter Bevölkerungsgruppen fördern und Wirtschafts-, Landwirtschafts-, Arbeits- sowie Sozialministerien komplementär Qualifizierungsvorhaben aus dem Sozialfonds und dem Regionalfonds der Europäischen Union finanzieren. Das Land Schleswig-Holstein fördert die WB seit langem nicht nach seinem Weiterbildungsgesetz, sondern mithilfe der zeitlich befristeten Projektförderung aus Mitteln europäischer Strukturfonds sowie des Wirtschaftsministeriums und die Volkshochschulen aus Mitteln der Staatskanzlei. Das heißt, das „Auswandern" von Weiterbildungsförderung, das als „Diffusion" der WB beschrieben werden kann, hat partiell zum Verzicht auf die Strukturierungsziele der W. geführt. Die schrumpfenden Länderzuschüsse für die WB bringen die Länder in die Gefahr, gegenüber dem von ihnen rhetorisch weiterhin beschworenen Bildungsbereich WB zu einem „Kaiser ohne Land" zu werden. Ein zunehmend größerer Anteil des Weiterbildungsangebots findet außerhalb ihrer Interventionen und ihrer Bezuschussung statt, das heißt, aus dem Bedeutungsverlust der Länderfinanzierung folgte ein Bedeutungsverlust landespolitischer Strukturierungen. Eines der Indizien dafür ist der Rückgang des Finanzierungsanteils der Länder an den Volkhochschulen (als Einrichtungen, die nach allen W. anerkannt sind). Deutlich stieg hingegen der Anteil der Teilnehmergebühren an der VHS-Finanzierung im Bundesgebiet, d.h., die oft beschworene „öffentliche Verantwortung" für die WB verwandelt sich zunehmend in eine private Verantwortung mit steigender privater Finanzierung.

Auf die abnehmende Reichweite ihrer weiterbildungsrechtlichen Regelungen haben einige Länder mit zunehmender Regelungsverdichtung und dem Versuch größerer Zielgenauigkeit reagiert. So wurden die Zuschussregelungen teilweise in der Art differenziert, dass die Realisierung unterschiedlicher Programmangebote mit unterschiedlicher Gewichtung honoriert wird; auch wird vermehrt zwischen institutioneller Förderung als Zuschussgewährung zu den Personalkosten und einer Programmförderung als Zuschussgewährung zu den Kosten von Bildungsmaßnahmen unterschieden. Daneben wurden in den 1990er Jahren in W. Bestimmungen der Evaluation und der Qualitätssicherung von WB aufgenommen, die den Staat nichts kosten, ihn jedoch als politischen Akteur gegenüber der WB wirken lassen. Als weitere Tendenz bei den Gesetzesänderungen seit in den 1990er Jahren ist die Ergänzung der institutionellen Förderung durch die Projekt- und Innovationsförderung einzelner Maßnahmen zu beobachten, und schließlich ist die finanzielle Bezuschussung in einigen Bundesländern auch gegenüber staatlich anerkannten Einrichtungen seit Mitte der 1990er Jahre zu einer Kann-Bestimmung geworden.

Zur Wirksamkeit der Weiterbildungsgesetze

Die Länder bieten der WB einen gewissen, wenn auch schmalen materiellen Sockel, der ihr ermöglicht, zusätzliche Fonds-Finanzierungen (vor allem Bundesagentur für Arbeit und Europäischer Sozialfonds) sowie Teilnehmerentgelte an sich zu ziehen, und der ihnen erlaubt, sich damit halbwegs in Übereinstimmung mit der politischen Rhetorik zugunsten der WB zu befinden, die den programmatischen

Sockel für die WB als gesellschaftliche Aufgabe darstellt. Die W. der Länder sind ein selbstverständlicher Teil des bildungspolitischen Systems der Bundesrepublik geworden, ohne dass sie WB als ein bildungspolitisches System generieren konnten. Sie sind ein vergleichsweise schwaches Instrument staatlicher Intervention und ein – wenn auch bedeutsamer – Teil des Fördersystems der WB, deren Aufmerksamkeit seit den 1980er Jahren vielfach stärker auf die Finanzströme der Arbeitsverwaltung und der Europäischen Union sowie die von ihnen hervorgerufenen Komplementärfinanzierungen gerichtet war, als auf die von den W. bestimmten Förderpraktiken der Länder. Damit verringerte sich jedoch auch die bildungs- und gesellschaftspolitische Bedeutsamkeit der mit den W. verbundenen Zielsetzungen zugunsten der arbeitsmarkt-, sozial- und wirtschaftspolitischen Zielsetzungen von Arbeitsmarkt- und Strukturpolitik. Die Wirkungsgeschichte der W. ist gekennzeichnet von Stagnation und Abschwächung ihrer strukturierenden Impulse.

Literatur

Faulstich, P./Haberzeht, E.: Recht und Politik. Bielefeld 2007 – Kuhlenkamp, D.: Von der Strukturierung zur Marginalisierung. Zur Entwicklung der Weiterbildungsgesetze der Länder. In: Hessische Blätter für Volksbildung, H. 2, 2003 – Kuhlenkamp, D.: Trennt das Weiterbildungsrecht allgemeine und berufliche Weiterbildung? In: Report. Zeitschrift für Weiterbildungsforschung, H. 4, 2007 – Nagel, B.: Das Rechtssystem in der Weiterbildung. In: Krug, P./Nuissl E. (Hrsg.): Praxishandbuch Weiterbildungsrecht. Loseblattwerk. Neuwied 2004 (Grundwerk)

Detlef Kuhlenkamp

Weiterbildungsmarkt

Der bildungspolitische Dauerapell zum → Lebenslangen Lernen suggeriert ein Bild vom scheinbar unbegrenzten Markt der Weiterbildungsmöglichkeiten. Er unterstellt dabei einen offenen Markt für das freie Spiel von Angebot und Nachfrage, unterschlägt dabei aber, dass die individuelle → Weiterbildungsbeteiligung selbst je nach quantitativer und qualitativer Beschaffenheit des Weiterbildungsangebots als Gelegenheitsstruktur gelenkt wird.

Die institutionelle Organisation des Angebots als Gelegenheitsstruktur der Weiterbildungsteilnahme war bis Ende der 1970er Jahre eine in der Erwachsenenpädagogik fast gänzlich vernachlässigte Perspektive. → Didaktik, → Lernen und Teilnahmemotivation (→ Motivation) galten bis dahin als dominanter Fokus. Teilnahmeforschungen haben in dieser Individualisierungsperspektive mit variablensoziologischen Befunden über mehrere Jahrzehnte ein aktives Handlungsmodell der Weiterbildungsteilnehmenden dokumentiert. Anhand soziodemographischer Indikatoren wird statistisch belegt, wer die typischen Teilnehmenden und wer die typischen Nicht-Teilnehmenden sind. Die Teilnahme wurde und wird hier im Paradigma biographischer Eigenleistung gedeutet: Wer nicht teilnimmt, ist „selbst schuld".

Dieses → Deutungsmuster berücksichtigt nicht die Tatsache, dass WB zugleich auch eine gesellschaftliche Veranstaltung mit überindividuellen Regelungen ist. Dass die Organisation des Weiterbildungsangebots Strukturgeber der Weiterbildungsbeteiligung ist, haben erstmals Schulenberg u.a. in den 1970er Jahren aufgezeigt. Indem sie die Blickrichtung auf die Institutionalisierung hin öffneten, konnten sie darauf verweisen, dass sich die soziale Polarisierung der Weiterbildungsteilnahme auch durch das Weiterbildungsangebot erklärt und dieses wiederum durch die Spaltung in Teilnehmende und Nicht-Teilnehmende stabilisiert wird. Diese methodische Sternstunde in der Weiterbildungsforschung mit ihrer Doppelperspektivität auf die individuellen Akteure (→ Teilnehmenden) und die institutionellen Angebote förderte die Erkenntnis, dass Weiterbildungsverhalten nicht hinreichend durch individuelle Merkmale und Motivlagen erklärt werden kann.

Im Paradigma von Institutionen- und Strukturanalyse ist sodann die Stilisierung des Weiterbildungsangebots zum „Markt" aller Teilnahmemöglichkeiten als bildungspolitisch gewollte Rhetorik einer unterstellten „Bildungsgesellschaft" beschrieben. Denn segmentationsanalytisch lässt sich erfassen, dass dieser „Markt" tatsächlich aufgespalten ist in relativ undurchlässige und wechselseitig voneinander abgeschottete Teilmärkte. Diese Teilmärkte haben überindividuelle Rekrutierungsstrategien, veranstalten WB als „closed shops" für exklusive → Zielgruppen. Im Gegensatz zu bildungspolitischen Botschaften über einen „offenen" W. mit vielfältigen Angeboten, Transparenz und Gestaltungsspielraum ist ein versäultes teilmarktspezifisches Angebot als Gelegenheitsstruktur zu identifizieren: So werden z.B. in Unternehmen besonders qualifizierte Stammbelegschaften oder durch das Arbeitsamt von Arbeitslosigkeit bedrohte Erwerbspersonen in die WB einge-

grenzt (Friebel u.a. 1993, 1999), andere Gruppen werden aus der WB ausgegrenzt.
Diese Ein- und Ausgrenzung in die und aus der WB ist in Teilmärkten derart institutionalisiert, dass eine Person prinzipiell keine Alternative zur Teilnahme hat, sofern es der Arbeitgeber oder das Arbeitsamt will; umgekehrt gilt, dass eine Person sich prinzipiell keinen Zugang zur WB erschließen kann, wenn sie nicht zu den exklusiven Zielgruppen der jeweiligen Teilmärkte gehört.
Erst eine Öffnung der Aufmerksamkeitsperspektive für die Wechselwirkungen zwischen dem individuellen Weiterbildungsverhalten einerseits und den überindividuellen Ein- und Ausschließungsprozessen der – in Teilmärkten aufgespaltenen – Angebots- als Gelegenheitsstruktur andererseits erlaubt Einsichten in die Bedingungen der Selbst- und Fremdselektion der Weiterbildungsteilnahme.

Literatur
BMBF (Hrsg.): Studie zum europäischen und internationalen Weiterbildungsmarkt. Berlin 2001 – Friebel, H. u.a.: Weiterbildungsmarkt und Lebenszusammenhang. Bad Heilbrunn/Obb. 1993 – Friebel, H. u.a.: Bildunsgbeteiligung, Chancen und Risiken. Opladen 1999 – Schulenberg, W. u.a.: Soziale Lage und Weiterbildung. Braunschweig 1979

Harry Friebel

Weiterbildungspässe

W., auch bekannt unter dem Begriff „Bildungspässe“, sind Instrumente zur Reflexion des eigenen Handelns, zur Erkennung von Kompetenzen, zur Darstellung von erbrachten Leistungen und/oder zur Dokumentation von erlangten Qualifizierungen. Dabei ist festzuhalten, dass nicht jeder W. alle hier aufgeführten Leistungen gleichermaßen erbringt.
Diejenigen Instrumente, mit denen Kompetenzen erfasst werden, sind größtenteils biographisch-systematisch aufgebaut und unterscheiden sich von psychologisch-diagnostischen Verfahren zur Kompetenzmessung. Vergleicht man biographisch-systematische Weiterbildungspässe mit psychologisch-diagnostischen Verfahren, wird häufig auf die Schwierigkeit hingewiesen, die Validität und Reliabilität der Daten nachzuweisen. Ein biographisch-systematisches Instrument zeigt die Stärken und Kompetenzen einer Person in einer Momentaufnahme, die Ergebnisse können vom Nutzer durch gewünschte Antworten beeinflusst werden; aus diesem Grund ist das Ergebnis im Zweifel nicht wiederholbar. Die Qualität der Ergebnisse kann gesteigert werden, indem die Erhebungsverfahren auf eigenen Wunsch durchgeführt und von einem ausgebildeten Berater begleitet werden. Auch die Nutzung biographisch-systematischer W. birgt Vorteile: Die Ergebnisse dieser Verfahren setzen eine reflexive Auseinandersetzung der Nutzenden mit sich selbst, d.h. mit ihrer Lern- und Arbeitsbiographie, familären und privaten lebensgeschichtlichen Erfahrungen voraus. Dadurch können Lernprozesse angestoßen werden, die weitere positive Entwicklungen aufseiten der Nutzer nach sich ziehen. So wird unter anderem die Dialogfähigkeit bezüglich der eigenen Stärken und Kompetenzen gesteigert. Durch den dynamischen Prozessablauf, der bei den meisten W. in positiv akzentuierender Weise auf die Kompetenzen und Stärken des Einzelnen ausgerichtet ist, wird die intrinsische Motivation der Nutzer/innen angehoben, neue Ziele zur verfolgen. Neben der Erfassung von formal, non-formal und informell erworbenen Kompetenzen ist es ein weiterer Vorteil dieses Verfahrens, dass die Individualität der Nutzenden bei der Durchführung gewährleistet bleibt. Allerdings sind W. eng mit der Biographie der Nutzenden verbunden. Aus Gründen des Datenschutzes macht dies einen sensiblen Umgang mit den Ergebnissen notwendig. Um Verletzungen der Privatsphäre zu vermeiden, sollte daher geprüft werden, wie die im W. dokumentierten Daten verwendet werden.
Die meisten W. sind von Bildungsträgern und Weiterbildungseinrichtungen entwickelt worden. Sie gehen sowohl auf die Bedürfnisse, Ansprüche und Vorstellungen der jeweiligen Zielgruppe als auch auf die gewünschten Fragestellungen und damit verbundene Zielstellungen der Entwickler ein. Dies mag ein Grund dafür sein, dass in Deutschland über 50 verschiedene Weiterbildungspässe existieren. Da die Weiterbildungspässe unterschiedliche Zielgruppen (z.B. ehrenamtlich Tätige, Migrant/inn/en, Arbeitslose) ansprechen und verschiedene Ziele verfolgen (z.B. Berufsorientierung, Dokumentation von Qualifizierungen und Kompetenzen), ist es zuweilen schwierig, sich in der Vielfalt der auf dem Markt angebotenen Pässe zurechtzufinden.
Bisher werden W. hauptsächlich in den Institutionen eingesetzt, von denen sie entwickelt wurden – das sind Non-profit-Organisationen, Bildungsträger und -einrichtungen, darüber hinaus auch in Schulen, Universitäten sowie in der Bundesagentur für Arbeit. Prinzipiell können W. von jedem genutzt werden,

auch von Privatpersonen. Es sollte jedoch darauf geachtet werden, dass sie Teil einer Beratung sind, um eine möglichst hohe Validität und Reliabilität zu erreichen.

Literatur
DIE/DIPF/IES: Weiterbildungspass mit Zertifizierung informellen Lernens (ProfilPASS). Endbericht der Erprobungs- und Evaluationsphase des BLK-Verbund-Projekts. Frankfurt a.M. 2006 – Käpplinger, B.: Abschlüsse und Zertifikate in der Weiterbildung. Bonn 2007 – Nuissl, E./Conein, S./Käpplinger B.: Zertifikate und Abschlüsse in der Weiterbildung. In: Krug, P./Nuissl E. (Hrsg.): Praxishandbuch Weiterbildungsrecht. Loseblattwerk. Neuwied 2004 (Grundwerk)

Mona Pielorz

Weiterbildungspolitik

W. ist ein junges Politikfeld. Erste Ansätze finden sich in den Volksbildungsbewegungen des 19. Jh. und in der Arbeiterbewegung als Mittel im Klassenkampf. In Gesetze fand WB erstmals Eingang in der Weimarer Republik, was 1919/1990 auch zur Gründung der meisten Volkshochschulen führte. Während der Zeit der nationalsozialistischen Herrschaft wurde WB im Kontext von Propaganda und zur Verbreitung der Rassenideologie eingesetzt. Nach dem Zweiten Weltkrieg zielte die Politik der Besatzungsmächte darauf ab, WB zur Umerziehung der erwachsenen Bevölkerung zur Demokratie einzusetzen (→ politische Bildung). Im Osten Deutschlands wurde WB auf die sozialistische Schulung der Bevölkerung konzentriert.

Zu einem eigenständigen Feld der Bildungspolitik wurde WB in (West-)Deutschland erst im Jahre 1960 mit dem „Gutachten des deutschen Ausschusses für das Erziehungs- und Bildungswesen"; hier wurde erstmals die in Verbänden und Vereinen bzw. in kommunaler Trägerschaft veranstaltete WB als Einheit gesehen und eine gesellschaftliche Zuständigkeit für sie proklamiert. In den darauf folgenden zehn Jahren, die bildungspolitisch vom Thema der „Bildungskatastrophe" beherrscht wurden, gewann WB immer mehr öffentliche Aufmerksamkeit. Mit dem Erscheinen des Bildungsgesamtplans (1970) und des Strukturplans für das Bildungswesen (1973) wurde WB als „vierte Säule" des Bildungswesens deklariert und eine staatliche W. explizit konstituiert. In der Folge erließen nahezu alle Länder der Bundesrepublik Deutschland → Weiterbildungsgesetze (in Hessen zudem ein Volkshochschulgesetz) sowie ein → Bildungsurlaubsgesetz. In diesen Gesetzen sind insbesondere die Bedingungen für den Erhalt einer öffentlichen (staatlichen) Förderung in der WB geregelt.

W. ist im föderalen System der Bundesrepublik Deutschland Angelegenheit der Länder. Eine Ausnahme bildet hierbei die → berufliche Bildung, die bundesweit geregelt wird. Die staatliche W. in Deutschland (wie auch in Österreich und der Schweiz) legt zwei Prinzipien zugrunde: das der „Pluralität" und das der „Subsidiarität". Das Prinzip der Pluralität in der W. betont die Existenz und Anerkennung unterschiedlicher Träger und Veranstalter der WB (Kirchen, Sozialpartner, Parteien oder Kommunen u.a.), die oft, auch im eigenen Interesse, zum Angebot an WB beitragen. Die Subsidiarität bedeutet, dass staatliche W. überall dort aktiv wird, wo bestimmte staatliche oder gesellschaftspolitische Ziele im freien Spiel der Kräfte nicht oder nur unzureichend zustandekommen. Dabei konzentriert sich W. in der Regel auf bestimmte Bildungsinhalte (insb. → politische Bildung), bestimmte Zielgruppen (insb. Benachteiligte, Migrant/inn/en, Arbeitslose) sowie bestimmte → Supportstrukturen (Bildungsinformation, Bildungsberatung und übergreifende Bildungswerbung). In anderen Bereichen, wie Qualität, Professionalität, neue Lehr- und Lernkulturen sowie Übergängen in den Bildungssystemen (Zertifikate, Abschlüsse etc.) entwickelt W. derzeit weitere Handlungsfelder.

Übergreifender Gegenstand von W. sind Maßnahmen, welche sich auf die Finanzierung und Ordnung der WB insgesamt beziehen. In Bezug auf die Finanzierung geht W. immer mehr von der angebots- zur nachfrageorientierten → Finanzierung über (Finanzierungsmodelle wie Bildungsgutscheine oder steuerliche Absetzbarkeit sind solche Maßnahmen der W.).

Hinsichtlich der Ordnung der WB geht es um

- die Zusammenarbeit zwischen unterschiedlichen staatlichen Ressorts auf den verschiedenen Ebenen (einschl. der Europäischen Union),
- die Schaffung von Rahmenkonzepten oder Modellversuchen (etwa im Programm „Lernende Regionen"),
- die Beauftragung von Forschungs- und Entwicklungsprojekten,
- die Schaffung von Gremien und Instanzen, in denen die gemeinsamen Aspekte des pluralen und marktorientierten → Weiterbildungssystems beraten werden.

Als offener und nur teilsystematisierter Bereich bietet sich WB politisch als Feld der „Governance"-Politik an, d.h. einer Politik, die eine Ebene zwischen Staat und Zivilgesellschaft sucht und deren Rolle im politischen Prozess festlegt. Konkrete „Governance"-Maßnahmen weist die WB etwa im „Forum Bildung" (2001), im „Innovationskreis Weiterbildung" (2007) oder auf Länderebene im „Sachverständigenrat Weiterbildung" in Rheinland Pfalz (2005) auf. Auf Ebene der EU, wo im Bildungsbereich nach dem Prinzip der offenen Koordinierung verfahren wird, beraten Gremien („Fokusgruppen") unter Berücksichtigung der einzelnen Mitgliedsstaaten über die W.

Literatur
Sumner, J.: Governance, Globalization and Political Economy: Perspectives from Canadian adult education. In: Brumlik, M./Merkens H. (Hrsg.): Bildung. Macht. Gesellschaft. Opladen 2007 – BMBF (Hrsg.): Empfehlungen des Innovationskreises Weiterbildung für eine Strategie zur Gestaltung des Lernens im Lebenslauf. Bonn/Berlin 2008 – Landesregierung Rheinland Pfalz (Hrsg.): Abschlussbericht Sachverständigenrat Weiterbildung. Mainz 2005 – Nuissl, E.: Ordnungsgrundsätze der Weiterbildung in Deutschland. In: Tippelt, R./ Hippel, A. v. (Hrsg.): Handbuch Erwachsenenbildung/Weiterbildung. 3., überarb. und erw. Auflage Opladen 2009

Ekkehard Nuissl

Weiterbildungsstatistik

Die Mehrdeutigkeit des Begriffs „Statistik" findet sich ebenso in der Begriffsbildung W. für die Verknüpfung mit dem Anwendungsfeld WB wieder: Unter W. werden einerseits alle weiterbildungsrelevanten Zusammenstellungen von zahlenmäßigen Ergebnissen der Beobachtung des Weiterbildungsgeschehens subsumiert (z.B. Volkshochschul-Statistik 2007). Andererseit werden unter W. alle wissenschaftlichen, konzeptionellen Verfahren zur Beschaffung solcher Daten zusammengefasst, ungeachtet ihrer Ziele, des methodischen Designs und anderer prozessbestimmender Momente (z.B. Feststellung der Weiterbildungsbeteiligung im Rahmen des Mikrozensus; AES; Verbund Weiterbildungsstatistik des → Deutschen Institut für Erwachsenenbildung).

Das Spektrum der mit Verfahren der W. verbundenen Ziele und Methoden spiegelt die Vielfalt didaktischer Handlungen auf unterschiedlichen Ebenen wieder. Der Wissensbedarf richtet sich auf die Adressaten von WB, d.h. die potenziellen Lernenden. Wie hoch ist deren Beteiligung an WB? Wieviel Zeit wenden sie auf? Wieviel Kosten tragen sie? Was ist ihre Lernmotiovation? Welche Lerninteressen haben sie? Welche Lernarrangements bevorzugen sie? Welche Kompetenzen haben/benötigen sie?

Andere Verfahren bemühen sich um statistische Informationen über das in der WB tätige Lehrpersonal. Weitere Ansätze eruieren den Umfang und die Struktur von Weiterbildungsveranstaltungen im Programm von Weiterbildungseinrichtungen oder Betrieben sowohl unter dem Gesichtspunkt, Leistungen transparent zu machen, als auch, das Angebot verbessert dem Bedarf anzupassen. Hierzu gehört die Schlüsselfrage, ob das Weiterbildungsangebot den Weiterbildungsbedarf aus individueller wie auch aus Sicht der Industrie als Qualifikationsabnehmer deckt.

Auf der institutionell-organisatorischen Ebene spielen Fragen der Finanzierung von Weiterbildungsangeboten ebenso eine Rolle wie die das Weiterbildungsmanagement berührenden Aspekte Qualitätsentwicklung und Controlling. Im bildungspolitischen Handlungsfeld stehen Fragestellungen im Vordergrund, wie die Randbedingungen für WB günstig zu gestalten sind. Welchen Effekt haben bzw. hatten Modelle, Maßnahmen, Anreize, ordnungspolitische und gesetzgeberische Ansätze? Tragen bzw. trugen sie dazu bei, Ziele des lebenslangen Lernens besser zu erreichen? Wo liegen Forschungsdefizite und wie könnten Kosten-/Zeitpläne aussehen, sie zu beseitigen?

Die Vielfalt wird noch erweitert durch die Spezifikation, wer die im Auftrag oder aus „freien Stücken" handelnden Akteure und die Nutzenden von W. sind (z.B. freie Dienstleister, wie Infratest im Auftrag von Ressorts bei Ländern und Bund; Statistische Ämter bei Ländern und Bund auf gesetzlicher Grundlage; Weiterbildungsorganisationen/-verbände für ihre Weiterbildungseinrichtungen; regionale Zusammenschlüsse; Einrichtungen außeruniversitärer Forschung, wie DIE, BIBB, IAB oder DIW im Auftrag, selbstständig oder in Kooperation; Hochschulen im Auftrag, selbstständig oder in Kooperation; Interessenverbände und parteinahe Stiftungen).

Die föderale Struktur in Deutschland wie auch die im Vergleich zu anderen Bildungssektoren weitgehend ungeregelte Weiterbildungsanbieterlandschaft sind Randbedingungen, die eine breit nutzbare, trägerumfassende, standardisierte, regelmäßige, sowohl

flächendeckende als auch regionalisierbare, EU-verträgliche transparente W. mit Daten von Weiterbildungsanbietern (Angebotsstatistik) erheblich erschweren.
Seit Beginn des 21. Jh. zeichnen sich jedoch europäische und nationale Entwicklungen ab, die zumindest bereits große Teilbereiche, wie die von Betrieben durchgeführte WB (Continuing and Vocational Training Survey, CVTS, koordiniert von EUROSTAT, dem statistischen Amt der EU) und WB in öffentlicher Verantwortung (für Deutschland „Verbund Weiterbildungsstatistik" des DIE, kirchliche EB und WB in Volkshochschulen einschließend), ausbaufähig abdecken. Eine W. wie die bundesweite Repräsentativbefragung (bis 2003 im Rahmen des Berichtssystems Weiterbildung des BMBF, ab 2006 im Rahmen der deutschen Variante des europäischen AES), die Informationen von Individuen auswertet („Nachfragestatistik"), steht zwar methodisch-organisatorisch vor geringeren Problemen, ihr Nutzen ist aber durch den bundesweiten Charakter der Fragestellungen (auch für einen Vergleich in Europa) auf relativ hoher politischer Ebene angesiedelt. Einerseits im Zuge der anhaltenden Diskussion um outputorientierte Steuerung und zur Qualitätssicherung in den Einrichtungen und andererseits anlässlich der weiter offenen Fragen zum Aufbau einer für → lebenslanges Lernen geeigneten Infrastruktur zur Vernetzung von einrichtungsgebundenem und selbstgesteuertem Lernen durch Staat und Gesellschaft bleibt der Bedarf nach verlässlichen Planungsdaten offensichtlich. Trotz der immer noch unbefriedigenden Gesamtsituation der W. steht für Forschung und Praxis eine Vielfalt von Einzeldaten aus regelmäßigen Statistiken zur Verfügung.

Literatur
Gnahs, D.: Weiterbildungsstatistik. In: Tippelt, R. (Hrsg.): Handbuch Erwachsenenbildung/Weiterbildung. Opladen 2005 – Kuwan, H. u.a.: Berichtssystem Weiterbildung IX. Integrierter Gesamtbericht zur Weiterbildungssituation in Deutschland. Durchgeführt im Auftrag des BMBF. Berlin/Bonn 2006 – Pehl, K.: Strategische Nutzung statistischer Weiterbildungsdaten. Leitfaden für Einrichtungen und Verbände. Bielefeld 2007 – Reichart, E./Huntemann, H.: Volkshochschul-Statistik 2007. Bonn 2008. URL: www.die-bonn.de/doks/reichart0802.pdf (Stand: 19.12.2009)

Klaus Pehl

Weiterbildungsstruktur

Die WB in Deutschland ist nicht staatlich geordnet. Sie ist in gesellschaftlichen Feldern entstanden und gewachsen, etwa im kirchlichen Bereich, bei den Gewerkschaften, als → Arbeiterbildung oder als Volksbildung. Sie unterliegt bislang nur dann einer staatlichen Ordnung, wenn sie an staatlichen Zuschüssen partizipieren will oder mehr oder weniger zu staatlichen Bereichen gehört (etwa bei der Lehrerfortbildung oder der WB an Hochschulen). Das einzige bundesweite Gesetz (zum → Fernunterricht) ist ein Verbraucherschutzgesetz, dies regelt aber nicht die Anbieterstruktur. Darüber hinaus liegt die politische Hoheit (→ Weiterbildungspolitik) für die Bildung allgemein (mit Ausnahmen in der → beruflichen Bildung) grundsätzlich bei den Ländern (→ Kultusministerkonferenz); entsprechend erfolgen auch direkte und indirekte Ordnungen im Bereich der öffentlich geförderten WB über die → Weiterbildungsgesetze der Länder. Ein wesentlicher Teil der Weiterbildungsaktivitäten findet jedoch jenseits von staatlichen Förderungsregelungen und Ordnungsgrundsätzen statt. In diesem Zusammenhang taucht auch häufig der Begriff des → Weiterbildungsmarktes (bzw. diverser Teilmärkte) auf.
Es ist, vor allem seit der Deklaration der „vierten Säule" des Bildungsbereichs, immer wieder versucht worden, die Struktur des Weiterbildungsbereichs zu beschreiben. Dabei entstanden vielfältige Ansätze, die sich jeweils danach unterscheiden, welcher Aspekt als oberstes Ordnungsprinzip verwendet wurde:

- Adressaten bzw. der Zugang: Hamacher führte auf Basis dieses Kriteriums die Unterscheidung zwischen offener und geschlossener WB ein. Danach sind Veranstalter der geschlossenen WB der öffentliche Dienst, Betriebe und Verbände; die der offenen WB vor allem die → Volkshochschulen.
- Gesellschaftliche Stellung der Trägerorganisation: Hier wird zwischen öffentlicher und freier WB unterschieden (Müller 1982). Erstere ist dabei diejenige, die staatlich oder kommunal gefördert, letztere diejenige, die von gesellschaftlichen Organisationen und privaten Betrieben verantwortet wird.
- Interesse der veranstaltenden Einrichtung: Unterschieden werden hier erwerbswirtschaftliche (z.B. Fernlehrinstitute), partikulare gesellschaftliche (z.B. Kirchen und Gewerkschaften), öffentliche (z.B. Volkshochschulen) sowie organisatorische Interessen (z.B. Betriebe) (Müller 1982).

- Organisationszugehörigkeit einer Einrichtung: Danach wird unterschieden zwischen freien Einrichtungen und Trägern, die keiner gesellschaftlichen Großorganisation und vor allem keiner Bildungsideologie verpflichtet sind (z.B. Volkshochschulen und kommerzielle Einrichtungen), und den gebundenen Einrichtungen, für die dies zutrifft (z.B. Bildungswerke der Wirtschaft, der Gewerkschaften, der Kirchen oder auch Stiftungen von Parteien).
- Rechtsnatur der → Träger: Hier wird unterschieden zwischen öffentlichen Einrichtungen in der Zuständigkeit von Bund und Ländern, Einrichtungen in der Zuständigkeit der Kommunen, öffentlich-rechtlichen Einrichtungen, nicht-öffentlichen Einrichtungen in privater Trägerschaft und kommerziellen Einrichtungen. Weiterbildungseinrichtungen sowie deren Träger und Verbände sind mittlerweile zudem durch eine Vielfalt von → Rechtsformen (z.B. GmbH, gGmbH, Verein, Genossenschaft etc.) gekennzeichnet, die auch die Frage von Zuständigkeiten immer verschwommener werden lässt.
- Inhaltsbereich des → Angebots: Seit Mitte der 1980er Jahre hat sich eine Gliederung verbreitet, die zwischen Einrichtungen der beruflichen und solchen der nicht-beruflichen WB unterscheidet (Klemm 1990); in beiden Angebotssegmenten finden sich zahlreiche Formen und Themen (z.B. betriebliche WB, Fortbildung, Umschulung, politische Bildung, Allgemeinbildung, kulturelle Bildung etc.).

Die teilweise identischen Begriffe für unterschiedliche Sachverhalte in unterschiedlichen Kontexten (z.B. „freie" EB) sind in der Diskussion nicht nur verwirrend, sondern machen auch die Schwierigkeit deutlich, systematische Ordnungen in einem historisch plural gewachsenen Bereich zu suchen bzw. zu schaffen. Vielfach reduzieren sich daher Strukturierungsversuche auf die Auflistung derjenigen Weiterbildungsbereiche, die sich als bundesweit agierende Organisationsstrukturen etabliert haben, etwa die WB der Wirtschaft, die Volkshochschulen, die → katholische und die → evangelische EB, die gewerkschaftliche WB, die WB an Hochschulen, die politische Bildung in Stiftungen und Landeszentralen, die Heimvolkshochschulen und andere.

In der Diskussion um die Sicherung und Förderung einer Weiterbildungsstruktur in Deutschland, die gestalterische Ordnungsgrundsätze – wie Offenheit des Zugangs/Partizipation, Qualität des Angebots, Freiheit der Lehre und Professionalisierung des Personals in der EB/WB – gewährleisten soll, ist die finanzielle Absicherung (→ Finanzierung) von EB/WB ein wesentlicher Faktor (Expertenkommission 2004).

Literatur

DIE: Trends der Weiterbildung. DIE-Trendanalyse 2008. Bielefeld 2008 – Expertenkommission Finanzierung Lebenslangen Lernens: Der Weg in die Zukunft. Schlussbericht der unabhängigen Expertenkommission Finanzierung Lebenslangen Lernens. Bonn 2004 (BMBF) – Hamacher, P.: Entwicklungsplanung für die Weiterbildung. Braunschweig 1976 – Klemm, K. u.a.: Bildungsgesamtplan 1990. Stuttgart 1990 – Knoll, J.: Einführung in die Erwachsenenbildung. Berlin/New York 1973 – Müller, H.: Organisationen der Weiterbildung. In: Nuissl, E. (Hrsg.): Taschenbuch der Erwachsenenbildung. Baltmannsweiler 1982

Ekkehard Nuissl

Weiterbildungssystem

Das W. umfasst alle → Institutionen, → Programme und Kurse sowie Lernprozesse, welche die Aneignung von Wissen durch Erwachsene vermitteln. Dabei ist angesichts der Segmentierung und Partialisierung durchaus strittig, ob insgesamt von einem System gesprochen werden kann. Um den gegenwärtigen Entwicklungsstand zu kennzeichnen, ist der Begriff „mittlere Systematisierung" eingeführt worden. Dies gilt bezogen auf die Systemgrenzen, wo einerseits ein fortschreitender Prozess der Herausverlagerung von Lernaufgaben aus primären gesellschaftlichen Institutionen voranschreitet, gleichzeitig aber auch eine Ausbreitung, Zerstreuung und Entgrenzung stattfindet. Dies gilt auch bezogen auf die strukturierenden Regulationsmechanismen: Im Spannungsfeld von Politik und Ökonomie stellt es ein „gemischtwirtschaftliches" System dar. Darüber hinaus sind die Bedarfe an WB „weich", weil Interessen und Motive häufig latent bleiben und deshalb oft Ersatz- und Ausweichstrategien greifen.

Schließlich gibt es auch widerstreitende Prinzipien für die Gestaltung der internen Struktur bezogen auf die verschiedenen Systemaspekte. Dazu zählen:

- Institutionalisierung: Betrachtet man die Trägerstrukturen (→ Träger), so stellt sich eine große Vielfalt dar. WB wird bereitgestellt von Betrieben, → Volkshochschulen, Privatinstitutionen, kirchlichen Stellen, Verbänden, Berufsverbänden, Hochschulen, Akademien, Wohlfahrtsverbänden,

Kammern, Gewerkschaften, Arbeitgeberverbänden, Fachschulen und vielen anderen.

- Curricularisierung: Es gibt im Verhältnis von Planung und Offenheit des → Lernens Erwachsener immer schon Probleme bei der Festlegung von Lernzielen, der Auswahl von Lerninhalten und der Bestimmung angemessener → Methoden. Dies ist zum einen verursacht durch die Anforderung, Bildung sei Selbstbestimmung, zum anderen durch die hohe Flexibilität und Dynamik der Funktionen und Themen.
- Zertifizierung: Ein Vorteil von Weiterbildungsangeboten ist sicherlich ihre hohe Beweglichkeit. Das System kann auf neue Probleme schnell reagieren. Nur für einen Teil der Angebote ist es möglich und sinnvoll, dies in Ordnungen, z.B. für Fortbildungsprüfungen, festzulegen. Gleichzeitig gibt es aber angesichts nicht geregelter Anrechenbarkeit Schwierigkeiten mit der Verwendbarkeit und Verwertbarkeit der Ansprüche, die aus dem Gelernten resultieren. Es steht aus, dass ein gemeinsames Zertifizierungssystem der Erstausbildung und der WB entwickelt wird, das Übertragbarkeit und Durchlässigkeit sichert.
- Professionalisierung: Die statistischen Daten über die Personalstruktur (→ Personal) in der EB sind noch lückenhafter als diejenigen über Teilnahme und Finanzen. Nur wenige große Institutionen verfügen über einen breiten Personalstamm, gleichzeitig sind die Aufgaben von Leitung, Planung, Unterricht und Verwaltung oft wenig differenziert. Weil die Zahl der hauptberuflichen Stellen nach wie vor relativ gering ist, gibt es eine „marginale Professionalisierung“, bei der das Hauptgewicht der Arbeitstätigkeiten bei Honorarkräften bzw. nebenberuflichen oder ehrenamtlichen Personen liegt.
- Finanzierung: Der Finanzmix der WB besteht aus einem Geflecht von internen Kosten, öffentlichen Ausgaben, Staatsfinanzen, direkten und indirekten Subventionen sowie von Gebühren, Beiträgen und Entgelten.

Vertreten wird vor diesem Hintergrund „mittlerer Systematisierung“ die Perspektive, dass WB sich im Zuge ihrer wachsenden Bedeutung weder auf dem Wege befindet, so strukturiert, koordiniert und einheitlich zu werden wie andere Teilbereiche des Bildungswesens – Schule und Hochschule –, noch dass sie ihre Aufgaben erfüllen kann, wenn sie allein den Initiativen der Anbieter und Nachfrager überlassen bleibt. Was sich herausbildet, ist ein Trend zu einer stärkeren Systematisierung, der allerdings immer wieder von Deinstitutionalisierungsprozessen und Zurückverlagerungen gebrochen wird.

Um Einschätzungen über die zukünftige Weiterbildungsentwicklung zu begründen, muss der Gesamtbereich betrachtet werden. Gleichzeitig mit der Neugewichtung und Umverteilung zwischen den Institutionen gibt es auch ein Ineinanderschieben zwischen trägerbezogenen und unternehmensbezogenen Aktivitäten. Die Unterscheidung zwischen betrieblicher und „externer“ WB ist schon lange nicht mehr trennscharf. Die Institutionensegmente überschneiden sich: „Öffentliche“ Träger kommerzialisieren sich; betriebliche Weiterbildungsabteilungen werden selbstständig, Weiterbildungsunternehmen diversifizieren ihre „Produktpalette“. Das wichtigste Spannungsfeld für die weitere Perspektive der EB entsteht durch das Verhältnis von unternehmensbezogener WB in den Betrieben und den Erwachsenenbildungsträgern.

Literatur
Faulstich, P./Haberzeth, E.: Recht und Politik. Bielefeld 2007 – Faulstich, P./Teichler, U./Döring, O.: Bestand und Entwicklungsrichtungen der Weiterbildung in Schleswig-Holstein. Weinheim 1996 – Faulstich, P./Zeuner, C:. Erwachsenenbildung. Eine handlungsorientierte Einführung in Theorie, Didaktik und Adressaten. 2. Aufl. Weinheim 2006 – Faulstich, P. u.a.: Bestand und Perspektiven der Weiterbildung. Das Beispiel Hessen. Weinheim 1991 – Krug, P./Nuissl E. (Hrsg.): Praxishandbuch Weiterbildungsrecht. Loseblattwerk. Neuwied 2004 (Grundwerk) – Nuissl, E.: Ordnungsgrundsätze der Erwachsenenbildung in Deutschland. Tippelt, R. (Hrsg.): Handbuch Erwachsenenbildung/Weiterbildung. 3., überarb. und erw. Aufl. Opladen 2009

Peter Faulstich

Wirtschaftlichkeit

Der Begriff der W. beschreibt zunächst lediglich eine formale Relation zwischen eingesetzten Mitteln (Input) und dem erreichten Ergebnis (Output). Dabei können sowohl Mengen als auch Werte ins Verhältnis gesetzt werden. Das aus dem allgemeinen Rationalprinzip abgeleitete Wirtschaftlichkeitsprinzip besagt, dass ein Handeln dann rational ist, wenn eine möglichst günstige bzw. optimale Input-Output- bzw. Kosten-Nutzen-Relation erreicht wird. Indem entweder der Output oder der Input konstant bzw. variabel gesetzt werden, entstehen die zwei Varianten des Wirtschaftlichkeitsprinzips. Beim „Maximumprinzip" soll mit vorgegebenen Mitteln möglichst viel erreicht werden, während es beim „Minimumprinzip" darum geht, ein vorgegebenes Ergebnis mit möglichst geringem Mitteleinsatz zu realisieren. Da in Weiterbildungseinrichtungen unter Knappheitsbedingungen gehandelt und entschieden werden muss, gilt das Prinzip der W. grundsätzlich auch hier.

Aus betriebswirtschaftlicher Sicht wird die W. einer Weiterbildungseinrichtung ermittelt durch eine periodisierte (Monat, Quartal, Jahr) Gegenüberstellung der erbrachten Leistungen mit dem in Geld gemessenen Ressourcenverbrauch, der durch die Leistungserstellung verursacht wurde (Kosten). Im Zusammenhang mit WB können generell folgende Leistungsarten unterschieden werden: Kurse, Einzelveranstaltungen, Abschluss- und Zwischenprüfungen, Ausstellungen, Studienfahrten, Bildungsberatung und Bereitstellung terminunabhängiger, individueller Lernmöglichkeiten. Der überwiegende Teil des Leistungsvolumens (Kurse und Einzelveranstaltungen) kann in Unterrichtseinheiten (UE) gut gemessen werden. In Geldwerten wird der Weiterbildungsoutput in den Beträgen des Aufkommens aus Teilnahme-Entgelten und Auftrags- oder Sondermaßnahmen quantifiziert.

Zur Feststellung und Überprüfung der W. wird insb. die Kosten- und Leistungsrechnung herangezogen. Dabei hat sich als Instrument zur Kostenanalyse und zur Steuerung von Weiterbildungseinrichtungen die Deckungsbeitragsrechnung bewährt. Diese zeigt auf, in welchem Ausmaß die mit der Leistungserstellung verbundenen Einzelkosten in einer Rechnungsperiode durch betriebsbedingte Einnahmen (insb. Teilnahme-Entgelte) gedeckt werden.

W. erschöpft sich weder in bloßer „Sparsamkeit" noch darf W. bei Weiterbildungseinrichtungen ohne erwerbswirtschaftliche Zielsetzung mit „Gewinn" oder „Rentabilität" gleichgesetzt werden. Für ein angemessenes konkretes Verständnis von W. ist entscheidend, welcher (Primär-)Zweck mit einer Weiterbildungseinrichtung verfolgt wird. Ist das Angebot auf dem → Weiterbildungsmarkt in erster Linie als Mittel zum Zweck der Erzielung von Einkünften zu betrachten, so handelt es sich bei Gewinn- bzw. Rentabilitätskennzahlen um adäquate Maßstäbe zur Beurteilung der W. Sind jedoch die Weiterbildungsangebote und die damit angestrebten pädagogischen bzw. bildungspolitischen Wirkungen als der eigentliche Zweck zu betrachten, so ist die Berücksichtigung des Wirtschaftlichkeitsprinzips kein Selbstzweck. W. stellt dann vielmehr eine wichtige Nebenbedingung dar. Beispielsweise wäre ein quantitativ und qualitativ klar definiertes Weiterbildungsangebot dann „wirtschaftlich", wenn seine Realisierung als öffentliche Aufgabe unter Berücksichtigung des Minimumprinzips erfolgt (sog. Gemeinwirtschaftlichkeit). Den Grad an W. im normativen Sinne ausschließlich bzw. generell über den (möglichst hohen) Kostendeckungsgrad zu bestimmen (sog. Eigenwirtschaftlichkeit), greift hingegen zu kurz, da WB als meritorisches Gut ja oftmals gerade deshalb nicht zu kostendeckenden Entgelten in öffentlicher Verantwortung angeboten wird, weil die Nachfrage im Sinne bildungs- und gesellschaftspolitischer Ziele beeinflusst werden soll.

Anders als häufig unterstellt wird, gibt es keine W., die „an sich" fest steht. Welche Input- bzw. Outputgrößen mit welchen Wertansätzen zu erfassen sind, ist von der Zielsetzung der zu beurteilenden Leistungsprozesse abhängig. Aus unterschiedlichen Zielsetzungen resultieren folglich auch unterschiedliche W. Angesichts des Umstands, dass bei Weiterbildungseinrichtungen die Inputs in der Regel besser quantifizierbar sind als die Outputs, besteht die Gefahr, dass zur Verbesserung der gemessenen W. fassbare Kosten zu Lasten von nicht-fassbarem pädagogischem Nutzen reduziert werden. Dies unterstreicht die Bedeutung von → Qualitätsmanagement in Weiterbildungseinrichtungen. Für das Verständnis von W. ist weiterhin wichtig, dass normative Aussagen über die W. von Weiterbildungseinrichtungen oder -angeboten nur möglich sind, wenn es Maßstäbe gibt. Insbesondere dort, wo aufgrund eingeschränkter Wettbewerbsbedingungen und öffentlicher Finanzierung eine Evaluation der W. einer Weiterbildungseinrichtung durch den → Weiterbildungsmarkt selbst nicht oder nur eingeschränkt möglich ist, lässt sich W. beispielsweise nur auf der Basis von Zeit- und/oder Institutionen- bzw. Prozessvergleichen (Benchmarking) konkret beurteilen. Sich darum zu kümmern, ist eine der Aufgaben des → Controllings von Weiterbildungseinrichtungen. Mit diesen Hinweisen wird zugleich die politische Komponente von W. deutlich. Es geht angesichts eines wachsenden ökonomischen Legitimationsdrucks auf bzw. in Weiterbildungseinrichtungen letztlich auch darum, wie die Definitionsmacht für Wirtschaftlichkeitskriterien und Wirtschaftlichkeitsmaßstäbe verteilt ist.

Neben dem Denken in zu optimierenden Input-Output-Relationen zeigt sich wirtschaftliches Denken auch darin, dass

- als eigentlich auslösendes Moment ökonomischen Handelns Mängel bewusst wahrgenommen werden und zugleich nicht ignoriert wird, dass in der Regel nicht alle Bedürfnisse befriedigt werden können,
- in Restriktionen gedacht wird und zu Kenntnis genommen wird, dass unter Knappheitsbedingungen Prioritäten und Posterioritäten gesetzt werden und Ausgaben und Einnahmen im Gleichgewicht gehalten werden müssen,
- in Alternativen und in Investitionskategorien gedacht und daher erwogen wird, welche Chancen, Risiken und (ggf. entgehende) Nutzenpotenziale sich mit den Handlungs- bzw. Entscheidungsalternativen verbinden,
- dynamisch über (nicht) erfolgte und künftig anzustrebende Änderungen nachgedacht wird.

Obwohl offensichtlich ist, dass sich die genannten allgemeinen Wirtschaftlichkeitsmaximen nicht nur im Denken und Handeln von Ökonomen widerspiegeln, sondern u.a. auch von Pädagogen angewandt werden, stößt W. im Kontext der WB auch heute noch auf viele grundsätzliche Vorbehalte. Dabei wird übersehen, worauf F. Edding als Nestor der Bildungsökonomie bereits zu Beginn der 1960er Jahre eindrucksvoll aufmerksam gemacht hat. Kein verantwortlich handelnder Bereich der Gesellschaft kann sich ökonomischen Zwängen entziehen. Wirtschaftliches Denken und Handeln ist insofern kein „Tribut an den neoliberalen Zeitgeist“, sondern vielmehr zu begreifen als „eine Grundkategorie des schöpferischen menschlichen Lebens, eine unlöslich mit allen Bereichen menschlichen Tuns verbundene Seite des geistigen Seins“ (Edding 1963).

Literatur

Budäus, D.: Wirtschaftlichkeit. In: Naschold, F. u.a.: Leistungstiefe im öffentlichen Sektor. Berlin 1996 – Edding, F.: Ökonomische Forschung im Dienste des Bildungswesens. Zur Wirtschaftlichkeit und Rentabilität des Bildungsaufwands. In: Lemberg, E. (Hrsg.): Das Bildungswesen als Gegenstand der Forschung. Heidelberg 1963 – Friedrich, K./Meisel, K./Schuldt, H.J.: Wirtschaftlichkeit in Weiterbildungseinrichtungen. 3., überarb. Aufl. Bielefeld 2005 – Rohlmann, R.: Kostenrechnung und Kostenanalyse für Volkshochschulen. 3. Aufl. Frankfurt a.M. 1995

Martin Brüggemeier

Wissen

W. als die für → Lernen zweifellos zentrale Kategorie ist zunächst keine pädagogische, sondern eine psychologische und, hinsichtlich ihrer gesellschaftlichen Bedingtheit, eine soziologische Kategorie. In der Psychologie wird (bei aller Unterschiedlichkeit zwischen den diversen Richtungen dieser Disziplin) unter W. ein vielgliedriger Prozess verstanden, der Strategien zur Speicherung (einprägen), zur Organisation (Beziehungen herstellen) und zur Wiedergabe (erinnern) von Kenntnissen umfasst. Von den unterschiedlichen Einteilungen von Formen des W. hat sich am ehesten die auf antike Vorbilder (*episteme*, *techné*) zurückgehende zwischen deklarativem und prozeduralem W. durchgesetzt, d.h. zwischen W. in Form von allgemeinen Kenntnissen, das prinzipiell sprachlich mitgeteilt werden kann, und W. in Form von Können, das beobachtbar, jedoch nur selten sprachlich mitteilbar ist. Diese Unterscheidung entspricht der zwischen „knowing that“ und „knowing how“.

Eine weitere wichtige Kategorie ist die der Planung und Steuerung von W., die als Steuerungs- oder auch als Meta-W. bezeichnet wird. Dass angesichts des zunehmenden Verschwindens von festem, kanonischem W. der Stellenwert prozeduralen W. gestiegen ist, lässt sich u.a. an der Diskussion um die sog. → Schlüsselqualifikationen zeigen, die fachübergreifende → Qualifikationen, darunter Problemlösekompetenz (→ Problemlösung) und soziale → Kompetenzen, umfassen. Das W. darüber, wie man sich (am besten) W. aneignet, ist dagegen die Voraussetzung für ein erfolgreiches selbstorganisiertes Lernen (→ Lernen lernen).

Innerhalb der Kognitionspsychologie geht die „Wissenspsychologie“ (Mandl/Spada 1988) speziell den Fragen des Erwerbs von W., seiner Repräsentation im Gedächtnis, seines Abrufs, seiner Anwendung und seiner Veränderung nach. In diesem Zusammenhang interessiert, wie sich der Einzelne neues W. aneignet, wie deklaratives, prozedurales und Meta-W. im Gedächtnis organisiert und repräsentiert werden, wie W. aktiviert und abgerufen wird, wie es sich in der Wahrnehmung, im Denken, im Entscheiden auswirkt und nicht zuletzt wie neues W. altes verändert. Dabei wird auch unterschieden zwischen „trägem“ und „intelligentem“ W., womit die Differenz gemeint ist zwischen einem W., das zwar erworben wurde, aber in Anwendungssituationen nicht genutzt werden kann, und einem W., das stark strukturiert und vernetzt und somit vielfältig an-

schließbar und anwendbar ist. Eine pädagogische Aufgabe würde darin bestehen, „träges" W. zu identifizieren, den Erwerb eines solchen W. zu vermeiden bzw. „träges" in „intelligentes" W. umzuwandeln. Eine ähnliche Differenz betrifft die zwischen explizitem und implizitem W., von dem im Zusammenhang mit dem Konzept der „lernenden → Organisation" die Rede ist. Das → „Wissensmanagement" in Unternehmen hat demnach die Aufgabe, das vorhandene, implizite W. einzelner Organisationsmitglieder in ein explizites W. für die gesamte Organisation zu überführen.
Ausdrücklich setzt sich die Wissenssoziologie mit der gesellschaftlichen Bedingtheit von W. auseinander. W. wird, wie auch in der Wissenspsychologie, neutral als Kumulation von Kenntnissen, nicht von wahren Aussagen über Wirklichkeit begriffen. Diese Position wird vom → Konstruktivismus zu der Aussage verschärft, dass W. nicht objektiv, sondern subjektive Konstruktion von Wirklichkeit sei. Mit K. Mannheims Lehre von der „Seinsverbundenheit des W." wird die Abhängigkeit des W. von den Realfaktoren hervorgehoben, ohne sich an die Ideologiekritik von K. Marx anzuschließen. Nicht das „falsche Bewusstsein" soll aufgedeckt, sondern die Bedingungsfaktoren unterschiedlicher Bewusstseinsstrukturen sollen herausgearbeitet werden. Die jüngere Wissenssoziologie hat sich, beginnend mit Berger/Luckmanns Arbeit über „Die gesellschaftliche Konstruktion der Wirklichkeit", vornehmlich mit den von der älteren Wissenssoziologie vernachlässigten Formen des alltäglichen (→ Alltag) und des wissenschaftlichen W. beschäftigt.
Diese beiden Wissensformen stehen auch im Mittelpunkt der diesbezüglichen Diskussion in der Erwachsenenbildungsliteratur, in der es vor allem um die Rehabilitierung des Alltagsw., aber auch um die Verknüpfungen zwischen Alltags- und Wissenschaftsw. geht. So wird beispielsweise die Frage diskutiert, ob das Alltagsw. von → Teilnehmenden an Erwachsenenbildungsveranstaltungen lediglich als Anknüpfungspunkt für die Vermittlung anderen W. oder aber als wesentlicher Inhalt von Bildungsprozessen gelten soll. In diesem Zusammenhang wurde allerdings darauf aufmerksam gemacht, dass es sich beim Alltagsw. weniger um Inhalte als um Strukturen von Wissensbeständen handelt, die ihrerseits gesellschaftsintegrierend und -konstituierend wirken. Eine einfache Ersetzung etwa von Alltags- durch Wissenschaftsw. erweist sich unter dieser Perspektive als unmöglich. Es kann nur darum gehen, dass Teilnehmende selbst das ihnen präsentierte (sozial-)wissenschaftliche W. dazu benutzen, ihr alltägliches W. zu revidieren (Dewe 1988).
Neben allgemein wissenssoziologischen Ansätzen haben Arbeiten zur Wissenschaftssoziologie und zur Wissenschaftsforschung einen Einfluss auf die Diskussion in der EB. Mit der Verbreitung des Begriffs → „Wissensgesellschaft" scheint die Bereitschaft gestiegen zu sein, sich mit der „Fabrikation wissenschaftlicher Erkenntnis" einerseits und den Folgen der wachsenden Bedeutung des W. als Ressource und Basis sozialen Handelns auseinanderzusetzen. Der Begriff beschreibt den Umstand, dass W. generell zu einem konstitutiven Mechanismus von modernen → Gesellschaften und zum Arbeitsinhalt einer immer größer werdenden Gruppe von Menschen geworden ist, so dass W. deren → Identität so entscheidend bestimmt, wie dies einst Eigentum und Arbeit getan haben. Das Neuartige dieses Konzepts besteht darin, dass es das Vordringen wissenschaftlich-technischen W. in die Lebens- und Handlungsbereiche von immer mehr Menschen nicht mit einer Zerstörung und Abwertung anderer Wissensformen verbindet, sondern im Gegenteil ein Neben- und Miteinander historisch unterschiedlicher Wissensformen konstatiert und mit dem Wachsen dieses W. auch die Handlungsfähigkeiten von immer mehr Menschen ansteigen sieht; Handlungsfähigkeiten, die sich auch im Widerstand gegen wissenschaftliches W. äußern können. Hervorzuheben ist, dass die Zunahme der Quantität und der Bedeutung von W. nicht zu einer gesteigerten Sicherheit, sondern im Gegenteil zu einem Anwachsen von Unsicherheit geführt hat, so dass EB immer mehr vor der Aufgabe steht, den Umgang mit unsicherem W. bzw. den Konstruktionscharakter von W. zu vermitteln (Stehr 1994; zur Anwendung in der EB Nolda 1996).
Der Wissens- bzw. Instruktionspsychologie geht es vor allem um die Bedingungen effektiver Wissensvermittlung und damit um Fragen wie die nach den Voraussetzungen des Wissenserwerbs und der optionalen Gestaltung von Lernumgebungen (Reinmann-Rothmeier/Mandl 2001). Beide Richtungen beschäftigen sich u.a. mit der auch für EB zunehmend wichtiger werdenden Diagnose und Überprüfung von W. – im Sinne ihrer Bedeutung für die Gestaltung des Lebenslaufs einerseits bzw. im Sinne einer Beseitigung von Defiziten und einer Ermöglichung von Karrieren andererseits. Auch in diesem Zusammenhang wird die Multifunktionalität von W. deutlich, auf die schon der Philosoph Max Sche-

ler hingewiesen hatte. Die Fruchtbarkeit der von Scheler getroffenen Unterscheidung zwischen Bildungs-, Erlösungs- und Herrschaftswissen zeigt sich in diversen Aktualisierungen und Adaptationen – so etwa in der aus der empirischen Untersuchung von Angeboten der EB gewonnenen Unterscheidung in Orientierungs-, Identitäts-, Interaktions- und Handlungswissen (Schrader 2003).
Aus Sicht der Professionsforschung interessiert das von der Erwachsenenbildungswissenschaft produzierte W. Dabei hat sich eine Haltung durchgesetzt, die dieses nicht mehr als per se der Praxis überlegen ansieht, sondern es als eine Form neben anderen ansieht, so z.B. den subjektiven Theorien von Lehrenden (Hof 2001). Diese Entwicklung spiegelt die moderne Einsicht in die Bedingtheit wissenschaftlichen Wissens einerseits und in die Unmöglichkeit einer rezipientenunabhängigen Vermittlung wissenschaftlicher Erkenntnis andererseits. Dies betrifft auch das Verhältnis zwischen Lehrenden und Lernenden in der EB. Empirische Untersuchungen geben Anlass, die Idee eines grundsätzlichen Gegensatzes zwischen einem durch Lernende repräsentierten Alltags- und einem durch Lehrende repräsentierten Wissenschaftsw. aufzugeben und stattdessen von vielfältigem Expertenw. auf beiden Seiten auszugehen (Nolda 1996).
Unter systemtheoretischer Perspektive erscheint W. als eine Differenz, die benutzt wird, um pädagogische Veränderungszumutungen zu etablieren (Rustemeyer 2005). Dass dies sogar zunehmend auch in nicht-pädagogischen Settings erfolgt, ist von der Erwachsenenbildungswissenschaft erst relativ spät „entdeckt" worden. Mit der Berücksichtigung „pädagogischer Kommunikation" in Betrieben, Vereinen und in den Massenmedien verschiebt sich das Interesse von „Bildung" hin zum „Umgang mit W." (Kade/Seitter 2007).

Literatur
Dewe, B.: Wissensverwendung in der Fort- und Weiterbildung. Zur Transformation wissenschaftlicher Informationen in Praxisdeutungen. Baden-Baden 1988 – Hof, C.: Konzepte des Wissens: Eine empirische Studie zu den wissenstheoretischen Grundlagen des Unterrichtens. Bielefeld 2001 – Kade, J./Seitter, W.: Umgang mit Wissen. Recherchen zur Empirie des Pädagogischen, 2 Bde. Opladen 2007 – Mandl, H./Spada, H. (Hrsg.): Wissenspsychologie. München/Weinheim 1988 – Nolda, S. (Hrsg.): Erwachsenenbildung in der Wissensgesellschaft. Bad Heilbrunn/Obb. 1996 – Nolda, S.: Interaktion und Wissen. Eine qualitative Studie zum Lehr-/Lernverhalten in Veranstaltungen der allgemeinen Erwachsenenbildung. Frankfurt a.M. 1996 – Reinmann-Rothmeier, G./Mandl, H.: Unterrichten und Lernumgebungen gestalten. In: Weidenmann, B. u.a. (Hrsg.): Pädagogische Psychologie. Weinheim 2001 – Rustemeyer, D.: Transformationen pädagogischen Wissens: Pädagogik als Einheit der Differenz von Person und Kultur. In: Kade, J./Seitter, W. (Hrsg.): Pädagogische Kommunikation im Strukturwandel. Beiträge zum Lernen Erwachsener. Bielefeld 2005 – Schrader, J.: Wissensformen in der Weiterbildung. In: Gieseke, W. (Hrsg.): Institutionelle Innensichten der Weiterbildung. Bielefeld 2003 – Stehr, N.: Arbeit, Eigentum und Wissen. Zur Theorie von Wissensgesellschaften. Frankfurt a.M. 1994

Sigrid Nolda

Wissenschaftliche Weiterbildung

Wenn man sich dem Begriff historisch nähert, so kam w.WB in unterschiedlichen Gewändern daher: Als erste moderne Ausprägung kann man die Universitätsausdehnungsbewegung des späten 19. und frühen 20. Jh. ansehen, die bis in die Weimarer Zeit anhielt. Dabei ging es für daran beteiligte Wissenschaftler darum, die Mauern der Universität zu verlassen und „volkstümliche" Vorträge zu halten oder Wissenschaft zu popularisieren, was nicht unumstritten blieb. Die Zielgruppe war nicht nur das Bildungsbürgertum, sondern auch die Arbeiterschaft. Aus dieser Bewegung sind heute noch die „Urania" in Berlin und in Wien erhalten.
Als neues Gewand für die w.WB brachten deutsche Remigranten in der Nachkriegszeit vorwiegend aus Großbritannien und Schweden die extramurale EB mit. Darunter versteht man universitäre Lehrveranstaltungen, die in Verbindung mit Volkshochschulen oder anderen Weiterbildungsträgern als Teil von deren Programmen und für deren Publikum durchgeführt wurden. Zu besonderem Erfolg gelangten die auch als Seminarkurse bezeichneten Veranstaltungen in Niedersachsen, da das dortige Erwachsenenbildungsgesetz von 1970 dafür günstige Bedingungen schuf. Diese erste Phase der w.WB im westlichen Nachkriegsdeutschland war insb. verbunden mit den Namen Fritz Borinski, Willy Strzelewicz, Helmut Plessner und Hans-Dietrich Raapke.
Obwohl die Universitätsausdehnungsbewegung und die Seminarkursarbeit in vielerlei Hinsicht nachhaltig wirkten, darf man nicht verkennen, dass sie jeweils nur geringe Teile der Hochschullandschaft erfassten und mit Blick auf das gesamte Hochschulwesen eine Randerscheinung blieben. Das entwickelte sich erst anders, als die w.WB sich anschickte, in ihrem zeitgenössisches Gewand zu erscheinen. Im

Zuge der Bildungsreform der 1970er Jahre wurde WB von der Hochschulpolitik zur neuen Hochschulaufgabe erklärt und fand Eingang zunächst in das Hochschulrahmengesetz (HRG) von 1976 und in der Folge in die Hochschulgesetze der Länder. Allerdings erhielt die Aufgabe erst bei der Novelle des HRG von 1998 neben Forschung, Lehre und Studium den Stellenwert einer Hochschul-Kernaufgabe. Doch auch diese Aufwertung führte nicht automatisch zum Ende der Nischenzeit. Das wurde erst durch den → Bologna-Prozess eingeleitet, durch den w.WB stärker in das Zentrum der Diskussion in den Hochschulen rückte. Dies ist insb. bedingt durch die Schaffung eines akademischen Weiterbildungsabschlusses, des Weiterbildungs-Masters.

Geht man die Sache systematisch an, wird es schwieriger. Es ist nämlich keineswegs so, dass w.WB ausschließlich als Hochschulaufgabe angesehen werden muss. Schon immer gab es auch bei anderen Einrichtungen Weiterbildungsangebote auf Hochschulniveau. Gedacht werden muss dabei an wissenschaftliche Gesellschaften, außerhochschulische Forschungseinrichtungen, betriebliche Weiterbildungseinrichtungen und andere öffentliche Weiterbildungseinrichtungen wie etwa Volkshochschulen. Natürlich kann meistens nur ein Teil der Programme als „wissenschaftliche" WB bezeichnet werden, aber unzweifelhaft ist auch dort w.WB vorhanden. Das führt zu der Frage nach dem Eigentlichen, dem „Proprium" der w.WB, wie Werner Schneider es genannt hat (Schneider 1981). Oder anders gefragt: Was unterscheidet w.WB von anderen Aufgabenfeldern der WB? Man kann definieren, dass es bei w.WB um organisierte Lernprozesse für Personen geht, die in der Regel ein Hochschulstudium abgeschlossen oder sich beruflich für eine Teilnahme qualifiziert haben und in das Berufsleben eingetreten sind. Die Lehrpersonen sind auf hohem Niveau fachlich einschlägig wissenschaftlich qualifiziert. Die Lernprozesse zeichnen sich inhaltlich durch Forschungsnähe aus und vom didaktischen Ansatz her dadurch, dass es immer auch um die kritisch-analysierende Distanz zu den Phänomenen der Welt geht. Wenn die Ausbildung und Einübung von Kritikfähigkeit nicht auch Gegenstand der Lernprozesse ist, handelt es sich nicht mehr um w.WB.

W.WB kann sowohl abschlussbezogen als auch nicht abschlussbezogen sein. Drei Tendenzen der jüngsten Zeit, die als solche viele positive Impulse ausgelöst haben, bergen jedoch auch mögliche Probleme in sich:

- Die in der Vergangenheit vorherrschende Angebotsorientierung wird zunehmend von dem Paradigma der Nachfrageorientierung abgelöst. Das stellt tendenziell den gesellschaftlichen Auftrag der w.WB infrage und birgt die Gefahr einer ausschließlichen Ausrichtung auf den Weiterbildungsmarkt in sich.
- Durch den Bologna-Prozess ist es erstmals möglich, einen akademischen Abschluss auf dem Weiterbildungsweg zu erlangen, den Weiterbildungs-Master. Damit verbunden sind zwei Strömungen: Zum einen entdecken die Fakultäten das Thema w.WB neu und die sehr wertvollen Ansätze und Erfahrungen, die in zentralen Einrichtungen entwickelt und gesammelt wurden, drohen verloren zu gehen. Zum anderen könnte bei einer Konzentration auf den Abschluss Weiterbildungs-Master das nicht abschlussbezogene Angebot verlieren. Gerade die Formate unterhalb der Abschlussebene werden aber von der Praxis nachgefragt.
- W.WB wird zunehmend in den Zusammenhang von Konzepten → Lebenslangen Lernens gestellt. Dadurch erfährt das Aufgabengebiet auch konzeptionell einen Aufschwung. Es ist aber nicht auszuschließen, dass die theoretische Eigenständigkeit fraglich wird. Eigenständigkeit ist zwar kein Wert an sich, aber man wird schauen müssen, dass dabei die Eckpfeiler der w.WB (Forschungsbezug, Praxisbezug, didaktischer Bezug zur Berufswelt der Teilnehmenden) nicht untergehen.

Die Formen, in denen w.WB an den Hochschulen organisiert wird, sind vielfältig. Man findet im deutschsprachigen Raum zentrale Einrichtungen (vorherrschend), An-Institutionen (häufig) als eingetragene gemeinnützige Vereine und auch (gemeinnützige) GmbHs und zum Teil auch Verwaltungsreferate und Stabsstellen vor. Neuerdings kommen „Professional Schools" hinzu.

Die w.WB ist in allen drei deutschsprachigen Ländern national organisiert, und zwar in der → Deutschen Gesellschaft für wissenschaftliche Weiterbildung und Fernstudium (DGWF), AUCEN (Austrian University Continuing Education Network), Netzwerk der österreichischen Universitäten für wissenschaftliche Weiterbildung und Personalentwicklung, und SwissUni, Vereinigung der Weiterbildungsstellen der schweizerischen Universitäten. Auf europäischer Ebene kümmert sich das European Continuing Education Network (EUCEN) um das Thema. Soweit es um w.WB im Fernstudium als Form der akademischen Lehre geht, gibt es darüber hinaus als europäischen Verband das European Distance und E-Learning Network (EDEN) und als Weltverband den International Council for Open and Distance Education (ICDE). Beide Organisationen widmen sich nicht nur dem weiterbildendem Fernstudium, sondern der Fernlehre und dem Fernstudium insgesamt und darüber hinaus auch dem Fernunterricht. Die im deutschen Sprachraum übliche Unterscheidung von Fernstudium und Fernunterricht ist ansonsten so nicht bekannt.

Literatur
Faulstich, P. u.a.: Länderstudie Deutschland. In: Hanft, A./ Knust, M. (Hrsg.): Weiterbildung und lebenslanges Lernen in Hochschulen – Eine internationale Vergleichsstudie zu Strukturen, Organisation und Angebotsformen. Münster u.a. 2007 – Report. Zeitschrift für Weiterbildungsforschung: Wissenschaftliche Weiterbildung, H. 1, 2008 – Schäfer, E.: Historische Vorläufer der wissenschaftlichen Weiterbildung. Von der Universitätsausdehnungsbewegung bis zu den Anfängen der universitären Erwachsenenbildung in der Bundesrepublik Deutschland. Opladen 1988 – Schneider, W.: Wissenschaftliche Weiterbildung an der Universität Hamburg. Stand und Perspektive. In: Vogt, H. (Hrsg.): Wissenschaftliche Weiterbildung als neue Aufgabe der Universität. Hamburg 1981

Helmut Vogt

Wissensgesellschaft

Der Begriff der W. ist als prognostischer Begriff Anfang der 1970er Jahre von Daniel Bell in die Diskussion eingeführt worden, um auf eine in den Vereinigten Staaten bereits erkennbare Verschiebung von Wirtschafts- und Sozialstruktur aufmerksam machen: Dort sei nämlich erkennbar, dass theoretisches → Wissen (und nicht mehr Produktion und Maschinen) die Achse bildet, um die sich die neue Technologie, das Wirtschaftswachstum und die Schichtung der Gesellschaft organisieren. Die güterproduzierende Industriegesellschaft werde von der auf Dienstleistungen beruhenden, nachindustriellen Gesellschaft abgelöst.
Nico Stehr hat diesen Ansatz 20 Jahre später aufgegriffen und in mehreren Publikationen vertieft. Dabei hat er hervorgehoben, dass die gestiegene Bedeutung von Wissenschaft und Technik in modernen → Gesellschaften nicht gleichbedeutend mit einer unbeschränkten Macht wissenschaftlichen Wissens ist. Dessen Verbreitung, also sein Erfolg, bedinge nämlich auch die Wahrscheinlichkeit unterschiedlicher Positionen und intelligenten Widerstands, so dass entstehende oder bereits existierende W. nicht durch mehr Sicherheit, sondern durch erhöhte Kontingenz und Fragilität sozialen Handelns gekennzeichnet seien. Wissen wird unter dieser Perspektive generell als Ressource und Grundlage sozialen Handelns gesehen.
Während sich die Theorie der W. zwischen Prognose und Beschreibung bewegt und die Auswirkungen der Bedeutung vornehmlich, aber nicht nur wissenschaftlichen Wissens auf Beschäftigungs- und Sozialstruktur beobachtet, wird im politischen und ökonomischen Diskurs die W. meist als fait accompli dargestellt, an die es sich durch besondere – lebenslange – Lernanstrengungen anzupassen gelte. Bei der verbreiteten Verwendung des Begriffs – auch in den Massenmedien – wird häufig übersehen, dass der mit dem Konzept der W. verbundene Begriff des → Wissens weit entfernt ist von der Vorstellung eines gesicherten oder gar eines Kanonwissens. Stattdessen wird von Theoretikern der W. der Wert des fragilen, unsicheren, auf Zukunft bezogenen Wissens bzw. Nicht-Wissens und damit die gesellschaftliche notwendige Expertise im Umgang mit Nicht-Wissen betont.
Das Konzept der W. weist Überschneidungen zum Konzept der reflexiven Modernisierung (Giddens) und zur Individualisierungsthese (→ Individualisierung) (Beck) auf. Die Betonung der Notwendigkeit der individuellen Gestaltung der eigenen → Biographie unter unsicheren Bedingungen eint das Konzept der W. mit dem der Risikogesellschaft, wobei die W. als weniger dramatische Variante der Risikogesellschaft erscheint. Die Verbreitung neuer Informations- und Kommunikationstechniken hat in gewisser Weise die These von der durch immaterielles Wissen bestimmten modernen Gesellschaft und Wirtschaft bestätigt, so dass entgegen dem ursprünglichen Sinn häufig „Wissens-" mit „Informationsgesellschaft" gleichgesetzt wird.
Die Theorie der W. ist nicht unwidersprochen geblieben. Angezweifelt wird vor allem die Gültigkeit des empirischen Nachweises, die Industriegesellschaft sei global an ihr Ende gelangt, ebenso wie die Auffassung, dass in wissensbasierten Gesellschaften traditionelle soziale Ungleichheiten verschwinden.
In der EB spiegelt sich die allgemeine Diskussion: Neben der oberflächlichen Verwendung des Begriffs zu Legitimationszwecken finden sich Stimmen, die vor einer unkritischen Übernahme der in Politik und Wirtschaft formulierten Appelle zur Lernbereitschaft warnen, ebenso wie Überlegungen, die das

Konzept zum Anlass nehmen, EB als Wissen übermittelnde, Wissen und Nicht-Wissen reflektierende und dabei Wissen produzierende Wissensarbeit zu verstehen.

Literatur
Bittlingmayer, U.H./Bauer, U. (Hrsg.): Die „Wissensgesellschaft". Mythos, Ideologie oder Realität? Wiesbaden 2006 – Nolda, S.: Das Konzept der Wissensgesellschaft und seine (mögliche) Bedeutung für die Erwachsenenbildung. In: Wittpoth, J. (Hrsg.): Erwachsenenbildung und Zeitdiagnose. Theoriebeobachtungen. Bielefeld 2001 – Willke, H.: Dystopia. Studien zur Krisis des Wissens in der modernen Gesellschaft. Frankfurt a.M. 2002

Sigrid Nolda

Wissensmanagement

Die zunehmende Bedeutung von Wissen für die Gesellschaft, die unter dem Stichwort → „Wissensgesellschaft" breit thematisiert wird, findet ihre Entsprechung auf der Ebene von → Organisationen. Hier wird, im Gegensatz zur Gesellschaftsebene, zumeist die Möglichkeit einer planvollen und zielorientierten Generierung und Nutzung des → Wissens angenommen, die darin zum Ausdruck kommt, dass Wissen als Managementaufgabe verstanden wird. Grundlage für die Entstehung von W. als einem sich seit den 1990er Jahren rasch entwickelnden Forschungs-, Beratungs- und Praxisfeld ist das 1995 erschienene Buch der Managementforscher Ikujiro Nonaka und Hirotaka Takeuchi, in dem sie die Innovativität und Leistungsfähigkeit japanischer Unternehmen auf den dort vorherrschenden Umgang mit Wissen zurückführen. Von besonderer Bedeutung ist ihnen zufolge das Verhältnis von implizitem zu explizitem Wissen. Hier schließen sie an eine einflussreiche Unterscheidung des britischen Chemikers und Wissenschaftsforschers Michael Polanyi an, dem zufolge selbst im Wissenschaftssystem, das wie vermutlich kein anderes System der Gesellschaft auf explizitem, d.h. verschriftlichtem, kodifiziertem und allgemein zugänglichem Wissen basiert, weite Teile des Wissens impliziten, d.h. stillschweigenden und personengebundenen Charakter haben und sich nur in der konkreten Tätigkeit erfahren lassen. Für Polanyi, der die wissenschaftliche Tätigkeit vor Augen hatte, ist die Grenze zwischen implizitem und explizitem Wissen unüberbrückbar. Demgegenüber beobachteten Nonaka und Takeuchi vielfältige Transformationsprozesse zwischen implizitem und explizitem Wissen in Unternehmen. In diesen Prozessen diffundiert Wissen, und andere Personen und Organisationsbereiche werden erreicht. Hinsichtlich des W. ist vor allem die als Externalisierung bezeichnete Transformation impliziten Wissens in explizites Wissen von Bedeutung. Dies geschieht vor allem in konkreten Interaktionen und mithilfe des Gebrauchs von Metaphern und Analogien.

Insbesondere im deutschsprachigen Raum entfernte sich die hieran anschließende Diskussion jedoch zunächst sehr weit von diesen interaktionistischen Grundlagen. Im Vordergrund standen vor allem der Einbau des W. in traditionelle betriebswirtschaftliche Managementmodelle sowie die Erfassung und Systematisierung unternehmensinterner Wissensbestände mithilfe von Datenbanken. Die rasante Entwicklung der EDV und der Aufbau entsprechender wissenschaftlicher Disziplinen, wie der Wirtschaftsinformatik, spielten hierbei eine Rolle. Später gab es vermehrt Kritik an dieser Ausrichtung, die vor allem auf Informationen abzielte und weniger auf Wissen, das im Gegensatz zu Informationen immer an einen spezifischen Kontext gebunden ist. Gegenüber der formalen und informationstechnologisch basierten Ausrichtung wurde auch aus Sicht der unternehmensbezogenen Betriebswirtschaftslehre in den letzten Jahren die Bedeutung von „communities of practice" (Wenger 1998) betont. Derartige Praxisgemeinschaften fokussieren auf konkrete Probleme und ermöglichen informelles Lernen. Das hier generierte Wissen diffundiert über die Mitglieder, wobei die Mitgliedschaft offen und fluide ist. Dieses Verständnis von W. scheint zudem für Bildungsorganisationen angemessener zu sein, da gerade hier personenbezogene, Face-to-face-Interaktionen sowie Gruppenprozesse dominieren, an denen die Generierung und Nutzung von Wissen anzusetzen haben. Auch diese eher qualitative Ausrichtung wirft jedoch eine Reihe von Fragen auf, die Wissenschaft und Praxis gleichermaßen beschäftigen: von dem zugrunde liegenden Wissensverständnis über die Qualitätssicherung bis hin zur intentionalen Steuerbarkeit von Wissensprozessen generell.

Literatur
Nonaka, I./Takeuchi, H.: The Knowledge-Creating Company. How japanese companies create the dynamics of innovation. New York/Oxford 1995 – Polanyi, M.: The Tacit Dimension. New York 1967 (dt. Übers.: Implizites Wissen. Frankfurt a.M. 1985) – Wenger, E.: Communities of Practice. Learning, meaning and identity. Cambridge 1998

Georg Krücken

Zeitform

Der Begriff Z. bezeichnet die zeitliche Organisation einer Bildungsveranstaltung hinsichtlich Lage, Dauer und rhythmischer Gestalt im Kontext der Zeitdimensionen Tag, Woche und Jahr (z.B. Abendkurs, Vormittagskurs, Wochenseminar, Wochenendseminar, Kompaktseminar). Die Z. ist neben dem → Lernort ein zentrales Strukturmerkmal von → Angeboten der EB. Sie steht in Wechselwirkung mit anderen Planungsfaktoren wie den → Inhalten, der → Zielgruppe, den Lehr-/Lernformen und hängt auch mit den institutionellen Rahmenbedingungen zusammen (z.B. Ausstattung mit Räumlichkeiten).

An Bedeutung gewinnt die Z. (bzw. der ältere Begriff „Zeitorganisationsform") im Zuge einer Ausdifferenzierung der Angebote der EB zu einer Vielfalt unterschiedlicher Typen und der Erschließung neuer Zeitbereiche vor dem Hintergrund der Freizeitentwicklung in Deutschland seit Mitte der 1970er Jahre. Für die ältere EB war noch die Kurszeit „am Abend" typisch. Daneben spielte die Seminarorganisation in Blockform im Zusammenhang mit einer Internatsunterbringung eine Rolle. Tendenziell entwickelt sich die EB heute in Richtung einer zeitflexiblen Lernumgebung mit vielfältigen „Zeitfenstern". Im Sinne einer bürgerorientierten Dienstleistungsinstitution wird so versucht, den zunehmend unterschiedlichen Zeitplänen der Weiterbildungsinteressierten gerecht zu werden.

Kennzeichnend für die nach wie vor bedeutende Z. des Abendkurses sind die Lage der Kurszeit zwischen 18.00 und 22.00 Uhr sowie eine Abfolge von mehreren Kursterminen in einem wöchentlichen Rhythmus. Varianten der Z. ergeben sich durch eine veränderte Lage der Kurszeit am Tag (z.B. am Vormittag) oder durch einen Wechsel der zeitlichen Gestalt. Bei einem Wochenkurs (Wochenseminar) folgen anders als bei einem rhythmischen Kurs über mehrere Wochen die einzelnen Kurstermine unmittelbar aufeinander und bilden so einen gemeinsamen kompakten Block. Blockangebote am Wochenende (Wochenendseminare) können einen oder mehrere Tage des Wochenendes (Freitag, Samstag, Sonntag) umfassen und ebenso wie Wochenkurse ganztags oder halbtags durchgeführt werden. Dabei ist die Z. heute unabhängig von der übrigen Seminarorganisation zu betrachten: Ein Wochenseminar, aber auch ein Wochenendseminar kann sowohl in Internatsform (z.B. in Heimvolkshochschulen) als auch „ambulant" in lokalen → Einrichtungen der EB durchgeführt werden. Für diese Angebote, aber auch für kurze rhythmische Kurse finden sich heute noch wenig trennscharfe Bezeichnungen wie „Kompaktseminar" oder „Intensivkurs". Typisch erscheint, dass die Lernzeit pro Termin ausgedehnt wird. Gleichzeitig werden die Anzahl der Termine und auch die Laufzeit des gesamten Kurses reduziert. Besonders in der → beruflichen WB stoßen diese kompakten Z. auf wachsende Akzeptanz.

Derzeit am besten dokumentiert sind die Z. der Volkshochschul-Angebote (→ Volkshochschulen). Im Jahr 2006 wurden 48,7 % der Angebote in der Z. des Abendkurses durchgeführt, 35,9 % waren Tageskurse (vormittags, nachmittags). Die Wochenendkurse hatten insgesamt einen Anteil von 6 %, Wochenkurse kamen auf 3,5 %, und einmalige Tagesveranstaltungen umfassten 6 % der Angebote. Die Trendanalyse zeigt, dass der Abendkurs mit einem oder mehreren Terminen in der Woche seit Mitte der 1980er Jahre stark an Bedeutung verloren hat. Die kompakten Z. (Wochenendkurse, Wochenkurse und einmalige Tagesveranstaltungen) haben bis 2002 Anteile hinzugewonnen. Dieser Trend hat sich in den letzten Jahren nicht weiter fortgesetzt, dagegen ist der Anteil der regelmäßig stattfindenden Tageskurse von 1996 bis 2006 um 12 Prozentpunkte angestiegen (vgl. Volkshochschul-Statistik).

Umbrüche in den Zeitmustern der → Gesellschaft, wie sie sich mit der Flexibilisierung der Arbeitszeit und veränderten Freizeitmustern von jüngeren und älteren Menschen abzeichnen, spielen eine wachsende Rolle für die Gestaltung von Z. in der EB. Stärker zu berücksichtigen ist außerdem die Sicht der Teilnehmenden. Folgende Aspekte erscheinen von herausragender Bedeutung für die Wahl von Z.: die Abstimmung der Kurszeiten mit anderen Zeitbindungen (z.B. Erwerbstätigkeit), die Realisierung von Aktivitäten im Einklang mit der subjektiven Bewertung von Zeiten (Freizeitqualität) und die Beurteilung von Z. mit Blick auf die Effektivität von Lernprozessen.

Literatur

Nahrstedt, W./Brinkmann, D./Kadel, V. (Hrsg.): Neue Zeitfenster für Weiterbildung? Arbeitszeitflexibilisierung und temporale Muster der Angebotsgestaltung. Bielefeld 1997 – DIE (Hrsg.): Volkshochschul-Statistik. Frankfurt a.M./Bonn 1965–2008 (erscheint jährlich, seit 1997 als Online-Veröffentlichung). URL: www.die-bonn.de/service/statistik/ (Stand: 19.12.2009

Dieter Brinkmann

Zeitschriften

Als Z. werden Presseerzeugnisse bezeichnet, die in gedruckter oder elektronischer Form periodisch erscheinen, auf einen begrenzten Inhaltsbereich fokussieren und eine selbstgestellte redaktionelle Aufgabe erfüllen. Im Gegensatz zur Zeitung sind Z. nicht gleichermaßen vom Anspruch der Aktualität und Universalität dominiert und zielen eher auf Hintergrundberichterstattung ab. Die ersten Z. werden auf die zweite Hälfte des 17. Jh. datiert. Die „Journale" sind, ebenso wie die Zeitung, im Zuge der Aufklärung aus der Pressegattung der Flugschriften hervorgegangen.

Eine grobe Systematisierung des Z.wesens gliedert in Publikums- und Fachz. sowie die konfessionelle Presse. Fachz. haben den Anspruch, in ihrem Gegenstandsbereich eine seismographische Funktion zu erfüllen, einflussreiche Trends zu identifizieren und Themen zu setzen. In Deutschland erscheinen jährlich mehr als 3.500 Fachz. (2007: 3.899). Nur knapp die Hälfte der verbreiteten Auflage wird verkauft. Der Fachmedienumsatz aller Fachverlage betrug im Jahr 2007 3,08 Mrd. €; davon entfallen knapp zwei Drittel (1,99 Mrd. €) auf Fachz.

Theoretisch werden berufsbezogene und wissenschaftliche Fachz. unterschieden. Die Funktion berufsbezogener Fachz. besteht darin, einer bestimmten Berufsgruppe aktuelles Hintergrundwissen handlungsorientiert bereitzustellen und aufzubereiten. Für die Sicherstellung der Professionalität ist die Lektüre einschlägiger Fachz. unverzichtbar. Wissenschaftliche Fachz. sind fundamentale Orte des Fachdiskurses von Wissenschaftsdisziplinen. Sie verschaffen – im Unterschied zum Fachbuch – einen breiten Überblick über Entwicklungen einer Disziplin und machen Forschungsergebnisse schneller und prägnanter zugänglich.

Wissenschaftliche Z. werden im Rahmen der Wissenschaftsforschung nach ihrem Impact-Faktor und ihren Qualitätssicherungsverfahren bewertet.

Der Impact-Faktor von Z. berechnet sich als durchschnittlicher Quotient von Artikel-Zitationen aus der betreffenden Z. und allen möglichen zitierbaren Artikeln. Dabei muss auf einen Zitationsindex zurückgegriffen werden, wie er für den Bereich der Bildungswissenschaften mit dem Social Sciences Citation Index (SSCI) vorliegt. Unter den 143 dort gelisteten Z. zum Themengebiet „Education & Educational Research" (Stand 2008) befinden sich drei deutsche Z. („ZfErz", „ZfPäd", „Zeitschrift für die Soziologie der Erziehung und Sozialisation") sowie eine im engen Sinne erwachsenenpädagogische („Adult Education Quarterly").

Für die Qualitätssicherung wissenschaftlicher Z. haben sich Referierungsverfahren durchgesetzt. Eingereichte Beiträge erscheinen erst, wenn sie ein formalisiertes Begutachtungsverfahren durchlaufen haben (etwa als „Peer Review"). Der Output von Wissenschaftlern wird zunehmend daran gemessen, wie viel in referierten Z. veröffentlicht wurde. Folgende internationale Z. im Bereich der EB/WB sind peer-reviewed: „International Journal of Lifelong Education", „Convergence", „Studies in the Education of Adults" und „International Journal of University Adult Education". Die erste referierte Zeitschrift im Umfeld der deutschen EB ist der „Report. Zeitschrift für Weiterbildungsforschung" (seit 1977, hrsg. von Einzelpersonen, über das DIE).

Die deutsche Zeitschriftenlandschaft im Feld der EB/WB wird dominiert von Z., die zugleich an Wissenschaft(en) wie am Handlungsfeld orientiert sind, mit einer Schwerpunktsetzung entweder auf der einen oder der anderen Seite. Bedeutende überregionale Z. dieser Art sind „Weiterbildung" (ehemals „GdWZ", seit 1990, hrsg. von Einzelpersonen), die „DIE Zeitschrift für Erwachsenenbildung" (seit 1993, hrsg. von E. Nuissl, über das DIE), die „Hessischen Blätter für Volksbildung" (seit 1951, Träger: HVV), „Erwachsenenbildung" als Fachorgan der katholischen Erwachsenenbildung in Deutschland (seit 1955, Träger: KBE), ihr evangelisches Pendant „Forum EB" (hrsg. von der DEAE) sowie „dis.kurs", das Magazin des DVV.

Eng berufsbezogene Titel („managerSeminare", „Personalwirtschaft") stellen in der deutschen WB ebenso eine Ausnahme dar wie Z. allein für die wissenschaftliche Community („Report", „Internationales Jahrbuch für Erwachsenenbildung").

Für die berufliche WB ist „BWP Berufsbildung in Wissenschaft und Praxis" (seit 1971, hrsg. vom BIBB) einschlägig, während für die politische EB folgende Titel zu nennen sind: „kursiv – Journal für die politische Bildung" (seit 1997, hrsg. von Einzelpersonen), „Praxis politische Bildung" (seit 1996, hrsg. vom Bundesausschuss Politische Bildung) und „Außerschulische Bildung" (seit 1971, hrsg. vom Arbeitskreis deutscher Bildungsstätten).

Eine beachtliche Konzentration von Weiterbildungsz. ist in den letzten Jahren beim W. Bertelsmann Verlag in Bielefeld zu beobachten.

Im Durchschnitt blicken die heute bestimmenden Z. auf keine lange Geschichte zurück. Gleichwohl gibt es bereits seit dem späten 19. Jh. eine rege Z.produktion im Feld.
Die Wahrnehmung ausländischer Z. kommt im Bereich der EB nur zögerlich voran. Hierzulande werden in begrenztem Maße wahrgenommen: Z. aus der Schweiz („Education permanente") und aus Österreich („Die Österreichische Volkshochschule"), drei beim englisch-walisischen „National Institute of Adult Continuing Education" erscheinende Z. („Adults learning", „Studies in the Education of Adults", „Journal of Adult and Continuing Education"), das „International Journal of Lifelong Education" oder das mit dezidiert europäischer Perspektive erscheinende „LLinE – Lifelong Learning in Europe". 2005 hat ein Grundtvig-Projekt mit der Vernetzung von Redaktionen erwachsenenpädagogischer Zeitschriften in Europa begonnen („European InfoNet Adult Education").
Die meisten der genannten Z. haben einen eigenen Internetauftritt und bieten in wachsendem Umfang Volltexte zum Download an.
Z. sind für den Fachdiskurs nicht nur deshalb interessant, weil sie erwachsenenpädagogische Themen zum Gegenstand machen. An ihnen findet ganz unmittelbar auch Erwachsenenlernen statt, selbstgesteuert und informell.

Literatur
Deutsche Fachpresse (Hrsg.): Fachpresse Statistik 2007. Frankfurt a.M. 2008. URL: www.deutsche-fachpresse.de/fileadmin/allgemein/statistik/Statistik_2007.pdf (Stand: 10.12.2009) – Parhey, H./Umstätter, W. (Hrsg.): Wissenschaftliche Zeitschrift und Digitale Bibliothek. Berlin 2003 – Schlutz, E.: Zur Etablierung einer wissenschaftlichen Zeitschrift für die Erwachsenenbildung. In: Report. Literatur- und Forschungsreport Weiterbildung, H. 50, 2002

Peter Brandt

Zertifikate und Abschlüsse

Z. werden auch in der Weiterbildung immer wichtiger. Grund dafür ist sowohl die Verzahnung der Bildungsbereiche als auch die Verzahnung des Berufslebens mit der WB. Die frühere Distanz der EB gegenüber Lehrplänen, Prüfungen und Zeugnissen tritt damit in den Hintergrund. Heute werden Z. nicht nur in berufsbezogenen, sondern auch im allgemeinbildenden Sektor der EB vergeben. Dabei spielt auch immer mehr die internationale, vor allem die europäische Dimension der Anerkennung von Z. eine Rolle.
Begrifflich muss man unterscheiden zwischen „Teilnahmebescheinigungen", Z. und A. Bei Teilnahmebescheinigungen erfolgt in der Regel keine Überprüfung des Lernerfolgs, bei Z. finden in der Regel Prüfungen statt, während A. meist einen länger währenden Ausbildungsgang voraussetzen und stärker verregelt sind. Den größten Teil der A. in der Weiterbildung verzeichnet man bei den Meisterprüfungen der Kammern. Der → zweite Bildungsweg spielt quantitativ eine deutlich geringere Rolle.
Zahlenmäßig am häufigsten sind in der WB die Z., vielfach im Sprachenbereich, in der Informationstechnologie und in berufsbezogenen Kursen. Insgesamt kommen Z. und A. in der WB (geschätzt) auf knapp eine Million pro Jahr.
Die Funktion von Z. und A. wird in vier Kontexten sichtbar: bei denjenigen, die ein Z. erwerben; bei denjenigen, welche sich für die zertifizierte Kompetenz interessieren; für die zertifizierende Instanz selbst und für die Gesellschaft oder einzelne gesellschaftliche Gruppierungen.
Für die zertifizierte Person wird ein Lernerfolg bzw. eine Lernleistung konstatiert, die auch einen Vergleich mit anderen Personen ermöglicht. Die Motivierung geht von Z. aus und ist auf das Weiterlernen gerichtet. Z. sind Beurteilungen, die auch für das Selbstwertgefühl wichtig sind. Sie können zur Identitätsstiftung beitragen, zur Orientierung in Lernangeboten und Lernanforderungen, und sie unterstützen schließlich die Positionierung auf dem Arbeitsmarkt und im Beruf.
Die Abnehmer von Z., also Betriebe, Organisationen u.a., sehen diese hauptsächlich als Selektionsinstrument zum Nachweis der Kompetenz der Person. Dabei spielt der Prognosewert des Z. eine Rolle. Da die Prognostik unsicher ist, wird allerdings mittlerweile vielfach ein betriebseigenes Assessment der Gültigkeit der Z. vorgezogen. Im Bildungssystem fungieren die Z. als Zugangsberechtigung für weiterführende Bildungsgänge.
Mit dem Recht, Z. zu vergeben, werden die zertifizierenden Institutionen öffentlich aufgewertet. Vielfach ist damit auch eine Monopolfunktion verbunden. Mit dem Recht der Vergabe von Z. üben Institutionen auch eine gewisse Herrschaftsfunktion aus, indem sie einen Ausleseprozess steuern und den Zugang zu bestimmten Berufs- und Tätigkeitsfeldern lenken.

Für die Gesellschaft erfüllen Z. vor allem eine Selektionsfunktion, sie haben eine ordnungsstiftende und standardsetzende Funktion. Z. stellen eine Form von Übersichtlichkeit und Stabilität her, die ab einem bestimmten Anerkennungsgrad des Z. unstrittig ist.
Rechtliche Grundlagen von Z. sind in der Weiterbildung vielfältig. Sie liegen auch auf unterschiedlichen Politikebenen. Im europäischen Strukturrahmen betrifft vor allem der Artikel 47, der die Freizügigkeit und den freien Dienstleistungs- und Kapitalverkehr regelt, die gegenseitige Anerkennung von Diplomen, Zeugnissen und sonstigen Z. Dies ist allerdings auf den beruflichen Bereich beschränkt. Eine weitere Vereinheitlichung der Z. auf europäischer Ebene liegt im „Europass" (als Nachweis von Kompetenzen), in gemeinsamen Prinzipien zur Validierung von Kompetenzen sowie der ECVET, einem europäischen Leistungspunktesystem für die berufliche Bildung. Weitere Schritte in Richtung auf eine europäische Standardisierung von Z. sind durch die Einrichtung des europäischen Qualifikationsrahmens (EQR/EQF) zu erwarten.
Auf der Ebene der föderalen Bundesrepublik gibt es nur Regelungen, die sich auf berufliche Z. anwenden lassen. Sie betreffen berufliche Fortbildungsabschlüsse, Fortbildungen in IT-Berufen, im Gesundheits- und Pflegewesen, Meisterprüfungen, Ausbildereignung, Fernunterricht, wissenschaftliche Weiterbildung, Weiterbildungsförderung im Sozialgesetzbuch III sowie (personengruppenspezifisch) die WB von Beamten und Soldaten.
Auf der Ebene der Länder sind Z. der WB teilweise geregelt in den → Weiterbildungsgesetzen der Länder, den Hochschulgesetzen und den Bestimmungen für den zweiten Bildungsweg. Dabei gibt es von Land zu Land Unterschiede, was die Regelungsbereiche, die Art von geregelten Z. und die Verbindlichkeit betrifft.
Quer zu den staatlichen Regelungsebenen von Z. liegen die Regelungen der Kammern, die rechtlich auf der Grundlage des Berufsbildungsgesetzes möglich sind. Hier sind vor allem die zuständigen Stellen (neben den Kammern auch die obersten Bundes- und Landesbehörden) benannt sowie die Verfahren, nach denen Z. vergeben werden.
In den Z. und A. werden in der Regel folgende Bereiche definiert und festgelegt:

- Geltungsbereich, d.h. die Personengruppen und die Einsatz- und Verwendungsfelder für Z.; oft wird der Geltungsbereich auch nicht explizit genannt, sondern ergibt sich implizit durch die zertifikatvergebende Institution bzw. den jeweiligen Beschäftigungsbereich.
- Qualifikationen, die mit dem jeweiligen Z. nachgewiesen werden. Dabei sind die entsprechenden Aussagen von höchst unterschiedlichem Differenzierungsgrad und gehen von ganz allgemeinen und abstrakten Qualifikationsdefinitionen (wie z.B. „betriebswirtschaftliches Fachwissen") hin zu ganz konkreten Tätigkeits- und Kompetenznachweisen (z.B. Disponieren, Einkaufen und Verwalten von Waren). Eine Standardisierung der Qualifikationsbeschreibungen gibt es (noch) nicht.
- Zugangsvoraussetzungen, bei denen für die Z. in der Regel zwei Aspekte potenziell formuliert werden: zum einen die Zugangsvoraussetzung der Person, die ein Z. erwerben will, zum anderen in Bezug auf die curricularen Lernprozesse, die vor Eintritt in eine Zertifikatsprüfung absolviert sein müssen.
- Prüfungsverfahren: Sie legen fest, nach welchem Verfahren das Zertifikat erworben bzw. die dem Z. zugrundeliegende Prüfung abgelegt werden kann und muss. Das Prüfungsverfahren wird in der Regel standardisiert, transparent, verbindlich und überprüfbar formuliert. Dabei umfassen die Bestimmungen in der Regel das, was vor der eigentlichen Prüfung zu erfolgen hat (etwa Terminfestsetzung, Zuständigkeit, Anmeldeverfahren) sowie das Procedere bei der Durchführung der Prüfung (z.B. Gliederung und Ablauf, Aufgaben für den Prüfling, Öffentlichkeit, Aufsicht etc.).
- Prüfungsinstitutionen und -gremien: Die Regelungen zu Z. legen fest, welche Institutionen und Gremien mit der Verteilung von Z. befasst sind und sein können. Dabei müssen die Institutionen in der Regel durch staatliche Stellen berechtigt sein, müssen die Prüfungsgremien und -ausschüsse nach einem formalisierten Verfahren zusammengesetzt werden und die Verfahren dieser Gremien ordnungsgemäß geregelt werden (z.B. Beschlussfähigkeit, Vorsitz, Verschwiegenheit, Protokollführung etc.).
- Z. und Zeugnisse: In der Regel wird auch festgelegt, in welcher Weise die Z. vergeben werden und wie sie gestaltet sind. Dabei spielt besonders die Rolle einer Bewertung in Einzelprüfungen und in der Gesamtprüfung eine Rolle, aber auch Verfahren der Bezeichnung der Prüfungsfächer und des Nachweises der Prüfungsinstitution.

Die Anerkennung von Z. ist höchst unterschiedlich und hängt von der Art des Z. ab. Vielfach ist die

Anerkennung des Z. eine Frage des Marktes. Dabei ist festzustellen, dass übergreifende Qualitätsmerkmale für Z. in der WB kaum existieren. Konkrete Anerkennungsverfahren und Richtlinien für Z. gibt es in der Berufsausbildung, bei den allgemeinbildenden Schulen und bei den Hochschulen. Der Stellenwert einzelner Z. erhöht sich, wenn sie Teil eines Zertifizierungssystems sind oder wenn sie durch entsprechende staatliche oder statuszuweisende Funktionen im betrieblichen Kontext eine ausgewiesene Einmündungsstruktur (insb. im Berufsleben) haben. Es ist davon auszugehen, dass Z. im Rahmen des zunehmend realisierten → Lebenslangen Lernens eine immer größere Rolle spielen werden und in einem immer intensiver diskutierten System verortet sind.

Literatur

Faulstich, P./Vespermann, P.: Zertifikate in der Weiterbildung – Ergebnisse aus drei empirischen Explorationen. Berlin 2001 – Käpplinger, B.: Abschlüsse und Zertifikate in der Weiterbildung. Bielefeld 2007 – Nuissl, E., Leistungsnachweise in der Weiterbildung. In: Report. Zeitschrift für Weiterbildungsforschung, H. 4, 2003 – Nuissl, E./Conein, S./Käpplinger, B.: Zertifikate und Abschlüsse, Praxishandbuch Weiterbildungsrecht. München/Unterschleißheim 2008 – Straka, G.A. (Hrsg.): Zertifizierung non-formell und informell erworbener beruflicher Kompetenzen. Münster 2003

Ekkehard Nuissl

Zielgruppen

Seit Mitte der 1970er Jahre ist der Begriff Z. zu einem zentralen makrodidaktischen Leitbegriff der EB geworden. Die Entstehung des Z.konzepts ist von der allgemeinen gesellschafts- und bildungspolitischen Konstellation dieser Zeit nicht zu trennen. Im Zuge der allgemeinen Bildungsreformdiskussion dominierte die Vorstellung einer zu erwartenden Parallelität von ökonomisch begründetem Bedarf an → Bildung und der Durchsetzung von mehr sozialer Gerechtigkeit. In diesem Kontext haben sich im Laufe der 1970er und zu Beginn der 1980er Jahre divergierende Akzentsetzungen in Bezug auf die Begründungen und Perspektiven von Z.arbeit herausgebildet.

Im Sinne einer idealtypischen Zuspitzung lassen sich drei Varianten von Ansätzen der Z.arbeit unterscheiden.

Ein vorrangig lernpsychologisch begründeter Ansatz zielt im Wesentlichen auf eine Homogenisierung der Lerngruppen unter soziodemographischen Gesichtspunkten (z.B. Englisch für Hausfrauen oder Englisch für Senior/inn/en), um so die Effektivität der Bildungsprozesse zu steigern (Degen-Zelazny 1974). Es wird davon ausgegangen, dass die detaillierte Kenntnis der Merkmale einer Z. eine optimale Gestaltung der Lernsituation ermöglicht (Breloer 1979). In der Literatur wird der Z.begriff im Sinne dieses Verständnisses in den 1980er Jahren auch als Äquivalent von „Adressaten-", „Teilnehmer-" oder auch „Lebensweltorientierung" benutzt. Diese Variante des Z.ansatzes hat die wissenschaftliche Diskussion nicht sehr stark geprägt, aber sich demgegenüber in der Praxis wohl am breitesten durchgesetzt. Z.arbeit reduziert sich dabei weitgehend auf organisatorisch-effektives Planen und das Aufspüren von Bedarfslücken, es ermöglicht passgenauere Werbeaktivitäten. Es spielen bei diesem Ansatz primär institutionsbezogene Kriterien der Planung und weniger die subjektiven Voraussetzungen der → Teilnehmenden eine Rolle.

Eine zweite Variante des Z.konzepts bezieht sich in einem engeren Sinne auf die gesellschaftliche Reformdiskussion der 1970er Jahre. Dieser bildungs- und sozialpolitisch akzentuierte Ansatz verfolgt vorrangig das Ziel, von den Erwachsenenbildungsinstitutionen traditionell nicht erreichte Gruppen anzusprechen. Diese Variante knüpft auf der einen Seite am direktesten an die alte aufklärerische und am Demokratisierungsanspruch orientierte Tradition der EB an. Auf der anderen Seite steht sie allerdings auch vor dem Dilemma, (ungewollt) mit der Zuschreibung von Defiziten arbeiten zu müssen. Die damit verbundenen Stigmatisierungsprozesse wurden zunehmend als problematisch erkannt. Zudem ist ein solches Konzept – wie die Erfahrungen belegen – relativ leicht sozialpolitisch funktionalisierbar. Problem- oder Randgruppen (z.B. Arbeitslose, Frauen oder Behinderte) werden als Gruppen betrachtet, die gesellschaftliche Legitimationsprobleme aufwerfen (Mader 1982; Gieseke 1990). Bildung wird damit tendenziell zur Betreuungs- und Befriedungsarbeit degradiert. Gerade am Beispiel der Bildungsmaßnahmen für Arbeitslose ist die Gefahr der Pädagogisierung gesellschaftlicher Problemlagen und einer entsprechenden Instrumentalisierung von Bildungsprozessen sehr deutlich geworden. Damit verkehrt sich die ursprünglich kompensatorische bzw. emanzipatorische Funktion dieses Ansatzes zumindest partiell in ihr Gegenteil. Allerdings ist einschränkend anzumerken, dass es zweierlei ist, ob man eine soziologische Analyse vornimmt oder die individuelle Situation der Teilnehmenden betrachtet. Bezogen auf letztere kann Z.arbeit, die sich dezidiert auf soziale Problemlagen bezieht, durchaus positiv beurteilt werden, denn im Rahmen von Bildungsangeboten können neue Informationen vermittelt werden, gemeinsame Lernprozesse können zu einem gestärkten Selbstbewusstsein beitragen und auch die individuellen Chancen (z.B. für die Wiederaufnahme von Erwerbsarbeit) verbessern. Sie können allerdings gesellschaftliche Probleme (wie das der Arbeitslosigkeit) nicht beseitigen.

Ein dritter Ansatz unterscheidet sich von den beiden zuvor genannten durch seine dezidiert politisch akzentuierte Zielperspektive. In diesem Kontext wird Z.arbeit als aktiver politischer Lernprozess verstanden, der gesellschaftliche Veränderungen initiieren bzw. begleiten soll. Die Konzentration auf die Veränderung des sozialräumlichen Umfelds hat am Ende der 1970er Jahre die Stadtteilorientierung zu einem wesentlichen Merkmal dieses Verständnisses von Z.arbeit werden lassen (v. Werder 1980). Deutlicher als in dem zuvor skizzierten Ansatz wird hier politisches Handeln zum Gegenstand und Ziel organisierter Lernprozesse, werden Bildung und Aktion, Lernen und politisches Handeln als integrierte Prozesse betrachtet. Die Problematik dieses Ansatzes liegt darin, dass die enge Verbindung von Bildung und Aktion schnell an die Grenzen der institutionalisierten EB führt. Es besteht zudem die Gefahr, dass EB zum Surrogat für politisches Handeln wird. Mit dem Abflauen der aktiven sozialen Bewegungen hat dieser Ansatz in der Praxis wesentlich an Bedeutung verloren.

Seit den 1980er Jahren hat eine intensive theoretische Auseinandersetzung über die konzeptionelle Begründung und Verortung des Z.ansatzes kaum noch stattgefunden. Heute stehen wir vor der paradoxen Situation, dass der Z.begriff zwar auf der einen Seite zu den gängigsten Leitbegriffen in der EB zählt, auf der anderen Seite aber konzeptionell immer verschwommener wird und an bildungs- und sozialpolitischer Sprengkraft eingebüßt hat. Zumindest die beiden folgenden Entwicklungstendenzen sind bei einer Fortschreibung des Z.konzepts zu beachten.

Angesichts der Veränderung von Lebensbedingungen, die als → Individualisierung oder Flexibilisierung beschrieben werden können, ist es immer schwieriger geworden, die sozialen Verortungen von Gruppen in unserer → Gesellschaft kategorial präzise zu erfassen (Schiersmann 1995). Dies hat zur Konsequenz, dass die Erwachsenenbildungseinrichtungen ihre Angebotsplanung immer weniger auf fest definierte Z. ausrichten können. Angesichts der Ausdifferenzierung von Lebenslagen und Lernbedürfnissen ist es immer weniger möglich, von *den* Arbeitslosen, *den* Frauen oder *den* Alten zu sprechen. Die Entstandardisierung der Lebenslagen impliziert, dass die je individuelle Lebensführung, die spezifische Lebensphase und die konkrete Einzelbiographie zum Kriterium für die Konstitution von Z. werden. Die Problemlagen differenzieren sich aus und machen zunehmend individuell zugeschnittene → Angebote erforderlich, wenngleich dabei im Auge zu behalten ist, dass die Individualisierung ihre Grenzen in nach wie vor auch verallgemeinerbaren Anteilen geteilter Lebenslagen findet. In diesem Zusammenhang ist eine Entgrenzung sozialer Risiken zu konstatieren, mit der Folge, dass immer größere Gruppen der Gesellschaft zumindest vorübergehend in Krisensituationen geraten. Instabilität und Diskontinuität werden zu biographischen Normalerfahrungen. Angesichts dieser Situation ist ein neues Aufgabenverständnis von Z.arbeit erforderlich. Neben die Intention, einen Beitrag zum Abbau sozialer Ungleichheiten zu leisten, tritt die Unterstützung bei der Sicherung der individuellen sozialen Ressourcen, d.h. derjenigen Basiskompetenzen, die für den Einzelnen notwendig sind, um im Prozess der Individualisierung zu bestehen, um die individuell zugemuteten sozialen Risiken der eigenen Lebensführung und der eigenen permanenten Entscheidung unter Ungewissheitsbedingungen handhabbar zu machen (Rauschenbach 1999). Z.arbeit erhält damit die Aufgabe, Orientierungshilfen angesichts unsicherer Lebenslagen und der Fragilität normativer Bezugspunkte zu bieten. Umbrüche im Lebenslauf werden zukünftig als Lernanlässe an Bedeutung gewinnen, ohne dass sie eindeutig auf eine dauerhafte soziale Diskriminierung zurückzuführen wären. Damit ist eine Chance gegeben, von der Defizitzuschreibung als Ausgangspunkt von Lernprozessen wegzukommen. Bezugspunkt von Bildungsangeboten sind dann eher geteilte Lebensumstände, die als reflexionsbedürftig empfunden werden. Bildungsarbeit mit Z. verfolgt damit den Anspruch, insofern zu einer Verbesserung der Lebenssituation beizutragen, als sie eine Reflexion und gegebenenfalls Neustrukturierung von Wahrnehmungs-, Einstellungs- und Handlungsschemata sowie der subjektiven Zuordnung zu Gruppen unterstützt.

In den letzten Jahren ist eine Entstrukturierung bzw. Entgrenzung von Lernkontexten (Schiersmann 2006) zu beobachten. Informellem und selbstorganisiertem Lernen – teilweise unter Einbezug neuer Technologien – wird eine wachsende Bedeutung zugeschrieben. Diese Entwicklung führt zu veränderten Erwartungen an → Institutionen, die keinesfalls überflüssig werden, aber doch eine neue Funktion zugewiesen bekommen. Die potenziellen Teilnehmenden sind nicht mehr schlichte Abnehmer vorproduzierter Angebote, sondern greifen auf Institutionen stärker im Sinne der Begleitung und Unterstützung der eigenen Lernprozesse zurück. Diese Entwicklung unterstreicht die Notwendigkeit, bei der didaktischen Konzipierung von Z.arbeit die subjektive Problemsicht der Betroffenen ernst zu nehmen. Wie Mader/Weymann (1979) schon früh herausgearbeitet haben, kann streng genommen von einer Z. erst dann gesprochen werden, wenn die Transformation eines von der Weiterbildungsinstitution formulierten, normativen Paradigmas in ein von allen Beteiligten gemeinsam erarbeitetes, interpretatives Paradigma gelungen ist. Ein solches Vorgehen ermöglicht eine Reziprozität der Beziehungen, die insb. angesichts der Stärkung der Selbstorganisationsprozesse für Z.arbeit konstitutiv ist.
Allerdings ist angesichts der veränderten Lernanlässe und Lernkontexte erneut und verstärkt die Frage zu diskutieren, in welchem Umfang es sinnvoll und angemessen erscheint, Lernangebote auf Gruppen auszurichten, die in Bezug auf ihre Lebenssituation als homogen zu charakterisieren sind bzw. inwieweit gerade der Austausch unterschiedlicher Erfahrungen aufgrund divergierender Lebenssituationen interessante Lernmöglichkeiten eröffnet. Ungeachtet dieser Einschränkung wird die EB auf die gezielte Ansprache gesellschaftlicher Gruppen, die eher als Modernisierungsverlierer denn als -gewinner zu bezeichnen wären, auch in Zukunft nicht verzichten können, wenn sie ihren Anspruch, auch andere als die bereits bildungsaktiven Teilnehmenden zu erreichen, nicht aufgeben will.

Literatur
Breloer, G.: Zielgruppenarbeit als didaktisches Konzept der Erwachsenenbildung – Erfahrungen und Perspektiven. In: eb Berichte und Informationen der Erwachsenenbildung in Niedersachsen, H. 25, 1979 – Degen-Zelazny, B.: Zielgruppenarbeit als Mittel zur Demokratisierung der VHS. In: Hessische Blätter für Volksbildung, H. 2, 1974 – Gieseke, W.: Arbeitsformen feministischer Zielgruppenarbeit. In: Mader, W. (Hrsg.): Weiterbildung und Gesellschaft. Bremen 1990 – Mader, W.: Zielgruppenentwicklung und Teilnehmerwerbung. In: Nuissl, E. (Hrsg.): Taschenbuch der Erwachsenenbildung. Baltmannsweiler 1982 – Mader, W./Weymann, A.: Zielgruppenentwicklung, Teilnehmerorientierung und Adressatenforschung. In: Siebert, H. (Hrsg.): Taschenbuch der Weiterbildungsforschung. Baltmannsweiler 1979 – Rauschenbach, T.: Das sozialpädagogische Jahrhundert. Weinheim/München 1999 – Schiersmann, C.: Profile lebenslangen Lernens. Weiterbildungserfahrungen und Lernbereitschaft der Erwerbsbevölkerung. Bielefeld 2006 – Schiersmann, C.: Zielgruppenorientierung – noch ein aktuelles Leitprinzip? In: päd.extra, H. 1, 1995 – Werder, L. v.: Alltägliche Erwachsenenbildung. Aspekte einer bürgernahen Pädagogik. Weinheim u.a. 1980

Christiane Schiersmann

Zweiter Bildungsweg

Die Bezeichnung Zweiter Bildungsweg (ZBW) ist nicht sehr trennscharf. Sie steht für einen Bildungsweg, der Personen ohne Hauptschulabschluss („Berufsreife"), Mittleren Schulabschluss oder Abitur staatlich anerkannte schulische Qualifikationen durch den Besuch von Institutionen im beruflichen oder allgemeinbildenden Schulwesen sowie im Fernstudienbereich oder der VHS ermöglicht. Der Abschluss einer (ersten) Berufsausbildung bzw. eine längere Berufstätigkeit wird in der Regel vorausgesetzt. Der Übergang vom Beruf zur Fachhochschule und die in den Bundesländern verschieden gestalteten Begabtenprüfungen gehören nicht dazu. Sie werden oft als „dritter Bildungsweg" bezeichnet. Eine genaue Abgrenzung von Institutionen, die zum ZBW gehören, gibt es nicht – man rechnet VHS-Kurse zum nachträglichen Erwerb der Hauptschulreife bzw. des Mittleren Schulabschlusses, Berufsaufbauschulen, Abendrealschulen, Institute zur Erlangung der Hochschulreife (Kollegs), Abendgymnasien und Fachoberschulen sowie manche Fachschulen dazu. Die Angebote der privaten Anbieter und der Medien werden entsprechend der schulischen Qualifikationen eingeordnet.
Etwa in der Mitte des 19. Jh. entstanden auf der Grundlage der → Aufklärung, der französischen Revolution und der damit einhergehenden technischen und gesellschaftlichen Veränderungen Offenheit und Interesse, auch breiteren Volksschichten die Möglichkeit zu geben, sich zu bilden. Einen weiterführenden schulischen Abschluss außerhalb der „klassischen Bildungsinstitutionen" zu erreichen, war jedoch bis zum Ende des Ersten Weltkriegs nicht möglich. Der zunehmende Wunsch von Arbeiter/

inne/n nach Abitur und Studium stieß in der bürgerlichen Gesellschaft des beginnenden 20. Jh. auf großen Widerstand, denn Bildung war ein Privileg gehobener Schichten. Darüber hinaus glaubte man, dass nur Kinder und Jugendliche lernfähig seien. Erst nach dem Ersten Weltkrieg begann das Humboldtsche Ideal einer → allgemeinen Bildung, die mit beruflicher Bildung unvereinbar sei, zu bröckeln. Der Weg wurde frei für ein Verständnis von WB auch über die Erst(aus)bildung hinaus. Eine Vorform des ZBW waren die Abendgymnasien (Berlin 1927, Essen 1928 etc.). Ab 1933 wurden die meisten Erwachsenenbildungseinrichtungen aufgelöst, weil sie ideologisch nicht angepasst waren.

Nach 1945 war der ZBW eine Chance, die durch den Krieg verpassten Bildungsabschlüsse nachzuholen, zunächst nur in den VHS und den neu gegründeten Abendgymnasien. Ab 1949 wurden Kollegs zur Erlangung der Hochschulreife gegründet (Braunschweig 1949, Oberhausen 1953 etc.). In den 1950er Jahren wurde die Bundesrepublik Deutschland zum „Wirtschaftswunderland" mit Vollbeschäftigung und zweistelligen Wachstumsraten. Aber bis in die späten 1960er Jahre fehlten Führungskräfte. Das Schlagwort vom „Bildungsnotstand" wurde geprägt. Die Notwendigkeit, den Mangel an hochqualifizierten Fachkräften zu beheben, ließ den ZBW ins Zentrum des bildungspolitischen Interesses rücken. Die Zahl der Institutionen des ZBW nahm sprunghaft zu. Dem Boom in den 1960er und 1970er Jahren folgte bald die Ernüchterung. Man erkannte, dass sich die Versprechungen von Chancengleichheit und Bildung für alle nicht einlösen ließen.

Ein einheitliches, erwachsenengerechtes Konzept gab und gibt es nicht; die Institutionen sind inhaltlich wie formal eine Kopie des ersten Bildungswegs. Der ZBW war und ist vor allem ein Instrument der Wirtschaft und somit auch von den Bedarfslagen des Marktes abhängig. In konjunkturell guten Zeiten und bei Fachkräftemangel ist eine Weiter- und Höherqualifizierung vor allem im beruflichen Bereich unabdingbar. Gleichzeitig werden aufgrund des technologischen Wandels Routinearbeiten von Maschinen erledigt und die Arbeitskräfte müssen sich umorientieren. Von daher ist vor allem die → berufliche WB notwendig, ja, zwingend erforderlich.

Hinzu kommt das Recht auf Bildung, das mehr und mehr Menschen für sich einfordern. Dabei ist der ZBW nur bedingt als eine Chance für den individuellen Aufstieg zu sehen.

Allerdings können die von Bildungspolitikern und Wissenschaftlern vielfach geäußerten idealistischen Vorstellungen aufgrund einer stark veränderten Klientel, eines allgemein sinkenden Lernniveaus und vermehrt rein extrinsischer Bildungsmotivation der → Teilnehmenden in der Praxis heute oft nicht mehr eingelöst werden. Eine grundlegende Reform des ZBW wäre wünschenswert, ist aber nicht in Sicht.

Literatur

Dahrendorf, R./Ortlieb, H.D.(Hrsg.): Der 2. Bildungsweg im sozialen und kulturellen Leben der Gegenwart. Heidelberg 1959 – Jüttemann, S.: Die gegenwärtige Bedeutung des Zweiten Bildungsweges vor dem Hintergrund seiner Geschichte. Weinheim 1991 – Seithel, N.: Junge Erwachsene auf dem Zweiten Bildungsweg. Dissertation. Germersheim 1995

Norma Seithel

Stichwortregister

Fett gesetzte Begriffe stellen eigenständige Einträge im Wörterbuch dar. Nicht fett gesetzte Begriffe sind Schlüsselbegriffe, die anders als in der Auflage von 2001 nicht mehr als eigener Artikel gelistet sind. Diese werden ausschließlich auf ein oder mehrere Stichworte verwiesen.

Autorenspiegel

Randy **Adam**
Martin-Luther-Universität Halle-Wittenberg, Halle (Saale)

Dr. Heino **Apel**
Frankfurt a.M.

Prof. Dr. Ursula **Apitzsch**
Johann Wolfgang Goethe-Universität, Frankfurt a.M.

Prof. Dr. Rolf **Arnold**
Technische Universität Kaiserslautern

Prof. Dr. Heiner **Barz**
Heinrich-Heine-Universität, Düsseldorf

Dr. Hannelore **Bastian**
Hamburger Volkshochschule

Dr. Heidi **Behrens**
Essen

Prof. Dr. Paul **Bélanger**
Université du Québec à Montréal

Prof. Dr. Beate **Blättner**
Hochschule Fulda

Dr. Peter **Brandt**
Deutsches Institut für Erwachsenenbildung – Leibniz-Zentrum für Lebenslanges Lernen, Bonn

Dr. Dieter **Brinkmann**
Hochschule Bremen

Dr. hc. Adolf **Brock**
Ottersberg-Fischerhude

Prof. Dr. Rainer **Brödel**
Westfälische Wilhelms-Universität Münster

Prof. Dr. Martin **Brüggemeier**
Hochschule für Technik und Wirtschaft Berlin

Prof. Dr. Arne **Carlsen**
Danmarks Paedagogiske Institut, Kopenhagen (DK)

Prof. Dr. Ute **Clement**
Universität Kassel

Prof. Dr. Peter **Dehnbostel**
Helmut-Schmidt-Universität, Hamburg

Prof. Dr. Bernd **Dewe**
Martin-Luther-Universität Halle-Wittenberg, Halle (Saale)

Prof. Dr. Bernhard **Dieckmann**
Technische Universität Berlin

Prof. Dr. em. Gerd **Doerry**
Freie Universität Berlin

PD Dr. Karin **Dollhausen**
Deutsches Institut für Erwachsenenbildung – Leibniz-Zentrum für Lebenslanges Lernen, Bonn

Prof. Dr. Heiner **Drerup**
Technische Universität Dresden

Gina **Ebner**
European Association for the Education of Adults, Brüssel (BE)

Dr. Regina **Egetenmeyer**
Deutsches Institut für Erwachsenenbildung – Leibniz-Zentrum für Lebenslanges Lernen, Bonn

Dr. Birte **Egloff**
Johann Wolfgang Goethe-Universität, Frankfurt a.M.

Prof. Dr. John **Erpenbeck**
School of International Business and Entrepreneurship (SIBE) Herrenberg, Berlin

Prof. Dr. Peter **Faulstich**
Universität Hamburg

Prof. Dr. Heide **von Felden**
Johannes Gutenberg-Universität, Mainz

Dr. Jens **Friebe**
Deutsches Institut für Erwachsenenbildung – Leibniz-Zentrum für Lebenslanges Lernen, Bonn

Prof. Dr. Harry **Friebel**
Universität Hamburg

Prof. Dr. Martha **Friedenthal-Haase**
Brookline, Massachusetts (USA)

Gundula **Frieling**
Deutscher Volkshochschul-Verband, Bonn

Elisabeth **Fuchs-Brüninghoff**
EFB – Entwickeln – Fortbilden – Beraten, Soest

Prof. Dr. Harald **Geißler**
Helmut-Schmidt-Universität, Hamburg

Prof. Dr. Wiltrud **Gieseke**
Humboldt-Universität zu Berlin

Prof. Dr. Dieter **Gnahs**
Deutsches Institut für Erwachsenenbildung – Leibniz-Zentrum für Lebenslanges Lernen, Bonn

Dr. Claudia **Gómez Tutor**
Technische Universität Kaiserslautern

Prof. Dr. Klaus **Götz**
Universität Koblenz-Landau, Landau
Universität Bremen

Dr. Gernot **Graeßner**
Universität Bielefeld

Prof. Dr. Hartmut M. **Griese**
Leibniz-Universität, Hannover

Prof. Dr. Hans **Gruber**
Universität Regensburg

Prof. Dr. Benno **Hafeneger**
Philipps-Universität, Marburg

Gernot G. **Herrmann**
Kultusministerkonferenz, Bonn

PD Dr. Markus **Höffer-Mehlmer**
Johannes Gutenberg-Universität, Mainz

Prof. Dr. Michael **Jagenlauf**
Lüneburg

Franz-Josef **Jelich**
Ruhr-Universität, Bochum

Prof. Dr. Wolfgang **Jütte**
Universität Bielefeld

Prof. Dr. Jochen **Kade**
Johann Wolfgang Goethe-Universität, Frankfurt a.M.

Prof. Dr. Arnim **Kaiser**
Universität der Bundeswehr München, Neubiberg

Ruth **Kaiser**
Trier

Prof. Dr. Heinrich **Kelz**
Rheinische Friedrich-Wilhelms-Universität, Bonn

Rosemarie **Klein**
bbb Büro für berufliche Bildungsplanung, Dortmund

Prof. Dr. Jörg **Knoll**
Universität Leipzig

Klaus **Körber**
swbk – Sozialwissenschaftliche Beratung, Bremen

Dr. Ulrike-Marie **Krause**
Universität des Saarlandes, Saarbrücken

Prof. Dr. Georg **Krücken**
Deutsche Hochschule für Verwaltungswissenschaften, Speyer

Dr. Peter **Krug**
Mainz

Sandra **Kube**
Universität Leipzig

Felicitas **von Küchler**
Deutsches Institut für Erwachsenenbildung – Leibniz-Zentrum für Lebenslanges Lernen, Bonn

Prof. Dr. Detlef **Kuhlenkamp**
Universität Bremen

Helmut **Kuwan**
Helmut Kuwan – Sozialwissenschaftliche Forschung und Beratung München

Susanne **Lattke**
Deutsches Institut für Erwachsenenbildung – Leibniz-Zentrum für Lebenslanges Lernen, Bonn

Dr. Andre **Lehnhoff**
Projektgruppe wissenschaftliche Beratung, Hohenaspe

Prof. Dr. Werner **Lenz**
Karl-Franzens-Universität, Graz (AT)

Dr. Markus **Lermen**
Technische Universität Kaiserslautern

Anja **Mandel**
Bundesagentur für Arbeit, Nürnberg

Prof. Dr. Heinz **Mandl**
Ludwig-Maximilians-Universität, München

Andreas **Meese**
Universität zu Köln

PD Dr. Elisabeth **Meilhammer**
Friedrich-Schiller-Universität, Jena

Prof. Dr. Erhard **Meueler**
Groß-Umstadt

Heinz H. **Meyer**
Strukturwandel Dialogagentur und Kommunikation, Gelsenkirchen

Dr. Svenja **Möller**
Universität Hamburg

Prof. Dr. Kurt R. **Müller**
München

Dr. Hans-Joachim **Müller**
Technische Universität Kaiserslautern

Prof. Dr. Wolfgang **Müller-Commichau**
Fachhochschule Wiesbaden

Prof. Dr. Joachim **Münch**
Technische Universität Kaiserslautern

Prof. Dr. Dieter **Münk**
Technische Universität Darmstadt

Prof. Dr. Dr. hc. Oskar **Negt**
Hannover

Prof. Dr. Dieter **Nittel**
Johann Wolfgang Goethe-Universität, Frankfurt a.M.

Prof. Dr. Sigrid **Nolda**
Universität Dortmund

Prof. Dr. Dr. h.c. Ekkehard **Nuissl**
Deutsches Institut für Erwachsenenbildung – Universität Duisburg-Essen Leibniz-Zentrum für Lebenslanges Lernen, Bonn

Dr. Henning **Pätzold**
Freie Hochschule für anthroposophische Pädagogik, Mannheim

Prof. Dr. Georg **Peez**
Universität Duisburg-Essen, Essen

Klaus **Pehl**
Deutsches Institut für Erwachsenenbildung – Leibniz-Zentrum für Lebenslanges Lernen, Bonn

Prof. Dr. Sibylle **Peters**
Otto-von-Guericke-Universität, Magdeburg

Dr. Roswitha **Peters**
Universität Bremen

Prof. Dr. Hans Jendrik **Petersen**
Universität Koblenz-Landau, Landau

Stefan **Pfaff**
Gewerkschaft Erziehung und Wissenschaft, Frankfurt a.M.

Albert **Pflüger**
Frankfurt a.M.

Mona **Pielorz**
Deutsches Institut für Erwachsenenbildung – Leibniz-Zentrum für Lebenslanges Lernen, Bonn

Prof. Dr. Ludwig **Pongratz**
Technische Universität Darmstadt

Prof. Dr. Ewa **Przybylska**
Nikolaus Kopernikus Universität, Toruń (PL)

Prof. Dr. em. Albert **Raasch**
Universität des Saarlandes, Saarbrücken

Dr. Norbert **Reichling**
Bildungswerk der Humanistischen Union NRW, Essen

Dr. Antje **von Rein**
Hamburger Volkshochschule

Prof. Dr. Jost **Reischmann**
Otto-Friedrich-Universität, Bamberg

Gerhard **Reutter**
Deutsches Institut für Erwachsenenbildung – Leibniz-Zentrum für Lebenslanges Lernen, Bonn

Prof. Dr. Matthias **von Saldern**
Leuphana Universität Lüneburg, Lüneburg

Prof. Dr. Wolfgang **Sander**
Universität Wien
Justus-Liebig-Universität, Gießen (z.Z. beurlaubt)

Dr. Edgar **Sauter**
Osterholz-Scharmbeck

Prof. Dr. Ortfried **Schäffter**
Humboldt-Universität zu Berlin

Dr. Carola **Schelle-Wolff**
Stadtbibliothek Hannover

Prof. Dr. Michael **Schemmann**
Justus-Liebig-Universität, Gießen

Prof. Dr. Christiane **Schiersmann**
Ruprecht-Karls-Universität, Heidelberg

Dr. André **Schläfli**
Schweizerischer Verband für Weiterbildung, Zürich (CH)

Prof. Dr. Erhard **Schlutz**
Universität Bremen

Prof. Dr. Sabine **Schmidt-Lauff**
Technische Universität Chemnitz

Prof. Dr. Josef **Schrader**
Eberhard Karls Universität, Tübingen

Prof. Dr. Ingeborg **Schüßler**
Pädagogische Hochschule Ludwigsburg

Dr. Christa **Schulze**
Dossenheim

Dr. Norma **Seithel**
Germersheim

Andreas **Seiverth**
Deutsche Evangelische Arbeitsgemeinschaft für Erwachsenenbildung, Frankfurt a.M.

Prof. Dr. Eckart **Severing**
Universität Erlangen-Nürnberg, Erlangen

Prof. Dr. Horst **Siebert**
Leibniz-Universität, Hannover

Prof. Dr. Richard **Stang**
Hochschule der Medien, Stuttgart

Prof. Dr. Robin **Stark**
Universität des Saarlandes, Saarbrücken

Prof. Dr. Reinhard **Stockmann**
Centrum für Evaluation an der Universität des Saarlandes, Saarbrücken

Dr. Heinz-Ulrich **Thiel**
Heidelberg

Prof. Dr. Dieter **Timmermann**
Universität Bielefeld

Prof. Dr. Rudolf **Tippelt**
Ludwig-Maximilians-Universität, München

Prof. Dr. Matthias **Trier**
Jena

Monika **Tröster**
Deutsches Institut für Erwachsenenbildung – Leibniz-Zentrum für Lebenslanges Lernen, Bonn

Barbara **Veltjens**
Bornheim

Michael **Vennemann**
Staatliche Zentralstelle für Fernunterricht, Köln

Dr. Angela **Venth**
Deutsches Institut für Erwachsenenbildung – Leibniz-Zentrum für Lebenslanges Lernen, Bonn

Helmut **Vogt**
Arbeitsstelle wissenschaftliche Weiterbildung der Universität Hamburg

Prof. Dr. Bernd **Weidenmann**
Universität der Bundeswehr München, Neubiberg

Dr. Andreas **Wittrahm**
Caritas-Verband für das Bistum Aachen e.V.

Prof. Dr. Wolfgang **Wittwer**
Universität Bielefeld

Bernhard S.T. **Wolf**
hvv-Institut des Hessischen Volkshochschulverbandes, Frankfurt a.M.

Prof. Dr. Jörg **Wollenberg**
Universität Bremen

Prof. Dr. Christine **Zeuner**
Helmut-Schmidt-Universität/Universität der Bundeswehr, Hamburg